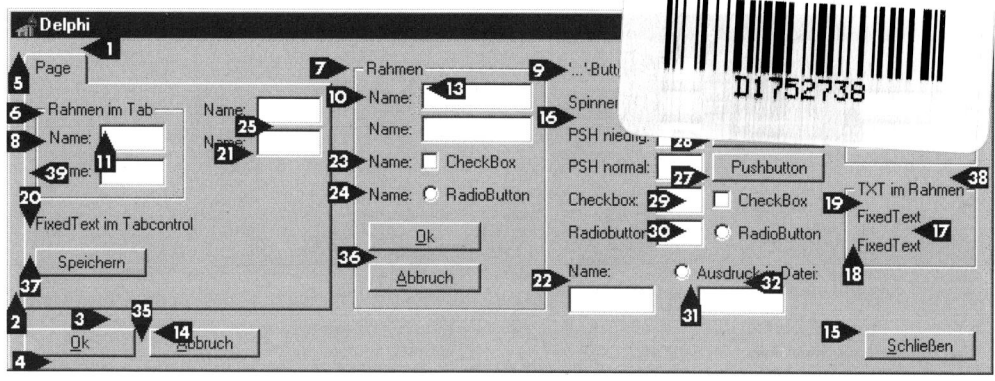

Window-Editor-Einheiten für Delphi in Pixeln:

Positionen & Abstände	Pfeil	Delphi	Positionen & Abstände	Pfeil	Delphi
Größe Shellwindow		800 * 600	TXT zu SLE vertikal	22	16
Größe Childwindow		790 * 483	TXT zu CHK vertikal	23	2
Größe Tabcontrol		770 * 430	TXT zu RDB vertikal	24	2
Größe Laschenfenster		765 * 404	SLE zu SLE vertikal	25	23
Tab zum Fenster oben	1	11	SLE zu PSH horizontal	26	4
Tab zum Fenster horiz.	2	10	SLE zu PSH vertikal	27	0
Tab zum Pushbutton	3	12	SLE zu PSH vertikal	28	1
Buttons zum Fensterrand	4	9	SLE zu CHK vertikal	29	1
Position des Tabcontrols	5	10, 11	SLE zu RDB vertikal	30	1
1. Rahmen im Tab	6	18, 44	SLE zu RDB horizontal	31	17
1. Rahmen im Fenster	7	10, 14	SLE zu RDB vertikal	32	18
1. FixedText im Tab	8	28, 44	SLE zu FRM horizontal	33	10
1. FixedText im Fenster	9	10, 14	SLE zu FRM vertikal	34	20
1. FixedText im Rahmen	10	+10, +20	SLE zu TAB horizontal		8
1. Eingabefeld im Tab	11	28, 41	PSH zu PSH horizontal	35	10
1. Eingabefeld im Fenster	12	10, 11	PSH zu PSH vertikal	36	10
1. Eingabefeld im Rahmen	13	+10, +17	PSH zu TAB horizontal	37	8
Letztes Textcontrol		10, Y-26	FRM zu FRM horizontal		23
Letztes Eingabefeld		10, Y-29	FRM zu FRM vertikal	38	9
Letzter Pushbutton	14	10, Y-29	FRM zu TAB horizontal	39	8
Letzter Pushbutton	15	X-10, Y-29			
TXT zu TXT vertikal	16	23			
TXT zu TXT vertikal	17	20			
TXT zu FRM horizontal	18	9			
TXT zu FRM vertikal	19	20			
TXT zu TAB horizontal	20	8			
TXT zu SLE vertikal	21	-3			

Ivo Wessel

GUI-Design
Richtlinien zur Gestaltung ergonomischer Windows-Applikationen

■ o/o,1234567890/ ● ABCDEFGHIJKL M NOPRSTUVWXYZ ■

- ■ ● // • ◗ ■ // ⊥ ∠ + • ● = ↑ ↕ ✳ - ¦ - (✎±−±)

NO. 4336   O. ⌐998

Ivo Wessel

GUI-Design

**Richtlinien zur Gestaltung
ergonomischer
Windows-Applikationen**

Mit einem Frontispiz
und vier Zeichnungen von Ottmar Hörl

Carl Hanser Verlag München Wien

Der Autor:
Ivo Wessel, Braunschweig

Die Informationen in diesem Buch werden ohne Rücksicht auf einen eventuellen Patentschutz veröffentlicht. Alle in diesem Buch enthaltenen Programme und Verfahren wurden nach bestem Wissen erstellt und mit Sorgfalt getestet. Dennoch sind Fehler nicht ganz auszuschließen. Aus diesem Grund ist das im vorliegenden Buch enthaltene Programm-Material mit keiner Verpflichtung oder Garantie irgendeiner Art verbunden. Autor und Verlag übernehmen infolgedessen keine Verantwortung und werden keine daraus folgende oder sonstige Haftung übernehmen, die auf irgendeine Art aus der Benutzung dieses Programm-Materials oder Teilen davon entsteht.

Die Wiedergabe von Gebrauchsnamen, Handelsnamen, Warenbezeichnungen usw. in diesem Werk berechtigt auch ohne besondere Kennzeichnung nicht zur Annahme, daß solche Namen im Sinne der Warenzeichen- und Markenschutz-Gesetzgebung als frei zu betrachten wären und daher von jedermann benutzt werden dürften.

Die Deutsche Bibliothek - CIP-Einheitsaufnahme

Wessel, Ivo:
GUI-Design : Richtlinien zur Gestaltung ergonomischer Windows-Applikationen / Ivo Wessel. - München ; Wien : Hanser, 1998
ISBN 3-446-19389-8

Dieses Werk ist urheberrechtlich geschützt.
Alle Rechte, auch die der Übersetzung, des Nachdrucks und der Vervielfältigung des Buches oder Teilen daraus, vorbehalten. Kein Teil des Werkes darf ohne schriftliche Genehmigung des Verlages in irgendeiner Form (Fotokopie, Mikrofilm oder einem anderen Verfahren), auch nicht für Zwecke der Unterrichtsgestaltung, reproduziert oder unter Verwendung elektronischer Systeme verarbeitet, vervielfältigt oder verbreitet werden.

© 1998 Carl Hanser Verlag München Wien
Internet: http://www.hanser.de
Gesamtlektorat: Simone Viethen, München
Endredaktion: Christine Reisach, München
Umschlaggestaltung: MCP Agentur für Marketing, Communications Production, Susanne Kraus GbR, Holzkirchen, unter Verwendung eines Bildes der zefa visual media gmbh, Düsseldorf
Belichtung, Druck und Bindung: Kösel, Kempten
Printed in Germany

Inhaltsverzeichnis

1	**Einleitung**		**17**
	1.1	Über das Buch	17
		1.1.1 Das Stichwort „GUI"	17
		1.1.2 GUI — Fluch oder Segen?	17
		1.1.3 Software — Heute für die Welt von morgen	18
		1.1.4 Fremdwort „UID" — User Interface Design	18
		1.1.5 Konstruktion vs. Komposition	19
		1.1.6 Der Design-Prozeß	19
		1.1.7 Gutes oder schlechtes Design, aber nie kein Design	19
		1.1.8 Neue Windows-Sprachen	20
		1.1.9 Typographie: Programm plus Schriften plus Know-how	20
		1.1.10 Vorteile von gutem Software-Design	21
		1.1.11 Vorteile fertiger Schnittmuster	23
		1.1.12 Normen zur Softwareergonomie	24
	1.2	Über den Leser	25
		1.2.1 Die Zielgruppe	25
		1.2.2 Die Anwender	25
	1.3	Über die Benamungen im Buch	26
		1.3.1 Benutzer vs. Benutzung	26
		1.3.2 GUI-Elemente: Pushbutton vs. Schaltflächen	26
	1.4	Über die Vorgehensweise	27
2	**GUI-Applikationen**		**31**
	2.1	Dieses Kapitel	31
	2.2	Grundsätzliches	31
		2.2.1 WIMP — „Windows, Icons, Menus & Pointing"	31
		2.2.2 Einige Arten von Applikationen	32
	2.3	Prinzipien für Benutzeroberflächen	34
		2.3.1 Aufgabenangemessenheit	35
		2.3.2 Selbstbeschreibungsfähigkeit	45
		2.3.3 Steuerbarkeit	55
		2.3.4 Erwartungskonformität	57
		2.3.5 Fehlertoleranz	62
		2.3.6 Individualisierbarkeit	68
		2.3.7 Lernförderlichkeit	74
		2.3.8 Ästhetik	76
		2.3.9 Emotionalität	78
		2.3.10 Metaphern	79
		2.3.11 Direkte Manipulation	84
	2.4	Zum Anwender	89
		2.4.1 Benutzerprofile	89
		2.4.2 Benutzerwortschatz	90
		2.4.3 Mehrsprachige Applikationen	90
		2.4.4 Anmerkungsspeicher	90

2.5		Schnittstellen	91
	2.5.1	Tastaturbedienung	91
	2.5.2	Mausfunktionen	92
	2.5.3	Neuheiten bei Windows 98	99
	2.5.4	Tastatur vs. Maus	99
3	**Fenster**		**103**
3.1		Dieses Kapitel	103
3.2		Grundsätzliches	103
	3.2.1	Etwas Geschichte…	103
	3.2.2	Applikationen: Leben in Fenstern	103
	3.2.3	Die Elemente eines Fensters	104
	3.2.4	Designwerkzeuge	107
	3.2.5	Gestaltungsprinzipien	108
	3.2.6	Standardfunktionen	110
	3.2.7	Größe	112
	3.2.8	Raumaufteilung & Layout	116
	3.2.9	Position	116
	3.2.10	Farben	117
	3.2.11	Schriftarten	117
	3.2.12	Modale Fenster	118
	3.2.13	Ansicht-/Bearbeiten-/Neuaufnahme-Modus	119
	3.2.14	MDI-Applikationen	120
	3.2.15	Verknüpfte Fenster	121
	3.2.16	Vorbelegungen	123
3.3		Der Desktop	124
	3.3.1	Ein Anwendermeßgerät…	124
	3.3.2	Desktop als Referenzkarte	126
	3.3.3	Größe des Desktop	126
	3.3.4	Bildschirmauflösung	126
	3.3.5	System-Schriftart	126
	3.3.6	Farben	127
3.4		Das Shellwindow	127
	3.4.1	Steuerelemente in der Shell	127
	3.4.2	Starten Sie mit einer guten „Home Base"	128
	3.4.3	Verabschiedung	129
3.5		Childwindows	129
	3.5.1	Größe	129
	3.5.2	Plazierung	130
	3.5.3	Grundfunktionalität	131
	3.5.4	Vorgehensweise	132
3.6		Messageboxen	134
	3.6.1	Standard-Messageboxen	134
	3.6.2	Texte	134
	3.6.3	Icons	136
	3.6.4	Buttons	137

Inhaltsverzeichnis

- 3.6.5 Abfragen „on demand" 139
- 3.6.6 Selbstschließende Messageboxen 139
- 3.6.7 Fehlermeldungen 140
- 3.6.8 Alternativen 140
- 3.6.9 Meldungsaufkommen 141
- 3.6.10 Beliebte Fehler 142
- 3.7 Dialoge 143
  - 3.7.1 Standard-Dialoge 143
  - 3.7.2 Dialoge wiederholen 144
  - 3.7.3 Zur Raumaufteilung 145
  - 3.7.4 Titelleisten-Varianten 148
- 3.8 Register-Dialoge 149
  - 3.8.1 Vorteile 150
  - 3.8.2 Beliebte Unschönheiten 150
  - 3.8.3 Vorgehensweise 152
- 3.9 Teilbare Fenster 154
  - 3.9.1 Explorer-Fenster 154
  - 3.9.2 Split-Windows 155
- 3.10 Klapp-Dialoge 157
  - 3.10.1 Wichtige und unwichtige Controls 157
  - 3.10.2 Einbahnstraßen 158
  - 3.10.3 Alternativen 158
- 3.11 Assistenten 159
  - 3.11.1 Gezieltes, schrittweises Vorgehen 159
  - 3.11.2 Anordnung der Pushbuttons 162

4 Menüs 163
- 4.1 Dieses Kapitel 163
- 4.2 Grundsätzliches 163
  - 4.2.1 Die Elemente eines Menüs 163
  - 4.2.2 Zur Nomenklatur 164
- 4.3 Menüelemente 165
  - 4.3.1 Texte 165
  - 4.3.2 Bitmaps 166
  - 4.3.3 Texte und Bitmaps 166
  - 4.3.4 Trennlinien 166
  - 4.3.5 Untermenüs 166
  - 4.3.6 Kurzbeschreibungen 167
  - 4.3.7 Windows 98-Menüs 167
- 4.4 Organisation 168
  - 4.4.1 Plazierung 168
  - 4.4.2 Gruppierungen 168
  - 4.4.3 Anzahl der Optionen 170
  - 4.4.4 Reihenfolge 171
  - 4.4.5 Beliebte Fehler 172

4.5	Menütexte	174
	4.5.1 Wortwahl	174
	4.5.2 Formales	177
	4.5.3 Inhalt & Bedeutung	178
	4.5.4 Beliebte Fehler	185
4.6	Tastenfunktionen	186
	4.6.1 Hotkeys	186
	4.6.2 Tastenkürzel	191
4.7	Dynamische Menüs	200
	4.7.1 Werte statt Optionen	200
	4.7.2 Optionen verändern	202
4.8	Untermenüs	205
	4.8.1 Schachtelungstiefe	205
	4.8.2 Abreißbare Menüs	209
	4.8.3 Menüarten	209
4.9	Pulldown-Menüs	210
	4.9.1 Besonderheiten	210
	4.9.2 Die Menüleiste	211
	4.9.3 Standardmenü DATEI BEARBEITEN ANSICHT FENSTER HILFE	213
	4.9.4 Zentrales Pulldown-Menü	214
	4.9.5 Vorteile von Pulldown-Menüs	215
	4.9.6 Nachteile	215
	4.9.7 Alternativen	216
4.10	Kontextmenüs	216
	4.10.1 Allgemeines	216
	4.10.2 Vorteile	216
	4.10.3 Nachteile	218
	4.10.4 Standard-Kontextmenüs	218
	4.10.5 Zugriff auch über Tastatur	219
	4.10.6 Beliebte Fehler	220
	4.10.7 Fenster-Kontextmenüs	221
	4.10.8 Floskelspeicher	221
4.11	Pop-Up-Menüs	223
	4.11.1 Pushbutton plus Kontextmenü	223
	4.11.2 Vorteile	224
	4.11.3 Nachteile	224
	4.11.4 Beliebte Fehler	225
	4.11.5 Alternativen	225
4.12	Systemmenüs	228
	4.12.1 Etwas versteckt…	228
	4.12.2 … aber flexibel	229
	4.12.3 Erweiterungen	229
	4.12.4 Vorteile	230
	4.12.5 Nachteile	231
	4.12.6 Beliebte Fehler	231

Inhaltsverzeichnis

- 4.13 Icon-Menüs 231
    - 4.13.1 Vorteile 232
    - 4.13.2 Nachteile 232
    - 4.13.3 Alternativen 233
- 4.14 Symbolleisten 234
    - 4.14.1 Merkmale 234
    - 4.14.2 Vorteil 235
    - 4.14.3 Nachteil 235
    - 4.14.4 Controls in Symbolleisten 236
    - 4.14.5 Bitmap-Buttons 237
    - 4.14.6 „Kybernetische" Fähigkeiten 238
    - 4.14.7 Menüoption, Pushbutton oder Toolbar-Button? 238
    - 4.14.8 Tooltips für Toolbar-Bitmaps 238
    - 4.14.9 Beliebte Fehler 240
    - 4.14.10 Varianten 242
- 4.15 Statusleisten 243
    - 4.15.1 Einsatzmöglichkeiten 243
    - 4.15.2 Vorteile 244
    - 4.15.3 Nachteile 245
    - 4.15.4 Beliebte Fehler 246
- 4.16 Konfigurierbarkeit 246
    - 4.16.1 Für den Benutzer definiert 246
    - 4.16.2 Durch den Benutzer definierbar 247
    - 4.16.3 Beispiel: Word für Windows 97 248
- 4.17 Alternativen zum Menü 252
    - 4.17.1 Dialogboxen 252
    - 4.17.2 Pushbuttons 252
    - 4.17.3 Geheimtasten 253
- 4.18 Menüs „messen" 253
    - 4.18.1 Quiz der Art „Wo bin ich?" 253
    - 4.18.2 Anwender-Feedback 254
- 4.19 Vorgehensweise 254
    - 4.19.1 Menüart 254
    - 4.19.2 Zusammenstellen der Optionen 255
    - 4.19.3 Symbolleisten 256

5 Steuerelemente 259
- 5.1 Dieses Kapitel 259
- 5.2 Übersicht 259
    - 5.2.1 Statische Elemente 260
    - 5.2.2 Eingabefelder 260
    - 5.2.3 Auswahl-Elemente 260
    - 5.2.4 Tabellen-Controls 261
    - 5.2.5 Schaltflächen 261
    - 5.2.6 Statusanzeigen 261

5.3 Grundsätzliches 261
    5.3.1 Sichtbarkeit 261
    5.3.2 Anordnung 262
    5.3.3 Reihenfolge 265
    5.3.4 Farben 266
    5.3.5 Gleichförmigkeit 267
    5.3.6 Schriftarten 268
    5.3.7 Beschriftung 269
    5.3.8 Tooltips 271
    5.3.9 Attribute 272
    5.3.10 Auswahlhilfen 273
    5.3.11 Validierung 274
5.4 FixedText-Elemente 275
    5.4.1 Bezeichnungen 275
    5.4.2 Eigenschaften 275
    5.4.3 Bemaßungen 275
    5.4.4 Beschriftung 277
    5.4.5 Anordnung 277
    5.4.6 Größe 278
    5.4.7 Erweiterte Attribute 278
    5.4.8 Beliebte Eigentümlichkeiten 279
5.5 Rahmen & Linien 279
    5.5.1 Eigenschaften 279
    5.5.2 Bemaßungen 280
    5.5.3 Erweiterte Attribute 281
    5.5.4 Beliebte Eigentümlichkeiten 282
5.6 Bitmaps & Icons 283
5.7 SingleLineEdit 283
    5.7.1 Bemaßungen 283
    5.7.2 Anordnung 285
    5.7.3 Standard-Attribute 285
    5.7.4 Erweiterte Attribute 287
    5.7.5 Abweichungen vom Windows-Standard 287
    5.7.6 Alternativen 289
    5.7.7 Beliebte Eigentümlichkeiten 290
5.8 Editierbare Comboboxen 291
    5.8.1 Eigenschaften 291
    5.8.2 Bemaßungen 291
    5.8.3 Alternativen 292
    5.8.4 Beliebte Fehler 294
5.9 Drehfelder 295
    5.9.1 Bezeichnungen 295
    5.9.2 Eigenschaften 295
    5.9.3 Bemaßungen 297
    5.9.4 Erweiterte Attribute 297

	5.9.5	Alternativen 297
	5.9.6	Beliebte Fehler 298
5.10	MultiLineEdit	 298
	5.10.1	Eigenschaften 298
	5.10.2	Bemaßungen 299
5.11	RichText-Controls	 300
5.12	Popup-Menüs	 300
5.13	Kontextmenüs	 300
5.14	Radiobuttons	 300
	5.14.1	Bezeichnungen 300
	5.14.2	Eigenschaften 301
	5.14.3	Beschriftung 301
	5.14.4	Hotkeys 302
	5.14.5	Bemaßungen 302
	5.14.6	Erweiterte Attribute 303
	5.14.7	Alternativen 303
	5.14.8	Beliebte Unschönheiten 304
5.15	Checkboxen	 306
	5.15.1	Bezeichnungen 306
	5.15.2	Bemaßungen 306
	5.15.3	Eigenschaften 308
	5.15.4	Erweiterte Attribute 309
	5.15.5	Alternativen 310
	5.15.6	Beliebte Fehler 313
5.16	Comboboxen	 314
	5.16.1	Eigenschaften 314
	5.16.2	Bemaßungen 316
	5.16.3	Alternativen 317
	5.16.4	Beliebte Fehler 318
5.17	Listboxen	 319
	5.17.1	Eigenschaften 319
	5.17.2	Attribute 320
	5.17.3	Bemaßungen 321
	5.17.4	Alternativen 321
	5.17.5	Beliebte Fehler 321
5.18	ListView-Elemente	 322
	5.18.1	Bezeichnungen 322
	5.18.2	Eigenschaften 323
	5.18.3	Erweiterte Attribute 325
	5.18.4	Alternativen 328
	5.18.5	Beliebte Fehler 328
5.19	TreeView-Elemente	 329
	5.19.1	Bezeichnungen 329
	5.19.2	Eigenschaften 330
	5.19.3	Erweiterte Eigenschaften 331

- 5.19.4 Alternativen 331
- 5.19.5 Beliebte Fehler 332
- 5.20 Scrollbars 333
  - 5.20.1 Bezeichnungen 333
  - 5.20.2 Eigenschaften 333
  - 5.20.3 Alternativen 333
  - 5.20.4 Beliebte Fehler 334
- 5.21 Schieberegler 334
  - 5.21.1 Eigenschaften 334
  - 5.21.2 Erweiterte Attribute 335
  - 5.21.3 Alternativen 335
  - 5.21.4 Beliebte Fehler 335
- 5.22 Browser 336
  - 5.22.1 Zellen 336
  - 5.22.2 Teilungsmöglichkeiten 337
  - 5.22.3 Breite der Spalten 337
  - 5.22.4 Browser vs. Eingabemasken 338
  - 5.22.5 Browser — noch zeitgemäß? 339
  - 5.22.6 Alternativen 341
- 5.23 Pushbuttons 342
  - 5.23.1 Eigenschaften 342
  - 5.23.2 Bemaßungen 343
  - 5.23.3 Beschriftung 345
  - 5.23.4 Farbe 348
  - 5.23.5 Anordnung 348
  - 5.23.6 Erweiterte Attribute 351
  - 5.23.7 Alternativen zu Pushbuttons 351
  - 5.23.8 Beliebte Fehler 351
- 5.24 Bitmap-Buttons 352
  - 5.24.1 Einsatzmöglichkeiten 352
  - 5.24.2 Optik 353
- 5.25 Tab-Controls 355
  - 5.25.1 Bemaßugen 355
  - 5.25.2 Laschentexte 356
  - 5.25.3 Bitmaps in Laschen 357
  - 5.25.4 Dynamische Laschen 358
  - 5.25.5 Verschachtelte Laschen 359
  - 5.25.6 Controls außerhalb der Laschenfenster 360
  - 5.25.7 Pushbuttons 360
  - 5.25.8 Tastenbedienung 360
  - 5.25.9 Alternativen 361
  - 5.25.10 Beliebte Fehler 362
- 5.26 Fortschrittsanzeigen 365
  - 5.26.1 Eigenschaften 365
  - 5.26.2 Regeln 366

		5.26.3	Restriktionen	367
		5.26.4	Möglichkeiten	367
		5.26.5	Alternativen	368
		5.26.6	Beliebte Fehler	369
	5.27	Mauszeiger		371
		5.27.2	Mauscursor als Feedbackanzeige	371
		5.27.3	Mauscursor als Informationsträger	372
		5.27.4	Hotspot	373
		5.27.5	Intelligentes Plazieren	373
	5.28	Zwischenablage		373
		5.28.1	Originale Zwischenablage	373
		5.28.2	Zusatzprogramm „ClipTray"	374
		5.28.3	Desktop als Ablage	375
		5.28.4	Selbst programmierte Zwischenablage	375
6	**Graphikelemente**			**377**
	6.1	Dieses Kapitel		377
	6.2	Grundsätzliches		377
		6.2.1	Warum Graphik…?	377
		6.2.2	Anwendungen	378
		6.2.3	Pixelschmuck	380
		6.2.4	Orientierung an Standards	380
		6.2.5	Einheitlichkeit	380
		6.2.6	Beliebte Vorurteile	381
	6.3	Werkzeuge		383
		6.3.1	Für Bitmaps…	383
		6.3.2	Für Icons…	385
		6.3.3	Für Cursor…	386
		6.3.4	Hilfreich: Lupe bei Windows 98	387
	6.4	Äußerlichkeiten		388
		6.4.1	Größe	388
		6.4.2	Farbe	389
		6.4.3	Beleuchtung	395
		6.4.4	Umriß	395
		6.4.5	Testen, testen, testen!	397
		6.4.6	Beliebte Fehler	397
	6.5	Innere Werte		397
		6.5.1	Verb vs. Objekt	397
		6.5.2	Symbolbedeutung	398
		6.5.3	Unterscheidbarkeit vs. Attraktivität	401
		6.5.4	Einheitlichkeit vs. Erkennbarkeit	402
		6.5.5	Erkennen vs. Wiedererkennen	404
		6.5.6	Konsistenz	404
		6.5.7	Beliebte Fehler	405
	6.6	Bitmaps		407
		6.6.1	Startbitmap beim Laden der Applikation	407

Inhaltsverzeichnis

		6.6.2	Schmuck-Elemente	408
		6.6.3	WYSIWYG-Elemente	409
		6.6.4	Validierungsanzeigen	416
		6.6.5	Bitmaps in TreeView-Elementen	417
		6.6.6	Bitmaps in ListView-Elementen	418
		6.6.7	Bitmaps in Pushbuttons	420
		6.6.8	Bitmaps in TabControl-Laschen	424
		6.6.9	Bitmaps als Menüoptionen	424
		6.6.10	Bitmaps in Toolbars	425
	6.7	Icons		427
		6.7.1	Sinnvolle Beschränkungen	427
		6.7.2	Icons: Bilder oder Symbole	427
		6.7.3	Texte in Icons	427
		6.7.4	Icons mit Verknüpfungsfunktion	427
		6.7.5	Applikations-Icons	428
		6.7.6	Fenster-Icons	429
		6.7.7	Bearbeitung von Icons als Bitmaps	429
	6.8	Mauszeiger		429
		6.8.1	Mauszeiger…?	429
		6.8.2	Standard-Mauszeiger	430
		6.8.3	Geben Sie Feedback, Sire!	431
		6.8.4	Sehr, sehr sinnvolle Ergänzungen	432
		6.8.5	Optional: Tastenfunktionen	433
		6.8.6	Der Hotspot	433
	6.9	Animationen		433
		6.9.1	Benutzung vorhandener Ressourcen	434
		6.9.2	Kleine Icons	434
		6.9.3	Herstellung	435
	6.10	Vorgehensweise		435
		6.10.1	Scharenweise Bitmaps	435
		6.10.2	Erstens: Viel Zeichenplatz…	435
		6.10.3	Zweitens: Brainstorming	436
		6.10.4	Drittens: Randbedingungen festlegen	437
		6.10.5	Viertens: Entwurf der „Kulisse"	437
		6.10.6	Fünftens: Entwurf der „Hauptszene"	439
		6.10.7	Sechstens: Abstimmung	439
		6.10.8	Siebtens: Reinzeichnung	439
		6.10.9	Ad infinitum: Prüfen & korrigieren	440
7	**Wegweiser zum erfolgreichen „Going GUI"**			**441**
	7.1	Dieses Kapitel		441
	7.2	Software-Design		441
		7.2.1	Folgen von Software	441
		7.2.2	Entscheidungsgeschwindigkeit	441
		7.2.3	Externe Anregungen	441
		7.2.4	Interne Regeln	442

	7.2.5	Ergebnisse prüfen	442
	7.2.6	Konstruktion vs. Komposition	442
	7.2.7	Für den Anwender	442
	7.2.8	Werkzeuge: Painter vs. Papier	443
	7.2.9	Letztendlich…	443
7.3	Zum Anwender…		443
	7.3.1	Fehler des Anwenders	443
	7.3.2	Typische Fragen der Benutzer	444
	7.3.3	Software für Anwender	445
7.4	Zur Applikation…		446
	7.4.1	Aufgabenangemessenheit	446
	7.4.2	Einheitliche Gestaltung	446
	7.4.3	Konsistenz	446
	7.4.4	Räumliche Plazierung von Elementen	446
	7.4.5	Mehr Sicherheit	446
	7.4.6	Mehr Möglichkeiten	447
	7.4.7	Hinzufügen neuer Features	447
	7.4.8	Features vs. Effizienz und Usability	448
	7.4.9	What you see is what you know	448
	7.4.10	Das Pareto-Prinzip	448
	7.4.11	Virtuosität	448
	7.4.12	Die Goldene Grundregel	449
7.5	Zum Schluß…		449
	7.5.1	PS No. 1	449
	7.5.2	PS No. 2	449

Anhang **451**

A	Dieses Kapitel…	451
B	Normen	451
C	Styleguides	451
D	Windows-Programmierung	452
E	GUI-Gestaltung	452
F	Icon-Design	454
G	Gestaltung von Hilfesystemen	454
H	Web-Design	454
I	Software-Entwicklung	455
J	Typographie	455
K	Unterhaltsames	455
L	Ergonomie-Randgebiete	456

Index **457**

■ ZYXWVUTSRQN M LJKIHGFEDCBA ● 1693£-9S4£ZL,0\0 ■

—■●//●◢■ //⊥∠+●●≡ 1 𝄞 ✣ -¦- (↙±-±)

NO. 4336   O. ப798

1 Einleitung

> „What you see is what you see"
> *Frank Stella*

1.1 Über das Buch

1.1.1 Das Stichwort „GUI"

GUI-(„Graphical User Interface")-Design bedeutet für Software, was Typographie für Drucksachen ist. GUI-Design ist die Gestaltung der graphischen Oberfläche einer Software, der Schnittstelle zwischen Mensch und Maschine. GUI-Design kennzeichnet das, was der Anwender von Software zu sehen bekommt: das, was über ihr schlichtes Funktionieren hinausreicht. Mode macht aus Stoff Kleidung, Rezepte machen aus Nahrung Gerichte: Gutes GUI-Design verwandelt Algorithmen in Applikationen und verleiht ihnen ein zeitgemäßes und ergonomisches „Gesicht".

GUI-Design hat Folgen: Gutes GUI-Design erlaubt schnelleres Erstellen von Applikationen, effizienteres Arbeiten bei höherer Zufriedenheit des Anwenders, Verringerung von Bedienungsfehlern, bessere Wiedererkennbarkeit und damit eine leichtere Einarbeitung, Konsistenz und „Corporate Identity" bei unternehmensweit eingesetzten Applikationen, Wiederverwendbarkeit von programmunabhängig gestalteten und damit universellen Elementen — Vorteile, auf die kein Software-Entwickler verzichten sollte. Schlechtes GUI-Design verringert die Akzeptanz, die Attraktivität und Benutzbarkeit von Software: Haben Sie sich schon einmal über eine Applikation geärgert, lag das mit hoher Wahrscheinlichkeit nicht an der Software selbst, sondern am Design ihrer Oberfläche. GUI-Design? — Alles andere als nur „oberflächlich".

1.1.2 GUI — Fluch oder Segen?

„Wo DOS war, soll GUI werden": Wurden vor wenigen Jahren noch umfangreiche Studien unternommen, um die Vorteile einer graphischen Benutzeroberfläche gegenüber einer rein textorientierten herauszustellen — wobei die Deutlichkeit der Überlegenheit der ersteren in der Praxis durchaus nicht so klar zu Tage tritt, wie das die meisten Studien suggerieren — , ist ein Software-Entwickler heutzutage gar nicht mehr vor diese Wahl gestellt.

Zwar gelten bei der Auswahl von Software noch nicht ausschließlich die harten Gesetze der Werbeindustrie: Aber bedenken Sie einmal, daß Sie möglicherweise mehr Zeit mit einer bestimmten Software verbringen als in Ihrem Auto — gehen Sie als Entwickler nicht davon aus, daß Anwender weniger anspruchsvoll und vor allem weniger anfällig für optische Versuchungen bei der Wahl eines Programms sind...

Bei kommerziellen PC-Applikationen für den freien Markt ist die Unterstützung von MS-Windows unverzichtbar, so schlagend auch etwaige Gegenargumente sein mögen. Ein Pochen auf geringere Hardware-Anforderung, höheres Ablauftempo, einfachere Bedienung, geringeren Entwicklungsaufwand und dergleichen mehr wird durch die schlichte und kategorische Forderung des Kunden nach Windows-Kompatibilität im Keim erstickt.

Um die meist ja tatsächlich zutreffenden Vorteile einer graphischen Benutzeroberfläche auf beiden Seiten — beim Entwickler und beim Anwender — zur Geltung kommen zu lassen, bedarf es fester Regeln, um gerade dem noch nicht so erfahrenen Programmierer Ausflüge in die Beliebigkeit und Zufälligkeit bei der Gestaltung von Dialogen, bei der Wahl von Controls und dergleichen zu ersparen: Um so mehr, wenn, wie häufig, der Entwickler bislang erst nur DOS-Programmiererfahrungen gesammelt hat und er seinen ersten Schritt in die GUI-Welt setzt. Schließlich lassen 80 mal 25 Zeichen einfach weit weniger Positionierungsfehler zu als beispielsweise 1024 mal 768 einzelne Pixel...

1.1.3 Software — Heute für die Welt von morgen

Mit dem Einzug der graphischen Benutzeroberflächen haben Computerprogramme ein „Gesicht" bekommen — und damit stellt der Anwender neue Anforderungen an Software, die sich keineswegs länger nur auf das korrekte Funktionieren allein beschränkt. Die Oberfläche von Software, das „Look & Feel", muß sich messen lassen an anderen Produkten: auch an solchen, die eine völlig andere und andersgeartete Funktionalität besitzen. Schließlich existiert für den Anwender Ihre Applikation nicht als eine Reihe ausgeklügelter Funktionen & interner Programmiertricks, sondern erst und vor allem einmal in Form einer sichtbaren Oberfläche: und die muß konkurrenzfähig sein.

Werden auf der einen Seite die Entwicklungszyklen für Computerprogramme immer kürzer, steigt auf der anderen Seite die Zahl derer, die am Entstehungsprozeß beteiligt sind: War es bei DOS-Applikationen meist der Programmierer allein, der sämtliche Aufgabengebiete über Erstellung eines Pflichtenheftes, Entwurf der Oberfläche (soweit Programme überhaupt derlei mehr als peripher besaßen), Implementierung, Hilfesysteme bis hin zu Anwenderdokumentation abdeckte, ist Windows-Programmierung meist das Ergebnis einer Teamarbeit von Graphikern, Designern, Programmierern und spezifischen Fachleuten. Hier eine gemeinsame Basis zu finden, ist häufig eines der vordringlichsten Probleme — den DOS-Programmierern klarzumachen, daß ein nicht unerheblicher Teil der Ressourcen für die reine Gestaltung der Oberfläche benötigt wird, ein weiteres.

1.1.4 Fremdwort „UID" — User Interface Design

Warum wird dem Aspekt des „User Interface Designs" meist so wenig Aufmerksamkeit geschenkt? Hier sind einige der mehr oder weniger gängigen Entschuldigungen und Gründe:

- Benutzer lernen von selbst, mit der Applikation umzugehen;
- Früher mußte man nur programmieren;
- Werkzeuge zur Gestaltung sind so einfach zu bedienen;
- Keine Zeit, kein Geld für ergonomische Feldforschungen;
- Hauptsache, die Fenster sind viereckig;
- Es fehlt ein konkreter Leitfaden zur Gestaltung.

Letzteres sollte in Zukunft nun wirklich kein Hindernis mehr sein...

1.1.5 Konstruktion vs. Komposition

Gute, ergonomische Dialoge sind keine Sache einer gefühlsmäßigen Komposition, bei der Intuition die allererste Rolle spielt. Dann nämlich wäre ein „Treffer" eher eine Glückssache; die Wahrscheinlichkeit, daß Ihnen auf diese Weise möglichst alle Dialoge einer Applikation gelingen, tendiert massiv gegen Null. Die Raumaufteilung und -nutzung bei der Gestaltung von Dialogen ist eine Sache von sozusagen physikalischen Konstruktionsgesetzen, die man kennen und anwenden können muß.

1.1.6 Der Design-Prozeß

Die Gestaltung ergonomischer Applikationen bedeutet die Loslösung vom wahllosen „Verteilen von Controls" hin zu einem möglichst deterministischen und wiederholbaren Entscheidungsprozeß. Idealerweise sollten zwei Dialoge, gestaltet von verschiedenen Entwicklern zu verschiedenen Zeitpunkten an verschiedenen Orten, möglichst gleich, mindestens aber keine erkennbare individuelle Handschrift tragen. Gut gestaltete Dialoge fallen im Grunde natürlich nur deshalb oft auf, weil sie aus der Menge häufig uneinheitlicher, unergonomischer Masken herausragen.

Allerdings ist leider die Halbwertzeit von Dialogen schon aus dem Grund eher kurz, da sich Betriebssystemhersteller immer wieder dazu hinreißen lassen, auch und gerade reine Äußerlichkeit zu „optimieren" — was sich beispielsweise in den im Saisonrhythmus die Optik und leider auch gelegentlich die Bedienung wechselnden Symbolleisten manifestiert.

Problematisch sind gerade für den Einsteiger Entscheidungen, welches der verschiedenen Steuerelemente für einen konkreten Zweck das optimale ist: So bietet Windows bei Auswahlelementen die Möglichkeit, eine Combobox (wahlweise statisch oder editierbar), eine Listbox, ein ListView-Element, einen Browser, eine Radiobutton-Gruppe oder einfach ein Eingabefeld, gefolgt von einem Pushbutton, der einen Auswahldialog aktiviert, einzusetzen. Hier sind es oft nur kleine Details, die auf den ersten und zweiten Blick gleich oder doch zumindest ähnlich scheinende Controls deklassieren. Meist ist es tatsächlich nur ein Steuerelement, das dem Einsatzzweck optimal entspricht.

1.1.7 Gutes oder schlechtes Design, aber nie kein Design

Es ist unmöglich, auf Software-Design zu verzichten: Sie können sich nur entweder für gutes oder schlechtes, nicht aber für gar kein Design entscheiden, wenn Sie ein ungünstiges Control, einen unpassenden Font, eine zu grelle Farbe oder eine unergonomische Anordnung einsetzen. Eine „Abwesenheit von Design" gibt es bei der Gestaltung von Software ebensowenig, wie es bei Drucksachen eine Abwesenheit von Typographie gibt. Design ist unvermeidlich — auf daß es Ihnen nicht geht wie dem reichen Herrn Jourdain aus Molières „Der Bürger als Edelmann", der entdeckt, daß er sein Leben lang Prosa gesprochen hat.

Software berücksichtigt häufig in zu hohem Maße die Technologie, nicht aber die Bedürfnisse des Kunden. Zunehmend beschweren sich Anwender, Dinge funktionieren nicht korrekt oder lassen sich nur schwer bedienen; weitaus weniger wird ein Mangel an grundsätzlicher Funktionalität beklagt. Ein Grund hierfür ist zweifellos, daß Software immer komplexer und damit auch schwerer zu bedienen wird. Diesem Dilemma läßt sich begegnen, indem man die Grundlagen guten Software-Designs erkennt und entsprechende Richtlinien klar formuliert.

Ein schlechtes Design kann die gute Funktionalität einer Software derart verdecken, daß die Applikation selbst mit solchen Produkten nicht konkurrieren kann, die eine deutlich geringere Leistungsfähigkeit aufweisen. Tools zur Gestaltung von Software sind in üppigem Maß auch für Wenig-Programmierer verfügbar; Kenntnisse fehlen meist, Regeln sind kaum bekannt — die Einsicht in die Notwendigkeit, die letzteren beiden anderweitig erwerben zu müssen und sie nicht im Programmierpaket auf CD mitgeliefert zu bekommen, leider ebenfalls.

1.1.8 Neue Windows-Sprachen

War es in den Anfangsjahren von Windows noch eine überschaubare und privilegierte Kaste von Programmierern, die mit Hilfe des Windows-Software Development Kit und (zumeist) einem reinen C-Compiler GUI-Applikationen schrieben, verhilft heutzutage eine zunehmende Zahl an vergleichsweise einfach zu bedienender, komfortabler Entwicklungssysteme auch dem nicht so Kundigen dazu, sich in die Reihe derer einzuordnen, die Windows-Programme zu schreiben in der Lage sind — ohne sich im Detail mit den vielen Hundert API-Funktionen, -Konstanten und -Nachrichten beschäftigen oder sie gar aus dem Effeff kennen zu müssen.

Moderne Werkzeuge, visuelle Painter und leistungsfähige Generatoren verkürzen drastisch die Entwicklungszeit, helfen Fehler zu vermeiden und erlauben die Konzentration auf das Wesentliche: die Implementierung der gewünschten Funktionalität. Letzteres stellt dank vergleichsweise einfacher Programmiersprachen wie Visual Basic, Delphi und dergleichen nicht mehr das eigentliche Problem dar. Die Zeitvorteile solcher Sprachen werden aber meist nicht dazu genutzt, der äußeren Gestaltung einer Applikation mehr und länger Aufmerksamkeit zu schenken. Da entsprechende Richtlinien meist fehlen, ersetzen diese häufig reine Intuition und Orientierung an anderen Windows-Programmen.

Mangelnde Erfahrungen und Kenntnisse bei der Gestaltung werden kurzerhand durch entsprechend professionelle Werkzeuge zu kompensieren versucht; schließlich kann ja auch eine Applikation mit nur „suboptimalem" Design prinzipiell durchaus einwandfrei funktionieren. „Easy to make" heißt dagegen aber keineswegs auch immer „Easy to use". Populäre Sprachen kann tatsächlich fast jeder halbwegs bedienen — was man von den damit gelegentlich reichlich gestrickt wirkenden Applikationen nicht immer behaupten kann... Für die Gestaltung ergonomischer Applikationen bedarf es eben doch mehr als die Fertigkeit, Steuerelemente per Drag & Drop von der Werkzeugpalette eines Window-Editors auf die Arbeitsfläche zu ziehen.

1.1.9 Typographie: Programm plus Schriften plus Know-how

Analoges ließ sich vor einigen Jahren bei der sehr erfolgreichen Einführung einfach bedienbarer Desktop Publishing- und Graphikprogramme beobachten: Jetzt kann jedermann nach Herzenslust Setzer oder Graphiker spielen. Allerdings sehen meist die Ergebnisse dann doch etwas anders aus als bei jemandem, der jahrelang den Umgang mit den auch hier geltenden Gesetzen gelernt hat. Die Möglichkeit, Schriftarten per Knopfdruck zu installieren, hat mit parallel eingeführter Sitte, den meist noch üppig vorhandenen leeren Platz auf der Programm-CD mit entsprechenden üppigen preiswerten bis kostenlosen Hundertschaften von Fonts zu trüffeln, diesen Trend noch verstärkt; auszubaden hat solche Exzesse dann stets der Leser, der sich eher Schriftmusterbüchern ausgesetzt sieht als sinnvoller und artgerechter Typographie.

Mit der Einführung preiswerter Tintenstrahldrucker haben jetzt auch noch die Farben Einzug in jedermanns Drucksachen erhalten — was ihnen auch nicht immer zum reinen Vorteil gereicht. Die typographischen Unsitten befinden sich dank gelegentlicher öffentlicher Ächtung zunehmend auf dem Rückzug; Ähnliches erhofft man sich auch für die Gestaltung von GUI-Software: Die Konzentration auf Dinge wie Ergonomie, Schlichtheit, Rücksichtnahme auf den Benutzer. Vielleicht hilft dieses Buch, die Trendwende auch in diesem Bereich einzuläuten.

1.1.10 Vorteile von gutem Software-Design

1.1.10.1 Effizienz

Die DIN EN ISO 13407 definiert Effizienz als den „im Verhältnis zur Genauigkeit und Vollständigkeit eingesetzten Aufwand, mit dem Benutzer ein bestimmtes Ziel erreichen". Bei Einhalten von Gestaltungsstandards und -regeln ist eine deutliche Reduzierung der Reaktions- und Entscheidungszeit festzustellen, die der Anwender für die Abarbeitung von Masken benötigt.

1.1.10.2 Produktivität

Produktivitätssteigerungen sind nicht nur auf seiten des Anwenders wünschenswert. Die Kapselung und Trennung der Ein-/Ausgabe- von Berechnungsroutinen führt zu einer besseren Wiederverwendbarkeit der Komponenten einer Applikation und minimiert damit Fehler, fördert die Konsistenz von Applikationen und erlaubt kürzere Entwicklungszyklen.

1.1.10.3 Weniger Benutzerfehler

Software-Fehler sind meist Design-Fehler. Haben Sie sich beispielsweise schon häufiger über eine Software geärgert, lag das meist am schlechten Design der Software, nicht an der Software selbst. Selbst Dinge, die als Software-Fehler deklariert werden, beruhen sehr oft auf der schlechten Gestaltung: So war bei dem versehentlichen Abschuß eines Zivilflugzeuges vor einigen Jahren auf dem Bildschirm des den Abschuß auslösenden Piloten angeblich sogar erkennbar, daß es sich bei dem Flugzeug nicht um eine Militärmaschine handelte — allerdings wurde diese lebenswichtige Anzeige nicht mit der nötigen Unterscheidbarkeit und Deutlichkeit eingeblendet.

Gutes Design vermeidet und minimiert den Aspekt des „menschlichen Versagens", das ja immer eine Ursache hat, die neben Ermüdungserscheinungen und dergleichen fast immer in einem Bedienungsfehler zu suchen ist. Dazu gehört die Vermeidung von Mehrfacheingaben ebenso wie das Angebot von Auswahllisten, die nicht nur Zeit sparen, sondern auch ungemein konsistenzfördernd sind, was nicht nur etwaigen Freitextsuchen dienlich ist.

1.1.10.4 Höhere Benutzerzufriedenheit

Die EN 13407 definiert höhere Benutzerzufriedenheit als die „Freiheit von Beeinträchtigung und positive Einstellungen gegenüber der Nutzung des Produkts." Eine Applikation, die einwandfrei funktioniert, im Bedienungsablauf den Bedürfnissen des Anwenders entgegen kommt, genügend Freiraum für eigene Konfigurationsmöglichkeiten beinhaltet, kann sich genügender Akzeptanz seitens des Benutzers sicher sein.

1.1.10.5 Leichtere Erlernbarkeit

Untersuchungen zeigen, daß Applikationen mit graphischer Benutzeroberfläche weniger Einarbeitung erfordern und den Anwender in stärkerem Maße als textorientierte Programme motivieren. Allerdings kann beim Einsatz der inzwischen sehr vielfältig vorhandenen GUI-Steuerungselemente auch ein gegenteiliger Effekt eintreten, sind die Controls nicht nach standardisierten Prinzipien eingesetzt.

1.1.10.6 Übertragbarkeit von Wissen auf andere Applikationen

Gutes Software-Design erschließt dem Anwender im Laufe seiner Bedienung neue Möglichkeiten, deren Kenntnis ihm auch bei der Bedienung anderer GUI-Software nützlich ist. Damit erwirbt der Benutzer beim Aneignen Ihrer Applikationen Fähigkeiten, die ihm bei anderen Applikationen zu gute kommen. Lassen Sie ihn etwa direkte Manipulationsmöglichkeiten mit der Maus über geeignete Selbstbeschreibung — Tooltips, Hilfen, Erläuterungen — erkennen, wird er diese Erfahrung auch auf andere Programme übertragen und sogar dort nicht dokumentierte oder sofort erkennbare Möglichkeiten der Bedienung nutzen.

1.1.10.7 Weniger Kosten

Auch in dieser Hinsicht rechnet sich gutes Software-Design: Sparen Anwender etwa durch durchdachte Eingabemasken beim Erfassen von Daten pro Tag eine halbe Stunde (und viele Applikationen bieten durchaus mehr Spielraum), und wird ein Programm von einigen Hundert Leuten benutzt, multipliziert sich allein der volkswirtschaftliche Nutzen beträchtlich — ganz zu schweigen von der gleichzeitig erheblich gesteigerten Anwenderzufriedenheit.

Die reine Anschaffung wird zukünftig kein alleiniges Kriterium für den Preis einer Software mehr sein. Kosten für eine notwendige Hotline oder der Imageverlust bei schlecht gestalteter Software sind in zunehmendem Maße zu berücksichtigen.

1.1.10.8 Weniger Gestaltungszeit

Dieser Aspekt scheint auf den ersten Blick und vor allem bei der Dicke des Buches und der Vielzahl der Empfehlungen leicht paradox. Allerdings bleibt eben bei der Orientierung an den vorgeschlagenen Schnittmustern weit weniger Raum & Zeit für eigenes umständliches Herumprobieren — in der Praxis kann man jedenfalls beobachten, daß es sich mit halbwegs strengen Regeln einfach schneller gestalten läßt und als Ergebnis eben „eindeutige" und eindeutig bessere Dialoge entstehen...

1.1.10.9 Und letztendlich...

Gutes Design verhilft auch Software zu einem perfekten Sitz: Trägt jemand schlechte Kleidung, bemerkt man die Kleidung. Trägt jemand gute Kleidung, achtet man auf die Person.

1.1.11 Vorteile fertiger Schnittmuster

Normen und Style-Guides mangelt es meist am konkreten Praxisbezug. Ein Entwickler möchte nicht nur die Art der vorhandenen Controls, sondern auch deren korrekten Einsatz, möglichst an praxisgerechten Beispielen, beschrieben haben. Die schlichte Orientierung an anderen Applikationen reicht da nicht aus. Ebensowenig ließe sich, obschon sicher jedes Wort einer Sprache bei Goethe, Proust oder Joyce vorkommen mag, schwerlich auf Wörterbücher oder Grammatiken verzichten.

Die Vorteile praxisbewährter Richtlinien, Regeln und Vorgaben gelten im übrigen für alle GUI-Entwicklungssysteme, egal, ob Sie mit Java, C++, Visual Basic, Delphi, CA-Visual Objects oder ausgefalleneren Windows-Sprachen arbeiten, ja, sind noch nicht mal auf eine bestimmte GUI-Plattform beschränkt. In der Regel unterstützen alle diese Sprachen zumindest die im Buch beschriebenen Grundelemente (das sind im Rahmen der Windows 32-Common Controls eine ganze Reihe); die Gestaltungsprinzipien lassen sich zudem auch durchaus auf exotischere Controls übertragen.

1.1.11.1 Unternehmens- und applikationsübergreifende Konsistenz

Unverzichtbar bei Team- oder langfristigen Projekten, sollte die Gestaltung größerer Applikationen nicht in den Händen eines einzigen Entwicklers liegen. Weitere Versionen, andere Projekte etc. sollten einer klar definierten Linie folgen, die nicht nur Erkenntnisse des eigenen Softwarehauses, sondern auch allgemeine GUI-Regeln nutzen. Bausteine, die nach solchen Gesichtspunkten entwickelt sind, besitzen eine ausgezeichnete Wiederverwendbarkeit über die eine Applikation hinaus.

1.1.11.2 Unabhängigkeit von der Tagesform des Gestalters

Den einzelnen Dialogen sollte man nicht ansehen können, welcher Entwickler Hand angelegt hat und wie motiviert oder lustlos er in dem Moment zu Werke gegangen ist. Das Layout soll einer „globalen" Konvention entsprechen, nicht aber vom eventuell nur vagen Geschmack eines einzelnen abhängen.

1.1.11.3 Keine zeitraubenden Experimente

Ein festes Schnittmuster, das bei der Gestaltung zu Rate gezogen und aufgeschlagen wird, spart dem Entwickler erheblich Zeit, da er Dinge nicht mehr langwierig ausprobieren muß. Beim Erzeugen eines neuen Dialogs steht eben fest, an welcher Position das erste Element links oben, wo die Hauptschaltflächen etc. zu plazieren sind.

1.1.11.4 Vermeidung von Willkür

Regeln geben Sicherheit und vermeiden Mißverständnisse, wenn fehlerhaft eingesetzte Elemente den Gestaltungserwartungen eines Windows-Kenners zuwiderlaufen. Schließlich soll nicht der Entwickler die Applikation optimal bedienen können, sondern der Anwender. Erstere haben aber meist ein ganz anderes, eher technisch orientiertes Verständnis einer Applikation, während letztere eher sach- und fachbezogen denken.

1.1.11.5 Insgesamt: Entscheidungshilfen

Die Gestaltung einer Software ist mit einer Reihe von Entscheidungsprozessen verbunden: Es müssen passende Controls gewählt werden, diese sind mit Attributen auszustatten. Es ist ein durchgängiges Konzept für die Verwendung von Farben, die Positionierung von Elementen und dergleichen zu entwickeln. Moderne GUI-Systeme bieten für praktisch alle Anwendungsfälle eine Reihe ähnlich scheinender Elemente, deren Korrektheit innerhalb eines Kontextes oft nur subtile Details bestimmen.

1.1.12 Normen zur Softwareergonomie

- DIN EN ISO 9241-10: Grundsätze der Dialoggestaltung
- DIN EN ISO 9241-11: Richtlinien zur Gebrauchstauglichkeit
- DIN EN ISO 9241-12: Informationsdarstellung
- DIN EN ISO 9241-13: Benutzerführung
- DIN EN ISO 9241-14: Dialogführung über Menüs
- DIN EN ISO 9241-15: Dialogführung über Kommandosprachen
- DIN EN ISO 9241-16: Dialogführung über direkte Manipulation
- DIN EN ISO 9241-17: Dialogführung über Bildschirmformulare
- DIN EN ISO 13407
- ISO 13719

Die zum Teil noch recht jungen und erst als Entwurf vorliegenden Normen behandeln allgemeine Richtlinien zur Gestaltung Benutzer-orientierter interaktiver Systeme. Einige Teile sind in Form einer DIS („Draft International Standard") bereits verabschiedet, andere zur Begutachtung freigegeben. Die europäischen Normen werden in absehbarer Zeit den Status einer nationalen Norm erhalten und dann also allgemein verbindlich sein. Das hat für die Entwicklung von Software für den freien Markt ziemliche Konsequenzen: Sie muß diesen Normen genügen — tut sie das nicht, darf der Anwender die Gebrauchsfähigkeit in Frage stellen.

Diese setzt sich aus drei Faktoren zusammen: Der Anwender soll die gewünschte Aufgabe lösen können (Effektivität), dabei nicht unnötig viel Zeit aufwenden (Effizienz) und mit der Software zufriedenstellend arbeiten können (Zufriedenstellung).

Dieses Buch behandelt die DIN nicht explizit, obschon natürlich ihre Erkenntnisse sich in praktisch allen Kapiteln niederschlagen. Eine nähere Einsicht — die DIN EN ISO 13407 lag zum Manuskriptzeitpunkt beispielsweise in einer Entwurfsfassung vor und dürfte daher bald abgeschlossen sein — wird aber ausdrücklich empfohlen. Im April 1998 wurde ihr Inhalt mit der Verabschiedung des „Final Draft" abgeschlossen. Der gültige Standard wird aller Voraussicht nach unter der Bezeichnung EN 29241 eingeführt werden.

1.2 Über den Leser

1.2.1 Die Zielgruppe

Zwar scheint kaum etwas duldsamer und frustrationsbereiter zu sein als ein Anwender, der sich willig und fortwährend mit Konfiguration und Treibern von Betriebssystemen herumschlägt — beim Einsatz von Business-Software ist der typische „User" schon weit weniger strapazierbar.

Anwender wünschen ergonomische, intuitiv bedienbare und „moderne" Programme. Unternehmen fordern einheitliche, kostengünstige Software, die — auch über längere Zeiträume hinweg — im Team entworfen, entwickelt und gewartet werden kann. Entwickler brauchen Richtlinien, um diesen Anforderungen gerecht zu werden, Richtlinien, die ihnen helfen, die notwendigen Entscheidungen zu treffen. GUI-Systeme stellen Dutzende verschiedener und verschiedenster Steuerelemente zur Verfügung, die teilweise sehr ähnliche, aber doch jeweils auch spezifische Funktionsbereiche abdecken. Hier muß das richtige Control für den richtigen Zweck gefunden werden, um die Erwartung des kundigen Anwenders nicht zu unterlaufen, um dem Neuling eine korrekte Oberfläche zu bieten und um den Ablauf von Bedienung und Eingabe möglig flüssig und „selbstverständlich" erscheinen zu lassen.

Die Deutsche Norm DIN EN ISO 13407, „Benutzer-orientierte Gestaltung interaktiver Systeme" vom Februar 1998 schreibt dazu in der Einleitung: „Obgleich ein grundlegendes Wissen auf dem Gebiet der Ergonomie darüber besteht, wie solche Gestaltungsprozesse organisiert und wirksam genutzt werden können, sind viele dieser Informationen nur den Spezialisten auf diesem Gebiet gut bekannt." Hier soll dieses Buch nachdrücklich Abhilfe schaffen — für eine ergonomische Benutzungsoberfläche ist die Kenntnis der Grundlagen und Regeln auf Dauer doch eine weit zuverlässigere Maßgabe als das allzu trügerische Vertrauen auf schlichte Intuition... Software-Design ist vielmehr eine Fähigkeit und Disziplin, die man lernen, trainieren und für die man Richtlinien aufstellen kann.

Auch im Dunkeln läßt sich eine Zielscheibe durchaus treffen, feuert man nur oft genug: Aber im Hellen und präzise gezielt geht es eben doch besser. Ganz besonders ist dieses Buch also für all jene gedacht, die der Meinung sind, für eine ausgefeilte Gestaltung einer graphischen Benutzungsschnittstelle keine Zeit zu haben, da sie schon genug mit der eigentlichen Programmierung zu tun und dringende Termine eh schon überschritten haben — seien Sie sicher, daß es ohne feste Regeln nur noch länger dauern wird...

Gedacht ist das Buch für all jene, die GUI-Applikationen entwickeln; egal, mit welcher Programmiersprache sie das tun. Das Anschauungsmaterial ist jeweils Windows (Windows 3.x, Windows 95, Windows 98 und Windows NT); seine Erkenntnisse lassen sich aber auch auf andere GUI-Plattformen wie OS/2, Macintosh, OSF/Motif etc. übertragen.

1.2.2 Die Anwender

Es ist schwierig, Software gleichermaßen für Anfänger wie auch Experten zu schreiben. Bietet die Applikation keine ausreichenden Mechanismen, daß ein Kenner kürzere Wege gehen kann, wird auch er das Programm stets wie ein Laie bedienen. Dazu sollte Software den Anwender motivieren und dazu bringen, Abkürzungen und beschleunigte Bedienungstechniken zu integrieren. Bietet sie allerdings dem Einsteiger keine durchschaubaren Hilfen an, kann er sich schwerlich zum Experten entwickeln — und so bleiben denn auch sehr konfigurierbare Applikationen wie Textprogramme oder der Windows-Desktop zeitlebens im gerade mal krabbelhaften Originalzustand.

1.3 Über die Benamungen im Buch

1.3.1 Benutzer vs. Benutzung

Der Begriff „Benutzerschnittstelle" scheint mir gleichermaßen unsinnig wie eingeführt; aus letzterem Grund verwende ich ihn mit dem sprachlich sicher glücklicheren Begriff „Benutzungsschnittstelle" synonym & durcheinander — im stillen Angedenken, daß die Taste <Strg> nun keineswegs die oft so genannte „Stringtaste" ist, „Olympiade" gleichfalls nicht die Olympischen Spiele, sondern eben gerade die Zeit zwischen zwei Spielen bezeichnet, angebliche „Anglizismen" im Sprachgebrauch fast immer einfach nur schlicht-englische Vokabeln meinen, das zweite Jahrtausend korrekterweise leider erst am 1. Januar 2001 beginnt und dergleichen Dinge mehr — bevor Sie jetzt schon den Rotstift zücken...

1.3.2 GUI-Elemente: Pushbutton vs. Schaltflächen

Englische Fachbegriffe sind für Bücher, die sich an Software-Entwickler und Programmierer werden, ebenso unverzichtbar wie zumutbar. Um eine präzise, eindeutige und unverwechselbare Bezeichnung bei den verschiedenen GUI-Elementen wie Fenstern und Steuerelementen zu erreichen, kommen hier jeweils auch deren englische Bezeichnungen zum Zuge, die in den meisten Entwicklungssystemen einfach gängiger sind als die oft hölzernen deutschen Pendants.

Das scheint mir insbesondere deshalb gerechtfertigt, weil selbst der Betriebssystemhersteller hier keine durchgängige und in jedem Fall schlüssige Übersetzung anzubieten hat und auch festgelegte Begriffe immer mal wieder modifiziert. Zwar gibt es eine Reihe von Tabellen, die Begriffe in verschiedenen Sprachen mit dem englischen Original gegenüberstellen, doch weisen sie neben einigen sehr amüsanten Varianten auch solche Bezeichnungen auf, die keineswegs eindeutig und eingängig sind.

 So ist beispielsweise ein „Spinbutton" deutlich einprägsamer und gebräuchlicher als ein „Drehfeld"; und im Falle der verschiedenen Combobox-Arten bietet auch das sonst sehr umfangreiche Standardwerk „The GUI Guide. International Terminology for the Windows Interface" keine komplette deutsche Übersetzung. „Combobox" wird hier mit „Kombinationsfeld" übersetzt, die Drop-Down-Listbox bleibt aber mit „Dropdown-Listfeld" durchaus polyglott und ist überhaupt einer (Drop-Down-)Combobox ähnlicher denn einer Listbox. Allerdings hat es beispielsweise der französische Entwickler mit „zone de liste déroulante modifiable" auch nicht gerade viel einfacher...

Im Falle der Pushbutton-/Schaltflächen-Möglichkeit treffe ich übrigens eine Unterscheidung, die die synonyme Benutzung beider Begriffe sogar ausschließt: Pushbutton haben für mich stets eine vorgegebene Höhe. Dabei gibt es nur zwei Möglichkeiten: Sind Pushbutton hinter einem Control plaziert (meist sicher einem Eingabefeld), um beispielsweise einen Auswahldialog anzubieten, ist die Höhe des Buttons identisch mit der des Controls. Fensterbutton wie

„Schließen", „Ok" etc. haben eine eindeutige und nie variierte Höhe. Das Controlkapitel wird hier einige Strickmusterbögen aufzeigen, an die ich mich geradezu ergeben halte.

Schaltflächen sind für mich allgemeinere Pushbuttons, die meist eine Bitmap enthalten und deren Größe relativ flexibel ist. Gelegentlich benutze ich sogar Schaltflächen mit mehrzeiliger Beschriftung, wenn der Anwender beispielsweise zwischen zwei festen Adressen eine wählen darf, wie das die Abbildung 1.1 zeigt.

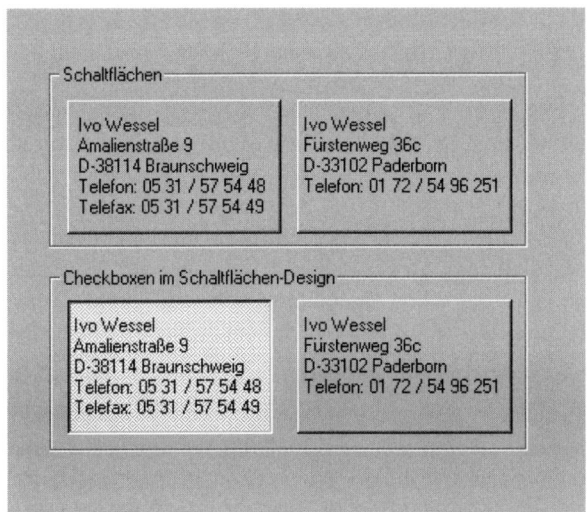

Bild 1.1: Vorab: mehrzeilige Schaltflächen sind für mich keine Pushbuttons

Ansonsten ist eine präzise und eindeutige Benennung — in allen Arten von Dokumentationen und Quelltexten — unbedingt ratsam; von Microsoft selbst gibt es hier beispielsweise „The Microsoft Manual of Style for Techical Publications", das — leider nicht auf Deutsch erschienen — sehr empfehlenswert ist und exakte Vorgaben enthält, die auch solche Dinge berücksichtigen, daß statt des Verbs „hit" im Zusammenhang mit Tastendrucken stets „press" der Vorzug zu geben ist.

1.4 Über die Vorgehensweise

Neben dem Kapitel 2, das allgemeine Gestaltungsprinzipien formuliert und diese anhand vieler Beispiele erläutert, beschreiben die Kapitel 3 bis 6 jeweils ein abgegrenztes Gebiet mit GUI-Elementen, wobei es gelegentlich auch mal zu unvermeidlichen Überschneidungen kommt. Diese Kapitel sind zudem auch als Nachschlagewerke zu den jeweiligen Elementgruppen konzipiert. Wer also den Einsatz eines bestimmten Controls oder die Gestaltung eines Menüs erwägt, findet hier, mit vielen Gut-/Schlecht-Beispielen illustriert, ein überschaubares Regelwerk.

Die Abbildungen zeigen bewußt meist Elemente und Dialoge solcher Applikationen, die jedem Windows-Anwender bekannt sind. Es ist geradezu erstaunlich, daß auch professionelle Programme der großen Software-Hersteller an vielen Stellen ergonomische Unschönheiten aufweisen, die eine effiziente Bedienung objektiv erschweren und dabei unter Verwendung der Grundregeln auf einfache Weise optimierbar wären. Ärgerlich sind solche Makel natürlich besonders dann, wenn sie an Stellen auftreten, die besonders häufig benutzt werden.

- Kapitel 2: GUI-Applikationen

Dieses Kapitel behandelt die allgemeinen Kriterien wie Fehlertoleranz, Konsistenz und dergleichen. Es sollte in jedem Fall als erstes gelesen werden; wie überhaupt sich die Einhaltung der Kapitelreihenfolge empfiehlt.

- Kapitel 3: Fenster

Dieses Kapitel beschreibt die Elemente und Arten von Fenstern und Dialogen. Übersichtlich geordnet findet man die Merkmale und Vor-/Nachteile bestimmter Fensterformen, was bei der Konstruktion von Dialogen zu beachten ist und dergleichen. Grundlage der einheitlichen Gestaltung von Fenstern sind feste Raster, die für alle Dialoge verbindlich sind.

- Kapitel 4: Menüs

Dieses Kapitel beschreibt die verschiedenen Menüvarianten, deren Einsatz und zeigt Strategien auf, wie ergonomische Menüs zu gestalten sind. Menüs sind die am häufigsten benutzten Steuerungselemente von Applikationen; jeder, der schon einmal eher wahl- und ziellos durch ein Menü geblättert hat auf der Suche nach der gewünschten Option, weiß, daß hier Designfehler besonders ärgerlich sind.

- Kapitel 5: Controls

Das umfangreichste Kapitel widmet sich den verschiedenen Controlarten. Unterteilt in Gruppen wie Anzeige-/Auswahlcontrols etc. beleuchtet es ihren Einsatz, gibt Tips und zeigt typische Fehler bei der Verwendung auf. Umfangreiche Tabellen enthalten Positions- und Abmessungsangaben für die drei Programmiersprachen Delphi, Visual Basic und CA-Visual Objects, die aber auch auf andere Sprachen übertragbar sind.

- Kapitel 6: Graphikelemente

Schlechtes Icon- und Bitmapdesign trägt in großem Maße dazu bei, daß Applikationen nicht vernünftig bedienbar sind. Dieses Kapitel gibt Ratschläge und zeigt Regeln & Werkzeuge, wie auch Nichtgraphiker sinnvolle Symbole für Toolbarbuttons und andere Einsatzzwecke gestalten können und was beim Einsatz dieser sich zunehmender Beliebtheit erfreuender Elemente zu beachten ist.

- Kapitel 7: Wegweiser zum erfolgreichen „Going GUI"

Das letzte Kapitel faßt die wesentlichen Gesichtspunkte für die ergonomische Gestaltung noch einmal zusammen.

- Anhang und Index

Neben einem umfangreichen Literaturteil, der viele weitergehende Lektüreempfehlungen beinhaltet, beschließt ein ausführliches Stichwortregister das Buch.

Mit Beschreibungen und Richtlinien möchte das Buch Ihren Blick schärfen, Ihnen zu jenem „Gefühl für Rang" verhelfen, das auch Maßgabe ist für die Bewertung und Gestaltung von Software; zuzüglich jener scheinbaren und gelegentlich geheimnisvollen Kleinigkeiten, die Programme zu ergonomischen und handhabbaren Applikationen reifen lassen — Applikationen, deren gestalterische Qualität auch ein eher nur intuitiv bewertender Laie sieht: Obschon zur deren Herstellung eben doch etwas mehr als nur reine Intuition notwendig und unverzichtbar ist.

Abschließend hier Dank an Ottmar Hörl für die abermalige künstlerische Umrahmung, an Joachim Fähser, mit dem ich zusammen so manches Icon bei Regen und Sturm erfochten habe sowie an die während der Niederschrift erfolgreich Vertrösteten — und, mit den Worten Adolf Freiherr von Knigges aus seinem dto. in diesem Zusammenhang sehr lesenswerten Buch „Über den Umgang mit Menschen": „— so lasset uns denn den Versuch machen und der Sache näherrücken!"

NO. 4333   O. 98

2 GUI-Applikationen

> „Where do you want to go today?"™
> *Microsoft, seit Mitte der 90er*

> „Where do we go from here?"
> *Marcel Duchamp, 1961*

2.1 Dieses Kapitel…

…beschreibt die wichtigsten Kriterien, die es bei der Gestaltung von Applikationen zu beachten gibt. Dabei werden ausführlich die für GUI-Programme als wesentlich erkannten Prinzipien anhand vieler Beispiele mitsamt ihren Vor- und Nachteilen beleuchtet. Zielrichtung dieses Kapitels ist, ausgehend von einem Prinzip wie beispielsweise Konsistenz von Software die dazu notwendigen Techniken zu beschreiben. Wer wissen will, wie bestimmte Steuerelemente, Fenster oder Menüs ergonomisch einzusetzen sind, findet solche Punkte eher in den restlichen Nachschlagekapiteln.

2.2 Grundsätzliches

2.2.1 WIMP — „Windows, Icons, Menus & Pointing"

„WIMP" ist das Kürzel für die klassischen Erkennungsmerkmale und Gemeinsamkeiten aller graphischen Benutzeroberflächen: Der Anwender ist mit Fenstern, Icons (graphische Sinnbilder im weiteren Sinne), Mausbedienung und Pulldown-Menüs konfrontiert. Übrigens finden sich in der Literatur zwei aber gleichbedeutende Ausformulierungen für das Kürzel „WIMP": „Windows, Icons, Menus, Pointing" und „Windows, Icons, Mouse, Pulldown-Menus".

Diese vier Errungenschaften haben auch auf den Sprachgebrauch von Entwicklern großen Einfluß: Es werden keine Informationen mehr einfach nur auf dem Bildschirm ausgegeben, sondern stets in Fenstern (genauer: in einem Control eines Fensters) angezeigt. Durch übereinanderliegende Fenster können jederzeit Dinge verdeckt sein oder sich außerhalb des sichtbaren Bereiches befinden. Steuerelemente von Fenstern lassen sich anklicken, ohne daß das zugehörige Fenster komplett sichtbar oder im Vordergrund sein muß.

Gewisse Grundbedienungen wie „Maus klicken", „Maus doppelklicken" (den Dreifachklick benutzt, soweit ich sehe, offiziell zum Glück nur das Betriebssystem NeXTSTEP des NeXT-Computers) oder komplexere Manipulationen wie Drag & Drop sollten dem Anwender ähnlich bekannt sein wie die meist unbeachtete Tatsache, daß „Taste gedrückt" natürlich eigentlich „Taste losgelassen" meint. Auch das Drücken eines Pushbuttons mit der Maus wäre präziser beschrieben mit „Maustaste gedrückt und losgelassen, während der Mauszeiger sich im Bereich des Buttons befindet". Nicht immer sollte man diese Dinge jedoch bei jedem Anwender als bekannt voraussetzen.

2.2.2 Einige Arten von Applikationen

Auch Softwareprodukte haben eine Zielgruppe: Daher sind Regeln für die Gestaltung von Applikationen nicht völlig universell und beliebig auf alle Arten von Programmen anwendbar. Die Benutzeroberfläche von Spielen soll beispielsweise sicherlich geradezu zum Tüfteln und Ausprobieren einladen, da die Motivation des Anwenders eine ganz andere ist als die einer Bürosoftware, bei der es — was man allerdings in der Praxis nicht immer wiederfindet — in erster Linie darum geht, ein bestimmtes, wiederkehrendes Problem in möglichst kurzer Zeit und möglichst effizient zu lösen: in gewisser Weise also sogar ziemlich das Gegenteil dessen, was ein Spieler erwarten wird.

2.2.2.1 E- und U-Software

Geben Sie dem „Funfaktor" von Software nicht gar zu viel Gewicht: Die meisten Anwender sind keineswegs die reinen Enthusiasten, denen das mühsame Ausprobieren und Erkunden von Programmen ganz besonders viel Spaß machen würde. Mir scheint beispielsweise beim Installationsprogramm von Windows 98 der Aspekt, Software muß vor allem Spaß machen, arg im Vordergrund zu stehen; wie auch gleich auf der Verpackung das Kombinationsversprechen „Mehr Leistung! Mehr Vergnügen!" geradezu den Himmel auf Erden zu verheißen scheint. Ich tät' ja doch vielleicht „Weniger Wartezeiten! Weniger Mausklicks!" bevorzugen... Gelegentlich mag es mancher Software ja durchaus nicht an Pep mangeln — oft könnte man aber auch von einem gehörigen Maß an Chuzpe reden. Je nach Zielgruppe wäre eine nüchternere Sichtweise hier & da vorteilhafter.

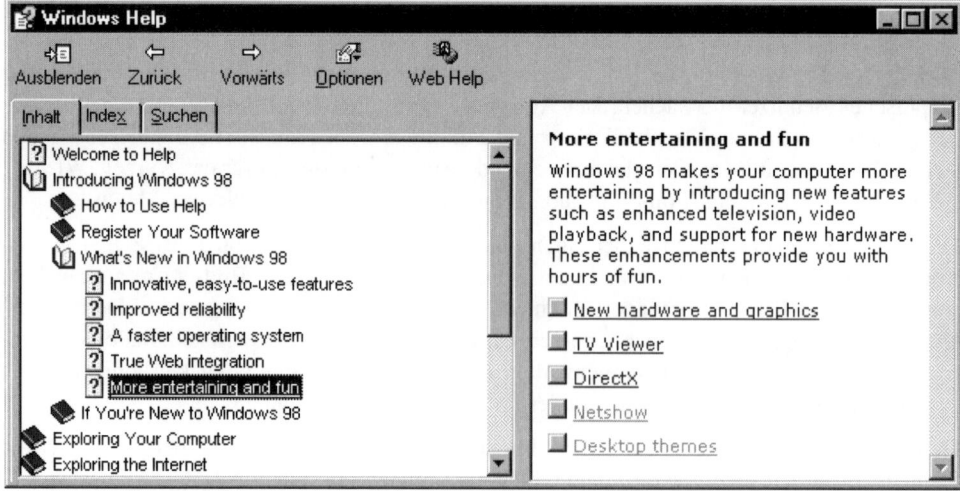

Bild 2.1: Software mit Funfaktor

2.2.2.2 Spiele

Hier zählen in erster Linie optische Attraktivität und Unterhaltungswert; Innovationen und Ungewöhnlichkeiten innerhalb der Bedieneroberfläche dürften dem Reiz und der Motivation des Spielers nur förderlich sein und sind damit erwünscht. Mit Einführung der so genannten

„Napware" möchten Hersteller zukünftige User gerne schon im Windelalter erreichen — hier dürften sicher andere Gestaltungsprinzipien gelten als für ausgesprochene Geschäftsprogramme...

2.2.2.3 „Funware"

Diese Art von Software ist auch eher auf das Freizeitsegment gerichtet; nüchterne und auf maximale Effizienz bedachte Gestaltungsregeln finden auch hier weniger Beachtung. In erster Linie sind damit Malprogramme wie „Kai's Power Show" oder Lexika, Enzyklopädien und Multimediasoftware gemeint. Bedienungskonsistenz und -kompatibilität zu „ernsten" Programmen dürfte sogar eher nachteilig und demotivierend sein.

2.2.2.4 Heim-Software

Auch diese Softwarekategorie, zu der beispielsweise Buchführungs- sowie Bankprogramme und elektronische Nachschlagewerke zählen, weist dem Unterhaltungsaspekt eine gehörige Bedeutung zu. Kaum jemand wird ein elektronisches Wörterbuch tatsächlich einsetzen, weil das Nachschlagen einer Vokabel damit schneller gelänge als mit der bewährten Buchvariante — „schnell" ist in diesem Fall eben keine allein ausschlaggebende Bewertungskategorie.

Schade nur, daß die Hersteller beispielsweise von Nachschlagewerken derart viel Zeit auf die Neuerungen der Benutzeroberfläche verwenden, die nicht einmal herstellergebunden, sondern auch dort gelegentlich von Version zu Version munter wechseln. Sinnvoller wäre sicher eine normierte Datenschnittstelle, die die Verwendung eines beliebigen Front-End-Werkzeugs zur Benutzung und Auswertung der Informationen erlaubt, und die wenigstens eine einheitliche Struktur aufweist, wie es sich ja bei Büchern und Zeitschriften — Inhaltsverzeichnis vorn, Register oder Vorschau hinten etc. — überaus bewährt hat.

2.2.2.5 Werbe- und Internet-Software

Je nach Seriosität der beworbenen Produkte gelten hier ähnliche Regeln wie für Spiele. Als Zielgruppe werden aber sicher zunehmend Computerlaien interessant, die auf Angebote wie „Virtuelles Einkaufen" und dergleichen aber zur Zeit wohl noch auch aus anderen Gründen eher verzichten, die nicht nur in der Kompliziertheit und Undurchschaubarkeit der Benutzeroberfläche zu suchen sind.

Eine ausgefallene Benutzeroberfläche erregt die Aufmerksamkeit des potentiellen Kunden und ist somit sehr erwünscht. Sich hier allzusehr an eingefahrene und wohlbekannte Standards zu halten, mögen sie ergonomisch auch sinnvoll sein, könnte sogar einen gegenteiligen Effekt haben.

2.2.2.6 Maschinensteuerungen

Das Prinzip der schnellen Erlernbarkeit und der Übertragung von in anderen Applikationen Gelerntem tritt hier zurück. Im Gegenteil gibt es Techniken wie beispielsweise einen „Toten-Mann-Schalter" und dergleichen, die einer unerwünschten Routine und Blindbedienung vorbeugen. Speziell solche Steuerungssoftware, von deren korrektem Funktionieren Leben und Gesundheit abhängen, setzen Schwerpunkte deutlich anders: Hohe Kosten und umfangreiche Schulungsmaßnahmen sind akzeptabel; Motivation des Anwenders bei der Bedienung ist dagegen beispielsweise nicht erforderlich — abenteuerliche Bedienungsinnovationen können ausgesprochen fatale Folgen haben.

Auch sonst gelten für Steuerungssoftware oft wegen der direkten Manipulierbarkeit der Controls, beispielsweise für Mischpulte und dergleichen, andere Gesetze: Hier ist meist eine möglichst realgetreue Übernahme von Hardware-Elementen erwünscht.

2.2.2.7 Graphiksoftware

Zeichen- und Konstruktionsprogramme sind meist hervorragende Beispiele, wenn es um direkte Manipulation geht: Ein gezeichnetes Objekt kann direkt „angefaßt" und manipuliert werden. Solche Programme erlauben in der Regel auch eine sehr individuelle Anpassung der Arbeitsoberfläche, sind allerdings von einem damit nur gelegentlich arbeitenden Anwender kaum besonders effizient zu bedienen.

2.2.2.8 Kommerzielle Software

Die in diesem Buch beschriebenen Vorschläge und Regeln beziehen sich zumeist auf Büroapplikationen. Anwender solcher Programme sind nicht unbedingt ausgesprochene EDV-Fachleute, sondern benutzen Computer als sinnvolles Werkzeug für einen relativ feststehenden Arbeitsablauf. Programmierer solcher Applikationen kommen häufig aus den entsprechenden Fachbereichen oder sind Softwarespezialisten mit gelegentlichem Nachholbedarf, was die Gestaltungsmöglichkeiten angeht.

2.2.2.9 Inhouse-Applikationen

Bei Anwendungen, die den Kreis der eigenen Firma nicht verlassen, sich also keiner Konkurrenzsituation aussetzen müssen, zählen die Kategorien von Wettbewerbsprodukten offensichtlich nicht in gleichem Maße. Dennoch geht man auch hier dazu über, Dinge wie Einheitlichkeit, normierte Benutzerführung und dergleichen stärker zu bewerten.

Für diese beiden letzten Kategorien von kommerzieller Software seien die gültigen Prinzipien des Software-Designs ausführlicher dargestellt; für die anderen Arten gelten Punkte gelegentlich nur peripher.

2.3 Prinzipien für Benutzeroberflächen

Die nächsten Absätze listen eine Reihe von Kriterien und Konzepten auf, die für die Entwicklung von Software relevant sind. Die ersten sieben Begriffe (Aufgabenangemessenheit bis Lernförderlichkeit) finden sich auch in den entsprechenden DIN- und ISO-Beschreibungen zum Software-Entwurf (DIN EN ISO 9241-10, „Ergonomische Anforderungen für Bürotätigkeiten mit Bildschirmgeräten" vom Juli 1996).

Die einzelnen Punkte werden jeweils in verschiedenen Beispielen erläutert und hinsichtlich ihrer Relevanz ausgeleuchtet. Über die sieben laut DIN „als wichtig erkannten" Grundsätze hinaus werden einige weitere Prinzipien aufgeführt.

2.3.1 Aufgabenangemessenheit

2.3.1.1 Informationsgehalt

Zeigen Sie keine unnötigen Informationen an. Sämtliche Informationen sollten in einem hierarchischen System so gegliedert sein, daß Daten einer geringeren Priorität mit zumutbarem Aufwand erst auf Wunsch oder je nach Programmsituation zusätzlich eingeblendet werden — sei es auf Knopfdruck, über einen Dialog oder Karteireiterlaschen.

2.3.1.2 Informationsfluß

Gehen Sie kurze Wege. Das folgende Beispiel der Abbildung 2.2 zeigt einen häufig benötigten Dialogfluß eines Textprogramms, der nur sehr umständlich zu erreichen ist; letztendlich sind zudem natürlich auch alle Fenster wieder einzeln zu schließen. Wenn hier schon Karteireiterdialoge zum Einsatz kommen, deren übersichtliche Funktionsgruppierung über mehrere Laschen sich ja auch bei solchen Masken empfiehlt, sind zusätzliche Dialoge wie jene, die man über „Optionen…" öffnen (und wieder schließen…) muß, natürlich reichlich unsinnig. Hier wäre einfach eine weitere Lasche „Optionen" sehr viel angebrachter.

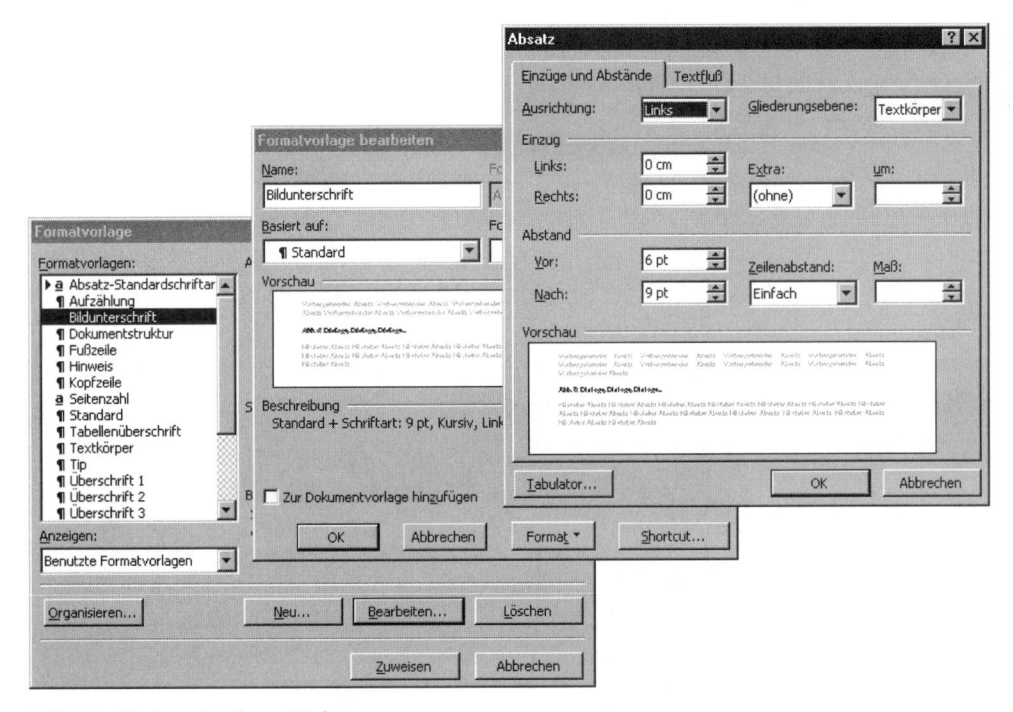

Bild 2.2: Dialoge, Dialoge, Dialoge…

Beim dritten Dialog, der über BEARBEITEN, FORMAT ABSATZ erreicht wird, ist ebenfalls eine weitere Lasche „Tabulator" anstelle einer zusätzlichen Dialogbox empfehlenswert. Dabei ist die Gestaltungsregel für solche Multidialoge sehr einfach: Zählen Sie einfach die notwendigen Mausklicke und geöffneten Dialoge, messen Sie die (in diesem Fall wirklich bemerkenswert umständlichen) Mauscursor-Bewegungen — kurz: identifizieren Sie sich mit dem möglichen Anwender: und machen Sie sich & ihm die Lage so einfach wie möglich.

Vorgänge, die nach einem verhältnismäßig festen Schema ablaufen, sollten vom Benutzer in dazu „kompatibler" Reihenfolge durchlaufen werden. Assistentenfenster können hier hilfreich sein, haben aber den Nachteil, auch kundigen Anwendern eine feste Schrittfolge vorzugeben. Maximale Steuerbarkeit und Übersicht haben in den meisten Fällen Karteireiterdialoge, die in den Laschenfenstern sämtliche notwendigen Daten zur Eingabe und Ansicht bereitstellen und nach Möglichkeit auf weitere Dialoge verzichten sollten.

Bei Backup-Software oder CD-Brennsoftware beispielsweise hat sich die Durchnumerierung der notwendigen Schritte sehr bewährt. Das Risiko, daß der Anwender versehentlich vergißt, wichtige Daten ein- oder anzugeben, wird so wirksam reduziert — was zumal bei Datensicherungen zu äußerst üblen Verlusten führen könnte; bei Brennprogrammen kosten Fehlversuche immerhin häufig einen Rohling...

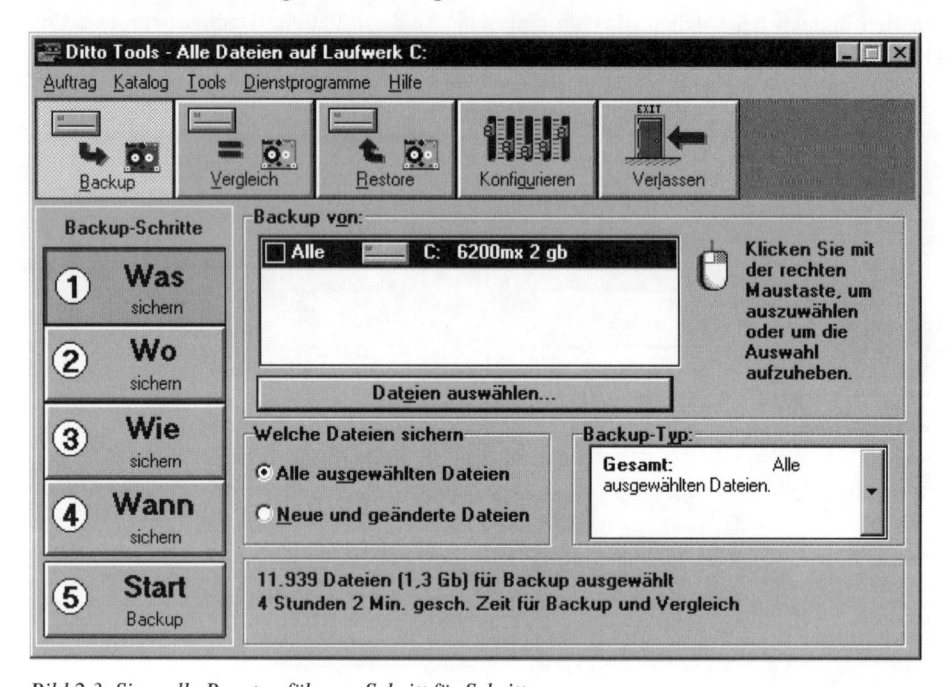

Bild 2.3: Sinnvolle Benutzerführung Schritt für Schritt

2.3.1.3 Automatisierung

Beim Öffnen einer Eingabemaske ist das sinnvollste Steuerelement (zumeist wohl das erste) zu fokussieren. Diese zweifellos einleuchtende Regel sollte aber auch zur Anwendung kommen, wenn der Benutzer einen über eine Schaltfläche zusätzlich aktivierten Dialog wieder verläßt und zur Hauptmaske zurückkehrt. Das entlastet den Anwender und verstärkt die Natürlichkeit des Ablaufs. Leider findet man diese Technik schon bedeutend seltener.

Logisch zusammenhängende Aktionen sollten keine unnötigen Arbeitsschritte erforderlich machen. Die DIN nennt hier als Beispiel, ein Dokument in einem einzigen Schritt zu sichern und zu schließen.

Im bekannten Drucker-Setup-Dialog sollte beispielsweise, nachdem der Anwender Eigenschaften des Druckers konfiguriert hat, das nächste sinnvolle Control (vermutlich der „Ok"-Button oder die Seitenbereichs-Radiobuttongruppe) fokussiert sein — der tatsächlich fokussiert gebliebene Button „Eigenschaften" steht sicher zu diesem Zeitpunkt auf der Wunschliste des Benutzers ganz am Ende.

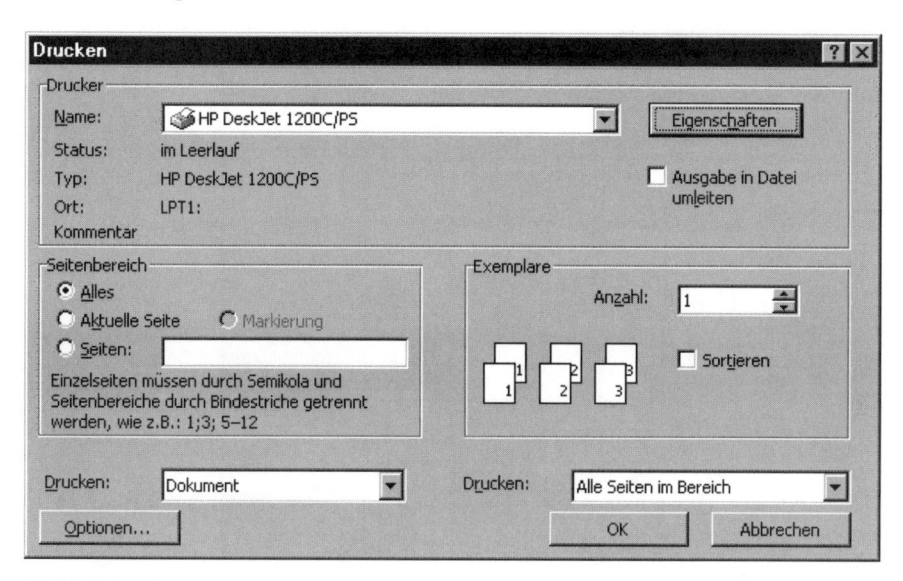

Bild 2.4: Der bekannte Setup-Dialog mit einem sehr beliebten Makel

2.3.1.4 Nebenbei: Einige Punkte zur Gestaltung...

Ein weiterer, einfach zu behebender Mangel dieses Dialogs ist seine ziemliche Unaufgeräumtheit. Die Abstände zwischen Controls und Rahmen oder überhaupt zwischen gleichartigen Controls sind nicht identisch; auch sind die Texte von ihren Eingabefeldern unnötig weit entfernt und nicht auf Linie ausgerichtet. Das „Anzahl"-Eingabefeld ist absurd breit, auch die Rahmen könnten knapper dimensioniert sein. Außer an der linken Achse sind Controls kaum vernünftig angeordnet; die Pushbutton zum Beenden des Dialogs befinden sich viel zu dicht unterhalb der Comboboxen. Der vierte Radiobutton ist unnötig separat plaziert; auch wenn Text markiert ist, könnte er in der Vierergruppe deaktiviert sein — vermutlich kennt mancher Anwender die Möglichkeit, auch markieren Text drucken zu können, deswegen gar nicht.

Insgesamt ließe sich der Dialog erheblich kompakter und ruhiger gestalten — wie gesagt, in Grunde mit nur wenig mehr Überlegung. Die Benutzung einiger weiterer Achsen (zum Beispiel für die Checkboxen) würde den Gestaltungsaufwand eher noch reduzieren, da das eher ziellose Herumgeschiebe der Elemente erfahrungsgemäß mehr Zeit kostet als ein planmäßiges Vorgehen. Schade, daß dieser nun wirklich zu den am häufigsten aufgerufenen Dialogen nicht mehr Aufmerksamkeit verdient hat...

Die nächste Abbildung zeigt eine veränderte Version mit einigen eingezeichneten Achsen, die in wenigen Minuten mit Hilfe eines Malprogramms über einen Screenshot der originalen Dialogbox variiert wurde. Diese Technik empfiehlt sich für Optimierungen sehr. Die drei anstelle der Pushbutton zu implementierenden Laschen sind natürlich erst einmal nur über die originalen Schaltflächen angedeutet. Die Abbildung zeigt aber sicher, daß mit sehr wenig Aufwand und vor allem unter Verwendung der originalen „Bauteile" eine bereits deutlich verbesserte Version erstellt werden kann, die zum Originalentwurf noch ausreichend kompatibel ist, damit der Anwender sie auch wiedererkennt.

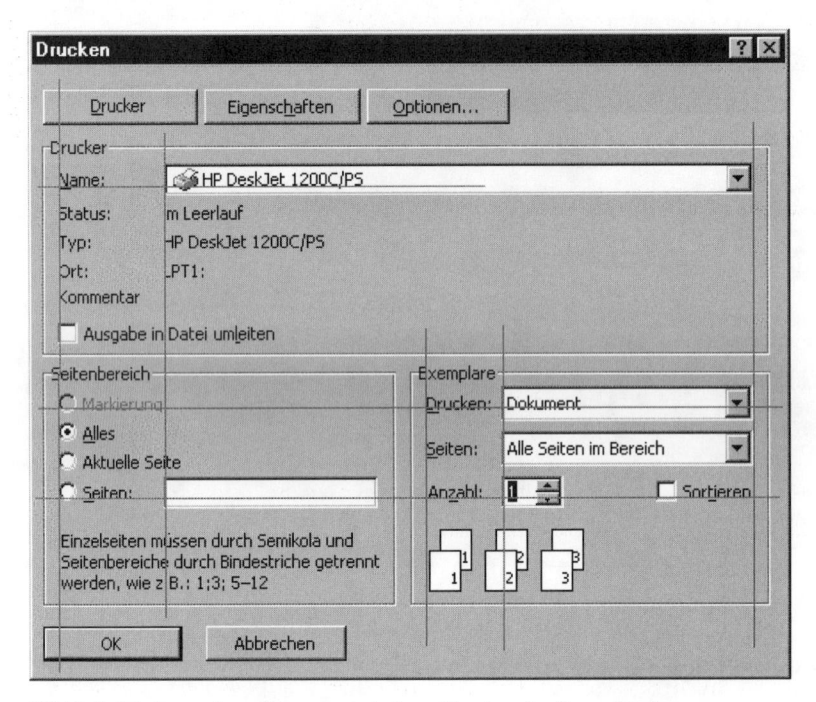

Bild 2.5: Die in wenigen Minuten optimierte Version des Setup-Dialogs

2.3.1.5 Berücksichtigung der Fertigkeiten des Anwenders

Nicht alle Anwender verfügen über einen gleichen Kenntnisstand. Bieten Sie möglichst überall sinnvolle und selbsterklärende Auswahlmöglichkeiten an — erlauben Sie aber gleichermaßen dem Kenner, sein Wissen zeitsparend einzusetzen und beispielsweise Kürzel direkt eingeben zu können. Eine optionale und vor allem erkennbare Hilfe mit Aufruf nach Wunsch dürfte für alle Anwender ideal sein.

2.3.1.6 Berücksichtigung wiederkehrender Aufgaben

Makros stellen eine sehr leistungsfähige, aber von den meisten Anwendern nicht genutzte Möglichkeit dar, wiederkehrende Aufgaben durch einen einzigen Aufruf erledigen zu können. Die Nutzung der Zwischenablage ist da schon weit populärer; allerdings unterstützt das originale Windows bis heute nur eine einzige, so daß man für mehrere Textbausteine schon

Prinzipien für Benutzeroberflächen 39

so reichlich zwischen den Fenstern hin- und herschalten müßte, daß sich der Aufwand dafür selten lohnt. Kleine Utilities zeigen, wie man derlei sehr viel einfacher und flexibler handhaben kann.

Beachten Sie, daß innerhalb einer kurzen Zeitspanne beim Anwender sehr häufig der Wunsch auftritt, eine vorausgegangene Aktion zu wiederholen. Word für Windows bietet hier beispielsweise die Tastenkombination <Strg>+<Y>, die die letzte Aktion, gleich welcher Art sie war, erneut ausführt. Damit lassen sich, ohne daß der Anwender etwa gezwungen wäre, sich Makros zu schreiben (was nachweislich die wenigsten machen oder können), Aktionen wie das Formatieren von Text schnell und unkompliziert wiederholen.

Auch für Suchfunktionen lohnen sich solche „Gedächtnis"-Eigenschaften. Obwohl die meisten Standardprodukte sie benutzen, findet man sie in Geschäftsapplikationen bei vergleichbaren Operationen eher selten.

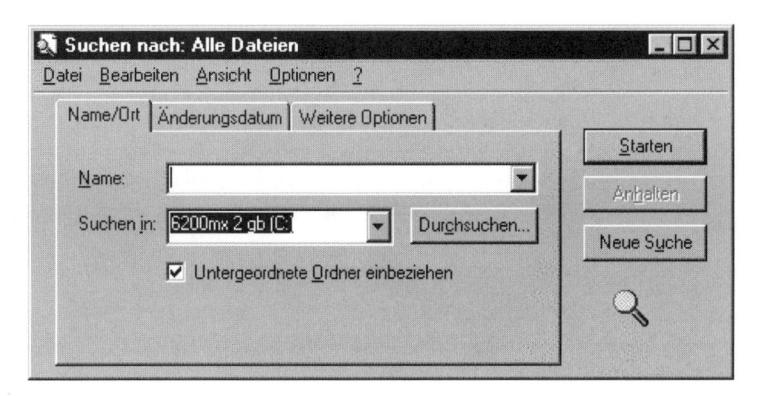

Bild 2.6: „Last-Used"-Listen bei Suchdialogen

Eine ungewöhnliche, aber eigentlich ebenso naheliegende wie pfiffige Idee bot hier schon früh das Desktop-Publishing-Programm Ventura Publisher, das über <Strg>+<X> stets die letzte Dialogbox erneut aufruft. Formatierungen, die mehrere Schritte umfassen, kann der Anwender damit gezielt wiederholen.

2.3.1.7 Effizienz

Bei aller notwendigen und richtigen Beachtung dieses Primärzieles bei der Softwareentwicklung: Bedenken Sie, daß Anwender sich gelegentlich einfach nur entspannt zurücklehnen wollen und, wohl wissend, daß es mit der Tastatur sicher effizienter geht, sich trotzdem mit der Maus durch Applikationen navigieren.

Verlieren Sie also diesen Aspekt nicht gänzlich aus den Augen — wiewohl eine maximale Produktivitätssteigerung auf Seiten des Anwenders natürlich sowieso dadurch erreicht würde, daß man ihn einen Schreibmaschinenkurs machen läßt: Dann kann er die eine oder andere Prozessorgeneration mit noch mehr Megahertz ganz locker auch mal auslassen...

2.3.1.8 Sinnvolle Vorgabewerte

Bei einem eigenen Programm zur Buchführung mußte ich erfahren, daß nach dem kürzlich erfolgten Mehrwertsteuerwechsel die bis dahin sich als günstig gezeigte Vorgehensweise, die Prozentzahl nach Eingabe der DATEV-Nummer vom ersten (also ältesten) Datensatz mit gleicher Nummer zu übernehmen, natürlich völlig unbrauchbar ist, weil nun auch bei neuen Sätzen noch die alten 15% angeboten werden, da die jeweils erste Buchung im Jahr diesen Wert besitzt. Hier wäre sicher ein Zusammenhang zwischen DATEV-Nummer und den verschiedenen Mehrwertsteuersätzen (7%, 11,4%, 16% etc.) sinnvoller — ein Aufwand, den ich leider zu sparen glaubte.

Bei neu anzulegenden Datensätzen gehören Vorbelegungen von Datums- und anderen Feldern mit sinnvollen oder zumindest möglichst wahrscheinlichen Werten natürlich zum Standard. Bei einem Buchführungsprogramm wäre es nützlich, eine Differenz zum aktuellen Tagesdatum (zum Beispiel 30 Tage) konfigurieren zu können.

2.3.1.9 Flexible Navigation

Neben einer schnellen Navigation zwischen Fenstern und Controls sollte es jederzeit möglich sein, per Tastendruck wieder eine Stufe zurück zu gelangen. Die bei DOS-Programmen hier gern genutzte <Esc>-Taste ist aber möglicherweise mit Bedacht zu verwenden, weil nicht jedes Rückgängigmachen einer Aktion auch das Schließen des aktuellen Fensters bedeutet.

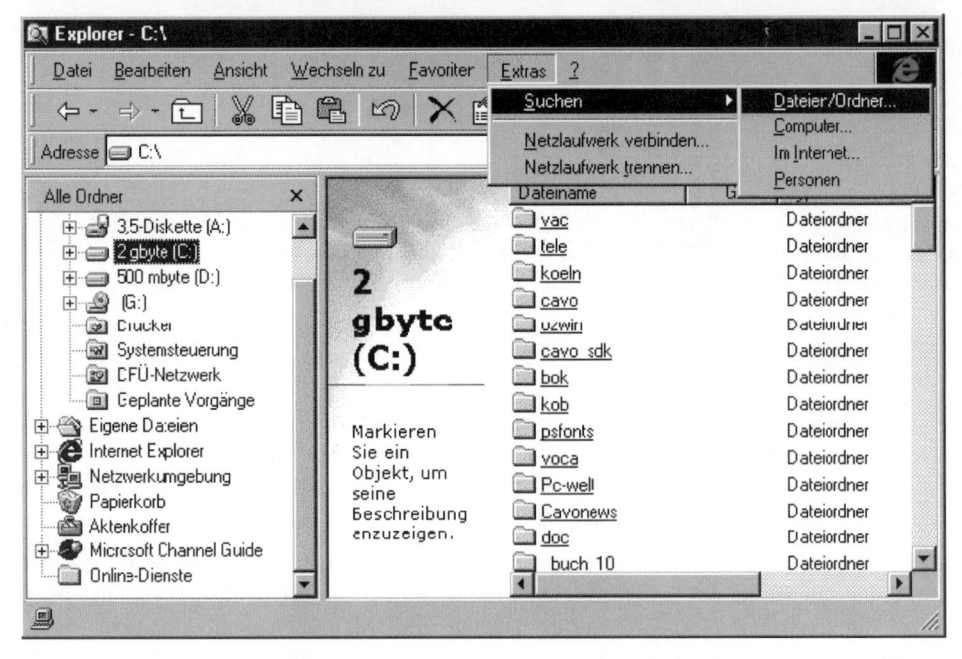

Bild 2.7: Nur auf Um- und undokumentierten Wegen (<Strg>+<F>) erreichbar: Suchen im Explorer

Prinzipien für Benutzeroberflächen 41

2.3.1.10 Direktheit

Wichtige, oft benötigte Dinge sollten ohne unnötigen Umweg erreichbar sein. Wenn einerseits Magentabletten beworben werden mit „Zwei Rennie genügen", kann der Verbraucher ja tatsächlich froh sein, nicht 50 oder 100 schlucken zu müssen: Obschon sich die Frage aufdrängt, ob man den Wirkstoff nicht in eine Pille hätte pressen können — wie auch, ob vor der Erfindung tragbarer und konzentrierter Kompaktwaschmittel das Pulver mit Puderzucker gestreckt wurde — wenn aber andererseits im Windows-Explorer zwei oft benötigte Optionen mit ausgesprochenem „Brot-und-Butter"-Charakter wie „Verzeichnis anlegen" und „Suchen" sich nur über Schachtel-Pulldown-Menüs mit entsprechender Feinmotorikbegabung wählen lassen, und letztere sich gar unter der zum Glück ohne Aufpreis erhältlichen Option „Extras" versteckt: dann kann man sich schon fragen, wer hier die größere Chuzpe besitzt... Immerhin wird aber auch das Zusatzpaket „Microsoft Plus! 98 für Windows" gerne gelegentlich mit dem Hinweis annonciert, „Die unverzichtbare Sammlung für Windows". Da darf denn die Frage, warum derlei nicht gleich eingebaut wird, schon gestellt bzw. beantwortet werden...

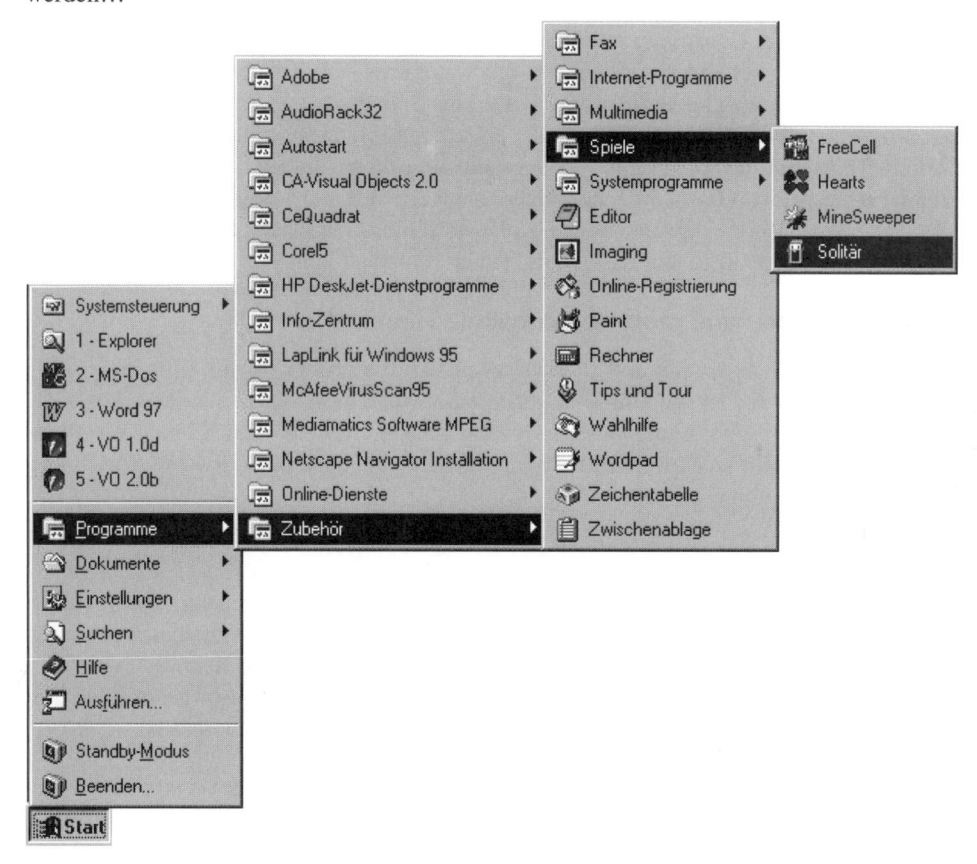

Bild 2.8: Kein gutes Beispiel für Umwegvermeidung...

Windows 3.x erlaubte wenigstens das Hinzufügen eines eigenen Toolbarbuttons für das Anlegen eines Verzeichnisses. Bei Windows 98 gibt es immerhin die sogar in der Hilfe dokumentierte Geheimtaste <Windows>+<F> (wie „Find"); <Strg>+<F> als Shortcut für die Suche im Windows 98-Explorer ist leider weder dokumentiert noch angezeigt.

2.3.1.11 Beispiel Start-Menü

Ein vielleicht noch eindrucksvolleres Beispiel für unnötig lange Wege ist der vielbenutze und sogar als Erkennungszeichen von Windows 95 und ff. Start-Button auf der Taskleiste. Wer ernsthaft seine Applikationen tatsächlich über diese Umwege wählt, sollte hier doch mal gelegentlich und aus Jux und Dollerei seine benötigten Tastenanschläge und/oder Mausklicks plus gelegentlicher Abrutscher & Fehlversuche zählen: Glückwunsch, wenn es da nicht ständig zweistellig wird...

Schade, daß das Ergebnis der vielen Usability-Labore nicht ähnlich sinnfällig ist wie bei einem ganz ausgezeichneten Beispiel aus dem der Softwareentwicklung häufig nahe liegenden Paralleluniversum "Architektur & Gestaltung", wie man derlei macht: Ein Architekt hat bei der Aufgabe, zwei Gebäude mit einem Gehweg so zu verbinden, daß dieser möglichst „erwartungskonform" sei und von den Fußgängern möglichst selbstverständlich genutzt werde, zwischen den Häusern kurzerhand und kurzzeitig Gras gepflanzt, um nach vier Wochen über den unvermeidlich sich unter Mithilfe der zukünftigen Gehwegbenutzer selber bildenden und ausprägenden und natürlich damit hochoptimierten „Trampelpfad" das gewünschte Pflaster legen zu lassen. Das Gras wurde anschließend wieder entfernt, es hatte seine Schuldigkeit getan... Ein wie ich finde sehr schönes Beispiel einer Art „Vorab-Feedbacks", das, umgesetzt auf Software, auch hier für gesteigerte „Natürlichkeit" sorgen könnte.

2.3.1.12 Anwender- und problemkompatible Terminologie

Sie „drehen keinen Wasserhahn auf", Sie waschen sich die Hände. Wenn Software besser, benutzerfreundlicher und anwendungsbezogener wäre, würden Sie einen Text eingeben, statt ein Textprogramm zu starten, die Arbeit beginnen, statt Ihren Rechner „hochzufahren". Damit eine Applikation für einen Benutzer möglichst verständlich ist, muß sie in Wortwahl und Ausdruck konform mit ihm gehen.

Der Begriff „Datei" beispielsweise scheint, besieht man sich Applikationen am Markt, hinreichend genormt, sehr verbreitet und daher ausreichend eingebürgert zu sein, um den Menübaum jeder Applikation einzuleiten. Allerdings beruht diese meines Erachtens mißglückte Standardisierung weitgehend auf der Tatsache, daß das englische „File" tatsächlich eine umgangssprachliche Nebenbedeutung hat, nämlich jedem Englischsprechenden als „Akte" geläufig ist. „Datei" ist aber ein reines Kunstwort, das sich in einer Handwerker-Applikation beispielsweise ebensowenig finden lassen sollte wie das leider ebenfalls verbreitete „Kunden bearbeiten".

2.3.1.13 Vorbild Comics

Gewisse Dinge sind auf Anhieb und ohne Lernaufwand verständlich. Ampeln etwa werden allgemein und unmittelbar verstanden und lassen sich daher auch in Applikationen sehr gut symbolisch einsetzen. Insgesamt könnten sehr oft Erkenntnisse der Comic-Sprache passend umgesetzt werden: Hier sind beispielsweise die „Wut-Wölkchen", wenn beim Protagonisten ein Donnerwetter oder seelisches Gewitter bevorsteht, oder „Protzstriche", die auf Besonderheiten deuten, ohne weitere Erläuterung verständlich.

Jedes Kind erkennt den Zorn einer Figur, wenn beispielsweise Entenschnäbel plötzlich mit spitzen dreieckigen Zähnen bewaffnet werden. Enten, die gewöhnlich ohne Beinkleider durchaus korrekt & vollständig ausgestattet sind, erhalten kurioserweise Handtücher umgewickelt, wenn sie die Badewanne verlassen — Elemente einer trotzdem sehr natürlichen, unmittelbaren Symbolsprache, die auf Anhieb und vor allem allgemein verständlich ist und gänzlich auf unnötigen Erklärungsballast verzichten kann. Bei Software ist man diesbezüglich leider noch längst nicht so weit :-(

2.3.1.14 Einfachheit

Verzichten Sie auf unnötige Gimmicks und Nonsensoptionen: Glauben Sie nicht, daß der Anwender alles braucht, was Sie implementieren. Gründe gegen ein Softwareprodukt sind nur seltenst bei fehlenden Funktionen zu suchen. Auch die leichte Implementierbarkeit solcher Unnützlichkeiten sollten keine Entschuldigung für Schnickschnack sein: lassen Sie's ruhig einmal light sein...

Leider wird ein an sich gutes, bewährtes und schlüssiges Design durch maßlos gesteigerte Komplexität und überbordende Featureritis spätestens beim übernächsten Update wieder in die Ergonomiesteinzeit zurückgeworfen.

2.3.1.15 Oft & einfach vs. selten & schwierig

Einfaches, Erwartbares muß eine andere Gewichtung haben als eher seltener Benötigtes. So geschieht es sehr häufig, daß man im Explorer versehentlich ein Element, das man mit der Maus nur doppelklicken und also öffnen möchte, in einen benachbarten Zweig verschiebt. Geschieht das mit einer Datei, erhält man die etwas enervierende Meldungsbox, daß solches innerhalb eines Verzeichnisses nicht statthaft sei — sie bedarf dann allerdings erst einer unnötig scheinenden Bestätigung. Im Falle eines versehentlich verschobenen Ordners ist zumindest das Erstaunen des Anwenders, ihn nicht mehr an gewohnter Stelle zu finden, groß: Ist ihm das bereits einmal passiert, wird er schnell auf die Ursache kommen; einen Anfänger kann das schon mal einen gehörigen Schrecken einjagen.

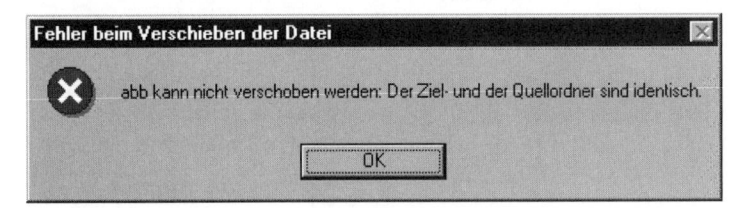

Bild 2.9: Eine fast immer völlig unsinnige Meldung

Auch das Umbenennen einer Datei per „langsamen Doppelklick" — nicht einmal im Windows-Styleguide gibt es für diesen Vorgang eine präzise Benennung — ist ein Beispiel dafür, daß direkte Manipulation nicht in jedem Fall die optimale Technik ist. Das Umbenennen einer Datei geschieht so selten, daß man dafür durchaus mit der zweiten Möglichkeit, über das Kontextmenü zu gehen, auskäme. Eine Dialogbox wie die bei Windows 3.x eingebaute sollte aber zumindest den alten Namen bei der Umbenennung einer Datei vorgeben...

Bild 2.10: Umbenennen einer Datei mit Windows 3.0 — auch nicht optimal

2.3.1.16 Umsetzung

Einfache und tagtäglich benötigte Optionen müssen grundsätzlich schnell und mit möglichst wenigen Mausklicks oder Tastenanschlägen erreichbar sein. Kompliziertere Dinge dürfen ruhig einmal etwas mehr Aufwand fordern. „Negative" bzw. völlig unnötige schnelle Erreichbarkeit begegnet einem immer wieder in Form völlig überladener Toolbars, die auch für die exotischsten und rarsten Optionen mindestens einen Toolbar-Button, vielleicht auch noch einen Shortcut bereitstellen.

Bei dem Entwicklungssystems CA-Visual Objects benötigt man dank eines ausgeklügelten Repositories nur selten die Option „Exe generieren", da Applikationen direkt aus der Entwicklungsumgebung heraus gestartet werden. In der Toolbar befindet sich aber nun ausgerechnet dieser Button „Build Exe" in schönster Nachbarschaft mit dem Button „Build application" — und verzichtet leider gänzlich auf eine Nachfrage: Der Vorgang kann immerhin gelegentlich einige Minuten dauern; das versehentliche Betätigen ist also doppelt ärgerlich. Hier bedeutete eine zusätzliche Sicherheitsnachfrage keinesfalls unerträglichen Zusatzaufwand, weil diese Funktion nur selten benutzt wird und dann sowieso längere Zeit dauert.

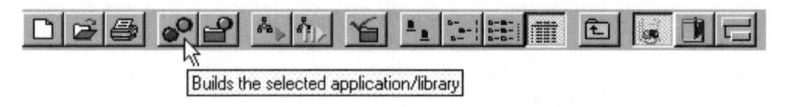

Bild 2.11: Die beiden am meisten und am wenigsten benötigten Buttons in trauter Nachbarschaft

2.3.1.17 Flexibilität

Für viele Dinge gibt es jeweils mehrere Möglichkeiten: Der Anwender sollte die freie Wahl zwischen Tastatur- und Mausbedienung haben, in Dialogen die Eingabereihenfolge selbst bestimmen können und dergleichen mehr. Eine Software, die insistiert, daß erst der Nachname einzugeben sei, bevor der Vorname an die Reihe kommt, wirkt auf den Anwender unnötig autoritär.

Flexibilität berücksichtigt in hohem Maße den Kenntnisstand des Anwenders und erlaubt sowohl dem Einsteiger wie dem Experten eine ihm gemäße Bedienung — auch mit der Möglichkeit, durch geeignete Hilfestellung die Kenntnisse des Anwenders ohne große Propädeutik dauerhaft zu erweitern.

Prinzipien für Benutzeroberflächen 45

2.3.2 Selbstbeschreibungsfähigkeit

2.3.2.1 Rückkopplung

Software ist verständlich und selbsterklärend, wenn der Anwender sich zur Bedienung einer Applikation keine neuen oder ungewohnten Abläufe oder eine neue Sprache angewöhnen muß. Mögliche oder laufende Vorgänge müssen vom Anwender erkennbar sein. Feedback ist nicht nur an solchen Stellen nützlich bis notwendig, an denen anzuzeigen ist, daß ein bestimmter Vorgang läuft. Derlei bietet sich auch an, wenn kurzfristig mehrere sonst sozusagen „blind" zu betätigende Aktionen zur Auswahl stehen:

2.3.2.2 Kombinationstasten

Sind Kombinationen wie <Shift>+Mausklick oder <Strg>+Mausklick implementiert, sollte dies beim Betätigen der Taste auch im Mauscursor sichtbar sein. Bei Graphikprogrammen finden man beispielsweise häufig die Möglichkeit, per <Shift>+Mausklick Markierungen zu entfernen bzw. mit <Strg>+Mausklick hinzuzufügen. Ein kleines Minus- bzw. Plus-Zeichen im Zentrum des Mauscursors läßt auf den aktuellen Modus schließen.

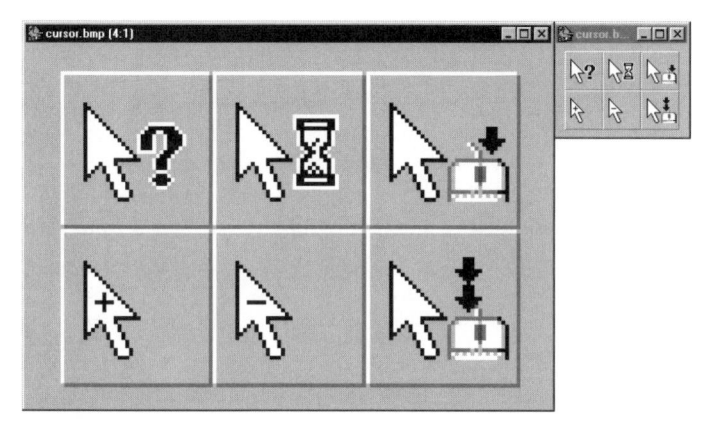

Bild 2.12: Hilfreich: Anzeige von Tasten-Betätigungen

Unverständlich, warum die in manchen DOS-Applikationen gepflegte Sitte, während des Gedrückthaltens einer Erweiterungstaste wie <Shift>, <Strg> oder <Alt> mögliche Kombinationen wie <Strg>+<F5> etc. samt ihrer Bedeutung kurz am unteren Bildschirmrand einzublenden, solange eine der drei Tasten betätigt wird, nicht in die GUI-Welt übernommen wurde. In der Statuszeile einer Applikation wäre da ausreichend Platz, zumal sich der Hilfstext ja auch so ausgeben läßt, daß er nach kurzer Zeit wieder automatisch verschwindet. Das Argument, die Windows-Kürzeltasten seien hinlänglich bekannt und einprägsam, dürfte ja wohl nicht allzu schlagend sein.

2.3.2.3 Maustasten

Die obige Abbildung zeigt mit den beiden rechts stehenden Varianten auch, wie man das Problem lösen kann, dem Benutzer zu signalisieren, daß ein Doppel- oder Rechtsklick erforderlich ist — man blendet diese Information einfach als Bestandteil des Mauszeigers an Ort & Stelle ein. Schade, daß kaum jemand erweiterte Möglichkeiten in den Standardapplikationen kennt: Oder wußten Sie, daß zum Öffnen des Systemmenüs einer Applikation nur die rechte Maustaste in der Titelleiste der Shell zu drücken ist?

2.3.2.4 Multiselektion im Explorer

Im Explorer wäre eine solche Online-Anzeige der Möglichkeiten beispielsweise in der Statusleiste sicher hilfreich für Leute, denen die Multiselekt-Technik nicht so vertraut ist. Überhaupt ist der Explorer häufig ein gutes Beispiel dafür, wie man es nicht machen sollte: So sind die beiden wichtigen Shortcuts <F5> (Aktualisieren) und <Strg>+<F> (Suchen) nicht einmal in ihren entsprechenden Menüoptionen angezeigt.

2.3.2.5 Benutzerfeedback

Laufen Vorgänge ab oder hat der Benutzer eine Aktion veranlaßt, die eine längere Rechenzeit erfordert, muß das Programm eine entsprechende Rückmeldung geben. Diese sollte

- auffällig, aber nicht aufdringlich;
- nicht zu teuer & üppig;
- unterbrechbar;
- angemessen informativ;
- positiv und nicht wertend;
- dem Kenntnisstand des Anwenders angemessen und
- in der Terminologie des Anwenders formuliert

sein. Grundsätzlich halte man sich bei solchen Anzeigen oder bei Abfragen verschiedener Auswahlmöglichkeiten stets an die Fragen:

- Wo befindet sich der Benutzer?
- Was kann er machen?
- Welche Konsequenzen hat sein Tun?
- Wie kommt er weiter?
- Wie kommt er zurück?

2.3.2.6 Anzeigen der aktuellen Möglichkeiten

Für die Übersichtlichkeit einer Applikation ist der optimale Grad zwischen interner Kenntnis und externer Information entscheidend. Ist beim Anwender von ersterem genügend vorhanden, kann letztere entsprechend reduziert werden. Schon der Klassiker der Textverarbeitung, das seit CP/M-Zeiten bekannte Programm WordStar bot hier eine zumal für den Textmodus sinnvolle Implementierung — wie überhaupt dieses Programm in vielfacher Hinsicht Wegbereiterfunktion hatte und vieles, beispielsweise die Tastenkombination <Strg>+<Y> zum Löschen einer Zeile, bis zum heutigen Tage auch in anderen Applikationen überleben konnte.

Auf Knopfdruck wurden nämlich im oberen Bildschirmdrittel permanent die Tastenbelegungen angezeigt. Für heutige WIMP-Applikationen mag das durchaus kurios erscheinen; es

Prinzipien für Benutzeroberflächen 47

hatte aber den angenehmen Nebeneffekt, zwar einige Zeilen der Arbeitsfläche abzuzwacken, aber auch der Weiterbildung des Anwenders sehr förderlich zu sein — meist konnte dieser bereits nach kurzer Zeit in den Expertenmodus wechseln und den Bildschirm wieder vollständig nutzen.

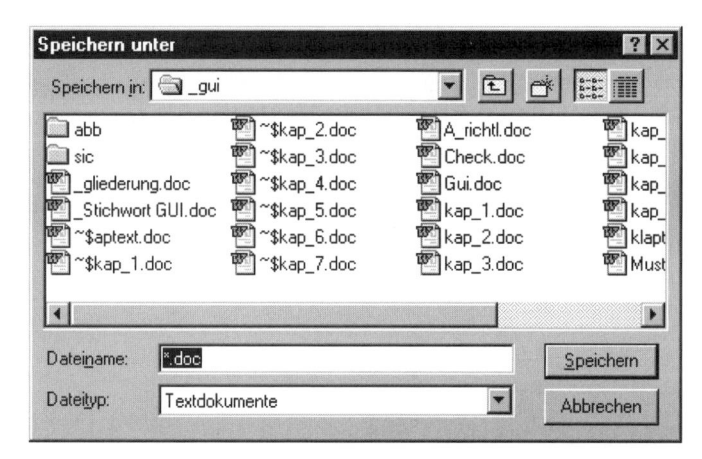

Bild 2.13: Der aktuelle Pfad ist nicht erkennbar

2.3.2.7 Anzeigen des aktuellen Zustands

Bei ÖFFNEN- oder SPEICHERN UNTER-Dialogen sollte zudem stets der komplette Pfad in der Überschrift sichtbar sein; unverständlich, warum diese notwendige Kleinigkeit (ersteres für den Anwender, letzteres für den Programmierer) erst auf Zuruf resp. durch Setzen eines Schalters passiert, den gerade der Einsteiger, für den diese Unterstützung doppelt hilfreich und notwendig ist, weder findet noch vermutet — geschweige denn aktiviert.

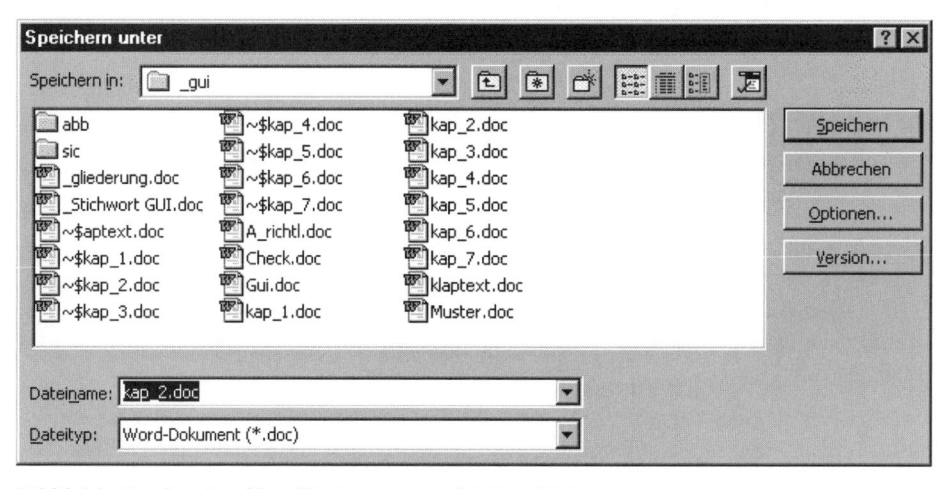

Bild 2.14: Eine komfortablere Variante — mit gleichem Makel

Diesen Fehler weisen übrigens auch ansonsten ausgefeiltere Varianten auf; schade, daß man auch hier erst über die Combobox umständlich eruieren muß, wo man sich denn gerade befindet — eine Maßnahme nicht nur für den optionalen persönlichen Komfort, sondern auch zur Vermeidung versehentlicher Überschreibungen und Irrtümer.

Die Schlußmeldung nach Verlassen von Windows, der Benutzer könne jetzt den Computer ausschalten, erfüllt in der Regel durchaus ihren Zweck und beruhigt den Anwender, daß jetzt das System heruntergefahren ist. Unterbleibt sie aber aufgrund einer nicht gar so seltenen BIOS-Unverträglichkeit oder einem nicht korrekt installierten Stromsparmechanismus, ist der Laie hier doppelt verunsichert. Man sollte sicherstellen, daß solche Meldungen stets korrekt und zuverlässig angezeigt werden.

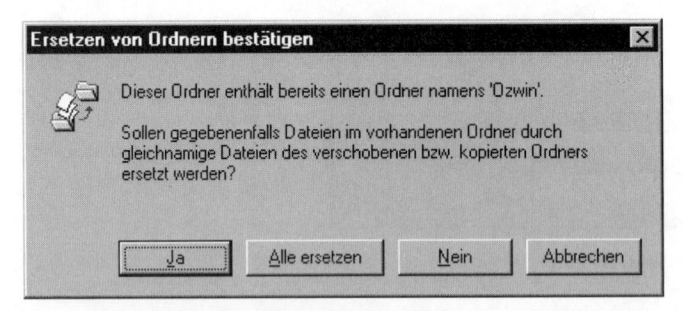

Bild 2.15: Bitte plus Angabe von Quell- und Ziel-Verzeichnis

Kopiert man einen Ordner auf ein anderes Laufwerk, warnt Windows, falls ein gleichnamiges Verzeichnis bereits auf dem Zieldatenträger vorhanden ist. Das schlimmste, aber keineswegs völlig Abwegige, was hier passieren könnte, wäre eine Verwechslung von Quell- und Ziellaufwerk — dergleichen soll ja bei Drag & Drop mit der Maus im Explorer durchaus schon einmal vorgekommen sein. In so einem Fall würden die neuen mit alten Daten überschrieben. Unverständlich, warum die Meldungsbox nicht beide Verzeichnisse sicherheitshalber noch einmal ausgibt; das wäre jedenfalls weniger ein unzumutbarer Luxus als eher eine geradezu notwendige und selbstverständliche Kleinigkeit...

2.3.2.8 Berücksichtigung aller Varianten

Übrigens mangelt es diesem Dialog an dem sehr oft wünschenswerten Merkmal, die Frage auch für alle zukünftigen Dateien verneinen zu können. Grundsätzlich sollte bei solchen Ja-/Nein-Abfragen jede Option auch für alle weiteren Elemente möglich sein, um einen längeren Vorgang unbeaufsichtigt laufen zu lassen. Ich vermisse dies insbesondere beim Löschen großer Verzeichnisbäume, die bei jeder schreibgeschützten oder mit registrierter Endung versehenen Datei nachfragen — leider auf eine Art, daß die vorhandene Option „Ja für alle" nicht die richtige ist...

Nicht viel besser ist allerdings die Aussage- und Rückkopplungskraft des nun wirklich alltäglich bis allstündlich zu sehenden Laufbalkens, wenn Dateien kopiert werden. Wenn hier die beiden viel interessanteren Quell- und Ziellaufwerke einfach ebenfalls angezeigt würden, wären sicher nicht nur die Windows-Einsteiger erheblich beruhigter...

Prinzipien für Benutzeroberflächen 49

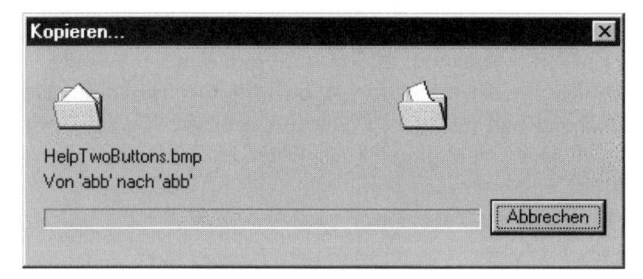

Bild 2.16: Dto. in der Feedback-Variante...

2.3.2.9 Pssst: Geheimtasten...

Ebenso undokumentierte wie nützliche Tastenkombinationen und Optionen — unter Windows 98 ebenfalls noch reichlich vorhanden — scheinen nur für Journalisten geschaffen zu sein, damit sie wieder seitenweise neue exklusive (als wenn das der Sinn standardisierter Bedienungsoberflächen wäre) Windowsgeheimtips ausplaudern können. Das dürfte aber grundsätzlich kaum überraschen, publiziert doch der Betriebssystemhersteller höchstselbst dutzendweise Videos, Multimedia-Lernsoftware und Bücher für den Einstieg in eben jene GUI-Welt, deren großer Vorteil doch eigentlich die „intuitive" Begreif- und Durchschaubarkeit sein soll. So einfach, intuitiv und selbsterklärend, wie Entwickler es dem Anwender gerne glauben machen wollen, scheinen Einstieg und Bedienung offenbar denn doch nicht zu sein.

Solche Geheimtasten schaffen insbesondere dann Probleme, wenn ihre Zahl sehr groß ist. Bei Word für Windows beispielsweise verwandelt die durchaus mal versehentlich betätigte Tastenkombination <Alt Gr>+<Minus> den Mauszeiger in einen schwarzen Balken, der jede beliebige Option aus dem Menü entfernt. Diese Möglichkeit erlaubt die Anpassung des Menüs an eigene Bedürfnisse — wehe aber, jemand löscht sich auf gleiche Weise versehentlich wichtige Optionen und kennt den Anpassungsdialog mit dem Vorgabeschalter nicht...

<Alt Gr>+<Plus> erlaubt übrigens — sozusagen analog, was den Bekanntheitsgrad dieser Kombination angeht — die Definition eines Shortcuts zu einer beliebigen Menüoption bei Word 97: gleichermaßen praktisch wie schade, daß das nicht bekannter ist...

2.3.2.10 Öffnen von Comboboxen

Sicher — Kennern ist die Tastenkombination <Alt>+<Abpfeil>, die eine Combobox alternativ zum Mausklick auf den Button rechts vom Editteil öffnet, sicher nicht neu: Einsteiger wären hier aber ohne Mausbedienung komplett hilflos.

2.3.2.11 Starten von Windows

Kürzeltasten, die der Anwender selbst (eben auch mit einer ihm naheliegenden Assoziation) belegen kann, bedürften nicht so sehr der Erinnerung und Einblendung wie es bei vorgegebenen Kürzeln der Fall ist. Dennoch gibt es leider auch bei Windows immer wieder sogar besonders kritische Situationen, in denen die notwendige Anzeige solcher Tasten unterbleibt. Möchte man beispielsweise Windows im abgesicherten Modus starten, hält man während des Bootens die Taste <F8> gedrückt: Bedauerlich und völlig unverständlich, warum diese Option nicht angezeigt wird. Ist sie notwendig, weil der Rechner nicht korrekt startet, befindet sich der Anwender ganz sicher nicht in einer Situation, in der ihm besonders einfach die ja praktisch nie gebrauchte Tastenkombination einfallen würde. Achten Sie darauf, daß gerade in kritischen oder Fehlerfällen ausreichend und ausreichend klare Angaben erfolgen. Übrigens ebenso unverständlich, warum statt <F8> nicht die viel naheliegendere Taste <F1> auserkoren wurde...

2.3.2.12 Windows neu starten

Haben Sie beispielsweise Windows beendet und halten beim Drücken des „Ok"-Buttons die <Shift>-Taste gedrückt, wird bei Aktivierung des Radiobuttons „Windows neu starten" nur Windows, nicht aber DOS (inkl. AUTOEXEC.BAT und CONFIG.SYS) neu gebootet. Eine überaus zeitsparende Option, die für die Neuinitialisierung von Schriften und dergleichen sehr nützlich ist — völlig unverständlich, warum diese schöne Möglichkeit nicht auch den Nichtsoganzkundigen einfach als zusätzliche vierte Option in (sichtbarer) Form eines vierten Radiobuttons angeboten wird.

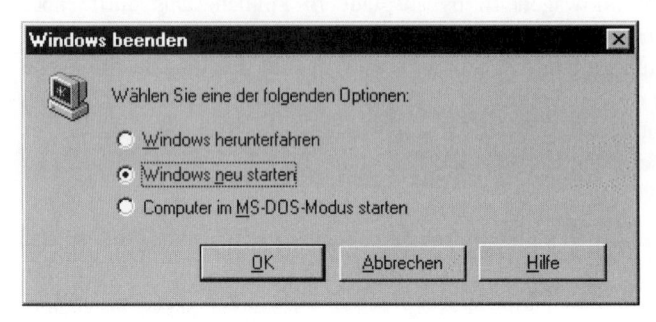

Bild 2.17: Neue nützliche Option bei <Shift>-Ok

2.3.2.13 Shift-Taste, die zwote...

Halten Sie im Windows-Explorer beim Klicken mit der rechten Maus auf eine Datei zusätzlich die <Shift>-Taste gedrückt, spendiert Windows Ihnen eine zusätzliche und sogar ausgesprochen nützliche Option „Öffnen mit...", die ein Bearbeiten auch solcher Dateien erlaubt, die sonst sofort gestartet würden wie zum Beispiel BAT-Dateien. Alleroptimalst wäre dieses Verhalten übrigens, wenn es automatisch & einfach immer zur Verfügung stände — oder doch zumindest irgendwie/irgendwo erkennbar wäre...

Word für Windows bietet, hält man die <Shift>-Taste beim Aufklappen des Menüs DATEI gedrückt, statt der Option, das aktuelle Textfenster zu speichern, die Möglichkeit an, das für sämtliche offenen Fenster zu tun. Auch hier bleibt rätselhaft, warum diese zusätzliche nützliche Option nicht einfach ebenfalls & ab dem zweiten Fenster zum Menüstandard gehört.

2.3.2.14 Kürzeltasten

Für die vernünftige Benutzung des Desktop gibt es eine Reihe von Kombinationen in Verbindung mit der Windows-Taste neuerer Tastaturen: Mysteriös, warum sie zwar schon unter Windows 95 existierten — und wer mit <Windows>+<M> jemals die offenen Applikationen

Prinzipien für Benutzeroberflächen   51

minimiert hat, um freie Sicht auf den Desktop zu erlangen, und mit <Shift>+<Windows>+<M> sie restauriert, wird derlei schwerlich missen wollen —, aber erst in der Windows 98-Hilfe dokumentiert sind. Hoffentlich fallen sie auch jedem Anwender ins erwartungsvolle Auge...

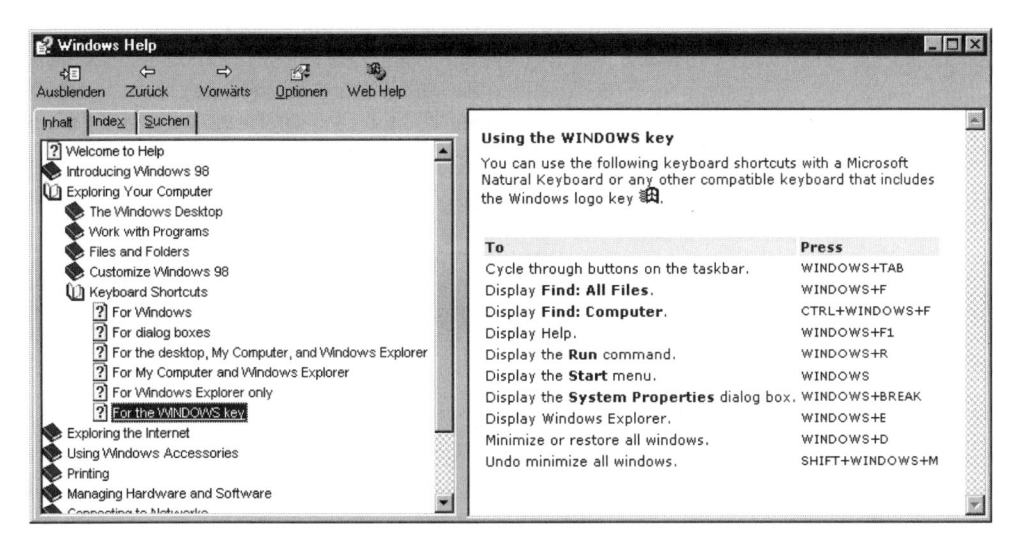

Bild 2.18: Altes endlich neu dokumentiert: Desktop-Kurztasten

2.3.2.15 Registrierungseditor

Dieser an sich sehr leistungsfähige und unverzichtbare Editor stellt sich insgesamt zu undurchschaubar dar. Es ist übrigens auch ein gutes Beispiel für ein zu technisches Werkzeug, dessen interne Organisation der Ebenen und Variablen über eine geeignete Metapher sehr einfach zu entflechten wäre. Hilfsprogramme wie Tweak UI (Abbildung 2.21), die die internen Bits und Bytes über simple Schalter zugänglich machen, zeigen, daß derlei zumindest für jene Bereiche, in denen der Anwender sonst eher Unheil anrichten würde, durchaus realisierbar ist.

Bild 2.19: Früher war einiges tatsächlich besser...

2.3.2.16 Vorbild Windows 3.0

Nach unfreiwilligem Beenden von Windows 95 findet man beim nächsten Mal in der Regel seine sorgsam geordneten Icons ordentlich geschüttelt wieder vor — wer den obigen Geheimschalter nicht kennt, ärgert sich hier gewaltig: insbesondere, wenn er sich Windows 3.0 mit der Checkbox in der Schlußabfragebox „Wollen Sie wirklich beenden?" erinnert, die ein

Speichern des Zustandes ganz nach Wunsch und Lust und Laune erlaubte — übrigens ein geballtes Beispiel für 1a Selbsterklärlichkeit, kombiniert und gepaart mit Konfigurierbarkeit, Flexibilität, Verständlichkeit und Kontrollierbarkeit...

Daß man bei laufendem Windows jederzeit den aktuellen Zustand auch mit <Shift>+ <Alt>+<F4> ohne Verlassen von Windows sichern konnte, gehört aber leider wieder ins Dokumentationskapitel „Wie man's denn besser nicht machen sollte"... Ideal für den Anwender ist eigentlich grundsätzlich das Angebot der Software, Konfigurationen auf Wunsch beim Beenden der Applikation speichern zu können. Auch hier sei eine Uralt-Applikation unter Windows 3.x wieder als vorbildliche Lösung zitiert:

Bild 2.20: Das könnte auch Windows 98-Applikationen nicht schaden

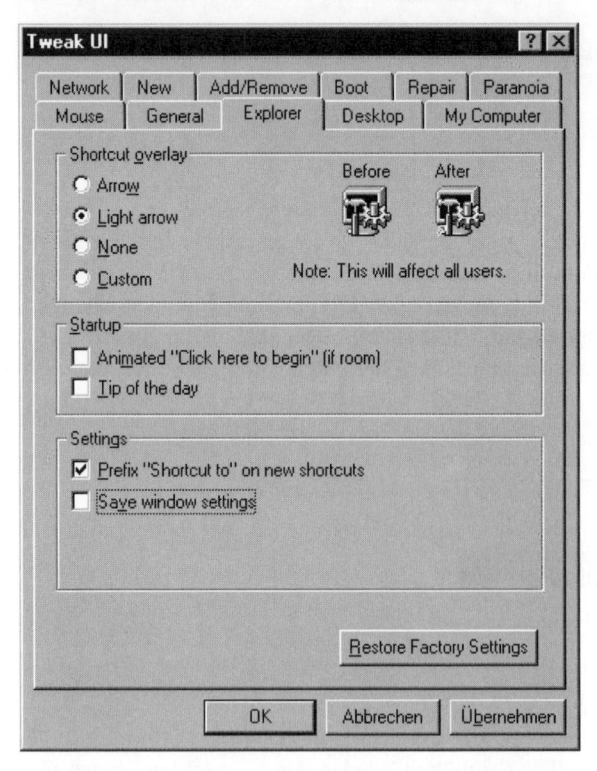

Bild 2.21: Der Schalter „Save Desktop" in lesbarer Form

Prinzipien für Benutzeroberflächen 53

2.3.2.17 Beispiel für „präventives Feedback"

Hilfeseiten enthalten häufig komplette Dialogabbildungen mit sensitiven Bereichen, die der Anwender mit der Maus abfahren kann. Betätigt er sie über einem aktiven Bereich — dieser wird durch den Mauscursor mit ausgefahrenem Zeigefinger symbolisiert —, erscheint zu diesem Element die gewünschte Hilfe. Möglicherweise wäre es von Vorteil, die klickbaren Bereiche zusätzlich und von vornherein auch optisch kenntlich zu machen. Der Bitmap-Editor SHED.EXE erlaubt die wenig genutzte Option übrigens; offenbar schätzt ein Entwickler diese Möglichkeit weniger, weil sie die optische „Originalität" zur Applikation stören würde. Allerdings zählt auch hier die Regel, daß der Wurm dem Fisch schmecken muß, nicht dem Angler: Der Anwender hätte es nämlich möglicherweise gar nicht ungern, die mit Hilfen unterlegten Bereiche gleich erkennen zu können...

2.3.2.18 Benutzerangepaßtes Feedback

Berücksichtigen Sie vor allem auch den Kenntnisstand des Anwenders und gestalten Sie Meldungen ruhig einmal dynamisch in Abhängigkeit davon: Wenn etwa dem Könner signalisiert wird, „Klasse, jetzt haben Sie es endlich geschafft", kann das möglicherweise einen gegenteiligen Effekt haben, während der Laie für etwas Aufmunterung sicher gelegentlich eher empfänglich und dankbar ist.

2.3.2.19 Problembezogenes Feedback

Gewisse Dinge benötigen nun einmal Zeit: So wird es auch dem ungeduldigen Anwender plausibel sein, daß beispielsweise eine Freitextsuche durch eine komplette Datenbank eine gewisse Wartezeit kostet. Zeigen Sie zum Laufbalken auch gleich Treffer an, kann der Benutzer eine mögliche Fehleingabe schnell erkennen und die Suche durch Abbrechen des Vorgangs vorzeitig beenden. Sind die Treffer aber gefunden, sollte das Blättern in diesen Sätzen ohne Verzögerung vonstatten gehen; hier wären Verzögerungen beispielsweise durch einen aktiven Filter ärgerlich.

2.3.2.20 Modernes vs. klassisches Feedback

Daß neuere Eleganttechnik keineswegs in jeder Hinsicht eine Verbesserung darstellt, sondern durchaus von Jahrzehnte alter Elektrik in den Schatten gestellt wird, beweist sehr schön das klassische akustische Telefonbesetztzeichen „tüt-tüt-tüt" im Vergleich mit der topmodernen Funktelefonvariante, die dank sofortiger Rück- und erneuter Allzeitbereitschaltung sehr leicht den Eindruck vermittelt, man habe einfach nur versehentlich „falsch" gewählt. Hier bietet das klassische und eindeutige Feedback ebenso eindeutig Vorteile.

2.3.2.21 Unsinniges Feedback

Die folgende Messagebox signalisiert, daß der Anwender durch (meist versehentlichen) Mausklick ein anderes Projekt ausgewählt hat, das nach Betätigung des „Ok"-Buttons geladen wird, was einige Sekunden in Anspruch nimmt. Diese Meldung ist in mehrfacher Hinsicht verbesserungswürdig und als Beispiel bemerkenswert:

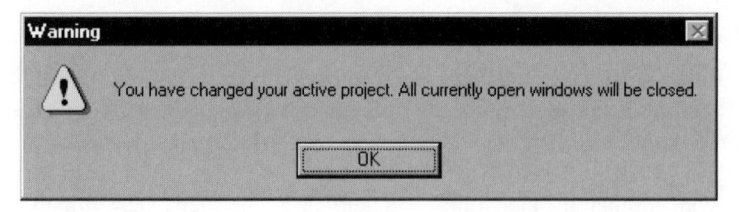

Bild 2.22: Optimierbares Feedback

- Der Anwender wünscht sich eine Abfrage, ob der Projektwechsel wirklich vollzogen werden soll. Der zeitliche Mehraufwand, der durch die notwendige Bestätigung des als Standard vorzubelegenden „Ok"-Buttons entsteht — ideal wäre vielleicht auch eine zusätzliche Zeitschleife —, ist vernachlässigbar angesichts der Dauer der Projektladezeit.
- Wenn der Projektwechsel nicht zu verhindern ist, sollte er natürlich vor oder besser mit dem Anzeigen der Meldung erfolgen. Andernfalls — so ist die Meldung leider aktuell implementiert — entsteht nach der Bestätigung eine erneute und stets ärgerliche Wartezeit.
- Wenn da eh nichts zu machen ist, kann der Anwender ebensogut auf den Dialog komplett verzichten. Eine Meldung in der Statuszeile wäre dann völlig ausreichend.

2.3.2.22 Zuverlässig wiederkehrende Erstassoziationen

Eine alte Bauernregel der Psychologen besagt, daß das, was einem als erstes einfällt, auch das ist, was beim nächsten Mal zuverlässig wieder zuerst und vordringlich assoziiert wird. Profitieren Sie davon beispielsweise bei Benamungen von Menü-Optionen, Kürzeltasten und dergleichen. Ein Filmregisseur erzählte mir, daß er als Geheimzahl für Koffer und Hotelsafes stets die Ziffernkombination „451" aus dem Filmtitel „Fahrenheit 451" (die Temperatur, bei der Papier zu brennen anfängt) von François Truffaut benutzt — so braucht er im Falle eines Falles nur einen Cineasten anzurufen, um die Zahl abzufragen.

2.3.2.23 Fremdbeschreibungsfähigkeit...

Da auch Anwender immer wieder gerne dieselben Fehler machen, sollten Sie ihm innerhalb der Applikation die Möglichkeit geben, eigene Hilfetexte ergänzen oder zumindest Fehler und deren Lösungen protokollieren zu können. Die in jeder Windows-Hilfe eingebaute Anmerkungsfunktion ist ja leider viel zu wenig bekannt; sie wird jedenfalls nur allerhöchst selten benutzt, obwohl der Vorteil, eigene Ergänzungen, Lesezeichen etc. ablegen zu können, ja ganz offensichtlich ist.

Bild 2.23: Anmerkungen & Lesezeichen: wenig bekannt, vor Windows 98 Standard in jeder Hilfe

Bedauerlich, daß diese Möglichkeit bei Windows 98 übrigens offenbar nicht länger eingebaut zu sein scheint; sie war eben wohl doch zu wenig bekannt...

2.3.3 Steuerbarkeit

2.3.3.1 Steuerung der Applikation durch den Anwender

Die Haupterrungenschaft einer GUI-Applikation ist aus Sicht des Anwenders sicher der Eindruck, er selber sei für die Steuerung des Programms verantwortlich. In gewissen Grenzen (Eingabereihenfolge bei Dialogen, nichtmodale Fenster, MDI-Applikationen etc.) ist das völlig korrekt und wirkt weniger frustrierend und demoralisierend, da der Anwender sich der Software nicht völlig hilflos ausgesetzt fühlt. Diese sollte vielmehr „Partner" des Anwenders sein und diesem bei fehlenden Fertigkeiten hilfreich zur Hand gehen — was insbesondere bei der Formulierung und dem Tonfall von Fehlermeldungen zu berücksichtigen ist.

2.3.3.2 UID vs. CID

Legen Sie Wert auf „User Interface Design", nicht das „Computer Interface Design": Es ist der Anwender, nicht der Computer, der Dinge in Gang setzt, Funktionen auslöst und Elemente steuert — belassen Sie ihm zumindest weitgehend diese Illusion.

2.3.3.3 Konsequenzen für die Applikation

Eine Applikation gilt laut DIN als steuerbar, „wenn der Benutzer in der Lage ist, den Dialogablauf zu starten sowie seine Richtung und Geschwindigkeit zu beeinflussen, bis das Ziel erreicht ist." Ich denke, auch die Reihenfolge, in der beispielsweise Eingaben zu erfolgen haben, sollte vom Anwender — in schicklichen Grenzen — bestimmbar sein. Das betrifft insbesondere mögliche Validierungen von Werten, die bei Fehlschlägen nicht dazu führen sollten, daß das betroffene Feld sozusagen zwangsweise fokussiert bleibt, bis die korrekte Eingabe erfolgt ist. Einsteiger greifen hier gerne in der Not zum Komplettausstieg...

Es mag Ausnahmen geben, bei denen die strikte Forderung unabdingbar bleibt — wenn aber beispielsweise ein Nachname einzugeben ist, muß das nicht zwanghaft vor der Eingabe des Vornamens erfolgen. Validierung hat also zumeist eher auf Fenster- denn auf Feldebene zu erfolgen. Ungültige Controls können geeignet markiert werden — hier bieten sich Ampelsymbole und -farben an — und bis zu korrekten Eingabe das Schließen des Fensters untersagen.

2.3.3.4 Flexible Bedienerführung

Menüs, Toolbarbuttons und Tastenkürzel stellen drei Möglichkeiten dar, Optionen innerhalb eines Programms auswählen zu können. Erstere erlauben dank der parallel in der Statusleiste eingeblendeten ausführlichen Zusatzinformationen auch dem Einsteiger, sich über die Konsequenzen und Funktionen jeder Option Klarheit zu verschaffen. Fortgeschrittene erhalten zu jedem Toolbarbutton ein kurzes Stichwort als Tooltip, Geübte wählen die wichtigsten Optionen gleich und sozusagen „blind" über entsprechende Shortcuts.

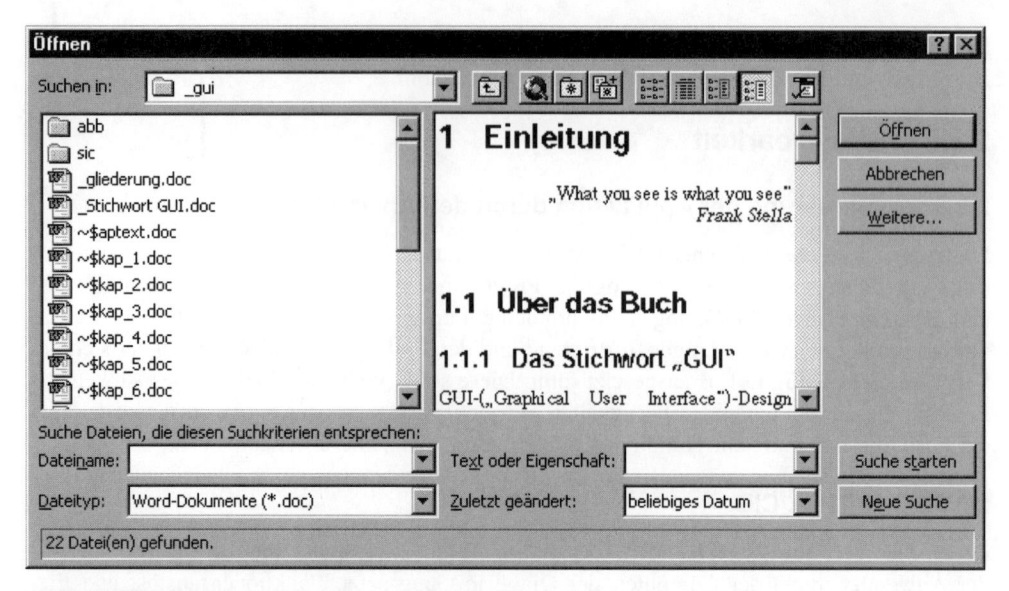

Bild 2.24: Komfortable Auswahl einer Datei durch einen Nicht-Standard-Dialog

2.3.3.5 Variable Eingaben

Die Eingabe eines Dateinamens sollte durch Direkteingabe oder Auswahl über einen Datei-Explorer erfolgen; dann hat der Anwender wiederum die Möglichkeit, zwischen schneller und komfortabler Eingabe zu wählen. Letztere erlaubt ihm beispielsweise den Abgleich des Namens mit vorhandenen Dateien, oder, beispielsweise im Falle des ÖFFNEN-Dialogs von Word für Windows, auch der schnellen Einsicht in einzelne Dateien.

2.3.3.6 Verlassen einer Bearbeitungsmaske

In Netzwerkumgebungen muß jeder Anwender nach einer endlichen Zeit einen gesperrten Satz wieder freigeben, um beispielsweise die allnächtliche Datensicherung nicht zu behindern oder anderen Benutzern den Zugriff nicht zu verwehren. Ich programmiere solche Masken in der Regel so, daß nach Betätigung eines „Bearbeiten"-Buttons der Satz gesperrt und der Dialog zum Editieren freigegeben wird. Speichert oder schließt der Benutzer die Maske nicht innerhalb einer genügend langen Zeit, dürfte er seinen Arbeitsplatz ohne Speichern des Satzes verlassen haben.

In diesem Fall, nach Ablauf einer über einen Timer steuerbaren Frist also, sichere ich die geänderten Felder in einem lokalen Buffer, damit etwaige Eingaben nicht verloren gehen, und beende die Applikation. Beim nächsten Programmstart erhält der Benutzer den Hinweis, daß der Satz nicht in die Datenbank übernommen wurde, wozu ich ihm aber jetzt Gelegenheit gebe. Damit ist einerseits sichergestellt, daß jeder Satz hinreichend zügig wieder freigegeben wird — andererseits geht auch die eventuell ja mühevolle, aber aus irgendwelchen Gründen abgebrochene Bearbeitung keineswegs verloren.

2.3.4 Erwartungskonformität

2.3.4.1 Windows-Standardverhalten

Jeder Anwender erwartet von einer Windows-Applikation ein gewisses Standard-Verhalten — eben genau jenes, daß offenbar nicht vorhanden ist, wenn Sie ihm „nur" eine DOS-Applikation verkaufen möchten und er dieses schon, ohne im einzelnen die tatsächlichen Fähigkeiten zu kennen, mit einem Verziehen des Mundwinkels genügend abfällig quittiert.

Verbreitetes, aber offenkundig und objektiv nachteiliges Standardverhalten muß dagegen nicht unbedingt, zwanghaft und vorbehaltlos blind übernommen werden. So gibt es sicher Dinge unter Windows, die eher der Sparte „unerklärlich bis zufällig" zuzuschlagen und daher durchaus Kandidaten für hausgemachte Optimierungen sind. Trotzdem: Im Zweifel halten Sie sich natürlich besser an die eingefahrenen Standards...

2.3.4.2 Unschöne Eigenschaften der Standard-Eingabefelder

- Standardkontextmenü bei Eingabefeldern;
- Inhalt von Eingabefeldern beim Fokussieren markieren;
- Aktiver Fokus nur durch blinkenden Cursor erkennbar;
- Nur <Tab> und <Shift>+<Tab> zum Navigieren (statt zusätzlich Cursortasten und <Return>-Taste).

Unerklärlich, warum innerhalb von Button-Gruppen beispielsweise der Pfeil aufwärts funktioniert, abwärts dagegen aber nicht. Die in der DOS-Welt üblichen Pfeiltasten und <Enter> bieten sich auch unter Windows zur Navigation zwischen den Controls an, solange — wie bei List- oder Comboboxen — diese keine Blätterfunktion haben. Zwar bedeutet das einen Kompromiß für jene, die die <Tab>-Taste gedrückt halten, um an Controls zu gelangen; aber bei Zahleneingaben ist die <Return>-Taste einfach von schlagendem Vorteil.

2.3.4.3 Anwender- und problemkompatible Terminologie

Dieser schon bei der geforderten Aufgabenangemessenheit beschriebene Punkt beeinflußt stark die Akzeptanz seitens des Anwenders: Je weniger fremd ihm die Applikation vorkommt, je mehr fachspezifische Dinge er — neben den Windows-typischen Standards — wiedererkennt, desto leichter wird es sein, ihn von der Güte der Applikation zu überzeugen.

2.3.4.4 Wiederkennbarkeit & Konsistenz

Wiedererkennbarkeit im Verbund mit Konsistenz gehört sicher zu den eingängigsten Vorteilen und wichtigsten Merkmalen einer genormten GUI-Schnittstelle. Leider unterlaufen selbst große Unternehmen diese gerade für Einsteiger unverzichtbare Erleichterung, sich auch in fremden Applikationen sofort zurechtfinden zu können — unverständlich, warum beispielsweise bei aktivierter Word für Windows 97-Hilfe, wenn also eher ein Einsteiger arbeitet, Bedienelemente wie Schaltflächen ein gegenüber dem Programm völlig geändertes Aussehen haben.

Bild 2.25: Leider nicht konsistente Schaltflächen

2.3.4.5 Konsistente Tastenbelegungen

„Mißbrauchen" Sie keine gängigen und genormten Tastenkombinationen. Auch wenn Ihre Applikation keine Menüoptionen beispielsweise zum Ausschneiden, Kopieren und Einfügen besitzt, sollten Sie die dafür gängigen Kürzel <Strg>+<X>, <Strg>+<C> und <Strg>+<V> möglichst nicht anderweitig belegen.

2.3.4.6 Umschalttasten

Häufig setzt man Umschalter ein, mit denen ein Zustand aktiviert und deaktiviert werden kann. Achten Sie darauf, daß das stets mit demselben Schalter passiert. Mich ärgert zum Beispiel bei meinem Telefon, daß die Stummschaltung über eine Taste „INT" aktiviert und über eine andere Taste „R" wieder aufgehoben wird.

Solche „Toggle"-Elemente erlauben Anwendern in Dialogmasken das Hin- und Herschalten zwischen Eingabe- und Ansichtmodus, zwischen Formular- und Browsermodus und dergleichen. Die Beschriftung der Schaltfläche (oder eine passende Bitmap) gibt Auskunft über den aktuellen Zustand; häufig, in Toolbars immer, kennzeichnet ein eingedrückter Button den aktiven Zustand.

2.3.4.7 Funktionstasten

Die inzwischen ja gar nicht so wenigen, ja geradezu inflationär anwachsenden Funktionstasten wie <Shift>, <Strg>, <Alt>, <Windows> und <Windows Logo> — so der offizielle Name für die <Windows>-Taste — verhindern leider jene Konsistenz, die beim Apple Macintosh sich insofern durchgesetzt hat, daß die Kommando-Taste (auch „Apfeltaste" genannt) stets eine erweiterte Funktion auslöste. Bei einigen Windows-Programmen erweitert die <Shift>-Taste die Auswahl, während <Strg> sie reduziert.

2.3.4.8 Ein eindrucksvolles Beispiel à la „So nicht!"

Geradezu meines Erachtens ein Paradebeispiel einer äußerst unschönen bis sogar gefährlichen Inkonsistenz liefern Windows NT und Novell mit der neuerdings eingeführten Bedie-

Prinzipien für Benutzeroberflächen 59

nungsunsitte, daß sich der Benutzer mittels der sonst dem Booten vorbehaltenen Tastenkombination <Strg>+<Alt>+<Entf> anmeldet.

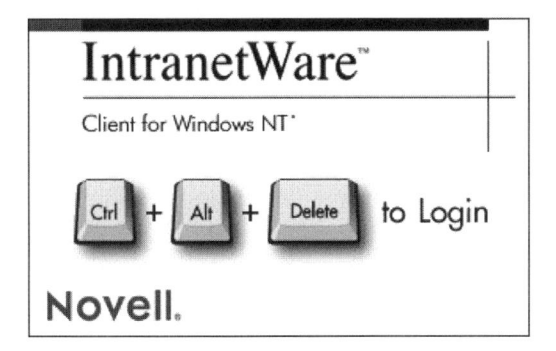

Bild 2.26: Eine äußerst gefährliche Tastenkombination...

Die Verwendung dieser Kombination zeigt einen sehr gängigen Fehler bei der Auswahl solcher Techniken: Für den Profibenutzer (und für einen Systemprogrammierer sowieso) ist die Inversibilität von Booten und Anmelden, von Herunterfahren bzw. Starten eines Systems durchaus plausibel und logisch. Einem Anwender mit eher geringen Systemkenntnissen, der „nur" einfach eine Software in einer Art benutzt, wie er auch einen Kopierer oder ein Telefon einsetzt (also rein als praktisches Mittel zum Zweck, nämlich der — hoffentlich! — Arbeitserleichterung und Zeitersparnis) hat man zu DOS-Zeiten jahrelang eingetrichtert, während des laufenden Betriebs ja nicht den Rechner auszuschalten oder ihn zu booten, weil damit Dateien nicht geschlossen werden und also Daten mit hoher Wahrscheinlichkeit verloren gehen.

Bei meinen Tower-Gehäusen pflege ich sogar sicherheitshalber die meist in gut passender Kniehöhe angebrachte Power-Schalter lahmzulegen, um einem ziemlich sicheren Datenverlust durch versehentliches Ausschalten im unglücklichsten Moment nachdrücklich zu verhindern — und nun kommt ein Betriebssystemhersteller und torpediert diese für ihn wahrscheinlich vermeintlich einfach zu durchschauende Funktion, die aber meiner Meinung nach für den Großteil der Anwender gar nicht den erkennbaren Status eines Toggle-Schalters hat, der ja tatsächlich mit möglichst derselben Kombination zu aktivieren und deaktivieren wäre.

2.3.4.9 Beenden über den „Start"-Button

Offenbar klappt diese meist eher mysteriöse Dualität beim Start-Menü von Windows 95 ganz ausgezeichnet; jedenfalls scheint es kaum einen Anwender zu verwundern, daß ausgerechnet der mit „Start" beschriftete Knopf zu drücken ist, wenn man den Rechner ordnungsgemäß herunterfahren und ausschalten möchte.

2.3.4.10 Mausbedienung

Verschieben Sie im Explorer eine Datei auf ein anderes Laufwerk, wird diese automatisch kopiert. Gleiches erreichen Sie auf dem aktuellen Laufwerk durch simultanes Festhalten der <Strg>-Taste. Hier haben die Entwickler der naheliegenderen Möglichkeit — sicher wird man häufiger Dateien auf andere Laufwerke kopieren als verschieben — eine höhere Priorität eingeräumt als der meines Erachtens wünschenswerteren Konsistenz — daß Sie die Datei durch Drücken der <Shift>-Taste auch auf andere Laufwerke verschieben können, erschließt sich einem Anwender vermutlich nur durch Ausprobieren, das immerhin durch Anzeige eines kleinen Pluszeichens im Mauszeiger beim Kopieren etwas erleichtert wird. Mir wäre hier übrigens ein kleines „X" für Verschieben (analog zum Standardtastenkürzel <Strg>+<X>) bzw. „C" für Kopieren (analog zum <Strg>+<C>) sehr viel plausibler.

Bild 2.27: Beenden — natürlich trotzdem auch gerne mit <Alt>+<F4>

2.3.4.11 Konsistente Controls

Nicht nur innerhalb einer Applikation, sondern möglichst über diese hinaus und, das wäre der Idealfall, damit kompatibel, konform & wiedererkennbar in allen GUI-Applikationen sollten Steuerelemente auf möglichst immer die gleiche Art und Weise eingesetzt werden. Das betrifft die folgenden Faktoren:

- Aussehen,
- Position,
- Größe,
- Bezeichnung,
- Reaktion,
- Bedienung.

Pushbuttons mit unterschiedlichem Design sind zwar der Konsistenz äußerst abträglich und daher keineswegs empfehlenswert, erfreuen sich aber leider bei Herstellern sehr großer Beliebtheit. Die immer neuen Varianten sollen Individualität signalisieren und lösen eher nur Verstörung aus. Gestaltungsregeln wie Anzeige einer Tastenkombination bei Menüoptionen sollten ebenfalls grundsätzlich und immer eingehalten werden. Im Beispiel der Abbildung 2.27 wird zwar die Kombination im Systemmenü des Fensters, nicht aber — und damit für

Prinzipien für Benutzeroberflächen 61

den Einstiegsanwender, der kaum jemals das Systemmenü öffnet, praktisch nicht auffindbar — im eigentlichen Pulldown-Menü eingeblendet.

2.3.4.12 Konsistente Dialoge

Eine Maßnahme zur Erreichung dieses Ziels ist neben der konsequenten Anwendung der GUI-Gestaltungsregeln die Verwendung der Standarddialoge, soweit sie das Betriebssystem bereits zur Verfügung stellt.

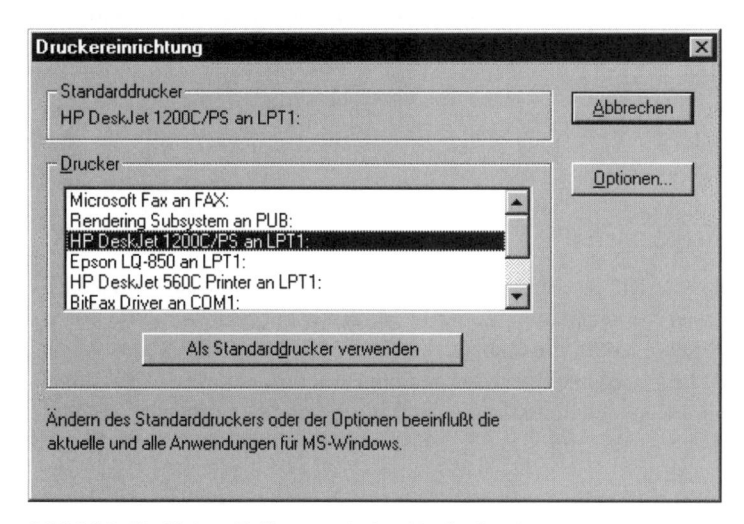

Bild 2.28: Ein kleiner Fall von optischer Nachschöpfung...

2.3.4.13 Standarddialoge

Einige nützliche Standarddialoge können unter Windows direkt verwandt werden; neben der Arbeitsersparnis bieten sie den Vorteil, beim Anwender in der Regel meist sogar schon bekannt zu sein — andernfalls wird er sie dann später bei anderen Applikationen ebenfalls vorfinden.

- Messageboxen,
- Color (Farbe), Funktion ChooseColor (),
- Font (Schriftart), Funktion ChooseFont (),
- Find (Suchen), Funktion FindText (),
- Replace (Ersetzen), Funktion ReplaceText (),
- Open (Öffnen), Funktion GetOpenFileName (),
- Save As (Speichern unter), Funktion GetSaveFileName (),
- Page Setup (Seite einrichten), Funktion PageSetupDlg (),
- Print (Drucken), Funktion PrintDlg ().

Diese Dialoge können übrigens — wenngleich auch in schmalen Grenzen und nur mit einigen Kenntnissen der API-Schnittstelle (Application Programming Interface) — nach Wunsch angepaßt und beispielsweise mit weiteren oder modifizierten Controls versehen werden.

2.3.4.14 Orientierung an Bekanntem

Den Dialog der Abbildung 2.28 zur Auswahl eines Druckers haben Anwender gewisser Textverarbeitungsprogramme sicher schon einmal gesehen, obschon er mit einer eigenen Programmiersprache komplett neu erstellt wurde; Windows stellt ihn nämlich nicht als Standarddialog zur Verfügung. Alles, was der Benutzer bereits kennt und zumindest in ähnlicher Weise bereits gesehen hat, verringert den Kreativitätsaufwand des Entwicklers und erhöht die Konsistenz für den Anwender.

2.3.5 Fehlertoleranz

2.3.5.1 „Es kann nichts passieren"

Machen Sie den Anwender stets auf die Möglichkeit einer Undo-Funktion aufmerksam — beschreiben Sie dann auch, was wie rückgängig gemacht werden kann: und zwar bitte vorab. Beispielsweise scheuen sich Leute davor, die Haltetaste beim Telefon zu drücken, aus Angst, sie könnten doch „irgendwie" das Gespräch verlieren. Rechnen Sie mit solchen „Urängsten" auch beim Abbruch oder beim Rückgängigmachen einer Eingabe und beschreiben Sie vorab jeweils genau die möglichen Konsequenzen.

2.3.5.2 Verknüpfungen löschen

Ich gestehe gerne, daß mich jedesmal ein mulmiges Gefühl überkommt, wenn ich eine Verknüpfung auf dem Desktop lösche. Mich beschleicht wider besseres Wissen die Angst, das Zielprogramm könnte dadurch ebenfalls gelöscht werden. Ich halte die Möglichkeit, Verknüpfungen zu erzeugen, für eine ganz wesentliche und praktische bei Windows; aber es wäre ein leichtes, den Umgang mit ihnen durch andere oder bessere Meldungen sicherer und selbstverständlicher zu gestalten. Nicht nur mancher Einsteiger schwört Stein & Bein, er habe durch Löschen einer Verknüpfung auch schon mal „irgendwie" eine Datei verloren.

2.3.5.3 Automatische Korrekturen

So unbestritten vorteilhaft und inzwischen nahezu perfekt die Autokorrektur bei Textprogrammen funktioniert, die bereits während der Eingabe die Worte auf Korrektheit prüft und auch die eigene Konfiguration beliebter „Dreher" und Schreibfehler erlaubt — es gibt Situationen, bei denen der Anwender diese Bequemlichkeit gerne ausschaltet: Das sollte die Software dann auch erlauben... Beim Programmieren schreibe ich beispielsweise die Schlüsselwörter, Funktionen etc. nach eigenen Regeln; da ist das Deaktivieren sehr wünschenswert.

Das Nachschlagen beeinflußt übrigens die normale Schreibgeschwindigkeit nicht negativ; ich kann mich noch gut an die ersten, noch für DOS entwickelten Programme des Schweizer Mathematikers und Tiefseetauchers Hannes Keller erinnern, der hier noch aufgrund der eher bedächtigen Hardware zu sehr ausgeklügelten Algorithmen greifen mußte, damit sein System auch auf Rechnern mit 80286-Prozessor noch unbemerkt genug hantierte...

Prinzipien für Benutzeroberflächen 63

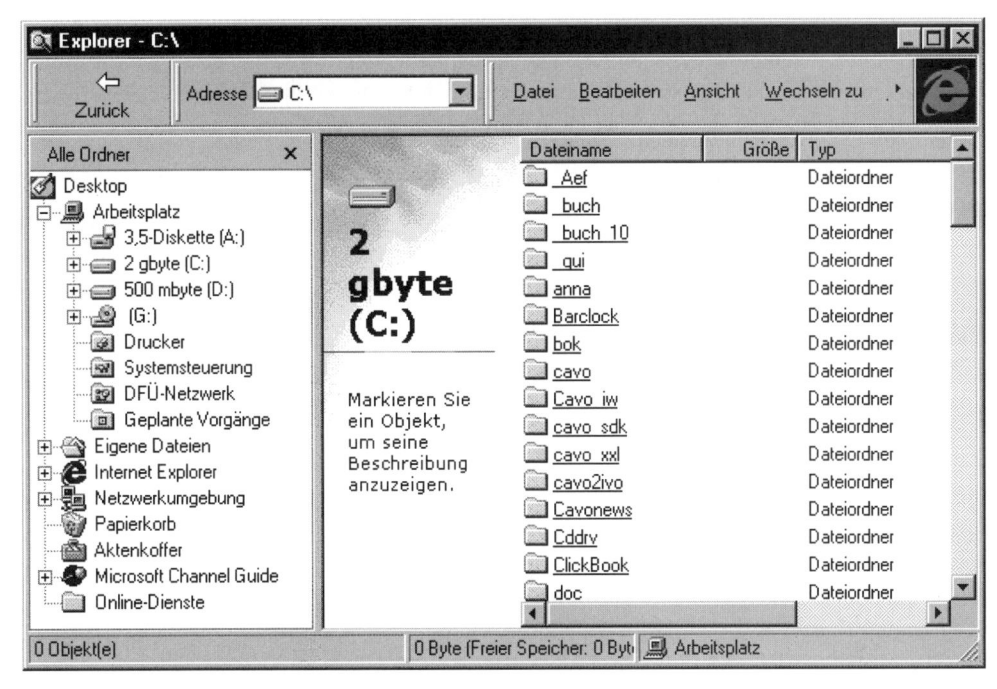

Bild 2.29: Ein versehentlich reichlich mißratener Explorer...

2.3.5.4 Undo-Funktion

Eine durchdachte Undo-Funktion gehört ebenfalls zu den Dingen, denen sich ein Windows-Entwickler widmen sollte. WIMP-Applikationen gerade im Zeitalter vom Windows 98 mit seinen neuen Tool- und Coolbars laden nun einmal zum Ausprobieren und zur individuellen Konfiguration (die keinesfalls immer auch eine Optimierung ist...) ein. Wehe dem ungeübten Anwender, verschiebt er beispielsweise die Explorer-Toolbars unglücklich die Elemente und meint, durch einfaches Beenden und Neustarten den alten Zustand restaurieren zu können. Eine Abfrage oder eine einfachere als die original vorhandene Möglichkeit, ein Programm ohne das Speichern solcher versehentlichen Änderungen, wäre hier sehr wünschenswert.

Ideal sind Undo- und Redo-Funktionen, die nicht nur in fester Reihenfolge die Korrektur erlauben, sondern den Anwender gezielt bestimmte Korrekturschritte auswählen lassen.

2.3.5.5 Abbruchfunktion

Sind ausgeklügelte Undo- und Redo-Funktionen leider nicht Standard und gehören auch nicht zu den Anforderungen des Windows 95-Logos, sollte doch zumindest überall und jederzeit der Anwender die Möglichkeit haben, ohne Speichern etwaiger Änderungen einen Dialog verlassen zu können. Schwierigkeiten resp. Mühe machen hier besonders Karteireiterdialoge, bei denen möglichst auch ein „Gesamtabbruch", der sämtliche Änderungen aller modifizierten Laschen verwirft, gestattet sein sollte.

Mein Offline-Reader für CompuServe beispielsweise erlaubt das Schließen der Nachrichten-Übersichtsfenster, ohne daß die von mir angesprungenen Meldungen als gelesenen markiert und entsprechend gespeichert werden; eine schöne Option, die verhindert, daß bei nur flüchtigem schnellen Blättern die durchlaufenen Meldungen abgehakt und somit beim nächsten Mal nicht mehr angeboten würden.

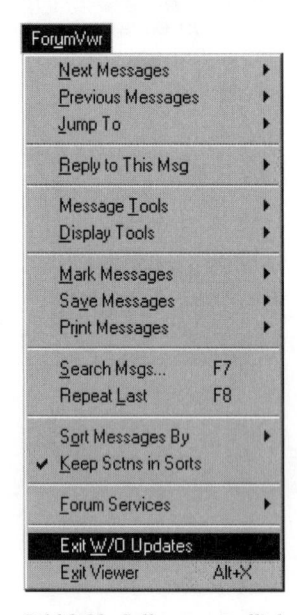

Bild 2.30: Selbstverständlich: Ende ohne Speichern der Lesemarkierungen

2.3.5.6 Papierkorb

Die Möglichkeit, gelöschte Dateien aus einem virtuellen Papierkorb wiederzubeleben, ist zwar nicht gerade eine Errungenschaft der Windows-Oberfläche, aber paradigmatisch für diese Kategorie: Der Legende nach wurden zu DOS-Zeiten die Norton-Utilities vom Autor gerade deshalb geschrieben, weil er versehentlich wichtige Dateien gelöscht hatte. Unter Windows löscht man jetzt viel ungenierter, weil man Dateien im Bedarfsfall ja wieder zum Leben erwecken kann.

Allerdings: Dennoch verschwinden natürlich weiterhin Dateien ebenso nachhaltig und zuverlässig wie früher — beim gelegentlich notwendigen Leeren des Papierkorbs weiß man ja keineswegs, ob man eine bestimmte Datei möglicherweise demnächst nicht doch wieder haben möchte. Dazu liegen der Zeitpunkt der Löschabsicht und die Sicherheitsabfrage selbst zu dicht zusammen: Im Moment der Frage „Wollen Sie löschen?" ist der Anwender schwerlich von seinem Ansinnen abzubringen und wird möglicherweise auch leicht überlesen, daß er im Begriff ist, versehentlich eine wichtige Datei zu löschen.

Um den Papierkorb nicht mit unnötigem Ballast zu füllen, gewöhnen sich viele Anwender die Tastenkombination <Shift>+<Entf> an — mit dem Ergebnis, daß hier die Wahrscheinlichkeit, versehentlich Dateien zu löschen, natürlich besonders hoch ist.

Außerdem ist die als Standard stets erscheinende Abfrage, ob man denn nun wirklich löschen möchte, völlig unsinnig — *natürlich* möchte man löschen: beim versehentlichen Löschen besteht ja gerade die Möglichkeit, Dateien wieder aus dem Papierkorb zu holen. Da die Option, die im Grunde unsinnige Abfrage zu unterdrücken, kaum bekannt ist, sei sie hier abgebildet:

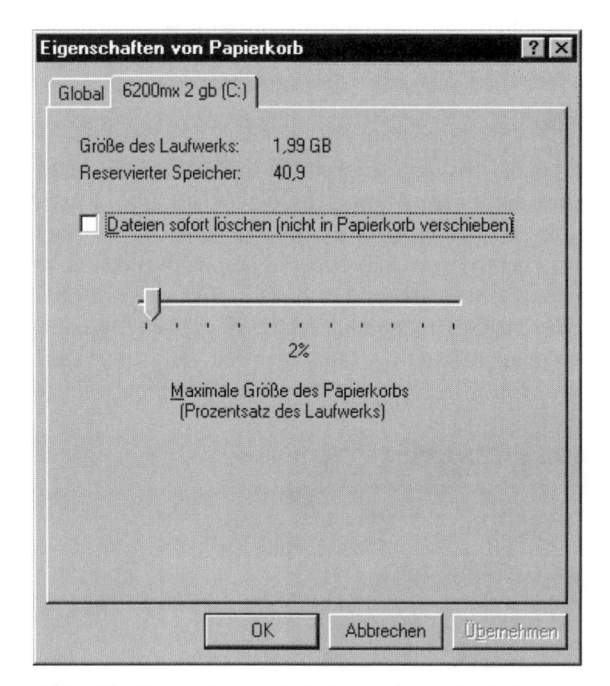

Bild 2.31: Eine viel zu wenig bekannte Papierkorb-Option

Insgesamt ist jedenfalls der Papierkorb kaum ein wirklich zuverlässiges Instrument, um das versehentliche Löschen von Dateien tatsächlich und nachhaltig zu eliminieren: Bevor ein Programm die Wichtigkeit einer Datei nicht zu erkennen in der Lage ist, wird sich daran auch wenig ändern...

2.3.5.7 Toleranz bei Meldungen

Fehlertoleranz von Software meint aber auch, den Anwender nicht jederzeit mit Meldungen zu konfrontieren, deren Ursache er wenig später selbst beseitigen wird. Fehlermeldungen, die nur aufgrund einer anderen Reihenfolge auftreten, weil Gewohnheit des Anwenders und Gestalters hier differieren, sind nach Möglichkeit zu vermeiden. Gibt ein Anwender nun einmal den Vornamen vor dem Nachnamen ein, sollte, obschon die Controlreihenfolge vielleicht eine andere ist (was schon eine Designschwäche wäre), keine Fehlermeldung den Eingabefluß behindern oder dem Anwender gar eine bestimmte Reihenfolge aufnötigen.

Bedienungsfehler sind grundsätzlich unvermeidlich, weil Menschen, die Software benutzen, eben Fehler machen — sie werden vermeidbar, wenn die Entwicklung von Programmen derlei möglichst voraussieht, mit ihnen rechnet und ihrer Vermeidung mehr Aufmerksamkeit schenkt.

2.3.5.8 Lernen aus Fehlern

Ist es dem Anwender möglich, über entsprechende Hilfestellung die Ursache eines Fehlers zu korrigieren, geben Sie ihm damit die Möglichkeit, diesen dauerhaft zu vermeiden und also seinen Erfahrungshorizont zu erweitern.

2.3.5.9 Aufschieben einer Korrektur

Je nach Fehlerart ist es, wie weiter oben bereits erwähnt, gelegentlich sinnvoll, genau abzuwägen, ob man die Korrektur sofort fordert oder dem Anwender Gelegenheit gibt, erst die Eingabe fortzusetzen. Letztere Variante, die ein fehlerhaftes Control vielleicht nur speziell und erkennbar einfärbt oder sonst geeignet kenntlich macht, vermittelt dem Anwender sicher eine größere Entscheidungsfreiheit während seiner Arbeit, bei gleichzeitigem Ausbleiben einer für ihn vielleicht gar nicht notwendig erscheinenden und daher ärgerlichen Unterbrechung, was sicher durch eine höhere Akzeptanz belohnt wird und hier den Aufwand seitens des Entwicklers zweifellos lohnt.

Bild 2.32: Am Dateianfang kann nur vorwärts geblättert werden

2.3.5.10 Präventive Maßnahmen

Auch das begegnet einem täglich bei der Benutzung von (eben nicht nur selbstgeschriebener...) Software: Der Anwender wählt eine Menüoption aus oder betätigt einen Pushbutton und wird mit der Meldung belohnt, diese Option könne im Moment nicht gewählt werden. Abgesehen davon, daß das nicht stimmt (man hat sie ja wählen können...), wäre das präventive Deaktivieren aller solchen Optionen vorab sehr viel gescheiter und würde den Anwender von solchen versehentlichen Versuchen nachhaltig abhalten. Man statte Applikationen grundsätzlich mit solcher dynamischen Zustandsanpassung aus und lasse sich nicht davon schrekken, daß möglicherweise — etwa beim Blättern durch eine Datenbank — einige Controls in Abhängigkeit vom aktuellen Datensatz für eine leichte optische Unruhe auf dem Bildschirm sorgen, die herzustellen sogar einiges an nur scheinbar verzichtbarer Rechenzeit beansprucht.

2.3.5.11 Systemzustand bei einem Fehler

Fokussieren Sie nach einer fehlerhaften Eingabe das sinnvollste Control. Wir hatten ja schon gesehen, daß das nicht nur bei Fehlersituationen wichtig ist und gleichermaßen Eingabe und Navigation ungemein erleichtern und beschleunigen hilft, sondern generell als Überlegung grundsätzlich anzustellen ist: Beobachten Sie den Anwender bei der Arbeit; für das Ersparen jedes Tastendrucks, jedes Mausklicks wird er Ihnen dankbar sein...

2.3.5.12 Robustheit

Die Software soll „mitdenken": Beispielsweise kann sie automatisch einem eingegebenen Dateinamen die Erweiterung anhängen, Zahlen vernünftig ausrichten, Vornullen oder Nachkommastellen automatisch auffüllen, Eingaben korrekt formatieren und — aktuelles Beispiel — die „19" bei Eingabe einer nur zweistelligen Jahreszahl ergänzen. „Intelligente" Software würde hier übrigens sinnigerweise bei Eingabe von „00" automatisch „20" als Jahrhundert vermuten. Robustheit meint nicht nur eine möglichst hohe Ablaufstabilität — Applikationen, die unverhofft abstürzen, wird niemand dauerhaft einsetzen können —, sondern beschreibt auch jene Toleranz, die Eingaben selbständig vervollständigt oder redundante Teile automatisch entfernt.

Fehlende Robustheit wird Anwender nicht nur frustrieren, da er mit jeder auch noch so „behutsamen" Aktion Abstürze und „Bestrafung" fürchtet, sondern auch zuverlässig verhindern, daß er innerhalb der Applikation auf Entdeckungsreise geht und neue Dinge ausprobiert. Das Auskundschaften und Erforschen von Applikationen wird in Zukunft noch eher stärkeres Gewicht erhalten, weil Schulungsmaßnahmen, Handbücher etc. angesichts der ja sich völlig selbsterklärenden Software — jedenfalls aus Herstellersicht — nahezu verzichtbar erscheinen...

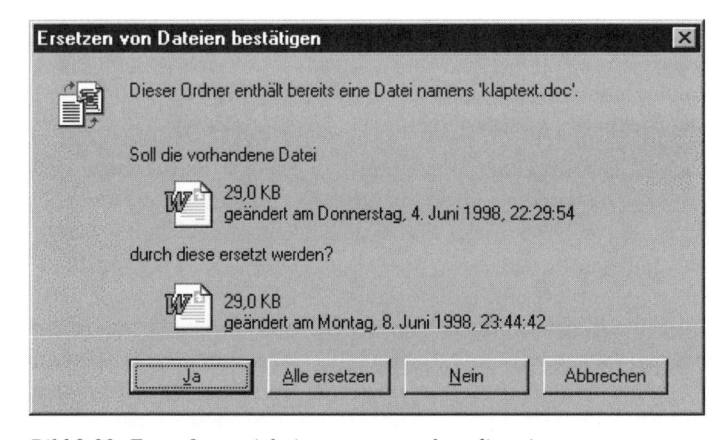

Bild 2.33: Es muß gar nicht immer sooo aufwendig sein...

2.3.5.13 Fehlervermeidung

Zur wirksamen Fehlervermeidung bedarf es meist nur geringen Programmieraufwandes — die Abbildung 2.33 ist ein typisches Beispiel für eine Sicherungsmeldung, die zwar eine

Menge Information bereithält, jene entscheidende aber, die ein versehentliches Überschreiben der Dateien verhindern würde, ausgerechnet nicht: Es fehlt bei den Dateien der schlichte Hinweis, in welchem Verzeichnis sie sich befinden — diese Angabe wäre viel wichtiger als die möglicherweise gar nicht so aktuelle Uhrzeit. Quell- und Zielverzeichnis sind insbesondere dann leicht versehentlich vertauscht, wenn der Kopiervorgang per Drag & Drop erfolgt ist. Hier wäre eine Abfrage wünschenswert, die die erwartbare Absicht, aber eben auch mögliche und in diesem Fall sogar naheliegende Fehler des Anwenders einkalkuliert, um einen Datenverlust zuverlässig zu vermeiden. Ich beobachte mich jedenfalls häufig, daß ich nach Erhalt dieser Meldung „sicherheitshalber" den Vorgang komplett wiederhole — daß sollte bei ergonomischer Software nun eigentlich nicht nötig sein...

2.3.6 Individualisierbarkeit

Bestimmte Eigenschaften der Applikation sollte ein Anwender in schicklichen Grenzen konfigurieren können. Haben Sie sich schon einmal darüber geärgert, das Verlassen einer Applikation stets noch einmal in Form einer Messagebox bejahen zu müssen? So sinnvoll diese Nachfrage auch ist, um ein versehentliches Schließen der Applikation mit möglicherweise langdauerndem Neustart zu vermeiden: Hier wäre ein kleiner Schalter in der Applikations-INI-Datei sehr von Vorteil.

2.3.6.1 Ein stetes Eckchen Freiraum

Lassen Sie dem Benutzer stets ein Eckchen Freiraum zur eigenen Konfigurationsentfaltung: Ein hochoptimiertes und praxisgerechtes, aber starres und unflexibles Benutzungsmodell wird es immer schwer haben, vom Anwender genügend akzeptiert zu werden. Lassen Sie ihm grundsätzlich Möglichkeiten, „seine" Software an seine Bedürfnisse anzupassen. Man sieht ja bei Hardware sehr deutlich, wie sie vom Anwender durch allerlei Schnickschnack wie Figuren, Aufkleber und dergleichen „individualisiert" und emotionalisiert wird. Der Erfolg von technisch völlig unnötigen, aber dennoch höchst beliebten Dingen wie Bildschirmschonern, die teilweise nicht nur preislich, sondern auch durchaus programmiertechnisch mindestens ebenso anspruchsvoll sind wie manche Geschäftsapplikationen, zeigt dies deutlich.

Im Klassiker des Reklamefachs, „Die geheimen Verführer" von Vance Packard aus dem Jahre 1957 beschreibt der Autor, daß der Plan, praktische Fertigrührteige, denen nur noch Wasser zuzugeben war, nicht akzeptiert und von der Hausfrau stets mit Ei und Milch „aufgewertet" wurden, da durch die Zugabe von schlichtem Wasser die Haufrau sich in ihrer Funktion, einen Kuchen zu backen, unterfordert und zurückgesetzt sah. Zukünftig wurden daher Teige verkauft, denen Ei und Milch nicht ab Werk beigegeben wurden, obwohl das verarbeitungstechnisch keine Schwierigkeit machte.

2.3.6.2 Benutzerspezifische Dialoge

Übertragen auf Software bedeutet das, daß die Möglichkeit zur individuellen Anpassung (man nehme Farben bitte ausdrücklich davon aus!) stets auch dann gegeben sein sollte, wenn erwartbarerweise ein Anwender diese gar nicht nutzt. Er wird zumindest den Respekt vor seiner Person samt Anerkennung seiner „Programmier"-Fähigkeiten ungemein zu schätzen wissen.

Prinzipien für Benutzeroberflächen 69

Gestatten Sie die externe Konfiguration von Dialogen, kann der Anwender also das Layout von Eingabemasken selbst bestimmen, spricht Sie das allerdings keineswegs von der Mühe frei, erst einmal ein vernünftiges und ergonomisches Grundlayout zur Verfügung zu stellen — das Verhunzen übernimmt dann schon der Anwender... Im übrigen können Sie sicher sein, daß ein Anwender alles, was Sie ihm anzupassen erlauben, auch tatsächlich und vor allem in von Ihnen ganz und gar nicht erwarteter Art und Weise tun wird...

2.3.6.3 Beispiel: Fenster mit „Merk"-Funktion

Die Reihenfolge und Breite von Spalten in Tabellen- oder Listenansichten sind ebenfalls dankbare Kandidaten dafür, vom Anwender konfiguriert zu werden. Sehr luxuriös und daher leider in kaum einer Geschäftssoftware anzutreffen ist die Möglichkeit, Menü-Optionen nach Wahl eigene Kurztasten oder Toolbar-Buttons zuweisen zu können — hier würde sich ein wenig Programmieraufwand sehr positiv auf Benutzerzufriedenheit und -produktivität auswirken.

Häufig ist sogar das komplette Speichern von Fensterinhalten mit der Möglichkeit der Restaurierung sehr erwünscht. Innerhalb einer Applikation ließen sich die notwendigen Optionen wie „Als Vorlage speichern" und „Vorlage laden" durchgängig im sonst ja nur selten individuell angepaßten Systemmenü jedes Fensters unterbringen. Wer das Sichern unter vom Anwender einzugebenden Dateinamen zuließe, böte ihm den schnellen Zugriff auf verschiedene und gelegentlich wiederkehrende Daten, die nur einmal einzugeben wären.

Bild 2.34: Nützlich: komplettes Fenster sichern

2.3.6.4 Favoriten, Last-Used- und Most-Used-Listen

Software sollte in stärkerem Maße Fähigkeiten zur Adaptivität erhalten: „Favoriten", „Last-Used"- und „Most-Used"-Listen halten nun, nachdem einige Tools derlei schon lange Zeit können, mit Windows 98 endlich offiziell Einzug in Programme — zumindest im Explorer sind erstere jetzt implementiert. Die Wahrscheinlichkeit, beim Aufruf des Explorers wieder an eine Stelle zu gelangen, die mit wenigen anderen zu den am häufigsten benötigten gehört, oder einen Begriff erneut zu suchen, den man bereits einmal eingegeben hat, ist ja nun unerhört hoch. Die Umständlichkeit, mit der man sich im Explorer nach dem Starten erst einmal die Pfade zurechtgeklickt haben mußte, zeigte diesen Mangel allerdings auch seit langem besonders deutlich. Schade, daß es erst der Web-Integration und -kompatibilität bedurfte, um ihn zu beheben...

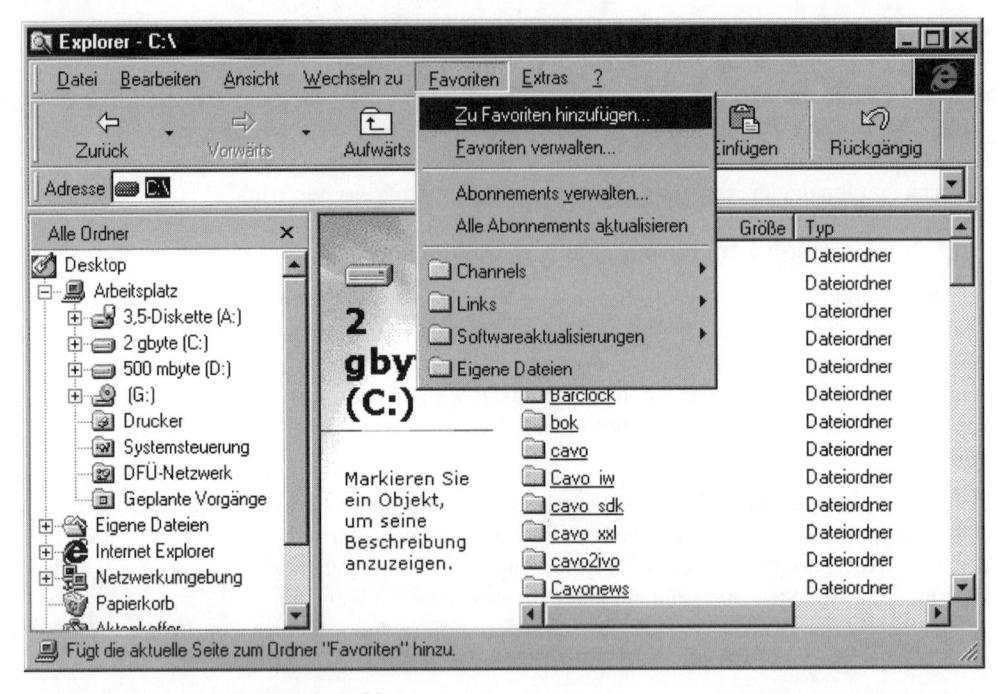

Bild 2.35: Favoriten unter Windows 98

Es ist übrigens sehr bedauerlich, daß es solche Liste nicht auch für die zuletzt gestarteten Applikationen oder überhaupt ganz allgemein gibt: Mir geht es jedenfalls ständig so, daß ich erst vor kurzer Zeit geöffnete Hilfedateien, Programme etc. erneut und sozusagen doch noch einmal benötige — ich aber stets stur wieder den alten Weg beschreiten muß. Schade, daß hier Software nicht grundsätzlich mit mehr „Gedächtnis" ausgestattet wird: Es muß ja nicht gleich die allerorten geforderte „Intelligenz" sein... Das kleine Hilfs- und Hausmittel „Doskey", das unter DOS die jeweils letzten Eingaben in einem Kellerspeicher verwaltet, hat mir jedenfalls immer viel Freude gemacht. Unter Windows findet sich dergleichen nur, wenn man Programme per <Windows>-<R> oder <Startbutton>-AUSFÜHREN... aufruft; dort ist immerhin eine Last-Used-Liste vorhanden.

2.3.6.5 Untermenü ARBEIT bei Word für Windows 97

Eine zu den Favoriten sehr ähnliche Option, die allerdings in der Standardkonfiguration erst umständlich vom Anwender einzubauen ist, bietet das Textprogramm Word für Windows 97. Hier kann über EXTRAS ANPASSEN... das Standardmenü an beliebiger Stelle um ein Submenü ARBEIT erweitert werden, daß die Zuweisung beliebiger Dateien erlaubt. Diese lassen sich dann sofort laden, ohne in das jeweilige Verzeichnis wechseln zu müssen.

Diese Funktion ist eine ideale Ergänzung zur ebenfalls konfigurierbaren Dateiliste, die automatisch die zuletzt geöffneten Dokumente enthält. Die Option ARBEIT beinhaltet dagegen eine vom Anwender selbst bestückbare Liste jener Dokumente, auf die man besonders häufig zugreifen möchte. Bedauerlich, daß diese Liste kaum ein Anwender kennt; auch das Entfernen eines Eintrags ist nicht gerade als intuitiv zu bezeichnen; dazu ist die Tastenkombination

<Strg>+<Alt>+<-> zu drücken; anschließend löscht der veränderte Mauscursor die gewünschten Optionen durch einfachen Mausklick.

Bild 2.36: Vorbildlich: Definieren beliebiger Dateien als Arbeitsdokumente

2.3.6.6 „OnNow"-Funktion von Windows 98

Damit sich auch elektronische Organizer zukünftig halbwegs gegenüber den ja nun wirklich schnellstartfähigen Papiervarianten konkurrenzfähig und gewachsen zeigen, sollen Rechner künftig mit einer Funktion ausgestattet werden, die einen sofortigen Start erlauben: Hersteller von Akkus und Statischen Speichern hören das sicher nicht ungern...

Derlei könnte auch in Applikationen umgesetzt werden: Nach dem Start eines Programms befindet sich der Anwender beispielsweise gleich wieder an der zuletzt verlassenen Stelle. Gleichzeitig erfolgt die Restaurierung der Fenster etc. — ganz analog zur realen Welt der Schreibtische, die man ja in der Regel auch nicht beim Verlassen wieder in den aufgeräumten Urzustand zurückversetzt.

2.3.6.7 „At Home"-Funktion

Beim zunehmenden Trend, an verschiedenen Orten seiner Tätigkeit nachzugehen und Ansätzen, sogar Applikationen nicht mehr lokal zu halten, sondern nach Bedarf via Internet auf den Rechner zu laden, wäre eine Funktion wünschenswert, die die Konfiguration jeder Applikation in Form einer Datei sichert. Diese wäre dann auf einem fremden Rechner mit gleicher Applikation, aber unterschiedlicher Konfiguration kurzerhand einzulesen, um so den Anwender sich auch auf fremden Rechnern heimisch fühlen zu lassen. Da das Betriebssystem bislang eine solche Funktion leider nicht zur Verfügung stellt, könnten Sie zumindest bei selbstgeschriebenen Applikationen derlei Nützlichkeiten vorsehen.

2.3.6.8 Zur Übertragung installierter Software

Es ist bedauerlich, daß Software heutzutage grundsätzlich installiert werden muß und nicht einfach nur vom Datenträger kopierbar ist, und daß die Setup-Programme dabei meistens auch Einträge in der Registrierungsdatenbank vornehmen. Zwar ist eine Uninstall-Routine Pflicht; die einfache Übertragung eines einmal installierten Programmes auf einen anderen Rechner scheitert dabei aber fast immer — sicher nicht nur aus lizenzrechtlichen Gründen. Sorgen Sie dafür, daß eine Applikation möglichst in einem eigenen Verzeichnis installiert wird, kopieren Sie nach Möglichkeit keine DLLs in irgendwelche Windows-Verzeichnisse: und geben Sie notwendige Einträge in die Registrierungsdatenbank in Form externer INF-Dateien im ASCII-Format mit, die dann auch auf einem „jungfräulichen" Rechner durch Doppelklick aktivierbar sind. Solche INF-Dateien kann man leicht durch Export des gewünschten Registrierungszweiges erhalten.

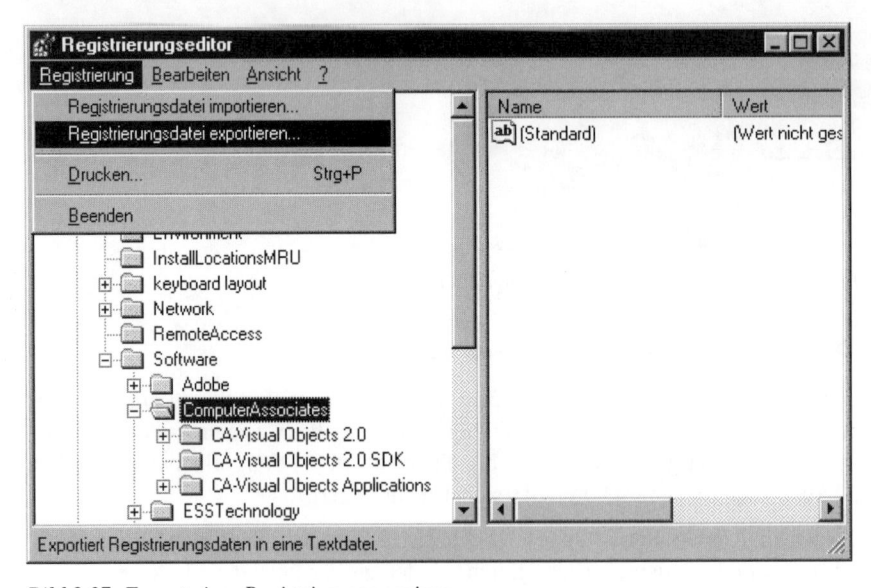

Bild 2.37: Export eines Registrierungszweiges

2.3.6.9 INI-Datei vs. Registrierungsdatenbank

Die mit Windows 95 etwas in Verruf geratenen INI-Dateien haben aber immer noch den Vorteil, als reine ASCII-Datei von jedem Anwender — zur Not über Telefondiktat — mit jedem Editor erstellt und modifiziert werden zu können. Dem Nachteil, daß er möglicherweise unbeabsichtigt oder unerlaubt Daten ändert, könnte man mit Verschlüsselung solcher Einträge begegnen. Einträge in der Registrierungsdatenbank haben das Manko, daß diese immer größer und unübersichtlicher wird — und daß viele Anwender den hierfür mitgelieferten Editor REGEDIT gar nicht kennen, ihn zumindest auf dem Desktop oder im Start-Menü nicht vorfinden.

2.3.6.10 Externe Konfiguration

Verwenden Sie wie ich zur Verwaltung externer Konfigurationsdaten die eher klassisch anmutenden INI-Dateien (unter uns: sie sind viel praktischer als die Registrierungsdatenbank, müssen allerdings auch gelegentlich mal gesichert werden...), sollten beispielsweise Variablenwerte wie „0", „Y", „J", „On" und ähnliche einen bestimmten Schalter gleichermaßen setzen. Die Reihenfolge von INI-Zeilen ist unerheblich; vermutlich — gemessen habe ich es aus Zeitmangel bzw. eben gerade ausreichender Geschwindigkeit noch nicht — werden aber vorne stehenden Zeilen schneller gefunden.

2.3.6.11 Nützliche Zusatzinformationen auf Knopfdruck

Häufig dauert die Ermittlung von Zusatzinformation, die nicht in jedem Fall benötigt wird, einige Zeit, die man dem Anwender, der sie nicht braucht, ersparen will. Solche Information sollte aber dann auf Wunsch trotzdem verfügbar sein. Ich wünsche mir beispielsweise im Explorer — es gibt Zusatztools, die dergleichen machen — die Anzeige des Speicherplatzes eines Verzeichnisses inklusive seiner Unterverzeichnisse. Die Darstellung könnte sogar Bestandteil des Ordner-Icons im linken TreeView-Control sein: 16 Pixel bieten immerhin Platz für einen kleinen Balken mit 16 Unterteilungen, der, unterschiedlich gefärbt, sogar noch feinere Unterscheidungen zu treffen in der Lage wäre. Für die jeweils rekursive und meist unnötig verzögernde Ermittlung bietet sich eine Check-Option im Menü an, die diese nützliche Zusatzinformation auf Wunsch berechnet.

2.3.6.12 Learning by doing

Bietet Ihre Applikation Möglichkeiten, verschiedene Szenarien durchzuspielen, und erlaubt sie beispielsweise dem Anwender, auch einmal Dinge auszuprobieren, die sich anschließend zuverlässig wieder verwerfen lassen, ohne daß das System abstürzt oder Daten fehlerhaft gespeichert werden, stärkt sie damit den Lern- und Experimentiercharakter, der dem Anwender ein wünschenswertes Gefühl von Sicherheit gibt und die Akzeptanz einer Applikation erhöht. Damit vermeidet man die Art von Software, bei der der Benutzer geduckt vor dem Rechner sitzt, zart die Tasten drückt, behutsam die Maus schiebt, ständig in angstvoller Erwartung, daß das System bei der kleinsten Abweichung vom exakten und in der Schulung als sicher erprobten Normdurchlauf einer Maske mit einem jähen Absturz antwortet. Sie kennen sicher die erste Erwiderung am Supporttelefon auf die Frage, was der Anwender denn gemacht habe, bevor der Absturz kam: „Nichts besonderes! Ganz bestimmt nicht!"

2.3.6.13 Individuelle Geschwindigkeit

Wann immer der Faktor Zeit eine Rolle spielt, müssen Sie bedenken, daß er von unterschiedlichen Anwendern völlig unterschiedlich aufgefaßt werden kann. Mausklick-, Tastenanschlags- oder Textscrollgeschwindigkeiten müssen in jedem Fall individuell einstellbar sein.

2.3.6.14 Individuelle Vorlieben

Seien Sie sehr behutsam, wenn Sie innerhalb der Software andere Maßstäbe als die der zukünftigen Benutzer (beispielsweise ausschließlich Ihre eigenen...) an- und festlegen — jedenfalls wenn Sie die Applikation für andere Anwender und/oder andere Rechner schreiben. Was auf Ihrem Rechner noch ausreichend blitzschnell läuft, benötigt auf vielleicht nur durchschnittlicher Hardware möglicherweise schon eine Laufbalkenanzeige, um den Anwender von der Beseitigung eines vermeintlichen Absturzes abzubringen.

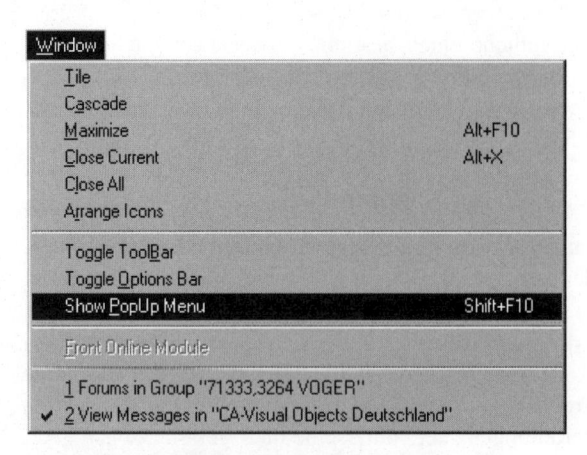

```
Window
  Tile
  Cascade
  Maximize                              Alt+F10
  Close Current                         Alt+X
  Close All
  Arrange Icons
  Toggle ToolBar
  Toggle Options Bar
  Show PopUp Menu                       Shift+F10
  Front Online Module
  1 Forums in Group "71333,3264 VOGER"
√ 2 View Messages in "CA-Visual Objects Deutschland"
```

Bild 2.38: Vorbildlich: Kontextmenü über Tastatur

2.3.6.15 WIP- oder WIM-Applikationen

Ein Zeichen von maximaler Flexibilität einer Software ist die Gleichberechtigung von Maus- und Tastaturbedienung. Natürlich müssen WIMP-Applikationen auch als WIP-Applikationen funktionieren — sehen Sie also zu, daß Ihre Applikation komplett (wirklich!) mit der Tastatur zu steuern ist. Manche Programmiersprachen benötigen einiges an Zusatztricks, um beispielsweise das Fokussieren von Controls aus Browsern oder Unterfenstern unter ausschließlicher Zuhilfenahme der Tastatur zu bewerkstelligen. Sie sollten Ihre Applikation in jedem Fall einmal möglichst vollständig & ohne angeschlossene Maus durchspielen. Beispielsweise ist es ein Zeichen von guter Software, wenn die beliebten Kontextmenüs auch mit einer Tastatur ohne spezielle Windows 95-Tasten erreichbar sind...

2.3.7 Lernförderlichkeit

2.3.7.1 „Kybernetische" Fähigkeiten

Die Position von Fenstern, die der Anwender mühsam per Hand verschoben hat, sollte automatisch registriert und beim nächsten Öffnen wieder restauriert werden. Selbstlernfähigkeiten erhalten Applikationen aber auch durch Verwendung von „Last used"-/„Most used"-und „History"-Auswahllisten — oder wenn Stammdaten durch Eingabe neuer Daten hinzulernen. Gibt der Anwender beispielsweise eine neue Anrede ein, sollte diese beim nächsten Mal automatisch angeboten werden, ohne daß solche Stammdaten erst eigens zu pflegen wären.

Prinzipien für Benutzeroberflächen 75

2.3.7.2 Lesezeichen & Eselsohren

Was bei anderen Medien längst selbstverständlich ist — auch Fernbedienungen „merken" sich den zuletzt eingestellten Fernsehsender —, sollte auch dem Software-Anwender zur Verfügung stehen. Leser benutzen Lesezeichen und Eselsohren zur Markierung und Orientierung, können mehr oder weniger dauerhafte Anmerkungen hinterlassen und legen Gegenstände auf die aktuelle Seite, um bei der Rückkehr an der alten Stelle weiterzulesen. Die Akzeptanz jeder Software steigt, wenn Sie derlei Handhabungsmechanismen in Ihre Applikationen integrieren.

2.3.7.3 Lernen aus eigenen Fehlern

Statt eines „Tip des Tages", der meist sehr zusammenhanglos unpassende Hinweise enthält, könnte eine Applikation registrieren, welche Dinge beispielsweise häufig in der Hilfe nachgeschlagen werden. Die Erfahrung zeigt, daß es insbesondere die eigenen Fehler sind, die immer wieder gerne wiederholt werden und an die erinnert zu werden von Zeit zu Zeit durchaus sinnvoll sein kann.

2.3.7.4 Lernen mit Benutzerhilfe

Abfragen und Informations-Messageboxen sollten eine Checkbox erhalten, die es dem Benutzer ermöglicht, diesen Dialog zukünftig nicht mehr bestätigen zu müssen. Manche Applikationen bieten derlei bereits in Form einer Checkbox „Dialog künftig nicht mehr anzeigen". Allerdings sollte das Programm dann in der Lage sein, die Notwendigkeit der erneuten Einblendung selbst zu erkennen — beispielsweise dadurch, daß sich die Applikation bestimmtes Benutzerverhalten merkt. Fordert der Anwender die Hilfe an, könnte das ein interner Zähler durchaus registrieren und so auf den Kenntnisstand rückschließen.

Die Variante, solche Dialogboxen über einen Schalter in einer INI-Datei zu unterdrücken, birgt den Nachteil, daß vermutlich kaum ein kundiger Benutzer sich die Mühe macht, ihn zu aktivieren — und ein Laie kaum ahnt, wie und wo er ihn zu deaktivieren hätte.

2.3.7.5 Anforderung von Hilfe

Eine Applikation könnte durch Mechanismen, die bei häufiger Anforderung der Hilfe des Anwenders, bei häufiger Aktivierung von Tooltips, Verzögerungen im Ablauf und dergleichen durch gezielte Sicherheitsabfragen bei kritischen Programmsituationen Fehler und ungewollte Aktionen vermeiden helfen.

Allerdings ist natürlich zu berücksichtigen, daß der Schritt zur gezielten Überwachung des Anwenders durch die Software sicher nur ein kleiner ist. Im Falle von Verschreib- und anderen Fehlerhäufigkeiten in einer Textverarbeitung ist diese Technik äußerst umstritten und scheitert daher zu Recht spätestens beim Betriebsrat. Ebensowenig wie die Qualität eines Zimmermanns nicht nach der Anzahl der Hammerschläge zu messen ist, sollte die Fähigkeit einer Schreibkraft keinesfalls über wettkampfähnliche Messungen erfolgen. Das Verhalten einer Software ließe sich aber sicher durch solche Maßnahmen sinnvoll an Gewohnheiten und Fähigkeiten des Anwenders anpassen.

Das automatische Plazierung des Mauscursors auf dem Standard-Pushbutton — ein Gimmick, das neue Maustreiber gerne anbieten — bedeutet aber eine unerwünschte „Einmischung" in den motorisch-optischen Apparat des Anwenders und stößt in der Praxis meist auf wenig Gegenliebe. Derartige „kypernetischen" Unterstützungen sollten also möglich unmerklich im Hintergrund ablaufen.

2.3.8 Ästhetik

2.3.8.1 Alles reine Geschmackssache?

Auch für kommerzielle Applikationen reicht das schlichte Funktionieren eines Programms längst als alleiniges Kriterium nicht mehr aus: Für nahezu jede erdenkliche Software hat der Anwender die Möglichkeit, zwischen verschiedenen Produkten auszuwählen. Der optische Auftritt einer Applikation gewinnt zunehmend an Bedeutung. So wie wir uns auch im tagtäglichen Leben mit Dingen, die wir wollen, nicht mit solchen, die wir brauchen, umgeben, werden zukünftige Entscheidungen für oder gegen den Einsatz einer Software in größerem Maße von reinen Geschmacksfragen abhängen.

Man unterschätze nicht den mit der Ästhetik eng verbundenen emotionalen Aspekt von Software: Sie muß, möglichst auf den ersten Blick, gefallen. Auch hier gilt die alte, bereits vom „Vater des Designs", Raymond Loewy aufgestellte Bauernregel der Verpackungsgestalter, daß von zwei qualitativ und sogar nicht einmal gleich teuren Produkten sich das mit der attraktiveren Optik trotz möglicherweise geringerer Qualität oder höherem Preis besser verkaufen wird. Je nach Applikation und anvisiertem Kundenkreis kann „attraktiv" ausgefallen und neuartig oder eben eher standardisiert und klassisch bedeuten.

Wichtig ist hier besonders die „Liebe auf den ersten Blick": Software muß locken, reizen, attraktiv sein — auch wenn auf dem Gebiet der eigentlichen Funktionalität wiederum Seriosität gefragt ist. Konsumenten kaufen zwar dann doch die Familienlimousine, werden aber erst einmal vom rassigen Cabrio im Schaufenster ins Geschäft gelockt.

2.3.8.2 Semi-3D-Darstellung

MS-Windows 3.0 — der eine oder andere wird sich möglicherweise noch daran erinnern — besaß eine Installationsroutine, die nach Kopieren der ersten Diskette vom Text- in den Graphikmodus umschaltete, der, wenn auch noch in schlichter VGA-Auflösung, mit einem für damalige Zeiten geradezu hinreißenden 16-Farben-Farbverlauf von blau nach schwarz die nagelneuen GUI-Zeiten einläutete. Mich hat diese bis dahin für DOS-Anwender völlig neue Optik mitsamt insbesondere der Visualisierung der neuen „dreidimensionalen" Buttons, die man „richtig" eindrücken konnte, über die Maßen fasziniert.

Einige Jahre früher war es in manchen Kreisen schick, den damals noch üblichen langweiligbläulichen Monochrombildschirmen durch Befestigen einer orangefarbenen oder grünen Plexiglasscheibe Pep und einen Hauch jeder exotischen Optik zu verleihen, die dann letztendlich der allseits übliche Farbmonitor schnell profanisierte. Derlei „Schnickschnack" kann den Reiz einer Software ungemein erhöhen.

2.3.8.3 Vorteile

Stets auch softwaretechnisch „up-to-date" zu sein, gilt in manchen Anwenderkreisen als überaus wünschenswert. Ankündigungen wie „Jetzt im Office-98-Look" setzen nicht nur die

Prinzipien für Benutzeroberflächen 77

Konkurrenzproduktanbieter unter gehörigen Zugzwang, hier nun auch mittun zu müssen, will man sich nicht aus dem Kreis potentieller Mitbewerber herauskatapultieren, sondern zeigen dem technisch interessierten Anwender, daß er zum privilegierten Kreis jener Erlauchten gehört, die Neuerungen frühzeitig gleich als erste testen dürfen. Dennoch:

2.3.8.4 Innovativ vs. konservativ

Die Einführung solcher Neuerungen läuft natürlich dem Streben nach Kontinuität und Konsistenz arg zuwider. Dieses Manko ist beispielsweise bei den halbjährlich wechselnden Toolbar-Veränderungen und -Zusätzen deutlich zu sehen. Der Grund, warum Windows 98 nun beispielsweise wieder mit flachen Scrollbars glänzt, ist nicht ganz einzusehen; eventuell hätte ja deren Umprogrammierungs- und -Implementierungszeit auch günstiger genutzt werden können...

Eine Optik, die nach kurzer Zeit sich als derart renovierungsbedürftig entpuppt, erweckt nicht gerade das Vertrauen derjenigen, die Updates weniger als saisonale Mode denn als lästige Notwendigkeit sehen, die das Risiko in sich bergen, weniger neue Möglichkeiten als vielmehr Inkompatibilitäten und damit lästige Arbeitsunterbrechungen zu schaffen.

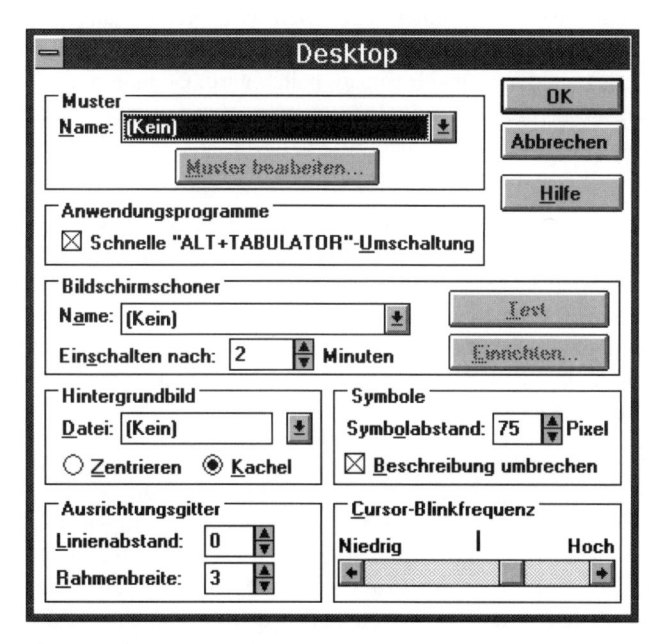

Bild 2.39: Hier wäre weniger wirklich mehr...

2.3.8.5 Ausgefallenheit vs. Konsistenz

Als sehr typisch für diese Gradwanderung zwischen Attraktivität und Konsistenz darf ein Zitat aus einer Programmiererzeitschrift gelten: „Farbige Grafiken und Schaltflächen bieten eine willkommene Abwechselung vom tristen Windows-Grau". Was dem Programmierer trist & grau vorkommen mag, nennt der Benutzer vielleicht schlicht zuverlässige und hocherwünschte Konstanz — mag es vielleicht den einen oder anderen Kreativarbeitsplatz kosten.

Überladen Sie aber Fenster nicht mit Rokokonippes und anderem GUI-Plüsch: Inflationärer Gebrauch von Farben, Fonts, Rähmchen und Linien ist keineswegs ein wünschenswertes Zeichen für kenntnisreiche Professionalität... Beispiel für mißlungenes Design wäre, wenn Kunden in Schnellrestaurants zu lange sitzen bleiben; machen Sie es Ihrem Anwender also ebenfalls nicht zu gemütlich.

Der Windows 3.0-Dialog der Abbildung 2.39 ist ein gutes schlechtes Beispiel dafür, wie fehlende Präzision und mangelnde Konsistenz ein Fenster völlig überladen und unübersichtlich wirken läßt: Hier ist wirklich jeder Quadratzentimeter genutzt, hier wird jedes Control eingerahmt (auch jene, die schon ausreichend Rahmencharakter haben), hier gibt es -zig Arten verschiedener Abstände und Anordnungsgesetze — zumindest die Größe der Controls und ihr Abstand zueinander ließen sich mit wenig mehr Liebe zum Detail gleichermaßen harmonisieren wie equilibrieren. Wehe, wenn hier wichtigere Informationen als nur die Cursorblinkgeschwindigkeit auf einen Blick erkannt werden müßten...

2.3.8.6 Umsetzung

Durch systematischen und konsistenten Einsatz geeigneter Farben, mit denen eine Art Beleuchtung (vorzugsweise von links oben nach rechts unten) suggeriert wird, erzielt man jenen plastischen (Semi-)3D-Effekt, der sich inzwischen auch für Windows-Bedienelemente durchgesetzt hat und der sicher auch verstärkt in der Iconwelt Einzug halten wird. Gemeinsam mit der dezenten Grau-in-grau-Färbung sorgt dieser Effekt für einen hinreichenden Kontrast zwischen den Steuerelementen, ohne von der eigentlichen Arbeitsfläche allzusehr abzulenken.

Heben sich Controls zu wenig vom Hintergrund ab — eine Tendenz, die man insbesondere bei Web-Seiten beobachten kann — , besteht die Gefahr, daß der Anwender erst umständlich erkunden muß, was denn betätigt werden kann und was eher reiner Zierschmuck ist. Der Versuch, derlei dadurch abzumildern, daß Elemente beim Überstreichen mit der Maus durch „dynamische" Plastizität und Färbung gewissermaßen auf sich aufmerksam machen, birgt das Problem, daß sich der Anwender an die mögliche Funktionalität erst umständlich herantasten muß — was zumeist wieder die Software eher in den Bereich eines „Adventure"-Spiels rückt.

2.3.9 Emotionalität

Auch dieser Aspekt ist bei der Entwicklung von Software durchaus zu berücksichtigen: Der Anwender sollte mit einer Applikation auf Anhieb „warm werden" und sie heimisch einrichten können. Bei Hardware hat dieser Aspekt beispielsweise dazu geführt, daß bei einer Tastatur die Stiftablage oberhalb der Tasten in den wenigsten Fällen diesem Zwecke zugute kommt — statt dessen bevölkern diverse Stoffiguren und sonstiger Werbeplüsch diese Fläche. Auch ein Monitor mit abfallendem Blendenoberteil könnte sich aus gleichen Gründen vermutlich ebenfalls nur schwer an den Benutzer bringen lassen. Der Desktop kann offenbar einen Spindcharakter schlecht verleugnen. Insgesamt: Mag der objektive Nutzen Ihrer Software noch so hoch sein — möglicherweise verguckt sich ein potentieller Kunde aus geradezu hanebüchenen (eben emotionalen) Gründen doch in das Produkt eines Mitbewerbers.

Prinzipien für Benutzeroberflächen 79

2.3.10 Metaphern

Analogien lassen von Unbekanntem auf Bekanntes schließen, sie trennen Wesentliches von Unwesentlichem. Solche Schlußfolgerungen gelten auch für Software.

2.3.10.1 „Fühlen Sie sich wie zu Hause"

Software schafft eine Vertrautheit mit dem Anwender, indem sie eine ihr möglichst nahekommende Umgebung als Bild der realen Welt schafft: Die Schreibtischmetapher ist für Büroapplikationen verbreitet, Dateien werden in Ordnern und Unterordnern organisiert. Elektronische Terminkalender, Zettelkästen und Notizbücher verwenden meist die Organizer-Metapher, bei der auf dem Bildschirm ein Ringbuch nachgebildet wird. Eine zu realistische Implementierung, bei der auch beispielsweise für neue Einträge die Ringösen aufzuklappen oder Blätter in einen Papierkorb zu transportieren wären, überstrapaziert dagegen meist eine im Grunde sinnvolle Metapher und läßt eine Applikation in den Bereich von Spielsoftware abgleiten.

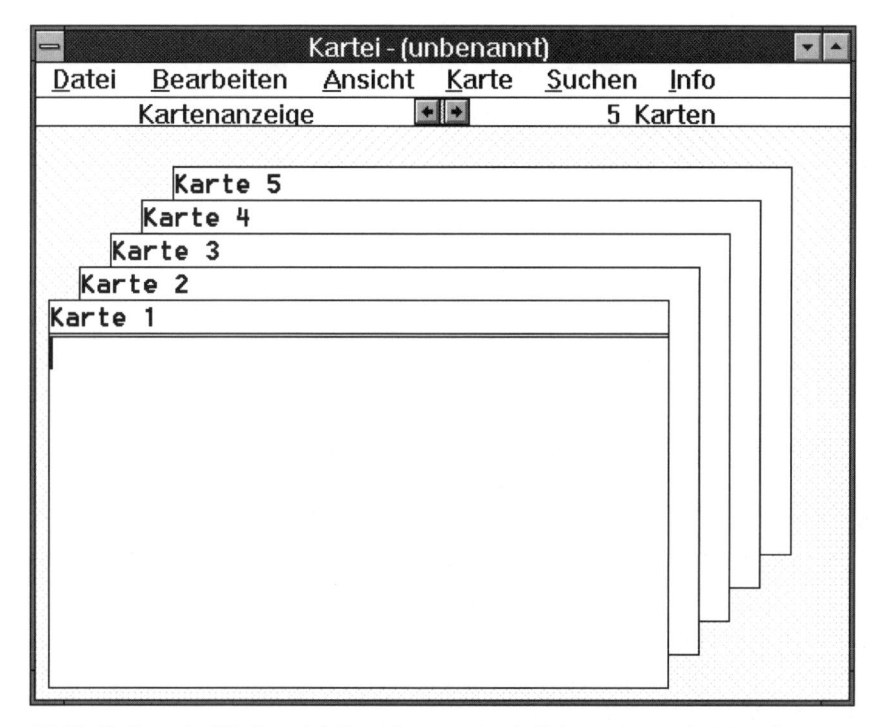

Bild 2.40: Der alte Windows 3.0-Karteikasten: eine beliebte und typische Metapher

2.3.10.2 Metaphern: Bekanntes in der Fremde

Gute Metaphern verlangen dem Anwender nur minimale zusätzliche Lernleistung, weil er die Bedienungsprinzipien bereits — und sei es auch nur unbewußt — kennt. Register, die das schnelle Auffinden einer Telefonnummer oder einer Kundenadresse Lesern unmittelbar bekannt sind, wirken auch als Karteireiterfenster sofort plausibel. Das World Wide Web beruht beispielsweise komplett auf der Metapher des Buches; es bleibt abzuwarten, ob die Kaufhausmetapher der virtuell werbenden Anbieter tatsächlich dem realen Vorbild Paroli bieten wird.

Häufig sind simple Metaphern viel hilfreicher — schade, daß pure Schlichtheit offenbar dazu führt, daß Softwareentwickler sich auf diese Ebene erst gar nicht begeben. Ein von mir nahezu täglich benötigter Vorgang ist das Anlegen eines meist über mehrere Ebenen reichenden Verzeichnisbaumes. Derlei läßt sich im Explorer nur sehr unbefriedigend ausführen. Mir wäre hier ein simples, mehrzeiliges Eingabecontrol sehr recht, dessen Zeilen die Verzeichnisnamen repräsentieren; das Betätigen der <+>-Taste zeigt die Erzeugung einer neuen Ebene an. Wünschenswertes WYSIWYG erreichte man durch Einbau eines TreeView-Elementes, das die gewünschte Struktur gleich mit den vom Explorer gewohnten Ordner-Icons und -Linien visualisiert.

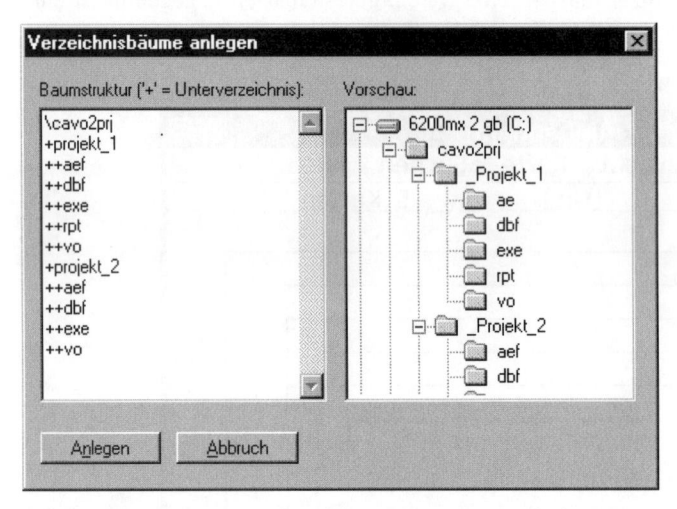

Bild 2.41: Eine Simpelmetapher zur Eingabe von Verzeichnisbäumen

2.3.10.3 Beispiele aus dem täglichen Leben

Audio- oder Video-Komponenten sind ebenfalls Beispiele für naturgetreue Softwaremetaphern von allgemein bekannten Geräten. Daß aber im folgenden die Software tatsächlich — neben <Alt>+<F4> — der „Power"-Schalter beendet, wird nicht jeder Anwender auf Anhieb entdecken. Der Gefahr, wiederum in die Spiele-Ebene anzusteigen, ließe sich dadurch begegnen, daß Metaphern nicht überstrapaziert werden, indem softwaretechnisch nicht allzu gut umsetzbare Elemente des realistischen Vorbildes eine geeignete Modifizierung erfahren. Die Metapher bleibt dabei durchaus verständlich und ausreichend einprägsam.

Zudem muß eine auch prinzipiell bekannte Bedientechnik nicht unbedingt eins zu eins übernommen werden: Mir sind jedenfalls die Symbole der etwas ominösen Stop- oder Aufnahme-Tasten eines Rekorders auch in der realen Welt nicht sehr einprägsam...

Prinzipien für Benutzeroberflächen 81

Bild 2.42: Eine virtuelle HiFi-Anlage

Bild 2.43: Ein „Software-Telefon"

Eine solche Applikation strotzt häufig geradezu von Möglichkeiten zur direkten Manipulation; es können nicht nur — erwartbarerweise — die Einstellungen der Schieberegler direkt mit der Maus verändert werden, sondern auch die Drehknöpfe, Medienladeschächte etc. haben eine der Realität nachgeahmte Funktionalität.

Durch möglichst naturgetreue Nachbildung des vertrauten Gegenstandes erreicht man natürlich eine sehr hohe Akzeptanz; gleichzeitig wird die notwendige Einarbeitungszeit minimiert. Zu berücksichtigen wäre bei all dem Optimismus natürlich der Anwenderkreis — ist er in der Lage und willens, solche Geräte tatsächlich wie in der Realität zu bedienen? Möglicherweise kommt er ja dort schon nicht mit der realen „Bedienungsoberfläche" zurecht...

Das Beispiel der Wahlhilfe-Applikation (Abbildung 2.43) zeigt aber, daß es durchaus sinnvoll sein kann, der „Natur" des Gegenstandes eine höhere Priorität als der verwendeten Computerhardware einzuräumen: Technisch wäre die Übernahme der Tastenanordnungen des Ziffernblocks der Computertastatur sicher vorteilhafter und direkter, vom Telefon ist man dagegen die andere Konstellation gewohnt.

2.3.10.4 ShowView© — Eine neue Metapher

Die Programmierung eines Videorekorders gilt als klassisches Beispiel, den Anwender bei einem verhältnismäßig gradlinien Vorgang wie der Einstellung der gewünschten Anfangs- und Endzeiten komplett zu überfordern. Die Zielgruppe der technisch weniger Begeisterungsfähigen kann offenbar mit einem anderen Programmiertool, daß die einzelnen, an sich durchaus logischen und genügend diskreten Schritte durch Kodierung einer einzelnen Zahl zusammenfaßt und die ursprünglichen Elemente nicht mehr erkennen läßt, besser umgehen: Hier funktioniert die Auflösung des Vorgangs, Zeit und Datum wie bei einem Wecker einstellen zu müssen, also besser — ein Beispiel für die erfolgreiche Simplifizierung und Umkodierung einer an sich schlüssigen Metapher.

Alles, was über die Bedientechnik des Telefonierens hinausgeht, wird als zu kompliziert erachtet und meist abgelehnt. Paradoxerweise sind häufig die selten benötigten Optionen und Schalter jene, die aufwendige Schritte erfordern und so den Anwender dann scheitern lassen. Das tagtäglich Ausgeführte sollte zwar möglichst schnell und effizient gehen, darf aber aufgrund eben täglicher Übung durchaus komplexerer Natur sein.

2.3.10.5 Vertraute Welt vs. vertraute Benutzerführung

Die Graphiksoftware „Kai's Power Goo" hat im Bereich der Bildverarbeitung durchaus Maßstäbe gesetzt — die ausgefallene Bedieneroberfläche ist allerdings für Geschäftsapplikationen eher ungeeignet, da das Erscheinungsbild Windows-untypisch und die Bedienungskompatibilität zur Restwelt eher gering ist. Der Anwender findet sich vielleicht in einer aus dem täglichen Leben vertrauten Welt wieder, in der Pinsel Schatten und ein reales Andruckverhalten haben: diese hat aber nur wenig gemein mit anderen Windows-Applikationen. Sehr bezeichnend und vom Hersteller sicher nicht ganz unbeabsichtigt ist, daß in Rezensionen stets erst einmal die Optik, weniger die Funktionalität ausführlich gewürdigt wird.

2.3.10.6 Aus dem täglichen Leben

Wirkt die Transformation realer Gegenstände in die virtuelle Softwarewelt gelegentlich etwas hanebüchen und abwegig, erstaunt es, warum allseits bekannte Gewohnheiten noch keinen Einzug in Applikationen gefunden haben. Im realen Büroalltag legt beispielsweise niemand Dokumente in Ordnern ab, die wiederum in Ordnern landen, in denen sich weitere Ordner befinden — Dokumente, die zudem noch extra „gesichert" werden müssen (als wenn das nicht der wünschenswerte Normalzustand wäre); oft über ein Diskettensymbol, obwohl das Ziellaufwerk natürlich die Festplatte ist.

Farbige Markierungen, Lesezeichen, Eselsohren oder beispielsweise eine Art „Knoten im Taschentuch" sind dagegen noch sehr rar; sind sie vorhanden, werden sie kaum benutzt und sind den meisten Anwendern sogar nicht einmal bekannt. So lassen sich zu jeder Hilfeseite Lesezeichen und eigene Anmerkungen hinzufügen — aber selbst Anwender, die derlei bei Büchern und Zeitschriften ganz selbstverständlich tun, übertragen diese Gewohnheit mitnichten auch auf ihre Software.

Möchte ich beispielsweise beim Verlassen der Wohnung an etwas erinnert werden, lege ich mit eine Notiz als unübersehbaren „Stolperstein" in den Weg: Warum lassen sich nicht einfacher Dateien oder Meldungen nach dem Start oder beim Verlassen von Windows ähnlich einblenden?

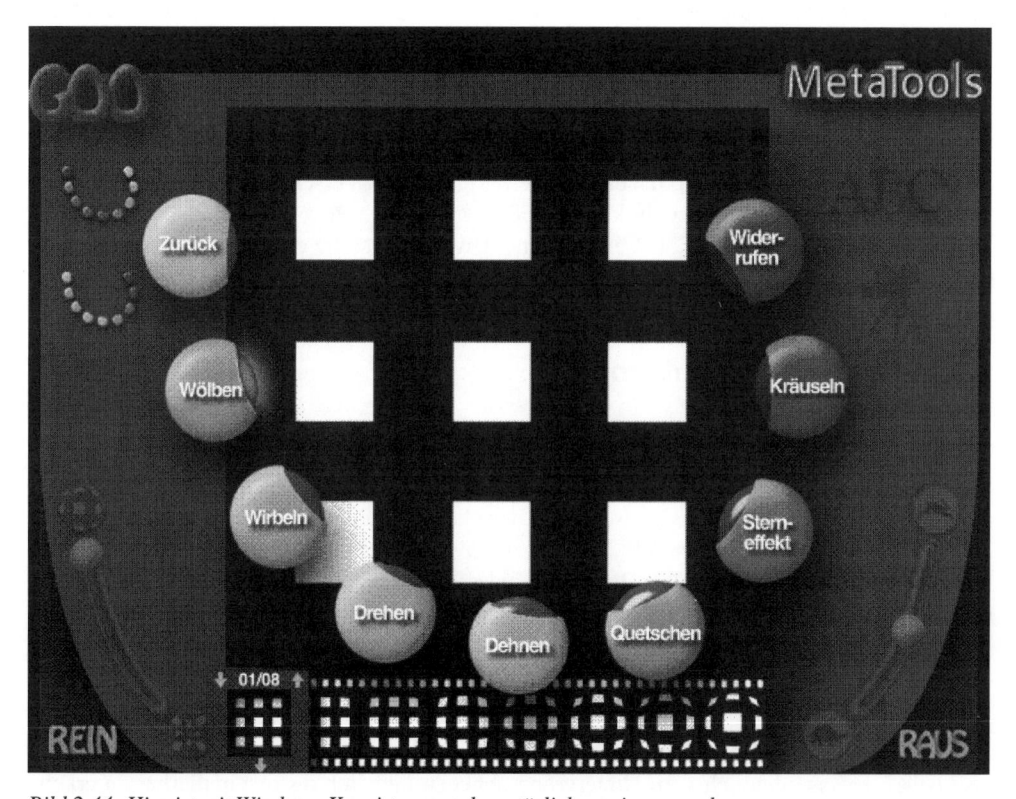

Bild 2.44: Hier ist mit Windows-Konsistenzregeln natürlich wenig zu machen...

2.3.10.7 Objektorientiert und dokumentenorientiert

Diese beiden Metaphern erfreuen sich zwar bei Betriebssystementwicklern zunehmender Beliebtheit, werden sogar in Form von OOUI („Object Oriented User Interface") als Ablösung sozusagen bereits klassischer GUI („Graphical User Interface") propagiert — ihre

Durchsetzung auf breiterer Front scheitert aber am Unwillen oder an der Unfähigkeit der Benutzer.

Das läßt sich dadurch leicht verifizieren, indem man einmal den Prozentsatz derer ermittelt, die eine Datei durch Fallenlassen auf Laufwerkssymbole des Desktop kopieren — solche Icons werden standardmäßig ja nicht auf dem Desktop eingerichtet und stehen dem Durchschnittsanwender daher gar nicht zur Verfügung. Die wenigsten Anwender drucken Dokumente, indem sie entsprechende Dateien auf Druckersymbole des Desktops fallen lassen. Nicht einmal der bequeme Start von Dokumenten durch Doppelklick einer auf dem Desktop als Verknüpfung plazierten Datei hat sich ja auf breiter Front durchgesetzt; hier sind die weitläufigeren, meist aufwendigeren Wege offenbar einladener.

2.3.10.8 Metaphern bei Icons und Bitmaps

Toolbar-Buttons sind gute Beispiele für die Verwendung häufig geradezu genormter Metaphern: Suchfunktionen sind durch eine Lupe charakterisiert, Drucken durch Eindrücken eines Druckers ausgelöst, Ampelfarben informieren über einen Zustand etc.

2.3.10.9 Zusammenfassung

Schon diese wenigen Beispiele haben die Vielfältigkeit und Verschiedenheit von Metaphern gezeigt. Seien Sie sich darüber im klaren, daß es genau so wenig *die* ideale Metapher gibt, wie es *das* ideale Werkzeug gibt: Verschiedene Anwendungsfälle erfordern eine jeweils wieder neue Entscheidung. Die Übergänge von einer schlechten, nicht treffenden zu einer guten und gut geeigneten sind häufig fließend und hängen außerdem stark vom Anwender ab.

2.3.11 Direkte Manipulation

2.3.11.1 Graphische Elemente

Die Bestandteile einer GUI-Applikation werden durch graphische Elemente wie Icons, Schaltflächen und dergleichen repräsentiert. Diese lassen sich direkt manipulieren, aktivieren, anklicken, verschieben und modifizieren. Der Anwender erhält bei solchen Aktionen eine unmittelbare Rückkoppelung über den Erfolg oder Mißerfolg, ob er ein Objekt getroffen hat etc. Die zugrundeliegenden Techniken sind häufig so banal und einfach, daß der Benutzer sie gar nicht mehr bewußt wahrnimmt: Ein Mausklick auf ein Icon invertiert dieses, Texte lassen sich markieren, die seit Windows 3.0 plastisch gestalteten Steuerelemente reagieren durch eine veränderte Optik, die ein „Eindrücken" simuliert.

Direkte Manipulation funktioniert, wenn die Steuerelemente genügend „einladend" sind, sich also beispielsweise deutlich vom Hintergrund abheben und sich als manipulierbar zu erkennen geben. Die optische Reaktion sollte hinreichend schnell sein und automatisch den vom Anwender gewünschten Kontext bereitstellen: Betätigt er ein Control eines nur teilweise verdeckten Fensters, wird dieses in der Vordergrund geholt.

2.3.11.2 Grundlagen der Gestaltpsychologie

Außerdem spielen viele Grundlagen der Gestaltpsychologie eine wichtige Rolle: Das Fitts'sche Gesetz beispielsweise berechnet die Positionierzeit, die für das Anklicken eines

Objektes zu erwarten ist. Hier wäre die Menütechnik des Macintosh, die Leiste stets am oberen Bildschirmrand zu plazieren, im Vorteil, da der Anwender den Mauszeiger bei der vertikalen Positionierung nicht innerhalb einer verhältnismäßig niedrigen Fläche anhalten muß. Die Größe eines Controls in der Richtung der Mausbewegung ist in erster Linie verantwortlich für die Trefferzeit.

Andere zu Beginn unseres Jahrhunderts aufgestellten Gestaltgesetze des Psychologen Max Wertheimers gelten ebenfalls auch für den Entwurf ergonomischer Applikationen:

- Gesetz der Prägnanz;
- Gesetz der Nähe;
- Gesetz der Gleichheit;
- Gesetz der Erfahrung.

2.3.11.3 Variationen

Das Ziel einer Aktion muß klar erkennbar sein: Schaltflächen wirken auf das Besitzerfenster, die Auswahl einer Menüoption beeinflußt das aktive Unterfenster, Formatänderungen betreffen den zuvor selektierten Text etc. Gefordert ist ein gewisses Problembewußtsein seitens des Anwenders: So läßt sich zwar die Größe von Objekten in einem Zeichenprogramm direkt durch Ziehen an den Ankerpunkten verändern, für selektierten Text gilt dieses aber beispielsweise nicht, weil eine solche Maßnahme für eine Textverarbeitung eher ungewöhnlich wäre und daher einen weniger direkten Weg durch Auswahl der Fontgröße erfordert. Ein Grenzfall wäre die in einigen Textprogrammen implementierte Möglichkeit, per Tastendruck die Schrifthöhe um einen Punkt zu verkleinern oder zu vergrößern.

2.3.11.4 Drag & Drop

Ebenfalls bei Textprogrammen ist die Möglichkeit verbreitet, Textausschnitte oder Dateien mit der Maus direkt vom ursprünglichen Ort „abzuziehen" und an der neuen Stelle „fallenzulassen". Leichte Abrutscher von der Maustaste und versehentliche, unvermeidbare Motorikaussetzer führen hier gerne zu ziemlichem Chaos — weswegen Anwender die Nutzung dieser Möglichkeit meist auf einzelne Worte beschränken und stets dankbar für eine rettende Undo-Funktion sind...

2.3.11.5 What you see is what you get

Alles, was zu einem bestimmten Zeitpunkt möglich ist, sollte auf dem Bildschirm sichtbar und damit für den Anwender erkennbar sein. Nur wenige Benutzer werden durch Probieren oder Abfahren mit der Maus mögliche Reaktionen der Applikation erkunden wollen. Was Sie nicht sehen, können Sie nicht betätigen.

Beispielsweise gehört ein Doppelklick auf eine Zeile eines Browsers, der den angeklickten Satz in ein Formular lädt, unter Windows durchaus zu den gängigen Interaktionen, die keiner näheren Erläuterung bedürfen. Die Umschaltung zurück zum Browser mittels Doppelklick auf einer freien Fläche zwischen den Controls — ein Doppelklick in ein Eingabefeld markiert ja den Inhalt — wäre aber so exotisch, daß selbst ein Windows-Kundiger nicht auf diese Idee käme.

2.3.11.6 What you see is what you click

Für den Anwender wäre die Einstellung der Doppelklickgeschwindigkeit seiner Maus sicher ohne direkte Manipulation nicht zumutbar. Beispielsweise dürfte er kaum in der Lage sein, ohne Auszuprobieren das Zeitintervall zwischen zwei als Doppelklick erkannter Klicks über ein Eingabefeld zu spezifizieren. Ein kleiner Schieberegler war hier früher üblich, stellt aber nur eine kleine Variante zur Eingabe dar, ohne die Nachteile der fehlenden Direktheit wirklich zu kompensieren. Die Überlegung, Ausprobieren und Festlegung der Zeit zu koppeln, führt zu einer idealen Lösung — ein sehr gutes Beispiel für den Einsatz direkter Manipulation zur Vereinfachung einer technisch eher uninteressanten Wertzuweisung.

Bild 2.45: Einstellen von Maus-Parametern

Mich würde allerdings die per Doppelklick ermittelte Zeit schon mal interessieren; bedauerlich, daß sie nicht einfach ermittelt und im Dialog zusätzlich ausgegeben wird... Als Programmierer kann man sie immerhin über die Windows-API-Funktion SystemParametersInfo () (mit Parameter SPI_SetDoubleClickTime) abfragen.

Der Dialog ist im übrigen durchaus diskussionswürdig: Die durch Schalflächen zusätzlich aufgerufenen Dialoge ließen sich ohne weiteres zum Teil in der aktuellen Lasche, zum Teil in einer weitere Lasche einbauen und würden dem Anwender das zusätzliche Vermuten, Suchen, Öffnen & Schließen zuverlässig ersparen. Fragen wie „Wo war denn noch mal diese Einstellung?", die ein wüstes Durchsuchen nicht nur verschiedener Laschen, sondern auch

Prinzipien für Benutzeroberflächen 87

noch verschiedener Dialoge nach sich ziehen, zeugen jedenfalls von mangelnder Gestaltungstechnik...

2.3.11.7 Vorteil: Einfach, intuitiv

Gut umgesetzte direkte Manipulationsmöglichkeiten besitzen eine hohe Akzeptanz und vereinfachen den Umgang mit der Applikation erheblich. Sie bergen aber das Risiko, daß der Anwender bei fehlender Kenntnis, Ahnung oder Beschreibung gar nicht auf Idee kommt, hinter einem Steuerelement die gewünschte Funktion zu vermuten.

2.3.11.8 Nachteil: Geschwindigkeit

Meist dürfte die direkte Manipulation eines Elementes der schnellstmögliche Weg zur Erreichung eines Ziels sein. Es gibt allerdings auch einige Ausnahmen: So erlauben viele Window-Painter nur die direkte Plazierung eines Controls mit der Maus. Zwar wird die aktuelle Position im Sinne eines visuellen Feedbacks in der Statusleiste angezeigt und auch während des Verschiebens ständig aktualisiert, die direkte Eingabe der Koordinaten wäre mir aber meist lieber, weil ich die Elemente an einem strengen Raster ausrichte. Somit ist die Positionierung mit der Maus selbst für Fälle langsamer, in denen eine „Schnappfunktion" das exakte Ausrichten erleichtert — die Direkteingabe bedarf nur etwas Kopfrechnerei. Anderseits ist es sicher einfacher für den Anwender, ein Fenster direkt mit der Maus anstatt durch Eingabe der Koordinaten zu verschieben: jedenfalls, wenn er die genauen Koordinaten noch nicht kennt.

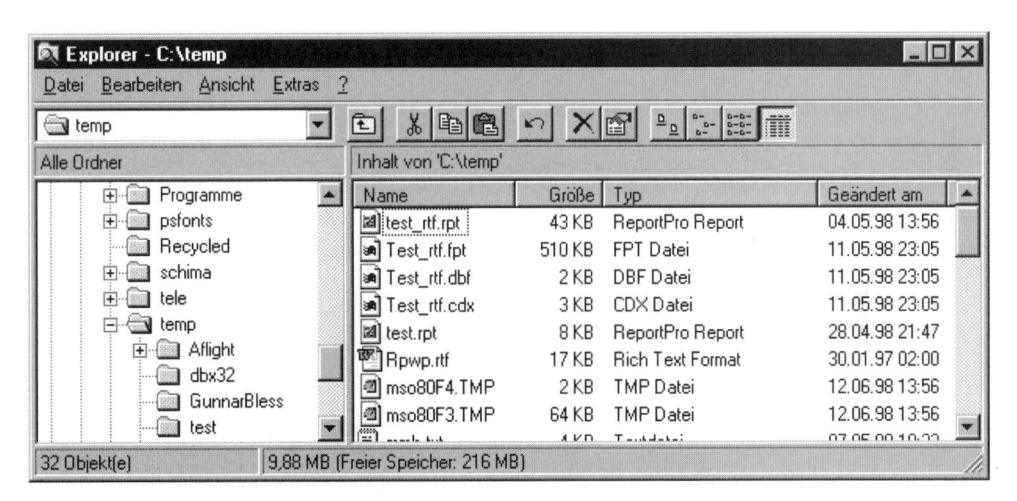

Bild 2.46: Ein Doppelklick optimiert die Spaltenbreite — <Strg>+<+> optimiert alle Spalten

2.3.11.9 Mangelnde Selbstbeschreibung

Das Grundprinzip der direkten Manipulation sieht vor, daß der Mauszeiger stets kontextabhängig eine erweiterte Funktionalität signalisiert. Leider genügt das nicht allein als Rückkoppelung, um alle gerade möglichen Funktionen vollständig anzudeuten. So ändert der Mauscursor, bewegt man ihn über die vertikale Verbindungslinie zweier Browser- oder ListView-

Spalten, sein Aussehen und deutet an, daß man jetzt durch Niederdrücken der linken Maustaste die Spaltenbreite modifizieren kann.

Die zusätzliche und sehr nützliche Option, mit <Strg>+<+> (Plustaste des Zehnerblocks) sämtliche Spalten auf die jeweils notwendige Breite zu verändern, bleibt nicht nur dem Windows-Einsteiger verborgen. Hier wäre es zumindest Aufgabe des Kontextmenüs, auf diese Möglichkeit hinzuweisen. Idealerweise sollten solche Dinge aber auch direkt erkennbar sein. Hier könnte ein (klitze-)kleines Symbol, das zusätzlich im Mauszeiger erscheint, sowohl auf die Doppelklickmöglichkeit wie auf das Popup-Menü hindeuten.

2.3.11.10 Fehlende Experimentierfreudigkeit

Direkte Manipulation erfordert eine gewisse Experimentierfreudigkeit vom Anwender. Drag & Drop mit der Maus geschieht außerdem sehr häufig versehentlich; dadurch „verschwinden" gelegentlich wie von Geisterhand Toolbars oder Menüs, die sich auch durch Verlassen des Programms nicht rückgängig machen lassen.

Übrigens muß direkte Manipulation keinesfalls immer Geschwindigkeitsvorteile bieten. Ich würde mir beispielsweise bei Window-Paintern die Möglichkeit wünschen, Positionen von Steuerelementen auch manuell eingeben zu können. Da ich stets ein festes Raster verwende, ließe sich damit eine Maske sehr viel schneller gestalten, zumal der WYSIWYG-Vorteil bei strengen Vorgaben, die keiner optischen Kontrolle bedürfen, entfällt.

Gut implementierte direkte Manipulation geht schnell in Fleisch und Blut über. Kein Autofahrer muß beim Blinken nachdenken, daß der Hebel zum Linksblinken dazu niederzudrücken ist — ein Zeichen für Gewöhnung, Konsistenz und automatisches Zurechtfinden: und dafür, daß eine Manipulation sogar gut funktionieren kann, wenn sie gar nicht mal sooo direkt ist... Umgekehrt erforderte beispielsweise ein Fahren mit einem Joystick anstelle des Lenkrades so viel Umdenken, daß es nur Flugzeugpiloten zumutbar ist, die in der neuen Technik „Fly by wire" entsprechend aufwendig geschult werden.

Intuitives und natürliches Manipulieren ist etwa auch bei Tastaturen erkennbar, deren Tasten man „blind" findet, ohne daß man in der Lage wäre, ein komplettes Layout aufzeichnen zu können.

2.3.11.11 „Direct Mapping": Natürliche Anordnung

Bei den Cursortasten hat sich inzwischen die umgekehrte T-Form gegenüber der Kreuzform durchgesetzt. Vielleicht erinnert sich der eine oder andere noch an kuriose, kostensparende Quadrat- oder Zeilenanordnungen — derlei wurde zum Glück schnell wieder aufgegeben. Daß Mißachtung des „Direct Mapping" von Bedienelementen in anderen Bereichen durchaus hartnäckiger sein kann, zeigen die Wahlschalter von Elektroherden, die keineswegs durchgängig in optischer Analogie zu den Herdplatten zu finden sind, sondern bedauerlicherweise fast stets schlicht und schlecht nebeneinander aufgereiht sind. Hier hat offenbar der Designer vor dem Ergonomen (oder gar dem „Benutzer") das Sagen.

Logisch zusammengehörige Steuerelemente sollten sich in Dialogen stets durch räumliche Nähe auszeichnen. So sind kleine Pushbuttons, die alternativ zur Eingabe eines Wertes die Auswahl über einen zusätzlichen Dialog erlauben, nach Möglichkeit in unmittelbarer Nähe zu plazieren. Für den Anwender ist dann der funktionale Zusammenhang direkt erkennbar — und Sie minimieren gleichzeitig die Mauswege…

2.3.11.12 Insgesamt…

Die Erfüllung dieser oder zumindest doch der meisten Kriterien sollte Anliegen eines jeden Softwareentwicklers sein. Wenn die Programme dann auch noch halbwegs bzw. möglichst fehlerfrei sind, heben sie sich schon deutlich aus der Masse heraus und werden auch im Wettbewerb stets eine gute Figur machen…

2.4 Zum Anwender

2.4.1 Benutzerprofile

2.4.1.1 Enthusiasten & alle anderen

Anwender sind häufig keine reinen Computer-Enthusiasten, sondern Benutzer, die Hard- und Software eher instrumentell sehen und beides als Werkzeug betrachten, das ihnen die Arbeit erleichtert und — und nach Möglichkeit — auch noch Zeit spart. Glauben Sie nie, Sie selbst seien der typische Anwender Ihrer Applikation. Verifizieren Sie Entscheidungen, geben Sie Fehler zu, und korrigieren Sie sie. Verwechseln Sie nicht Werkzeug und Zweck — Ihr Kunde kennt letzeres, Sie selbst eher das erstere.

Meist sind Anwender außerdem unterschiedlich experimentierfreudig: Die einen machen sich gerne selber mit der Applikation vertraut, andere möchten bei der Erkundung lieber über entsprechende Wizards an die Hand genommen werden. Der WYSIWYG-Aspekt von GUI-Software lädt sicher vielfach zum Ausprobieren ein, indem der Anwender beispielsweise über Controls mit der Maus fährt und die Reaktionen in Form eines geänderten Mauszeigers beobachtet, um auf mögliche Elemente der „direkten Manipulation" aufmerksam zu werden. Andererseits gibt es aber auch Benutzer, die strikt nach der Maßgabe gehen, daß man nur das tun kann, was gerade auf dem Bildschirm an Möglichkeiten aufgezeigt wird: was die Software ihnen „sagt".

2.4.1.2 Notwendige Voraussetzungen

Bevor Sie Ihre Applikation mit ausgeklügelten Drag & Drop-Operationen trüffeln, prüfen Sie erst einmal, auf welche Art Ihr Anwender beispielsweise eine Verknüpfung auf dem Desktop anlegt oder eine Datei kopiert — daß Drag & Drop auch zwischen unterschiedlichen Applikationen und also auch zwischen zwei Explorerfenstern funktioniert, setzt man als Experte zwar gerne voraus, überschätzt damit aber bereits deutlich die intuitiven und adaptiven Fähigkeiten eines Anwenders, der vielleicht noch gar nicht auf die Idee gekommen ist, derlei auszuprobieren. Damit wäre eine solche Bedienungstechnik in einer Applikation in jedem Fall für ihn mit Aufwand und einem mehr oder weniger großen Lernaufwand verbunden.

- Wie ist die Motivation des Benutzers?

Je höher die Motivation, des Benutzers ist, je interessierter er sich am Einsatz der Software zeigt, desto höher kann auch die Leistungsfähigkeit des Programms sein.

- Seine Einstellung gegenüber Software und speziell Ihrem Programm?

Verhält er sich gegenüber dem Einsatz eher zurückhaltend und ängstlich, sollte mehr Wert auf leichte Erlernbarkeit und Robustheit der Applikation denn auf maximale Ausgeklügeltheit gelegt sein.

- Welche anderen technischen Geräte verwendet er noch?

Diese Frage ist vor allem wichtig für die Wahl einer möglichst geeigneten Metapher. Sie erleichtern dem Anwender die Arbeit kolossal, muß er keine grundsätzlich neuen Dinge lernen.

- Welchen Grad der Erfahrung weist er auf?

Hierzu zählt sowohl die sachlich/fachliche Kompetenz wie auch die Kenntnis anderer GUI-Applikationen.

2.4.2 Benutzerwortschatz

Das wurde ja bereits erwähnt: Spricht die Applikation die Sprache des Anwenders, wird es wenig Verständigungsprobleme geben.

2.4.3 Mehrsprachige Applikationen

Die Forderung nach mehrsprachigen Applikationen erzwingt eine gewisse Rücksichtnahme bei der Gestaltung von Dialogen. Bereitet die Anzeige unterschiedlich langer Menütexte keine Probleme, da Menüs stets dynamisch berechnet werden, ist der jeweils notwendige Platzbedarf bei Controls schon einigermaßen genau festzulegen.

2.4.3.1 Die „Länge" einer Sprache

Die Orientierung an der „längsten" Sprache (nach Untersuchungen sind englische Bezeichnungen kürzer als deutsche, die wiederum im Mittel weniger Platz benötigen als französische) ist insofern wenig befriedigend, als das Aussehen der jeweils anderen Sprache dadurch doch erheblich in Mitleidenschaft gerät. Im ungünstigsten Fall ist vielleicht gerade die „kürzeste" Sprache jene, die am häufigsten zum Einsatz kommt, und deren Dialoge dann am wenigsten ausgewogen und optimiert sind.

2.4.3.2 Das „Bauer-Prinzip"

Die Alternative, Dialoge grundsätzlich dynamisch zu berechnen, hat den Nachteil, daß dann jeder Anwender die für die notwendigen Zusatzberechnungen anfallende Zeit beim Öffnen eines Dialogs in Kauf nehmen muß — auch wenn er vielleicht die ursprüngliche Originalsprache verwendet. Grundsätzlich gelte in solchen Fällen das „Bauer-Prinzip" der Programmierung: Man bestrafe nie ohne Not jemanden dafür, daß andere Personen Abweichungen vom Standard benötigen.

2.4.4 Anmerkungsspeicher

Bauen Sie in Ihre Applikation einen kleinen Texteditor ein, der das Editieren einer Anmerkung erlaubt, in die jedermann Fehler, Bemerkungen etc. hinterlassen kann. Ganz luxuriös

Schnittstellen 91

wird ein solcher Dialog, wenn auch gleich die Möglichkeit integriert wird, den Text per Fax oder E-Mail zum Entwickler zu schicken — oder ihn zumindest ausdrucken zu können. Die Praxis zeigt, daß ein solches Angebot sehr viel besser und intensiver genutzt wird, als wenn der Anwender sich erst einen Zettel besorgen müßte: den er dann doch wieder verlegt.

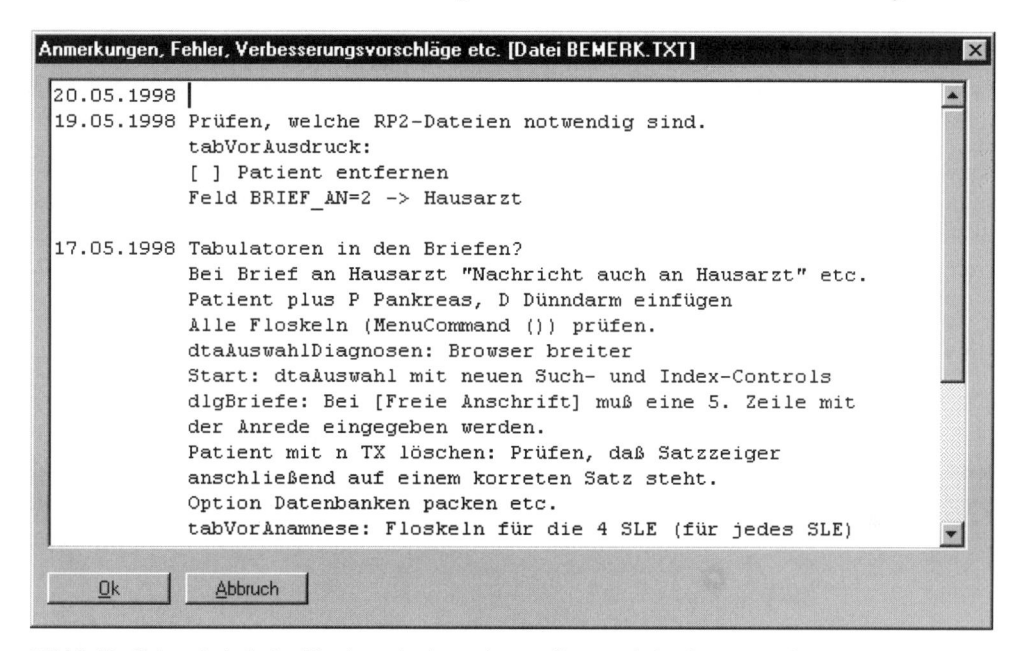

```
Anmerkungen, Fehler, Verbesserungsvorschläge etc. [Datei BEMERK.TXT]        [X]
20.05.1998 |
19.05.1998 Prüfen, welche RP2-Dateien notwendig sind.
           tabVorAusdruck:
           [ ] Patient entfernen
           Feld BRIEF_AN=2 -> Hausarzt

17.05.1998 Tabulatoren in den Briefen?
           Bei Brief an Hausarzt "Nachricht auch an Hausarzt" etc.
           Patient plus P Pankreas, D Dünndarm einfügen
           Alle Floskeln (MenuCommand ()) prüfen.
           dtaAuswahlDiagnosen: Browser breiter
           Start: dtaAuswahl mit neuen Such- und Index-Controls
           dlgBriefe: Bei [Freie Anschrift] muß eine 5. Zeile mit
           der Anrede eingegeben werden.
           Patient mit n TX löschen: Prüfen, daß Satzzeiger
           anschließend auf einem korrekten Satz steht.
           Option Datenbanken packen etc.
           tabVorAnamnese: Floskeln für die 4 SLE (für jedes SLE)

   [ Ok ]  [ Abbruch ]
```

Bild 2.47: Gehört in jede Applikation: ein Anmerkungseditor auch für den Anwender

2.5 Schnittstellen

2.5.1 Tastaturbedienung

2.5.1.1 Hotkeys

Hotkeys werden durchgängig in Menüs und Dialogen zur schnellen Navigation mit der Tastatur eingesetzt. Die meisten Kombinationen mit der <Alt>-Taste prägen sich nicht ein, sondern werden dem Augenschein nach angewendet. Ausnahmen sollten aber die Hotkeys der Hauptmenü-Optionen eines Pulldown-Menüs sowie die wichtigsten Pushbuttons bei Dialogen sein.

Findet beispielsweise eine Option wie DATEI oder FENSTER Verwendung, ist die Benutzung der Anfangsbuchstaben „D" und „F" sehr ratsam, weil diese einer gewissen Standardisierung unterliegen. Für die Buttons „Ok", „Abbruch", „Ja", „Nein", „Wiederholen" und ähnliche gilt das gleiche: Auch hier sind die jeweiligen Anfangsbuchstaben reserviert. Die ersten beiden Kombinationen <Alt>+<O> und <Alt>+<A> pflege ich meist in solchen Dialogen dann auszusparen, wenn diese Pushbutton nicht zum Einsatz kommen.

2.5.1.2 Tastenkürzel

Sie seien logisch, naheliegend, standardisiert und einheitlich. <Strg>+<P> (für „Print") zum Drucken erfüllt diese Forderungen sehr gut, wenn beim Anwender englische Sprachkenntnisse voraussetzbar sind — sehr schlecht, wenn anstelle der Assoziation ein erst notwendiges Auswendiglernen erforderlich wäre. Derartig verbreitete Kürzel sollen nie für andere Zwecke „mißbraucht" werden, auch wenn Ihre Applikation möglicherweise über gar keine Druckfunktion verfügt. Da GUI-Anwender in aller Regel aber nicht nur Ihre Applikation einsetzen werden, wäre eine solche Mehrdeutigkeit eine Verletzung der Konsistenz und Erwartbarkeit.

Welcher Anwender kennt die Möglichkeit, über <Alt>+<Abpfeil> eine Combobox per Tastatur aufzuklappen? Obwohl zumindest der Abpfeil sogar durch den neben dem Eingabefeld plazierten Button halbwegs symbolisiert wird, greifen hier die meisten Benutzer gleich zur Maus. Hier wäre die Anzeige der Tastenkombination in Form eines Tooltip durchaus angebracht.

2.5.1.3 Funktionstasten

Sie bieten sicherlich den schnellsten Zugriff, lassen sich aber nicht assoziativ dem gewünschten Zweck inhaltlich zuordnen. Die Funktionstaste <F1> ist nach offizieller Maßgabe dem Aufruf der Hilfe vorbehalten. Ich verwende die Tasten <F1> und folgende bei Karteireiterdialogen zum Aktivieren einer Lasche mit der Tastatur. Dabei nehme ich in Kauf, daß <F1> statt der Hilfe die erste Lasche fokussiert. Da die Laschentexte eine Beschriftung haben, deren Bestandteil die Tastennummer ist (etwa „1: Kundenliste", „2: Stammdaten" etc.), scheint mir die Zuordnungsmöglichkeit „1. Funktionstaste gleich 1. Lasche" ausreichend plausibel.

2.5.2 Mausfunktionen

2.5.2.1 Einfacher Klick

Die Erfindung und Einführung der Maus mit dieser ursprünglich einzigen und Standardfunktion hat die Software sicher sehr stark beeinflußt. Ihre Grundidee ist gleichermaßen simpel wie zutreffend: Heutige Programme bieten weitere unmittelbare Rückkopplungen an, die den Klick auf ein Steuerelement noch natürlicher erscheinen lassen und den Anwender geradezu dazu einladen, die Applikation durch direkte Manipulation zu erkunden, indem sie beim Überstreichen mit der Maus bereits sich selbst oder den Mauszeiger optisch verändern und deutlich signalisieren: Klick mich!

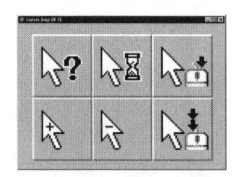

Bild 2.48: Noch mal zur Erinnerung: Anzeige von Klickmöglichkeiten

2.5.2.2 Doppelklick

Um ein verbreitetes Mißverständnis aufzuklären: Ein Doppelklick ist keineswegs so intuitiv, wie Windows-Kenner gerne annehmen. Bei GUI-Ein- und DOS-Umsteigern kann man deutlich beobachten, daß ihre Feinmotorikfähigkeit gerade hier erst einmal überfordert ist. Intuitiv sind GUI-Applikationen insofern, daß, hat man die Bedienung anhand einer Applikation gelernt, man auch mit anderen Programmen mehr oder weniger schnell zurechtkommen wird.

Ob sich das alles bei Windows 98 mit dem Verzicht auf den Doppelklick zugunsten Web-Seiten-ähnlichen Bedienung tatsächlich ändern wird, bleibt abzuwarten: Für Einsteiger dürfte zumindest der Start von Applikationen dadurch aber erheblich erleichtert werden, bedeutete doch ein zu langsamer Doppelklick oder ein leichtes Verrutschen der Maus zwischen den beiden Klicks stets den Aufruf einer anderen, nicht gewünschten und vor allem nur selten benötigten Funktion — unglücklicherweise läßt ersteres den Icontext editieren, letzteres verschiebt das Icon. Ob ein Anwender es dann halbwegs stolperfrei durch die Systemsteuerung bis zur Mausdoppelklickgeschwindigkeitseinstellung packen wird, um einen für ihn passenderen Wert zu wählen, kann man durchaus bezweifeln...

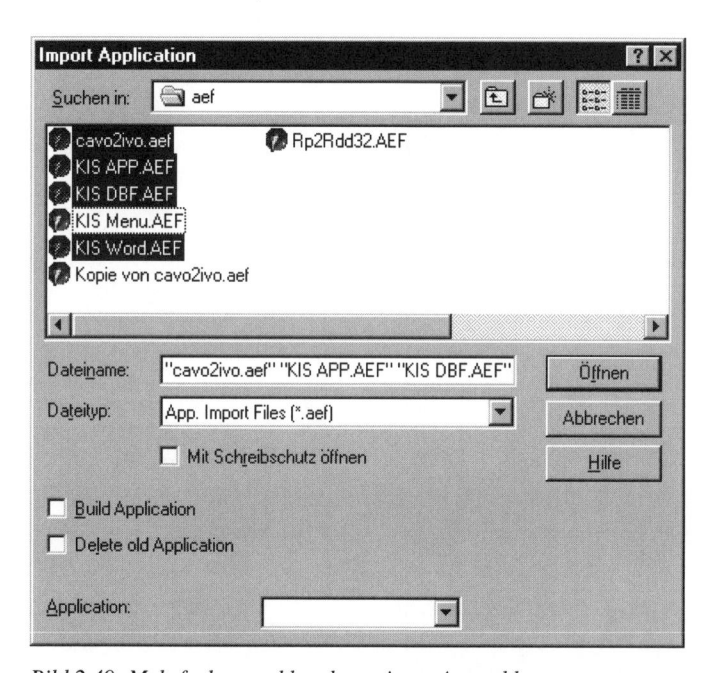

Bild 2.49: Mehrfachauswahl und erweiterte Auswahl

2.5.2.3 Markieren

Markieren gehört wieder zu den sehr natürlich wirkenden Beispielen direkter Manipulation, die nicht allzu erklärungsbedürftig sind, da ihnen ein optisches Feedback — der Text, das Symbol etc. wird markiert — auf dem Fuße folgt.

2.5.2.4 Selektieren

Mit der letzten Technik sehr verwandt ist das Selektieren von Elementen. Beispielsweise wählt der Anwender in einer Combo- oder Listbox ein Element durch Anklicken aus. Einige Controls bieten darüber hinaus aber noch die Möglichkeit, mehrere Elemente auszuwählen. Der Standarddialog „Datei öffnen" erlaubt über einen Schalter OFN_AllowMultiSelect das Selektieren mehrerer Dateien.

2.5.2.5 Mehrfachauswahl

Drücken der <Strg>-Taste während des Mausklicks fügt ein nicht markiertes Element der Auswahl hinzu; ein bereits markiertes Element wird analog der Auswahl wieder entnommen. Ohne besondere Programmierung ist die Technik übrigens nur mit der Maus möglich.

2.5.2.6 Erweiterte Auswahl

Nach Auswahl eines Anfangselementes bestimmt <Shift>-Mausklick das Ende-Element einer Selektion. Gedrückthalten der <Shift>-Taste erlaubt über die Navigationstasten (Cursortasten, <Pos1>, <Ende>, <Bild auf>, <Bild ab>) eine Erweiterung der Selektion.

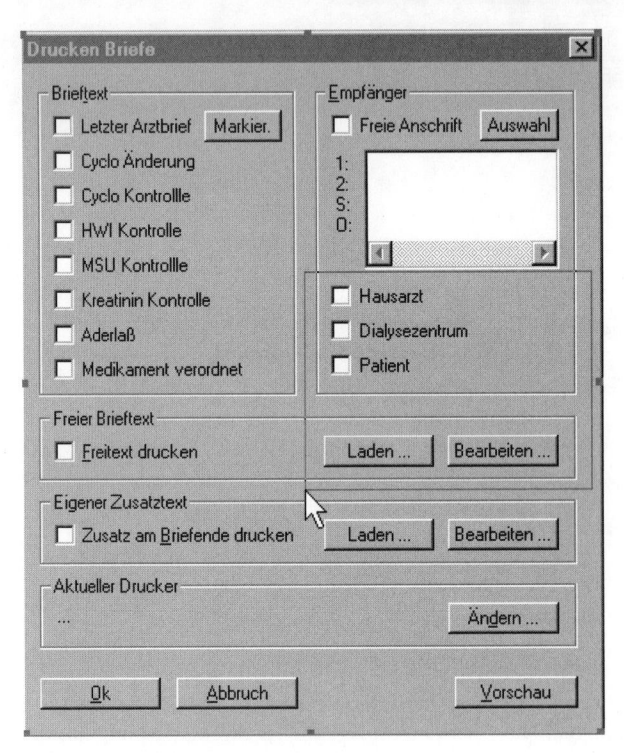

Bild 2.50: „Lassoing" von Elementen

2.5.2.7 Einfangen

Diese im Englischen „Lassoing" genannten Technik gestattet die Auswahl von räumlich zusammenhängenden Elementen. Dazu wird die linke Maustaste in eine freien Ecke eines gedachten Rechtecks, das die Gruppe hinreichend überdeckt, niedergedrückt und der Bereich mit festgehaltener Maustaste überzogen. Eine Art „Gummiband" zeigt das Rechteck unmittelbar an. Je nach Programmierung gehören nicht vollständig überzogene, sondern nur berührte Elemente der Auswahl an oder nicht.

2.5.2.8 Abklicken

Eine versehentlich erfolgte Markierung von Elementen läßt sich durch Klicken auf einen freien Raum in einer Dialogbox wieder zurücknehmen. Innerhalb von Elementen wie Combo- oder Listboxen funktioniert das dagegen durch erneutes Selektieren (also per <Strg>-Klick oder <Shift>-Klick etc.), was von Einsteigern nicht auf Anhieb durchschaut wird.

2.5.2.9 Rechte Maustaste

Kommen manche graphischen Benutzeroberflächen komplett mit nur einer Maustaste aus, spielt sie bei Windows eine sehr große und sogar weiter zunehmende Rolle. Kontextmenüs, die sozusagen an Ort und Stelle die Auswahl von Optionen zu einem ganz bestimmten Steuerelement erlauben, sind inzwischen Legion — bedauerlich nur, daß Anwender das Vorhandensein eines solchen Menüs nicht erkennen können, sondern dieses per Probeklick auskundschaften müssen. Gibt es einen Tooltip für das betreffende Control, sollte dieser die Möglichkeit anzeigen.

Das folgende Beispiel zeigt den „Mißbrauch" eines Kontextmenüs, über das der Anwender zur Beschleunigung und Konsistenzerhöhung seiner Notizfelder Floskeln und Textbausteine über die rechte Maustaste auswählen kann. Die Texte sind übrigens in externen INI-Dateien gespeichert und lassen sich vom Anwender für jedes Notizfeld separat und individuell konfigurieren.

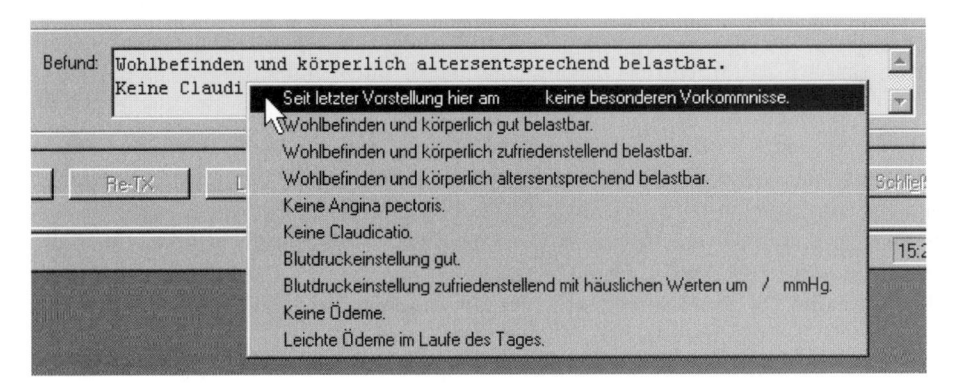

Bild 2.51: Kontextmenüs als Floskelspeicher

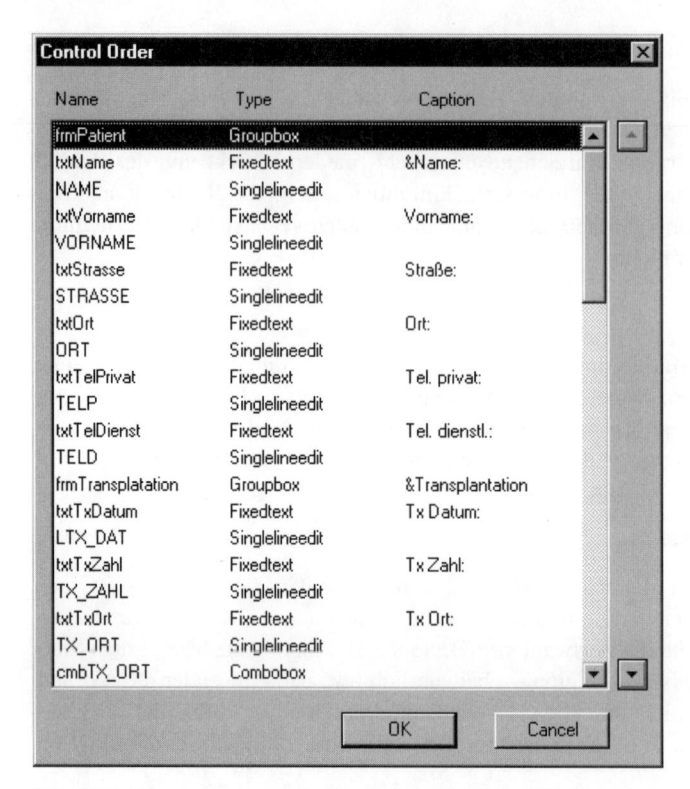

Control Order			
Name	Type	Caption	
frmPatient	Groupbox		
txtName	Fixedtext	&Name:	
NAME	Singlelineedit		
txtVorname	Fixedtext	Vorname:	
VORNAME	Singlelineedit		
txtStrasse	Fixedtext	Straße:	
STRASSE	Singlelineedit		
txtOrt	Fixedtext	Ort:	
ORT	Singlelineedit		
txtTelPrivat	Fixedtext	Tel. privat:	
TELP	Singlelineedit		
txtTelDienst	Fixedtext	Tel. dienstl.:	
TELD	Singlelineedit		
frmTransplatation	Groupbox	&Transplantation	
txtTxDatum	Fixedtext	Tx Datum:	
LTX_DAT	Singlelineedit		
txtTxZahl	Fixedtext	Tx Zahl:	
TX_ZAHL	Singlelineedit		
txtTxOrt	Fixedtext	Tx Ort:	
TX_ORT	Singlelineedit		
cmbTX_ORT	Combobox		

Bild 2.52: Hier wäre praktisch alles besser als Drag & Drop...

2.5.2.10 Drag & Drop

Drag & Drop will gelernt und erkannt sein — kein Wunder & ein äußerst geschickter Schachzug, daß schon die frühen Windows-Versionen ein ausgezeichnetes und sehr beliebtes Lernprogramm im Gepäck hatten: Solitaire — angeblich das am meisten aufgerufene Windows-Programm und eines der wenigen Trainingsprogramme, die Anwender ohne Murren und sogar während der Arbeit hin- und wieder absolvieren. Wenn's denn der notwendigen Feinmotorikperfektionierung dient...

In einem Entwicklungssystem benutzt man zur Definition der Tab-Reihenfolge der Controls eines Dialogs eine technisch zwar anspruchsvolle, aber gänzlich „probleminkompatible" Lösung: Per Drag & Drop muß der Anwender die Elemente in der Listbox entsprechend der gewünschten Reihenfolge verschieben. Was bei einer Handvoll Controls noch angehen mag, wird angesichts der in der Praxis ja nicht ungewöhnlichen einigen Dutzend dagegen geradezu grotesk aufwendig: Da die Ziehfunktion kein automatisches vertikales Scrollen der Listbox auslöst, bedarf es bei der Verschiebung eines Controls von ganz unten nach ganz oben einer geradezu absurd hohen Zahl von Maus-Drag & Drops, die einem auf Dauer sehr bitter werden...

Hier wäre jeder andere Mechanismus gescheiter: Der Gestalter klickt in einem bestimmten Modus einfach die Controls nacheinander in der gewünschten Reihenfolge an. Eine sichtbare

Numerierung sorgt bei dieser geglückten Art der direkten Manipulation gleichzeitig für das notwendige optische Feedback. Noch intelligenter wäre eine Funktion, die auf Knopfdruck zu jedem beliebigen Zeitpunkt die Reihenfolge der Controls nach einem sinnvollen, aber konfigurierbaren Schema (links oben nach rechts unten, in vertikalen Spalten, in waagerechten Zeilen etc.) berechnet. Merke: Die technisch anspruchsvollste Lösung ist keineswegs immer die am besten geeignetste...

2.5.2.11 Rollen...

Neuere Mäuse — die IntelliMouse von Microsoft war hier wohl Vorreiter — besitzen zwischen den beiden Maustasten ein Rad, das zum Scrollen benutzt werden kann und meines Erachtens zu den wenigen wirklich genialen Dingen gehört, mit denen die ja sonst sich eher auf neue Dreizeichenkürzel konzentrierende Hardwarebranche aufwarten konnte. Statt zum Scrollen in Texten und Listencontrols mühsam, umständlich und zielgenau den Scrollbar angefahren zu müssen, dreht der Anwender einfach das Rad, das zudem auch beispielsweise in Verbindung mit der <Strg>-Taste die Ansicht vergrößert oder verkleinert. Inzwischen unterstützen viele Applikationen diesen Maustyp; hoffentlich gehören Ihre ebenfalls dazu. Falls nicht, ermöglicht ein kleines Freeware-Tool namens FreeWheel auch solchen Applikationen wenigstens die Nutzung des Rades zum Scrollen.

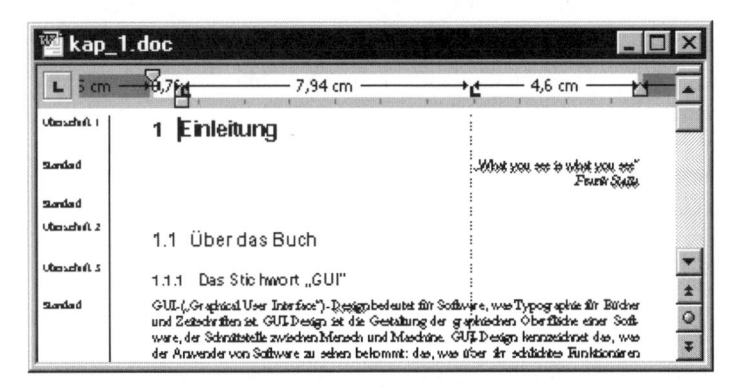

Bild 2.53: <Alt>+Mausklick im Lineal: Bemaßungen mit mm-Angaben

2.5.2.12 Andere Funktionen

Der Mausklick mit gleichzeitigem Niederdrücken der <Strg>-Taste kann je nach Applikation wieder eine mehr oder weniger versteckte und meist nicht allzu intuitive Bedeutung haben. In vielen Textprogrammen markiert <Strg>+Mausklick beispielsweise den aktuellen Satz, ein Dreifachklick den aktuellen Absatz und dergleichen mehr.

Häufig hält auch die Kombination <Alt>+Mausklick Erweiterungen bereit. Implementieren Sie solche Sonderfunktionen ebenfalls, sollten Sie sie geeignet anzeigen. Ein entsprechend erweiterter Tooltiptext etwa, der bei gedrückter <Alt>- oder <Strg>-Taste die Zusatzmöglichkeit beschreibt, ohne daß der Anwender erst die Maustaste drücken muß, wäre hier völlig ausreichend und genügend einfach zu implementieren.

Wer etwa in Word für Windows per direkter Manipulation einen Tabulator definieren möchte, klickt dazu einfach mit der Maus in das Lineal; die gewünschte Stelle wird dabei — ganz WYSIWYG — sofort markiert. Hält er dabei die <Alt>-Taste gedrückt, erscheinen die Angaben sowie sämtliche definierten Tabulatorabstände in Millimeter. Hier wäre ein Tooltip wie „Tabulator setzen mit Mausklick. <Alt>-Mausklick: mm-Angaben" sehr hilfreich und würde auch einem Neuling signalisieren, wie nützlich & einfach direkte Manipulation variiert werden kann.

2.5.2.13 Grundsätzlich

Gemäß dem Grundsatz, daß der Anwender das, was er gerade machen kann, möglichst auch erkennen sollte, sind kleine Hilfen zur Beschreibung etwaiger Zusatzfunktionen sinnvoll. Die Basisoperationen wie Klick, Doppelklick, Markieren, Abklicken etc. können tatsächlich vorausgesetzt werden. Daß ein Doppelklick in eine Auswahllistbox meist auch den Dialog schließt, wäre eine Option, die bei einem niedrigen Benutzerlevel durchaus im Tooltip der Listbox enthalten sein könnte — derlei wäre zumindest sinnvoller als ein leider oft zu sehender Text wie „Auswahl eines Elementes": Zumeist beschränken sich Tooltips unglücklicherweise rein auf das „Was", ignorieren aber das „Wie" einer Aktion und verhindern nachhaltig einen Kenntniszuwachs beim Einsteiger. Achten Sie insbesondere darauf, daß für komplexe Operationen wie Doppelklick oder Rechtsklick alternative Wege zur Verfügung stehen.

Erweiterte Operationen wie Drag & Drop sind in den wenigsten Fällen so selbsterklärend, daß auf eine nähere Beschreibung verzichtet werden kann. Kombinationen wie <Alt>-Mausklick besitzen grundsätzlich so viel Exotik, daß sie auch für Geübte nur selten direkt erkennbar sind. Wer solche zusätzlichen Elemente der meist ja beachtlichen Produktivitätssteigerung und Manipulationsdirektheit ausschließlich in der Hilfe oder im Handbuch erklärt, kann sicher sein, daß nur wenige Anwender sie benutzen werden. Sinnvoller wäre wiederum etwas „Kybernetik", die bei Aufruf der ja meist vorhandenen Alternativdialogbox greift und einen Hinweis auf den kürzeren Mausweg enthält.

2.5.2.14 Unauffällige Hilfen

Für die Darstellung solcher kleiner Randbemerkungen auf Tastenkombinationen eignen sich neben Tooltips und Statusbar-Ausgaben insbesondere veränderte Mauszeiger: Selbst wenn ein die <Alt>-Tastenmöglichkeit anzeigendes kleines Symbol neben dem eigentlichen Mauspfeil einem Einsteiger vielleicht erst einmal Rätsel aufgeben sollte, was derlei denn zu bedeuten habe, ist doch seine Neugierde geweckt, die er dann spätestens durch Aufruf der Hilfe unter dem Stichwort „Mauszeiger" befriedigen könnte.

Die Übertragbarkeit auf andere Situationen ist sehr hoch, zumal es ja nur Möglichkeiten wie <Shift>-, <Strg>- und <Alt>-Kombinationen anzuzeigen gilt (plus eventuell Rechts- oder Doppelklick) — und diese Varianten hoffentlich nicht alle zugleich zur Verfügung stehen... Schade, daß alle Applikationen bei der Gestaltung des Mauszeigers stets auf äußerste Konsistenz bedacht zu sein scheinen und lieber nur stets mit dem Standardpfeil die aktuelle Position anzeigen: was nun wirklich mager genug ist...

Schnittstellen

2.5.3 Neuheiten bei Windows 98

2.5.3.1 Ordneroption „Web-Stil"

Hat man sich bei Windows 98 für die neue Ordneroption „Webstil — Aussehen und Verhalten des Desktop entspricht einem Webbrowser (z.B. Einzelklicken)" entschieden, bereitet das Auswählen mehrerer Dateien im Explorer schon gelegentlich einige Mühe. Da ein einfacher Klick bereits Dateien resp. deren definierte Verknüpfungsapplikation startet, sind Elemente mit dem „Lasso" zu überziehen. Manuell können nicht zusammenhängende Dateien selektiert werden, indem man die <Strg>-Taste gedrückt hält und auf die gewünschten Elemente zeigt.

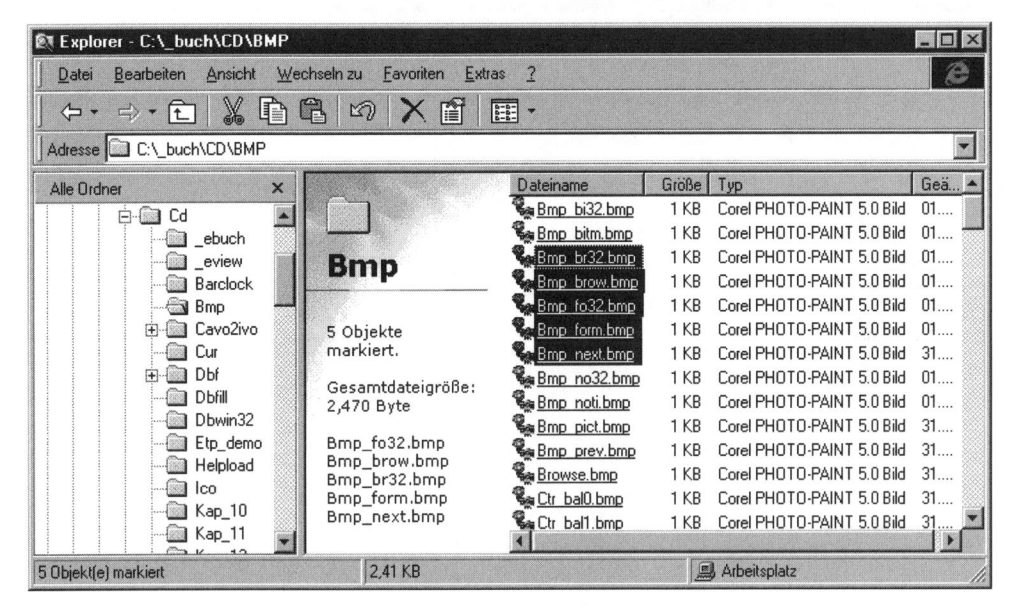

Bild 2.54: Wer's mag: Verzicht auf Doppelklick

2.5.3.2 Markieren durch Zeigen

Das manuelle Hinzufügen oder Entfernen einzelner Elemente ist in zweifacher Hinsicht mit Wartezeit verbunden: Bleibt die Maus eine Weile auf dem Element stehen, wird es selektiert bzw. wieder abgewählt. Beim versehentlichen Klick dauert es dann halt ein wenig länger, weil erst die Applikation geladen wird... Meines Erachtens hat diese Funktion unter Windows 98 in der jetzigen Form aber erst maximal Versionsstand 0.99 erreicht.

2.5.4 Tastatur vs. Maus

2.5.4.1 Effizienz

Bei Aktionen, die mit der Eingabe von Daten verbunden sind, hat die Tastatur klare Vorteile. Bedenken Sie aber, daß es Situationen gibt, bei denen nicht unbedingt maximale Effizienz im

Vordergrund steht; gelegentlich möchte sich der Anwender auch gerne einfach nur bequem zurücklehnen und die Maus benutzen, obschon ihm durchaus klar ist, daß die Tastatur hier effizienter wäre. Außerdem zwingt die Benutzung einer Maus den Anwender, zumindest deren Einzugsbereich zwangsläufig immer schön sauber und krümelfrei zu halten.

Die Maus erlaubt zwar als eine ausgezeichnete und direkte Koordination zwischen Hand und Cursor, erfordert aber, hat der Anwender gerade beide Hände auf der Tastatur, einen relativ aufwendigen motorischen Vorgang, der meist mit dem Abwenden des Blicks und anschließender Suche des Cursors einhergeht.

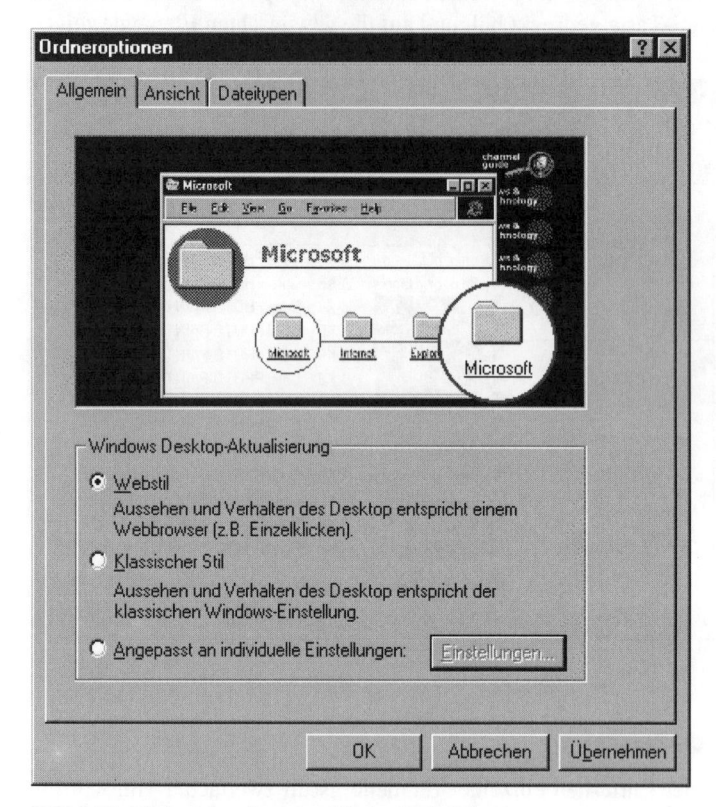

Bild 2.55: Dialogbox „Optionen" beim Web-Stil

2.5.4.2 Höherer Erklärungsbedarf

Lassen sich zwar praktisch alle Windows-Applikationen automatisch auch per Tastatur bedienen, sind manche Tastenkombinationen vielen Anwendern aber nicht geläufig. Checkboxen werden beispielsweise mit der <Leertaste> umgeschaltet, Comboboxen mit <Alt>+<Abpfeil> aufgeklappt, Childwindows mit <Strg>+<Tab> aktiviert, Systemmenüs mit <Alt>+<Leertaste> angezeigt. Sorgen Sie über Hinweise in der Statusbar oder in Tooltips dafür, daß diese allgemeinen Kombinationen auch dem Erstanwender nicht verborgen bleiben.

2.5.4.3 Feinmotorik

Tasten finden Sie blind (was jedenfalls für gewisse Grund-, Eck- und Cursortasten gilt — auch zumeist für <Tab>- und <Return>-Taste), sie sind ortsfest und gebunden. Die Maus muß fast immer erst lokalisiert werden. Muß der Anwender dazu gar erst die Augen vom Bildschirm abwenden, der Maus zuwenden und wieder zum Bildschirm zurückkehren, ist der Aufwand schon beträchtlich, insbesondere, da das Auge die aktuelle Arbeitsposition ja meist in Form eines kleinen schwarzen und matt vor sich blinkenden senkrechten Striches wahrnimmt... Hier wird das spätere umfangreiche Controlkapitel allerdings auch Alternativen aufzeigen.

Mausbedienung erfordert Erfahrung, Training und eine gewisse Motorikfertigkeit. Die Tatsache, daß wohl niemand ernsthaft Windows 98 ohne Maus einsetzen dürfte, sollte uns Entwickler dennoch nicht davon abhalten, Alternativen zur Maus bereitzustellen. Grundsätzlich sollten Sie beim Entwurf der Oberfläche einer Applikationen gelegentlich wirklich die notwendigen Mausklicks & Tastenanschläge zählen, um den optimalen Weg — und das ist meist der kürzeste, der mit den wenigsten Schritten — zu ermitteln.

3 Fenster

> „They asked for it, and they got it!"
> *Arno Schmidt, Schwarze Spiegel*

3.1 Dieses Kapitel...

…beinhaltet Beschreibungen und Richtlinien der verschiedenen Fensterarten (Shellwindow, Childwindow, Dialogwindow) und zeigt deren spezifische Anwendungsgebiete auf. Fenster stellen das Hauptinstrument dar zur Organisation und logischen Aufteilung einer Applikation in überschaubare Einheiten. Dialoge sind der Ausgangspunkt einer Applikation. Mit ihrer Gestaltung ist der Rahmen einer Anwendung gesteckt, ihr Funktionsumfang umrissen.

3.2 Grundsätzliches

3.2.1 Etwas Geschichte...

Daten auf einem Bildschirm in unterschiedlichen und unterscheidbaren viereckigen Bereichen darzustellen, ist übrigens keineswegs eine Technik, die erst mit Einführung von Bildschirmen in die EDV-Welt Einzug gehalten hat. Erstmalig beschrieben und empfohlen hat sie Douglas Engelbart in einem Artikel „A Conceptual Framework for Augmentation of Man's Intellect" aus dem Jahre 1963, jener Mann, der 1967 auch die Maus erfand, die sein Arbeitgeber später dann für angeblich 40.000 Dollar an Apple lizensiert hat.

Engelbart hat bereits im Jahre 1968 ein Computersystem, das schon öffnende und schließende Fenster besaß, vorgestellt. Im letzten Jahr — Verspätungen sind nun mal in der EDV-Branche gang und gäbe — erhielt der 72-jährige übrigens für seine Erfindungen auf dem Gebiet der Benutzeroberflächen den Lemelson-MIT-Preis. Nach sechs Lustren wäre es vielleicht wieder mal an der Zeit für einen weiteren Schritt in der Evolutionsgeschichte der GUI-Bedienwerkzeuge…

Maßgeblichen Anteil am Erfolg graphischer Benutzeroberflächen besitzt Alan Kay, der an der Entwicklung des Systems „Star" bei der Firma Xerox beteiligt war, das im Jahr 1981 auf den Markt kam. Es gilt als der erste Computer, der die GUI-Konzepte auf breiter Front ein- und durchsetzte. Grundlagen schufen bereits 1945 Vannevar Bush mit der Beschreibung eines Universalcomputers „Memex" und in den sechziger Jahren Ivan Sutherland mit einem System namens „Sketchpad".

3.2.2 Applikationen: Leben in Fenstern

Für DOS-Programmierer bedeutet die Umstellung auf ein graphisches und vor allem fensterorientiertes System wie Windows in erster Linie, daß sämtliche Ein- und Ausgaben stets in Elementen von Fenstern stattfinden. Man programmiert keine schlichten Bildschirmausgaben mehr, sondern muß in Dialogen geeignete Controls plazieren, mit deren Hilfe der Anwender später die gewünschten, vorab vom Programmierer festgelegten Reaktionen auslösen wird, und in denen diese zur Anzeige kommen.

3.2.3 Die Elemente eines Fensters

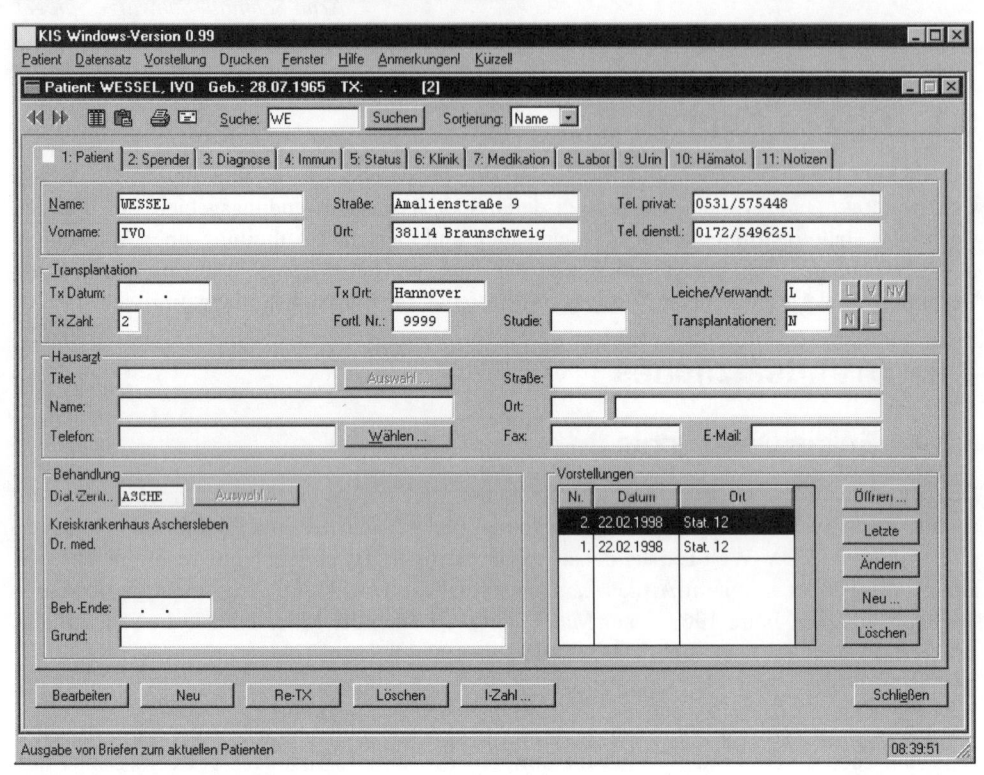

Bild 3.1: Die Elemente eines Fensters

3.2.3.1 Systemmenü

Diese spezielle Art eines Kontextmenüs kann der Anwender über die Tastenkombination <Alt>+<Leertaste> aufklappen. Neben den Standardoptionen, von denen sicherlich die auch per Doppelklick oder — je nach Fensterart — <Alt>+<F4> resp. <Strg>+<F4> ausführbare zum Schließen des Fensters die wichtigste ist, lassen sich hier zusätzliche Funktionen einbauen, die sich allgemein auf Eigenschaften des Fensters beziehen, aber nicht so spezifisch sind, daß sie Bestandteil des normalen Menüs wären. Beispiele könnten hier Optionen wie „Fensterposition sichern" oder „Fensterinhalt als Vorlage speichern" sein. Alle Optionen lassen sich übrigens deaktivieren; auf diese Art kann zu bestimmten Zeitpunkten — während des Bearbeitens eines Satzes etwa — die Option SCHLIESSEN gesperrt und damit im Falle des Shell-Systemmenüs das Beenden der Applikation komplett unterbunden werden.

Bild 3.2: Ein erweitertes Systemmenü mit „Merk"-Funktion

3.2.3.2 Titelleiste

Die Titelleiste bietet sich häufig als praktische Informationsfläche zum aktuellen Zustand an; bei einem Kundeninformationssystem könnte das beispielsweise der Name des derzeitig aktiven Kunden sein. Achten Sie allerdings darauf, daß die Information nicht durch Verkleinern des Fensters unerwartet verkürzt wird. Gelegentlich nisten sich Symbole von Zusatztools in der Titelleiste des aktiven Fensters ein; das gilt es gegebenenfalls zu berücksichtigen.

Achten Sie darauf, daß jede Titelleiste einen Text enthält. Fenster sollten grundsätzlich keine leeren Titelleisten haben. Das gilt auch für Messageboxen, die häufig nur den Haupttext im Innern des Fensters beinhalten. Definieren Sie als Überschrift hier eine geeignete Kategorie, die die Art des Fehlers oder der Meldung näher charakterisiert.

3.2.3.3 Schaltflächen

Die Schaltflächen in der rechten oberen Ecke reagieren bei den meisten Entwicklungssystemen synchron mit ihren zugehörigen Systemmenüoptionen und bedürfen daher in der Regel keine Sonderbehandlung. Nach Möglichkeit sollte man der Versuchung widerstehen und hier keine weiteren Schaltflächen zusätzlich einbauen. Diese Schaltflächen sind übrigens ein Beispiel für ziemliche Flexibilität der Steuerbarkeit einer Applikation: Immerhin stellt Windows nicht weniger als fünf Möglichkeiten zur Verfügung — das unsanfte Beenden des Task sei nicht mitgezählt —, um eine Applikation schließen zu können:

- <Alt>+<F4>;
- Doppelklick auf dem Objektsymbol;
- Option des Systemmenüs;
- Klicken der Schaltfläche „X";
- Menüoption wie DATEI BEENDEN.

Für das Umschalten eines Fensters in den Vollbildmodus gibt es immerhin noch drei räumlich die ganze Breite abdeckende Varianten (Systemmenü, Doppelklick in die Titelleiste, Titelleisten-Schaltfläche). Verfahren Sie bei der Variation Ihrer Menüoptionen nicht unbedingt analog; sonst dürfte die Überfülle der Möglichkeiten den Anwender eher verwirren als beeindrucken.

3.2.3.4 Menüleiste

Bei normaler Fenstergröße sollte das Hauptmenü immer nur so viele Optionen (und damit Dropdown-Menüs) besitzen, daß diese in einer Menüzeile darstellbar sind. In der Regel trifft auch hier wieder die Millersche Zahl 7 +/- 2 zu; mehr Untermenüs sind nur in Ausnahmen überschaubar und damit empfehlenswert — weniger zeugen entweder von einer überschaubaren Funktionalität oder einer gewissen unangenehmen Optionsdichte... Die Gestaltungsmerkmale von Menüs beschreibt ausführlich das nächste Kapitel 4.

3.2.3.5 Symbolleiste

Beachten Sie die bewußte Verwendung des Singulars bei der Kapitelüberschrift: Wirklich nur in Ausnahmen ist das gleichzeitige Öffnen von mehr als einer Symbolleiste ratsam. Leider gilt die Anzahl von Symbolleisten heutzutage offenbar als wichtiges Qualitätskriterium — die Inflation von Buttons & Symbolen beeindruckt möglicherweise den potentiellen Kunden, läßt aber gleichzeitig den Überlebensraum der eigentlichen Arbeitsfläche auf weniger als das notwendige Minimum schrumpfen und ist überhaupt der Übersicht wenig dienlich.

Die Verwendung kontextbezogener Symbolleisten ist nur dann eine Lösung aus dem Dilemma, wenn nicht mehr benötigte Toolbars auch ebenso automatisch wieder geschlossen werden. Andernfalls verbleiben solche unnötigen Symbolleisten aus Bequemlichkeit dann doch dauerhaft auf dem Bildschirm.

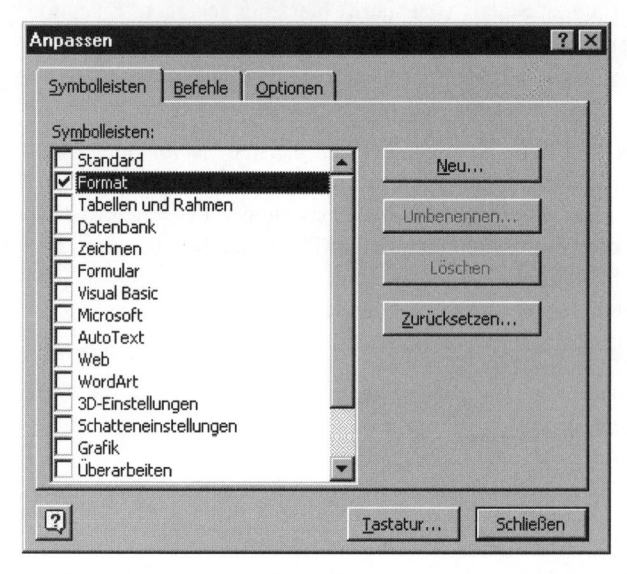

Bild 3.3: Kontextbezogene Symbolleisten — nicht unbedingt eine Lösung

Leider erlauben viele Applikationen dem Anwender nur, sich eine Auswahl der Symbolleisten selbst zusammenzustellen — da greift er schon mal gerne reichlich zu. Erst die einfache Zusammenstellung der einzelnen Symbole und Buttons innerhalb einer einzigen und sozusagen universellen Werkzeugleiste gewährleistet sowohl Übersicht als auch genügend Konfigurationsfreiräume. Als Beispiel möge die Toolbar meines Textprogrammes herhalten; diese

Grundsätzliches 107

Werkzeuge benötige ich hinreichend oft, um sie schnell zur Verfügung zu haben. Optionen wie Speichern oder die wichtigsten Absatzformate habe ich mir natürlich auf leicht assoziierbare Kürzeltasten gelegt.

Bild 3.4: Eine Zeile Toolbar...

Windows 98 erlaubt das Zusammenstellen nahezu beliebiger Elemente zu einer gemeinsamen Toolbar, die als Fenster beliebig positionierbar ist und auch ständig im Vordergrund gehalten werden kann.

3.2.3.6 Bildlaufleisten

Gute Fenstergestaltung vermeidet Scrollbars. Planen Sie Ihre Dialoge für eine möglichst sinnvolle Auflösung und schreiben Sie diese für Ihre Applikation vor. Eine Auflösung wie 800 mal 600 Pixel dürfte jeder Hardware zumutbar sein und erlaubt die feste Skalierung von Fenstern in einer Größe, die hinreichend zur Darstellung der notwendigen Controls sein dürfte. Dialoge, die bei höherer Auflösung noch mehr Elemente darstellen, wirken nicht nur unübersichtlich und übervoll, sie sind es meistens auch ... Die Aufteilung in Karteireiterfenster mit entsprechenden Laschen ist in jedem Fall entschieden vorzuziehen.

3.2.3.7 Statusleiste

Falls Sie die Statusleiste nur benutzen, um dort Beschreibungen der Menü-Optionen anzuzeigen, ließen sich diese eventuell auch in der Titelleiste darstellen. Damit sparen Sie immerhin Platz, der sich gerade bei geringen Auflösungen besser nutzen läßt.

Es ist übrigens unüblich, Funktionstastenbelegungen in der Statusleiste anzuzeigen. Da sie stets mit Menüoptionen gekoppelt sind (bzw. es sein sollten...), erübrigt sich diese Maßnahme — gegen die Darstellung im Menü oder in Tooltips spricht aber rein gar nichts.

Überschätzen Sie nicht den Grad an Aufmerksamkeit, den ein Anwender der Statusbar zukommen läßt. Untersuchungen zeigen, daß kaum ein Anwender Texte, die dort erscheinen, überhaupt zur Kenntnis nimmt. Bei einer Menüauswahl ist der Blick meist so auf den oberen Teil des Fensters gelenkt, daß Statusbarmeldungen keine Beachtung finden. Wichtige Meldungen sollten also eher in Form von Messageboxen erfolgen, die allerdings vom Anwender bestätigt werden müssen.

3.2.4 Designwerkzeuge

3.2.4.1 Alternative zu Window-Editoren

Trotz der inzwischen sehr opulenten und leistungsfähigen visuellen Painter der meisten Windows-Entwicklungssysteme empfiehlt es sich hin & wieder, die Grobgestaltung in einem Zeichenprogramm vorzunehmen, in dem man eine per <Alt>+<Druck> erzeugte Bildschirmmaske bearbeitet. Solche Graphikprogramme verfügen in der Regel über sehr ausgeklügelte Werkzeuge, die einem bei der ergonomischen Gestaltung, der sinnfälligen Anordnung der Steuerelemente etc. zur Hand gehen. Der Feinschliff erfolgt dann später im eigentlichen Dialog-Editor.

3.2.4.2 Vorteile eines Malprogramms

Vorteil dieser Variante ist das pixelgenaue Arbeiten, die Möglichkeit, das Fenster komplett inklusive Toolbar, Statusleiste etc. — damit also in originaler Größe — zu sehen; viele Painter zeigen nur das Innere eines Dialogs, die Arbeitsfläche und „Canvasarea", an. Die Verschiebe- und Kopierwerkzeuge sind ebenfalls sehr viel komfortabler.

Hauptvorteil ist aber die leider in keinem mir bekannten Window-Editor vorhandene Möglichkeit (dafür würde ich vielleicht sogar meine Lieblingsprogrammiersprache wechseln...), den Dialog mit einem völlig beliebigen Raster zu hinterlegen und zu überdecken (in Form ausblendbarer Ebenen), das nicht nur aus simplen regelmäßigen Pixeln besteht. Buch-, Zeitungs- und Zeitschriften-Layouts basieren stets auf einem sehr und ausgeklügelt strengen Raster, in das sämtliche Seitenelemente angeordnet werden — ein Grund, warum Sie beispielsweise eine Zeitschriftenseite sozusagen blind einem Verlag zuordnen zu können, ohne den Titel sehen zu müssen: Man arbeitet dort eben mit vernünftiger Konsistenz!

Übertragen auf die Gestaltung von Dialogen hätte man mit einem geeigneten Raster — dessen Grundlagen und Abmessungen das Buch im folgenden und im Controlkapitel beschreibt — eine optimale Technik zur Hand, schnell und mit stets gleicher Aufteilung und Anordnung Steuerelemente auf einem Fenster zu verteilen: Weg mit Willkür, Adé dem Ausprobieren, Fort mit Fummeln...

3.2.5 Gestaltungsprinzipien

3.2.5.1 Reduktion

Fangen Sie bei der Gestaltung von Fenstern nicht gleich mit Schmuckelementen an. Beginnen Sie, erst einmal die wesentlichen Steuerelemente in möglichst reduzierter Form zu entwerfen. Probieren Sie aus, wie sich das Fehlen eines Elementes auf den Dialog auswirkt — und lassen Sie es im Zweifelsfall eher weg... Hierzu gehört auch die wünschenswerte Beschränkung auf eine Schriftart, eine Schriftgröße, wenige Farben etc. pro Fenster. Ausnahmen bedürfen stets einer guten und stichhaltigen Begründung.

3.2.5.2 Reihenfolge I

Entspricht die Reihenfolge der Controls der in der Praxis üblichen? Am einfachsten läßt sich das kontrollieren, indem Sie einem genügend repräsentativen Anwender über die Schulter schauen. Er ist es ja schließlich, der mit Ihrer Applikation später arbeiten soll.

3.2.5.3 Reihenfolge II

Beginnen Sie mit der Gestaltung einer Maske von links oben nach rechts unten. Fixpunkt sollte stets das erste Control der ersten Zeile sein; dessen Position steht unverrückbar fest. Das gilt übrigens grundsätzlich für alle Fenster — obschon hier eine Inkonsistenz besonders bei Karteireiterdialogen zu unschönem Hüpfen führt, wenn man die Laschen wechselt.

Grundsätzliches 109

3.2.5.4 Raster

Nicht nur bei umfangreicheren Applikationen mit vielen Dialogen lohnt die vorab anzustellende Überlegung, welche Abmessungen das jedem Fenster zu hinterlegende Raster haben sollte. Besitzen einzeilige Controls wie Eingabefelder, Radiobuttons, Checkboxen, Pushbuttons etc. eine einheitliche Höhe, sollten Listboxen, MultiLineEdit-Controls etc. stets so dimensioniert werden, daß eine mehrspaltige Dialogbox mit einer Mischung aus ein- und mehrzeiligen Controls nicht aus dem Raster fällt.

Solche Überlegungen sind sowohl für die vertikale als auch für die horizontale Anordnung anzustellen. Beneidenswert, wenn Ihr Window-Editor in X- und Y-Richtung die Verwendung unterschiedlicher Rastereinheiten erlaubt...

3.2.5.5 Anordnung

Überlagern Sie Dialoge mit optischen Achsen, an denen die Controls ausgerichtet werden — sowohl in vertikaler als auch horizontaler Richtung. Dabei können optische und physikalische Ränder von Elementen durchaus um einige Pixel voneinander differieren; geben Sie in einem solchen Fall ruhig ersterem den Vorzug. Um einen wirklich gleichmäßigen und konsistenten Abstand über sämtliche Dialoge zu gewährleisten, sollten aber Pixel passend ausgezählt werden: Zufall & Willkür haben hier wirklich keinen Platz. Lassen Sie keinesfalls Elemente zusammenhanglos sozusagen „frei im Raum" schweben.

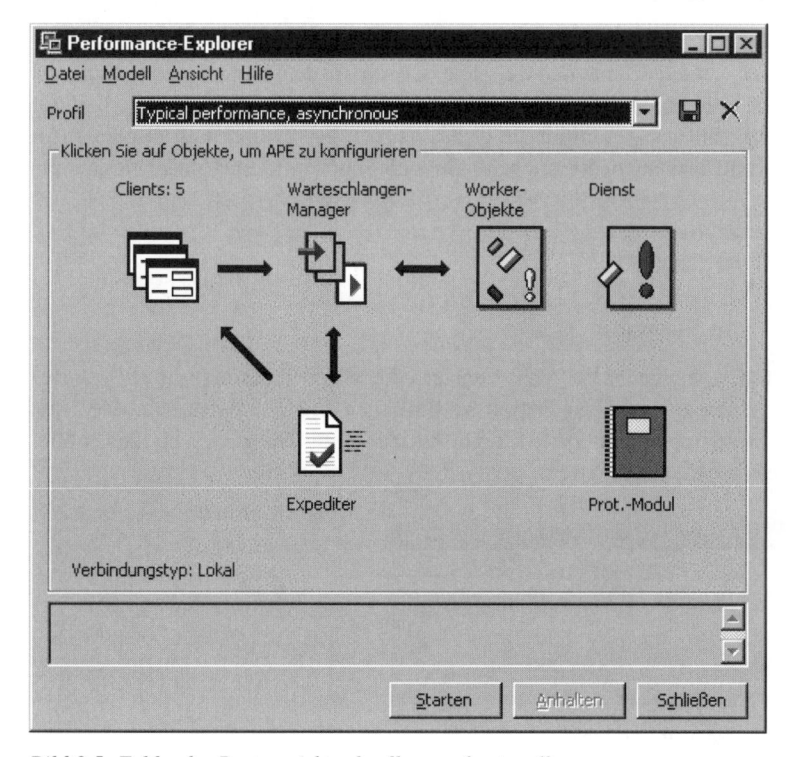

Bild 3.5: Fehlendes Raster wirkt schnell unprofessionell

3.2.5.6 Gruppierung

Funktionell zusammengehörige Elemente sollten auch durch räumliche Anordnung entsprechend gruppiert werden. Dabei sind die Controls nicht unbedingt durch Rahmen voneinander abzugrenzen; mehr oder weniger Leerraum oder einfache Trennlinien wirken häufig weniger aufdringlich. Rahmen sollten in ein geeignetes Raster passen und sind also bezüglich Höhe und Breite auch dann anzugleichen, wenn sie unterschiedlich viele und breite Controls umschließen. Auch hier gilt die Millersche „7 +/- 2"-Regel; mehr Elemente sollten in weitere kleinere Gruppen unterteilt werden. Freistehende Einzelcontrols, insbesondere solche, die sich uneingerahmt auf einer Maske mit lauter Rahmen befinden, sind zu vermeiden. Da darf dann schon einmal aus Gründen des optischen Aus- und Angleichs ausnahmsweise auch ein einzelnes Element einen eigenen Rahmen erhalten.

3.2.5.7 Gleichmäßigkeit

Zugunsten optischer Ausgeglichenheit dürfen Steuerelemente, deren Inhalt unterschiedlich lang ist, ruhig dennoch von gleicher Breite sein. Achten Sie nur darauf, daß der Anwender nicht mehr Zeichen eingeben kann, als tatsächlich erwünscht oder gespeichert werden. Fixieren Sie beim Durchwandern der einzelnen Laschen eines Tabcontrols einmal das linke obere Element: Bleibt dessen Position wirklich beim Laschenwechsel konstant?

3.2.5.8 Optische Harmonie

Beäugen Sie Masken von Ferne und mit zusammengekniffenen Augen: Sind es immer noch die wichtigen und gewünschten Elemente, die sich optisch in den Vordergrund drängen? Wenn nicht, sollten Sie schleunigst die Gewichtung optimieren. Sinnigerweise wird diese Technik in der Literatur häufig als „Squint-Test" bezeichnet; er bewährt sich allgemein in Fragen der Gestaltung und läßt auch die optische Gewichtung von Menüs und Bitmaps erkennen.

3.2.6 Standardfunktionen

3.2.6.1 Schließen von Fenstern

Achten Sie darauf, daß der Anwender bei MDI-Fenstern die Möglichkeit hat, sämtliche offenen Unterfenster über einen zusätzlichen Button schließen zu können. Es ist sehr ärgerlich und zeitraubend, die meist implementierte Abfrage, ob man denn wirklich schließen wolle, für jedes Fenster einzeln bejahen zu müssen.

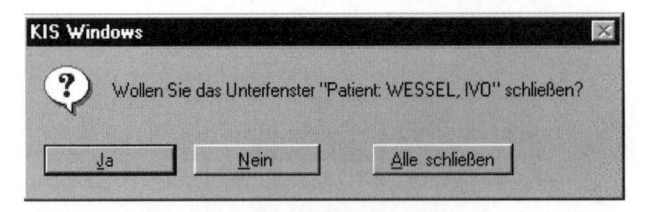

Bild 3.6: Nützliche Buttons: Ja, Nein, Alle schließen

3.2.6.2 Dialoge mit Merkfunktion

Bei wiederkehrenden Dialogen — im Kapitel 2 war davon bereits die Rede — empfiehlt sich ein automatisches oder optionales Merken der Fensterdaten. Beispielsweise wird ein Anwender mit hoher Wahrscheinlichkeit die Einstellungen eines Druckerdialogs — Druckerkanal, gewünschtes Layout, Papierformat, Anzahl der Kopien etc. — beim nächsten Mal wieder verwenden wollen. Tun Sie ihm den Gefallen und ermöglichen Sie ihm, den Ausdruck durch simples Betätigen des „Ok"-Buttons sofort wieder starten zu können.

Bei solchen Dialogen ist übrigens die Verwendung entsprechender Menüoptionen besonders unergonomisch, wenn sie wiederholt durchlaufen werden müssen, um eine immer wieder benötigte Funktion auszulösen. Ein solches „Abklappern" immer gleicher Optionen durch ein umständliches Menü löst beim Anwender leicht eine ebenso leicht vermeidbare Unzufriedenheit aus.

Neben dem automatischen Speichern bietet sich auch die beliebige Definition von Vorlagen an, die der Anwender ganz nach Wunsch unter einem bestimmten Namen ablegen und wieder laden kann. Solche allgemeinen Optionen lassen sich ausgezeichnet im Systemmenü eines Fensters unterbringen; zu Beginn des Artikels zeigte die Abbildung 3.2 ja ein passendes Beispiel.

3.2.6.3 Wiederholungsfunktionen

Häufig möchte der Anwender nicht sämtliche Daten eines Dialogs, sondern nur bestimmte Werte einiger Elementgruppen wiederholen. Bei Zeichenprogrammen ist eine solche Funktion häufig eingebaut, um ganz gezielt Attribute eines Elementes an andere Elemente zu übertragen, die möglicherweise sogar unterschiedlicher Art sind. So kann beispielsweise die Farbe eines Zeichenobjektes an einen Text weitergegeben werden.

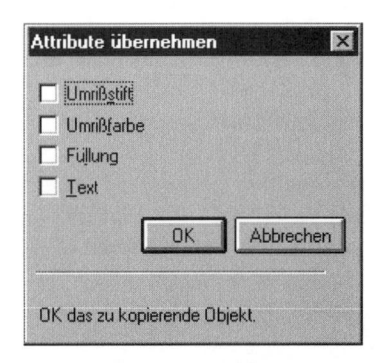

Bild 3.7: Übernahme bestimmter Attribute

Bedauerlicherweise wird diese Technik kaum auf Geschäftsapplikationen übertragen. Beim Erfassen von neuen Kundendaten läßt sich immerhin häufig ein vorhandener Satz kopieren, dessen unpassenden Daten zwar dann manuell zu korrigieren sind, aber dem Anwender insgesamt Tipparbeit abnimmt und Fehler wirksam reduziert.

Besser wäre die Möglichkeit, nur bestimmte Eigenschaften wie Bankverbindung, Adresse, Zahlungsbedingungen und dergleichen zu übernehmen. Diese Attribute umfassen jeweils mehrere Controls, sparen also bei einer Übernahme Zeit und mindern das Risiko von Fehleingaben. Würde man sie in Form einer Checkbox pro Attributgruppe dem Anwender anbieten, könnte dieser dann entscheiden, welche Daten er übernehmen und welche er selbst eingeben bzw. nachtragen möchte. Damit bliebe die Anzahl der Controls, die nach der Übernahme zu löschen wären, auf ein Minimum reduziert und auf solche Fälle beschränkt, bei denen einzelne Daten einer übernommenen Controlgruppe unpassend sind.

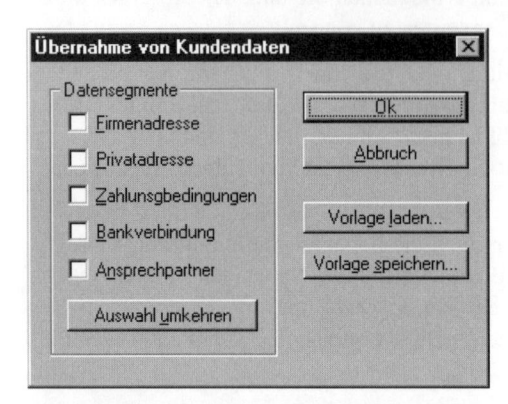

Bild 3.8: Segmentieren von Übernahmedaten

Übernommene Controls müssen nicht gelöscht werden, weil solche erst gar nicht ausgewählt würden; das reduziert versehentlich zu löschen vergessene Daten. Bei einer Patientenverwaltung wäre beispielsweise die komplette Übernahme eines anderen Stammsatzes schon aus dem Grund mindestens bedenklich, da die Möglichkeit besteht und sogar sehr wahrscheinlich ist, daß gelegentlich individuelle Felder nicht gelöscht werden. Natürlich ließe sich die Anzahl der zu duplizierenden Felder im Programm geeignet beschränken; es aber dem Anwender zu überlassen, welche der erlaubten Daten er kopieren möchte, ist sicher erheblich flexibler.

3.2.7 Größe

3.2.7.1 Dialoge — stets kompakt

Gestalten Sie Dialoge keineswegs zu ausladend, oder, um ein Wort Albert Einsteins zu paraphrasieren: Fenster sollten so klein wie möglich gemacht sein, aber nicht kleiner. Die kleine Dialogbox in der Abbildung 3.9 ist ein gutes Beispiel für eine optimierte Variante, die während des Kompiliervorgangs einer Programmiersprache angezeigt wird. Sie enthält nur den notwendigen Pushbutton zum Abbruch, verdeckt aber ansonsten keinerlei Information der Arbeitsfläche.

Bild 3.9: Die vermutlich kleinste Dialogbox der Welt...

Dialoge sind dagegen meist leider völlig unnötig und unmotiviert groß. Analog zum stets konstanten Abstand zwischen den Controls ist auch der Abstand zum Fensterrand korrekt einzuhalten. Das Controlkapitel 5 beschreibt hierfür ein bewährtes Schnittmustersystem.

3.2.7.2 Leerraum

Leerraum ist, sinnvoll angewandt, keine Platzverschwendung, sondern ein wichtiges und unverzichtbares Organisationsmittel. Das richtige Maß ist sicher nur schwerlich exakt anzugeben — Untersuchungen sprechen davon, daß etwa 70 Prozent eines Fensters Leerraum sein sollte —, sondern hängt auch neben der reinen Controlanzahl von Faktoren wie der Gruppierungstechnik, der Art der Elemente, ihrer inhaltlichen Zusammengehörigkeit, dem Kenntnisstand des Anwenders, der Applikationskategorie und dergleichen ab.

3.2.7.3 Anzahl Steuerelemente

Halten Sie sich stets das „KISS"-Prinzip vor Augen: „Keep it small and simple". Es muß nicht notwendigerweise alle Information ständig sichtbar sein. Der beliebteste Fehler beim Layout von Dialogen ist, daß auch die wichtigen Controls im Wust der vielen (und meist unwichtigen) untergehen.

Benutzen Sie lieber Karteireiterfenster, die die Aufteilung der Elemente in Laschen und somit die Schaffung von Gruppen notwendiger & wichtiger und weniger wichtiger Controls erlauben.

Bild 3.10: Beispiel für ein Fenster, das vergrößert, aber nicht verkleinert werden kann

3.2.7.4 Feste Fenstergröße?

In den wenigsten Fällen macht die Möglichkeit, ein Fenster vergrößern zu können, tatsächlich Sinn. Im Falle eines Browsers etwa könnte das zwar anders sein, verlangt allerdings auch die Neupositionierung der betroffenen Fenstercontrols. Da beim Verkleinern Elemente aus dem Arbeitsbereich verschwinden und nur noch über Scrollbars erreichbar sind, wäre bei häufiger Anwendung aus Platzgründen ein neues Layout der Masken in Erwägung zu ziehen.

Karteireiterfenster und Klappdialoge sind prinzipiell nicht vergrößerbar; letztere stellen aber eine sinnvolle Möglichkeit dar, bei geringen Platzverhältnissen die weniger oft benötigten Elemente erst nach Aufklappen des Dialogs sichtbar zu machen. Grundsätzlich sollte ein Fenster nicht vergrößert werden können, wenn als schlichte Folge davon nur mehr der grauen Hintergrundfläche zu sehen ist.

Die Anpassung von Controls bei Veränderung der Fenstergröße ist stets vergleichsweise aufwendig zu programmieren; Listboxen, Browser etc. können durchaus analog verkleinert oder vergrößert werden, solange sie ein sinnvolles Maß nicht über- oder unterschreiten. Achten Sie aber darauf, daß das Fenster aber stets eine vernünftige Mindestgröße besitzt.

Achten Sie darauf, bei Ausschalten der Vergrößerungsmöglichkeit von Childwindows auch die entsprechenden Systemmenü-Optionen samt der Titelleistenschaltflächen zu berücksichtigen. Die nachfolgenden Quellcodezeilen entfernen beispielsweise die Option Minimieren und die zugehörige Titelleistenschaltfläche:

```
// Im Systemmenü das "Minimieren" entfernen
// und den Titelleistenbutton löschen
DeleteMenu (GetSystemMenu (self:handle (), FALSE), ;
   3, MF_ByPosition)
self:setStyle (WS_MinimizeBox, FALSE)
```

Windows 98 besitzt an einigen Stellen Dialoge, die vergrößert, aber nicht verkleinert werden können; ihre Größe unterschreitet also das definierte Mindestmaß nicht, was unschöne Scrollbars zuverlässig vermeidet.

Wer den Dialog der Abbildung 3.10 vergrößert, erhält ein größeres Auswahlcontrol. Die übrigen Elemente werden ebenfalls korrekt neu positioniert. Der Aufbau des Dialogs insgesamt bietet aber reichlich Platz für Verbesserungen: Der Schließbutton ist etwas sehr wahllos positioniert und verliert durch seine Plazierung in der Nähe der „lokalen" Buttons an Gewicht. Er sollte sich in jedem Fall am unteren Fensterrand befinden.

Die Hilfetext-Zeilen sind zwar prinzipiell zu loben, allerdings ist die Bedienung der beschriebenen Controls nicht so kryptisch, daß das unbedingt notwendig zu sein scheint, zumal die Toolbarbuttons zusätzlich jeweils mit einem erklärenden Tooltip ausgestattet sind.

Der Hotkey „C" des „Schließen"-Buttons könnte aus Kompatibilitätsgründen zu einer englischen Version, in der er mit „Close" beschriftet ist, gewählt worden sein. Dennoch ist sicher als Hotkey „S" üblicher und erwartbarer. Wichtig bei der Vergabe ist die applikationsweite Konsistenz; haben Sie Gründe für eine Variante, sollten Sie diese auch beibehalten.

Das Fehlen einer linken und rechten Achse, an der die Elemente ausgerichtet sind, läßt den Dialog zusätzlich sehr unübersichtlich wirken und verstärkt den Eindruck, daß die Gestaltung

Grundsätzliches

der Maske noch ausgesprochenen „Arbeitscharakter" hat — wobei ich aber nicht glaube, daß die linksbündige Ausrichtung der Controls mehr Zeit beansprucht hätte als beispielsweise das Umbrechen des mehrzeiligen Textes, das ja bei jeder kleinen Änderung im Dialog neu auszuführen ist.

3.2.7.5 Scrollbare Fenster

Sehr beliebt bei Software der älteren Generation waren Bitmaplisten in scrollbaren Unterfenstern, die von jeweils übereinander gelegten Fenstern — in der Abbildung 3.11 ist das aktive jeweils auf der Seite rechts zu sehen — eines aktivierten. Heutzutage benutze man für derlei lieber Karteireiterlaschen, die (hoffentlich) alle sichtbar sind und so ein Scrollen in einer Liste erübrigen.

Solche scrollbaren Unterfenster finden aber auch an solchen Stellen Verwendung, an denen der sichtbare Fensterausschnitt nicht groß genug ist, um sämtliche Controls komplett darzustellen. Auch diese Fensterart sollte durch Laschen ersetzt werden. Naturgemäß ist die Eingabe von Daten in solche Masken sehr umständlich, zumal wenn nach Erreichen der unteren Grenze der Eingabefluß unterbrochen werden muß, um die nächsten Controls in den sichtbaren Bereich zu scrollen. Das sollte in jedem Fall zumindest auch mit der Tastatur möglich sein.

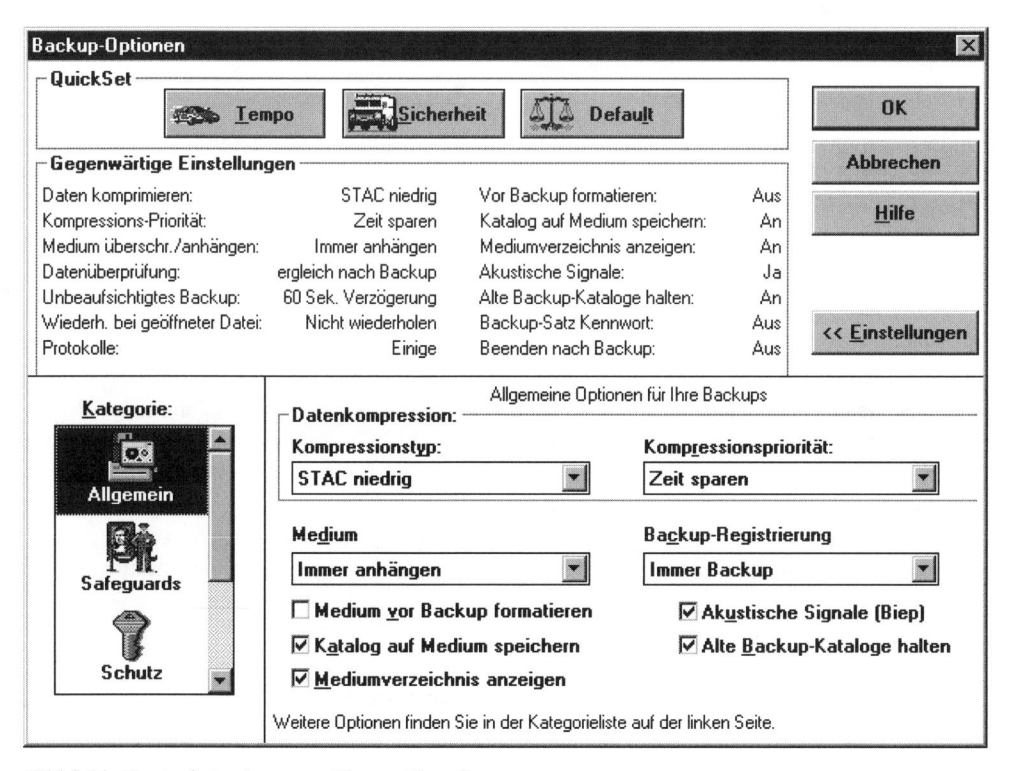

Bild 3.11: Controls in einem scrollbaren Unterfenster

3.2.7.6 Lösungen eines Dilemmas

Wenn der zur Verfügung stehende Platz eines Dialogs partout nicht für die Darstellung der notwendigen Controls ausreicht, ist die beste Lösung allemal ein Karteireiter-Fenster, das mehrere, in sinnvolle Gruppen geordnete Laschen besitzt. Einen Dialog aus einem anderen Dialog aufzurufen, der dann erst wieder manuell zu schließen ist, scheint mir jedenfalls die maximal zweitbeste Lösung zu sein.

3.2.7.7 Minimierbare Fenster

Nichtmodale Fenster sollten als Icon in der Shell abgelegt werden können. Es ist ärgerlich, wenn gelegentlich benötigte Dialoge stets erneut geöffnet werden müssen. Allerdings sollte man damit rechnen, daß der Anwender vergißt, daß ein solches Fenster bereits aktiv ist. Programmtechnisch sind solche Dialoge also entsprechend zu verwalten; im Einzelfall kann es sinnvoll und sollte es möglich sein, auch mehrere Fenster geöffnet zu halten. Achten Sie nur darauf, daß ihre Anzahl ein schickliches Maß nicht übersteigt.

3.2.8 Raumaufteilung & Layout

Leider lassen viele Dialoge eine Neigung zur Entropie der Elemente erkennen: Die Controls driften völlig unmotiviert und unbegründet auseinander und zwingen den Anwender zu unnötig weiten Mauswegen und -klimmzügen.

3.2.8.1 Lösung: Feste Raster...

Analog zum Druckgewerbe, das Seiten stets mit einem festen Raster überzieht und die Gestaltungselemente — Abbildungen, Textspalten, Überschriften — in die so entstehenden Zellen plaziert, sollten auch Steuerelemente eines Dialogs nicht willkürlich angeordnet werden.

3.2.8.2 ...und: Horizontale und vertikale Linien

Bei fast allen Windows-Applikationen, deren Screenshots man in Zeitschriften sieht, fällt immer wieder ein leicht vermeidbarer Makel auf: Controls sind nicht korrekt ausgerichtet. So stehen beispielsweise nur in sehr raren Fällen FixedText-Controls und Eingabefelder dergestalt auf einer Höhe, daß die eingegebenen Worte tatsächlich mit der Beschriftung auf einer Pixellinie laufen. Meist sind SingleLineEdit-Control deutlich in der Vertikalen gegenüber dem statischen Text versetzt — gelegentlich so auffällig, daß es auch ohne größere Sensibilisierung ins Auge sticht. Das Lesen solcher Masken ist natürlich deutlich erschwert; dabei bedeutet die korrekte Ausrichtung aller Controls einen kaum nennenswerten Mehraufwand.

3.2.9 Position

3.2.9.1 Zentriert, kontextabhängig, mausgebunden

Fenster sollten nie willkürlich positioniert werden. Bei kleineren Dialogen, die nicht komplett das Innere des Shellwindows füllen, bietet sich vermutlich am günstigsten die Zentrierung an — nicht über den Bildschirm, sondern über dem Shellwindow. Auswahlfenster, die der Benutzer zur Belegung einzelner Controls öffnet, werden am besten in (sinnvoller) unmittelbarer Nähe zu diesem Control geöffnet. Man achte darauf, daß solche Dialoge wichtige und informative Steuerelemente nicht vermeidbar verdecken.

Die dritte Möglichkeit, Fenster in der Nähe der aktuellen Mausposition anzuzeigen, bleibt wohl eher solchen Dialogen oder Meldungen vorbehalten, die neutral sind. Die Position von Messageboxen ist leider, ändert man diese Standardvorgabe nicht, erst einmal die Bildschirmmitte — unabhängig davon, wie & wo gerade das Shellwindow plaziert ist.

3.2.9.2 Nicht verschiebbare Fenster

Wenngleich ich ein großer Anhänger solcher Fenstern bin, deren Größe man nicht verändern kann — nicht verschiebbare systemmodale Fenster sind aber allein den auch unter Windows 98 sicher nicht gänzlich abgeschafften GPF-Meldungen („General Protection Faliure") vorbehalten: Und die, keine Sorge, kommen schon nicht so selten, daß Sie sie vermissen werden.

Bei der Programmierung wäre ein systemmodaler Dialog, der also keinen Taskwechsel, nicht mal einen Screenshot per <Druck> erlaubt, allerhöchstens für die Eingabe einer Benutzerkennung denkbar, bei der als Alternative zur Identifizierung wirklich nur noch das Ausschalten des Rechners existiert — auch das ein eher rarer Fall.

3.2.10 Farben

Es ist — Verzeihung! — völlig unsinnig, die Hintergründe von übereinander liegenden Fenstern verschiedenfarbig zu gestalten. Man sieht das gelegentlich insbesondere von Entwicklern, die derlei früher auch unter DOS gemacht haben. Dort, in einer Welt von 80 mal 25 oder 43 oder 50 Zeichen, mag es Vorteile haben und der Übersichtlichkeit dienen; unter Windows ist diese Tradition keinesfalls fortzusetzen. Fenster besitzen genügend konstrastreiche Randzonen, um die Grenzen zu anderen Fenstern auch optisch klar genug zu ziehen. Kartenstapelndes Übereinanderschichten von Fenstern sollte ohnehin vermieden werden; für das gleichzeitige Öffnen von mehr als fünf Fenstern innerhalb einer Applikation brauchen Sie schon sehr gute Gründe...

3.2.11 Schriftarten

Nicht jeder Anwender hat ebenso viele oder dieselben Lieblingsschriftarten wie Sie. Ich beschränke mich grundsätzlich bei Applikationen auf zwei Fonts: „MS Sans Serif" 8 Punkt, nicht fett, für die normale Darstellung von Text und „Courier New" 10 Punkt, nicht fett, als Font für Eingabecontrols. Diese sollten bei jeder Windows-Installation vorhanden sein. Die Verwendung weiterer Schriften ist in nahezu allen Fällen strikt zu meiden; weitere Auszeichnungen wie fett oder kursiv sorgen für Unruhe in der Maskendarstellung und sind in der Regel auch nicht so gut lesbar wie die Standard-Attribute.

3.2.11.1 Pech, wenn ein Font fehlt...

Die folgende Abbildung 3.12 zeigt einen Dialog unter Windows 98, dem offenbar ein Font fehlt, oder der Schriftarten in einer ganz bestimmten Reihenfolge erwartet — Interessant, wie man „Windows 95" und „Copyright" so gerade entziffern kann...

Bild 3.12: Hier sollte mal dringend ein Font ausgetauscht werden...

3.2.12 Modale Fenster

3.2.12.1 Modal vs. nicht-modal

Modale Dialoge können nur beendet, nicht aber defokussiert werden. Innerhalb eines modalen Dialogs steht auch das Menü des Shellwindow nicht mehr zur Verfügung. Zum Beenden eines solchen Dialogs muß sich der Anwender in den meisten Fällen für die Bestätigung der Eingabe oder Auswahl über einen „Ok"-Button oder für den Abbruch des Vorgangs entscheiden.

Modalität von Fenstern ist in vielen Situationen einfach erwartungskonformer; der Wunsch, während einer Eingabe unbedingt das Fenster zu wechseln, sich also nicht-modal zu verhalten, entsteht in vielen Anwendungen und bei vielen Anwendern gar nicht, birgt aber stets das Risiko, im Falle eines Falles dann doch zu logischen Dateninkonsistenzen zu führen.

Nichtmodale Fenster, also solche, die jederzeit verlassen und wieder fokussiert werden können, erhalten nach Möglichkeit keinen Button „Ok"/„Abbruch", sondern sollten durch einen Button „Schließen" identifizierbar sein. Erstere Kombination gilt allein für modale Dialoge, bei denen vor dem Wechsel zu einem anderen Fenster diese Entscheidung ansteht. „Schließen" ist ein eher neutraler Ausdruck und trifft daher besser die Tatsache, daß das Schließen eines nicht-modalen Fensters ja auch in gewisser Weise folgenlos bleibt; eine Übernahme von Daten in ein anderes Fenster müßte erst über einen entsprechenden Button wie „Übernehmen" erfolgen.

3.2.12.2 Kennzeichen modaler Dialoge

Modale Dialoge benötigen eigentlich keinen Schließbutton in der Titelleiste, da der Anwender sie über zwei Buttons (meist „Ok" und „Abbruch") beendet oder abbricht, hier aber vor dem Schließen eine definitive Entscheidung treffen muß. Unter Windows ist der Schließbutton in der Titelleiste identisch mit Betätigung des Abbruch-Buttons. Bedauerlicherweise entfällt damit die beispielsweise beim Macintosh gebräuchliche Regel, daß modale Dialoge grundsätzlich weder ein Systemmenü noch einen Schließbutton der Titelleiste besitzen. Auch ersteres sieht man gelegentlich bei Windows-Applikationen; hier ist der Doppelklick auf das Systemmenü resp. die gleichartige Menüoption dann stets mit einem Abbruch identisch.

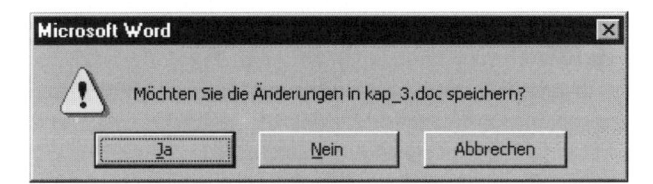

Bild 3.13: Meint der Schließbutton ABBRECHEN — oder vielleicht NEIN...?

Beides — Schließen über den Titelleistenbutton oder das Systemmenü — ist aber für den Anwender nicht als gleichbedeutend mit einem Abbruch zu erkennen und sollte daher möglichst nicht benutzt werden. Damit wäre für den Anwender eine Dialogbox dann als modal zu identifizieren, wenn sie weder Systemmenü noch Schließbutton aufweist.

Nicht-modale Dialoge sollten ikonisiert werden können, damit der Anwender sie ganz nach Wunsch und Programmzustand zur Verfügung hat. Werkzeugartige Dialoge sind typischerweise nicht-modal. Modale Dialoge fordern dagegen häufig die Eingabe bestimmter Informationen, die für den weiteren Programmablauf unverzichtbar sind.

3.2.12.3 Dynamische Modalität

Vielfach bietet sich an, den Modus dynamisch, also innerhalb der Applikation, umzuschalten. Beispielsweise wird eine Maske, deren Eingabefelder nur zur Anzeige kommen, nicht-modal sein. Erst bei Umschaltung in den Bearbeitungs-Modus ist ein Fensterwechsel nicht mehr erlaubt und also die Modalität zu aktivieren.

Durch geeignete Rückkopplung ist der Anwender natürlich über den aktuellen Zustand zu informieren; das kann durch ein Icon, einen passend veränderten Mauscursor, eine Meldung in der Titelleiste und dergleichen passieren. Insbesondere das Icon eines Childwindows wird in den meisten Applikationen nicht dynamisch benutzt, dabei bietet es sich als Informationsträger für solche dynamischen Zustände ausgezeichnet an.

Grundsätzlich: Programmieren Sie Dialoge stets so nicht-modal wie möglich und so modal wie nötig. Satzsperren im Netzwerk oder das Aktualisieren von Daten ist meist leichter zu implementieren, wenn es entsprechende Zeitpunkte wie den Beginn des Bearbeitungsvorgangs mit einem ihn abschließenden Abbruch- oder Speichern-Kommando gibt.

3.2.13 Ansicht-/Bearbeiten-/Neuaufnahme-Modus

3.2.13.1 Die Kunst der Beschränkung

Für Anwender bietet die Beschränkung der Modifizierungsmöglichkeit von Daten durchaus Vorteile. Oft befürchten Benutzer, durch versehentliche Tastenbetätigungen ungewollt Eingaben vorzunehmen; dies gilt insbesondere für Informationssysteme, deren Daten hauptsächlich nur angezeigt werden.

Solche Modi sollten stets erkennbar sein. Karteireiterfenster könnten eine entsprechende Bitmap in der Lasche erhalten. Dabei bieten sich für die drei Modi durchaus verschiedenfarbige, auffällige Symbole an, die vielleicht mit einen markanten Buchstaben die leicht verwechselbaren Zustände „Bearbeiten" und „Neuaufnahme" kennzeichnen — es muß keinesfalls die beliebte Schreibfeder oder ein ähnlich detailliertes Bild sein... Der Anwender sollte jedenfalls deutlich erkennen, daß er im Falle einer Neuaufnahme nicht den vorher aktiven Satz verändert; das gilt insbesondere für den Fall, daß die Felder eines Satzes gepuffert und also für den neuen Satz übernommen werden.

3.2.13.2 Feedback vor Ort

Ideal wäre die Anzeige eines spezifischen Mauscursors, der zusätzlich zum Standardpfeil wiederum ein kleines Symbol oder den genannten markanten Buchstaben beinhaltet. Auf diese Weise müßte der Anwender den Blick nicht einmal vom Zentrum seiner Aufmerksamkeit abwenden.

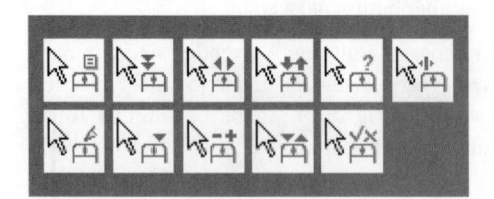

Bild 3.14: Praktisch, aber leider noch nicht allgemein eingeführt: situationsbezogene Mauscursor

3.2.14 MDI-Applikationen

3.2.14.1 MDI vs. SDI

Applikationen mit der Möglichkeit, mehrere Dokumente derselben Art oder ein Dokument in mehreren Fenstern darstellen zu können, sind heute Standard, auch wenn Anwender diese Möglichkeit vielleicht gar nicht nutzen. Für Textprogramme ist MDI-Fähigkeit („Multi Document Interface") sozusagen Pflicht; auch bei Graphikprogrammen sind SDI-Versionen („Single Document Interface") zunehmend seltener anzutreffen.

Dieses Konzept ist auch auf Geschäftsprogramme übertragbar; Kundenlisten sollen, nach unterschiedlichen Kriterien sortiert, in verschiedenen Fenstern angezeigt werden können. Während der Eingabe einer Bestellung soll ohne weiteres eine neue Bestellung erfaßt werden, um anschließend wieder zur alten zurückzukehren.

3.2.14.2 Forderungen an den Programmierer

Solche Unterfenster müssen zwar einerseits voneinander unabhängig sein, benötigen aber auch eine geeignete Fensterverwaltung, die dafür sorgt, daß bei einer Änderung in einem Fenster andere, gleichartige entsprechend aktualisiert werden.

Außerdem sollte man die Zahl der geöffneten Fenster begrenzen, damit die Speicherbelastung durch eine Applikation nicht zu groß ist; und damit natürlich der Anwender nicht versehentlich unnötig und unübersichtlich viele Fenster öffnet.

3.2.15 Verknüpfte Fenster

3.2.15.1 Möglichst vermeiden: Folgedialoge

Rechnen Sie immer mit der Möglichkeit, daß der Anwender unerwartet ein notwendiges Fenster zwischendurch bereits geschlossen hat. Viele Applikationen stellen dieses dadurch sicher, daß sie modale Dialoge verschachteln. Das führt nicht nur zu einer meist unübersichtlich großen Zahl geöffneter Fenster, sondern zwingt den Anwender auch, diese einzeln in gleicher Reihenfolge (genauer gesagt, in umgekehrter Reihenfolge) wieder zu schließen.

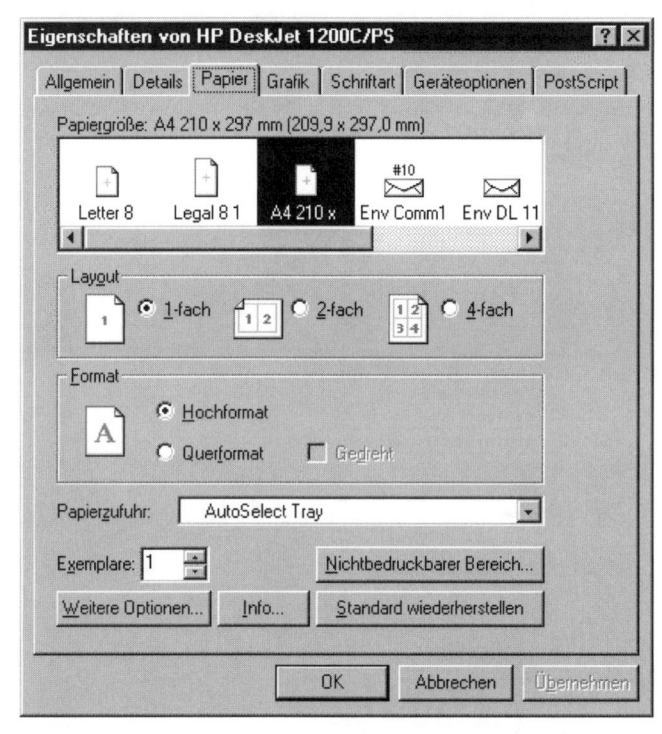

Bild 3.15: Möglichst keine „...“-Buttons bei Karteireiterdialogen

Grundsätzlich sind in Dialogen Folgefenster nach Möglichkeit zu vermeiden. Reichlich absurd wirken sie meist in Karteireiterdialogen, die ja bewußt weitere Dialogseiten auf zusätzlichen Laschen darstellen sollen. Solche Dialoge wie den abgebildeten lassen sich leicht optimieren; zum Glück werden sie nicht allzu oft benötigt. Prüfen Sie aber in Ihren Applikationen stets, ob für zusätzliche Dialoge nicht besser weitere Laschenseiten definiert werden, die dann über einen gemeinsamen Button mit dem Laschenfenster zusammen zu schließen sind.

3.2.15.2 Anzeige der Herkunft

Wurde ein Dialog aus einem anderen Dialog heraus aufgerufen (beispielsweise über einen Pushbutton), muß für den Anwender der Startpunkt — beispielsweise in der Titelleiste — erkennbar sein. Das gilt insbesondere für modale Dialoge. Schließlich könnte zwischen dem

Öffnen und der gewünschten Auswahl eine längere Zeit liegen, während der der Anwender die ursprüngliche Absicht vergessen hat.

Bei nicht-modalen Dialogen ist meist ausreichend, daß die Titelleiste die auch sonst übliche Kurzbeschreibung enthält. Da ein nicht-modaler Dialog mit verschiedenen Controls verbunden werden kann, muß dem Anwender signalisiert werden, welches er mit einer Auswahl bestückt. In den meisten Fällen wird es das aktuell fokussierte Control sein — das aber bei Aktivierung eines neuen Dialogs nicht mehr als solches erkennbar ist.

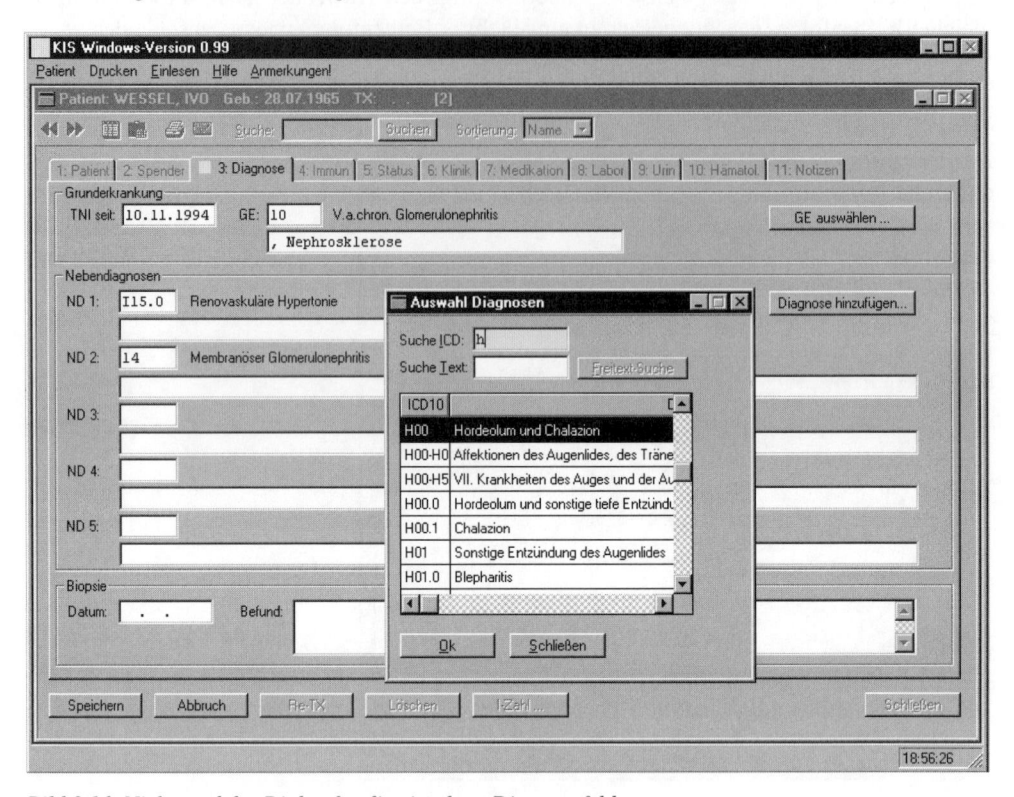

Bild 3.16: Nicht-modaler Dialog für die einzelnen Diagnosefelder

Im abgebildeten Beispiel erlaubt der nicht-modale Dialog die Auswahl einer Diagnose, die automatisch in das nächste freie Feld der möglichen neun Diagnosen „ND1" bis „ND2" eingetragen wird. Daher ist in diesem Fall keine Kennzeichnung erforderlich. Wie man sieht, ist das zuletzt aktiv gewesene Control des Hauptfensters nicht erkennbar.

3.2.15.3 Anzeige des Ziels

Im Falle eines modalen Dialogs, den der Anwender aus einem ganz speziellen Control heraus aufgerufen hat, sollte das Ziel-Eingabefeld (also nicht der Pushbutton, obwohl es natürlich für den Aufruf verantwortlich ist) in der Titelleiste des Auswahlfensters dem Benutzer signalisieren, in welches Feld das Ergebnis eingetragen wird.

3.2.15.4 Abhängige und unabhängige Dialoge

Der Windows-Standard sieht vor, daß, wenn ein zweiter (modaler) Dialog geöffnet wird, der erste zu schließen ist. MDI-Childwindows sind von dieser Regel natürlich nicht betroffen; hier darf der Anwender ja gerade mehrere gleichartige Fenster aktivieren. Ansonsten sollte nicht nur der Bezug auf das erste Fenster sichtbar sein, sondern auch die Plazierung des zweiten Dialogs die Abhängigkeit zu einem beispielsweise näher zu spezifizierbaren Control anzeigen. Die Veränderung von Werten der ersten Dialogbox durch Eingaben in der zweiten sollte sofort sichtbar (notfalls über einen Pushbutton „Vorschau"), aber gegebenenfalls auch rückgängig zu machen sein.

3.2.15.5 Geschachtelte Fenster vs. große Fenster

Das Dilemma bei Windows-Applikationen ist die notwendige und bedenkenswerte Entscheidung, die Information so aufzuteilen, daß diese einerseits in genügender Menge, andererseits aber nicht in zu starker Dichte angezeigt ist. Die Unterteilung in geeignete Controlgruppen, die in verschiedenen Fenster dargestellt werden, erhöht den inhaltlichen Zusammenhang und die räumliche Übersicht, zwingt den Anwender allerdings auch, gegebenenfalls weitere Fenster zu öffnen. Es ist Aufgabe des Entwicklers, den für jede Anwendergruppe geeigneten Kompromiß zwischen unüberschaubarer Gleichzeitigkeit und sequentieller und damit bedienungstechnisch aufwendigerer Abfolge zu finden.

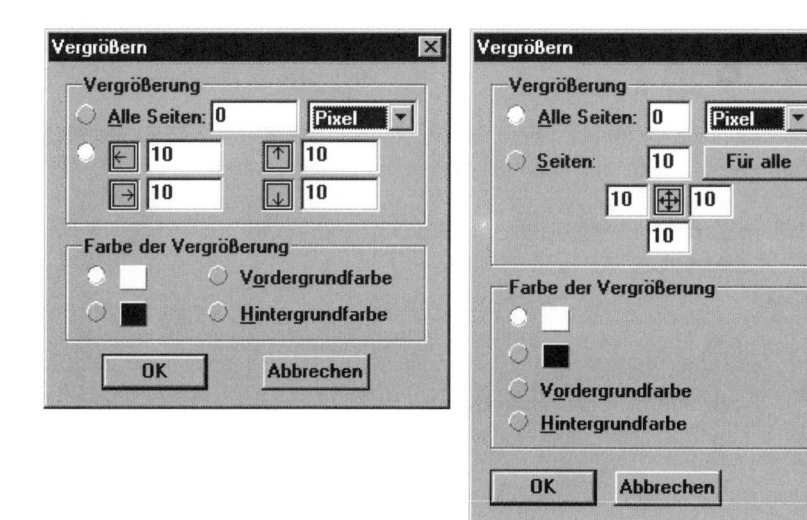

Bild 3.17: Original und schneller Alternativ-Entwurf

3.2.16 Vorbelegungen

Im obigen Beispiel soll eine Bitmap in alle Richtungen beliebig vergrößert werden können. Dazu besitzt das Malprogramm Photo-Styler einen Dialog mit entsprechenden Eingabefeldern. Leider erhalten diese beim Öffnen stets den Wert „10 Pixel" für alle vier Seiten — ein Wert, den ich nie benötige. Insbesondere ist ärgerlich, daß die vier Werte einzeln zurückgesetzt werden müssen, wenn man beispielsweise die Bitmap nur nach einer Seite hin vergrößern möchte.

3.2.16.1 Stets praxisorientiert

Ideal wäre übrigens hier eine Möglichkeit, auf Knopfdruck allen Controls einen bestimmten Wert zuzuordnen; dann wäre auch das schnelle „Nullen" aller Eingabefelder kein Problem mehr. Da der Dialog außerdem die in diesem Fall eher störende Angewohnheit hat, sich die Werte des letzten Aufrufs zu merken, wäre ein weiteres, mit Null vorbelegtes Eingabefeld nebst einem Pushbutton „Werte setzen" sehr nützlich. Ich habe diese Option jedenfalls bei einigen Dutzenden von Abbildungen, die ich für dieses Buch gemacht habe, sehr vermißt...

3.2.16.2 Verbesserungsvorschläge

Der rechte Entwurf in der Abbildung 3.17 ist mit einem Zeichenprogramm (dem auch der Dialog entnommen ist) durch schnelles Kopieren und Umplazieren der vorhandenen Elemente in wenigen Minuten und sicher noch nicht ganz perfekt skizziert worden. Ziel war die Berücksichtigung folgender Punkte (nennen wir sie ruhig Verbesserungen...):

- Natürliche Anordnung („Natural mapping") der Werte „Links, Oben, Rechts, Unten";
- Möglichkeit, den Wert „Alle Seiten" in alle Felder zu übertragen;
- Radiobuttons sollten stets untereinander stehen;
- Pushbutton linksbündig ausrichten;
- Gleichmäßiger Abstand Controls zu Controls und zum Fensterrand.

Insbesondere der erste Punkt scheint mir für das Vergrößern einzelner Seiten sehr wesentlich und nützlich zu sein. Die räumlich und inhaltlich korrespondierende Anordnung der vier Eingabefelder erlaubt die schnelle Orientierung, welche Werte zugewiesen werden sollen. Die originale Variante erinnert hier doch sehr an Zeiten vor Einführung der IBM-PCs mit ihren genormten Tastenformationen, als die Rechner häufig einen in Quadratform angeordneten Cursorblock präsentierten: weder praktisch noch gut.

Unberücksichtigt blieb in der Alternativskizze die wünschenswerte Option, die aktuelle Einstellung des Dialogs unter einem Namen dauerhaft zu sichern, um ihn später wieder zur sofortigen Verfügung zu haben. Ich hantiere häufig mit Bitmaps, die nach einem bestimmten Muster vergrößert werden müssen. Zur Zeit sind die entsprechenden Werte noch stets per Hand einzugeben. Die Optionen „Vorlage speichern", „Vorlage speichern unter..." und „Vorlage laden" könnte man beispielsweise im Fenster-Systemmenü unterbringen oder über drei Pushbuttons implementieren.

3.3 Der Desktop

3.3.1 Ein Anwendermeßgerät...

Der Desktop, also jene Fläche, die nach dem Start von Windows sichtbar ist und sonst normalerweise von Applikationen und Fenstern überlagert ist, ist programmiertechnisch von nicht allzu großer Bedeutung. Er stellt allerdings ein sehr präzises und aussagekräftiges In-

Der Desktop 125

strument dar, um die Vertrautheit des Anwenders zu messen: Hat er sich den Desktop häuslich eingerichtet, hat er beispielsweise eigene Icons für den schnellen Zugriff auf häufig benötigte Applikationen und Dateien eingerichtet und möglicherweise nicht benötigte Standardsymbole wie die bei der Installation eingerichteten Netzwerk- und Internet-Icons entfernt, kann man davon ausgehen, daß der Anwender geübt ist und gewisse Fertigkeit im Umgang mit Windows besitzt.

3.3.1.1 Erweiterungen des Start-Menüs

Bei völlig unverändertem Desktop sollte man innerhalb seiner Applikation nicht allzu experimentierfreudig und mit ausgefallenen Bedienungselementen und -möglichkeiten eher zurückhaltend sein. Sehr „originelle" und häufig wechselnde Desktop-Einrichtungen und -Motive unterstreichen eine gewisse Verspieltheit des Anwenders. Derlei könnte bei einer Vorab-Analyse des zukünftigen Anwenders einer Applikation durchaus hier & da berücksichtigt werden.

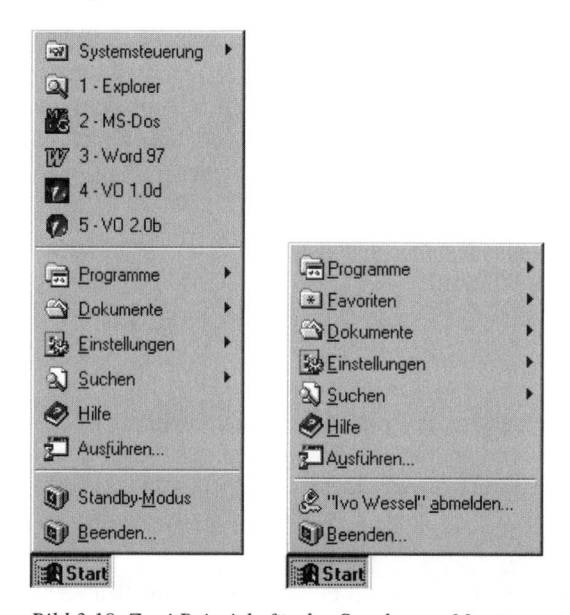

Bild 3.18: Zwei Beispiele für das Startbutton-Menü

3.3.1.2 Erweiterungen des Start-Menüs

Ein deutliches Indiz für die mangelnde Selbsterklärlichkeit und Durchschaubarkeit des Desktop ist, daß nur wenige Anwender die Möglichkeit benutzen, neben Applikationen auch Dokumente oder andere Dateien direkt als Verknüpfung auf dem Desktop abzulegen, um sie per Doppelklick direkt starten zu können. Beispielsweise haben Anwender Angst, solche Verknüpfungen zu löschen, weil die Ungewißheit, ob mit dem Löschen der Verknüpfung nicht doch auch die Datei selbst gelöscht wird, auch bei Windows 98 durch entsprechende Meldungen keineswegs entkräftet werden. Hier wäre eine simple Messagebox mit einem klaren Hinweis, daß durch Löschen der Verknüpfung die originale Datei ungefährdet bleibt, sehr förderlich.

3.3.2 Desktop als Referenzkarte

Ziehen Sie bei erhöhtem Erklärungsbedarf Ihrer Applikation in Erwägung, zumindest in der Anfangszeit dem Anwender in Form einer geeignet zusammengestellten Hintergrundbitmap kurze Anweisungen oder Hilfen zu geben. Bedenken Sie, daß er die meist nur monochrome Fläche des Desktop sehr oft sieht, und sie sich daher gut als Nachschlageseite eignet. Da eine Bitmap sehr schnell als Hintergrund konfiguriert werden kann, bietet sich durchaus die Definition mehrerer Seiten (also mehrerer Bitmaps) an, die der Anwender nach Bedarf einrichtet. Da ich bisher noch keine Applikation gesehen habe, die diese Möglichkeit nutzt (außer eigenen...), ist es unwahrscheinlich, daß Sie mit anderen Bitmaps in Konflikt geraten — abgesehen natürlich von sicher verzichtbaren Desktop-Themen oder Partnerphotos.

3.3.3 Größe des Desktop

Die Größe des Desktops und damit der zur Verfügung stehende Raum ist natürlich für den Software-Entwickler relevant. Rechnen Sie beispielsweise damit, daß der Anwender die Task-Leiste an einem der vier Ränder (zumeist sicher dem unteren) fixiert hat. Allerdings wäre bei allzu ausladender Bestückung durchaus ein Hinweis an den Benutzer angebracht, hier Ordnung zu schaffen, und die Applikation dann im Vollbild-Modus ablaufen zu lassen.

Die möglicherweise aber aktivierte Eigenschaft der Taskleiste „[X] Immer im Vordergrund" und „[ ] Automatisch im Hintergrund" sollte eine Applikation schon berücksichtigen und die Größe der Fenster entsprechend anpassen.

3.3.4 Bildschirmauflösung

Die Größe des Desktops und, damit eng verbunden, die Auflösung des Bildschirms ist ausschlaggebend, wie groß das Shellwindow einer Applikation sein darf. Ein sehr früher Schritt beim Entwurf einer Applikation wird daher sicher die Festlegung einer bestimmten Auflösung sein. Nur selten wird man Zeit und Gelegenheit haben, Applikationen zu schreiben, die unabhängig von der Bildschirmauflösung sind.

In der Regel dürfte eine Shell für die Auflösung 800 mal 600 Punkte einen sinnvollen Kompromiß darstellen zwischen optimaler Ausnutzung der zur Verfügung stehenden Fläche einerseits und Vermeidung von Dialogüberfüllung andererseits — bei 1024 mal 768 Punkten passen schon arg viele Controls auf ein Fenster. Hier führt die sinnvolle Aufteilung und thematische Gruppierung beispielsweise durch verschiedene Laschenfenster zu kompakteren, übersichtlicheren und auch inhaltlich vernünftig gegliederten Fenstern.

3.3.5 System-Schriftart

Da 1024 mal 768 Pixel bei Monitoren, die kleiner sind als 17 Zoll resp. soundsoviel Zentimeter, die Systemschrift nur winzig darstellen, schalten einige Anwender kurzerhand die Systemschrift für Fenstertitelzeilen und Menüs um. Bei der Berechnung der maximalen Fenstergröße hat man nun zwei Möglichkeiten: Solche Systemoptimierungen ebenso kurzerhand zu ignorieren, oder Dialogmasken je nach Auflösung dynamisch zu berechnen. Ich entscheide mich in der Regel für erstere Variante und gebe nur noch eine entsprechende Meldung aus, man möge sein System wieder vernünftig konfigurieren.

3.3.6 Farben

Gleiches gilt für Farben. Das Graphik-Kapitel 6 beschreibt einige Maßnahmen, um herauszufinden, welche Farben den Standardelementen wie Fenstern und Menüs zugeordnet sind. Auf allzu kreative Maßnahmen seitens des Anwenders nehme ich auch hier keine Rücksicht.

3.4 Das Shellwindow

Die Shell ist das Regiezentrum einer Applikation; es ist das erste Fenster, das, vielleicht abgesehen von einer Bitmap, die während der Startphase eingeblendet und anschließend automatisch geschlossen wird, der Anwender zu sehen bekommt. Gestalten Sie es daher mit der notwendigen und angemessenen Sorgfalt — und lassen Sie Ihre Applikation gleich mit einem guten Ersteindruck starten.

3.4.1 Steuerelemente in der Shell

3.4.1.1 Menü

Zentraler Dreh- und Angelpunkt der Applikation ist das in der Shell angezeigte Menü. Je nach Optionsanzahl ist die Verwendung mehrerer Menüs empfehlenswert, die jeweils bei Aktivierung eines Childwindows eingeblendet werden. Ob bei kleineren Menüs die Shell bereits die später zur Verfügung stehenden Optionen anzeigen soll, ist prinzipiell davon abhängig, wie übersichtlich das Menü mit den ausgeschalteten Optionen bleibt. Muß der Anwender die wenigen gültigen Punkte erst umständlich suchen, gibt es also deutlich mehr ausgeschaltete als aktive Optionen, sollten diese lieber versteckt und erst mit dem Öffnen des gültigen Fensters angezeigt werden.

3.4.1.2 Toolbar

Ähnliches gilt für die Toolbar: Bei nur wenigen Optionen sollte sie eher unterbleiben. Zu vermeiden sind in jedem Fall separate Toolbars für Shell- und Childwindows. Besitzen dagegen beide Fensterarten ein gemeinsames Menü, spricht wenig dagegen, auch eine gemeinsame Toolbar zu definieren, deren erlaubte Buttons also dann auch der Shell von Anfang an zur Verfügung stehen.

3.4.1.3 Statusleiste

Jede Applikation sollte in der Shell eine Statusleiste zur zentralen Anzeige zusätzlicher Informationen, Zustände etc. besitzen. Die Definition einer eigenen Statusleite für Childwindows ist dagegen weniger ratsam; schon aus Platzgründen, aber auch um den zentralen Charakter der Shell zu betonen, sollten Informationen zum aktiven Unterfenster ebenfalls in der Statusleiste der Shell eingeblendet werden.

3.4.1.4 Buttons auf dem Hintergrund

Kann man dieser Art der Bedienerführung eine gewisse Attraktivität schwerlich absprechen, besitzt sie doch einen offenkundigen Nachteil: Bei geöffneten Unterfenstern sind etwaige Buttons nicht mehr sichtbar; damit fällt sie für MDI-fähige Applikationen wohl eher aus.

Die immer noch sich großer Beliebtheit erfreuenden großflächigen Bitmap-Schalter, die eine Applikation häufig in einzelne Bestandteile wie „Kunden, Rechnungen, Artikel" und dergleichen unterteilen, bieten sich an, wenn ein gemeinsames Menü zu viele Optionen besitzen würde.

3.4.2 Starten Sie mit einer guten „Home Base"

Ein leeres ShellWindow ist als Begrüßung des Anwenders meist ebenso wenig sinnvoll wie ein ständig aufgeräumter Schreibtisch realistisch und erwartbar wäre. Vermutlich sparen Sie dem Anwender viel Mühe, wenn Sie den Fensterstand der letzten Sitzung restaurieren oder Sie ihm zumindest das meist benötigte Auswahlfenster, beispielsweise eine Kundenmaske, präsentieren.

3.4.2.1 Auswahl-Schaltflächen

Die beliebten Hintergrundbilder der Shell enthalten in der Regel keine Informationen, die tagtäglich von Interesse sind. Kombinieren Sie sie wenigstens mit sinnvollen Informationen über den Systemzustand, oder, wenn dem Anwender beim Start einige Schaltflächen angeboten werden, über die er den gewünschten Applikationsteil startet, integrieren Sie diese in das Begrüßungsbild.

3.4.2.2 Datenfenster

Der Anwender startet eine Applikation, um eine bestimmte Tätigkeit auszuführen. Machen Sie ihm den Weg dorthin möglichst einfach & eben und bieten Sie ihm ein häufig benötigtes oder das zuletzt aktive Fenster beim nächsten Start erneut an: Mit hoher Wahrscheinlichkeit wird er es auch jetzt wieder öffnen wollen.

Muß der Anwender allerdings in den meisten Fällen erst das Standardfenster schließen, um an die eigentlich gewünschte Stelle zu gelangen, wird das sicher den gegenteiligen Effekt haben. Jedenfalls sollten Sie einmal beobachten, welche Funktionen ein Anwender nach dem Starten der Applikation sozusagen rituell und automatisch ausführt.

3.4.2.3 Am besten & einmal mehr: Benutzerdefinierbar

Am besten lassen Sie den Anwender hier selbst entscheiden und geben neben einigen naheliegenden Alternativen die Möglichkeit vor, jederzeit die Arbeitsumgebung zu sichern, die dann beim nächsten Programmstart rekonstruiert wird. Überschätzen Sie aber auch hier nicht den Enthusiasmus seitens des Benutzers: Obschon mein Textprogramm mir nach dem Start stets und geduldig ein leeres Dokument zeigt, das ich immer als erstes schließe, habe ich mich noch nicht zu den wenigen Handgriffen durchringen können, wenigstens automatisch eine Briefvorlage oder ein sonstwie wahrscheinliches Dokument zu öffnen...

3.4.3 Verabschiedung

3.4.3.1 „Sie können jetzt den Rechner ausschalten"

Je nach Anwenderkreis ist das normale, unspektakuläre Verlassen und Beenden einer Applikation durchaus besser zu gestalten. Im Falle von Windows schätze ich sehr die beruhigende Meldung, daß jetzt der Rechner ausgeschaltet werden kann. Noch schöner wäre sicher die eingeblendete kurze Mitteilung, daß ich über die Tastenkombination <Strg>+<Alt>+<Entf> einen Neustart ohne Ausschalten des Rechners veranlassen könnte; eine Möglichkeit, die sicher nicht jedem Anwender geläufig ist.

3.4.3.2 Seien Sie freundlich...

Bei einer vor vielen Jahren entwickelten DOS-Applikation, die zum Schluß die verstrichene Zeit seit dem letzten Start angezeigte („Die Applikation war ... Stunden, ... Minuten und ... Sekunden aktiv"), war kurioserweise sehr auffällig zu beobachten, daß zwischen den Mitarbeitern — keine ausgewiesenen EDV-Spezialisten — geradezu ein Wettbewerb mit einer Art „Highscore-Liste" entstand, wer die Applikation am längsten benutzte. Solche emotionalen Faktoren, zu denen auch die Begrüßung mit Namen oder die Berücksichtigung der Systemzeit im Sinne eines „Guten Morgen", „Guten Tag" oder „Guten Abend" zählen, spielen gelegentlich durchaus eine Rolle und wirken sich positiv auf die Akzeptanz und Benutzerzufriedenheit aus.

3.5 Childwindows

Childwindows sind jene nicht-modalen Dokumentenfenster, die eine MDI-Applikation in (mehr oder weniger) beliebiger Anzahl öffnen kann. Programme mit Multi-Document-Interface-Unterstützung zeichnen sich dadurch aus, daß der Anwender verschiedene Sichten auf ein Dokument, eine Datenbank etc. öffnen kann.

3.5.1 Größe

3.5.1.1 Abhängigkeit vom Shellwindow

Prinzipiell kann ein Childwindow nicht über den Bereich seiner Shell hinausragen. Zudem wird es kaum sinnvoll sein, ein Unterfenster größer zu dimensionieren als die Shell; die dann notwendigen Scrollbars verhindern stets zuverlässig den schnellen Zugriff auf sämtliche Controls des Fensters.

Da die Größe also unmittelbar abhängig von der der Shell ist, diese wiederum von der gewählten Bildschirmauflösung, man meist den verfügbaren Platz im Inneren der Shell optimal nutzen möchte, ist die maximale Größe eines Childwindows also ein verhältnismäßig konstanter und berechenbarer Faktor.

3.5.1.2 Eigene Titelleiste vs. Vollbildmodus

Für die Erreichung einer maximalen Größe gibt es zwei Varianten: Das Childwindow wird im Vollbildmodus angezeigt oder so in die Shell eingepaßt, daß der „Innenraum", die sogenannte

„Canvasarea" der Shell, optimal ausgenutzt wird. Die Abbildung 3.19 zeigt anhand eines aus optischen Gründen reduzierten Beispiels beide Varianten.

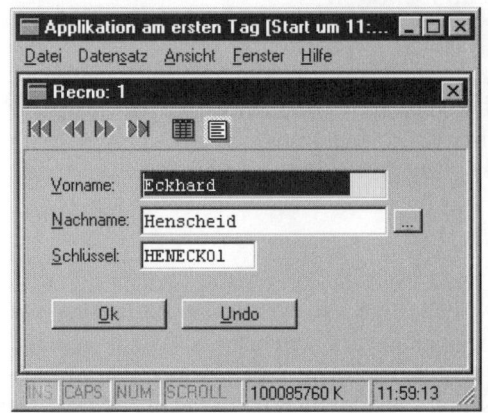

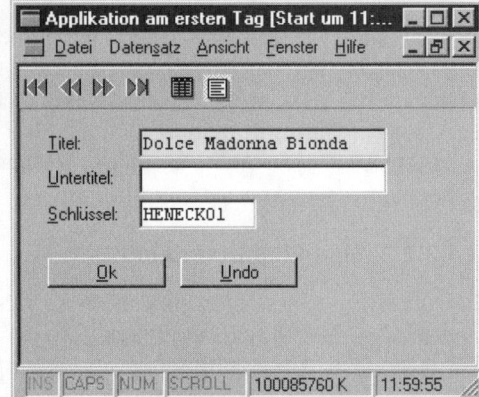

Bild 3.19: Maximale Größe vs. Vollbildmodus

Die Darstellung im Vollbildmodus spart etwas Platz, da die Titelleisten-Controls automatisch in der Menüleiste der Shell eingeblendet werden. Dadurch verliert das Fenster aber etwas seinen „selbständigen" Charakter und ist als von der Shell unabhängig nicht mehr auf Anhieb auszumachen. Windows besitzt außerdem die Eigen- resp. Unart, alle offenen Unterfenster und auch alle weiterhin geöffneten automatisch auch dann im Vollbildmodus anzuzeigen — selbst wenn ein Fenster ausdrücklich als nicht vergrößerbar definiert ist. Hierauf sollte bei der Programmierung unbedingt geachtet werden.

3.5.1.3 „Richtige" Fenster haben eine Titelleiste

Ein weiterhin als eigenständiges Fenster angezeigtes und in die Shell eingepaßtes Childwindow dagegen behält seine eigene Titelleiste samt der Überschrift und der Schaltflächen. Es kann direkt verschoben werden und bietet sich schon aus diesem Grund für MDI-Applikationen an, da sie der Charakteristik eines Programms mit mehreren Unterfenstern besser entsprechen.

Außerdem zeige ich in der Titelleiste häufig inhaltsbezogene Daten an, die bei automatischer Einblendung in der Überschrift der Shell den Bezug zum Childwindow verlieren. Achten Sie aber darauf, daß solche Fenster nach Möglichkeit in ihrer Größe nicht verändert werden sollten. Nachteil ist sicherlich, daß man bezüglich Größe und Plazierung wenig Toleranz hat; spezielle Einstellungen wie Größe und Art der Task-Leiste, gültiger Systemfont etc. sollten daher nach Möglichkeit einem festen Schema entsprechen.

3.5.2 Plazierung

Hat der Anwender ein Childwindow kurzzeitig verschoben, um beispielsweise einen Blick auf ein darunter liegendes zu werfen, sollte das erste Fenster über eine Menüoption wieder so positioniert werden können, daß es optimal in der Shell angezeigt ist. Eine solche kleine Hilfe entlastet den Anwender von einer erneuten und meist eher umständlichen Verschiebung mit der Maus. Das gilt insbesondere für Unterfenster, die sehr exakt innerhalb des Shellwindows eingepaßt sind.

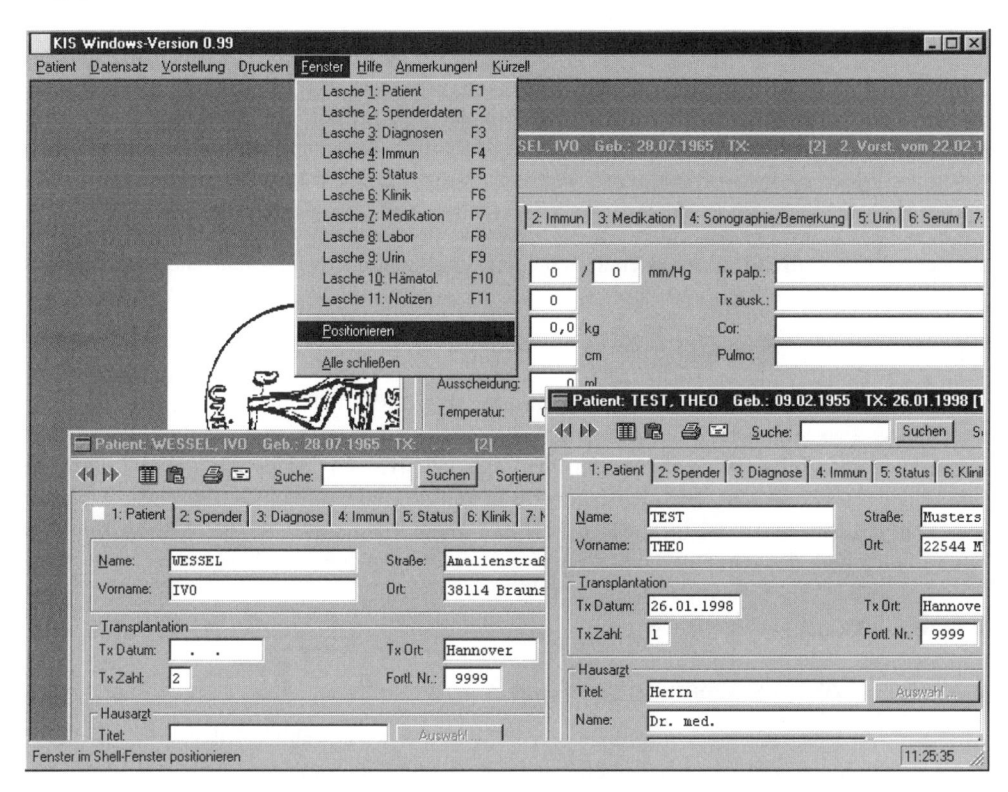

Bild 3.20: Möglichkeit, ein Childwindow jederzeit wieder korrekt zu positionieren

3.5.3 Grundfunktionalität

3.5.3.1 Liste der offenen Fenster

Windows verwaltet die offenen Childwindows automatisch in einer verketteten Liste, die beispielsweise dafür sorgt, daß bei Beenden einer Applikation kein Unterfenster die Shell überlebt. Unterhalb einer Menüoption — im englischen ist das meist die Option WINDOW, im Deutschen analog FENSTER — stehen die geöffneten Fenster über eine durchnumerierte Liste im Zugriff, um auch verdeckte Fenster schnell in den Vordergrund holen zu können.

Derartige dynamische Listen beeinflussen möglicherweise die gewohnte Auswahl von Menüoptionen, wenn sie an bestehende Menüpunkte angehängt werden. So schätze ich die häufige Variante, sie unterhalb der Optionen DATEI BEENDEN anzufügen, gar nicht, weil die <Aufpfeil>-Taste nun nicht mehr die Ende-Option anwählt.

Standardmäßig werden die Titelzeilen der Fenster aufgelistet. Da diese häufig sehr lang sind und damit die Menüoption unnötig verbreitern, ist oft eine eigene Listenverwaltung ratsam, deren Einträge sich beliebig benamen lassen. Solche Listen beinhalten am besten Ziffern für die Hotkeys der Optionen.

3.5.3.2 Alle Fenster schließen

Da das Schließen einzelner Unterfenster umständlich ist, besitzen MDI-Applikationen in der Regel eine Option FENSTER ALLE SCHLIESSEN, die für eine freie Arbeitsfläche sorgt.

3.5.3.3 Nachrichtenaustausch

Nicht nur für den Anwender, sondern auch für den Programmierer ist eine vernünftige Fensterverwaltung sinnvoll, um zwischen den Fenstern Nachrichten auszutauschen oder gezielt Informationen aus Fenstern abzufragen.

3.5.3.4 Datenaktualisierung

Ein weiteres Merkmal einer Fensterverwaltung ist die Möglichkeit, bei Veränderung von Daten eines Fensters die Aktualisierung etwaiger anderer Fenster sicherzustellen. Wenn vielleicht auch das gleichzeitige Bearbeiten mehrerer Unterfenster gelegentlich sinnvollerweise unterbunden wird, so muß doch bei einer Modifizierung innerhalb eines Fensters gewährleistet sein, daß die eventuell in anderen Fenstern ebenfalls angezeigte Information stets auf dem neusten und gleichen Stand ist.

3.5.4 Vorgehensweise

3.5.4.1 Größenbestimmung der Shell

Maximale Arbeitsgröße einer Applikation ergibt sich aus der gewählten Bildschirmauflösung. Eine Dimensionierung mit mehr als 800 mal 600 Pixeln sollte nur dann erfolgen, wenn entsprechend hohe Auflösungen überall zum Einsatz kommen und tatsächlich derart viel Information auf einer einzigen Maske dargestellt werden muß.

Ich programmiere Applikationen normalerweise für eine feste minimale Auflösung, die so gewählt wird, daß sie auf der Hardware des anvisierten Anwenders korrekt abläuft. Die möglichen Varianten sind bei den zahllosen und immer zahlloser werdenden, die Arbeitsfläche einschränkenden und verändernden Rechnereigenschaften wie Systemfont, Art, Größe und Plazierung der Taskleiste etc. kaum ohne unverhältnismäßigen Aufwand zu berücksichtigen.

3.5.4.2 Größenbestimmung eines maximalen Childwindows

Nach der Größe der Shell richtet sich auch die Größe des maximalen Childwindows. Hat man sich für eine der beiden Varianten „Vollbild" oder „Maximale Größe" entschieden, ergeben sich daraufhin automatisch auch die maximalen Größen der einzelnen Laschenfenster. Neben einem möglichst nur einzeiligen Tabcontrol und stets gleichen Abständen nach allen vier Seiten ist noch eine Buttonleiste am unteren Fensterrand zu berücksichtigen.

Damit ergibt sich ein Grundlayout, daß für die genannte Auflösung konstant ist und daher bei allen Applikationen zum Einsatz kommen kann. Da ich von diesem Layout in der Regel nicht

Childwindows

abweiche, ist neben dem vorteilhaften Wiedererkennungseffekt für den Anwender auch die Wiederverwendbarkeit von Masken sehr hoch.

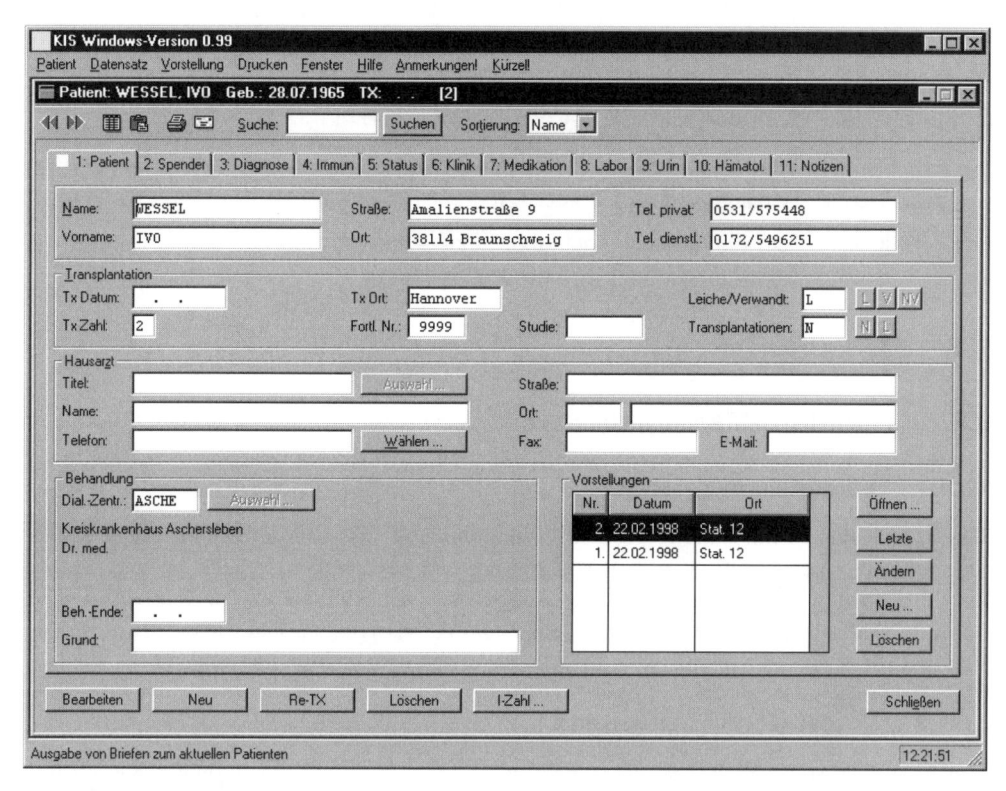

Bild 3.21: Das Layout eines maximalen Childwindows für die Auflösung 800 mal 600 Pixel

Tabelle 3.1: Bemaßungsregeln für Childwindows mit Tabcontrols

Childwindow-Maße	Pfeil-Nr.	Delphi	VB	VO
Größe des Shellwindows		800 * 600	12.0 * 9.0	800 * 600
Größe des Childwindows		790 * 483	11.8 * 7.2	790 * 483
Größe des Tabcontrols		770 * 430	11.5 * 6.4	770 * 430
Größe eines maximalen Laschenfensters		765 * 404	11.4 * 6.0	765 * 404
Abstand Tabcontrol zu oberem Fensterrand		11	165	11
Abstand Tabcontrol zum Fensterrand		10	150	10
Abstand Tabcontrol zu den Pushbuttons		12	180	12
Abstand der Buttons zum unteren Rand		11	165	11
Position des 1. Rahmens		3, 1	45, 15	3, 1
Position des 1. FixedText-Controls		12, 20	180, 300	12, 20
Position des 1. Pushbuttons		10, 452	150, 6.8	10, 452

3.5.4.3 Weitere Tabellen

- Tabelle 3.2: Bemaßungen für Dialogwindows (Seite 147)
- Tabelle 5.7: Bemaßungen für FixedText-Controls (Seite 276)
- Tabelle 5.8: Bemaßungen für Rahmen-Controls (Seite 281)
- Tabelle 5.9: Bemaßungen für Edit-Controls (Seite 284)
- Tabelle 5.10: Bemaßungen für Radiobuttons (Seite 302)
- Tabelle 5.11: Bemaßungen für Checkboxen (Seite 307)
- Tabelle 5.12: Bemaßungen für Pushbuttons (Seite 344)
- Tabelle 5.13: Bemaßungen für Tabcontrols (Seite 355)

3.6 Messageboxen

3.6.1 Standard-Messageboxen

3.6.1.1 Vordefinierte Symbole

Statt Messageboxen mit unnötig großen Pushbuttons und stets zentrierter Plazierung bevorzuge ich meist lieber optisch den Messageboxen angepaßte Dialogboxen, die eine exakte Kontrolle sowohl der Abmessungen der Buttons wie auch ihrer Plazierung erlauben. Die Optik ist weitestgehend — bis auf die genannten Verbesserungen natürlich — mit der der Standard-Messageboxen identisch und wird von Anwendern auch so empfunden.

3.6.1.2 Vordefinierte Pushbuttons

Außerdem unterstützt Windows nur einige vordefinierte Pushbutton-Kombinationen. Häufig ist aber eine aufgabenspezifische und präzise Beschriftung wünschenswert. Außerdem lassen sich damit einzelne Buttons weiter rechts plazieren, um eine auch optische Trennung von den Standard-Schaltflächen wie „Ja" und „Nein" zu erreichen.

3.6.2 Texte

3.6.2.1 Positive Formulierung

Fragen sollten grundsätzlich positiv und damit eindeutig formuliert werden. Statt „Wollen Sie den Text ... nicht speichern? Ja/Nein" empfiehlt sich dringendst die Variante „Wollen Sie den Text ... abbrechen? Ja/Nein" plus dem nützlichen Zusatz „Ihre Änderungen gehen beim Abbruch verloren" — im ersten Fall reizt das Schlüsselwort „Speichern" zu sehr zum Bejahen der Frage.

Hat der Anwender einen Ausdruck abgebrochen, fragen Sie sicherheitshalber nach: „Wollen Sie den Ausdruck abbrechen?" — nicht aber „Ausdruck fortsetzen?", da er ja durch den selbst ausgelösten Abbruch mit großer Wahrscheinlichkeit tatsächlich nicht mehr eine Fortsetzung des Ausdrucks wünscht, er eine nachfolgende Frage also vermutlich eher mit „Ja" beantworten wird.

3.6.2.2 Zustand -> Erklärung -> Frage

Beschreiben Sie erst die Situation oder den Zustand, bevor Sie die vom Anwender zu beantwortende Frage stellen. Informieren Sie ihn erst, bevor er eine Entscheidung treffen soll. Etwa „Das Verzeichnis XY existiert nicht. Möchten Sie es anlegen?" ist sinnvoller als „Möchten Sie das Verzeichnis XY anlegen? Es existiert nicht."

3.6.2.3 „Wirklich...?"

Bei Abfragen der Art „Datei löschen?" und dergleichen finden man häufig als Ergänzung das etwas nachbohrende resp. leicht ungläubig wirkende „wirklich". Ähnlich wie die Formulierung „Sind Sie sicher, daß ..." erregt es leicht, wenn auch nur unbewußt, den Unwillen des Anwenders — selbst wenn er auf dem besten Wege ist, gerade seine Festplatte zu formatieren, wird er sich von diesen Zusätzen kaum davon abbringen lassen. Ist er im Begriff, einen Fehler zu begehen, braucht es andere Mittel, um diese wirksam zu vermeiden.

Eine Möglichkeit wäre die grundsätzliche Verwendung eines Papierkorbes, der allerdings Löschaktionen nicht unnötig behindern sollte. Mir passiert es gelegentlich, daß ich durch unkontrollierte Tastendrücke zufällig genau das Schließen eines veränderten Textes ohne Speicherung veranlasse. Die stets erscheinende Sicherheitsabfrage, ob man denn sicher sei und wirklich den Text ohne Speicherung verlassen wolle etc. wird leider ungewollt bestätigt, wenn ein unkontrolliertes „j" angeschlagen wurde. Vor so einer Frage sollte also beispielsweise in jedem Fall der Tastaturpuffer gelöscht werden.

3.6.2.4 Variablen nicht im Text verstecken

Verstecken Sie variable Information nicht im Text einer Messagebox. Ist eine Plazierung zu Beginn oder am Ende des Textes, vielleicht durch einen Zeilenumbruch entsprechend akzentuiert, nicht möglich, darf die Variable ausnahmsweise auch in Großbuchstaben ausgegeben werden, um hinreichend schnell erfaßbar zu sein. Andernfalls muß möglicherweise erst der komplette Text gelesen werden.

3.6.2.5 Meldungsnummern

Meldungsnummern sind leider meist eher verpönt, da er allzu leicht mit einem kryptischen, wenig aussagekräftigen und daher natürlich zu vermeidenden Fehlercode verwechselt wird. Zur eindeutigen Identifizierung und Kategorisierung insbesondere schwerwiegender Fehlermeldungen ist eine eindeutige Kennzeichnung durchaus empfehlenswert, da er eindeutigen Rückschluß auf die Nachricht erlaubt, ohne daß der vielleicht unkundige Anwender das Szenario umständlich beschreiben müßte. Sie läßt sich sehr gut und ausreichend unauffällig als einleitenden Schlüssel in der Titelzeile unterbringen.

3.6.2.6 Zeilenumbruch und Leerzeilen

Nur in wirklichen Ausnahmen sollte man von der Möglichkeit Gebrauch machen, Wörter des Textes durch Auszeichnungen wie fett, kursiv oder einen Wechsel der Schriftarten oder -größe hervorzuheben. Sinnvoll ist aber der Einsatz von Zeilenumbrüchen und Leerzeilen, um die jeweils wichtigste Information vom Resttext abzusetzen, den der kundige Anwender nicht mehr lesen muß.

3.6.3 Icons

Die zur Auswahl stehenden Symbole einer Messagebox haben einen recht abgegrenzten Einsatzbereich, den man ohne Not nicht verändern sollte, um eine applikationsübergreifende Konsistenz zu gewährleisten.

Bild 3.22: Icons „Warnung", „Kritisch", „Information" und „Frage"

3.6.3.1 Icon „Warnung"

Der Benutzer ist aufgefordert, eine Entscheidung zu treffen, die den Datenbestand verändert. Eine solche Frage ist also mit Bedacht zu beantworten. Ein Beispiel wäre „Kunde ... wirklich löschen?" Obschon für solche Fragen natürlich das Fragezeichen-Symbol naheliegt und leider auch häufig zum Einsatz kommt, deutet die auffällige gelbe Farbe bereits an, daß eine falsche Entscheidung möglicherweise einen unerwünschten Datenverlust zur Folge haben könnte.

3.6.3.2 Icon „Kritisch"

Dieses Symbol zeigt einen kritischen Zustand der Applikation an, der ohne Eingriff des Anwenders nicht beseitigt werden kann. Im normalen Programmablauf sollte eine solche Meldung nicht erscheinen. Beispiel wäre etwa das Fehlen einer wichtigen Konfigurationsdatei, die zur Fortsetzung der Applikation erst wieder installiert werden müßte.

Da Anwender solche Fehler meist gar nicht zu Gesicht bekommen, benutze ich dieses Icon auch zur Anzeige von Netzwerk-Lock-Problemen, wenn also beispielsweise das Bearbeiten eines Satzes nicht möglich ist, weil ihn ein anderer Anwender bereits gesperrt hat. Hier wäre aber sicher auch der Einsatz eines eigenen „Netzwerk"-Icons denkbar.

3.6.3.3 Icon „Information"

Messageboxen mit diesem Icon zeigen Informationen an, die mit einem „Ok"-Button nur zur Kenntnis genommen werden können, etwa „Der Ausdruck wurde beendet".

3.6.3.4 Icon „Frage"

Dieses Symbol sollte nur bei Fragen zum Einsatz kommen, deren Beantwortung keine Konsequenzen auf den Programmablauf oder den Datenbestand haben. Ein Beispiel wäre die Frage „Wollen Sie die Applikation beenden?". Dieses Icon ist nach dem Microsoft-Styleguide nur noch aus Kompatibilitätsgründen vorhanden und sollte nach Möglichkeit nicht mehr benutzt werden. Allerdings wüßte ich nicht, welches der anderen alternativ in Frage käme — vermutlich würde man dann auf ein Icon komplett verzichten.

3.6.4 Buttons

3.6.4.1 Eigene Beschriftungen

Da die Standardbuttons „Ja", „Nein", Wiederholen", „Abbrechen" keine Möglichkeit bieten, beispielsweise auf eine Frage wie „Datei überschreiben?" wahlweise auch mit „Alle" zu antworten, sollte man für die meisten Fälle ruhig gleich entsprechende Dialogboxen entwerfen. Mit wenig Mühe kann man einen universellen Dialog gestalten, der optisch den Messageboxen ähnelt, also Icon, Text und Buttons an denselben Stellen enthält, aber die Benutzung eigener Icons und Schaltflächen erlaubt.

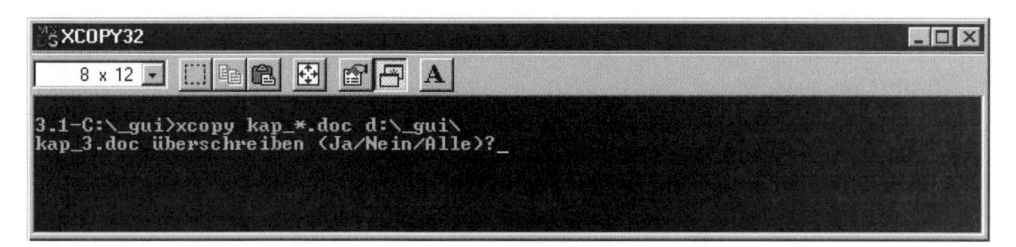

Bild 3.23: DOS und XCOPY können's schon: Option „Ja/Nein/Alle"

3.6.4.2 Eigene Symbole

Einem solchen Dialog könnten die Buttontexte als Strings übergeben werden, aus denen die Routine dann selbst die notwendigen Pushbuttons erzeugt. Damit wäre der Aufruf einer „alternativen" Messagebox keineswegs aufwendiger als der der originalen API-Funktion. Natürlich wäre es unsinnig, für jede Messagebox-Art eine eigene Fensterklasse zu erzeugen.

3.6.4.3 Benutzung von Standards

Insbesondere sind sehr häufig neben den schlichten „Ja"-/"Nein"-Buttons solche mit „Ja für alle" bzw. „Nein für alle" sinnvoll. Derlei wünscht man sich bei vielen Windows-Applikationen, um bei wiederholten Fragen nicht jedesmal wieder dieselbe Antwort geben zu müssen.

3.6.4.4 Fragen zur Textformulierung

- Was genau steht an?

Schreiben Sie nicht „Datei speichern", sondern geben Sie auch den Dateinamen (möglichst auch Laufwerk, Pfad, Dateigröße und ähnliche Informationen) an. „Aktuellen Kunden löschen?" ist weit weniger aussagekräftiger und fehlervermeidender als ein konkreteres „Kunde Franz Meier löschen?".

- Welche Alternativen gibt es?

Bei der beliebten und standardmäßig vorhandenen Dreierkombination der Buttons „Ja", „Nein" und „Abbruch" ist letzterer für Einsteiger häufig nur vage durchschaubar. Die Präzisierung je nach Messagebox — zum Beispiel „Ja", „Nein", „Zurück zur Eingabe" — erfordert zwar sehr viel mehr Auswand, ist aber gelegentlich diesen sicher wert. Immerhin muß dafür ja eine eigene Dialogbox gemalt werden, da die meisten GUI-Systeme die Veränderung einer Buttonbeschriftung bei Messageboxen nicht anbieten.

- Was für Konsequenzen haben die Tasten?

Eine kurze Beschreibung, was nach Betätigung aller vorhandenen Buttons passiert, ist für den Anfänger sehr hilfreich. Steuert man die Ausführlichkeit solcher Texte in Abhängigkeit vom Benutzer, wird der Experte nicht mit unerwünschter Information überschüttet.

- Kann auf die Abfrage verzichtet werden?

Neben der schon erwähnten sehr sinnvollen, aber leider viel zu selten genutzten Möglichkeit, in der linken unteren Ecke durch eine Option „[X] Diesen Dialog nicht mehr anzeigen" dem Benutzer die Entscheidung zu überlassen, eine Sicherheitsabfrage beantworten zu müssen, sollte diese Art Benutzerführung grundsätzlich so ausführlich wie nötig sein, ohne daß sie die Arbeit eines Kenners durch unnötige Meldungen behindert. Es spricht nun wirklich nichts dagegen, durch eine Art „dynamischen Alterungsprozesses" eine Applikation mit dem Anwender „reifen" zu lassen: Speichern Sie doch beispielsweise die Tage einer Benutzung pro Anwender, und führen Sie auf diese Art Phasen ein, die den Kenntnis- und Erfahrungsstand reflektieren.

- Wird der Anwender möglicherweise verunsichert?

Vermitteln Sie dem Anwender immer ein unbedingtes Gefühl von Sicherheit — er muß stets wissen, welche Konsequenzen sein Tun haben wird. Mein Lieblingsbeispiel in diesem Zusammenhang ist das Löschen einer Verknüpfung auf dem Desktop, die tatsächlich bei vielen Anwendern das mulmige Gefühl hinterläßt, daß möglicherweise doch die originale Datei gelöscht wird. Die Formulierungen der entsprechenden Messagebox verstärken diese (unbegründete) Angst übrigens erheblich, wie die Abbildung 3.24 zeigt.

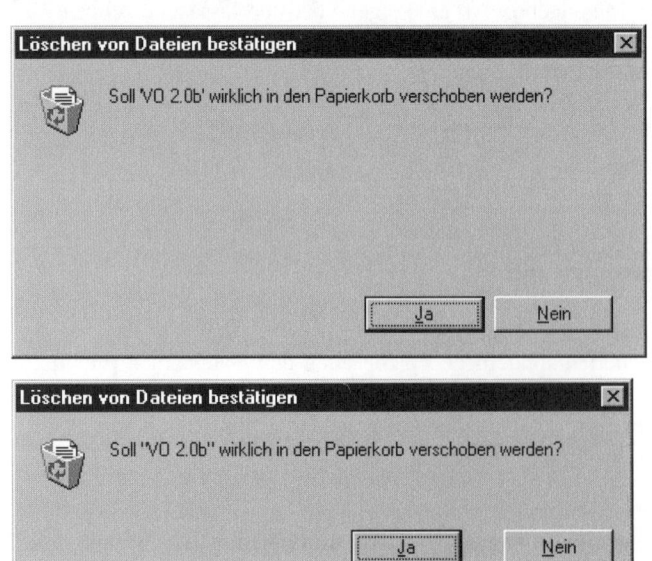

Bild 3.24: Windows 95 (oben) und Windows 98 (unten): anders, aber leider nicht besser

Kurioserweise ist der Dialog bei Windows 98 überarbeitet worden; allerdings ist das Ergebnis des kosmetischen Eingriffs ein kleinerer, schmalerer Dialog mit schlecht verändertem, nämlich zu großem Buttonabstand bei leider gleichem und gleich falschem Text. Ein kurzer Hinweis, daß mit dem bloßen Löschen der Verknüpfung die Datei unverändert fortbesteht, wäre gleichermaßen hilfreich wie durchaus zumutbar.

3.6.4.5 Vorbelegung des Standard-Buttons

Selbstverständlich ist bei kritischen Abfragen stets der „harmloseste" Pushbutton vorzubelegen, um eine versehentliche Auslösung durch Betätigung der <Return>-Taste zu minimieren. Achten Sie aber darauf, daß häufig angeforderte Abfragen nicht dazu führen, daß bei seltener benötigten der Anwender sozusagen blind wieder die gewohnten Tasten drückt, um dann eine vielleicht unerwünschte Reaktion zu erhalten. Sind bei harmlosen und häufigen Fragen ärgerliche und vermeidbare Umwege zu gehen, könnte das dazu führen, daß wichtige Meldungen gleichfalls ignoriert und vorschnell und fehlerhaft beantwortet werden.

3.6.5 Abfragen „on demand"

Nachfragen sind bei vielen Aktionen, die möglicherweise unerwünschte Konsequenzen haben, natürlich unverzichtbar. Bei weniger gewichtigen Meldungen wird ein Experte aber die Möglichkeit schätzen, diese auch unterdrücken zu können. Intern wären solche Schalter dann vom Anwender abhängig zu machen und beispielsweise in der benutzerspezifischen INI-Datei abzulegen. Machen Sie den Anwender — aber nicht gerade durch eine zu bestätigende Messagebox beim Starten der Applikation... — in jedem Fall an geeigneter Stelle darauf aufmerksam, wie solche Schalter auch wieder zurückzusetzen sind. Automatisch könnte das nach Ablauf einer gewissen Zeitspanne seit der letzten Benutzung des Programms geschehen: Nach einigen Monaten, die der Anwender das Programm nicht aufgerufen hat, dürfte er sicher auch wieder reif für die verzichtbaren Abfragen sein.

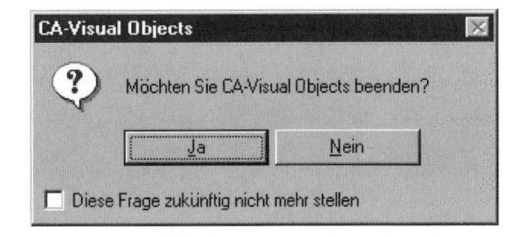

Bild 3.25: Eine bei vielen Abfragen sehr nützliche Checkbox

3.6.6 Selbstschließende Messageboxen

Aus unerfindlichen Gründen findet man in kaum einer Applikation Messageboxen, die nach einer bestimmten Zeit automatisch geschlossen werden. Die diversen Styleguides sehen sie gar nicht vor; wahrscheinlich deshalb, weil sie dem Prinzip der Benutzersteuerbarkeit zuwiderlaufen. Dennoch: Gelegentlich mag diese Anzeigeform nützlicher sein als das Einblenden eines Textes in der Statusbar, deren Texte ja unterschiedliche Priorität haben können. Solche mit geringer Priorität verschwinden nach einigen Sekunden wieder. Selbstschließende Messageboxen lassen sich in jeder Programmiersprache implementieren, die eine Benutzung von Timerfunktionen erlaubt.

3.6.7 Fehlermeldungen

Zeichen Sie Alternativen und Lösungen auf und geben Sie korrekte Beispiele. Meldungen wie „Datei kann nicht gespeichert werden" sind nun anerkanntermaßen nahezu nutzlos; aber auch die verbreitete Lösung „..., da auf dem Datenträger nur noch soundsoviel Bytes frei sind" bietet durchaus noch Verbesserungsmöglichkeiten, indem sie Dateien des Papierkorbs und der Temp-Verzeichnisse (also C:\TEMP und C:\TMP resp. die Pfade der Variablen TMP und TEMP) in einem ListView-Item mit Löschmarkierungsspalte anbieten könnte, die vermutlich verzichtbar wären.

Alternativ wäre auch ein Aufruf des Explorers sinnvoll, damit der Anwender direkt und ohne Umweg aufräumen kann. Anschließend sollte über einen Button „Wiederholen" eine sofortige, erneute Einleitung des Speichervorgangs möglich sein.

Teilen Sie dem Anwender die Ursachen für Fehler mit, so daß er sich in die Lage versetzt sieht, zukünftig vielleicht Maßnahmen zu ergreifen, die ein erneutes Auftauchen des Problems vermeiden können. Bei zu geringem Speicher wäre beispielsweise eine Meldung dienlich, die Vorschläge zur Optimierung enthält, wie das Entfernen unnötiger Treiber, Anzeigen der Dateien AUTOEXEC.BAT und CONFIG.SYS und dergleichen. Versuchen Sie in solchen Fällen, die nächsten Aktionen vorauszuahnen: Ist er an den beiden Dateien interessiert, sollten Sie ihm — vielleicht auf Nachfrage — die Schritte abnehmen, die zum Öffnen notwendig sind.

Häufig sind Fehlbedienungen an bestimmten Stellen sehr wahrscheinlich und erwartbar. Ist beispielsweise das Paßwort fehlerhaft eingegeben worden, könnte das daran liegen, daß die <Shift Lock>-Taste aktiv ist und somit alle Zeichen als Großbuchstaben erscheinen. Eine entsprechende Meldung, die diese Möglichkeit aufzeigt, anstatt nur die Eingabe als falsch zurückzuweisen, ist nicht aufwendig zu implementieren, sollte aber natürlich nur angezeigt werden, wenn die Taste tatsächlich gedrückt ist.

3.6.8 Alternativen

3.6.8.1 Dialoge mit Radiobuttons

Bei wichtigen Entscheidungsfragen wie „Datei löschen?" bergen schlichte Messageboxen mit Ja-/Nein-Buttons das Risiko, daß der Anwender den Text nur flüchtig überfliegt und sich, weil er an dieser Stelle vielleicht die Fragestellung umgekehrt erwartet, dann doch für die falsche Wahl entscheidet. Hier könnte das Risiko der Fehlentscheidung durch eine zusätzlich notwendige Aktion — Auswahl eines Radiobuttons plus Betätigen eines Pushbuttons — seitens des Anwenders deutlich reduziert werden.

Andernfalls besteht die Gefahr der Gewöhnung, die insbesondere dann gefährlich werden kann, wenn bei seltenen, kritischen Meldungen an gleicher Stelle die gleiche Taste betätigt werden kann. Ich beende Textfenster beispielsweise meist ohne vorheriges explizites Speichern mit <Strg>+<F4> und beantworte die dann folgende Frage „Text speichern?" mit <Return>. Wenn das Programm im Falle, daß auf dem Datenträger nicht mehr ausreichend

Platz vorhanden ist, eine Meldung ausgeben würde wie „Nicht genügend Speicherplatz. Abbrechen?", oder auf ähnliche Weise ein Überschreiben der Datei mit <Return> verhindern würde, wäre es sicher schon häufig zu Datenverlusten gekommen. In solchen Fällen ist es sinnvoll, den Tastaturpuffer vorher zu leeren und beim Dialog keinen Standardvorgabe-Button zu definieren, um den Anwender zum Lesen der Nachricht und zu überlegtem Handeln aufzufordern.

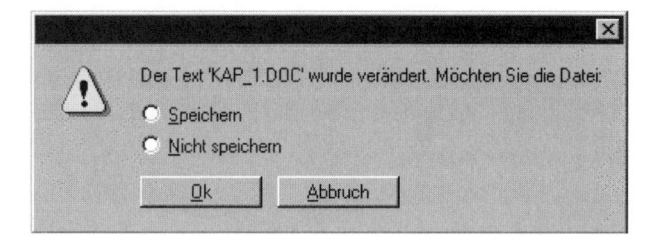

Bild 3.26: Eine Alternative zur Ja-/Nein-Messagebox für kritische Fälle

3.6.8.2 Statusbar, Titelleiste, Tooltips

Messageboxen sollten nur dort verwendet werden, wo eine Antwort des Anwenders erforderlich ist. Schlichte Meldungen können meist besser in der Statusleiste oder der Titelleiste eines Fensters oder auch in Form eines Tooltips erfolgen und bedürfen dann keiner expliziten Bestätigung durch den Benutzer. Die letztgenannte Möglichkeit, Text in Form kleiner, auffällig gefärbter und rahmenloser Fenster anzuzeigen, wird leider kaum benutzt. Dabei ist zu ihrer Bestätigung bei entsprechender Programmierung nur ein Mausklick an beliebiger Stelle oder ein Tastendruck erforderlich; der Aufwand, einen bestimmten Button anzusteuern oder einer bestimmte Taste drücken zu müssen, kann hier wünschenswerterweise entfallen.

3.6.9 Meldungsaufkommen

3.6.9.1 Nachrichten filtern

Nach der Eingewöhn- und Lernphase sollten Fehlermeldungen und Warnungen nur noch in solchen Fällen auftauchen, wenn der Benutzer tatsächlich etwas falsch gemacht hat oder eine möglicherweise unangenehme Konsequenz droht. Ansonsten ist es ein Zeichen von gutem Software-Design, daß, begeht der Anwender keine Dummheiten, keine Meldungen erscheinen und die Applikation kontinuierlich und unterbrechungsfrei läuft.

Konfrontiert das Programm ihn jedoch häufig mit vergleichsweise harmlosen Meldungen, wird der Anwender sie von den wirklich wesentlichen bald nicht mehr unterscheiden und sie genau so wenig beachten wie die, die ständig auf ihn einprasseln.

3.6.9.2 Optisch ähnliche Meldungen

Anwender, die über den Beginnerstatus hinaus sind, erkennen Meldungen häufig anhand ihrer äußeren Form, für die die Zeilen des Textes, sein Schwarzteils und das Buttonschema charakteristisch sind. Minimieren Sie bei verschiedenartigen, kritischen Meldungen, die zu einer Programmsituation eher unverhofft auftreten können, durch unterschiedliche Erkennungsmerkmale das Verwechslungsrisiko; setzen Sie hierzu wieder den Squint-Test ein. Unterscheiden sich mehrere Meldungen nur durch einzelne Worte an eher unauffälligen Stellen, kann es leicht zu irrtümlichen Buttonbetätigungen kommen. Gehen Sie nicht davon aus, daß gerade umfangreiche Texte tatsächlich vollständig gelesen werden.

3.6.10 Beliebte Fehler

3.6.10.1 Falsche Icons

Beachten Sie die oben genannten Anwendungsbereiche der Symbole. Das Fragezeichen ist leider häufig bei solchen gewichtigen Meldungen zu finden, denen das Ausrufezeichen mehr und bessere Bedeutung verleihen würde.

3.6.10.2 Falsche Buttons

Auch diese Unschönheit erfreut sich großer Beliebtheit: Bei Auftreten eines kritischen Fehlers erfolgt eine entsprechende Meldung — beispielsweise „Datei XY wurde nicht gefunden" —, die mit dem „Ok"-Button zu bestätigen ist. Nun ist aber diese Situation für den Anwender keineswegs „okay", was daher durch einen anderen Button, etwa „Zurück", erkennbar sein sollte. Auch Fragen sollten nie mit „Ok" und „Abbruch", sondern stets mit „Ja" und „Nein" beantwortet werden können.

3.6.10.3 Formulierungen und Wortwahl

Messageboxen sind für den Anwender gedacht, nicht für den Programmierer. Leider findet man immer wieder typische technische Formulierungen, die zwar im Kontext des Programmablaufs korrekt sind, aber die Situation keineswegs in der Sprache Anwenders beschreiben. Der Grund dafür ist natürlich, daß die Meldungstexte meist direkt vom Programmierer geschrieben werden und also direkt aus dem Sourcecode-Kontext entstehen.

Überfordern und blamieren Sie andererseits den Anwender nicht mit einer Fehlermeldung. Die allgemeine Regel, in Hinweisen das Wort „Fehler" tunlichst zu vermeiden, sollte nicht zu dem gegenteiligen Effekt führen, allzu belehrend, leutselig oder antichambrierend zu wirken. Bleiben Sie klar und sachlich; das ist für Software nach wie vor der beste und angemessenste Ton.

3.6.10.4 Abfrage unnötiger Information

Nur solche Entscheidungen, die nicht von der Software getroffen werden können, sind dem Anwender zu überlassen. Hat er etwa etwas Falsches eingegeben, sollte das Programm nicht nur einen Fehler anzeigen, sondern gleich Verbesserungsvorschläge machen oder beispielsweise die zuletzt eingegebene, korrekte Information anzeigen.

3.6.10.5 Unterbrechung des Standardablaufs

Messageboxen sollten nach Möglichkeiten nur auftauchen, wenn der normale und erwartbare Ablauf einer Applikation unterbrochen wurde. Andernfalls sind Meldungen in der Statuszeile vorzuziehen. Ein bestimmtes Meldungsaufkommen wird nur selten sowohl den geübten wie auch den ungeübten Anwender gleichermaßen zufrieden stellen. Filtern Sie daher gegebenenfalls je nach Benutzerstatus die Anzahl der Meldungen.

3.6.10.6 Fehlermeldungen ohne Lösungsvorschläge

Machen Sie den Anwender nicht nur auf Probleme aufmerksam, sondern zeigen Sie auch gleich Lösungswege auf. Ein Drucker ist offline? — Schlagen Sie ihm doch einen alternativen, funktionsfähigen vor. Der Speicherplatz reicht nicht? — Bieten Sie Dateien des temporären Windows-Laufwerks zum Löschen oder eine alternative Datenträger an. Je spezifischer und informativer eine Meldung ist, je weniger „mürrisch" und kurz angebunden sie klingt, desto weniger werden Fehlbedienungen seitens des Anwenders seine Zufriedenheit mit der Software schmälern.

3.6.10.7 Fehlerursache ist verdeckt

Häufig ist die Ursache einer Fehlermeldung, eine unvollständige Eingabe etwa, durch die Meldungsbox verdeckt. Stellen Sie sicher, daß die Ursache im Text oder in der Titelleiste der Messagebox beschrieben wird.

3.6.10.8 Negative Formulierungen

Statt einer eher unwägbar scheinenden Frage wie „Möchten Sie den Text nicht löschen?", die kaum schlüssig zu bejahen oder zu verneinen wäre, ist eine positive Formulierung wie „Möchten Sie das Dokument speichern?" vorzuziehen.

3.7 Dialoge

3.7.1 Standard-Dialoge

Die Benutzung der Standard-Dialoge für Operationen wie „Speichern unter..." oder „Öffnen..." hat den Vorteil großer Konsistenz und Wiedererkennbarkeit — aber trotz gewisser Erweiterungsmöglichkeiten, die man aus eben diesen Gründen nicht überbeanspruchen sollte, fehlen mit gleicher Regelmäßigkeit wichtige Optionen. Eine grundsätzliche Erweiterung solcher Dialoge, die möglicherweise auch das komplette Neuprogrammieren zur Folge haben könnte, ist daher durchaus angebracht, ruft man diese Dialoge häufig auf.

Beim „Speichern unter..."-Dialog wünsche ich mir beispielsweise folgende Erweiterungen:

- Möglichkeit, eine zu überschreibende Datei vorher noch einzusehen;
- Möglichkeit, die zu überschreibende Datei umzubenennen;
- Verzeichnisse anzulegen;
- Letzte Verzeichnisse merken;
- Aktuelles Verzeichnis inkl. Laufwerk in der Titelleiste anzeigen.

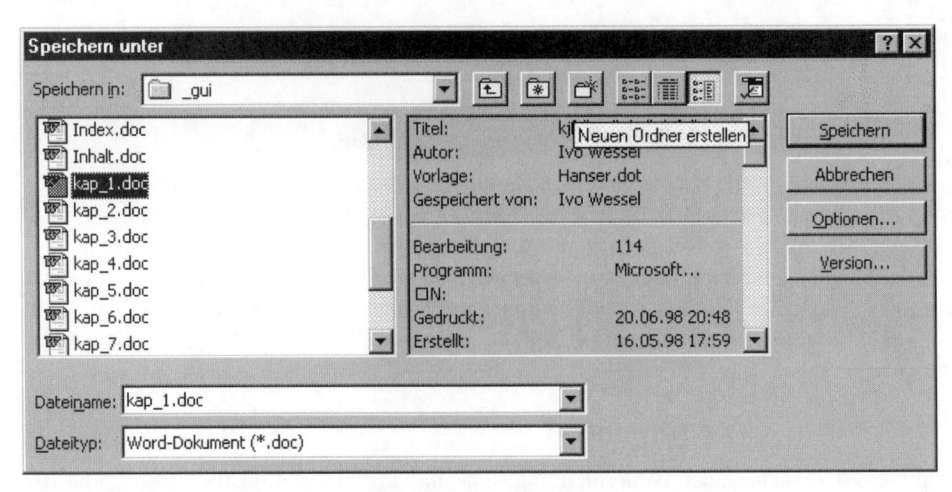

Bild 3.27: Im Word für Windows-Dialog sind einige Punkte bereits realisiert

Der folgenden Dialogbox fehlt dagegen völlig die Möglichkeit, das gewünschte Projektverzeichnis über einen Explorer auswählen zu können: Der Anwender ist gezwungen, den Pfadnamen „blind" einzugeben — die Multitaskingmöglichkeit mit Aufruf des Windows-Explorers ist sicher nur ein schwacher Trost, hat aber offenbar die Entwickler davon abgehalten, im Sinne des Anwenders zu verfahren.

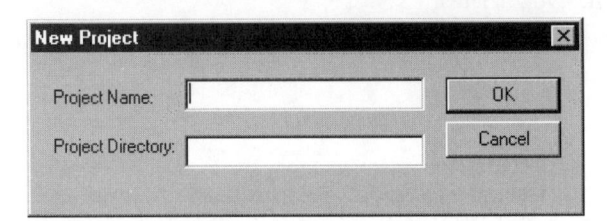

Bild 3.28: Eingabe eines Verzeichnisses ohne sinnvolle Unterstützung

3.7.2 Dialoge wiederholen

Häufig benötigt man zur Eingabe bestimmter Werte zusätzliche Dialoge, die eine Auswirkung erst zeigen, wenn man sie wieder schließt. Stimmen die Werte dann nicht mit den Vorstellungen überein, muß der Dialog erneut geöffnet werden. Hier gibt es drei Möglichkeiten, das wiederholte Öffnen zu erleichtern:

3.7.2.1 Nicht-modaler Dialog plus Button „Vorschau"

In diesem Fall sollte man allerdings eine Undo-Funktion vorsehen, die auch bei bereits betätigter Vorschau den ursprünglichen Originalzustand wieder restauriert, schließt man den Dialog über „Abbruch".

Bild 3.29: Beispiel für einen nicht-modalen Dialog mit intelligenter Datenübernahme

Einen solchen Dialog habe ich übrigens beim Schreiben dieses Buches für die Markierung von Indexeinträgen benutzt; und ich bin dem Schreiber des Makros sehr dankbar, daß er diese Form eines nicht-modalen Dialogs gewählt hat, der ein im Text doppelgeklicktes Wort auch dann in das Eingabefeld übernimmt, wenn er bereits geöffnet ist.

3.7.2.2 Wiederholfunktion

Eine andere, einfacher zu implementierende Möglichkeit ist die Belegung eines Shortcuts mit der jeweils letzten geöffneten Dialogbox. Der Ventura Publisher kennt hier beispielsweise die Tastenkombination <Strg>+<X>. Dazu müßte man sich nur dynamisch die jeweils letzte Dialogbox merken und sie bei Betätigung mit den alten Werten anzeigen.

Die Wiederholfunktion, die einige Programme über die Kombination <Strg>+<Y> anbieten, sieht dagegen meist nur die Wiederholung der ausgelösten Funktion vor und ist beispielsweise auch als Redo-Taste bekannt.

3.7.2.3 History-Funktion

Noch komfortabler, aber leider auch erheblich seltener zu finden ist eine History-Funktion, die die Wiederholung einer einzelnen Aktion erlaubt. Dazu werden die einzelnen Schritte registrier; der der Anwender kann dann aus einer Listcontrol eine mehr oder weniger lange zurückliegende Funktion erneut aufrufen.

3.7.3 Zur Raumaufteilung

3.7.3.1 Feste Schnittmuster...

Bei Dialogen ist den „Eckwerten" der Controls besondere Aufmerksamkeit zu schenken. Hält man sich an einmal ermittelte Koordinaten, sind solche Fenster weder von der Tagesform des Entwicklers, noch von der verwendeten Programmiersprache abhängig und erfreuen sich so äußerster Konstanz und Wiederverwendbarkeit.

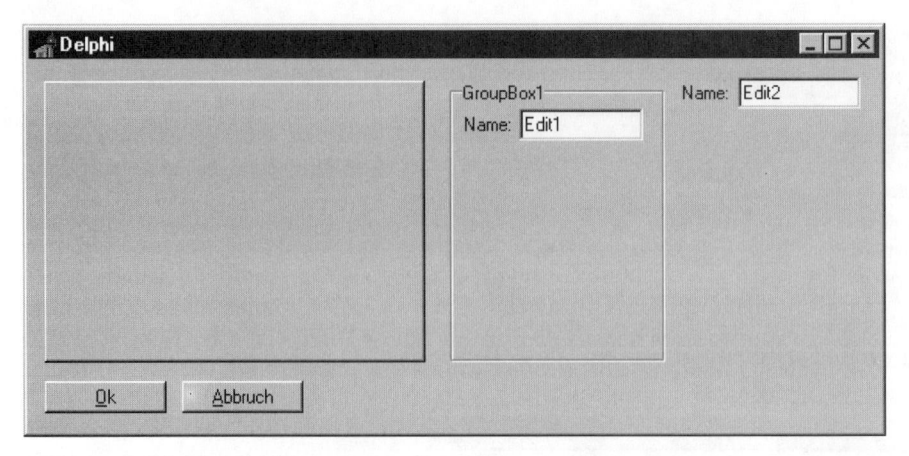

Bild 3.30: Delphi: Standard-Layout eines Grunddialogs

3.7.3.2 ...für Delphi, Visual Basic und CA-Visual Objects

Hier sind ausnahmsweise einmal die optisch sehr verwandten bis identischen Layouts der drei im Buch vermessenen Programmiersprachen Delphi, Visual Basic und CA-Visual Objects zu sehen: Man sieht leicht, daß beispielsweise die Prototypen mit jeder der drei Sprachen zum gleichen Ergebnis führt; damit muß, verwendet man für die Controls deren größte gemeinsame Teilmenge, das für die Prototypen eingesetzte Werkzeug also keineswegs das sein, mit dem später auch programmiert wird.

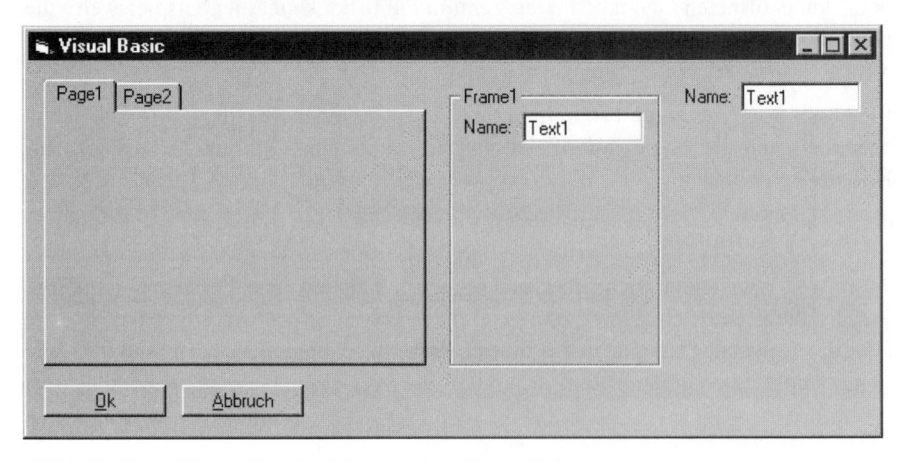

Bild 3.31: Visual Basic: Standard-Layout eines Grunddialogs

3.7.3.3 Bleiben Sie einer Linie treu!

Die Tabelle 3.2 enthält die wichtigen Positionsdaten der einzelnen Controls; beachten Sie, daß, unabhängig davon, ob ein Tabcontrol oder ein Rahmen zur Gruppierung benutzt wird oder der statische Text mit dem Eingabefeld als oberstes Element erscheint, die Beschriftung der Lasche, des Rahmens und des FixedText-Controls stets auf einer Linie plaziert sind. Damit wirken Dialoge trotz dreier Varianten — als vierte wäre die Verwendung einer beschrifteten Linie denkbar; für sie gelten die Maßgaben des Rahmens — sehr einheitlich.

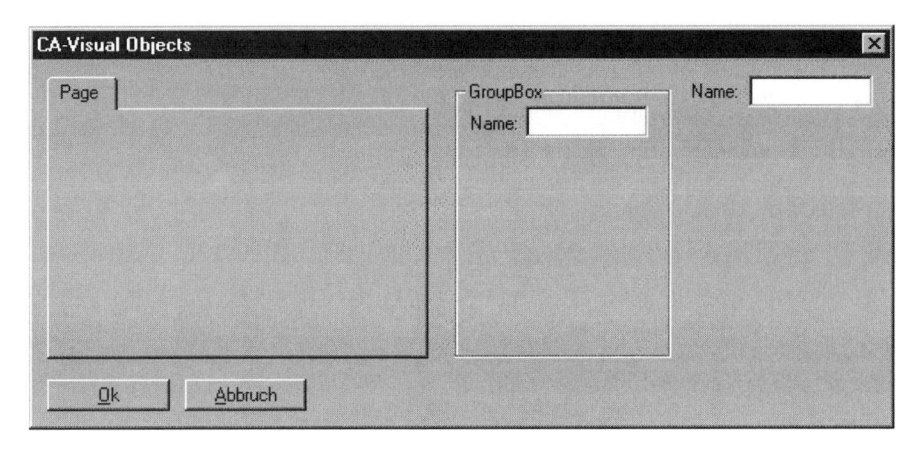

Bild 3.32: CA-Visual Objects: Standard-Layout eines Grunddialogs

Tabelle 3.2: Bemaßungsregeln für Dialogwindows (Angaben X vor Y)

Dialogwindow-Maße	Pfeil-Nr.	Delphi	VB	VO
Größe des Fensters (im Beispiel)		560, 234	8400, 3510	560, 234
Größe des Tabcontrols (im Beispiel)		250, 180	3750, 2700	250, 180
Position des Tabcontrols		10, 11	150, 165	10, 11
Position des 1. Pushbuttons		10, 203	150, 3045	10, 203
Position des 1. Rahmens		276, 14	3140, 210	276, 14
Position des 1. Textcontrols im Rahmen		9, 20	135, 300	286, 34
Position des 1. Textcontrols im Fenster		486, 11	7290, 165	486, 11
Position des 1. Eingabefeldes im Rahmen		45, 17	705, 255	321, 31
Position des 1. Eingabefeldes im Fenster		431, 14	6950, 210	431, 14
Abstand Tabcontrol zu oberem Fensterrand		11	165	11
Abstand Tabcontrol zum Fensterrand		10	150	10
Abstand Tabcontrol zu den Pushbuttons		12	180	12
Abstand der Buttons zum unteren Rand		11	165	11
Abstand FixedText zum Rahmen		+ 17	+ 270	+ 17
Abstand Eingabefeld zum Rahmen		+ 20	+ 300	+ 20
Abstand Eingabefeld zum FixedText		- 3	- 45	- 3

3.7.3.4 Weitere Tabellen

- Tabelle 3.1: Bemaßungen für Childwindows mit Tabcontrols (Seite 133)
- Tabelle 5.7: Bemaßungen für FixedText-Controls (Seite 276)

- Tabelle 5.8: Bemaßungen für Rahmen-Controls (Seite 281)
- Tabelle 5.9: Bemaßungen für Edit-Controls (Seite 284)
- Tabelle 5.10: Bemaßungen für Radiobuttons (Seite 302)
- Tabelle 5.11: Bemaßungen für Checkboxen (Seite 307)
- Tabelle 5.12: Bemaßungen für Pushbuttons (Seite 344)
- Tabelle 5.13: Bemaßungen für Tabcontrols (Seite 355)

3.7.3.5 Interpretationsbeispiele

Die Angaben der Tabelle sind teilweise von der Fenster- oder Tabcontrol-Größe des Beispiels abhängig, wie beispielsweise die X-Position des Rahmens (bei Delphi und VO etwa 276), die X-Position eines Textes im Rahmen oder die Y-Position eines Pushbuttons. Die meisten Koordinaten haben aber sonst festen „Naturkonstantencharakter" und können allen Fenstern in gleicher Form als allen gemeinsame Basis dienen.

Wenngleich die strenge Einhaltung dieser Bemaßungen zu Anfang zeitaufwendig und umständlich (manchem möglicherweise sogar etwas grotesk) erscheinen mag — sie hat den unschätzbaren Vorteil, Fensterlayouts grundsätzlich ihre Beliebigkeit und Willkür zu nehmen und ein Aus- und Anprobieren weitgehend überflüssig zu machen: Die Dialoge „passen" einfach auf Anhieb. So ganz nebenbei trainiert sie auch noch das ja vielfach leicht eingerostete Kopfrechnen...

3.7.4 Titelleisten-Varianten

3.7.4.1 Keine Titelleiste

Nur in Ausnahmefällen sollte auf eine Titelleiste ganz verzichtet werden. Immerhin ist es dem Benutzer dann nicht mehr möglich, das Fenster zu verschieben — bei der Herstellung eines neuen Controls ähnlich einem Popup-Menü oder einer aufgeklappten Combobox mag das aber auch gelegentlich einmal sehr nützlich sein.

3.7.4.2 Schließbutton

Modale Dialoge sollten nach Möglichkeit auf einen Schließbutton verzichten. Die inhaltliche Gleichsetzung „Schließen gleich Abbrechen oder Verneinen" ist nicht gerade auf Anhieb einleuchtend und könnte daher zu unnötigen Verwechslungen führen. Dialoge, die die Wahl lassen zwischen „Ok" und „Abbruch" oder „Ja" und „Nein" benötigen keine dritte Alternative, zumal der Schließbutton nicht leichter zu treffen ist als ein Pushbutton. Selbstverständlich sollte aber eine Abbruchmöglichkeit über die <Esc>-Taste bestehen.

3.7.4.3 Minimize/Maximize

Lassen sich modale Dialoge verschieben, können diese beiden Titelleisten-Schaltflächen ebenfalls entfallen. Nicht-modale Dialoge sollte man aber schon auf Knopfdruck minimieren können, um darunter liegende Information sichtbar zu machen.

3.7.4.4 Veränderbare Größe

Es gibt nur selten gute Gründe, dem Anwender das Vergrößern/Verkleinern eines Childwindows zu erlauben — und meines Erachtens keine, um das bei einem Dialogwindow zu gestatten. Dimensionieren Sie Controls stets so, daß die darzustellende Information vollständig sichtbar ist. Bei unterschiedlichen großen Spalten in Listen beispielsweise kann sehr einfach die maximale benötigte Breite der Texte ermittelt und das Fenster dann in entsprechenden Ausmaßen erzeugt werden.

3.7.4.5 Systemmodal

Systemmodale Dialoge, die nicht einmal einen Taskwechsel erlauben, sollten nicht zur Anwendung kommen. Dem Anwender sind sie zwar in Form der anscheinend unvermeidbaren GPF-Fehlermeldungen durchaus wohlbekannt, in einer Applikation gibt es aber sicher nur seltenst eine Eingabeforderung, die die Umschaltung in ein anderes Programm untersagt.

3.8 Register-Dialoge

Diese vor einigen Jahren aufgekommene Form von mehrseitigen Dialogen (auch je nach Betriebssystem Karteireiter, Notebooks oder Tabcontrols genannt) hat sich in kürzester Zeit als Standard durchgesetzt. Auch an eigenen Applikationen kann ich feststellen, daß diese Fensterart alle anderen fast vollständig verdrängt hat, ja daß ich sogar häufig an Stellen, an denen ich nur eine Maske benötige, schon prophylaktisch eine Lasche vorsehe, um bei einer späteren Erweiterung das Layout nicht anpassen zu müssen.

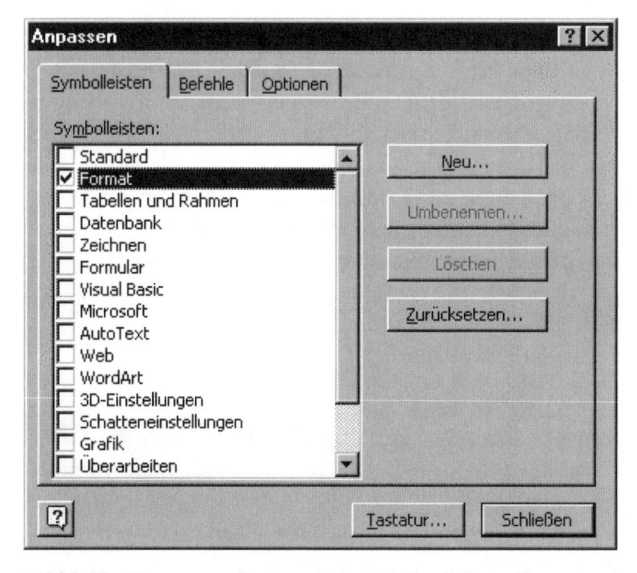

Bild 3.33: Ein ganz und gar unnötiger Folgedialog „Tastatur..."

3.8.1 Vorteile

3.8.1.1 Umsetzung einer gängigen Metapher

Registerdialoge sind in der Regel äußerst „problemkompatibel". Die einzelnen Daten, beispielsweise zu einem Kunden, sind übersichtlich in Form von Laschenfenstern gegliedert, auf die sehr schnell, und ohne weitere Fenster öffnen zu müssen, zugegriffen werden kann. Sie stellen eine sehr realistische Büro-Metapher dar und werden auch von ungeübten Anwendern sofort angenommen. Problematisch ist gelegentlich die Umschaltung der Laschen mit der Tastatur; hier ist es ratsam, Tastenkürzel für die einzelnen Laschen einzuführen. Ich benutze hierzu die Funktionstasten <F1> bis <F12>, die den schnellen Zugriff auf bis zu zwölf Laschenfenstern ermöglichen.

Ansonsten lassen sich Karteireiter aber auch in die Tab-Reihenfolge der Controls eingliedern; sind die Laschen dann fokussiert, erlauben die Cursortasten den Fensterwechsel. Die Kombination <Strg>+<Tab> ist zwar verbreitet, funktioniert aber nur sinnvoll, wenn das Laschenfenster das einzige geöffnete Childwindow ist.

3.8.1.2 Wahlfreiheit

Karteireiterfenster vermitteln dem Anwendern den Eindruck, er selbst kann über die Reihenfolge der Eingaben bestimmten. Sie unterstützen daher ideal ein benutzergestütztes Design und erfreuen sich daher großer Beliebtheit.

3.8.1.3 Einsparung von Menüoptionen

Da die einzelnen Laschen jeweils eigene und verhältnismäßig unabhängige Dialoge darstellen, entlasten sie die Menüstruktur. Wo früher für jede Lasche eine eigene Option zu definieren war, findet man heute meist nur noch eine einzige. Die Bedienung ist dadurch zwar prinzipiell nicht weniger aufwendig geworden, vermeidet aber ab dem Aufruf einer zweiten Menüoption resp. der Auswahl einer zweiten Lasche das erneute Aufklappen des Menüs. Für Anwendungen, die allerdings stets nur Eingaben in einer einzelnen Lasche fordern, sind mehr Mausklicks erforderlich; als Vorteil bleibt hier aber dennoch die bessere Übersicht und leichtere Erweiterbarkeit, ohne daß das Menü in seiner Struktur einer Änderung bedarf.

3.8.2 Beliebte Unschönheiten

3.8.2.1 Empfindlichere Optik

Allerdings sollten Laschenfenster grundsätzlich sehr sorgfältig gestaltet werden, da Unterschiede in der Controlanordnung auf einzelnen Seiten beim Blättern durch die Laschen unangenehm auffallen. Einzelne Dialogboxen sind hier sicher weniger kritisch, da man selten Vergleichsmöglichkeiten hat. Die Abbildung zeigt ein Beispiel mit einer unruhigen Optik, hervorgerufen durch uneinheitliche Anordnung der Controls der jeweils linken oberen Ecke.

Register-Dialoge 151

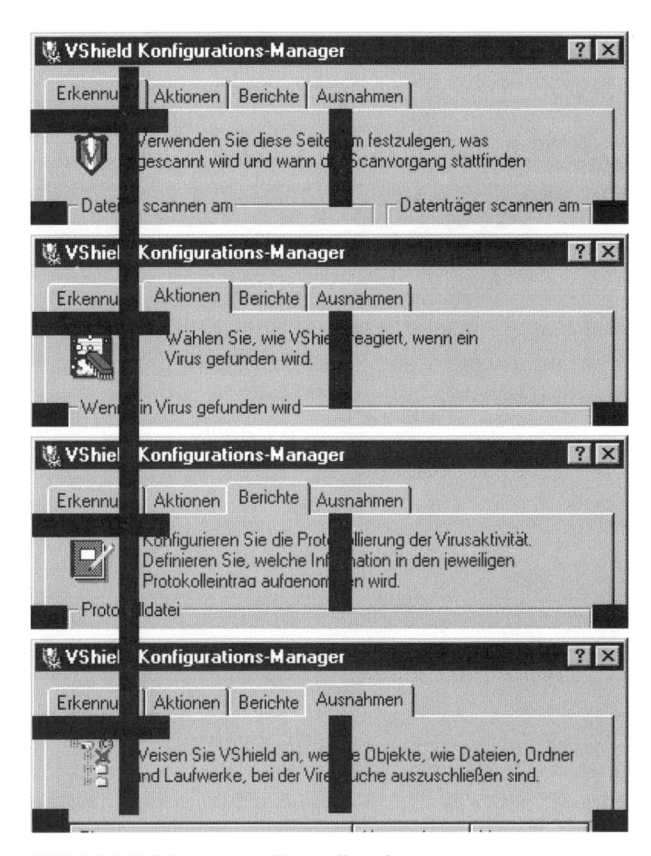

Bild 3.34: Tabfenster mit Kontrollmarkierungen

3.8.2.2 Unnötige Folgedialoge

Hat man sich für Karteireiterdialoge entschieden, sollte diese Technik aber auch konsequent zur Anwendung kommen. Leider findet man sehr häufig trotzdem noch Folgedialoge, die über Buttons zusätzlich zu öffnen und natürlich auch wieder zu schließen sind und somit das Konzept, sämtliche Laschenfenster über ein gemeinsames Hauptfenster anzuzeigen, ärgerlicherweise unterwandern. Im Beispiel der Abbildung 3.35 könnte der Dialog als zusätzliche vierte Lasche implementiert werden und ersparte dem Anwender das Öffnen und Schließen dieses Dialogs.

3.8.2.3 ...auch bei Windows 98

Windows 98 steht übrigens älteren Versionen in diesem Punkt nicht nach: Der neue und sicher in der Anfangsphase häufig geöffnete Dialog „Ordneroptionen" zur Einstellung der neuen Web-kompatiblen Bedienungstechniken bietet anstelle einer sinnvollen vierten Lasche leider ebenfalls einen Pushbutton „Einstellungen...". Dabei wäre es ein leichtes, diese Lasche nur in dem Falle zu enablen, wenn der entsprechende Radiobutton betätigt wäre.

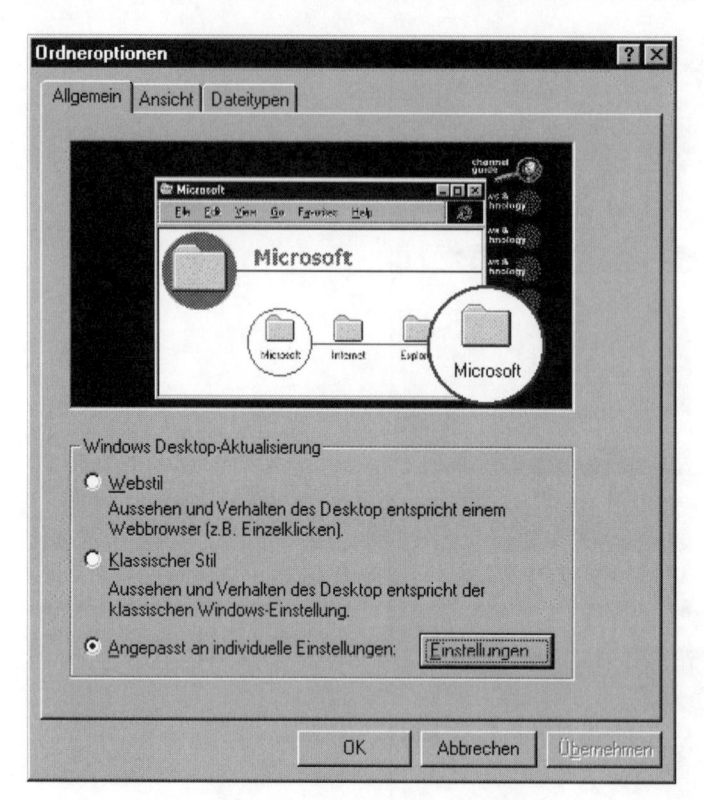

Bild 3.35: Windows 98-Dialog „Ordneroptionen"

3.8.3 Vorgehensweise

Die Charakteristika von Tabcontrols sind im Kapitel 5.25 beschrieben. Hier soll die Vorgehensweise bei der Ermittlung eines geeigneten Grundlayouts aufgeführt werden.

3.8.3.1 Controls außerhalb der Laschen

Als erstes sollen jene allgemeinen Controls festgelegt werden, die außerhalb der Laschenfenster liegen. Dazu zählen laschenübergreifende Pushbuttons, Suchcontrols oder Auswahlelemente zur Bestimmung beispielsweise der Sortierreihenfolge.

3.8.3.2 Controls oberhalb der Laschen

Möglicherweise sind solche Controls aber besser in der Toolbar aufgehoben. Da die Verwendung mehr als etwa eines halben Dutzend Toolbar-Bitmapbuttons nicht empfehlenswert ist, bleibt hier meist noch ausreichend Platz für andere Controls, die in allen Laschen Gültigkeit haben. Solche, die kontextabhängig nicht aktiv sein sollen, lassen sich schnell disablen.

Register-Dialoge 153

3.8.3.3 Pushbuttons am unteren Rand

Die Plazierung von Pushbuttons, die für alle Laschen gelten, am unteren Fensterrand ist ebenso üblich wie sinnvoll. Nicht-modale Karteireiterfenster erhalten üblicherweise statt eines Buttons „Ok" einen mit der Beschriftung „Schließen". Achten Sie darauf, eine Undo-Funktion so zu implementieren, daß sie auch noch nach Wechseln von Laschen greift.

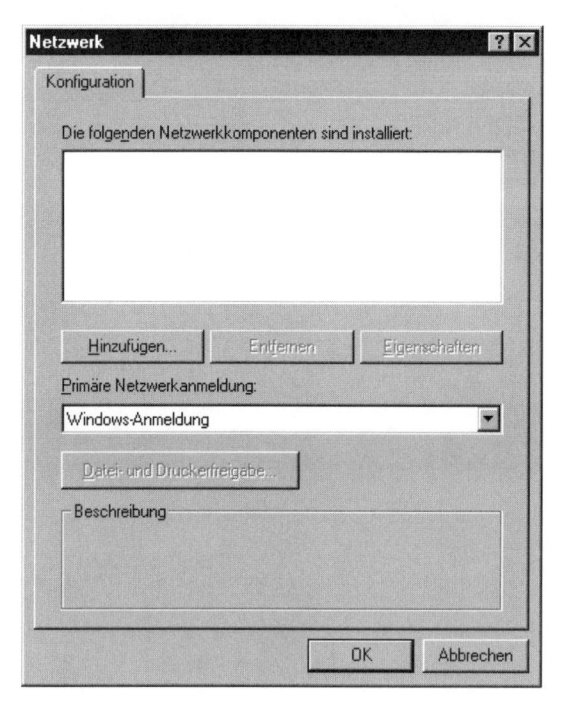

Bild 3.36: Gut erweiterbar: Laschenfenster mit nur einer Lasche

3.8.3.4 Maximale Größe eines Laschenfensters

Die Tabelle 3.1 beinhaltete einige in der Praxis bewährten Maße für Karteireiterdialoge. Grundsätzlich ergibt sich die maximale Größe eines Laschenfensters aus der Höhe des freien Arbeitsbereiches der Shell und den Randbreiten des Childwindows. Achten Sie darauf, das erste Control links oben an stets gleicher Stelle zu plazieren.

3.8.3.5 Tabcontrol mit nur einer Lasche

Auch solche Dialoge sind keineswegs ungewöhnlich. Sie bieten ganz offenbar reichlich Platz für zukünftige Erweiterungen und stimmen den Anwender schon einmal auf andere Dialoge ein, die dann mehr Laschen besitzen...

3.9 Teilbare Fenster

3.9.1 Explorer-Fenster

Der Explorer hat nicht nur den alten Dateimanager komplett abgelöst, sondern auch stilbildend für eine bestimmte Art von Dialog gewirkt, bei denen im linken Bereich Elemente aus einem TreeView-Control ausgewählt werden, deren Treffer dann im rechten ListView-Control in Form einer mehrspaltigen Liste zur Anzeige gelangen. Diese Art der Aufteilung läßt sich durchaus auch auf Geschäftsapplikationen übertragen, bei denen beispielsweise im linken Baum die Kunden, in der rechten Liste die Bestellungen des aktuellen Kunden angezeigt werden.

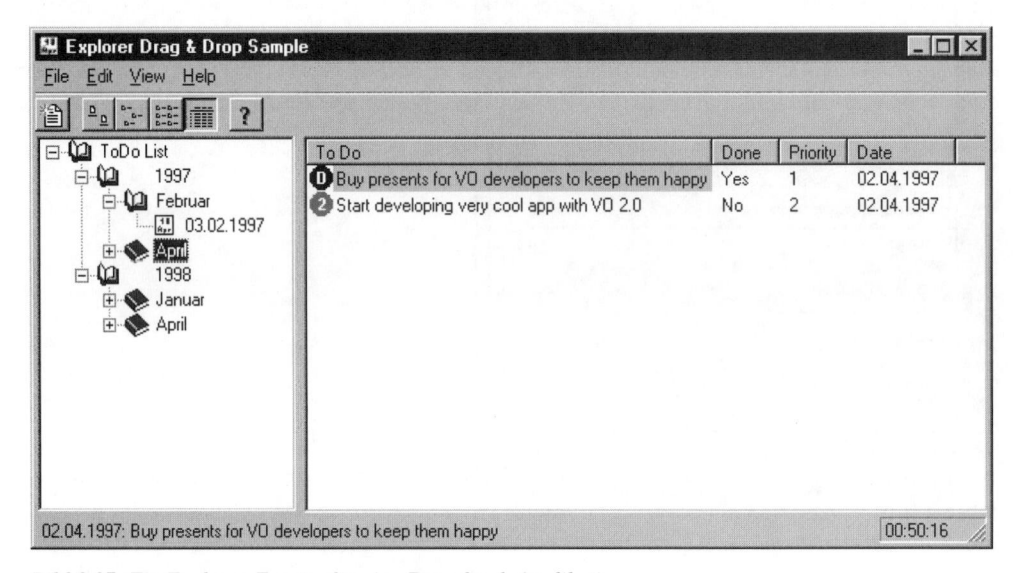

Bild 3.37: Ein Explorer-Fenster für eine Datenbank-Applikation

3.9.1.1 Besonderheiten

Diese Fenster sind allerdings für Einsteiger nicht ganz unproblematisch, weil normalerweise der linke Baum nie sämtliche Elemente (also beispielsweise sämtliche Kunden) enthält. Der Anwender muß schon selbst auf die Idee kommen, durch Aufklappen entsprechender Zweige sich dem Zielgebiet zu nähern. Entspricht eine solche hierarchische Gliederung nicht der realen Welt, kann sich der Benutzer in den Tiefen des Baumes schon ziemlich verirren.

Über einen Teilungsbalken läßt sich eine individuelle Dimensionierung des Baumes und der Liste einstellen; auch hier kann nicht erwartet werden, daß der Anwender sich die Arbeitsoberfläche erst optimal einrichtet. Man sollte daher beim Öffnen solcher Fenster darauf achten, daß die Teilbereiche gleich gebrauchsfertig sind.

3.9.1.2 Geschäftsapplikationen

Nicht jede Art einer Applikation läßt sich übrigens ideal mit dieser Art Fenster realisieren. Die Hierarchie des linken TreeView-Controls darf keinesfalls zu viele Zweige haben; ebenfalls ist die sinnvolle Anzahl von ListView-Einträgen begrenzt. Zwar plant Microsoft ein dynamisches Control, das im Hintergrund gefüllt werden kann — aber letztendlich ist nicht nur die reine Ladezeit mit der Anzahl der dargestellten Zeilen von Bedeutung, sondern vor allem die Frage, mit vielen Tastendrucken oder Mausklicks der Anwender in der Lage ist, den gewünschten Eintrag zu lokalisieren.

Im gezeigten Beispiel der Abbildung 3.37, einer kleinen Termin-Datenbank, ist die hierarchische Kalenderstruktur gut abbildbar, weil die Anzahl der zu erwartenden Termine pro Tag eine natürliche Obergrenze besitzt. Bei einer Adressdatenbank dagegen käme eine alphabetische Register kaum in Frage, weil die einzelnen Anfangsbuchstaben sicher eine zu große Anzahl von Sätzen repräsentieren würden. Das Aufklappen vieler Baumknoten im linken Teil wäre aber kaum zumutbar, zumal viele Anwender die schnellere Tastaturbedienung über die automatische inkrementelle Suche und den Tasten <+>, <-> und <Backspace> nicht der hier deutlich unpraktischeren Maus vorzuziehen scheinen.

3.9.2 Split-Windows

3.9.2.1 Besonderheiten

Split-Windows gehen noch einen Schritt weiter, indem sie die Definition von maximal vier mal vier Teilbereichen innerhalb des Hauptfensters erlauben, denen beliebige Fensterarten zugewiesen werden können. Es ist wiederum Sache des Anwenders, sich die einzelnen Segmente so aufzuteilen, daß ein übersichtliches Arbeiten möglich ist.

Die Gleichzeitigkeit der Teilfenster erfordert vom Anwender, daß er sich deren zur jeweiligen Situation passende Größe selbständig einstellt. Neben der Standardmöglichkeit, sie mit der Maus durch Ziehen der Teilungsbalken stufenlos dimensionieren zu können, sollten Sie zusätzlich über das Menü die Einstellung der jeweils vorgesehenen Größe erlauben. Rechnen Sie damit, daß ein ungeübter Anwender sich die Fensterflächen möglicherweise so einrichtet, daß Teile nicht mehr zu sehen sind. Speichert das Fenster seine Positionsdaten dann auch noch automatisch ab, sollte vielleicht beim Öffnen eine Validierung der Koordinaten erfolgen, die unsinnige oder irrtümliche Angaben korrigiert.

3.9.2.2 Tastenkürzel zur Bereichsaktivierung

Sehen Sie für diese Optionen zusätzlich auch Tastenkürzel vor, damit eine schnelle Anpassung der einzelnen Arbeitsbereiche gewährleistet ist. Beispielsweise könnte die Tastenfunktion <Strg>+<1> mit der Maximierung bzw. Optimierung der Größe des ersten Teilbereichs belegt werden, und so fort. Windows sieht hier sonst die Kombinationen <Strg>+<Tab> und <Shift>+<Strg>+<Tab> bzw., beinhaltet der Teilbereich nur ein Control, auch <Tab> und <Shift>+<Tab> vor.

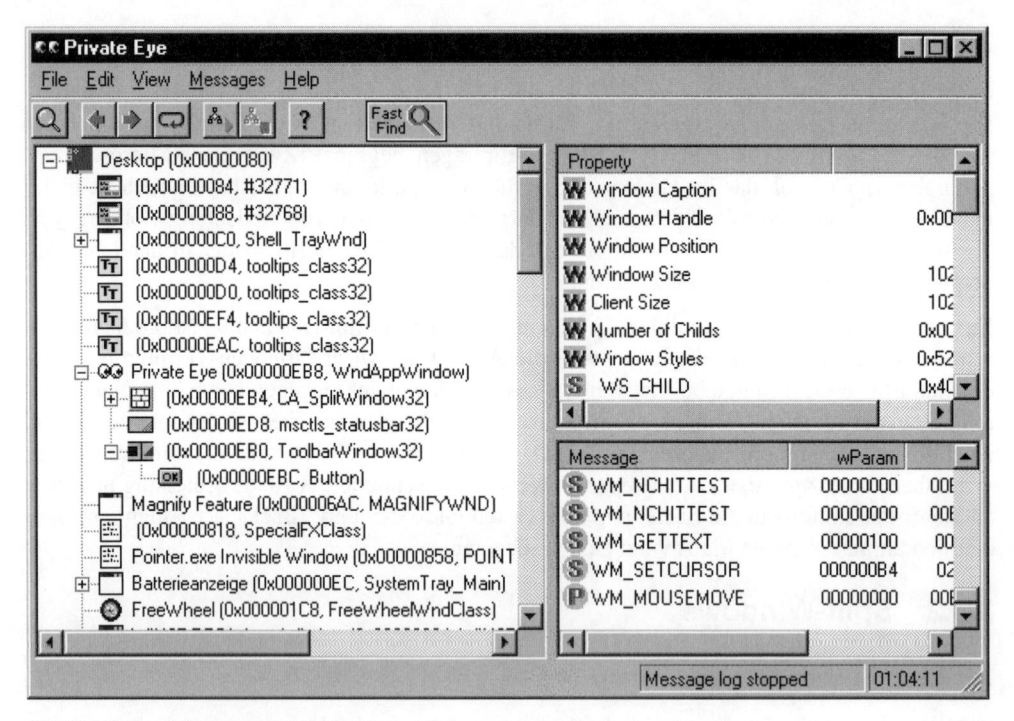

Bild 3.38: Ein Split-Window mit drei Bereichen

3.9.2.3 Typische Einsatzgebiete

Applikationen, bei denen der Vorteil von Splitwindows, auf beliebig große und unterschiedlich gestaltete Fenster gleichzeitig zugreifen zu können, besonders zum Tragen kommen, sind alle Arten von Explorern, bei denen neben einer Grob- und Feinauswahl von Daten über TreeView- und ListView-Controls auch beispielsweise in einem dritten Bereich der Inhalt der ausgewählten Datei sichtbar ist. Dateimanager werden heutzutage fast ausschließlich in dieser Form implementiert.

3.9.2.4 Geschäftsapplikationen

Bei Geschäftsapplikationen leuchtet die gleichzeitige Zugriffsmöglichkeit meist nicht so sehr ein, weil viele Anwender Dinge wie Buchungsvorgänge, Bestelleingaben, Informationsabfragen und dergleichen immer noch als sequentiellen Prozeß verstehen, der durch eine Folge von Fenstern oder zumindest eine Folge von Laschen eines Fensters besser und realistischer abgebildet wird.

Weicht ein Anwender von einer solchen eher festen und strengen Folge von Abläufen ab, um häufiger wieder in die Auswahl zurückzukehren, sollte diese Fensterart aber in jedem Fall in Betracht gezogen werden. Auch eher klassische Anwendungen wie Rechnungsprogramme lassen sich ja durchaus in Splitwindows darstellen; so könnte die Auswahl des Kunden, die Anzeige seiner Bestellungen, seiner Rechnungen, der Posten einer Rechnung etc. in etwa vier Teilbereichen erfolgen, die sich der Benutzer ganz nach Wunsch in der Größe einrichtet.

Klapp-Dialoge 157

Tribut zu zahlen wäre aber bei einem solchen Programm in jedem Fall insofern, als hier Auflösungen unterhalb von 1024 mal 768 Pixeln wenig Sinn machen und überhaupt insgesamt unkundige Anwender sich in den vielen Controls eher verlieren dürften, zumal kaum damit zu rechnen ist, daß er sich zu jedem Zeitpunkt die Arbeitsfläche angemessen einstellt.

3.10 Klapp-Dialoge

3.10.1 Wichtige und unwichtige Controls

Das erste Beispiel ist ein sehr typischer Dialog dieser Art. Auf Knopfdruck wird die Fläche nach unten verlängert und gibt den Platz frei für weitere Controls, die nicht immer benötigt werden. Im Normalfall und zugeklapptem Zustand ist dieser Dialog also erfreulich kompakt, sehr überschaubar und daher schnell und vergleichsweise fehlerfrei zu bedienen, da nur wichtigen Controls Platz gewährt wird.

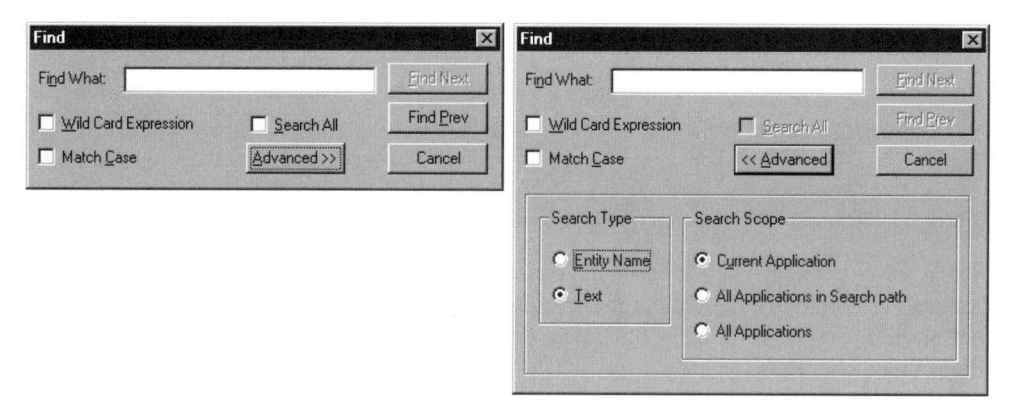

Bild 3.39: Typischer Klappdialog „Suchen"

Erkennungsmerkmal solcher Dialoge ist stets ein Button zum Auf- bzw. Zuklappen, dessen Beschriftung die charakteristischen Pfeile aufweist, die den aktuellen Zustand kennzeichnen. Die Beschriftung selbst sollte nach Möglichkeit unverändert bleiben; im aufgeklappten Zustand wird der Doppelpfeil nur dem Text vorangestellt. Alternativ findet man gelegentlich aber auch Beschriftungen wie „Erweitert" bzw. „Reduziert", ergänzt oft um einen nach unten bzw. nach oben deutenden Pfeil. Die erste Variante ist aber völlig ausreichend und hinreichend standardisiert.

3.10.1.1 Versteckte Optionen

Rechnen Sie allerdings damit, daß ein Anwender den Dialog nicht aufklappt. Im erweiterten Teil sollten also keinesfalls wichtige Controls untergebracht sein, die ein ungeübter Anwender nur schwer entdeckt. Die eigentliche Funktion des Dialogs sollte vollständig auch ohne Benutzung der Zusatzcontrols spezifiziert werden können. Sehr typisch ist die Erweiterungsmöglichkeit für Suchen-und-Ersetzen-Dialoge, die im Erweiterungsteil beispielsweise das Suchen von Tabulatorzeichen oder Formatierungen erlauben.

3.10.2 Einbahnstraßen

Ein unter Windows 98 recht häufig benutzter Dialog dient der Verwaltung der neu eingeführten Favoriten: Verzeichnisse oder Web-Seiten, auf die man schnell und bevorzugt zugreifen möchte. Der Dialog besitzt neben einem Klappbutton aber einige weitere Eigentümlichkeiten, die einer näheren Betrachtung wert sind:

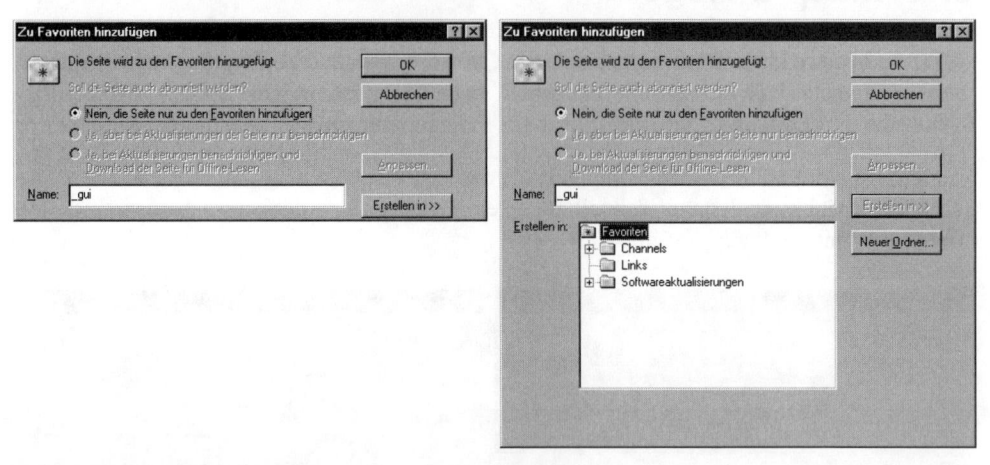

Bild 3.40: Windows 98-Klappdialog — sehr diskussionswürdig...

Schon im zugeklappten Zustand ist die Raumaufteilung sehr fragwürdig. Der Freiraum am rechten Fensterrand ist deutlich größer als am linken, dafür ist der „Erstellen"-Button viel zu tief plaziert. Besser wäre, da er funktional dem Eingabefeld zuzuordnen ist, eine Positionierung auf gleicher Höhe.

Im aufgeklappten Zustand hat der Dialog deutlichen Interims- und Entwurfscharakter: Es gelingt dem Gestalter, für die drei Buttonabstände immerhin drei unterschiedliche Varianten einzuführen. Eingabefeld und TreeView-Control sollten natürlich gleich breit und entsprechend linksbündig angeordnet sein. Die Einschränkung, den Dialog nicht wieder zuklappen zu können, leuchtet mir ebenfalls nicht so recht ein; der Klappbutton könnte sehr wohl aktivierbar bleiben, sollte aber eine veränderte Beschriftung, etwa „<< Einstellen in" erhalten, um den aktuellen Zustand zu signalisieren.

3.10.3 Alternativen

SplitWindows und Explorer erlauben die „stufenlose" Einblendung weiterer Controls, sind damit zwar flexibler — was nicht immer von Vorteil ist —, aber in der vernünftigen Bedienung auch anspruchsvoller. Klappdialoge finden häufig bei einer Vorschau-Option Verwendung, bei denen in einem zusätzlichen Fensterbereich der Inhalt einer Datei, beispielsweise eine Bitmap, angezeigt werden kann.

Spendierte man der Vorschau ein eigenes, separates Fenster, hätte das den Vorteil, daß dieses auch separat verschoben und beispielsweise individuell vergrößert werden könnte. Allerdings müßte der Anwender es auch ebenfalls separat schließen. Sind Klappdialoge vernünftig auf dem Bildschirm positioniert, ist das Vergrößern (also das Aufklappen) mit vergleichsweise

Assistenten 159

wenig optischen Störungen verbunden. Ist der Dialog allerdings eher unglücklich am Bildschirmrand plaziert, muß es vor dem Aufklappen zu verschoben werden, daß es anschließend auch in voller Größe und komplett zu sehen ist.

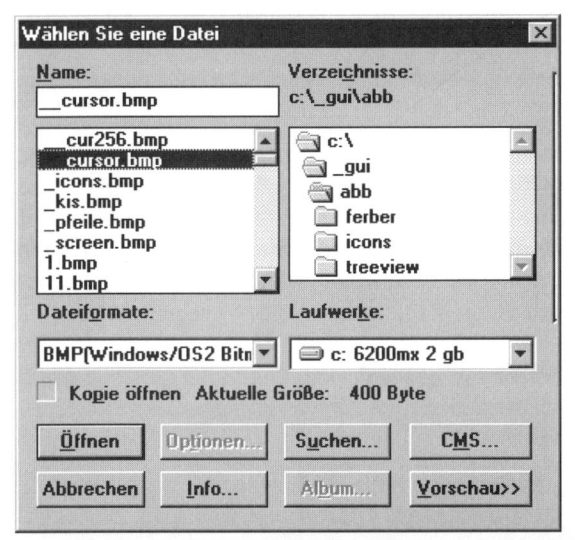

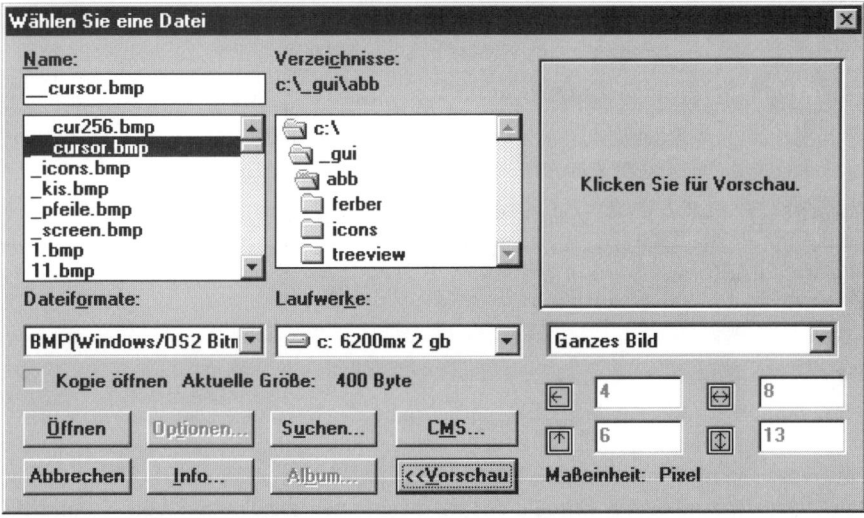

Bild 3.41: Ein typischer Klappdialog im normalen und erweiterten Modus

3.11 Assistenten

3.11.1 Gezieltes, schrittweises Vorgehen

Assistenten spielen insbesondere bei der Installation von Software und dem nachträglichen Einrichten neuer Komponenten eine große Rolle. Sie nehmen den Anwender bei der Hand und suggerieren ihm eine sichere Führung durch den Installationsdschungel, bei der dann hoffentlich auch nichts passieren wird.

Die insgesamt für den Vorgang notwendige Information wird Schritt für Schritt abgefragt; jederzeit besteht die Möglichkeit, den letzten Schritt zu wiederholen oder zu korrigieren. Nach vollständiger Abfrage der notwendigen Daten — meist nur wenige pro Seite — erfolgt dann der gewünschte Vorgang.

3.11.1.1 ... und Zurückgehen

Wie die Beschreibung bereits erkennen läßt, handelt es sich bei solchen Fenstern um eine sehr behutsame und vergleichsweise rigide Art, Informationen stark unterteilt abzufragen. Für den Kenner sind sie daher meist unnötig aufwendig und zeitraubend. Ist ihm die Applikation hinreichend vertraut, wird er es eher schätzen, mehrere Eingaben auf einer Seite oder in einer Gruppe von Controls vornehmen zu können.

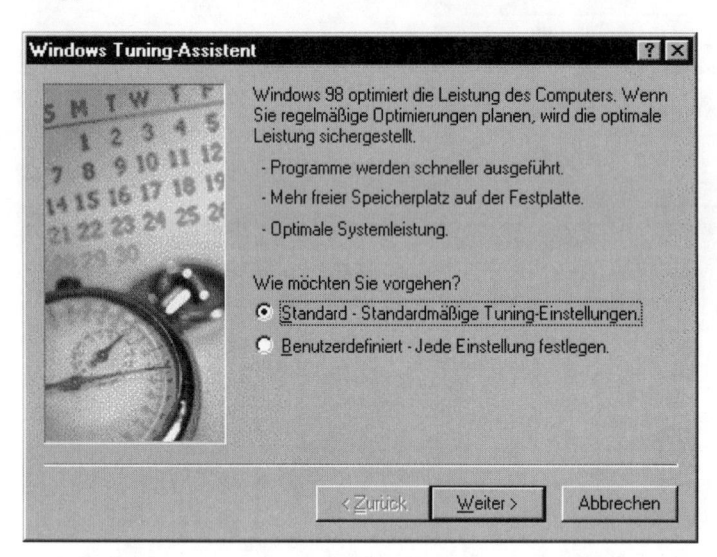

Bild 3.42: Ein typisches Assistentenfenster

Wenngleich kundige Anwender gelegentlich gerne mal mehr Kontrolle über das Fortschrittstempo hätten und sicher auch mal die eine oder andere Seite überspringen möchten, ist der zeitliche Mehraufwand aber auch für den Profi erträglich. Ideal verhält sich Software, wenn sie die Möglichkeit bietet, den Schritt-für-Schritt-Assistenten zu überspringen — und die Dateien auch wirklich erst nach Bestätigung der letzten Seite installiert werden.

3.11.1.2 Kombination Tabcontrol / Assistent

Ein geübter Benutzer wird versuchen, das schrittweise Vorgehen zu beschleunigen, indem er etwa einzelne Wizardseiten ignoriert. Hier bietet sich an, neben den beiden Schaltflächen für den Anwender, der die sequentielle Reihenfolge schätzt, eine zusätzliche Reihe mit Laschenfenstern anzulegen, die über die Buttons „Zurück" und „Vor" durchgeschaltet werden. Allerdings könnten diese Laschen den Anfänger wiederum verwirren. Am besten bietet man also diese beiden Varianten separat an und überläßt es dem Anwender, welche Vorgehensweise er bevorzugt. Bestrafen Sie jedoch grundsätzlich nicht den Kenner dafür, daß Einsteiger besser mit Assistentendialogen zurechtkommen.

3.11.1.3 Graphische Elemente

Das linke Drittel des Dialogs beinhaltet stets eine Bitmap, die häufig nur eine Art Markenzeichen des Herstellers ist oder den Dialog näher charakterisiert. Besser ist die Darstellung der bisher gesammelten Informationen oder beispielsweise die Einblendung einer Voransicht des schrittweise zu definierenden Resultats.

Eine solche Bitmap könnte auch sehr gut illustrieren, an welcher Stelle der Anwender sich gerade innerhalb des Ablaufs befindet, wie viele Schritte noch auszuführen sind, welche Ergebnisse mit den bisherigen Punkten bereits definiert sind und dergleichen. Eine rein statische Bitmap wäre jedenfalls in den allermeisten Fällen eher nur eine Platzverschwendung.

3.11.1.4 Dialoge nicht für jeden Zweck

Die Assistenten-Vorgehensweise, ein eher komplexes Problem in sehr feine, einzelne Schritte zu zerlegen, bietet sich sicher nicht immer an. Ideal sind die für Dinge, die in einem sehr frühen Stadium ausgeführt werden müssen, zu einer Zeit, wenn der Anwender noch nicht allzu vertraut mit der Software selbst ist. Ein Assistentendialog, der häufig benötigt wird, verlangsamt die Spezifizierung der notwendigen Daten, da auch ein Neuling nach wenigen Malen mit dem Ablauf so vertraut sein wird, daß ein Karteireiterfenster effizienter zu bedienen wäre.

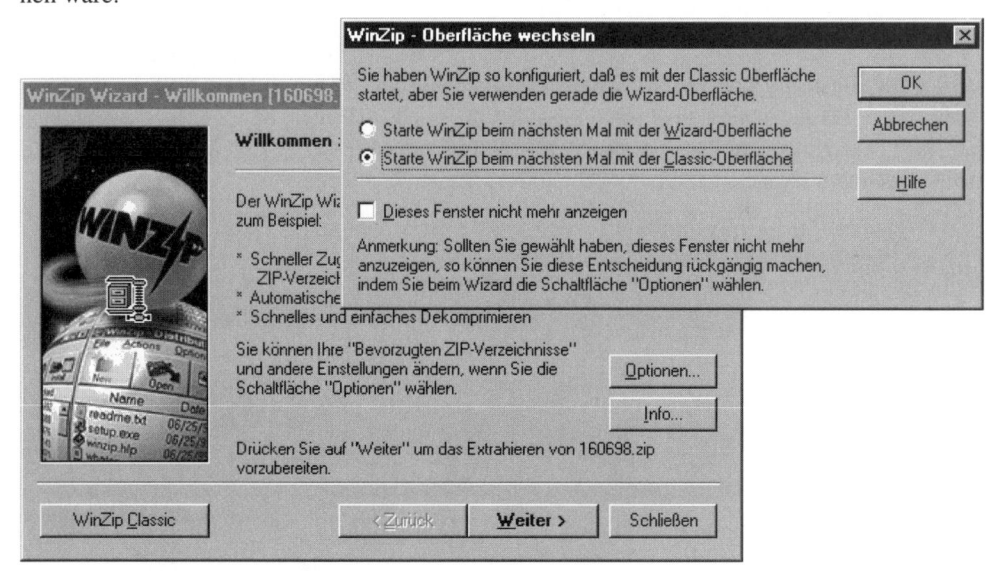

Bild 3.43: Beispiel für die Möglichkeit, optional einen Assistenten zu verwenden

Über den genannten Zweck hinaus, Software oder Komponenten zu installieren, sollte ein Assistentenfenster nur zum Einsatz kommen, wenn auf die strikte Reihenfolge der Seiten zu achten ist. Sonst bietet ein Karteireiterfenster dem Anwender beispielsweise die Möglichkeit, mehrere Seiten auf Wunsch und in beide Richtungen zu überspringen und überhaupt die notwendigen Informationen in größerer Eigenverantwortung und Umgehung einer festen Reihenfolge eingeben zu können.

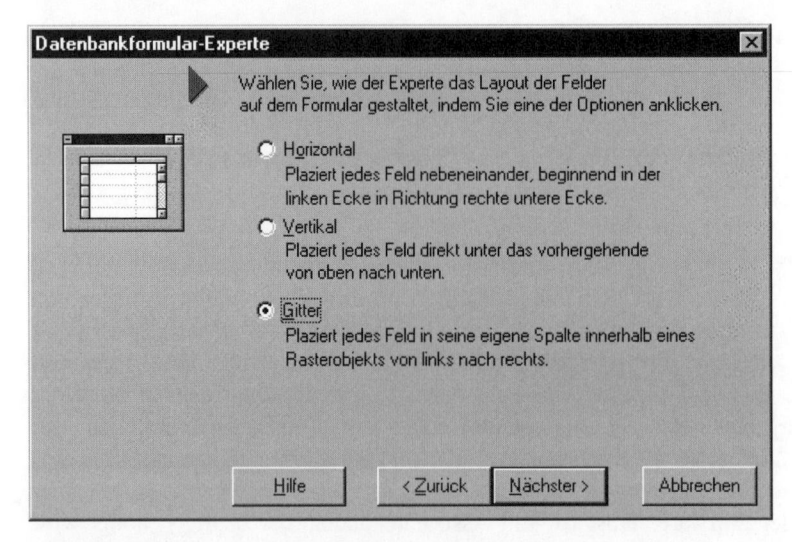

Bild 3.44: Nützliche und kontextabhängige Bitmaps während des Entwurfs

3.11.2 Anordnung der Pushbuttons

Leider gibt es keine einheitliche Anordnung der Schaltflächen am unteren Rand, obwohl ja gerade für Einsteiger hier ein konstantes Erscheinungsbild wünschenswert wäre. Die in der Abbildung 3.44 gezeigte Reihenfolge ist jedenfalls nicht die meist übliche; hier ist die Reihenfolge des „Hilfe"- und des „Abbrechen"-Buttons sicher besser zu vertauschen: Die gängige Anordnung wäre sicher „Abbrechen, Zurück, Weiter, Starten, Hilfe".

ND
4 Menüs

4.1 Dieses Kapitel...

...beinhaltet die Konzepte für eines der wichtigsten und sicher am häufigsten angeklickten GUI-Elemente: Menüs erlauben den Zugriff auf den größten Teil der Funktionalität einer Applikation. Ergonomische Fehler in diesem Bereich haben besondere Auswirkungen auf die Art der Bedienung und die Geschwindigkeit, mit der der Anwender die Funktionen eines Programms auszulösen in der Lage ist.

Neue Applikationen werden stets durch Abfahren der Menüs ausgekundschaftet. Leider sieht man in nahezu allen Applikationen auch später immer wieder Anwender sich umständlich durch Menüs hangeln auf der Suche nach einer Option, deren Lage durch den Menütext und -position allein offenbar nicht ausreichend präzise beschrieben ist.

4.2 Grundsätzliches

4.2.1 Die Elemente eines Menüs

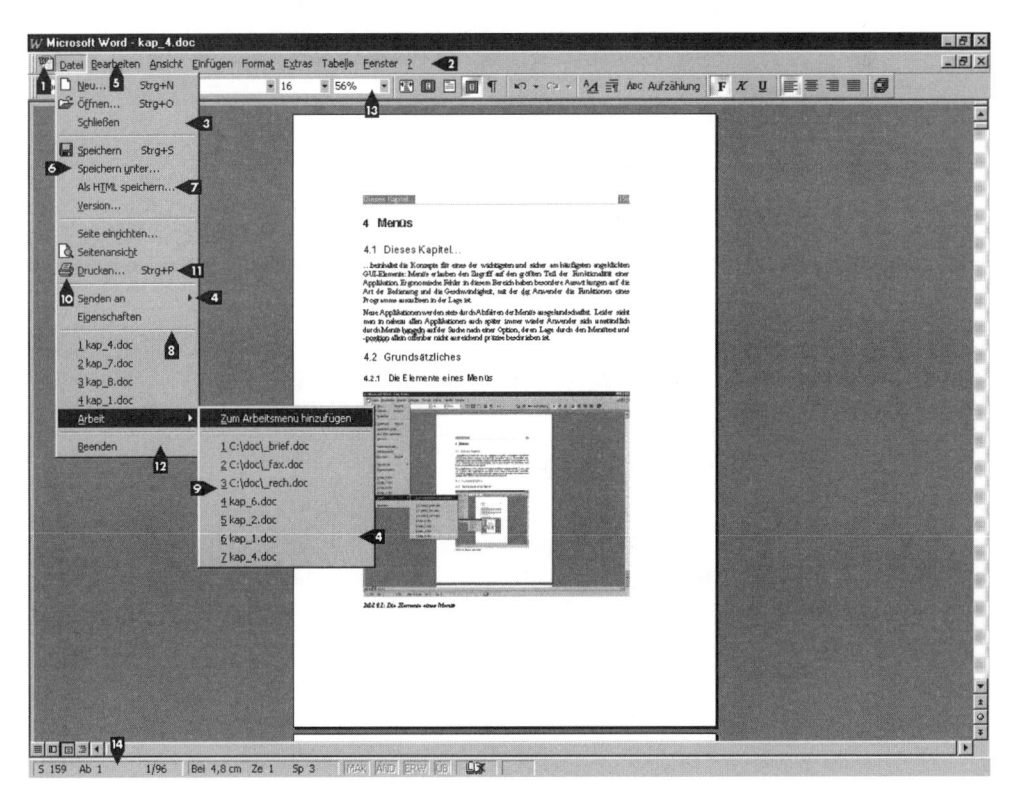

Bild 4.1: Die Elemente eines Menüs

1	Objektmenü	8	Trennlinie
2	Menüleiste	9	Hotkey
3	Pulldown-Menü	10	Toolbarbitmap
4	Untermenü	11	Tastenkürzel
5	Menütitel	12	Leider fehlendes Tastenkürzel
6	Menüoption	13	Toolbar
7	Ellipse	14	Statusbar

4.2.2 Zur Nomenklatur

Menüs enthalten in sichtbarer Form einen großen Teil der Gesamtfunktionalität einer Applikation. Anwender brauchen sich keine Kommandos zu merken — wenn sie allerdings die Menüs häufig gleichermaßen umständlich wie zeitaufwendig nach einer Option absuchen müssen, spricht das nicht gerade für eine gut organisierte Struktur. Menüs sollten nicht nur ausreichend selbsterklärend für Anfänger sein, sondern es auch dem Kenner ermöglichen, schnell auf Optionen zugreifen zu können.

Leider gibt es eine leicht babylonische Sprachverwirrung bei den diversen Bezeichnungen der nicht minder diversen Menüarten — daher vorab ein paar eventuell klärende Worte:

4.2.2.1 Menüleiste

Die Menüleiste wird meist am oberen Rand eines Fensters angezeigt. Obwohl Windows die Menüleiste automatisch bei Verkleinerung des Fensters mehrzeilig umbricht, sollte man darauf achten, daß zumindest in der Standardauflösung alle Optionen in eine Zeile passen. Neuere GUI-Systeme unterstützen meist dockbare Menüs, die der Benutzer beliebig im Inneren des Fensters plazieren kann. Aus Konsistenzgründen sollte sich aber beim Programmstart die Menüleiste am oberen Fensterrand befinden.

Übrigens haben andere Dinge als Menüoptionen in der Menüleiste nichts verloren: Also blenden Sie hier bitte weder eine Copyrightmeldung, die Uhrzeit noch sonstige Informationen ein, die — wenn überhaupt — maximal in der Statusbar Platz finden sollten.

4.2.2.2 Pulldown- und Dropdown-Menüs

Pulldown-Menüs werden auch als Dropdown-Menüs bezeichnet. Der subtile Unterschied besagt, daß diese durch Mausdrücken, Ziehen und letztendlich Loslassen der Maustaste betätigt werden, man jene durch einen Mausklick aufklappt, dann mit einem weiteren Klick entweder eine gewünschte Option auswählt oder, wenn die Maustaste außerhalb einer Menüoption losgelassen wird, das Menü wieder folgen- und aktionslos schließt. Windows-Menüs unterstützen automatisch beide Möglichkeiten.

4.2.2.3 Kontextmenüs

Kontextmenüs werden stets durch einen Mausklick mit der rechten Maustaste an Ort & Stelle aufgeklappt. Controls und Fenster können solche Menüs besitzen: unter Windows 98 hat die

Anzahl von Steuerelementen, die ein Kontextmenü besitzen, stark und geradezu inflationär zugenommen. Schade — aber dazu später mehr — daß nicht ein leicht modifizierter Mauszeiger ein vorhandenes Kontextmenü dem Anwender deutlich signalisiert.

4.2.2.4 Popup-Menüs

Als Popup-Menüs sind eigentlich jene gemeint, die über eine Schaltfläche, die wie ein Pushbutton aussieht, aufgeklappt werden. Ein kleiner schwarzer Pfeil neben dem Text unterscheidet ein Popup-Menü von einem Pushbutton. Unter Windows ist diese Menüart allerdings so selten, daß man häufig Kontext- und Popup-Menüs synonym verwendet.

4.2.2.5 Systemmenüs

System- oder neuerdings auch etwas sehr allgemein Objektmenüs klappen auf, wenn das Objektsymbol, das kleine Icon in der linken oberen Fensterecke, angeklickt wird. Per Tastatur kann das bei Hauptfenster mit <Alt>+<Leertaste>, bei Childwindows mit <Alt>+<Minus> geschehen. Windows besitzt ein Standard-Systemmenü für Dialoge, das aber auch modifiziert oder komplett durch ein eigenes Menü ersetzt werden kann.

4.2.2.6 Menütitel

Der Menütitel ist der Text in einer Menüzeile eines Pulldown-Menüs. Menütitel bleiben auch dann angezeigt, wenn kein Menü aufgeklappt ist. DATEI BEARBEITEN ANSICHT FENSTER sind beispielsweise die Menütitel eines Standardmenüs. Zwar können Menütitel prinzipiell auch aus einer Bitmap bestehen, in der Regel wird es sich aber um reinen Text handeln. Menütitel können keine Attribute wie eine Checkmarkierung (auch „Kontrollkästchen" genannt) oder ein Optionsfeld besitzen. Sie benötigen nicht zwangsläufig ein Pulldown-Menü; ein solcher Titel wird vereinbarungsgemäß mit einem Rufzeichen abgeschlossen.

4.2.2.7 Menüelemente

Menüelemente sind die eigentlichen, vom Benutzer auswählbaren Optionszeilen. Ein Element kann reinen Text, eine Bitmap, Text und Bitmap kombiniert, ein Untermenü oder eine Trennlinie enthalten. Text- und Bitmap-Elemente können Shortcuts wie beispielsweise <Alt>+<F4> zugeordnet sein.

4.3 Menüelemente

4.3.1 Texte

Der „Klassiker" der Menüelemente hat sicher seinen Ursprung aus der direkten Umsetzung von einzugebenden Kommandos zu Befehlsschaltflächen, die über die Anfangsbuchstaben oder eine Ziffer ausgewählt wurden. Die meisten Menüs dürften wohl ziemlich ausschließlich solche Elemente aufweisen.

4.3.2 Bitmaps

Der Einsatz von Bitmaps als Menüoptionen anstelle von Text ist sinnvoll, wenn eine textliche Beschreibung einer Option nur umständlich oder zu ausführlich wäre. Viele Graphik- und Konstruktionsprogramme bieten zur Auswahl von Farben, Linienarten, Füllmustern und dergleichen gleich die entsprechenden Symbole an. Ansonsten sollten Sie bedenken, daß Bitmaps sich nicht mit einem Hotkey bestücken lassen, und insofern per Tastatur nur die aufwendige Wahl über die Navigationstasten bleibt.

4.3.3 Texte und Bitmaps

Existiert zu einer Menüoption auch ein Toolbar-Button, sollte dieser zusätzlich in der ersten Spalte vor dem Menütext eingeblendet werden. Die meisten Office-Pakete sind hier bereits Vorreiter; bei Windows 98 ist dergleichen dann Standard. Daß das auch bei Tooltips ratsam wäre, ist aber noch nicht allgemein durchgedrungen — leider auch nicht, daß eine etwaige Tastenkombination wie <Alt>+<F4> ebenfalls im Tooltip erkennbar sein sollte.

Im Falle des Windows 98-Explorers wünscht man sich neben dem sichtbaren <Alt>+<F4>-Shortcut natürlich auch Hotkeys für die angebotenen Dateiarten unterhalb der NEU-Option. Es müßte doch nun wirklich ein jeweils eindeutiger Hotkey auch für dynamische Optionen auszurechnen sein bei soundsoviel Megahertz Taktfrequenz — zumal bereits der Anfangsbuchstabe bis auf eine hauseigene Ausnahme im Beispiel schon der passende wäre...

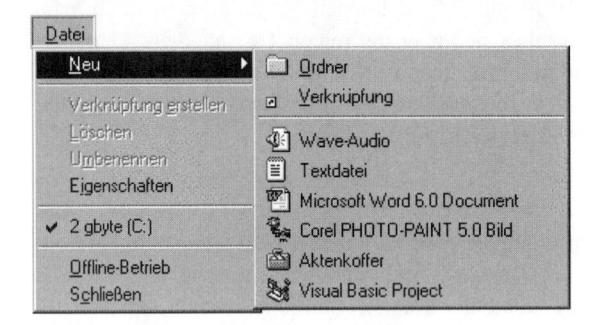

Bild 4.2: Windows 98-Explorer: Sinnvolle Text-/Bitmap-Kombination

4.3.4 Trennlinien

Trennlinien dienen zur Gruppierung von Elementen und deren Abgrenzung von inhaltlich anderen Optionen. Obwohl einige Programmiersprachen die Kombination von Text- und Linienelement erlauben, ist eine Trennlinie nicht zusätzlich zu beschriften.

4.3.5 Untermenüs

Wiewohl sie sich äußerst großer Beliebtheit und einer geradezu hingebungsvoll verschachtelter Tiefe erfreuen, sind aufklappbare Menüs nur mit Bedacht und sehr behutsam einzusetzen, um die Zugriffszeit bei Auswahl einer Option nicht unnötig auszudehnen. Im weiteren Verlauf dieses Kapitels werden sie noch ausführlich zur Sprache kommen. Untermenüs erhalten am rechten Rand stets einen kleinen schwarzen, nach rechts zeigenden Pfeil — übrigens auch, wenn sie aus Platzmangel nach links aufgeklappt werden.

4.3.6 Kurzbeschreibungen

Zum aktuell selektierten Menüelement läßt sich eine Beschreibung in der Statusleiste ausgeben. Alternativ wäre, etwas exotischer und nur empfehlenswert, wenn man auf eine Statusbar zum Beispiel aus Platzgründen verzichten möchte, auch die Ausgabe in der Überschrift des Fensters denkbar. Vielfach findet diese Möglichkeit in Applikationen gar nicht oder eher dürftig Verwendung; ein Beispiel aus der realen Welt der Windows-Entwicklungssysteme bietet etwa zur Option PRINT sage und schreibe die Beschreibung „Prints" in der Statusleiste an — nun, da Windows-Programmierung eh eine Sache für gestandene Profis sein sollte, läßt sich das verschmerzen. Es wäre natürlich interessant zu wissen, was dann gedruckt wird — den Luxus, hier beispielsweise zusätzlich auch gleich den aktuellen Druckertreiber und -kanal, vielleicht sogar den Online-/Offline-Zustand anzuzeigen, leisten sich allerdings leider auch die meisten Businessprogramme nicht.

Ähnlich wie Quelltexte als Kommentare häufig nur die einfache Übersetzung der Codewörter beinhalten — ENDDO /* Ende der Schleife */ und ähnliche Überraschungen eben —, reicht es bei den Optionsbeschreibungen häufig nur zur mehr oder weniger ausformulierten Wiederholung des Textes. Sinnvoller wäre der Einbau von Variablen, die dann konkret mit aktuellen Informationen bestückt werden, um anzuzeigen, welchen Kunden eine Löschaktion betrifft, welcher Datensatz zum Drucken ansteht und dergleichen mehr.

Auch mögliche Konsequenzen einer Handlung, Alternativen und ähnliche Hilfen bieten sich als Beschreibung in der Statusleiste an. Nutzen Sie den hier üppiger zur Verfügung stehenden Raum, um die notwendigerweise oft nur technische Kurzbezeichnung des Menütextes, der ja idealerweise aus einem einzigen Wort besteht, in der Sprache des Anwenders auszuformulieren.

Bild 4.3: Ist das wirklich noch eine Menüleiste...?

4.3.7 Windows 98-Menüs

Windows 98-Menüs sind nicht mehr auf die Verwendung der genannten Elemente beschränkt. Da auch die Unterscheidung von Menü-, Symbol-, Statusleisten und Toolbars wegfällt, Menüs beispielsweise beliebig an Fenster angedockt oder vom ihnen abgezogen werden können, wird es künftig möglich sein, es dem Anwender zu überlassen, sich seine Werkzeugsammlungen ganz individuell zusammenstellen und an beliebigem Ort ablegen zu können. Bleibt abzuwarten, ob solche Zutatenmischungen für alle Anwender noch genießbar bleiben und die klassische feste Vorgabe ebenso ablösen wie das Frühstücksbuffets und Selbstbedienungsrestaurants bereits geschafft haben...

Einige Microsoft-Produkte der Office 97-Linie benutzen übrigens bereits schon an einigen wenigen Stellen Controls wie Eingabefelder direkt innerhalb von Menüoptionen und erlauben auch das Verschieben des Menüs im Fenster.

4.4 Organisation

4.4.1 Plazierung

Unter Windows können Shellwindows und Childwindows Menüs erhalten und unterhalb der Titelleiste darstellen. Hat man mehrere Unterfenster derselben Art geöffnet, verstärkt die Zuweisung eines Menüs dem Childwindow selbst den Eindruck, daß die ausgewählte Option auch tatsächlich für dieses Fenster ausgeführt wird. Andererseits spart die Verwendung eines zentralen Menüs in der Shell Platz; dieses wirkt dann auf das jeweils aktive und über die Titelleiste ja auch hinreichend einfach erkennbare Fenster.

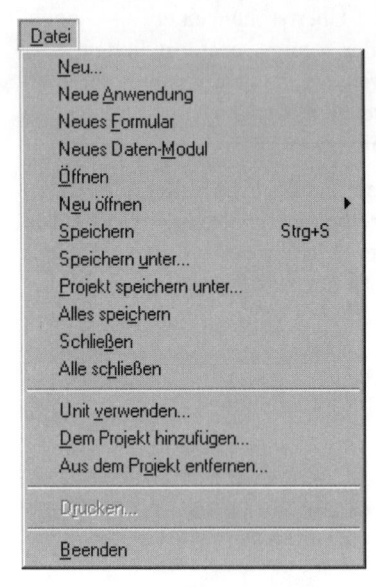

Bild 4.4: Zu wenige Trennlinien sorgen für zu wenig Übersicht...

4.4.2 Gruppierungen

4.4.2.1 Trennlinien

Bilden Sie innerhalb der Menüs sinnvolle Optionsgruppen, die durch eine Trennlinie von einander abgegrenzt sind. Leider findet man immer wieder Pulldown-Menüs, die mehr als ein Dutzend Optionen beinhalten, aber nicht einmal durch halbwegs gefällige Gliederung erträglich bzw. lesbar wären. Um die auch optisch möglichst gleichmäßige Verteilung von Optionsgruppen sicherzustellen, ist einmal mehr der bereits im vorherigen Kapitel erwähnte und allgemein für Gestaltungen praktische „Squint Test" hilfreich: Überprüfen Sie Menüs mit fast geschlossenen Augenlidern.

Auch professionelle Applikationen (hier: Delphi bzw. Windows 98.) weisen gelegentlich leichte optische Defekte auf; das sollte Sie also keineswegs entmutigen...

Im zweiten Beispiel haben sich versehentlich zwei Trennlinien untereinander eingeschlichen; das DATEI-Menü (Abbildung 4.4) glänzt durch Unübersichtlichkeit und den nahezu kompletten Verzicht auf beschleunigende Shortcuts. Hier sollte zumindest das schnelle Öffnen eines Projektes möglich sein. Gut gelöst dagegen ist die zusätzliche Option ALLES SPEICHERN, die andere gelegentlich erst dann anbieten, wenn man beim Aufklappen die <Shift>-Taste gedrückt hält.

Bild 4.5: ... mehr als eine Trennlinie braucht es aber auch nicht...

Daß natürlich zu kleine Gruppen aufgrund übermäßiger Trennungen ebenfalls optische Verwirrung stiften können, dürfte klar sein: Die Abbildung zeigt ein Menü mit einer Reihe von Trennlinien, die wenig Sinn machen, da die jeweils getrennten Optionen weitere Menüs aufklappen und damit ihren geringen inhaltlichen Bezug zeigen. Natürlich wäre auch zu überlegen, ob die Vielzahl der weiteren Untermenüs noch einen ausreichend schnellen Zugriff erlaubt.

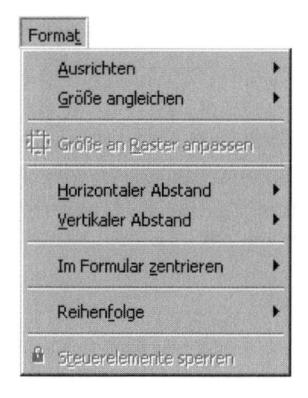

Bild 4.6: Zu viele Trennungen wirken ebenfalls unübersichtlich

4.4.2.2 Aufgabenkompatibilität

Die Struktur eines Menüs sollte der Struktur der Aufgabe angemessen und möglichst kompatibel sein. Das ist der Fall, wenn zur Lösung eines bestimmten Problems der Anwender etwa in gleicher Reihenfolge, in der die Optionen angeordnet sind, diese auch auswählt. Zudem sollten natürlich solche Optionen innerhalb eines einzigen Untermenüs darstellt sein, damit der Anwender nicht verschiedene Menütitel aufklappen muß. Häufig ist bei solchen linearen Funktionsabläufen allerdings als Alternative zu der Auswahl mehrerer Optionen hintereinander eine Dialogbox mit Karteireitern oder, sind die Masken in einer festen Reihenfolge zu durchlaufen, ein Assistentendialog sinnvoller.

4.4.3 Anzahl der Optionen

4.4.3.1 Automatisches Scrollen

Zwar werden Menüs, deren Anzahl nicht innerhalb des vertikalen Platzes dargestellt werden können, oben und unten automatisch mit Buttons zum Blättern versehen — aber wenn Sie die jemals im Leben zu Gesicht bekommen, wurden bereits einige Geschmacksgrenzen deutlich überschritten.

4.4.3.2 Hier wie oft: Die Millersche „7 +/- 2"-Regel

Hier wie auch auf vielen anderen Gebieten gilt die „7 +/- 2"-Regel der Gedächtnispsychologie, die 1956 der Psychologe George Miller in einem Artikel „The Magical Number Seven, Plus or Minus Two" aufgestellt hat und die besagt, daß es den meisten Menschen möglich ist, etwa 7 sogenannte „Chunks" im Kurzzeitgedächtnis zu speichern. Chunks können Telefonnummern, Zahlen, Zeichen, Worte und eben auch Menüoptionen sein.

Mit steigender Anzahl sinkt die Korrektheit der Wiedergabe erheblich — was man bei vielen Gelegenheiten des täglichen Lebens (bei Ratespielen etwa, bei denen mehr als 7 +/- 2 Gegenstände oder Begriffe zu behalten schon ordentlicher Trainiertheit bedarf, oder wenn die Anzahl von Gegenständen geschätzt werden soll) leicht selbst verifizieren kann. Dieser Effekt wurde bereits im 18. Jahrhundert von Sir William Hamilton und William Stanley Jevons erkannt und untersucht.

4.4.3.3 Ausnahme: Sinnvolle Gruppierung

Gruppieren Sie Optionen über Trennlinien in geeigneter Weise, bleiben auch Menüs mit etwa einem Dutzend Einträgen durchaus noch im schicklichen Rahmen. Linien fungieren zudem als optischer Stopper: Erfahrungsgemäß läßt sich eine Option vor einer Trennlinie verhältnismäßig leicht anwählen, da die Linie der Mauskoordination offenbar sehr dienlich ist und sozusagen eine Abbremsfunktion besitzt.

4.4.3.4 Optionen^{Ebenen}-Menüs

Untersuchungen zeigen, daß sogenannten 8^2-Menüs — das sind Pulldown-Menüs mit jeweils maximal acht Einträgen auf zwei Ebenen — die höchste Zugriffsgeschwindigkeit erlauben. Verzichten Sie nach Möglichkeit auf die zweite Ebene und ziehen Sie ihr in Grenzfällen lieber weitere Optionen mit entsprechenden Trennlinien vor.

4.4.4 Reihenfolge

Optionen können prinzipiell nach folgenden Grundsätzen sortiert sein:

- Zufällig

Bei vielen Applikationen kann man sich des Eindrucks nicht erwehren, daß diese sonst eher zu Recht zweifelhafte Technik durchaus zu sinnvolleren Ergebnissen führen kann...

- Alphabetisch

Diese bei DOS-Applikationen gelegentlich anzutreffende Variante ist brauchbar höchstens für einige wenige Optionen, für die keine andere Ordnung geeigneter wäre. Zwar ist die Suche in einer alphabetisch sortierten Liste naturgemäß sehr schnell, sollte aber vermutlich weniger als Menü denn besser in Form einer Listbox innerhalb eines Dialogs implementiert werden.

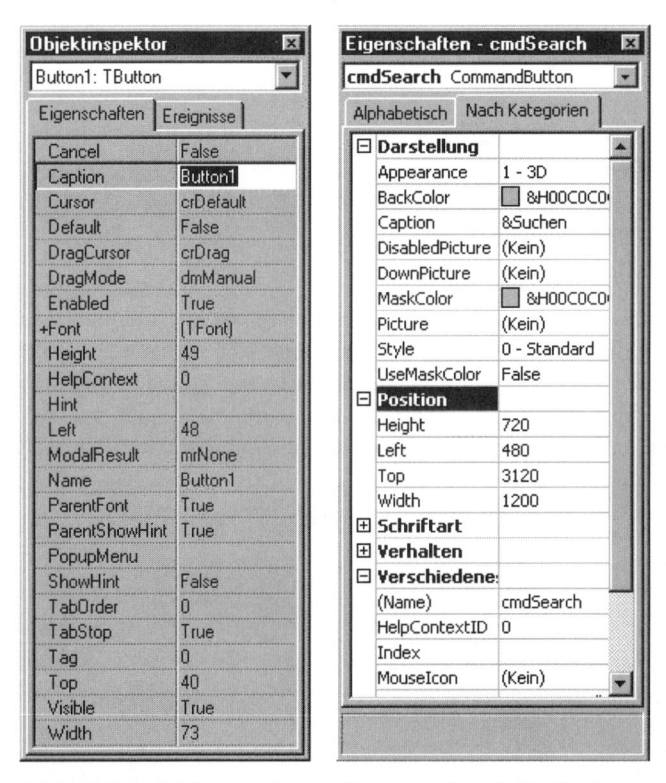

Bild 4.7: Beispiel für eine eher ungünstige alphabetische Sortierung — plus Verbesserung

Grundsätzlich ist eine alphabetische Sortierung fast immer ein Zeichen von mangelhafter Überlegung, ob es nicht eine geeignetere Lösung gibt. Hilfesysteme, die die Funktionen und Kommandos einer Programmiersprache auflisten, wären gut beraten, wenn sie — optimalerweise zusätzlich — eine Sortierung nach Wichtigkeit und Gebrauchshäufigkeit anbieten: Gerade der Einsteiger weiß bei einer schlicht alphabetischer Anordnung ja gar nicht, welche Funktionen wichtig, welche weniger wichtig und welche zumindest erst einmal völlig unwichtig sind. Visual Basic bietet beispielsweise für seine Steuerelemente-Palette sowohl die alphabetische Sortierung wie auch die nach Funktionsgruppen an; Delphi beschränkt sich auf erstere, was das Nachschlagen der vier Koordinaten eines Controls erschwert.

- Nach Häufigkeit

Für einen geübten und auf sie eingestellten Anwender könnte diese Methode zwar Zeit sparen, findet aber in der Praxis ebenfalls nur sehr selten Verwendung, zumal er dann sich einer stets wechselnden Optik ausgesetzt sieht, die eine Orientierung nach visuellen Mustererkennungs-Gesichtspunkten wie „die Option zwischen den beiden langen Texten" etc. unmöglich macht. Ansonsten ist eine Anordnung von Elementen in Form von „Last used"- oder „Most used"-Listen aber durchaus sinnvoll.

- Nach „Gefährlichkeit"

Dabei befinden sich die harmlosen Optionen — jene, die Aktionen auslösen, von denen keine schwerwiegenden Konsequenzen zu erwarten sind — vorne; die kritischeren, denen der Anwender mehr Beachtung schenken sollte, werden weiter unten plaziert.

- Nach üblichem Standard

Die Orientierung an den gängigen Standards dagegen ist in den allermeisten Fällen hinreichend vernünftig und kann ja in Details auch gegebenenfalls optimiert und angepaßt werden. Insbesondere sollten Einträge mit einer natürlichen Ordnung wie Wochentage, Monate etc. in dieser Reihenfolge belassen werden.

- Nach Funktionsgruppen

Das ist sicher die allgemein gebräuchlichste und mit der letzten Variante gut kombinierbare Technik. Achten Sie darauf, daß nach Möglichkeit keine der Gruppen mehr als die 7 +/- 2 Elemente besitzt; Gruppen werden durch Trennlinien voneinander abgegrenzt. Außerdem sollte man nach Möglichkeit häufig benutzte Optionen nicht in unmittelbarer Nähe von solchen, die kritischere Funktionen auslösen, plazieren. Bedenken Sie, daß bei einer Auswahl mit der Maus oder über die Cursortasten eine versehentliche Betätigung — mit anschließender vorschneller Bejahung etwaiger Sicherheitsabfragen — wahrscheinlicher wird.

4.4.5 Beliebte Fehler

- Überladene Menüs

Der beliebteste Fehler dieser Kategorie ist sicherlich die Einbau solcher Optionen als Menüeinträge, die eigentlich in eine Dialogbox gehören.

- Zu viele Menütitel

Vermeiden Sie mehr als die empfohlenen 7 +/- 2 Menütitel; und wählen Sie Bezeichnungen, die kurz genug sind, damit die Menüleiste noch in eine Zeile paßt.

- Schlecht gruppierte Menüoptionen

Menüs erlauben durchaus mehr als ein halbes Dutzend Optionen, benötigen dann aber eine vernünftige und übersichtliche Gliederung durch Trennlinien.

Organisation 173

- Eher zufällige bis wahllose Reihenfolge

Sollte man die Menütitel möglichst der Häufigkeit nach anordnen (seltener benötigte Optionen stehen weiter rechts), bietet sich für Pulldown-Menüs eine Sortierung nach funktionalen Gruppen an. Achten Sie bei der Erprobung der Applikation darauf, ob sich auch der Benutzer „erwartungskonform" verhält und die Optionen in der von Ihnen vermuteten Reihenfolge aufruft.

- Hilfe-Titel nicht an letzter Position

Der Menütitel HILFE sollte der letzte der Menüleiste sein. Bei Windows 98 wird statt eines Textes die Verwendung des „?" empfohlen.

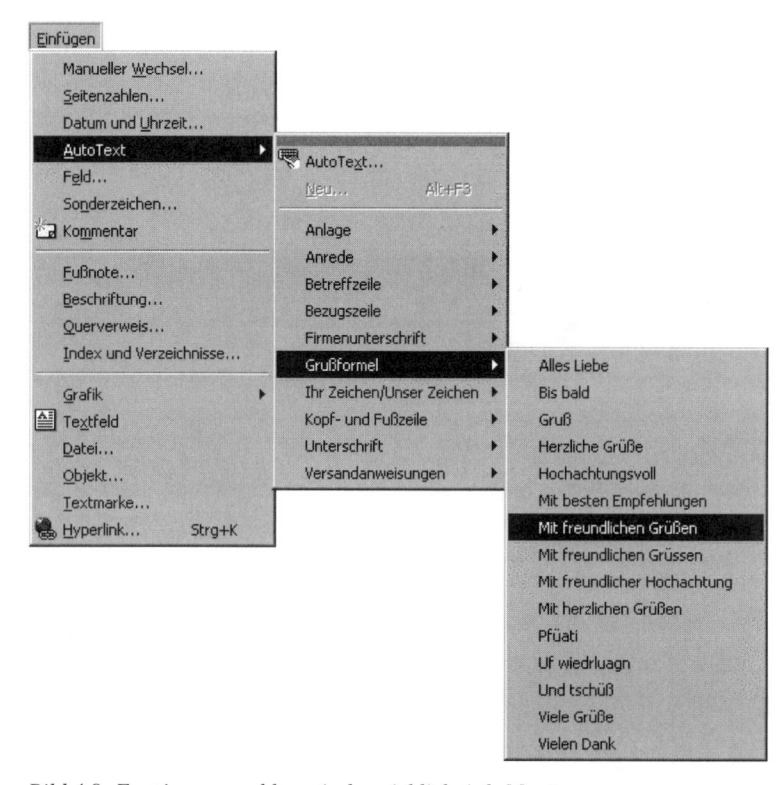

Bild 4.8: Fast immer problematisch: reichlich tiefe Menüs...

- Hilfe-Titel rechtsbündig positioniert

War es bei Windows 3.x noch Standard, den Hilfe-Menütitel rechtsbündig anzuordnen, womit er häufig bei breiten Fenstern aus dem Blickwinkel entschwand, ist die rechtsbündige Plazierung im Menü gar nicht mehr vorgesehen und müßte manuell nachprogrammiert werden. Früher genügte das Voranstellen des Tabulatorzeichens.

- Ende-Option nicht standardisiert

Auch hier sind alle Varianten möglich, wenn Sie die Option nur an letzter Position im ersten Pulldown-Menü plazieren. Auch wenn man derlei leider häufig sieht und das Verlassen der

Applikation beschleunigen mag: Die Ende-Option gehört als Menütitel nicht in die oberste Leiste, sondern beschließt stets das erste Pulldown-Menü und heißt BEENDEN.

4.5 Menütexte

4.5.1 Wortwahl

4.5.1.1 Möglichst nur ein Wort

Optionen sollten stets kurz und nach Möglichkeit mit nur einem Wort benannt werden. Für die Optionen des Hauptmenüs, also die Menütitel, ist dies bindend, da andernfalls das zweite Wort leicht für eine eigene Option erachtet werden kann. Es ist bedauerlich, daß der Windows 98-Explorer leider hier mit WECHSELN ZU einen schlechten Standard setzen wird. Es fällt allerdings auf, daß der Optionsabstand etwas größer als gewöhnlich ist und das Manko halbwegs kompensiert. Da Namen wie WECHSELN ZU ÜBERGEORDNETER ORDNER oder WECHSELN ZU ZURÜCK grammatikalisch eh etwas holpern, hätte es hier das eine Wort sicher auch getan.

Bild 4.9: Windows 98-Explorer mit 2-Wort-Menü

Achten Sie bei solchen Bezeichnungen auf eine für alle Fälle korrekte Schreib- und Sprechweise. Ist kein schlüssiges einzelnes Wort zu finden, wären zwei durch Bindestrich als zweifelsfrei zusammengehörig erkennbare Worte immer noch besser als zwei durch ein Leerzeichen getrennte. Unterschiede zwischen Geviert- und Halbgeviert-Zwischenräumen und dergleichen werden kaum der Klärung dienlich sein.

Im Englischen steht übrigens meist das Verb vor einem Substantiv (etwa eine Option DELETE RECORD im EDIT-Menü), im Deutschen schreibt man besser DATENSATZ LÖSCHEN im BEARBEITEN-Menü. Der Menütitel (also jener in der Menüzeile stehende Text) sollte im Pulldown-Menü nicht mehr wiederholt werden; also etwa DATENSATZ LÖSCHEN, obschon die im Beispiel der Abbildung 4.10 genannte Option SORTIERUNG eventuell inhaltlich nur vage zu den Datensätzen zählt.

Anstelle von DATENSATZ NEU empfiehlt sich übrigens meist eher DATENSATZ HINZUFÜGEN. Erstere Variante hat Vorteile, wenn es gelegentlich Pushbuttons mit ähnlicher Funktion gibt, die als Beschriftung ebenfalls „Neu" aufweisen. Ansonsten ist die Verbform meist eingängiger. Die Abfolge LÖSCHE DATENSATZ wäre nur sinnvoll, wenn es im Menü allerhand zu löschen gibt (also LÖSCHE SATZ, LÖSCHE BILD, LÖSCHE DATEI etc.), ein eigenes oder tiefer geschachteltes Pulldown-Menü aber keinen Sinn macht oder unerwünscht ist, und die Optionen untereinander plaziert werden sollen.

Bild 4.10: Ein Beispielmenü mit zentralem Optionstext

Verwenden Sie besonders bei den Menütiteln möglichst kurze Begriffe, da ansonsten die Menüleiste leicht Mehrzeiligkeit erreicht — das sollte in jedem Fall verhindert werden.

4.5.1.2 Mehrdeutigkeiten vermeiden

Vermeiden Sie Mehrdeutigkeiten und Verwechslungen. Eindeutigkeit und Unverwechselbarkeit sollte natürlich nicht nur bei der Benamung kritischer Optionen wie LÖSCHEN und dergleichen im Vordergrund stehen.

Im folgenden Beispiel (Abbildung 4.11) kann der Anwender innerhalb einer Programmiersprache ein Projekt wahlweise physikalisch von der Festplatte löschen oder es alternativ nur temporär aus dem Projektkatalog entfernen. Das beide Male verwendete Wort DELETE trägt hier sicher nicht zur Beruhigung des Anwenders bei, zumal der wichtige Unterschied, daß im ersten Fall der Sourcecode etc. wirklich anschließend nicht mehr vorhanden ist, nicht einmal in der Statuszeile als möglicherweise unerwünschte bis sehr gefährliche Konsequenz beschrieben wird.

Eine einfache Verbesserung wäre bereits die Gruppierung der beiden harmlosen und auch inhaltlich zusammengehörigen Optionen RENAME und PROPERTIES, die ihrerseits durch eine Trennlinie von den beiden Lösch-Optionen erfolgreich und ausreichend abgesetzt wären.

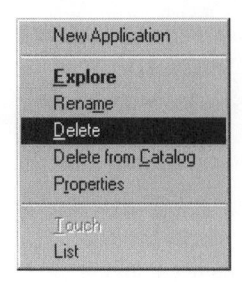

Bild 4.11: Gleiches Wort, ganz verschiedene Bedeutung

Auf mögliche Folgen sollte vor der Entscheidung für eine bestimmte Option hingewiesen werden — zusätzlich zur ruhig ausführlich vor unerwünschten Nebenwirkungen warnenden Messagebox mit entsprechender Ja/Nein-Abfrage. Eine nachfolgend geschaltete Abfrage mit einem Text wie „Projekt löschen?" oder „Projekt aus dem Katalog löschen?" wäre keineswegs ausreichend, um den Verlust von Applikationen wirksam zu vermeiden. Machen Sie den Anwender bei solchen Situationen stets auf die Folgen seiner Auswahl aufmerksam.

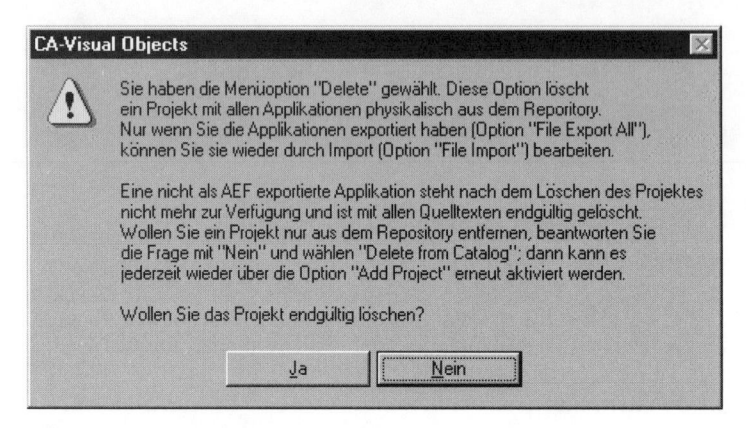

Bild 4.12: Eine geeignete Messagebox für solche Aktionen

4.5.1.3 Orientierung am Wortschatz des Anwenders

Die letzten beiden Unterkapitel sind sozusagen wohlgeordnet: Das Vokabular sollte prinzipiell Vorrang haben vor definierten Standards. Worte wie DATEI, OPTIONEN, FENSTER, ANSICHT und dergleichen gehören nicht unbedingt zum Sprachschatz des Anwenders — und möglicherweise bedeutet die Benutzung von Software für ihn ohnehin das Lernen vieler neuer Vokabeln: Da sollten Sie gleichermaßen Nachsicht wie Einsehen haben.

4.5.1.4 Orientierung am Standard...

Falls keine spezifischen Ausdrücke aus den Reihen der zukünftigen Anwender zu erhalten sind, ist die Orientierung an GUI-Standards sinnvoll. Man hat allerdings nicht immer vergleichbare Geschäftsapplikationen zur Hand — ein Grund vielleicht dafür, daß auch sehr fachspezifische Software sich häufig wie Standardstangenware liest; was ihnen nicht unbedingt zum reinen Vorteil gereicht.

4.5.1.5 ... aber nicht zwanghaft

Statt in die Zwischenablage etwas „einzufügen" — und damit einen neuen terminus technicus einzuführen —, kann es sinnvoller sein, eine Menüoption mit „Markierten Text merken" zu benennen: Denn kopiert wird der markierte Text durch <Strg>+<C> ja noch gar nicht.

4.5.2 Formales

4.5.2.1 Typographie

Gelegentlich finden man Menütexte, die spationiert sind, also jeweils zwischen den Buchstaben Leerzeichen enthalten. Ebenso sind reine Versalien, also Optionstexte, die nur aus Großbuchstaben bestehen und ganz unnötige Aufmerksamkeit erheischen, strikt zu meiden. Schließen soll die Applikation den Anwender ja nicht anschreien. Die wirklich nur vermeintlich bessere Lesbarkeit oder der höhere Aufmerksamkeitswert stammen vielleicht noch aus einer Zeit, da auch nach offizieller postalischer Maßgabe der Wohnort einer Briefadresse gesperrt und versal geschrieben — und möglichst noch unterstrichen — wurde.

Bestehen Menütexte aus mehreren Worten, achte man auf die korrekte und gemischte Groß- und Kleinschreibung: also SPEICHERN UNTER...., DATUM UND UHRZEIT etc. Der Anfangsbuchstabe ist immer groß zu schreiben: ALLES MARKIEREN.

Sämtliche Worte sind jeweils auszuschreiben; falls Abkürzungen aus Platzgründen notwendig erscheinen, ist die Option in jedem Fall umzubenennen: Eine einfache Regel also...

4.5.2.2 Haupt- und Kontextmenüs

Tauchen Hauptoptionen zusätzlich auch in Kontext- oder Popup-Menüs auf, müssen sie natürlich gleich lauten. Aber auch der Hotkey sollte dann mit dem der Hauptoption übereinstimmen.

4.5.2.3 Verwendung der Ellipse „..."

Folgt der Auswahl einer Menüoption eine Dialogbox, ist das dem Anwender durch Anfügen dreier Punkte anzuzeigen. Dabei entfällt die Ellipse, besteht der Dialog nur aus einer Abfrage oder einer Messagebox. Eine Menüoption „Löschen" erhält also keine abschließenden drei Punkte, wenn der Benutzer vor dem Löschen erst noch eine Abfrage wie „Wollen Sie wirklich löschen?" bestätigen muß. Vor der Ellipse setzt man übrigens kein Leerzeichen. Der Menütext sollte nach Möglichkeit in der Überschrift des Dialogs wieder auftauchen.

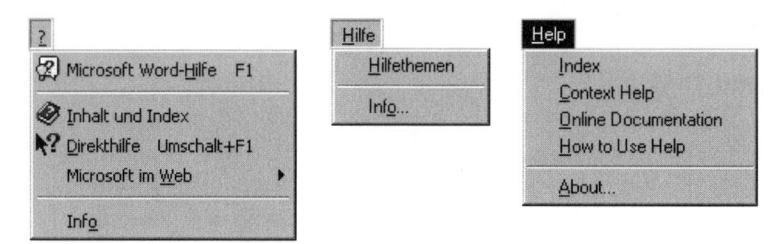

Bild 4.13 Links korrekt: trotz folgender Dialogbox keine Ellipse...

Die Faustregel, daß stets eine Ellipse zu setzen ist, folgt auf die Auswahl der Option ein Dialog, gilt allerdings nicht immer. Gibt es nämlich bei der Dialogbox keine Eingabemöglichkeit, wie das beispielsweise bei den Dialogen „Über..." der Fall ist, fehlt im Menü die Ellipse. Die Abbildung zeigt, daß sich das auch bei den großen Entwicklungssystemlieferanten noch nicht ganz herumgesprochen hat...

4.5.2.4 Verwendung des Rufzeichens „!"

Menüoptionen der obersten Ebene, die kein Submenü aufklappen, sondern sofort die Aktion ausführen, werden durch ein dem Text folgendes Ausrufezeichen markiert. Insgesamt sollte man solche Optionen aber mit Bedacht und in schicklichen Maßen einsetzen, da sie die Gefahr der versehentlichen Betätigung bergen und also für kritische Optionen keinesfalls in Frage kommen. Andererseits wirken Pulldown-Menüs, die aus einer einzigen Option bestehen, unergonomisch und erfordern natürlich genau doppelt so viele Mausklicks.

Im Beispiel der Abbildung 4.14 könnte der Menüpunkt mindestens genau so gut EINSTELLUNGEN OPTIONEN... heißen — da sich ohnehin ein harmloser Dialog anschließt, der jederzeit wieder abzubrechen wäre. OPTIONEN... stellt als Menütitel ohne Pulldown-Menü sicher eine viel bessere und der Häufigkeit ihres Aufrufs angemessene Variante dar.

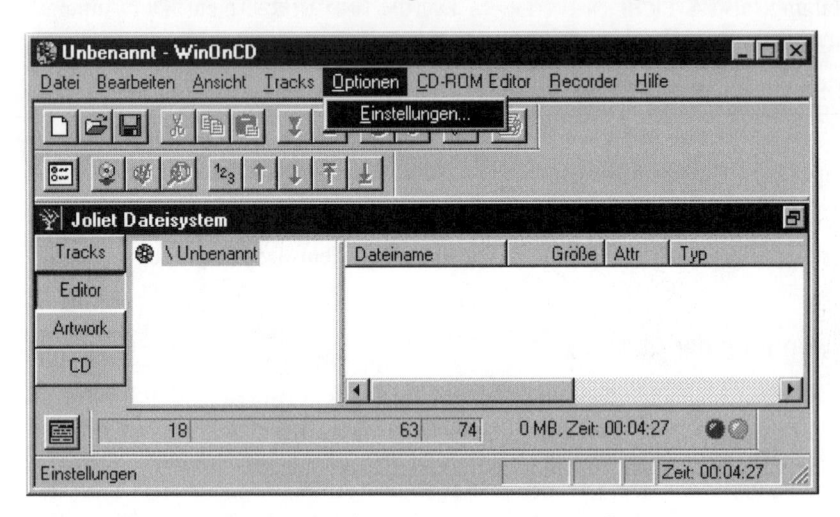

Bild 4.14: Eher zu vermeiden: Pulldown-Menüs mit nur einer Option

4.5.3 Inhalt & Bedeutung

4.5.3.1 Aktionen und Funktionen

Menüoptionen führen Funktionen aus oder öffnen weitere Dialoge. Ersteres geschieht stets für ein konkretes Ziel; das kann die aktuelle Zeile, ein markierter Text oder das aktuell fokussierte Fenster sein, sollte aber stets dem Anwender unmißverständlich einleuchten.

Menütexte sollten möglichst als vom Computer auszuführende Kommandos formuliert werden, nicht als reine Abfragen der Möglichkeiten, von denen dann der Anwender eine auszu-

Menütexte
179

suchen hat. Fragen wie „Möchten Sie speichern?" lassen nur „Ja" und „Nein" als Antwort zu; bei „Ende mit Speichern" und „Abbruch ohne Speichern" trauen Sie dem Anwender mehr als nur eine Entscheidungskompetenz zu: Er selber ist es, der speichert; nicht die Software.

4.5.3.2 Menüauswahl vs. Elementauswahl

Ein Menü dient nicht der Auswahl eines Elementes oder eines Wertes. Frühe Textprogramme boten beispielsweise häufig die Auswahl eines Fonts über ein Menü an; die als Optionstexte gewählten Schriftnamen wurden sogar meist in der jeweiligen Schriftart angezeigt — ein WYSIWYG-Luxus, den sich schon damals aus Geschwindigkeitsgründen die Applikationen besser nicht hätten leisten sollen. Angesichts heutiger (zum Glück auch wieder rückläufiger) Fontanzahlen wäre diese Auswahltechnik schon ziemlich grotesk. Die eindrucksvolle Abbildung 4.15 ist allerdings zugegebenermaßen ein reichlich altes Schätzchen aus den Untiefen des Archivs; derlei findet man heute im Zeitalter der Font-CDs sicher nicht mehr in Applikationen.

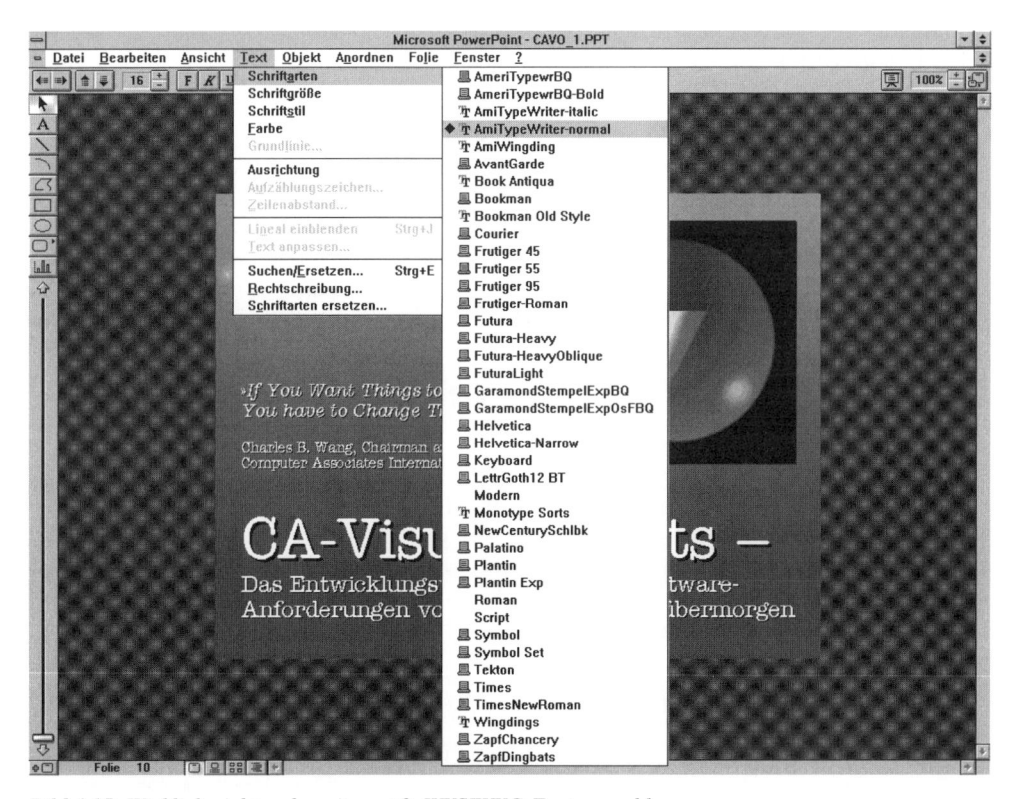

Bild 4.15: Wirklich nicht mehr zeitgemäß: WYSIWYG-Fontauswahl

Menüs bieten also die Auswahl einer Aktion oder Funktion, nicht die Auswahl eines Elementes. Dinge wie der gewünschte Drucker, der Druckerkanal oder ein zu druckender Layoutname haben also in Menüs nichts zu suchen, sondern sollten erst in einer nachgeschalteten

Dialogbox zur Auswahl angeboten werden. Dies gilt insbesondere, wenn mehrere Optionen unmittelbar hintereinander auszuwählen sind.

4.5.3.3 Ausnahmen: Optionslisten

Gängige und vertretbare Ausnahme ist die verbreitete Sitte, die zuletzt geöffneten Dateien oder die aktuell geöffneten Fenster in einer durchnumerierten, dynamischen Liste unterhalb der Optionen DATEI und FENSTER anzuzeigen. Wenngleich die Dynamik solcher Listen nicht gerade der Ruhe und optischen Konstanz eines Menüs förderlich ist, hat hier das Argument der Gewohnheit sicher eine ausreichend hohe Priorität.

Das massive optische Abwandern darunter befindlicher Optionen (DATEI ENDE ist da häufig betroffen) verhindert die meist konfigurierbare maximale Anzahl der Listeneinträge. Berücksichtigen Sie bei Listen aber immer die Angewohnheit vieler Benutzer, einen Menüpunkt über eine gewohnheitsmäßige und rhythmisch festgelegte Anzahl von Cursorbewegungen auszuwählen — was Listen häufig dann unfairerweise torpedieren.

4.5.3.4 Unabhängige Menüoptionen

Neben Standardoptionen, die eine Aktion auslösen oder einen Dialog aufrufen, gibt es Attribut- oder Statuswerte, die per Menüauswahl gesetzt werden. Textprogramme besitzen beispielsweise meist ein FORMAT-Menü, das Optionen wie FETT, KURSIV und dergleichen beinhaltet. Ist eine solche Option gesetzt, wird sie durch ein Häkchen markiert (eine Checkmark, auch „Kontrollkästchen" genannt). Erneute Auswahl löscht die Markierung. Eine solche Option zeigt bis auf die Markierung in der Regel keine äußere Wirkung und muß auch nicht immer sichtbar sein; wiewohl das im Falle FETT etc. sicher der Fall wäre. Eine solche Option ist unabhängig; sie beeinflußt höchstens den Wert einer möglichen Programmvariablen.

Bild 4.16: Zwei voneinander abhängige Optionen

4.5.3.5 Abhängige Menüoptionen mit Markierung

Anders verhalten sich einander ausschließende Menüoptionen wie zum Beispiel ANSICHT ALS TABELLE bzw. ALS FORMULAR. Die Wahl einer der beiden markiert die gewählte und entfernt bei der jeweils anderen die Markierung. Besitzen die Optionen Toolbarbuttons, werden diese „eingedrückt", also markiert bzw. normal angezeigt. Die Toolbar von Windows 95 ff. besitzt Funktionen, die die entsprechenden Bitmaps automatisch passend kolorieren. Zustände wie „Normal", „Gedrückt" oder „Deaktiv" benötigen also keine eigenen, separat zu zeichnenden Bitmaps.

4.5.3.6 Toggle-Texte zum Umschalten

Die Zusammenfassung zweier einander ausschließender Optionen durch dynamische Anpassung des Textes ist problematisch und meist nicht zu empfehlen. Da FORMULAR keinesfalls das auf Anhieb erkennbare Gegenteil von TABELLE ist, wäre eine einzige Menüoption TABELLE oder FORMULAR ebensowenig ratsam wie zur Anzeige des Geschlechtes eine Checkbox [X] Männlich bzw. [ ] Männlich. Besonders die jeweils nicht markierte Option scheint mir doppeldeutig zu sein: Erhält man den Tabellenmodus, wenn man ALS TABELLE anklickt, oder befindet sich dann die Applikation bereits in diesem Modus?

Bild 4.17: Nicht sehr einleuchtend: die vier Varianten

Außerdem verleiten Umschaltoptionen, da die gerade nicht aktive Variante nicht zu sehen ist, gerade Einsteiger zu ratlosem Durchwandern kompletter Menübäume auf der Suche nach einer Option, die vorhin garantiert noch da war; eine Gefahr und Unschönheit, die man bei dynamischen Menüs nicht unterschätzen sollte. Wenn es denn schon sein muß, achte man zumindest darauf, den jeweiligen Menütexten denselben Hotkey zu spendieren, damit für Kenner die Auswahl auch „blind" möglich und er nicht auch noch gezwungen ist, bei der Tastenbedienung ebenfalls geistig „umzuschalten".

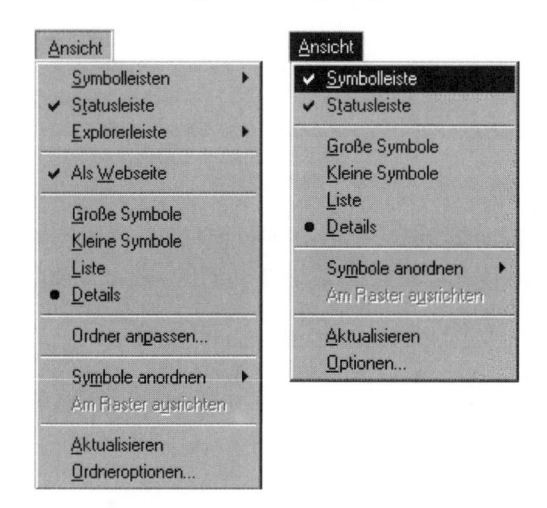

Bild 4.18: Optionsfelder zur Markierung — und Beispiel guter Kontinuität (Windows 98 und 95)

Eine mögliche und sinnvolle Lösung wäre, im Menütext den Anwender gewissermaßen direkt aufzufordern: SCHALTE BROWSER EIN bzw. SCHALTE BROWSER AUS hätte genügend und eindeutigen Aufforderungscharakter; daß „Aus" das Gegenteil von „Ein" ist, gehört ebenfalls zu den wenigen intuitiv klaren und damit keiner Erklärung bedürftigen Selbstverständlichkeiten.

Zur Vermeidung solcher und anderer Unklarheiten spende man dem Menü trotzdem lieber zwei einander ausschließende Optionen, deren aktive man mit einer Markierung versieht. Andernfalls — vielleicht bei sehr akutem Platzmangel — sieht beispielsweise der Windows-Styleguide vor, die Option so zu benennen, daß sie nicht den aktuellen Zustand, sondern den nach der Wahl des Elementes anzeigen soll. Das gilt auch für die in vielen Programmen vorhandenen Optionen UNDO und REDO; diese beiden Optionen sind unmittelbar von einander abhängig und sollten durch zwei Zeilen, die dynamisch aktiviert und deaktiviert werden, repräsentiert sein.

4.5.3.7 Optionsfelder für Gruppenauswahl

Gibt es eine Gruppe von mehreren einander ausschließenden Elementen, erhält die aktive Option häufig kein Kontrollkästchen, sondern — analog wie bei Checkboxen und Radiobuttons — einen kleinen schwarzen Kreis als Markierung, auch „Optionsfeld" genannt. Das entspricht also formal den Steuerelementen eines Dialogs; dort findet eine Checkbox Verwendung, wenn es sich um einen Ja/Nein-Wert handelt. Eine Gruppe von Radiobuttons weist genau ein markiertes Element auf. Allerdings steht die Optionsfeld-Eigenschaft nicht bei allen Entwicklungssystemen zur Verfügung und muß gegebenenfalls durch das Kontrollkästchen ersetzt werden, möchte man nicht mit Windows-API-Funktionen wie CheckMenuRadioItem () hantieren.

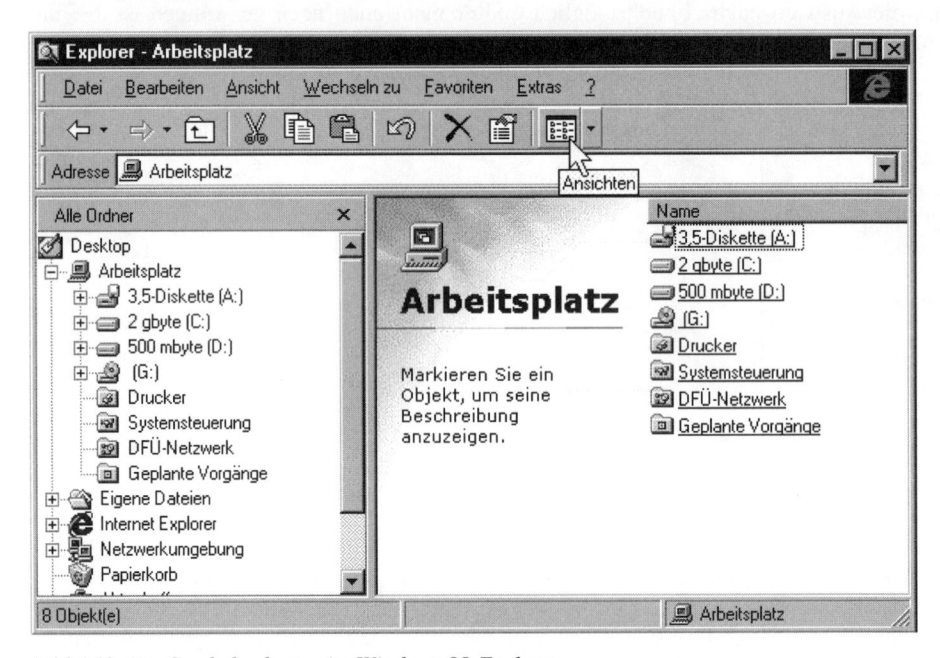

Bild 4.19: Ein Comboboxbutton im Windows 98-Explorer

4.5.3.8 Wahlschalter in Windows 98

Ein neues Control, das neben einer Auswahl in Form einer Combobox auch die Funktion einer Schaltfläche besitzt, mit der der Anwender die Möglichkeiten hintereinander durchschalten kann, erlaubt beim Windows 98-Explorer die Auswahl der gewünschten Ansicht: GROßE SYMBOLE, KLEINE SYMBOLE, LISTE, DETAILS.

Der Vorteil der Platzersparnis wird natürlich dadurch reichlich kompensiert, daß der Button selbst den aktuellen Zustand nicht anzeigt (das ließe sich aber sicher leicht abstellen, indem das Icon gewechselt würde), der Anwender jedoch auch möglicherweise den Schaltcharakter neben der offsichtlichen Listenfunktion dieses Steuerelementes gar nicht ahnt oder erkennt und also doch wieder den klassischen Weg über das Menü geht.

4.5.3.9 Keineswegs nur Vorteile...

Solche Durchschaltflächen sollten nur eine geringe Anzahl von Zuständen haben (vier ist sicher schon als obere Grenze zu betrachten), deren jeweiligen Nachfolger der Anwender voraussehen können sollte. Die klassischen Spinbuttons erfüllen in der Regel diese Aufgabe und können beispielsweise für die Auswahl eines Wochentages benutzen werden, wenn eine Combobox im aufgeklappten Zustand zu viel Platz einnimmt. Sie erlauben übrigens das Vor- und Zurückblättern der Elemente und zeigen zudem den aktuellen Zustand an.

Sie sind vor allem deshalb mit Bedacht zu verwenden, da je nach Elementanzahl eine ganze Reihe von Mausklicks erforderlich sind, um zum gewünschten Ziel zu gelangen. Im Vergleich mit der Auswahl über eine Menüoption oder über die aufgeklappte Combobox schneidet diese neue Controlform jedenfalls sicher besser ab, bedarf aber einer optimierten intuitiven Erkennbarkeit. Eine Variante mit separaten Buttons ist bei fester Anzahl der Optionen möglichst vorzuziehen; der Explorer ist ja direkt ein Beispiel dafür, wie ein neues Control den Zugriff auf die vier Elemente verlangsamt.

Bild 4.20: Gehört unter Windows 98 zum Standard: Auswahl und Schaltfläche

4.5.3.10 Meist bessere Alternative: Separate Buttons

Da das Durchschalten auch aus optischen Gründen träge — es erfolgt ja bei jedem Mal ein Neuaufbau des rechten ListView-Fensters —, die Kombination aus Aufklappen und Auswählen aber reichlich umständlich ist, könnte man sich schon die Frage stellen, ob das neue Control als Ablösung der vier bewährten Buttons hier wirklich eine Verbesserung, die dem Anwender nützt, darstellt... Dazu kommt, daß die Durchschaltung nur in einer Richtung möglich ist, und es vermutlich häufig vorkommen wird, daß man versehentlich ein Mal zu viel klickt und also die Prozedur wiederholen muß.

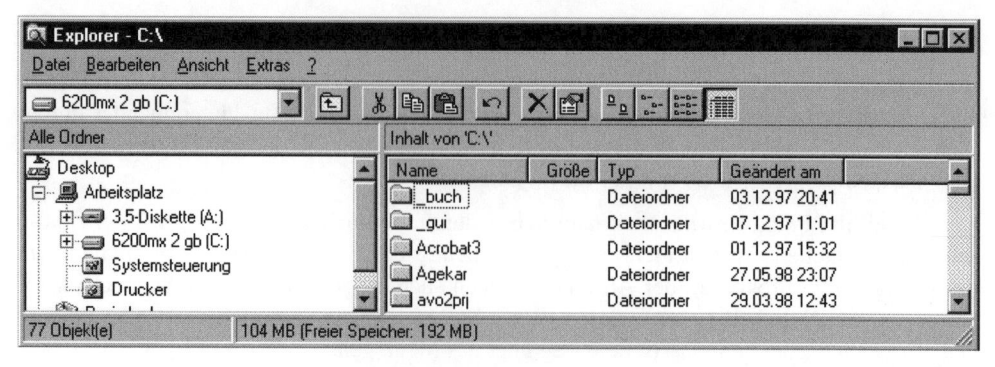

Bild 4.21: Die Windows 95-Variante mit optischem Feedback

Warum es beim Explorer 98 solch ein nagelneues Steuerelement sein mußte, läßt sich wohl nicht direkt erahnen, im Zweifelsfall aber immer mit wünschenswerter Innovation und Attraktivität begründen... Die Blättertasten im Explorer weisen ebenfalls die Button-/Combobox-Kombination auf, haben aber immerhin den Vorteil, neben der Navigationsfunktion auch die zuletzt angesprungenen Seiten anzubieten; für dynamische Listen wie diese in jedem Fall eine gelungene Innovation und als Steuerelement vorerst ideal.

4.5.3.11 Windows 3.x: Eigene Toolbarbuttons

Die gute, alte Windows 3.x-Variante des Dateimanagers benutzt ebenfalls vier verschiedene Buttons für die aktuelle Darstellung, erlaubt somit also gleichfalls die direkte Auswahl der gewünschten Möglichkeit, die durch das Darstellungsattribut „Eingedrückt" sofort erkennbar ist.

Diese Variante kostet naturgemäß mehr Platz (wobei statt des arg üppigen Windows 98-Formats 24 * 24 Pixel die kleinere Bauform 16 * 16 zum Einsatz kommt), bietet aber darüber hinaus sogar ein Merkmal, das nicht mal die Windows 98-Version aufweist: Die Toolbar läßt sich konfigurieren und erlaubt somit beispielsweise auch die Darstellung eines Buttons für die Option NEUES VERZEICHNIS ANLEGEN.

Bild 4.22: Die Windows 3.x-Variante mit konfigurierbaren Buttons am rechten Rand

4.5.4 Beliebte Fehler

- Bezeichnungen sind mehrdeutig

Sinnverwandte oder gar gleiche Bezeichnungen sind nach Möglichkeit zu vermeiden. Benutzen Sie den Wortschatz des Anwenders, minimieren Sie das Risiko etwaiger Verwechslungen enorm. DRUCK ist beispielsweise viel klarer und präziser als AUSGABE. Falls Sie natürlich Texte sowohl auf Papier wie auch auf dem Bildschirm darstellen, ist die zweite Variante besser.

- Bezeichnungen sind zu lang

Optionstexte dienen nicht der näheren Beschreibung, sondern erlauben die schnelle Auswahl einer bestimmten Funktion. Wiedererkennbarkeit, Schlüssigkeit und Lokalisierbarkeit werden durch lange, aus mehreren Worten bestehende Optionen erheblich reduziert — schließlich will ja alles auch vom Anwender gelesen sein... Eine genauere Beschreibung mit Auflistung der Konsequenzen etc. sollte dem Text in der Statusleiste vorbehalten bleiben.

- Bezeichnungen sind nicht oder zu fachspezifisch

Nirgendwo ist die Aufgabenangemessenheit und Kompatibilität zur Sprache des Anwenders wichtiger als bei der Vergabe der Menütexte. Diese sind daher in jedem Fall mit Nicht-Programmierern abzustimmen — nirgendwo fällt nämlich der unterschiedliche Sprachduktus zwischen Entwickler und Anwender stärker auf als hier.

- Mischung von Verb- und Substantiv-Form

Die bekannten Menütitel BEARBEITEN und ANSICHT sind so ein allerdings inzwischen hinreichend eingeführter Grenzfall. Aus Konsistenzgründen müßte die zweite Option natürlich eigentlich ANSEHEN lauten. Versuchen Sie nach Möglichkeit solche verschiedenen Formen zu meiden und entscheiden Sie sich für die sinnfälligere Variante — die Sie dann aber auch beibehalten.

- Optionen wie EXTRAS oder SONSTIGES

Derartige Menütitel zeugen natürlich ganz unverhohlen vom besonderen Einfallsreichtum des Entwicklers. Achten Sie, wenn's denn gar nicht anders geht, wenigstens darauf, daß es von solchen Varia- und Sammeloptionen nur jeweils eine gibt...

- Optionen mit Markierungen

Bei einer Reihe von unabhängigen Menüoptionen, die sämtlich mit einer Markierung versehen werden können, um deren aktiven Zustand anzuzeigen, ist es oft gleichermaßen sinnvoll wie umständlich, alle Optionen zurückzusetzen. Sehen Sie für solche Fälle stets ein zusätzliches Element vor, die alle Markierungen wieder entfernt oder invertiert — auch das übrigens als Option AUSWAHL UMKEHREN guter Windows 98-Standard. Das erlaubt die schnelle Auswahl beispielsweise fast aller Dateien eines Verzeichnisses, indem die unerwünschten Einträge markiert werden. Anschließend erfolgt die Invertierung der Auswahl.

4.6 Tastenfunktionen

4.6.1 Hotkeys

4.6.1.1 Buchstaben...

Vermeiden Sie Hotkeys, auf die Buchstaben mit Unterlängen folgen. Berühren sich Unterstreichung des Hotkeys und Unterlänge, erschwert das die Lesbarkeit und Identifizierung erheblich. Ein häufig anzutreffendes schlechtes Beispiel, das aber leider ausgerechnet vom Microsoft-Styleguide sogar empfohlen wird, ist eine Option wie EIGENSCHAFTEN, dessen Hotkey „i" wegen des nachfolgenden kleinen „g" kaum zu erkennen ist.

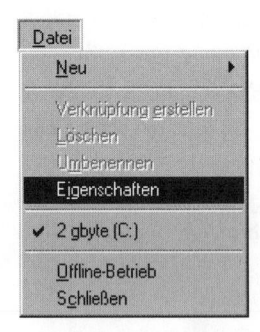

Bild 4.23: Möglichst keine Hotkeys vor Buchstaben mit Unterlängen

Gleiches gilt für schmallaufende Buchstaben wie „i", „l", „j", die insbesondere als Kleinbuchstaben nur gerade mal 1 Pixel breit sind. Einige Programme benutzen eine breitenoptimierte Spezialschrift, die nochmals in der Menüleiste Platz spart und damit Hotkeys solch kritischer Buchstaben zur Unerkennbarkeit verdammt.

Selbstverständlich sind Doppelbelegungen eines Hotkeys innerhalb eines Pulldown-Menüs strikt zu meiden — leider bieten hier die meisten Menü-Editoren keine automatische Kontrolle, weil Windows die Mehrfachbelegung über eine sequentielle Aktivierung durchaus erlaubt. Mir selbst in noch kein Fall bekannt geworden, in dem bei einem Menü sämtliche sinnvollen Hotkeys bereits belegt gewesen wären: Sollte das einmal passieren, ist die Menüstruktur strikt zu überdenken.

Scheidet der Anfangsbuchstabe als Hotkey aus, ist der nächste sinnvolle zu nehmen — das kann bei Mehrwort-Optionen durchaus der Anfangsbuchstabe eines der nächsten Worte sein. So sind die gängigen Hotkeys für SPEICHERN und SPEICHERN UNTER... völlig zu Recht und aus besseren Merkbarkeitsgründen das „S" bzw. das „u".

Häufig ist ein möglichst „exotischer" Hotkey zu nehmen, der in anderen Texten eher nicht vorkommt. Für einen Menütitel wie „Explorer" bietet sich natürlich das „x" an; dessen Auffälligkeit und günstige Nähe zur <Alt>-Taste sind dann ebenso positiv zu bewerten wie die Merkbarkeit.

Microsoft empfiehlt im Windows-Styleguide einige Tastenkürzel für häufig vorkommende Begriffe. Halten Sie sich ebenfalls daran, muß ein Windows-kundiger Anwender keine neuen Kürzel sich aneignen und vermeidet von vornherein Vertipper und Irrtümer.

Tabelle 4.1: Die im Microsoft-Styleguide empfohlenen Tastenkürzel

Option	Option	Option	Option
?	Ersetzen	Löschen	Speichern
Alles markieren	Explorer	Maximieren	Speichern unter
Ansicht	Fenster	Minimieren	Suchen
Ausführen	Format	Nein	Übernehmen
Ausschneiden	Größe ändern	Neu	Umbenennen
Bearbeiten	Hilfe	Objekt einfügen	Verknüpfung einfügen
Beenden	Hilfethemen	Öffnen	Verknüpfung erstellen
Datei	Immer im Vordergrund	Rückgängig	Verschieben
Drucken	Info	Schließen	Weitersuchen
Durchsuchen	Inhalte einfügen	Seitenansicht	Wiederherstellen
Eigenschaften	Ja	Seiteneinrichtung	
Einfügen	Kopieren	Senden an	

4.6.1.2   ... und Zahlen

Gelegentlich findet man Optionen, die mit Ziffern beginnen, weil die Buchstaben als eindeutige Hotkeys nicht mehr ausreichen oder der Programmierer die Technik, Auswahlmöglichkeiten einfach durchzunumerieren, aus der DOS-Welt herübergerettet hat. Abgesehen davon, daß solche Menüs schleunigst vernünftiger und vor allem überschaubarer aufzuteilen sind, bleiben Ziffern der Durchnumerierung etwaiger dynamischer Listen vorbehalten, wie sie für die geöffneten Fenster oder die zuletzt geladenen Dateien gebräuchlich sind. Dort erhält dann der erste Eintrag den Text „1:" vorangestellt.

Achten Sie darauf, die Anzahl solcher Listenelemente stets genügend sinnvoll zu begrenzen und auch eventuell die Namen geeignet abzukürzen. Beispielsweise ist häufig ein langer Pfad Bestandteil einer Fensterüberschrift; in einem solchen Fall genügt meist die Darstellung der ersten zehn Zeichen plus „..." plus der letzten zehn Zeichen innerhalb des Menüs, das etwa eine Liste der gerade geöffneten Fenster beinhaltet.

4.6.1.3   Beliebte Fehler

- Keine Hotkeys

Auch wenn Menüoptionen ohne Vergabe eines eigenen Hotkeys über Ihren Anfangsbuchstaben auszuwählen sind, sollte doch stets ein Buchstabe speziell gekennzeichnet sein. Die meisten Entwicklungssysteme verwenden zur Spezifizierung das Zeichen „&". Sollte das übrigens Bestandteil des Menütextes selbst sein — beispielsweise in „Sinn & Unsinn", ist es meist als „&&" zu schreiben.

- Hotkeys groß**S**chreiben

Diese Unsitte rührt oftmals von alter Großrechnergewohnheit her, in deren Textmodus-Menüs dem Hotkey auf diese Weise besonderes optisches Gewicht verliehen werden sollte. GUI-Systeme unterstützen nun aber auch das Attribut „Unterstreichen"; die Notwendigkeit, von der normalen gemischten Groß-/Kleinschreibung abzuweichen, besteht nicht.

- Mehrfache Hotkeys

Das kann man sogar an kommerziellen, in großen Stückzahlen vertriebenen Applikationen gelegentlich beobachten: Versehentlich sind innerhalb eines Pulldown-Menüs Hotkeys mehrfach vergeben worden — was insbesondere natürlich bei einer Übersetzung leicht passieren kann. Zwar erlaubt Windows das wiederholte Drücken eines Hotkeys und springt damit auch alle passenden Optionen hintereinander an: von "Schnelltasten" kann dann aber keine Rede mehr sein. Außerdem trägt es zur versehentlichen Auslösung falscher Optionen bei und wirkt zudem nicht gerade sehr professionell.

Seien Sie vorsichtig mit Umlauten: Benutzt der Anwender eine Tastatur mit nicht-deutschsprachiger Beschriftung — was nicht nur bei Programmierfreaks vorkommt — zwingen Sie ihn, solche Optionen mit den Pfeiltasten oder der Maus auszuwählen.

Gelegentlich scheinen Menü-Hotkeys auch Schwierigkeiten mit unterschiedlichen Scancodes zu haben. Die Abbildung zeigt ein Pulldown-Menü, dessen dritte Option zwar einen Hotkey, das „Y" (deutlich mit dem optischen Nachteil der Unterlänge gesegnet), besitzt, aber dennoch nicht über Drücken der Taste angesprungen wird. Möglicherweise liegt hier dem Problem der Unterschied zwischen einer QWERTZ- und QWERTY-Tastatur zugrunde. Übrigens ist der Defekt im Beispiel besonders ärgerlich, da man diese Option während der Arbeit sehr oft zum Sichern benutzt.

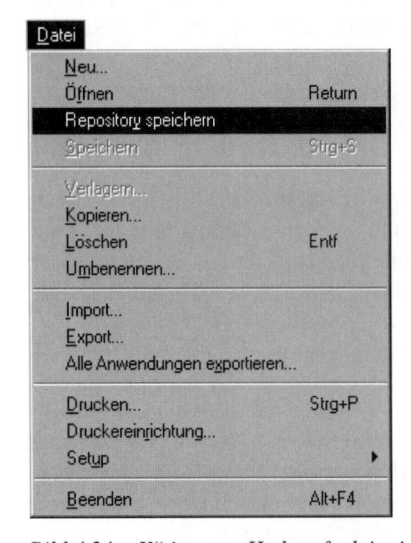

Bild 4.24: „Y" ist zwar Hotkey, funktioniert aber nicht...

Tastenfunktionen 189

- Keine sinnvollen Hotkeys

Legen Sie Hotkeys erst fest, wenn Sie die Optionen eines Pulldown-Menüs komplett zusammengestellt haben, und beginnen Sie dann die Vergabe mit den wichtigsten Optionen. Denken Sie daran, daß bei Optionen wie SPEICHERN und SPEICHERN UNTER... die Buchstaben „S" und „U" gleichermaßen der Erwartung des Benutzers wie der Konsistenz mit anderen Applikationen am ehesten Rechnung tragen.

- Unnötige Spreizgriffe

Testen Sie Kombinationen darauf, ob sie sich mit einer Hand auslösen lassen. Die rechte <Shift>-Taste erfreut sich ja überaus mangelhaften Interesses und wird häufig nur für den Unterstrich und den Stern benutzt — aber häufig benötigte Kombinationen sollen schon räumlich nahe beieinander liegen.

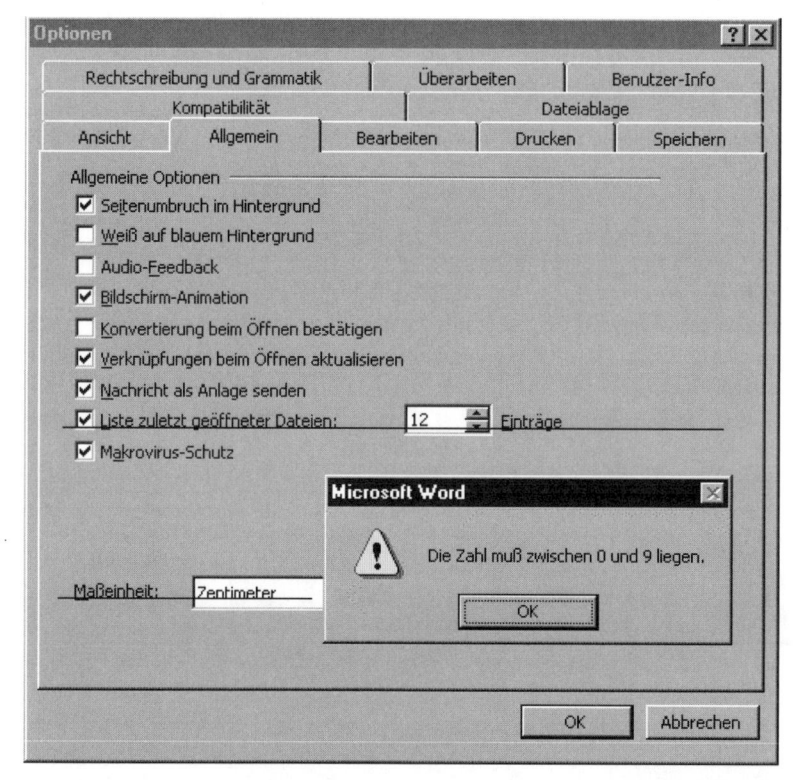

Bild 4.25: Die Größe des Eingabeelements verheißt zwar mehr, aber 9 ist die Obergrenze...

- Buchstaben bei Elementlisten

Automatisch und dynamisch gepflegte Listen wie die der zuletzt geöffneten Dateien sollten als Hotkey stets eine Ziffer von 1 bis 9 erhalten. Gelegentlich findet man hier Buchstaben, beginnend mit „A": Das scheint mir maximal begründbar mit der Sorge, daß einem bei mehr als zehn Einträgen nun einmal die Ziffern für die Hotkeys ausgehen. Hexadezimale Zahlen (also 1 bis F) stellen aber keine sinnvolle Kompromißlösung dar und verschieben das Problem auch nur ein wenig, ohne es dauerhaft zu lösen — nein, ernsthaft: Eine Liste mit mehr als neun Einträgen macht wirklich wenig Sinn. Belassen Sie es bei dieser maximalen Anzahl und benutzen Sie, wenn es denn wirklich Not tut und Sinn macht, verschiedene Listen (beispielsweise nach Bitmaps, Dokumenten und Textdateien getrennt). Vernünftiger wäre dann aber gleich eine Dialogbox mit einer TreeView-/ListView-Kombination — die wäre dann eintragsmäßig nicht mehr zu toppen...

Sehr nützlich ist die Möglichkeit, die Anzahl der Listeneinträge oder vielleicht — das bieten leider nur wenige Applikationen — sogar die Listeneinträge selbst zu konfigurieren. Das vermeidet unnötig verlängerte Menüs, und sooo lange möchte sich ja auch niemand zurückerinnern. Im Falle meines Textprogramms verheißt die Breite das Spinnbutton-Control zwar mindestens Drei- bis Vierstelligkeit, begrenzt den Wert aber glücklicherweise dann letztendlich doch auf sinnvolle neun. Zu den, um es vorsichtig zu formulieren, „suboptimalen" drei Reihen von Karteireiterlaschen wurde ja bereits im dritten Kapitel einiges gesagt...

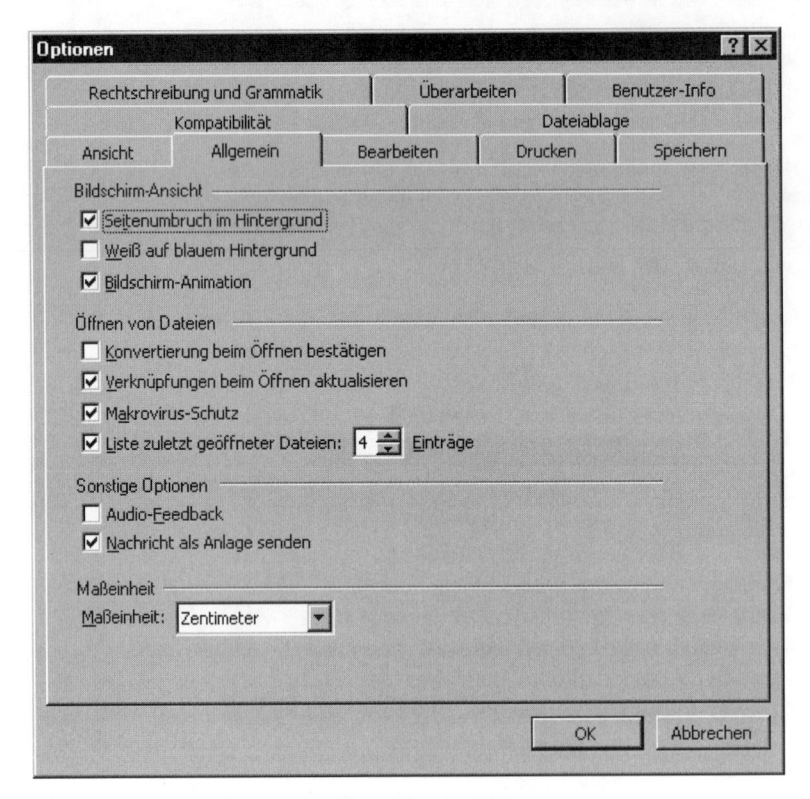

Bild 4.26: Ein schnell skizzierter Vorschlag zur Verbesserung

- Ein paar Verbesserungsvorschläge am Rande...

Da wir gerade Gericht halten: Der Spinbutton könnte nicht nur etwas schmaler sein, sondern auch mit dem Textcontrol auf exakt einer Pixellinie liegen; die zweite eingezeichnete Hilfslinie zeigt ja, daß das durchaus geht... Zwei bis drei weitere Punkte sind übrigens für Windows-Applikationen sehr typisch: Die postponierende Validierung — man kann erst einmal ungültige Ziffern eingeben. Schade übrigens im Falle des Beispieldialogs, daß erst einmal sogar die Eingabe von Nicht-Ziffern erlaubt ist; das ließe sich nun mit wenig Aufwand abstellen, da es dafür direkt einen Stil bei Eingabecontrols gibt.

Zum zweiten sind die Abstände der Eingabefelder zu ihren jeweiligen Textelementen unnötig groß: Das könnte weniger auf mangelnde Sorgfalt des Dialoggestalters als vielmehr auf eine Mehrsprachigkeit der Applikation hindeuten. Dieses Dilemma läßt sich nur mit dynamischer Positionsberechnung oder jeweils individueller Gestaltung für jede Sprache lösen.

Ebenfalls auffällig ist die gewisse Zufälligkeit der Maßeinheiten-Plazierung: Mit etwas mehr Sorgfalt könnte diese Laschenseite durchaus noch ruhiger und übersichtlicher gestaltet werden. Die waagerechte Trennzeile ist zwar den meist unnötigen Rahmen entschieden vorzuziehen, wirkt auf dieser Seite aber etwas deplaziert, zumal die Beschriftung nun exakt die schlichte Wiederholung & Zusammensetzung von Titelleisten- plus Laschentext ist. Aus Konsistenzgründen — die anderen Laschen verfügen tatsächlich über jeweils mehrere Abteilungen — ist das aber akzeptabel. Leider wurde diese Regel nicht durchgängig beachtet; möglicherweise haben auch verschiedene Gestalter an diesem Dialog gewerkelt. Jedenfalls ist der jeweils erste Zentimeter der Laschen nicht so einheitlich, wie er das bei Karteireiterfenstern, deren Laschen man oft schnell durchblättert, wünschenswert ist.

Die wichtigsten Verbesserungen des übrigens so oft aufgerufenen Dialogs, daß solche Mehrarbeit, die nicht einmal unbedingt mehr Zeit, sondern einfach nur mehr Aufmerksamtkeit vom Gestalter fordert, sollen hier abschließend kurz aufgelistet werden:

- Pushbutton am rechten Rand des TabControls ausrichten;
- Eingabecontrols besser plazieren und dimensionieren;
- Checkboxen inhaltsbezogen gruppieren;
- Trennzeilen zwischen den Funktionsgruppen.

Der „virtuelle" optimierte Dialog wurde erstellt, indem dazu einfach das originale Fenster über die Zwischenablage per <Alt>+<Druck> in ein Graphikprogramm kopiert und dort modifiziert wurde. Aber nach diesem kleinen Gestaltungsintermezzo schnell zurück zu den Tastenfunktionen…

4.6.2 Tastenkürzel

4.6.2.1 Räumliche Tastenanordnung

Berücksichtigen Sie bei Tastenkombinationen eine möglicherweise von Ihrem Tastaturlayout abweichende Plazierung: Ich erinnere mich noch gut an Spiele auf den ersten Z80-Rechnern, die häufig vom amerikanischen QWERTY-Layout ausgingen und ein vernünftiges Spielen schon allein dadurch unmöglich machten, daß mit <Z> nach links und mit <X> nach rechts zu navigieren war. Beliebter waren da jene Spiele, die eine freie Belegung der Tasten zuließen… Irgendwann kamen eben doch mit deutscher Anordnung ausgestattete Tastaturen auf den Markt.

Günstige Shortcuts sollten mit einer Hand — ohne daß der Anwender Pianistenfähigkeiten mit Oktavgriff haben muß — bedienbar sein. Bestimmte Kombinationen wie <Strg>+<F6>

bereiten zumindest Anwendern mit Handschuhgröße sechseinhalb Schwierigkeiten: <Strg>+<S> lädt dagegen geradezu ein zum häufigen Zwischenspeichern während der Arbeit etwa an einem Text.

4.6.2.2 Shortcuts: „räumlich" vs. assoziativ

Die gebräuchlichen Kürzel zur Benutzung der Zwischenablage lassen sich gut merken, weil sie logisch & räumlich um die wichtigste Kombination, die Kopiertaste <Strg>+<C> (für „Copy") gruppiert sind: Ausschneiden, Kopieren und Einfügen entsprechen ziemlich der auch in der Praxis auftretenden zeitlichen Reihenfolge; so ist die Verwendung der entsprechenden Tasten <Strg>+<X>, <Strg>+<C> und <Strg>+<V> ebenso naheliegend wie sinnvoll.

Der eine oder andere kennt vielleicht die alternativen Varianten — merken kann man sich sie allerdings kaum, obschon man sie „intuitiv" korrekt bedient (auch nicht immer...): Ich mußte jedenfalls die beiden Kombinationen für Kopieren und Einfügen (<Strg>+<Einfg> und <Shift>+<Einfg>) erst einmal ausprobieren... Für eigene Kombinationen sollte man sich also lieber an der ersten Technik orientieren...

Ein weiteres Beispiel für eine meines Erachtens äußerst glückliche Auswahl, die sich eine ganz bestimmte räumliche Eigenschaft sehr clever zu nutze macht, sei noch erwähnt: Im Sourcecode-Editor eines Entwicklungssystems komprimiert die Tastenkombination <Shift>+<Strg>+<-> (Minus auf dem Zehnerblock) die Entitäten, so daß nur jeweils die Köpfe der Funktionen, Methoden etc. sichtbar sind. <Shift>+<Strg>+<+> (Plus auf dem Zehnerblock) zeigt wieder den gesamten Quelltext an.

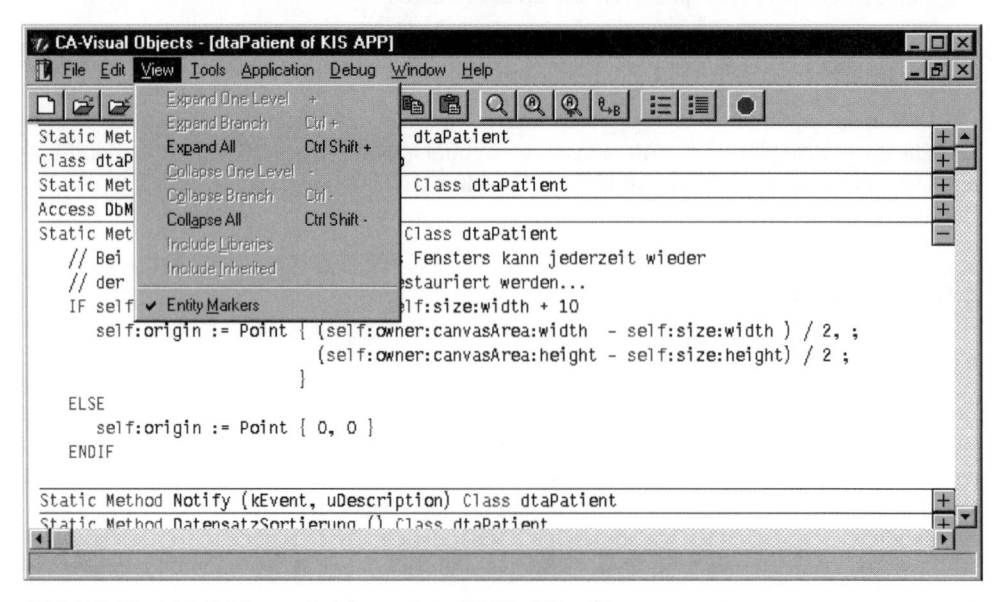

Bild 4.27: Zwei (vielleicht erst auf den zweiten Blick) pfiffige Shortcuts...

Diese beiden wohl eher exotischen Shortcuts, so kompliziert sie erst einmal wirken, besitzen aber eine äußerst rare Eigenschaft, die sie ziemlich einmalig erscheinen läßt: Die Kombinationen lassen sich nämlich blind erfühlen, weil es sich dabei um exakt die Ecktasten der Tastatur handelt. Sie sind außerdem ungewöhnlich genug, daß sie nicht zu Verwechslungen führen können — bei <Shift>+<Strg>+<Backspace> etwa wäre das Risiko eines versehentlichen Löschens oder gar Bootens recht groß.

Natürlich lassen sich auch diese beiden Kombinationen noch optimieren und reduzieren: Da sie gegenläufigen Charakter haben, genügte eine, die den Zustand jeweils umschaltet. Davon hat man im Beispielfall aber möglicherweise deshalb Abstand genommen, weil das kleine Plus- bzw. Minus-Zeichen am rechten Rand der Entität genau die Taste symbolisiert, die zum Umschalten zu drücken ist — also gleichzeitig eine Art optisches Feedback darstellt.

4.6.2.3 Vorsicht bei <Strg>+<Alt>-Kombinationen...

Solche Kombinationen verleiten den Anwender allzu leicht, statt dessen lieber gleich den liebgewonnenen „Klammergriff" <Strg>+<Alt>+<Entf> zu betätigen und die Aktion also mit völlig aufgeräumtem System auszuführen. Überlassen Sie solche gefährlichen Inkonsistenten den Betriebssystemherstellern, die neuerdings diese Kombination zum Anmelden des Benutzers empfehlen...

4.6.2.4 Keine „Geheimtasten"

Vermeiden Sie „Geheimtasten"; verwenden Sie stets sinnvolle Assoziationen. Ärgerliches Beispiel hierfür ist die Möglichkeit, in MS-Word 97 alle offenen Textdateien zu speichern, wenn während des Aufklappens des Menüs die <Shift>-Taste betätigt wird. Im Explorer erhalten Sie, öffnen Sie das Kontextmenü einer Datei mit der rechten Maustaste, bei gleichzeitig gedrückter <Shift>-Taste übrigens anstelle der Option ÖFFNEN die flexiblere Variante ÖFFNEN MIT...

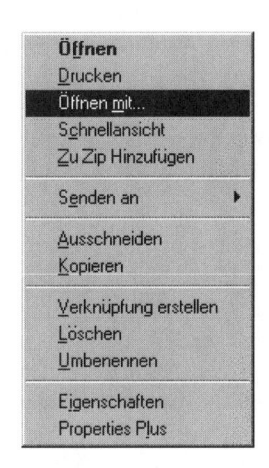

Bild 4.28: Eine praktische Zusatzoption mit <Shift>-Rechtsklick

Auch wenn Sie Windows verlassen (beispielsweise über die Option BEENDEN... des Start-Menüs), können Sie, wenn Sie beim Drücken des „Ok"-Buttons die <Shift>-Taste betätigen, einen Windows-Neustart erheblich beschleunigen, weil dann nicht der Rechner komplett, sondern nur Windows neu gestartet wird.

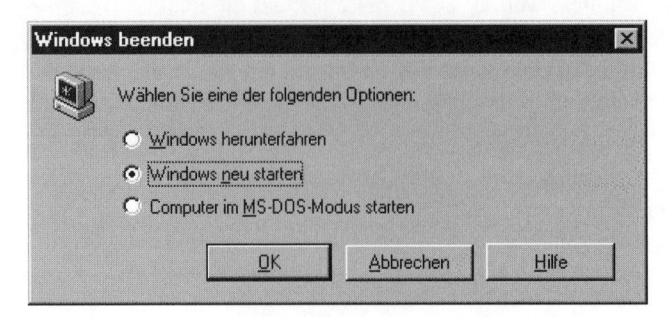

Bild 4.29: Hier gibt es eine (leider nur versteckte) schöne Option...

Eine nur dürftige Erklärung wie „<Shift>-Taste erweitert die Möglichkeiten" ist jedenfalls zumindest für den Durchschnittsanwender weder befriedigend noch nachvollziehbar. Es spräche auch nichts dagegen, die genannten Menüs und den Ende-Dialog einfach um die versteckten Optionen zu erweitern: bei letzterem böte sich ein weiterer, vierter Radiobutton geradezu an.

4.6.2.5 Sichtbarkeit

Die raffiniertesten Tastenkürzel nützen wenig, wenn der Anwender sie nicht zu erkennen vermag. Ein hervorragender (und wieder sehr „kybernetischer") Mechanismus ist beispielsweise die Assistentenhilfe der Microsoft-Office-Produkte, die die Aktionen des Benutzers im Hintergrund beäugen und, registrieren sie eine Aktion, die durch einen Shortcut schneller erreichbar wäre, diesen automatisch vorschlagen.

Da eine derartige direkte und aktive Unterstützung natürlich erst einmal implementiert sein will, dürfte es für die meisten Business-Applikationen, bei denen dieser Aufwand nicht unbedingt gerechtfertigt ist, schon hinreichend intelligent sein, sie doch zumindest passiv als Alternative zu Menüoptionen — und bitte auch in eventuell vorhandenen Tooltips von Toolbar-Buttons — an Ort und Stelle einzublenden. Hier bietet Word für Windows beispielsweise noch Verbesserungsmöglichkeiten: Hat der Anwender einer Formatvorlage einen Shortcut zugeordnet, sollte er das auch in der Combobox erkennen können.

Diese Maßnahme dient vor allem dazu, dem nicht so kundigen Anwender, der die Shortcuts möglicherweise auch gar nicht selbst zugewiesen hat, diese ins Gedächtnis zu rufen und damit seiner Lernförderlichkeit Vorschub zu leisten. Experten zeichnen sich ja nicht nur dadurch aus, möglichst alle Funktionen einer Applikationen zu kennen, sondern diese auch möglichst schnell und effizient bedienen zu können. Schnelles Ändern von Absatzformaten ohne Umweg über Maus, Comboboxen (deren graphische WYSIWYG-Ausgeklügeltheit beim Bildschirmaufbau zudem einiges an Zeit kostet) oder gar per Menü aufzurufende Dialogboxen gehört sicher zu den Operationen eines Textprogramms, die für flottes, konzentriertes und durch möglichst wenig Ablenkungen unterbrochenes Arbeiten verantwortlich zeichnen.

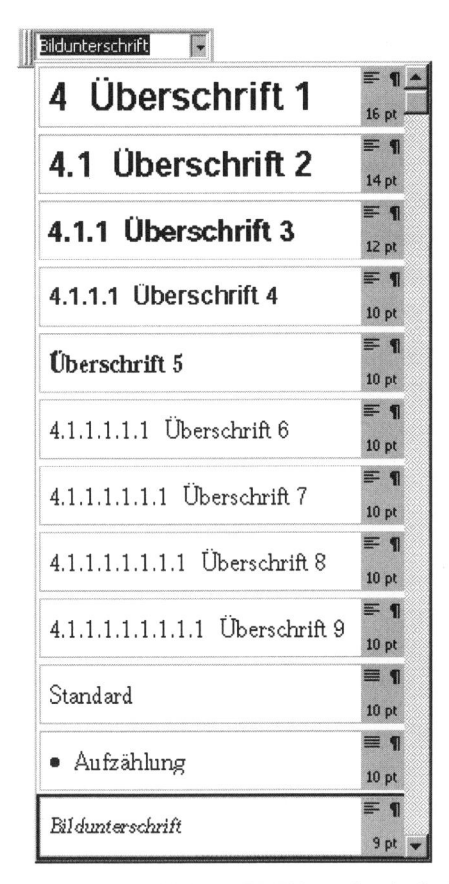

Bild 4.30: Reichlich WYSIWYG — aber leider keine Shortcut-Anzeige

4.6.2.6 Standard-Shortcuts

Zahlreiche Tastenkombinationen sind bereits standardmäßig vorgegeben und sollten, benötigt man diese Optionen in einer Applikation nicht, lieber nicht für andere Operationen benutzt werden, um den Anwender (der ja sicher auch weitere Windows-Applikationen einsetzt) nicht zu verunsichern.

Tabelle 4.2: Standard-Shortcuts nach den Empfehlungen des Microsoft-Styleguides

Tastenkürzel	Bedeutung
<Strg>+<C>	Kopieren
<Strg>+<O>	Öffnen
<Strg>+<P>	Drucken
<Strg>+<S>	Speichern
<Strg>+<V>	Einfügen
<Strg>+<X>	Ausschneiden

\<Strg\>+\<Z\>	Rückgängig
\<F1\>	Hilfe
\<Shift\>+\<F1\>	Kontexthilfe
\<Shift\>+\<F10\>	Kontextmenü
\<Leertaste\>	Auswahl
\<Esc\>	Abbrechen
\<Alt\>	Menümodus einschalten
\<Alt\>+\<Tab\>	Nächstes Hauptfenster
\<Alt\>+\<Esc\>	Nächstes geöffnetes Fenster
\<Alt\>+\<Leertaste\>	Systemmenü für Fester
\<Alt\>+\<Minus\>	Systemmenü für Childwindow
\<Alt\>+\<Enter\>	Eigenschaften
\<Alt\>+\<F4\>	Fenster schließen
\<Alt\>+\<F6\>	Nächstes Unterfenster
\<Alt\>+\<Druck\>	Fenster in die Zwischenablage
\<Druck\>	Bildschirm in die Zwischenablage
\<Strg\>+\<Esc\>	Start-Menü
\<Strg\>+\<F6\>	Nächstes Childwindow
\<Strg\>+\<Tab\>	Nächstes Childwindow
\<Strg\>+\<Alt\>+\<Entf\>	Reserviert für Betriebssystem

4.6.2.7 Eigene Shortcuts

Ideale Tastenkürzel sind solche, die sich aus \<Strg\> plus dem jeweiligen Hotkey der Menüoption zusammensetzen; also beispielsweise \<Strg\>+\<T\> für ALS TABELLE. Das erhöht die Einprägsamkeit ungemein, weil ein- und dieselbe Eselsbrücke zu beiden Möglichkeiten führt.

4.6.2.8 Benutzerdefinierbare Shortcuts

Ebenfalls vorteilhaft für die Akzeptanz einer Software ist, wenn der Benutzer sich seine bevorzugten Tastenkombinationen selber zusammenzustellen kann. Leider unterstützen viel zu wenige Applikationen diese lobenswerte Möglichkeit. Zumindest die Zugriffszeit auf Menüoptionen läßt sich dadurch optimal minimieren.

Da der Benutzer seine möglicherweise von anderen Applikationen her gewohnten Kürzel übernehmen kann, beschränkt sich das Hinzulernen auf solche Optionen, die unter Windows üblich sind. So beendet bei vielen DOS-Anwendungen die Kombination \<Alt\>+\<X\> das Programm; hier sollte man sich also schon an dem Windows-Standard orientieren und auf \<Alt\>+\<F4\> bestehen. Warum man aber auf den nächsten Datensatz nicht wahlweise und ganz nach eigenem Wunsch mit \<Bild ab\>, \<F5\> \<Strg\>+\<N\> oder dergleichen springen kann, ist schließlich nicht einzusehen; hier steigert ein bißchen Flexibilität die Benutzerzufriedenheit enorm.

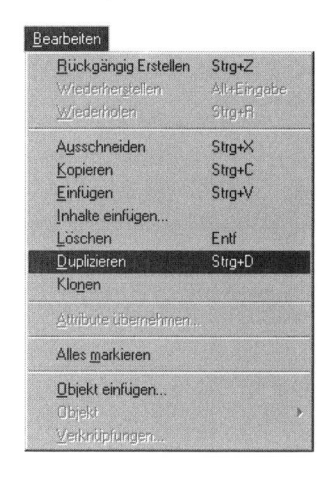

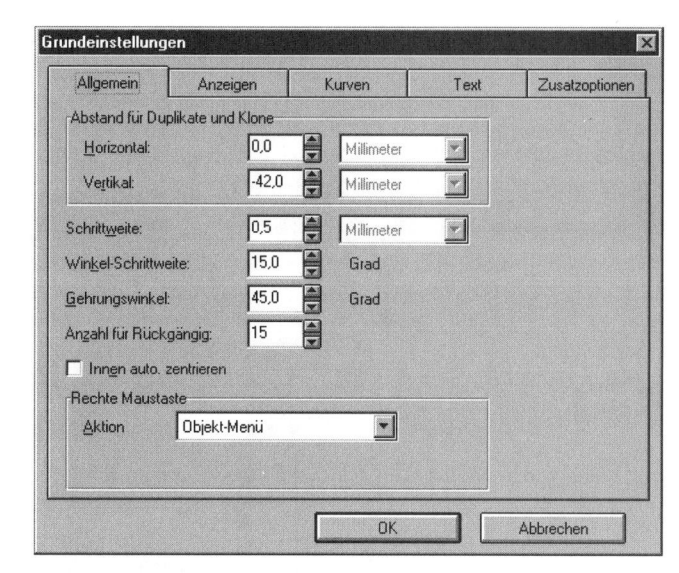

Bild 4.31: Benutzerdefinierbare Auswirkungen eines praktischen Shortcuts

Bei Zeichenprogrammen findet sich oft die sehr praktische Option DUPLIZIEREN, die nicht nur den Vorteil hat, zwei Tastenkombinationen durch eine einzige zu ersetzen — die Ersparnis ganzer 50 Prozent der Tastenanschläge sind ja geradezu Traumwerte —, sondern meist auch eine individuelle Konfiguration des Abstandes erlaubt. Damit ist beispielsweise das Erzeugen von Rastern, Schachbrettern, Kachelmustern und Carl-Andre-Skulpturen ein Klacks.

4.6.2.9 Kombinationen mit der <Alt>-Taste

Die Kombination <Alt>+<F4> zum Beenden einer Applikation sei eine der raren Ausnahmen; Kombinationen mit Buchstaben- oder Zifferntasten sollten strikt der Fokussierung von Controls in Dialogen vorbehalten sein. Benutzen Sie nach Möglichkeit also nur <Strg>-Kombinationen für Menüoptionen. Die Funktionstasten <F1> bis <F12> lassen sich zwar verwechslungsfrei mit <Shift>, <Strg> und <Alt> zusammen betätigen, bieten aber dem Anwender kaum eine vernünftige Chance, dauerhaft assoziiert zu werden. <Strg>+<P> für „Drucken" besitzt dagegen über die Eselsbrücke „Print" genügend Merkbarkeitspotential.

Die Erfahrung zeigt aber, daß Kombinationen aus <Alt>- und einer Funktionstaste besonders gerne vom Anwender für selbstdefinierte Shortcuts Verwendung finden, da sie, sieht man von der natürlich zu sperrenden Kombination <Alt>+<F4> einmal ab, nur selten in anderen GUI-Applikationen zum Einsatz kommen und daher kaum zu Verwechselungen führen. Zu guter Letzt gibt es noch immer Anwender (die man aber bitte darin nicht noch bestärke), die den Freiraum einer Tastatur oberhalb der Funktionstasten tatsächlich mit kleinen Kleberchen versehen, um direkt oberhalb der entsprechenden Taste den Hinweis auf die auszulösende Funktion enthalten.

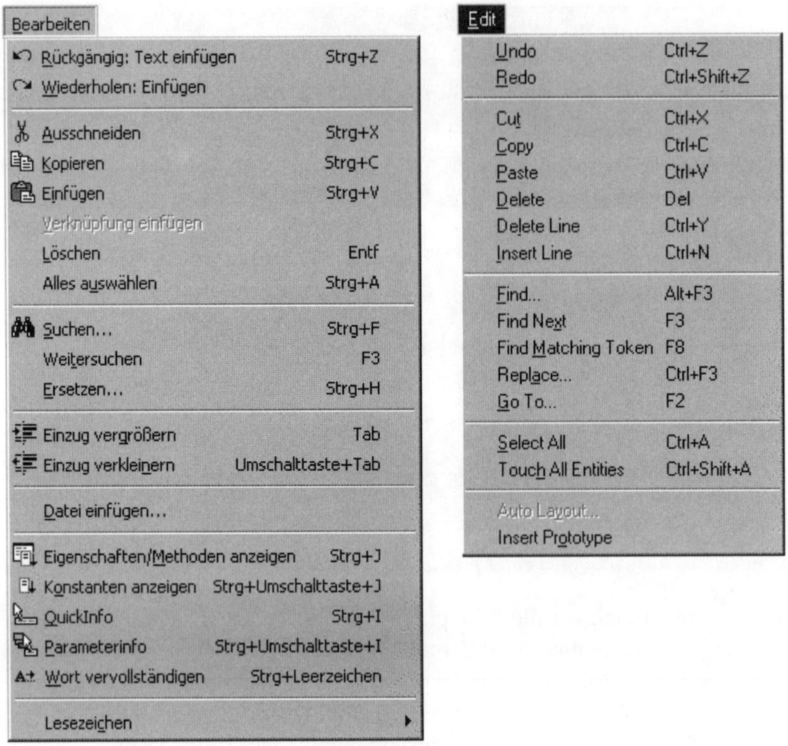

Bild 4.32: Option BEARBEITEN *bei Visual Basic (links) und CA-Visual Objects (rechts)*

4.6.2.10 „Verstärkung" von Shortcuts

Der Menüpunkt BEARBEITEN ist ein gelungenes Beispiel für eine zwar verhältnismäßig große Anzahl Anzahl von Optionen — was bei Entwicklungssystemen wohl auch kaum vermeidbar ist —, die aber nicht nur übersichtlich gruppiert sind, sondern auch ein sehr bemerkenswertes und nachahmungswertes Konzept bei der Vergabe von Tastenkürzel aufweisen: Die <Shift>-Taste vestärkt — im übertragenen Sinne — beispielsweise die Einrückungstaste <Tab>: <Shift>+<Tab> verkleinert nämlich den Einzug. Analog ist bei EIGENSCHAFTEN resp. KONSTANTEN ANZEIGEN, QUICKINFO und PARAMETERINFO vorgegangen: Die „schwachen" Kombinationen <Strg>+<J> bzw. <Strg>+<I> werden durch zusätzliche Betätigung der <Shift>-Taste gewissermaßen verstärkt oder erweitert.

Die gleiche Option beim Entwicklungssystem CA-Visual Objects ist beim Einsatz diese Technik nicht ganz so konsequent. Die Belegung der Undo- und Redo-Tastenkürzel entspricht noch in etwa der Norm; aber beim SUCHEN- und dem um wenige Controls erweiterten SUCHEN & ERSETZEN-Dialog hätte man sich als Pendant zum <Strg>+<F3> schon eher ein <Shift>+<Strg>+<F3> gewünscht... Die beiden separaten Dialoge sollten übrigens zur besseren Bedienung in einem gemeinsamen Karteireiterdialog vereint sein; diese Technik ist zumindest bei den meisten kommerziellen Applikationen inzwischen Standard.

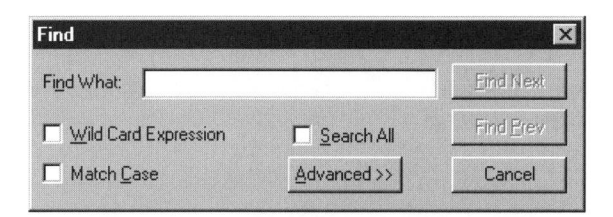

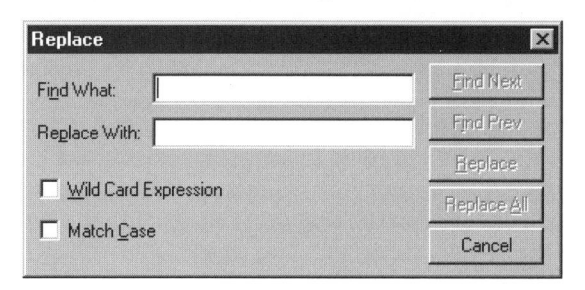

Bild 4.33: Bei so viel Ähnlichkeit wäre ein gemeinsamer Dialog mit Karteireitern sinnvoller...

4.6.2.11 Funktionstasten

In meinen Applikationen sind die Funktionstasten <F1> bis <F12> normalerweise für Laschen von Karteireiterdialogen reserviert. Das durchbricht zwar im Falle von <F1> gängige Standards — auch <Alt>+<F6> ist beispielsweise im Windows-Styleguide mit belegt —, bietet aber dem Anwender gewichtige Bedienungsvorteile aufgrund der direkten Kongruenz der Tasten- mit der Laschenanordnung, daß ich hier ausnahmsweise und durchaus schweren Herzens eine Inkompatibilität billigend in Kauf nehme. Die Hilfe wird eben mit <Shift>+<F1> oder über das Menü aufgerufen.

4.6.2.12 Beliebte Fehler

- Anzahl der Shortcuts

Es ist nicht ganz einfach, den idealen Kompromiß zwischen den Möglichkeiten zu finden, zu wenige, zu viele oder die falschen Optionen mit Shortcuts zu belegen. Häufig sind die verwendeten Kürzel wenig aussagekräftig und entsprechen nicht den üblichen Windows-Standards — oder überschreiben sie gar. Die ideale Lösung sieht die Standardbelegung der wichtigsten Optionen (das dürften vielleicht maximal ein Drittel der vorhandenen sein) mit genormten Kürzeln vor und erlaubt dem Anwender, sich eigene Kürzel zu definieren und vorhandene zu modifizieren. Es sollte ihm möglich sein, seine Belegung unter einem Namen zu speichern und auf Wunsch die Standardeinstellung zu restaurieren.

Visual Basic hält beispielsweise für die wichtigen Funktionen zum Anordnen von Controls keine Tastenkürzel bereit. Zwar gibt es eine Palette mit Toolbarbuttons, die allerdings mit jenen Wahlschaltern bestückt sind, deren Aufklappzeit sich doch gelegentlich (das heißt: immer) unangenehm bemerkbar macht...

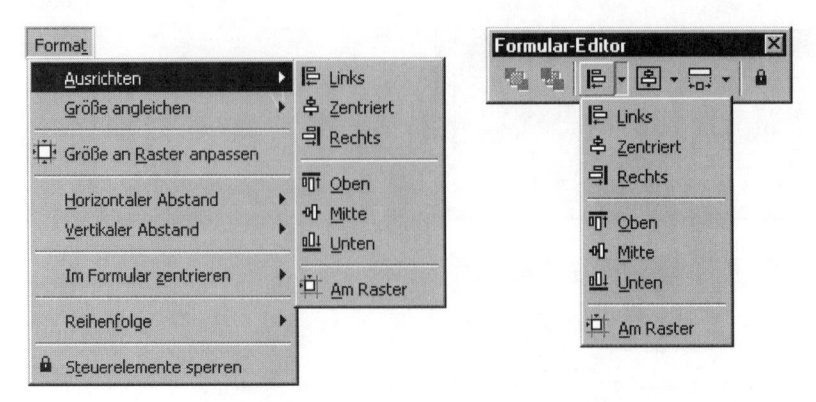

Bild 4.34: Ganz klar: viiieeel zu wenig Shortcuts...

- Versehentlich betätigte Shortcuts

Diesen Absatz verdanken Sie übrigens einem mir gerade frisch unterlaufenen Fehler: Durch versehentliche Betätigung einer nicht mehr nachvollziehbaren Tastenkombination (irgendeine Kombination mit der <Alt>-Taste) zeigte mein Textprogramm alle neu eingetippten Zeichen in der Farbe rot an. Die Undo-Funktion berücksichtigt das Einschalten dieser Option offenbar nicht. Da mir das glücklicherweise schon einmal passiert war, habe ich über EXTRAS ÄNDERUNGEN VERFOLGEN... den Schalter ÄNDERUNGEN HERVORHEBEN..., der jede Textänderung farbig markiert, wieder ausgeschaltet. Diese Option ist im Menü nicht mit einem Kürzel belegt, auch die Hilfe schweigt sich hier aus. Ein Einsteiger hätte sicher nach Versagen der Undo-Funktion vor Verzweiflung die Bearbeitung des Textes verworfen und mit der hoffentlich nicht allzu alten vorherigen Version wieder schwarz auf weiß weitergetippt. Also: mit zunehmender Zahl von Shortcuts steigt natürlich auch die Wahrscheinlichkeit einer ungewollten Betätigung...

- Benutzerkonfigurierbarkeit

Da Tastenkürzel die Benutzerzufriedenheit und seine Produktivität sehr steigern, sollte man hier den Aufwand der zusätzlichen Programmierung nicht scheuen. Abgesehen von Programmabstürzen, die natürlich eine noch erheblichere Arbeitsunterbrechung darstellen, sind es in der Praxis fast immer nur unnötig umständliche Wege zu oft benötigten Menüoptionen, die den Anwender murren lassen. Erkennt er hier bereits selber potentielle Optimierungsmöglichkeiten, um die langen Wege zu verkürzen, wird er die Sturheit und Unflexibilität der Applikation doppelt unangenehm empfinden. Es gibt sicher Programmelemente, auf die man zugunsten der benutzerdefinierbaren Shortcuts erheblich besser verzichten kann...

4.7 Dynamische Menüs

4.7.1 Werte statt Optionen

4.7.1.1 Fenster- und Datei-Listen

Zwei Gruppen dynamischer Menüoptionen sind allgemein verbreitet: Der Menüoption „Fenster" wird eine Liste der aktuell geöffneten Unterfenster angefügt. Viele Applikationen bieten

Dynamische Menüs 201

innerhalb des „Datei"-Menüs eine Liste mit den zuletzt benutzen Dateien oder Dokumenten, deren maximale Anzahl der Anwender häufig konfigurieren kann, um im Bedarfsfall mehr als die meist auf vier begrenzten Einträge zu erhalten. Diese Liste hätte ich allerdings immer schon gerne unter einem eigenen Menüpunkt gehabt; mit Windows 98 und seiner neu eingeführten Favoriten dürfte da eine Modifizierung in absehbarer Zeit anstehen.

Zumeist unterhalb des Menüpunkts DATEI plaziert, verschiebt sich optisch die Option zum Beenden der Applikation häufig weiter nach unten. Noch ungünstiger scheint mir die Anordnung unterhalb des BEENDEN-Elementes zu sein, da das dann nicht länger und gegen die GUI-Konventionen die letzte Option des ersten Menüpunktes ist, die man häufig per <Alt>+<D> plus <Aufpfeil> schnell und einheitlich erreichen kann.

Die neuerdings häufig zu findende Variante, die zuletzt geöffneten Dateien in einem separaten Untermenü anzubieten, hat den Nachteil, daß man sie nur eher mühselig auswählen kann. Übrigens ist es bei größeren Listen durchaus sinnvoll, nach drei oder fünf Elementen eine Trennlinie zu ziehen.

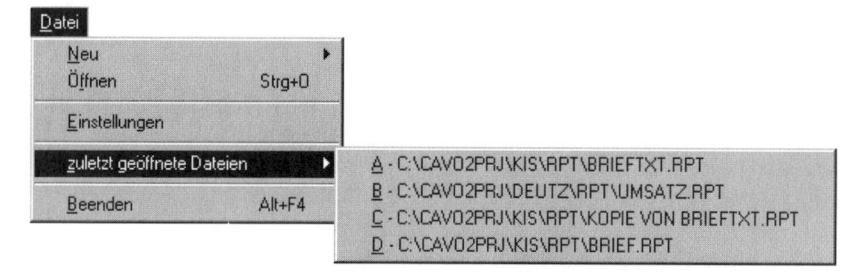

Bild 4.35: Ein modernes, übersichtliches, aber überdenkenswertes Menü DATEI

Das in der Abbildung gezeigte Menü — ich muß übrigens die entsprechende Applikation, einen Reporteditor, häufig benutzen und weiß, wovon ich rede... — hat neben dem verschmerz- und sogar notfalls änderbaren kleinen „z" den Nachteil, Zugriff auf neue Reports und vor allem auf die zuletzt geöffneten nur über Untermenüs zu erlauben. Das verschafft zwar dem Hauptmenü erfreuliche Übersichtlichkeit, verlängert aber auch beträchtlich nicht nur die Mundwinkel des hastigen Anwenders, sondern auch die Zugriffszeit auf die gewünschte Option. Eine Liste mit numerischen Hotkeys scheint mir zudem gleichermaßen übersichtlicher wie natürlicher, da die Anordnung der Zifferntasten eine optische Entsprechung fände: Ich wüßte nicht auf Anhieb, der wievielte Buchstabe im Alphabet beispielsweise das „G" wäre.

4.7.1.2 Data driven-Menüs

Die Möglichkeit, außerhalb einer Applikation Optionen eines Menüs konfigurieren zu können, hat sicher neben den Vorteilen für Programmierer, die sehr flexibel und ohne erneute Kompilierung gelegentlich komplette Applikationen quasi vor Ort zusammenstecken, auch solche — in bescheidenerem Umfang — für den Benutzer. Die Möglichkeit, Texte und Beschreibungen auf Anwender abstimmen zu können, ist sicher nicht nur nützlich für mehrsprachige Applikationen. Außerdem ist es immer sinnvoller, Optionen, die jemand beispielsweise aufgrund eines zu geringen Paßwort-Levels nicht auswählen darf, ihm erst gar nicht anzubieten — sonst wird er sich möglicherweise zurückgesetzt fühlen.

4.7.1.3 Beliebte Fehler

Unüberschaubare Mengen von Werten sollten keinesfalls in Form von Menüoptionen angeboten werden. Beliebt sind zwar zwar solche für Schriftarten- und -größen, doch sollte man hier stets einen Dialog öffnen, der neben der Auswahl über eine List- oder Combobox auch — für die Schriftgröße — die direkte Eingabe über ein SingleLineEdit-Control erlaubt.

4.7.2 Optionen verändern

4.7.2.1 Optionstexte dynamisch verändern

Optionstexte sollten stets statisch sein und sich — abgesehen von Attributänderungen wie aktiv/deaktiv, markiert/nicht markiert und dergleichen — nicht ändern. Eine bitte nur selten zu benutzende Ausnahme stellen die beschriebenen Toggle-Texte dar; hier sind Anwender oft überfordert, den jeweils anderen Zustand zu ahnen; eher besteht die Möglichkeit, daß sie ihn vergeblich suchen und sich die Änderung im Menü nicht schlüssig zu erklären vermögen.

Keinesfalls gehören Bestandteile des aktuellen Datensatzes in einen Menütext. Gilt es beispielsweise einen Kunden zu löschen, bleibt das Menü völlig neutral; eine Option wie KUNDE WESSEL LÖSCHEN anstelle von KUNDE LÖSCHEN (besser und entschieden vorzuziehen wäre ohnehin das neutrale KUNDENDATEN LÖSCHEN) sollte nicht im Menü erscheinen.

4.7.2.2 Beschreibungstexte dynamisch verändern

Das Vorgesagte bezieht sich allerdings ausdrücklich nicht auf jene etwas ausführlicheren Beschreibungstexte, die bei Selektierung einer Option in der Statuszeile eingeblendet werden. Hier schließen inhaltliche Bezüge sogar mögliche Verwechselungen oder Irrtümer aus und sind daher als Ferhlervermeidungsstrategien und Benutzer-Feedbackanzeigen gleichermaßen zu empfehlen.

Gleiches gilt übrigens auch für Tooltips; hier finde ich dynamisch angepaßte Zustandsbeschreibungen wie Name des zu löschenden Kunden, aktiven Drucker etc. sogar ausgesprochen nützlich.

4.7.2.3 Optionen deaktivieren

Zu jedem Zeitpunkt sollten nur die Optionen anwählbar sein, die gerade Relevanz haben. Sind sämtliche Optionen eines Pulldown-Menüs ausgeschaltet, sollte auch der zugehörige Menütitel deaktiviert werden, damit der Anwender unmittelbar sieht, daß diese Optionen nicht erreichbar sind. Allerdings sollte es weiterhin möglich sein, das Untermenü aufklappen und die Optionen ansehen zu können; letztere sollten auch weiterhin ihren eventuell vorhandenen Beschreibungstext in der Statuszeile anzeigen. Dieser hat dann darüber Auskunft zu geben, warum die Option ausgeschaltet ist — und was zu tun ist, damit man sie wieder erreichen kann.

Dynamische Menüs 203

Bild 4.36: Ein Menü mit deaktiven und markierten Optionen

Sind Optionen gesperrter Submenüs nicht einsehbar, ist das für den Lernprozeß nicht gerade förderlich und hindert den Anwender zudem, die Applikation auf eigene Faust zu erkennen.

Unterstützt Ihr Entwicklungssystem keinen direkten Weg, auch einen Menütitel auszuschalten, bleiben Ihnen noch die API-Funktionen von Windows selbst. Achten Sie in dem Fall darauf, daß erst der Aufruf der API-Funktion DrawMenuBar () die Menüleiste neu zeichnet und so den Text grau anzeigt.

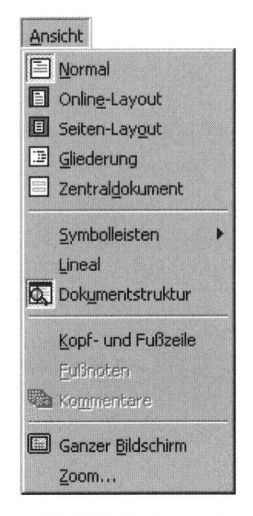

Bild 4.37: Varianten bei neueren GUI-Applikationen

4.7.2.4 Optionen markieren

Unabhängige Optionen, die einen aktiven oder nicht aktiven Zustand widerspiegeln, erhalten zur optischen Erkennung ein Kontrollkästchen, eine Checkmark. Wurde früher jenes schwarze Häkchen verwendet, das auch innerhalb einer Checkbox den „Ja"-Wert signalisiert, zeigt Windows 98, besitzt diese Option zudem noch einen Toolbarbutton, diesen im „eingedrückten" Zustand links neben dem Optionstext an.

Ich halte ein solches Kombinationselement, das neben dem aktuellen Zustand auch den in der Toolbar vorhandenen Button besitzt und dritterseits noch signalisieren soll, daß der Anwender durch Anklicken der Option den Zustand umschalten kann, für etwas überfrachtet. Man kann bei Einsteigern beobachten, daß sie zum Umschalten stets den Button in der Toolbar anklicken, obschon sie im Menü nachschauen, ob das Element gerade aktiviert ist. Die Bitmap scheint mir vor lauter Attraktivität schlichtweg die eigentliche Schaltfunktion zu überstrahlen; was natürlich ein Dilemma ist, denn für ein zusätzliches Häkchen ist in den Menüs einfach kein Platz mehr.

4.7.2.5 Optionen verstecken

Zeigt man zur Zeit ungültige Optionen nicht an, reduziert man dadurch die Anzahl der Menüelemente, was der Zugriffszeit zugute kommt. Solche Menüs sind nicht nur übersichtlicher, sondern erlauben die Auswahl über weniger Tastendrucke, wenn man beispielsweise eine Option mit den Cursortasten auswählt. In der Praxis erfordert jedoch ein auch optisch verändertes Menü mehr Aufmerksamkeit, befinden sich doch die gültigen Optionen häufig nicht mehr an ihren angestammten Plätzen.

4.7.2.6 Präventives Sperren von Optionen

Eine Menüoption oder ein Toolbarbutton, der im aktuellen Programmzustand nicht gedrückt werden kann, darf das erst gar nicht zulassen; er ist also bei jeder Zustandsänderung der Applikation gegebenenfalls ein- oder auszuschalten. Man nehme ruhig billigend in Kauf, daß Menüs, bei denen Hauptoptionen kontextabhängig gesperrt werden, durchaus optisch etwas unruhig wirken und zusätzlicher Berechnung bedürfen — der Vorteil, daß der Anwender sofort erkennen kann, daß beispielsweise der Satzzeiger nicht weiter nach vorne zu bewegen ist, zählt da schon mehr.

Bedauerlicherweise reagieren die meisten Applikationen auf die Betätigung einer Option wie NÄCHSTER DATENSATZ, befindet man sich bereits am Ende Datenbank, mit einer Messagebox wie „Ende der Datei erreicht", die der Anwender dann auch noch manuell schließen muß.

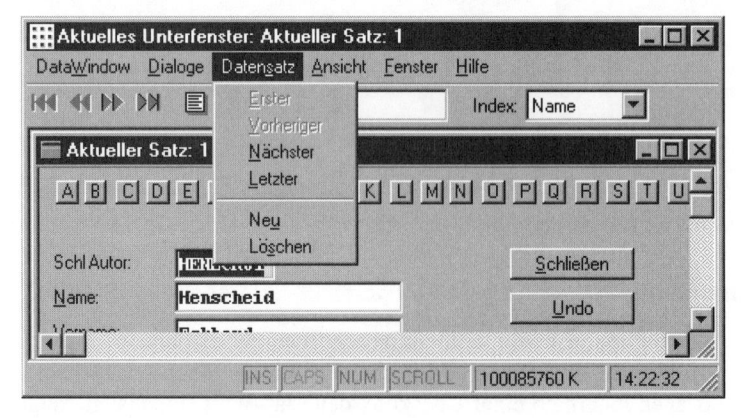

Bild 4.38: Sperren der Blättertasten am Dateianfang bzw. -ende

4.8 Untermenüs

Hier ist die von Microsoft propagierte Bezeichnung „Überlappende Menüs" eher unglücklich, da sich allerhöchstens in den Randpixeln die Menüs tatsächlich berühren.

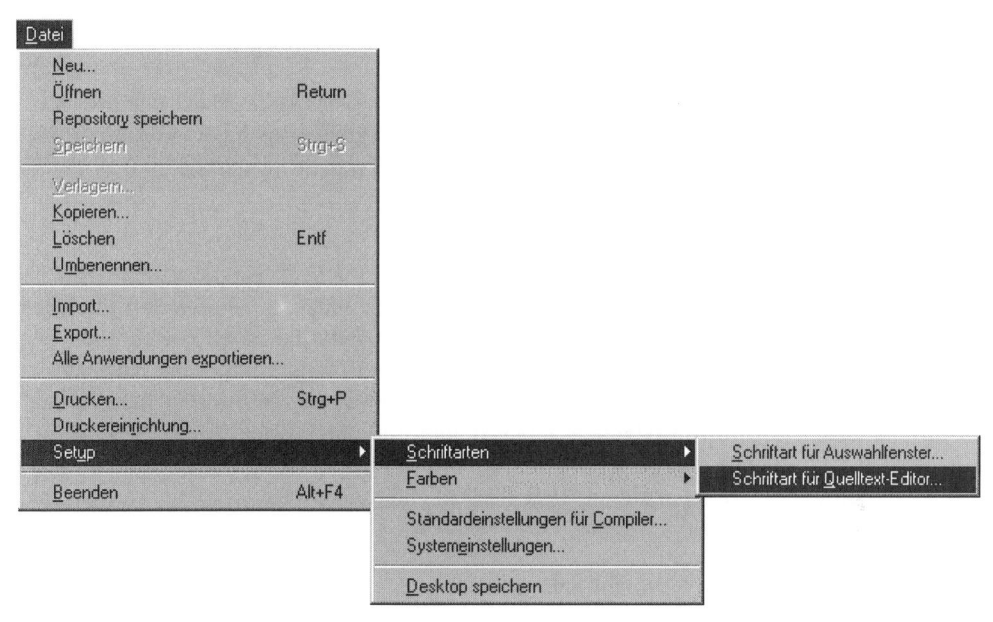

Bild 4.39: Bitte so nicht! Auch nicht so ähnlich!

4.8.1 Schachtelungstiefe

Neben unpassender Benamung manifestieren sich in einer zu stark verschachtelten Menütiefe die meisten Gestaltungsfehler. Oft scheint die Erzeugung von Untermenüs der einzige rettende Ausweg bei einer sehr großen Anzahl von Menüoptionen zu sein. Allerdings erfolgt häufig die Gruppierung in Untermenüs aus Gründen einer auch inhaltlichen Hierarchie, die aber keinesfalls zwanghaft auch optisch identisch umgesetzt werden muß.

4.8.1.1 Das Original: Windows 98

Im folgenden sieht man anhand eines schon klassischen Beispiels, das sicher schon jedem Windows-Benutzer aufgefallen ist, aber leider auch in Windows 98 seine erneute Wiedergeburt erfahren hat, einen sehr ärgerlichen Designfehler. Die wichtigen Such-Optionen lassen sich ohne Not bereits im ersten Pulldown-Zweig unterbringen. Es ist geradezu widersinnig und widerspricht jeder Ergonomie und Benutzererfahrung, daß für die sehr häufig benötigte Option das Untermenü erst umständlich aufzuklappen ist. Über eine geeignete Gruppierung wäre der inhaltliche Zusammenhang einwandfrei und unzweifelhaft erkennbar.

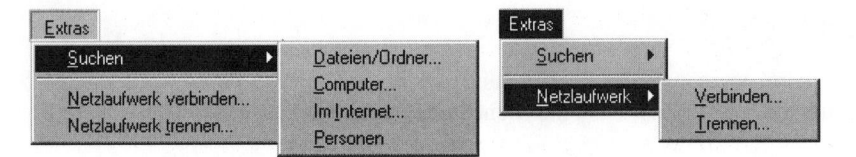

Bild 4.40: Ein klassischer Designfehler mit einer nochmals schlechteren Variante

Dieses Prinzip findet sich ja auch bei den beiden NETZWERK-Optionen: Hier hätte man übrigens ebenfalls auf die Idee kommen können, sie in einem gemeinsamen Untermenü nachhaltig zu verbergen — Ungünstiges läßt sich also ebenfalls meist noch verstärken...

4.8.1.2 Alternative 1: Verzicht auf Untermenü

Die Tatsache, daß in den ersten vier Optionen das Wort „Suchen" vorkommt, hat die Entwickler des originalen Menüs sicher dazu ermuntert, sie in einem gemeinsamen Untermenü zu plazieren. Allerdings sollte bei solchen Überlegungen stets die möglichst einfache und schnelle Auswahlmöglichkeit eine höhere Priorität besitzen, zumal das Menü auch in der optimieren Form noch sehr überschaubar bleibt — bei immerhin 50 Prozent Mausklickersparnis, erheblich weniger Navigationsaufwand und Aufklappwartezeit. Die gelegentlich durchaus zu berücksichtigende Regel, Optionen mit einem gleichen Stichwort (wie „Suchen" oder „Netzlaufwerke") zu separieren, findet also keinesfalls immer und uneingeschränkt Anwendung.

4.8.1.3 Alternative 2: Karteireiterfenster

Da übrigens sämtliche Suchoptionen jeweils einen nachgeschalteten Dialog aufrufen (gut zu erkennen an der dem Text folgende Ellipse „..."), böte sich hier statt der einzelnen Masken ein gemeinsames Karteireiterfenster an mit einer Laschenstruktur, die den sofortigen Zugriff auf alle Möglichkeiten erlaubt. Der Aufwand sowohl in zeitlicher als auch mausmotorischer Hinsicht liegt deutlich unter der der aktuellen Implementierung.

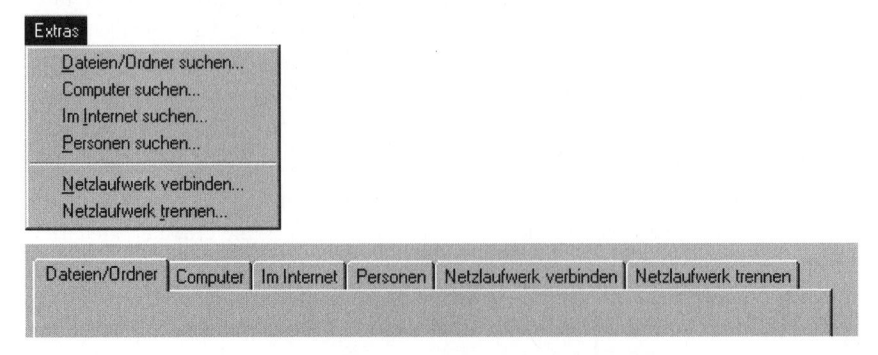

Bild 4.41: Bessere Menüvariante und Karteireiterfenser-Alternative

Die in der Abbildung 4.41 gezeigte Alternative zum Menü erlaubt den Zugriff auf alle sechs EXTRAS-Optionen über einen einzigen Punkt, hat aber den Nachteil, daß das Stichwort „Suchen", soll es in den Laschentexten vorkommen, diese unnötig verlängern würde.

Optimal wäre in diesem Fall sicher die Definition zweier Karteireiterfenster „Suchen" und „Netzlaufwerke" mit jeweils vier bzw. zwei Laschen. Damit blieben dem Menü EXTRAS immerhin noch zwei gleichermaßen übersichtliche wie schnell zu erreichbare Optionen SUCHEN und NETZLAUFWERKE. Ein Vergleich der originalen Menüvariante mit der Fensterlösung im praktischen Einsatz würde sicherlich zeigen, daß die Karteireiterdialoge für Kenner der Anwendung eine optimal schnelle, für Einsteiger eine ausreichend übersichtliche Gliederung der verschiedenen Möglichkeiten zur Verfügung stellen.

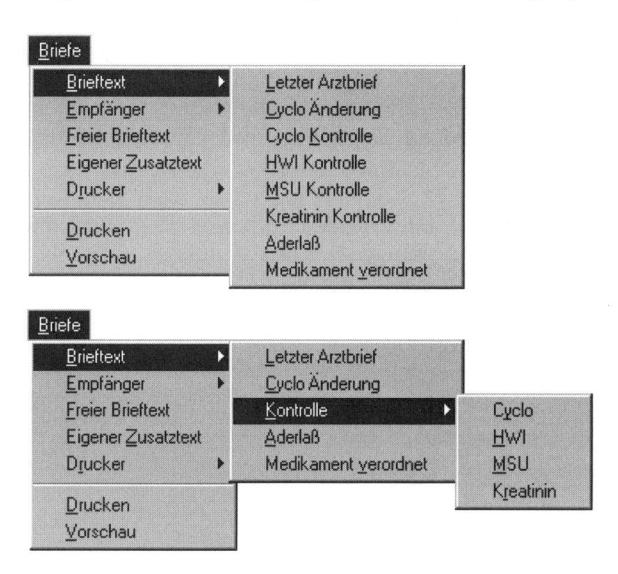

Bild 4.42: Zwei typische und gleichermaßen verbesserungswürdige wie -fähige Pulldown-Menüs

4.8.1.4 Meist besser: Dialogboxen

Verwenden Sie statt tief geschachtelter Optionsbäume lieber eine nachgeschaltete Dialogbox, die erheblich weniger Feinmotorik vom Anwender fordert. Die Entscheidung, welcher Drukker, welcher Druckkanal oder welches Layout beispielsweise benutzt werden soll, gehört keinesfalls in die Menüauswahl.

Selbst der erste Fall der Abbildung 4.42 erfordert bei der Mausbedienung ein unnötiges hohes Maß an Feinmotorik, das insbesondere dem Einsteiger nicht zugemutet werden sollte. Das Aufklappen eines Untermenüs dauert zudem einen zwar vergleichsweise kurzen Moment, zwingt den Anwender, der vielleicht schon genau weiß, welche Option er auswählen möchte, aber zu einer kurzen Unterbrechung.

Nachteil ist, daß eine Änderung, beispielsweise dem notwendigen Zufügen neuer Brieftexte, hat zwangsläufig eine Modifzierung des Layouts zur Folge hat. Die Frage, warum aber für die Brieftexte nicht gleich ein dynamisch erweitertes Auswahlcontrol wie eine Listbox Verwendung findet, läßt sich damit beantworten, daß die Auswahl nicht sichtbarer Elemente einen deutlich höheren Bedienungs- und Erkennungsaufwand erfordert. Checkboxen, so sie eine relativ konstante und auf absehbare Zeit nicht zu verändernde Elementanzahl besitzen, die 7 +/- 2 nicht übersteigt, bieten sich für solche Dinge durchaus an.

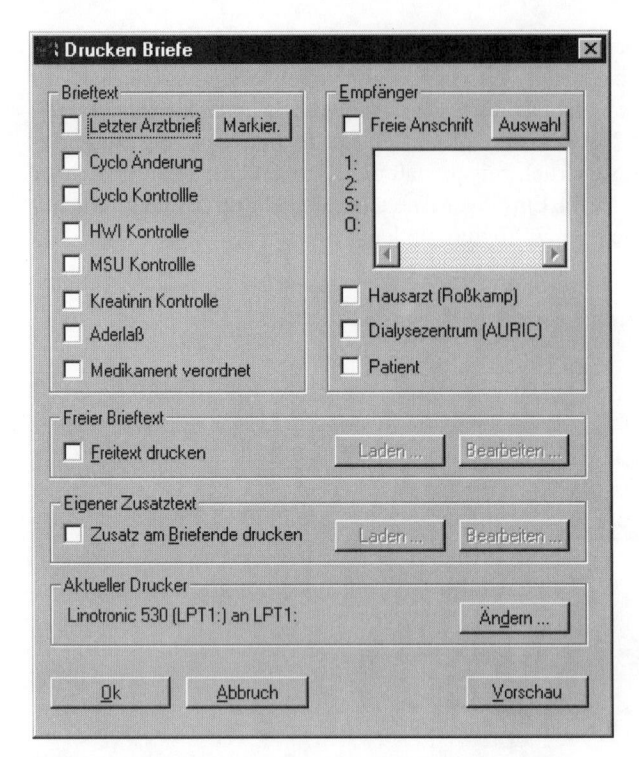

Bild 4.43: Eine Dialogvariante als viel bessere Alternative

4.8.1.5 Beliebte Fehler

- Zu viel Motorik...

Immer wieder ist zu beobachten, daß zur Auswahl einer Menüoption zu viele Mausklicks und zu viele Mausbewegungen erforderlich sind. Gerade die sich zu häufig wiederholende Schrittfolge „Mausklick, Mauszeiger bewegen, beschleunigen, anhalten, erneuter Mausklick etc." mit notwendiger Koordinierung von Blick- und Handbewegung bedeutet einen erheblichen motorischen Aufwand, der zudem durch die eher unglückliche Kombination von hoher Bildschirmauflösung und kleinem Systemfont noch steigt. Immerhin beträgt die Schrifthöhe eines Menüs gerade mal 11 Pixel.

Die Reduzierung der Menüeinträge erzwingt eine anschließende Verfeinerung der Auswahl und stellt daher meist nur eine zeitliche und räumliche Verlagerung dar. Allerdings lassen sich statische Controls in einer Dialogbox meist besser und schlüssiger gruppieren und sind für Einsteiger angenehmer zu bedienen. Dynamische Controls wie Popup-Menüs oder Comboboxen werden durch falsch plazierte Klicks zwar ebenfalls leicht unabsichtlich wieder geschlossen, erfordern aber keinen kompletten Neustart, wie das bei verschachtelten Menüs häufig der Fall ist.

- Keine schnellen Abbruchmöglichkeiten

Wenn Sie solche Dialoge zur Bestimmung und Auswahl weiterer Optionen Menüelementen nachschalten, achten Sie stets darauf, daß die Fenster ohne große Mühe bedient und beispielsweise bei versehentlichem Öffnen auch per <Esc>-Taste schnell wieder geschlossen werden können. Dann ist auch bei ungewolltem Einstieg der Rückzug weniger aufwendig als das häufig zu sehende hilf- und wahllose Blättern des Anwenders durch die Untiefen des Menüdschungels...

4.8.2 Abreißbare Menüs

4.8.2.1 Eine leider nur wenig bekannte Art...

Menüs, die der Anwender aus dem Hauptmenü herausziehen kann, kennen andere GUI-Systeme — übrigens auch die vor einigen Jahren für kurze Zeit als Windows-Konkurrenz gehandelte Oberfläche Geoworks, die sich aber am Markt nicht durchsetzen konnte — schon seit einiger Zeit. Abreißbare Menüs belegen nur wenig Platz und können meist zusätzlich komprimiert bzw. zusammengeklappt werden. Sie fördern ungemein die Möglichkeit, daß der Anwender sich seine eigene Arbeitsumgebung schafft und häufig benötigte Optionen kurzerhand als Werkzeuge an beliebiger Stelle ablegt: Ein schönes Beispiel sowohl für direkte Manipulation wie auch Benutzerkonfigurierbarkeit.

Das kann auch für solche Optionen gelten, die der Programmierer vielleicht gar nicht als wichtig erachtet — und die der Anwender vielleicht auch nur kurze Zeit häufiger benötigt. Die so spezifizierten Optionen sind dem Benutzer dann ohne lange Mauswege schnell zu Hand. Bei Zeichenprogrammen ist natürlich die Plazierung einer Werkzeug- oder Farbpalette direkt am Ort des Geschehens längst bekannt. Als allgemeingültige Technik, die jedem Menü zur Verfügung steht, ist sie bei Applikationen aber noch sehr rar.

4.8.2.2 Alternative: Symbolleisten, Symbolleisten, Symbolleisten...

Windows 98 kontert mit der Möglichkeit, zwischen Toolbars, Menüs und Symbolleisten nicht länger zu unterscheiden und erlaubt jetzt ebenfalls den Einbau ihrer Bestandteile beispielsweise in die Taskleiste. Es ist sicher nur eine Frage der Zeit, wann auch Windows-Anwender in den Genuß dieser bei vielen anderen GUI-Systemen schon bewährten Technik kommen werden und sich Paletten mit beliebigen eigenen Optionen zusammenstellen können.

4.8.2.3 Visuelles Feedback

Beim Klick in ein abziehbares Menü muß der Benutzer ein visuelles Feedback erhalten, daß dieses Menü jetzt per Drag & Drop entfernt werden kann und sich in ein Fenster verwandelt. Das geschieht am besten dadurch, daß der Menütitel entsprechend gekennzeichnet wird. Bei einigen GUI-Systemen erscheint unterhalb der Menüleiste ein Pin ähnlich denen, mit denen man Zettel an einer Pinwand befestigt.

4.8.3 Menüarten

Auf der Suche nach der optimal geeigneten Menüart — die üppige Vielfalt aus Pulldown-, Kontext-, Popup- und Icon-Menüs machen einem die Auswahl ja nicht allzu leicht — sollten Sie immer die folgenden Richtlinien vor Augen haben:

- Wie oft ruft der Anwender das Menü auf?
- Wie viele Elemente müssen dargestellt werden?
- Wie schnell müssen Optionen erreichbar sein?
- Wie häufig werden Elemente dynamisch geändert?
- Soll das Menü stets angezeigt werden?
- Welche vergleichbaren Standardtechniken gibt es?

Die Vor- und Nachteile der einzelnen Arten mitsamt ihres passenden Einsatzgebietes werden nun im folgenden diskutiert.

4.9 Pulldown-Menüs

4.9.1 Besonderheiten

4.9.1.1 Menü stets in der Shell

Pulldown-Menüs stehen über eine Menüleiste permanent im Zugriff und können jederzeit aufgeklappt werden. Bei den meisten GUI-Systemen befindet sich die Menüleiste am oberen Rand unterhalb der Titelleiste eines Fensters. Unter Windows können Dialogboxen keine Menüleisten darstellen; das ist Shell- und Childwindows vorbehalten.

4.9.1.2 Flexible Bedienungsmöglichkeiten

Es bleibt dem Anwender überlassen, mit Hilfe welcher Technik er die gewünschte Option auswählen möchte. Selbst für die Maus-Fans gibt es noch zwei recht verschiedene Möglichkeiten: Per Point-and-Click (Zeigen-und-Klicken) klickt man das Untermenü auf; der nächste Klick wählt die Option aus oder, hat man außerhalb des Pulldown-Menüs geklickt, schließt das Menü ohne Auswahl. Bei Drap-and-Pull (Ziehen) wird durch Klicken des Menütitels das Pulldown-Menü geöffnet; mit gedrückter Maustaste fährt man jetzt die Optionen ab. Loslassen der Maus wählt die Option oder, wie gehabt, schließt das Menü wieder, wenn das außerhalb des gültigen Bereichs geschehen ist.

Tastatur-Anwender haben die Auswahl zwischen <F10> zur Aktivierung und den Navigationstasten, Hotkeys oder Shortcuts. Anhänger der Navigationstasten sind entweder eher merkfaul und bevorzugen die ständige optische Rückmeldung — da kostet's halt etwas mehr Zeit, ist dafür aber ungemein bequem. Rhythmisch begabte Menschen (im Sinne von „Tatatataaa + <Return>") oder solche mit räumlichen Vorstellungsvermögen haben sicher weniger Schwierigkeiten, die gewünschten Optionen dauerhaft mit einer bestimmten Anzahl von Cursortastenanschlägen zu assoziieren. Andere bevorzugen vielleicht doch eher die üblichen Eselsbrücken über möglichst schlüssige Kürzeltasten.

Anhand dieser Vielzahl von Möglichkeiten kann man sehr leicht sehen, daß den Menüs immer schon eine besondere Aufmerksamkeit zukam; ich glaube nicht, daß es andere Steuerelemente gibt, die derart anwendererprobt sind.

4.9.2 Die Menüleiste

4.9.2.1 Erkennungszeichen aller GUI-Applikationen

Applikationen, die nach dem Starten am oberen Rand der Arbeitsfensters eine Menüleiste mit den möglichen Funktionen präsentieren, lassen den Anwender sich sofort heimisch fühlen. Auf diesen Konsistenzbonus sollte man keinesfalls ohne einen sehr guten Grund verzichten. Je vertrauter und bekannter einem Benutzer Ihre Applikation nach dem Start erscheint, desto leichter wird ihm der Einstieg sein, desto weniger Umstellungsaufwand bedeutet auch ein künftiger Start, für den er beispielsweise eine andere Windows-Applikation verläßt. Optische Abwechslung und Variationsreichtum beim Umschalten zwischen möglichst bedienungskompatiblen GUI-Programmen ist sicher nicht das, was ein Anwender besonders gern hat.

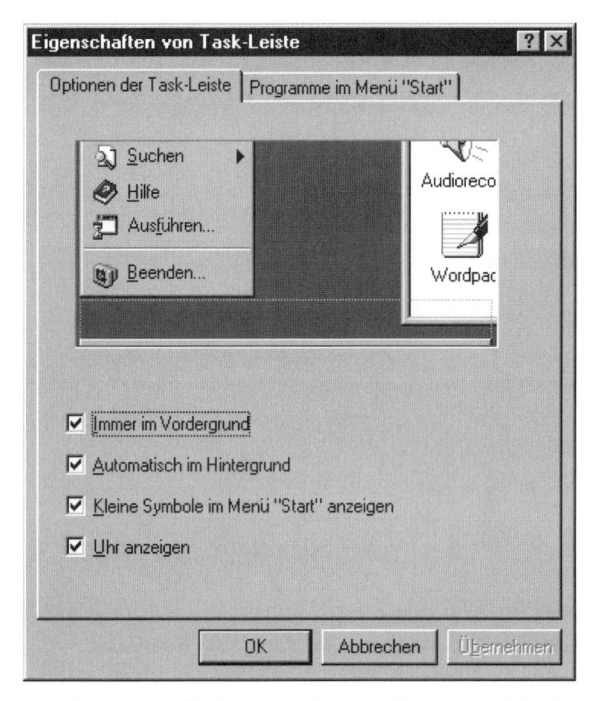

Bild 4.44: Sinnvolle Optionen der Task-Leiste unter Windows 95/98

4.9.2.2 Kontextabhängiges Einblenden der Menüleiste

Meine früheren DOS-Programme besaßen eine selbstgeschriebene SAA-CUA-Oberfläche, die es erlaubte, die Menüleiste in der obersten Zeile erst dann einzublenden, wenn sie entweder mit der Taste <F10> oder durch Gedrückthalten der <Alt>-Taste aktiviert wurde. Alternativ wurde sie angezeigt, wenn der Mauscursor in die oberste Zeile bewegt wurde. Das hatte den Vorteil, daß von den ohnehin knappen 25 Zeilen im Textmodus nicht permanent eine zugunsten des Menüs geopfert werden mußte. Zwar ist die ständige Sichtbarkeit einer Menüleiste in Windows sicher einer der Vorteile gerade für den Anfänger, aber der DOS-Bildschirmplatz war eben kostbar... Unter Windows sieht der Anwender stets die Möglichkeiten und muß sich nicht hilflos auf die Suche begeben, was denn zur Zeit so alles für Funktionen ausgelöst werden können.

4.9.2.3 Beispiel: Die Windows-Task-Leiste

Windows benutzt übrigens ein solches Menü, das Sie auch schon gelegentlich mal gesehen haben: Die Task-Leiste besitzt sämtliche der oben beschriebenen Möglichkeiten. Sie können sie an einer der vier Ränder des Desktop andocken, sie vergrößern und auf Wunsch auch automatisch verschwinden lassen, damit sie keine Bildschirmfläche beansprucht, wenn Sie innerhalb einer Applikation arbeiten. Manch ein Anwender wird aber wohl nur durch versehentliches Verschieben auf die Idee kommen, daß die Task-Leiste nicht an einen festen Ort gebunden ist. Das Feedback, das ab der Unterschreitung eines Abstandes zum Rand die Leiste am Desktop „einrastet", reicht für einen wirklich intuitiven Vorgang sicher nicht aus.

4.9.2.4 Am besten: Halbwegs vernünftige Vorgabe

Ich habe bei meinen Systemen die vier Checkboxen übrigens sämtlich aktiviert; die kleinen Symbole sind ausreichend lesbar und lassen das Startmenü nicht ganz so unnötig üppig erscheinen. Sobald man mit dem Mauszeiger in den unteren Randbereich des Desktops gerät, blendet Windows die Task-Leiste ein.

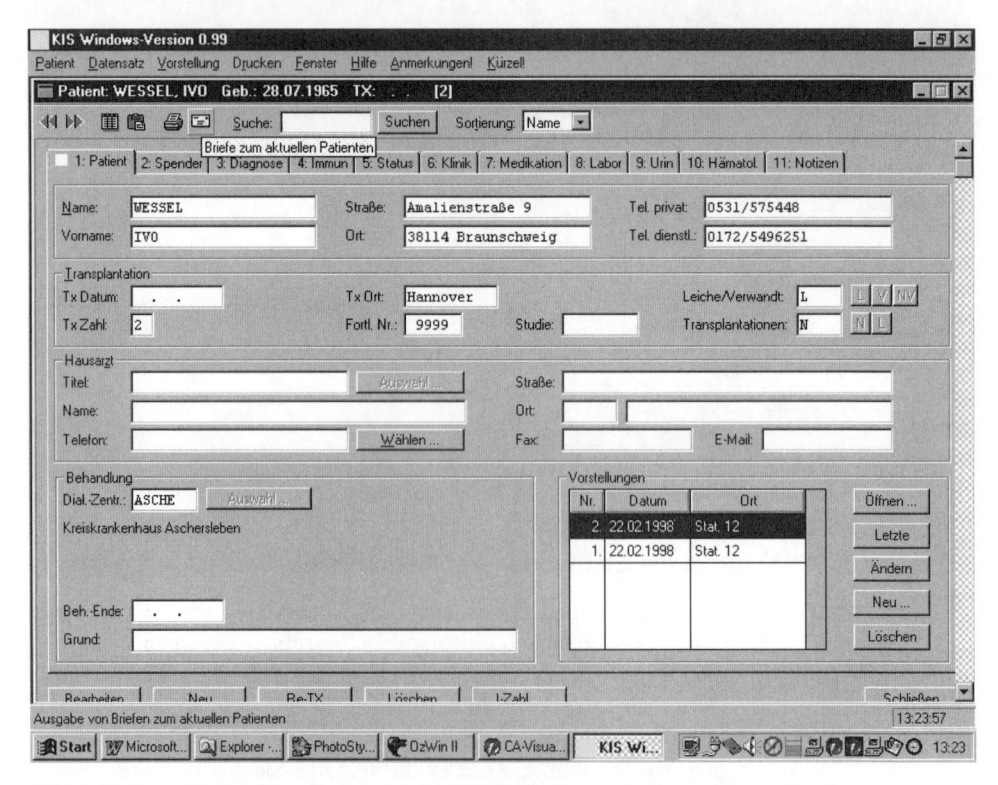

Bild 4.45: Eine ständig aktive Task-Leiste beeinflußt die Fensteroptik am unteren Rand...

4.9.2.5 Nachteile einer flexiblen Task-Leiste

Übrigens müssen Applikationen möglicherweise den Standort und die Größe der Leiste berücksichtigen. Hat ein Anwender sie permanent eingeblendet, fehlen ihm einige Dutzend Pixel an Bildschirmhöhe, was insbesondere bei fester Fenstergröße einzukalkulieren ist. Andernfalls bleiben einige Controls versteckt. Andererseits wäre es ärgerlich, den Daumenbreiten Platz nicht zu nutzen, wenn man die Einstellungen voraussetzen kann, die die Leiste automatisch in den Hintergrund verschwinden läßt — eine Option, die ich übrigens bei meinen Applikationen meist vorschreibe, wenn der Anwender nur über eine Bildschirmauflösung von 800 mal 600 Pixeln verfügt. Das ist nämlich die Auflösung, für die ich in der Regel die Fenster gestalte — und da braucht man schon jeden Pixel...

4.9.3 Standardmenü DATEI BEARBEITEN ANSICHT FENSTER HILFE

4.9.3.1 DATEI...?

Die Standardmenüleiste wirkt häufig in Geschäftsapplikationen etwas deplaziert. Bei aller Liebe zur wünschenswerten Konsistenz und Wiedererkennbarkeit: Die ratsame Verwendung des anwenderspezifischen Vokabulars sollte höhere Priorität genießen; und daß „Datei" ein reines ehdehvautechnisches Kunstwort ist, wurde zu Beginn dieses Kapitels ja bereits erwähnt.

4.9.3.2 BEARBEITEN...?

Wenn es denn doch das Standardmenü sein muß, das unter DATEI Optionen wie KUNDEN und RECHNUNGEN beinhaltet, achten Sie aber bitte darauf, daß man erstere keinesfalls „bearbeiten" kann: Dann sollte das zweite Pulldown-Menü BEARBEITEN schon besser so etwas wie BEARBEITEN KUNDENDATEN... bereithalten.

4.9.3.3 HILFE...?

Die neue Windows 95 und ff. Gewohnheit, statt des Wortes HILFE nur noch das viel kürzere Fragezeichen als Menütitel zu benutzen, mag ja Platz sparen, verhindert aber sehr oft, daß Einsteiger diese Option mit der Tastatur erreichen können. Sie betätigen nämlich anstelle der Kombination <Shift>+<Alt>+<ß> nur <Alt>+<ß> — schließlich liegt das Fragezeichen „?" auf der zweiten Ebene der Tastatur, ist damit aber die große Ausnahme der Hotkeys, die ansonsten strikt ohne <Shift>-Taste zu definieren sind.

4.9.3.4 Wenn doch...

Sollten Sie solche Standardmenütitel einsetzen, beachten Sie, die Optionen der Untermenüs nur zu ergänzen, nicht aber beispielsweise ihre Reihenfolge durcheinander zu bringen. BEARBEITEN AUSSCHNEIDEN KOPIEREN EINFÜGEN wären etwa Optionen, die alle Windows-Anwender in genau dieser Reihenfolge kennen. Auch wenn Sie innerhalb der Applikation vielleicht noch andere Dinge ausschneiden oder kopieren, sollten neue Optionen nicht in die Standardoptionen einsortiert, sondern mit einer Trennlinie abgesetzt werden.

4.9.4 Zentrales Pulldown-Menü

Verschiedene Childwindows besitzen häufig völlig unterschiedliche Menüs mit entsprechenden Symbolleisten. Zwar ist die Menüleiste stets Bestandteil des Shellwindows, Toolbars etc. werden aber innerhalb der Childwindows selbst angezeigt, wenn der Besitzer des Menüs das Unterfenster ist. Es ist durchaus sinnvoll, die Toolbars dann an Ort & Stelle innerhalb der Fenster darzustellen.

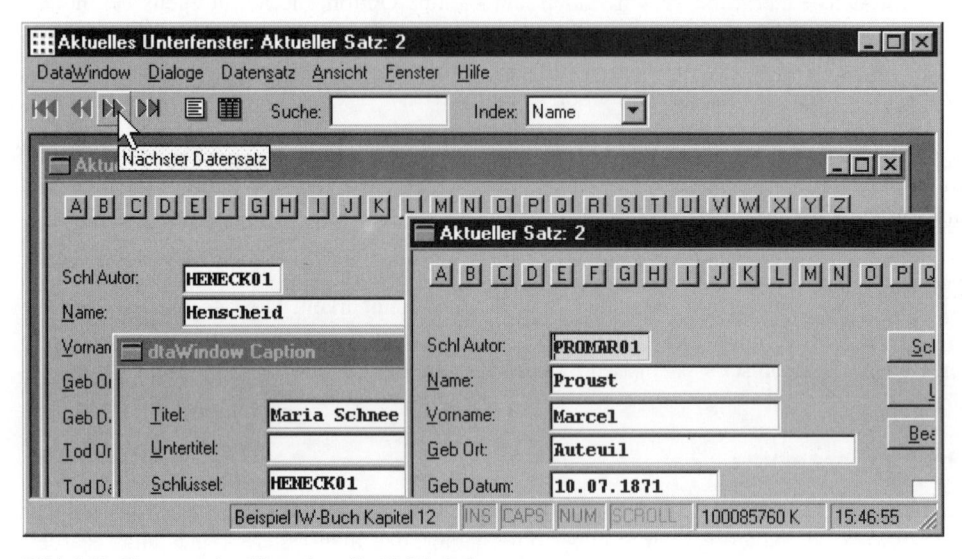

Bild 4.46: Ein zentrales Menü für alle Childwindows

4.9.4.1 Ein Menü für alle Childwindows

Anderseits kosten diese verschiedenen Symbolleisten bei MDI-Applikationen, die das Öffnen vieler Dokumente oder Fenster erlauben, unnötig Platz — es gibt durchaus Applikationen, bei denen mehr als einige wenige Arbeitsfenster sinnvoll und hinreichend übersichtlich sind, ihre vielen möglicherweise sogar ähnlichen oder identischen Symbolleisten aber zentral eben jenem Fenster zuzuordnen sind, das auch die Menüleiste beinhaltet. Die Shell müßte die Menünachrichten, die sie nicht selbst verarbeitet, an das gerade aktive Unterfenster als den eigentlichen Adressaten der Option senden.

Der Anwender erkennt das aktuelle Childwindow hinreichend einfach an der speziell — meist dunkelblau — gefärbten Titelleiste. Üblich ist zusätzlich die Einblendung des Childwindow-Titeltextes in der Titelleiste des Shellwindows. Wenn auch das noch nicht ausreicht, wäre außerdem noch das Anhängen eines Textes wie „[Aktiv]" in der Überschrift des fokussierten Unterfensters denkbar.

4.9.4.2 Zentrales Regiezentrum

Neben dem geringeren Platzbedarf wäre das Shellmenü eine Art zentrales Regiezentrum und damit Anlaufstelle auch für die Belange der Unterfenster, was die notwendigen Mausaktionen sicher reduzieren würde — bei gleichzeitiger Verbesserung der Übersicht.

4.9.5 Vorteile von Pulldown-Menüs

4.9.5.1 Keine Alternativen...

Die Menüleiste im Verbund mit dem Applikationsfenster gehört sicher zu den zentralen Erkennungsmerkmalen einer graphischen Benutzeroberfläche; Konformität und Wiedererkennbarkeit sind jedenfalls für die allermeisten Anwender angenehme Begrüßungsformeln nach dem Start eines Programms. Menüleisten haben (möglichst...) eine feste Position, ein konsistentes Aussehen, können gleichermaßen mit der Tastatur wie mit der Maus bedient werden, lassen sich einfach durchblättern und erlauben so auch dem Ersteinsteiger, sich einen Überblick über die mögliche Funktionalität der Applikation zu verschaffen.

Diese Erfahrung machen Sie ja sicher auch bei der Erkundung neuer Programme: Man klickt sich erst einmal durch das Menü und stöbert ein wenig nach Optionen & Elementen, bevor man Fenster öffnet und sich in die Tiefe wagt.

Bei umfangreichen Applikationen gibt es tatsächlich keine empfehlenswerte Alternative zu Pulldown-Menüs — was Sie daran erkennen können, daß es kaum Applikationen gibt, die auf sie verzichten: Bei Geschäftsapplikationen ist mir keine einzige bekannt.

4.9.6 Nachteile

4.9.6.1 Platzbedarf

Pulldown-Menüs pflegen einen gewissen und nicht ganz kleinen Bereich des Bildschirms und damit auch meist der eigentlichen Arbeitsfläche zu verdecken. Da man Menüs häufig nicht umpositionieren kann oder möchte, muß man doch erst mal zum Fenster zurückkehren und dieses verschieben — um anschließend wieder ins hoffentlich nicht allzu tiefe Menü zu entern... Der Platzbedarf der Menüleiste selbst nimmt sich vergleichsweise bescheiden aus und übersteigt nicht einmal den eines Scrollbars. Allerdings beschneidet sie leider die offenbar immer weiter abnehmende Höhe der Arbeitsfläche, die, nimmt man die oft ständig sichtbaren Symbol- und Werkzeugleisten noch hinzu, gelegentlich nur noch einige wenige Daumenbreiten Platz für das eigentliche Dokument läßt. Da Monitore gewöhnlich mehr breit als hoch sind, bietet es sich gelegentlich an, eher die horizontalen Freiräume zu besetzen.

Da Windows 95 ff. mit der schmalen Schriftart „MS Sans Serif" in 8 Punkt bereits den kleinstmöglichen Systemfont für die Darstellung der Menüoptionen benutzt, fällt es besonders Einsteigern oft schwer, die verhältnismäßig niedrige Menüleiste auf Anhieb zu treffen. Die dann notwendigen Mausoperationen wie Mausklick, Mausdrag, gar das Aufklappen weiterer Untermenüs erschwert vielen den frühen Umgang mit einer Windows-Applikation. Machen Sie den Anwender ausreichend klar, welche alternativen Bedienmöglichkeiten es gibt; Tastenkombinationen oder die simple Aktivierung eines Menüs über <F10> oder <Alt> sind vielleicht am Anfang angemessener.

Gleichfalls ein Platzproblem wirft naturgemäß die horizontale Anordnung der Menütitel auf, die man häufig auch in Form unnötig langer Begriffe findet. Außerdem ist das horizontale „Scannen" der Texte eher langsamer als bei einer vertikalen Anordnung. Wer das bezweifelt, sollte schleunigst beim Betriebssystem NeXTSTEP und dessen Applikationen sich eines besseren belehren lassen... Trotzdem ist sicher für GUI-Applikationen der horizontale Menübar aus guten Gründen verbreiteter — und ausreichend ergonomisch, wenn man sich bei der Anzahl der Optionen auf etwa 7 +/- 2 beschränkt.

4.9.7 Alternativen

Nein, die obige Aussage, es gebe keine Alternativen, wird jetzt nicht komplett verworfen; ab einer gewissen Anzahl von Optionen wird man schon am besten ein Pulldown-Menü einsetzen. Applikationen, die nur aus kleinen Dialogen und dergleichen bestehen, kurz: Programme mit weniger als ein bis zwei Dutzend potentiellen Menüoptionen lassen sich sicher auch über Popup-Menüs oder Pushbutton innerhalb der Fenster steuern.

Letztere nehmen wiederum erheblich mehr Platz in Anspruch als ein Pulldown-Menü, bieten aber den Vorteil, ständig dem Anwender die Bereitschaft zu signalisieren und damit schneller erreichbar zu sein. Sobald Pushbuttons aber das halbe Dutzend überschreiten, pflastern sie Dialoge unschön und unübersichtlich zu und sollten Menüoptionen und Toolbarbuttons weichen.

4.10 Kontextmenüs

4.10.1 Allgemeines

4.10.1.1 Kontext- vs. Popup-Menü

Kontextmenüs, die der Benutzer durch Drücken der rechten Maustaste auf einem Control oder einem Fenster aufklappt, werden häufig auch Popup-Menüs genannt, obschon „Menüschaltfläche" der in den Styleguides verwendete Ausdruck dafür ist. Wir wollen es hier nicht gar zu genau nehmen und werden die Begriffe ruhig synonym verwenden. Zudem sind mit Windows 98 die Zeiten absehbar, in denen man gar keine Unterscheidung zwischen Menüs, Toolbars, Symbolleisten, Dateien & Web-Seiten mehr ausmachen wird...

4.10.2 Vorteile

4.10.2.1 Platzersparnis

Kontextmenüs sparen Platz in den Pulldown-Menüs und erlauben hierarchisch geordnete Elemente in gleicher Form darzustellen. Diese Kopplung zwischen Inhalt und Darstellung fördert natürlich die Aufgabenanmessenheit und Natürlichkeit einer Bedienung ungemein.

4.10.2.2 Überschaubare Hauptmenüs

Für ungeübte und unkundige Anwender bedeutet die schritt- und stufenweise Verfeinerung und Auslagerung vom Pulldown- zum Kontextmenü eine Erleichterung, da er bei der Auswahl einer bestimmten Option stets nur noch eine Entscheidung innerhalb einer überschaubareren Gruppe von Möglichkeiten treffen muß.

Kontextmenüs 217

4.10.2.3 Schneller Zugriff

Kontextmenüs lassen sich mit einem Minimum an Mausmotorik bedienen. Zusätzlich erlaubt die Kombination aus Mausklick — zur Aktivierung — plus Hotkey — zur Auslösung der gewünschten Option — den sicher schnellstmöglichen Zugriff und dürfte bei geübten Anwendern selbst so manchen Shortcut in den Schatten stellen, da man immerhin mit beiden Händen gleichzeitig arbeiten kann. Der Vorteil einer solchen Technik zeigt sich beispielsweise in Formular- und Maskeneditoren, bei denen häufig Controlattribute erfreulicherweise über ein Kontextmenü zu spezifizieren sind.

Außerdem ist die vertikale Anordnung von Elementen besonders gut für den schnellen Überblick geeignet; das Erkennen von Kontextmenü-Optionen ist signifikant schneller als beispielsweise das der (horizontalen) Menüleiste.

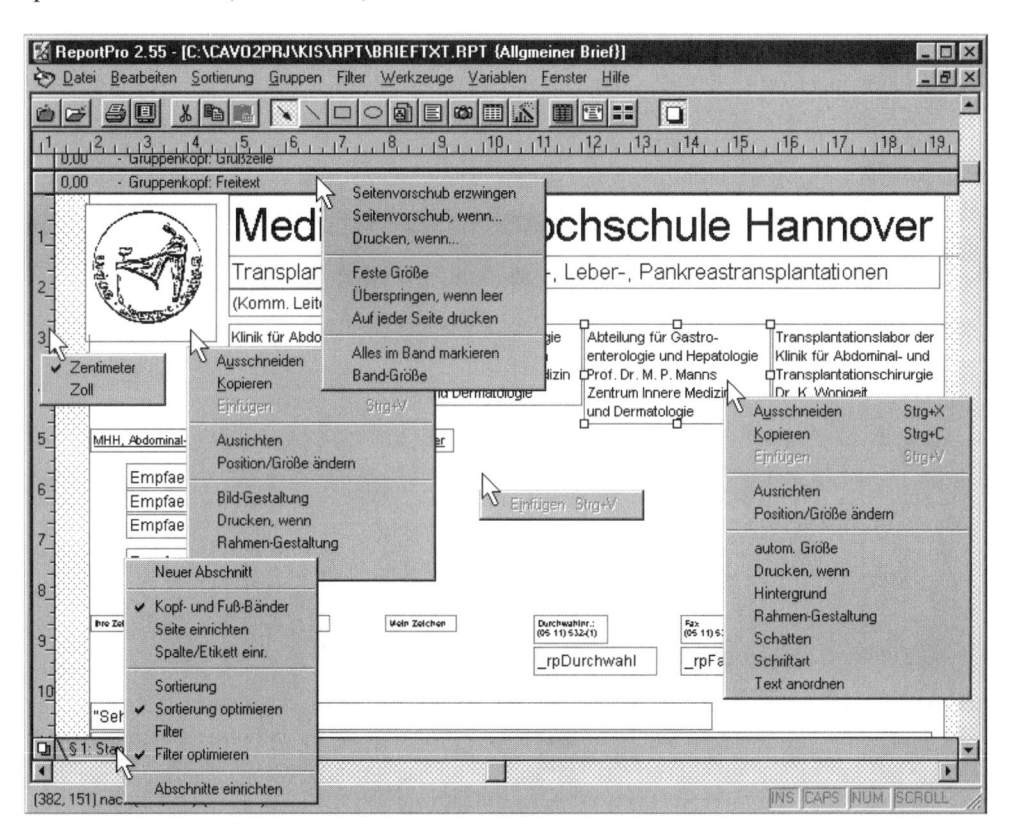

Bild 4.47: Hier sind überall Kontextmenüs versteckt...

4.10.2.4 Räumliche Nähe

Bedingt dadurch, daß das Menü in unmittelbarer Nähe des Mauszeigers aufklappt, entlastet es den Anwender davon, den Blick von der aktuellen Arbeitsposition mehr als notwendig entfernen und abwenden zu müssen. Befinden sich dagegen Menüleiste und Toolbar am oberen Rand der Bildschirms, steht der Cursor aber beispielsweise gerade in der Bildschirmmitte, bedeutet schon die Koordinierung von Blick und Mausbewegung einen erheblichen Mehraufwand. Positionieren Sie daher das Menü möglichst nahe vom Anforderungspunkt; achten Sie aber darauf, daß auslösende Control nicht unnötig zu verdecken.

4.10.3 Nachteile

4.10.3.1 Erkennbarkeit

Problematisch ist, daß die Existenz eines Kontextmenüs für den Benutzer nicht unmittelbar erkennbar ist; er muß es schon testweise durch Klick mit der rechten Maustaste über dem vermuteten Bereich oder Control ausprobieren. Außerdem besteht für Ungeübte sehr leicht die Gefahr des versehentlichen Abrutschens. Ist dann eine Vorgabe-Option bereits aktiv, führt das leicht zu fehlerhafter Auslösung.

Dieses Problem ließe sich nun besonders leicht lösen, wenn man in solchen Situationen, also bei Überstreichen sensitiver Steuerelemente, einfach den Mauscursor umschalten würde. Das Aktivieren der Sanduhr als Feedbackanzeige für einen länger dauernden Vorgang ist jedem geläufig; keineswegs komplizierter wäre das Einblenden eines Cursors, der wie in der Abbildung durch ein stilisiertes Symbol signalisiert: Hier kann der Anwender mit der rechten Maustaste klicken! Die meisten Entwicklungssysteme bieten zudem die direkte Möglichkeit, einem Control einen eigenen Mauszeiger zuzuweisen, so daß man sich um das Sichern und Restaurieren des Cursors nicht einmal mehr persönlich kümmern müßte.

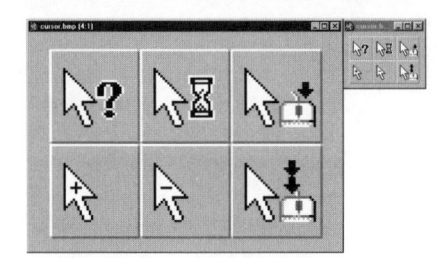

Bild 4.48: Ein Mauszeiger mit Kontextmenü-Signal

4.10.3.2 Vorhersehbarkeit

Ein geöffnetes Kontextmenü verdeckt leicht und unerwünscht wichtige Bereiche eines Dialogs, weil zwar das Menü an einer vorhersehbaren Position — meist befindet sich die linke oberen oder bei Platzmangel untere Ecke des Menüs an der aktuellen Mauszeigerkoordinate —, aber in meist nicht vorhersehbarer Größe aufklappt.

4.10.4 Standard-Kontextmenüs

Unter Windows 95 pflege ich gerne das Standard-Kontextmenü bei Eingabefeldern zu deaktivieren. Es erlaubt die meines Erachtens verzichtbare Möglichkeit, den Inhalt zu markieren oder Texte auszuschneiden, zu kopieren oder einzufügen — das wird wenig bis gar nicht benötigt und steht ansonsten über Tastenkombinationen zur Verfügung.

Glücklicherweise kann man bei den meisten Entwicklungssystemen diese Nachricht „verschlucken", so daß auf einen rechten Mausklick hin kein Popup-Menü erscheint.

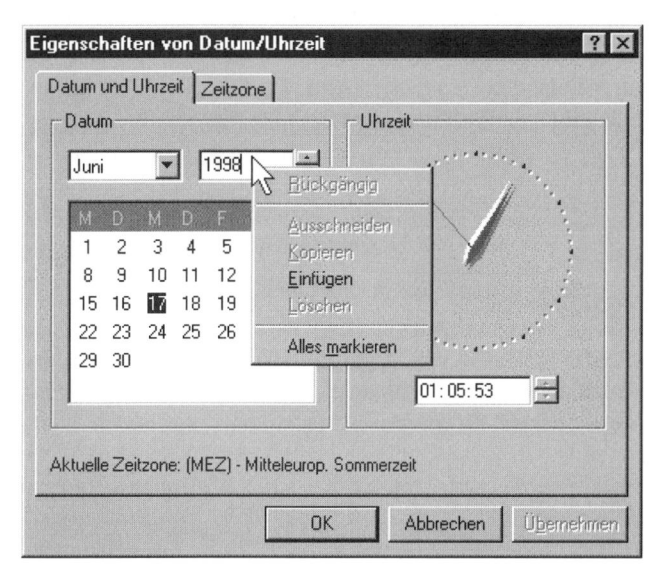

Bild 4.49: Ein m.E. überflüssiges Standard-Kontextmenü

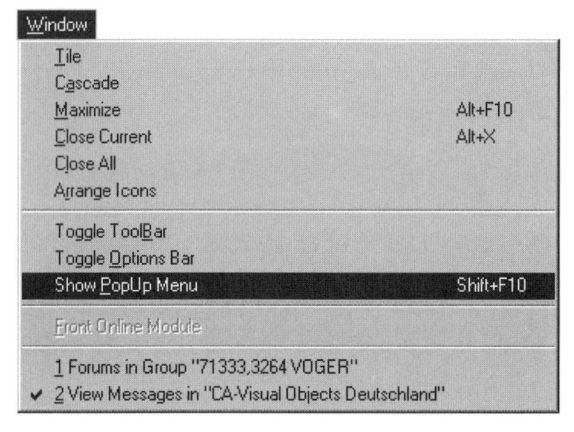

Bild 4.50: Lobenswert: Kontextmenü über Tastatur aktivierbar

4.10.5 Zugriff auch über Tastatur

Neuere Windows 95-Tastaturen bietet bekanntlich eine eigene Taste hierfür. Es zeugt aber durchaus von gutem Programmierstil, wenn eine solche Taste nicht vorhanden ist, eine Alternative bereitzustellen. Bei Notebooks fehlen sie gelegentlich ebenfalls oder sind nur über umständliche Tastenkombinationen zu erreichen.

Ich bin leidenschaftlicher Anhänger einer bestimmten Tastatursorte mit deutlichem Klick, die der Hersteller leider nicht mit den neuen Tasten ausgestattet hat. Erst die Möglichkeit, per

<Windows>+<M> alle Fenster zu minimieren und per <Windows>+<E> den Explorer direkt starten zu können, hat mich schweren Herzens meine Markentreue aufgeben lassen. Andere sind hier vielleicht robuster und sollten doch zumindest die Popup-Menüs Ihrer Applikationen aufrufen können.

Kontextmenüs erhalten normalerweise keine Shortcuts, da man ihre mit Hotkeys bestückten Optionen nach dem Aktivieren bereits durch das Drücken von nur einer weiteren Taste auslösen kann. Hier leuchtet auch der Grund ein, warum sowohl Text wie auch Hotkey identisch zu der gleichen, im Hauptmenü enthaltenen Option sein sollen.

4.10.6 Beliebte Fehler

4.10.6.1 Übernahme eines Pulldown-Menüs

Nur selten ist es ratsam, tatsächlich eines der Pulldown-Menüs des Hauptmenüs einfach „abzuschneiden" und zusätzlich auch noch als Kontextmenü auf die rechte Maustaste zu legen. Stellen Sie besser ein spezielles Menü speziell für diesen Zweck zusammen, das alle sinnvollen (das müssen keinesfalls alle möglichen sein!) Optionen beinhaltet. Solche angepaßten Kontextmenüs ersparen dem Anwender damit auch gelegentlich das Aufklappen mehrerer Pulldown-Menüs der Hauptmenüleiste.

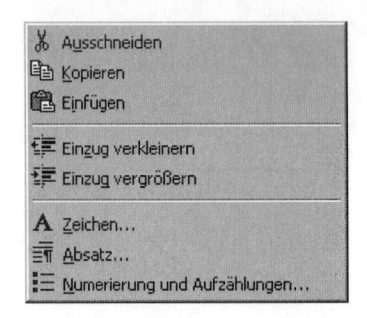

Bild 4.51: Ergebnis einer Mischung: Doppelter Hotkey „z"

Bei der Übernahme von Optionen verschiedener Pulldown-Menüs achten Sie aber darauf, daß die Hotkeys im Kontextmenü eindeutig bleiben; versehentliche Doppelbelegungen durch originales Kopieren passieren auch schon mal großen Softwarehäusern — was die Zugriffsvorteile über die Tastatur leicht schmälert.

4.10.6.2 Optionen tauchen nicht im Hauptmenü auf

Da Kontextmenüs durch eine „Geheimfunktion" aktiviert werden — allerdings wird wohl kaum ein Windows-Anwender ohne die Benutzung der rechten Maustaste allzu weit kommen —, sollte es grundsätzlich einen alternativen Weg geben. Eine Kontextmenüoption kann im Hauptmenü vorkommen oder beispielsweise auch über den Pushbutton eines Dialogs ausgelöst werden.

4.10.6.3 Wie üblich: Anzahl, Gruppierung, Übersicht...

Die für Menüs allgemein geltenden Regeln sollten man natürlich auch bei Kontextmenüs beherzigen. Da sie eher weniger Optionen enthalten als Pulldown-Menüs, ist eine vergleichbar sorgfältige Gruppierung der Elemente nicht so vordringlich, zumal die Optionen ja in jeweils engem Zusammenhang mit dem Control oder dem Fenster stehen, für das das Menü aufgerufen wurde.

Allerdings sollten „gefährliche" und häufig benötigte Optionen nicht unmittelbar untereinander stehen, da eine versehentliche Betätigung bei Kontextmenüs sehr groß ist. Gegebenenfalls hilft auch hier eine Trennlinie, solche Irrtümer zu vermeiden.

4.10.7 Fenster-Kontextmenüs

Vermeiden Sie „versteckte" Optionen. Daß ein Doppelklick in die Titelleiste eines Fenster in jeder Applikation zwischen Vollbild- und Normal-Modus hin- und herschaltet, ist nur wenigen bekannt — hier wäre ein Kurztext in der Statusbar der Shell der weiteren Verbreitung durchaus förderlich...

4.10.8 Floskelspeicher

4.10.8.1 Kontextmenü-Variation

Die Implementierung eines Floskelspeichers über ein Kontextmenüs mag auf den ersten Blick etwas ungewöhnlich und exotisch erscheinen und dürfte sich wohl auch in keinem Styleguide als Beispiel finden lassen. In der Praxis leuchtet diese Möglichkeit besonders den Anwendern ein, da sie sehr einfach zu bedienen ist und ihnen ganz objektiv erheblich Zeit und Aufwand spart.

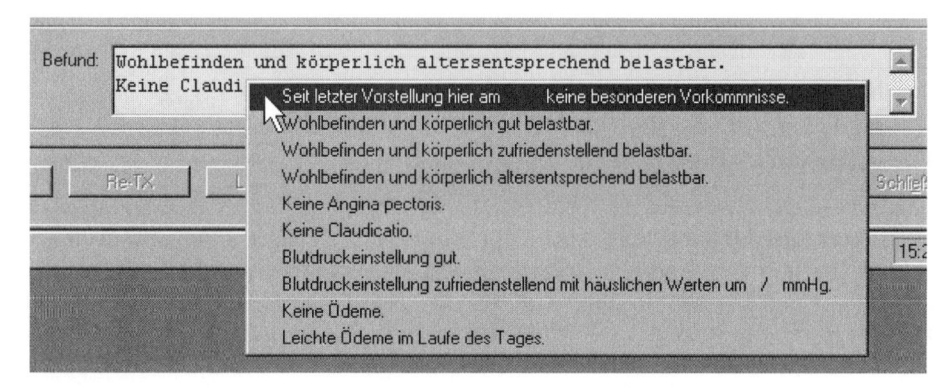

Bild 4.52: Ein Floskelspeicher als Kontextmenü

Die Floskelmenüs lassen sich für jedes Eingabe-Control separat zuweisen; so besitzt jedes MultiLineEdit-Element die passende Auswahl an Textzeilen, die bei Aktivierung einfach an der aktuellen Cursorposition eingefügt werden. Der Vorteil liegt nicht nur in der erheblichen Zeitersparnis, die dem Anwender zugleich eine Menge Routinearbeit abnimmt, sondern auch an der Steigerung der Datenkonsistenz, da beispielsweise Freitextsuchen zu sehr viel schlüssigeren Ergebnissen führen. Bei einer Anwendung, die den ganzen Tag über eingesetzt wird, dürfte die Zeitersparnis erheblich sein. Mußte der Anwender früher die Notizen manuell eingeben, wird die Akzeptanz der neuen GUI-Applikation sehr hoch sein, weil der Nutzen für ihn offensichtlich und auf Anhieb erkennbar ist.

4.10.8.2 Konfiguration der Texte in einer INI-Datei

Die Floskeln zu den einzelnen Controls werden im Beispiel in einer gemeinsamen INI-Dateien gehalten, die der Anwender selbst anpassen und um neue Einträge erweitern kann. Den meisten Windows-Anwendern sind solche Operationen in einem Editor wie dem Notepad durchaus zumutbar, zumal vorhandene Zeilen dupliziert und damit genügend einfach abgeleitet werden können.

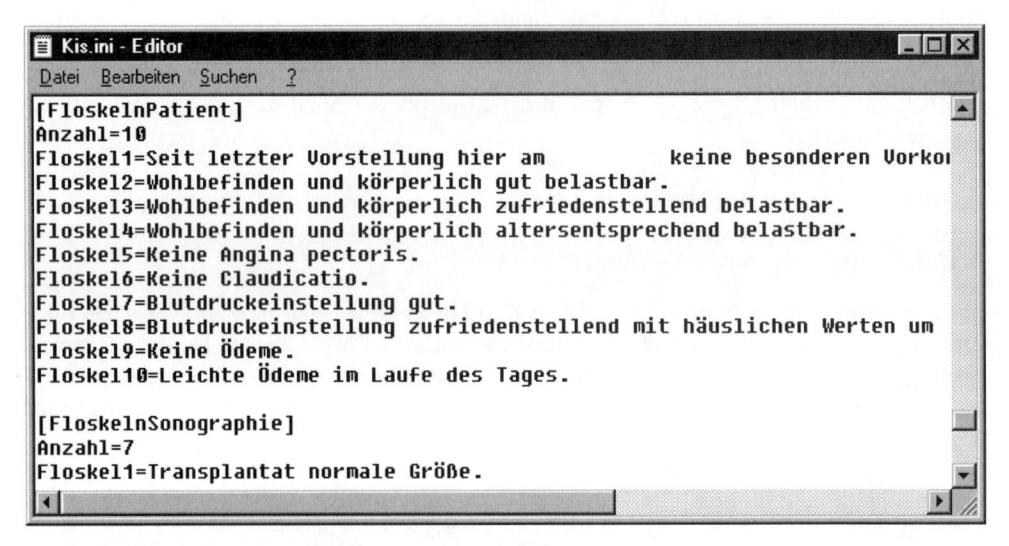

```
Kis.ini - Editor
Datei  Bearbeiten  Suchen  ?
[FloskelnPatient]
Anzahl=10
Floskel1=Seit letzter Vorstellung hier am          keine besonderen Vorkor
Floskel2=Wohlbefinden und körperlich gut belastbar.
Floskel3=Wohlbefinden und körperlich zufriedenstellend belastbar.
Floskel4=Wohlbefinden und körperlich altersentsprechend belastbar.
Floskel5=Keine Angina pectoris.
Floskel6=Keine Claudicatio.
Floskel7=Blutdruckeinstellung gut.
Floskel8=Blutdruckeinstellung zufriedenstellend mit häuslichen Werten um
Floskel9=Keine Ödeme.
Floskel10=Leichte Ödeme im Laufe des Tages.

[FloskelnSonographie]
Anzahl=7
Floskel1=Transplantat normale Größe.
```

Bild 4.53: Die Konfiguration der Floskeln in einer INI-Datei

4.10.8.3 Alternative: Dialogbox...

Alternativ können die Floskeln auch in einer Dialogbox angeboten werden, die der Benutzer durch Betätigung eines Buttons oder natürlich über ein einzeiliges Kontextmenü ähnlich der oft angebotenen DIREKTHILFE aufrufen kann. Vorteilhafterweise ließen sich dann die Texte in abstrakterer Form über Buttons wie NEU, ÄNDERN etc. verwalten, ohne daß der Anwender die physikalische Realität in Form einer ASCII-Datei wie im Falle der INI-Variante zu Gesicht bekäme.

Allerdings ist dabei nicht nur der Programmieraufwand höher; das Öffnen und Schließen des Fensters bedeutet natürlich auch einen höheren Aufwand des Benutzers bei der Bedienung und würde ihn von der eigentlichen Aufgabe, dem Ausfüllen des Feldes, reichlich ablenken. Möglicherweise bliebe dabei sogar die angenehm schnelle und unkomplizierte Auswahl über das Kontextmenü auf der Strecke, weil vermutlich der Entwickler des Dialogs der üblichen

Featureritis-Versuchung schwerlich zu widerstehen in der Lage wäre und also das Fenster mit einer Unzahl weiterer Optionen, Extras & Gimmicks überschwemmen würde.

Da die Floskeln zudem nicht tagtäglich verändert werden müssen, zählt das Argument der — zugegeben — über einen Dialog einfacheren Modifizierbarkeit gegenüber der INI-Technik nicht so sehr. Andererseits sollte aber das Editieren einer ASCII-Datei immer noch zum Anforderungsprofil eines gestandenen Windows 98-Anwenders gehören, zumal die gelegentliche Modifikation der AUTOEXEC.BAT und CONFIG.SYS ja auch fürderhin gelegentlich anstehen mag...

4.10.8.4   ... oder ein Explorer-Dialog?

Bei vielen verschiedenen Variablen und Floskeln oder einer entsprechend hierarchischen Struktur von Daten bietet sich natürlich als Alternative zu einer Liste eine Explorer-artige TreeView-/ListView-Kombination an, die die schnelle Auswahl aller Daten erlaubt. Ein solcher Dialog ließe sich zudem nicht-modal programmieren, könnte also nach einer Auswahl weiter geöffnet bleiben und den Zugriff bei weiterem Bedarf ohne erneutes Öffnen gestatten. Außerdem kann der Anwender einen Dialog natürlich verschieben oder ikonisieren, falls er ihm im Wege ist.

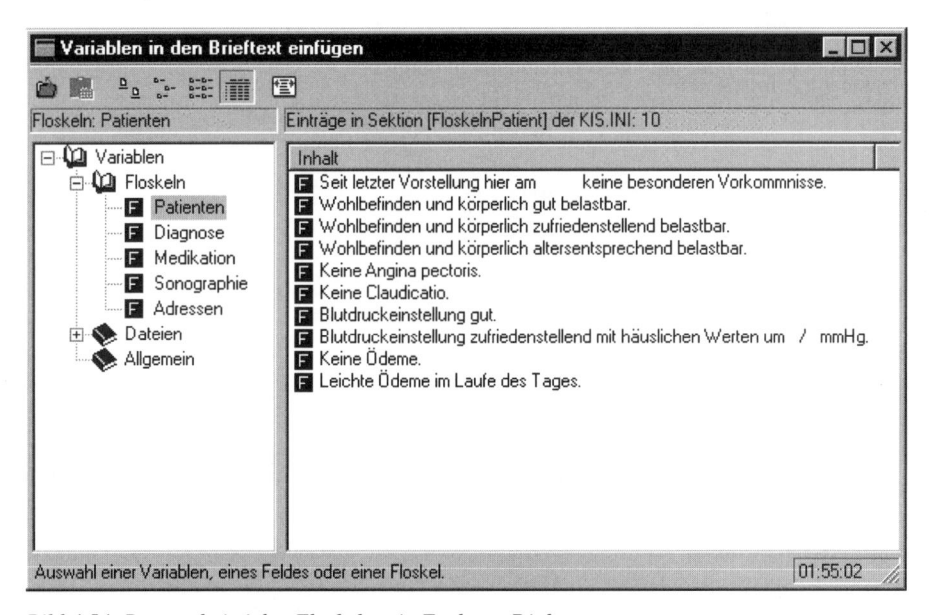

Bild 4.54: Ratsam bei vielen Floskeln: ein Explorer-Dialog

4.11 Pop-Up-Menüs

4.11.1 Pushbutton plus Kontextmenü

Popup-Menüs sind in gewisser Weise eine Kombination aus einem Pushbutton und einem Kontextmenü: Bei Betätigung des ersteren wird am Rand des Buttons ein Kontextmenü geöffnet, daß die gewünschten Optionen bereithält. Diese können die Standardeigenschaften wie bei den anderen Menüarten besitzen.

4.11.2 Vorteile

Im Gegensatz zu Kontextmenüs verlangt diese Menüart vom Anwender weniger die Fähigkeit, das Vorhandensein „blind" zu erahnen — was natürlich gerade bei Einsteigern gelegentlich zu eher wahlloser Ausprobierei und Sucherei ausartet, wo denn um Himmelswillen das verflixte Kontextmenü versteckt ist. Wie das Beispiel der Abbildung zeigt, werden auch Popup-Menüs bei Platzmangel automatisch nach oben aufgeklappt.

Sie sind gedacht für die Auswahl eines Elementes aus einer überschaubaren und vom Anwender erratbaren Liste von Möglichkeiten. Im Idealfall sollte er beim Anblick des aktuellen Wertes die restlichen, nicht angezeigten, automatisch vor Augen haben. Korrekte Einsatzgebiete wären etwa die Auswahl eines Wochentages, eines Laufwerks oder einer Baudrate.

Bild 4.55: Beispiel für ein eher selten eingesetztes Pop-Up-Menü

4.11.3 Nachteile

Der Anwender sieht stets nur die aktuelle Auswahl; das ist beispielsweise auch der Grund, warum diese Menüart sich nicht zur Auswahl mehrerer Elemente eignet. Die Anzahl der zur Verfügung stehenden Elemente ist ebenfalls von außen nicht sichtbar; Listboxen besitzen dagegen einen Scrollbar, der bei einer Anzahl, die nicht im Bereich darstellbar ist, zumindest eine grobe Schätzung wie „doppelt so viele wie Zeilen der Listbox", „viel mehr" etc. erlaubt.

4.11.4 Beliebte Fehler

- Auswahl eines Kommandos

Optionen eines Popup-Menüs sollten nicht zur Ausführung verschiedener Kommandos dienen. Eine Popup-Menü DRUCKE etwa mit den Optionen KUNDEN, RECHNUNGEN ARTIKEL oder dergleichen wäre in jedem Fall entgegen den GUI-Richtlinien, da nach Ausführung des Kommandos diese Option ja weiterhin zu sehen wäre. Für solche Fälle wähle man stets Pushbuttons oder Kontextmenüs.

4.11.5 Alternativen

4.11.5.1 Kontextmenü

- Besser

Kontextmenüs benötigen weniger Platz und sind flexibler, da sie für die einzelnen Optionen verschiedene Attributeigenschaften bereithalten. Die notwendigen Mausbewegungen sind auf ein Minimum reduziert, da solche Menüs „vor Ort", in unmittelbarer Nähe des Mauscursors und damit auch ohne störende Blickabwendung aufgerufen werden können.

Optionen von Kontextmenüs dürfen sowohl Werte anzeigen wie auch bei Betätigung eine Aktion auslösen. Dabei können auch mehr als eine Option markiert sein.

- Schlechter

Allerdings ist es für den Einsteiger in der Regel nicht erkennbar, wann und ob ein Kontextmenü aktivierbar ist. Die Zugriffsgeschwindigkeit dürfte bei beiden Menüformen identisch sein. Da man Kontextmenüs nach Möglichkeit nicht mit Untermenüs bestückt, besteht auch in bezug auf die Anzahl der Elemente kein wesentlicher Unterschied.

4.11.5.2 „Sprechende" Mauszeiger

- Besser

Mauszeiger, die signalisieren, daß an dieser Stelle über die Maustaste ein Kontextmenü aktiviert werden kann, scheinen mir der ideale Kompromiß zwischen Erkennbarkeit einerseits und Platzersparnis andererseits zu sein. Zwar besitzt der Pushbutton eines Popup-Menüs immerhin noch eine Beschriftung, die mit einem Wort beschreibt, welche Art Menü den Anwender bei Betätigung erwartet bzw. welcher Art die Optionen sein werden, ein kontextabhängiger Mauszeiger ist aber sehr viel weniger aussagekräftiger. Zum zweiten fördern Popup-Menüs noch die Fülle von Dialogboxen, die gelegentlich mehr Pushbuttons als andere Controls beherbergen. Kontextmenüs erlauben die Konzentration auf das Wesentliche — und das sind denn doch die Eingabecontrols einer Maske — und stellen ein ideales Werkzeug dar, das erst auf Wunsch auf der Oberfläche erscheint.

4.11.5.3 Auswahlelemente

Controls, die die Auswahl eines Elementes erlauben, wie Radiobuttons oder Comboboxen, findet man gelegentlich durchaus als Alternative zu Popup-Menüs, obschon die genauen Einsatzbereiche beider Steuerelementarten kaum Überschneidungen zulassen. Popup-Menüs zeigen unter Windows immer nur einen Werte oder ein aktives Element an. Sie führen keine Aktion aus, sondern rufen, wie im obigen Beispiel der Abbildung 4.55, höchstens eine Dialogbox auf. Beim Macintosh ist das beispielsweise anderes; da wird ein Popup-Menü als nicht editierbare Combobox verstanden. Gelegentlich findet man aber auch Popup-Menüs, die sogar die Aktivierung mehrerer Elemente einer Liste erlauben; hier wäre eine Reihe von Checkboxen klar vorteilhafter.

- Besser

Wenn es um die Auswahl eines Elementes aus einer Reihe von Möglichkeiten geht, bieten die Standardcontrols nicht nur bessere Erkennbarkeit, sondern sind meist mit weniger Mausklicks erreichbar.

Gegenüber einer Combobox haben Popup-Menüs dann Vorteile, wenn der Listenteil der Combobox verhältnismäßig groß ist. Befindet sich der Dialog am unteren Fensterrand, klappt die Liste nach oben, was die häufig oberhalb des Controls plazierte Beschriftung zwar nur kurz, aber immerhin doch verdeckt. Auf der Abbildung 4.56 weist der Benutzer übrigens gerade die Hintergrundfarbe zu…

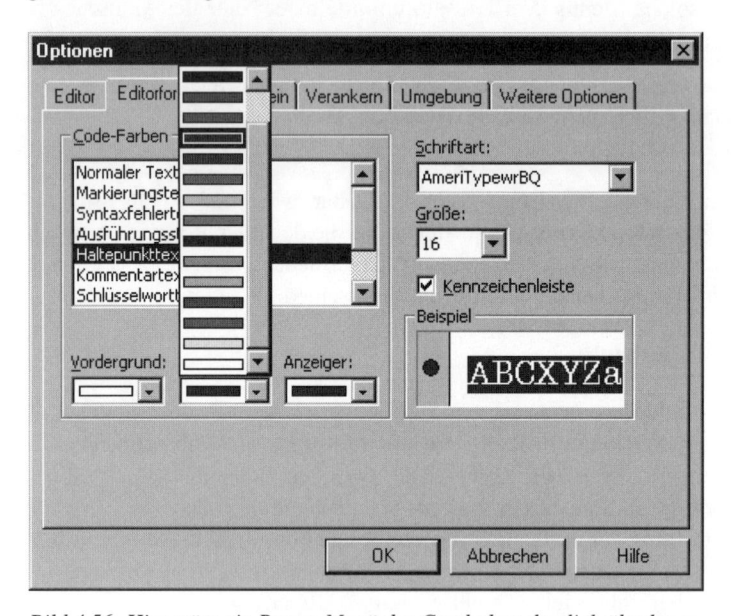

Bild 4.56: Hier wäre ein Popup-Menü der Combobox deutlich überlegen

- Schlechter

Die Undo-Möglichkeit beim Popup-Menü ist klar besser, da eine nicht gewünschte Auswahl durch einfaches Klicken außerhalb des Menübereiches zurückgenommen wird. Auswahlelemente verlangen dagegen, daß der Anwender sich den Eingangswert merkt und ihn gegebenenfalls wieder restauriert.

4.11.5.4 Pushbuttons

- Besser

Pushbuttons sind grundsätzlich sichtbar und erlauben also dem Anwender ohne Nachschlagen, seine gewünschte Auswahl zu treffen. Sie vermeiden damit eventuell vermutete, aber „irgendwie verschwundene" Optionen, wie sie gelegentlich den Argwohn von Anwender erregen; was besonders bei dynamisch geänderten Menüs der Fall sein kann.

Allerdings sollte man grundsätzlich Popup-Menüs dann nicht in Erwägung ziehen, wenn ein Pushbutton im Text keine Ellipse aufweist, er also keinen Dialog aufruft. Das Ausführen von Kommandos überlasse man Kontextmenüs oder Pushbuttons.

- Schlechter

Der Platzbedarf ist natürlich ungleich höher als bei Popup-Menüs. Jeder einzelne Pushbutton wird mehr Fensterfläche beanspruchen als eine dazu auch nur temporär eingeblendete Menüoption.

Häufig sind leider auch bei untereinander angeordneten Pushbuttons deren Beschriftungen aus unerfindlichen (naja, ästhetisch-optischen halt) Gründen jeweils zentriert angebracht. Linksbündige Texte ließen sich allerdings — was man beim direkten Vergleich mit einem Kontextmenü sofort beobachten könnte — viel besser erfassen und absuchen. Daher sollten Listen von Elementen, die ein Anwender schnell absuchen können soll, stets linksbündig ausgerichtet sein.

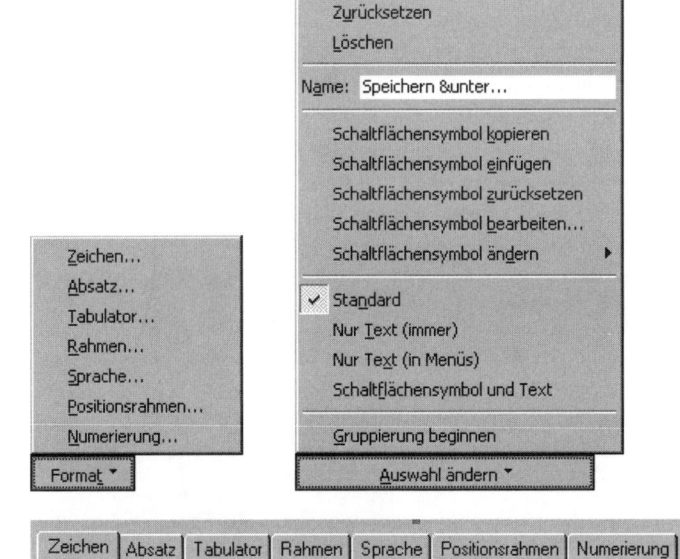

Bild 4.57: Beim linken Popup-Menü wäre ein Tabcontrol besser

4.11.5.5 Karteireiter

- Besser

Popup-Menüs, deren Optionen keine Aktion ausführen, sondern weitere Dialoge öffnen, sind besser als Karteireiterlaschenfenster zu implementieren. Die Abbildung zeigt zwei reale Popup-Menüs; das erste wäre sicher besser als TabControl zu schreiben. Der Zugriff auf die einzelnen Fensterdaten könnte dann erheblich besser und schneller erfolgen. Beispielsweise müßte der Anwender die einzelnen Fenster nicht manuell schließen, was besonders bei unterschiedlich großen Dialogen einige Mausbewegung erfordert. Erfahrungsgemäß lassen sich Laschenfenster erheblich schneller durchblättern; das ist dann besonders praktisch, wenn der Anwender in mehreren Laschen etwas nachschauen möchte. Beim linken Menü müssen tatsächlich häufig mehrere Dialoge bei Definition eines neuen Absatzformates modifiziert werden; da ist ein Laschenfenster schon erheblich von Vorteil.

- Schlechter

Ist das Layout der einzelnen Dialoge sehr unterschiedlich, wirken die wenig bestückten Fenster arg leer. Popup-Menüs lassen zudem eine Mischung von Dialogaufrufen, Wertezuweisungen und Funktionsauslösungen zu.

4.12 Systemmenüs

4.12.1 Etwas versteckt...

Systemmenüs oder Objektmenüs werden über das Objektsymbol, das sich links in der Titelleiste eines Fensters befindet, oder durch Klicken der rechten Maustaste in der Shell-Titelleiste aufgeklappt. Seine Funktionen könnte man auch auf anderem Wege auslösen. Obschon sie damit eher dem Einsteiger nützlich zu sein scheinen, kennen die wenigsten von ihnen die Möglichkeit, das Menü über die Tastatur zu aktivieren. Bei älteren Windows-Versionen war das Objektsymbol stets das gleiche kleine Icon, dessen Gestaltung damit begründet wurde, es sehe wie eine stark miniaturisierte Leertaste aus — folglich sei die Kombination <Alt>+<Leertaste> geradezu ideal...

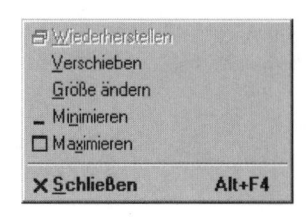

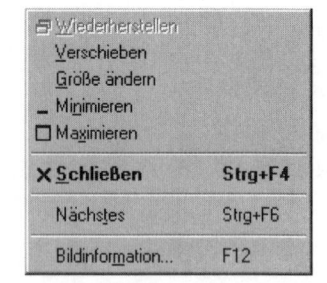

Bild 4.58: Diverse Systemmenüs: Applikation, Childwindows, eigene Änderungen

Immerhin: Das Icon ist verschwunden und hat dem individuellen Fenster-Icon oder, so keines definiert ist, dem Applikations-Icon weichen müssen. <Alt>+<Leertaste> aber ist geblieben und wurde durch <Alt>+<Minus> ergänzt; eine subtile Kombination, die das Systemmenü eines ChildWindows aktiviert und derart einprägsam ist, daß ich zumindest immer erst beide Varianten probiere bzw. meist doch zur Maus greife. Moderne Windows-Applikationen zeichnen sich übrigens dadurch aus, daß man vom Applikationssystemmenü nicht mehr in das des Childwindows gelangen kann; bei älteren Programmen ist das noch möglich und läßt den Anwender mittels <Alt>+<Leertaste>+<Rechtspfeil> dann doch vom Haupt- ins Unterfenster absteigen.

System- oder neuerdings auch etwas sehr allgemein Objektmenüs klappen auf, wenn das Objektsymbol, das kleine Icon in der linken oberen Fensterecke, angeklickt wird. Windows besitzt ein Standard-Systemmenü für Dialoge, das aber auch modifiziert oder komplett durch ein eigenes Menü ersetzt werden kann. Windows 98 erlaubt die Aktivierung des Primärfenster-Menüs durch Klicken der rechten Maustaste in der Titelleiste.

4.12.2 ... aber flexibel

Optionen des Systemmenüs können nach Herzenslust & Programmsituation verändert werden. Einträge lassen sich sperren und wieder aktivieren, um beispielsweise nachhaltig zu verhindern, daß der Anwender, bevor er die Daten gefälligst korrekt eingegeben hat, ein Fenster verläßt — achten Sie aber dann darauf, daß Sie natürlich auch die Schaltflächen der Titelleiste entsprechend aktualisieren; ich glaube, nicht jede Programmiersprache macht das automatisch.

Wenn man Optionen aus dem Systemmenü entfernt, müssen die analogen Schaltflächen ebenfalls gelöscht werden; im Notfall, falls Ihre Sprache derlei nicht bereithält, können Sie das über die Windows-API-Funktion SendMessage () erledigen und dem Fenster eine entsprechende Nachricht senden, es möge beispielsweise seinen Stil WS_MinimizeBox entfernen.

Neben der Modifikation können aber auch komplett eigene Optionen im Systemmenü erscheinen. Windows bietet dazu die Möglichkeit, per Parameter das vorhandene Menü zu löschen.

4.12.3 Erweiterungen

Hier seien einfach ein paar Möglichkeiten aufgeführt, die den originalen Windows-Fenster eigentlich schon immer gefehlt haben und die ideal über erweiterte Systemmenü-Optionen ausgelöst werden könnten:

- Fenster sinnvoll positionieren (Bildschirmmitte; über die Shell zentriert; der Shellgröße angepaßt, ohne seine Titelleiste zu verlieren etc.);
- Fenster merken;
- Fenster als Vorlage speichern und laden;
- Fenster gegen Eingaben sperren;
- Fensterinhalt (vernünftig formatiert...) ausdrucken.

4.12.4 Vorteile

4.12.4.1 Fast unsichtbar

Natürlich könnte man das dem Systemmenü auch als Nachteil auslegen. Aber seine Optionen passen beispielsweise in eine andere Menüart, etwa einem Kontextmenü, nicht hinein; als Grundfunktionen, die auch über Standardschaltflächen der Titelleiste ausgelöst werden können, sind sie schon optimal an der Stelle untergebracht.

4.12.4.2 Eigene allgemeine Fenstererweiterungen

Die Optionen eines Systemmenüs besitzen eine ganz bestimmte Charakterisierung: Sie sind nicht so speziell für das aktuelle Fenster angepaßt, wie das beispielsweise Pulldown- oder Kontextmenü-Optionen wären. Sie besitzen eher eine allgemeine Funktion: „Fenster schließen" ist eben eine Möglichkeit, über die jedes Fenster verfügt.

Haben Sie nun ähnliche Funktionen entwickelt, ist das Systemmenü der dafür ideale Platz: Die Abbildung 4.59 zeigt beispielsweise eine Erweiterung um zwei Optionen, die den aktuellen Inhalt eines Dialogs als Vorlage speichert bzw. lädt. Dabei ist völlig unerheblich, welche Controls der Dialog besitzt oder wie und in welchem Format die Vorlage intern abgelegt wird — eine Funktion wie „Vorlage laden" ist ähnlich abstrakt und allgemeingültig wie „Fenster schließen".

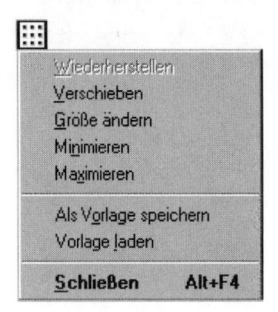

Bild 4.59: Nützlich: komplettes Fenster sichern

4.12.4.3 Windows 98-Neuheiten

Unter Windows 98 ist das Systemmenü eines Primärfensters durch Klicken der rechten Maustaste auf die Titelleiste erreichbar; der sonst bestehende Nachteil, daß zur Betätigung das 16 mal 16 Pixelchen große Icon sichtbar sein muß, zählt neuerdings also nicht mehr. Technisch gesehen besitzt die Titelleiste eines Shellwindows das Systemmenü als Kontextmenü; wie gesagt: die Elementgrenzen schwinden zusehends bei Windows 98... Die Unauffälligkeit solcher Optionen scheint mir allerdings auch ein Zeichen dafür zu sein, daß der typische Windows-Anwender eben doch ein „Aufsteiger" ist — jemand, der schon mit anderen Versionen gearbeitet hat und ein gewisses Quantum an Erfahrung mitbringt.

4.12.5 Nachteile

Wie gesagt: Die ziemliche Dezenz der Optionen könnte einen Anwender sie vielleicht nie finden lassen. Außerdem sind eigene Optionen, beläßt man die originalen an Ort und Stelle, stets von jenen unmittelbar umgeben: Rutscht man auch nur leicht versehentlich von der Maustaste, ist das Fenster gleich ikonisiert oder maximiert oder — vielleicht gar ohne Abfrage — geschlossen. Dieser Nachteil ließe sich aber durch eine Trennlinie reduzieren; ohnehin sollte man natürlich eigene Optionen nicht im fest vorgegebenen Bereich der anderen Menüpunkte anlegen.

4.12.6 Beliebte Fehler

Der beliebteste Fehler, den viele Entwickler begehen, ist eigentlich, nie auf die Idee zu kommen, die Systemmenüs der Fenster für eigene Zwecke zu gebrauchen. Leider kommen andererseits auch viele Anwender nicht auf Idee, dort einfach mal nachzuschauen. Meines Erachtens erschließt sich dem Einsteiger die Anwesenheit eines Menüs an dieser Stelle noch weniger, weil das Applikations-Icon als Schaltfläche einfach nicht einladend genug ist. Der alte Windows 3.x-Button zog hier schon eher die Aufmerksamkeit als ein besonderes Element auf sich.

Bild 4.60: Das bekannteste Icon-Menü: die Systemsteuerung

4.13 Icon-Menüs

Diese Art von Menüs war in der Anfangszeit von Windows sehr beliebt; inzwischen haben sie aber an Bedeutung verloren. Die Systemsteuerung ist ein solches Überbleibsel. Die Darstellung von Icons als weitere Dialoge aufrufende Funktionen bietet sich insofern an, als beim Starten die Daten eines bestimmten Windows-Verzeichnisses ausgelesen und alle dort abgelegten Icons angeboten werden. Das ermöglicht beliebigen Herstellern, Treiber und andere

Tools automatisch in die Systemsteuerung zu integrieren, ohne daß diese angepaßt werden müßte.

4.13.1 Vorteile

- Attraktivität

Zweifellos besitzt die bunte Mischung von Icons verschiedener Hersteller eine gewisse optische Attraktivität. Wenn man sie vielleicht einmal mit den prinzipiell ja aus ähnlichen Gründen im BIOS eines Rechners vorhandenen Optionen vergleicht, die in den allermeisten Fällen mit spartanischen Uraltmenütechniken glänzen (man achtet da halt auf Effizienz und geringe Speicherbelastung...), liegen die Icons natürlich klar vorne.

- Flexibilität

Als Fenster hat die Systemsteuerung Möglichkeiten wie eine automatische oder manuelle Größenanpassung. Beim Einbau weiterer Funktionen bleiben weiterhin alle Elemente sichtbar; einer normaler Dialog würde ab einer bestimmten Elementanzahl sicher ein Scrollen oder Blättern erfordern. Daher ist ein Ordner als „Dialog" natürlich besonders günstig; und ebenso natürlich ist er bei vielen Anwendern wohlgefällt, da viele Hersteller eigene Tools in den Systemsteuerungsordner des Windows-Verzeichnisses einbauen.

4.13.2 Nachteile

- Attraktivität

Nun, damit soll gesagt werden, daß bei aller Freude über die mit Liebe und Sorgfalt gezeichneten Icons doch leichte Wehmut bleibt angesichts der Tatsache, daß man trotz der geballten und zweifachen Kombination von Text & Symbole vergleichsweise lange Zeit benötigt, bis man das gewünschte Icon lokalisiert hat. Vermutlich ist doch die Anzahl bereits im Bereich der Unüberschaubarkeit.

Den wesentlichen Anteil an der Umständlichkeit der Bedienung wird aber die Unordnung der Symbolbeschriftungen haben: Bei der Alternative in Form eines Pulldown-Menüs sind die Menütexte natürlich linksbündig angeordnet und damit erheblich besser lesbar. Das Menü erlaubt ein wesentlich effektiveres Durchsuchen nach der gewünschten Option und ist geradezu ein Paradebeispiel für die Überlegenheit einer linksbündigen, vertikalen Liste gegenüber einer zweidimensionalen Anordnung.

- Platzbedarf

Die eher üppigen Icons im Format 32 mal 32 Pixel benötigen mitsamt ihren teilweise sogar mehrzeiligen Bildunterschriften vergleichsweise viel Platz.

- Zeitbedarf

Nicht nur der Aufbau des Fensters dauert eine gewisse Zeit; auch das Schließen ist eher umständlich, weil natürlich das die Icons umgebende Fenster zusätzlich beendet werden muß. Da sich hinter den Icons jeweils wieder Dialoge verbergen, ist die Systemsteuerung also eine ausgewachsene MDI-Applikation...

Daß man nach Auswahl eines Elementes meist noch weitere öffnet — was bei einem Menü ja umständlicher und mit mehr Aufwand verbunden ist —, hat als Grund schlicht den, daß kaum

Icon-Menüs 233

einprägsam ist, welche Systemeinstellung unter welchem Icon tatsächlich zu finden ist; meine Trefferquote ist hier jedenfalls sehr gering.

Bild 4.61: Viel praktischer: Einbau in das Startmenü

4.13.3 Alternativen

Zum Glück erlaubt Windows (übrigens auch schon Windows 95) den Einbau eigener und System-Ordner in das Startmenü. Im Falle der Systemsteuerung ist zudem ein durchaus signifikanter Zeitunterschied zwischen dem Anzeigen des Pulldown-Menüs und der Aufbau des Fensters festzustellen.

• Vorteile

Über das Startmenü sind die Funktionen der Systemsteuerung erheblich schneller und einfacher zu erreichen. Das Menü benötigt weniger Aufbauzeit, belegt weniger Fläche, zeigt die Elemente alphabetisch sortiert & linksbündig an und erlaubt über Hotkeys den schnellen Zugriff.

- Nachteile

Der Einbau eigener Ordner in das Startmenü ist noch halbwegs selbsterklärend. Beim Einbau von systemspezifischen Ordnern wie der Systemsteuerung muß die Registrierungsdatenbank an einer Stelle manuell gepatcht werden. Das ist bislang noch eher den Spezialisten vorbehalten.

4.14 Symbolleisten

4.14.1 Merkmale

4.14.1.1 Genormte Hinweise

Neben der Verwendung originaler Steuerelemente wie Comboboxen, Eingabefeldern, Pushbutton und dergleichen finden sich Besonderheiten, die speziell für Toolbarleisten eingeführt wurden. So deutet ein kleiner schwarzer Pfeil stets darauf hin, daß bei Betätigung weitere Optionen in Form eines Pulldown-Menüs oder einer Symbolleiste zur Verfügung stehen; seine Richtung weist auf die Seite, zu der sich das Zusatzfenster öffnen wird. Im Falle des Windows 98-Explorers ist das beispielsweise eine Art Bewegungsmelder mit History-Funktion, der die letzten angesteuerten Ordner, Web-Seiten etc. registriert.

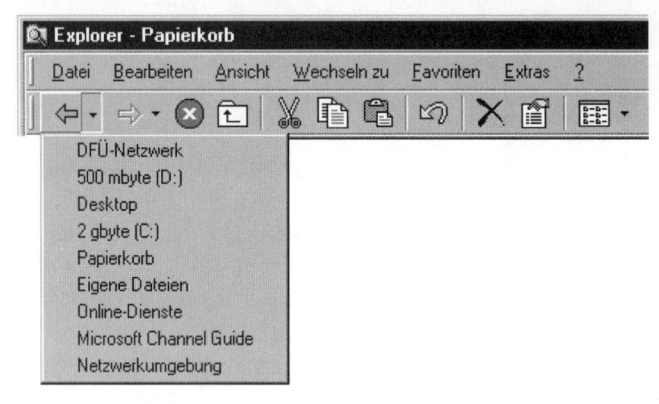

Bild 4.62: Beispiele für weitere Klappoptionen

4.14.1.2 Element-Anordnung

Ordnen Sie Elemente nach Wichtigkeit von links nach rechts. Sind Controls, Pushbuttons etwa, in mehreren Toolbars enthalten, sollten sie an gleicher Stelle plaziert sein. Gruppieren Sie Elemente geeignet, und rechnen Sie damit, daß motorisch ungeübte Anwender sich leicht „verklicken". Trennlinien und Leerraum helfen hier Fehlbedienungen zu vermeiden.

4.14.1.3 Deaktivierung von Elementen

Zeitweise nicht verfügbare Elemente sollten nicht aus der Symbolleiste entfernt, sondern lieber nur disabled werden. Toolbars bleiben damit optisch konstant und erlauben eine leichtere Orientierung und Wiedererkennung.

4.14.1.4 Anpaßbarkeit

Anwender sollten Symbolleisten verschieben, schließen und möglichst auch individuell konfigurieren können. Symbolleisten benötigen Platz, den manch ein Anwender lieber sinnvoller nutzen möchte; insbesondere ein erfahrener, der Toolbarbuttons beispielsweise die schnelleren Tastenkürzel vorzieht.

4.14.2 Vorteil

4.14.2.1 Attraktivität

Toolbars gehören zum typischen Look & Feel einer GUI-Applikation. Ähnlich wie ein Anwender normalerweise eine Menüleiste am oberen Fensterrand erwarten wird, möchte er sicher nicht auf eine Toolbar verzichten.

4.14.2.2 Schneller Zugriff

Dem Kenner bieten sie einen sehr schnellen Zugriff auf wichtige Funktion der Applikation. Hier wäre die Möglichkeit optimal, wenn der Benutzer sich die Toolbar selber zusammenstellen könnte. Schnelleren Zugriff erlauben nur noch Tastenkürzel, die aber eine gewisse Gedächtnisleistung erfordern. Selbst wenn die Buttons in der Toolbar nicht optimal erkennbar sind, so besitzen sie meist doch genügend Wiederkennungspotential, daß zumindest ein einmal gelerntes Symbol schnell erneut lokalisiert werden kann.

4.14.2.3 Konfigurierbarkeit

Windows 98 geht hier sehr vorbildlich voran: Der Anwender kann nicht nur die Task-Leiste in großem Umfang mit eigenen Elementen bestücken; auch Applikationen erlauben zunehmend die mehr oder weniger komfortable Konfiguration. Wenn ein Hersteller hier ausreichend deutlich eine Vorreiterposition einnimmt, können Mitbewerber natürlich bei solchen Merkmalen nicht zurückstehen und erweitern ihre Applikationen ebenfalls. Sobald sich solche Möglichkeiten allgemein durchzusetzen beginnen, werden auch Sie nicht mehr umhinkommen, diese anzubieten — aber vielleicht ist die Einsicht, daß anwenderdefinierbare Symbolleisten ein ideales Werkzeug zur Maximierung der Effizienz und Benutzerzufriedenheit darstellen, ja schon vorher so groß, daß Sie derlei ebenfalls implementieren.

4.14.3 Nachteil

4.14.3.1 Platzbedarf

Grundsätzlich ist trotz steigender Bildschirmauflösungen eine deutliche Tendenz zur zunehmenden Minimierung der zur Verfügung stehenden Arbeitsfläche auszumachen: Eine bedauernswerte Folge all der Toolbars, Symbolleisten und Werkzeugpaletten, die gerade bei Text- und Graphikprogrammen zu beobachten ist. Da kaum ein Anwender die Möglichkeiten nutzt, Werkzeuge nach eigenem Bedürfnis einzurichten, sollte man lieber versuchen, mit einer Minimalkonfiguration zu starten, die der Anwender dann nach Wunsch erweitert.

4.14.3.2 Symbolgestaltung

Es ist nicht ganz einfach, geeignete Symbole zu entwickeln, die über das halbe Dutzend Standardbuttons, wie es beispielsweise der Explorer enthält, hinausgehen. Kurze, prägnante Stichworte für Menüs sind dagegen meist problemlos zu finden.

4.14.4 Controls in Symbolleisten

Inzwischen genügen dem Anwender die simplen Toolbars, die nur Bitmapbuttons enthalten, schon lange nicht mehr. Auswahl- und Eingabecontrols sind bereits Standard; bei Windows 98 sind noch einige weitere Elemente hinzugekommen. Es ist abzusehen, daß sich Dialoge und Toolbars weiter einander annähern werden.

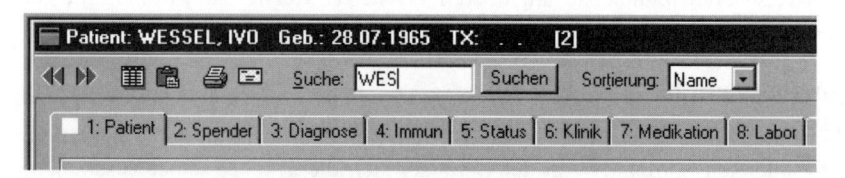

Bild 4.63: Noch recht zaghafte Controls — aber immerhin...

4.14.4.1 Vorteil

Hat man die Toolbar nicht gerade geradezu zugepflastert mit Bitmaps, ist hier noch vergleichsweise viel Platz, da beispielsweise die Toolbar eines Shellwindows meist über die ganze Breite des Primärfensters, also meist über den ganzen Bildschirm, reicht. Such- und andere Controls stehen damit in allen Unterfenstern zur Verfügung und belegen dort keinen Platz mehr. Das Verfahren, Controls zur Auswahl einer Sortierung, zur Eingabe eines zu suchenden Kunden etc. hier zu plazieren, hat sich insbesondere bei Karteireiterfenstern bewährt, da Veränderungen, Eingaben etc. in jedem Laschenfenster gleichermaßen wirken, ohne daß die Controls dort plaziert sein müssen.

Sind Eingaben in den Toolbarcontrols ausnahmsweise einmal in der einen oder anderen Lasche oder aus der aktuellen Programmsituation heraus nicht erlaubt, können die Elemente natürlich entsprechend deaktiviert werden.

4.14.4.2 Nachteil

Gehören solche Controls nicht zum Fenster, stehen sie auch nicht in dessen Tabulator-Reihenfolge. Die Fokussierung in „natürlicher" Reihenfolge, möchte man beispielsweise vom ersten Control des Dialogs in ein Toolbar-Control gelangen, müßte manuell programmiert werden.

4.14.4.3 Beliebte Fehler

- Controls werden nicht kontextbezogen deaktiviert

Je nach Programmsituation sind Toolbarcontrols gegebenenfalls entsprechend zu aktivier oder deaktivieren. Achten Sie darauf, daß zu jedem Zeitpunkt wirklich nur die gültigen Controls auch mögliche sind.

- Controls erlauben Dateneingabe

Die Eingaben in der Toolbar sollten stets nur temporären Anzeigecharakter haben. Durch Auswahl einer Sortierung oder Eingabe eines Suchbegriffs werden keine Daten geändert; das bleibt nach wie vor den Controls im Fenster vorbehalten.

4.14.5 Bitmap-Buttons

Beweis für das Scheitern der herkömmlichen und offenbar nicht sehr einladenden Konfigurationsmethoden bei der Anpassung vorkonfektionierter Toolbars ist das nahezu ausschließliche Benutzen der unveränderten Originalfassung — auch beim Desktop geht man ja gerne ausgetretene Pfade. Menüs wären sehr viel benutzerfreundlicher und ergonomischer, gestattete man dem Anwender auf einfache Art die Definition eigener Toolbar-Buttons.

4.14.5.1 Erklärungsbedarf

Die in einigen Textverarbeitungsprogrammen eingeführte Art, Buttons per Drag & Drop direkt in der Toolbar fallenzulassen oder sie daraus zu entfernen, scheint mir zumindest für den Durchschnittsanwender — Experten definieren eh Tastatur-Shortcuts — nicht intuitiv genug zu sein.

Die neuen Ownerdrawn-Menüs, bei denen ein definierter Button links neben der Menüoption zu sehen ist (lobenswert!), lädt meines Erachtens eher dazu ein, die Zuweisung einer Bitmap durch Klicken mit der rechten Maustaste auf der gewünschten Optionszeile einzuleiten. Anschließend müßte die Bitmap nur über eine Dialogbox ausgewählt werden. Die gewünschte Position innerhalb der Toolbar ließe sich dann gerne auch wieder per Drag & Drop realisieren.

Die gleiche Technik erlaubte endlich auch auf einfache Weise, einer Option einen eigenen Shortcut zuzuweisen — ein Klick mit der rechten Maustaste öffnet den Dialog, der Anwender wählt statt einer Bitmap eine passende Tastenkombination aus.

4.14.5.2 Standard-Toolbarbuttons

Die folgende Tabelle beinhaltet einige der Standard-Toolbarbuttons. Falls Sie eine solche Option in Ihrer Applikation verwenden, sorgen Sie dafür, daß mindestens das Symbol, nach Möglichkeit aber auch der Text in Ihr Menü übernommen wird.

Tabelle 4.3: Standard-Toolbarbuttons

	Funktion		Funktion		Funktion
	Neu		Einfügen		Hilfethemen
	Öffnen		Löschen		Übergeordneter Ordner
	Speichern		Suchen		Große Symbole
	Drucken		Ersetzen		Kleine Symbole
	Seitenansicht		Eigenschaften		Liste
	Rückgängig		Fett		Details

↺	Wiederholen	𝐾	Kursiv	🗗	Schließen
✂	Ausschneiden	U̲	Unterstrichen		
🗐	Kopieren	▸?	Direkthilfe		

4.14.6 „Kybernetische" Fähigkeiten

4.14.6.1 Toolbar-Optimierungen

Verleihen Sie doch Ihren Applikationen die Fähigkeit, nach Anzahl der betätigten Menüoptionen dem Anwender von Zeit zu Zeit — oder auf Wunsch — eine Toolbar-Optimierung anzubieten, die seine Gewohnheiten widerspiegelt. Technisch ist es kein unlösbares Problem und kostet auch keine unnötige Zeit, in entsprechenden Zählvariablen die Präferenzen zu ermitteln und sie beim Programmende in (INI-) Dateien zu bewahren, die dann bei einer Konfiguration der Toolbar zu Grunde gelegt werden.

4.14.6.2 Statistische Erhebungen

Die vom Entwickler vorgegebenen Buttons und Shortcuts müssen keineswegs diejenigen sein, die auch der Anwender besonders häufig benötigt. Benutzerkonfigurierbarkeit wäre eine Möglichkeit; allerdings zeigt die Praxis, daß diese nur wenig genutzt wird und der Anwender dann doch wieder die Umwege über das Menü beschreitet oder eine hoffnungslos überfüllte Originaltoolbar akzeptiert.

Häufig wiederkehrende Aktionen lassen sich nun aber genau durch Shortcuts oder Bitmapbuttons wenigstens beschleunigt aufrufen; eine Möglichkeit, der ein Anwender, schlagen Sie eine für seine Arbeitsbedürfnisse maßgeschneiderte Werkzeugpalette vor, kaum widerstehen kann. Natürlich müßte sie für jeden Benutzer in einer eigenen Datei gesichert werden.

4.14.7 Menüoption, Pushbutton oder Toolbar-Button?

Funktionen wie „Ok" und „Abbruch" eines Dialogs gehören weder ins Menü noch als Button auf die Toolbar. Ein Shellwindow besitzt zwar keine Buttons, hat aber stets eine Menüoption BEENDEN. Palettenfenster verfügen in der Regel nicht über ein Menü und werden über den Schließbutton „X" in ihrer Titelleiste beendet.

4.14.8 Tooltips für Toolbar-Bitmaps

4.14.8.1 Tooltips — ein notwendiges Übel?

Bei aller Wertschätzung der kleinen gelben Fenster, verbunden mit Respekt vor ihrem Alter (Tooltips für Toolbar-Bitmaps dürfen evolutionsgeschichtlich etwas reifer sein als Tooltips für Controls): Wenn Toolbar-Bitmaps Tooltips zur Erklärung brauchen, ist die Bitmap schlicht und ergreifend schlecht gestaltet. Tooltips sollten nicht einfach nur schlechtes Buttondesign kompensieren und kaschieren.

Anders gesagt: Die Notwendigkeit von Tooltips und deren übergroße Akzeptanz und Durchsetzungskraft zeigt die Notwendigkeit präziser Richtlinien und ist natürlich gleichzeitig ein deutlicher Beleg dafür, daß die Darstellung von Sinn in 16 mal 16 Pixeln offenbar gar nicht so einfach ist...

4.14.8.2 Sinnvolles & weniger Sinnvolles

Ein Drucker-Symbol, dessen zugehöriger Tooltip „Drucker" heißt, ist reine Speicherplatzverschwendung. Zeigen Sie wenigstens den aktuellen Druckernamen, seinen derzeitigen Kanal und am besten noch die Information an, ob er gerade online oder offline geschaltet ist.

Das beliebte „Speichern"-Symbol ist ein ganz hervorragendes Beispiel, wie verdrudelt derlei sein kann: wahlweise sieht man einen Pfeil, der in einen geöffneten Ordner zeigt und also eine viel zu lange Geschichte erzählt, oder es findet eine Diskette Verwendung, obschon die Datei doch wahrscheinlich eher auf die Festplatte gespeichert wird. Hier gäbe ein Tooltip, der neben dem Ziellaufwerk inkl. Pfad und Dateinamen beispielsweise auch die Dateigröße und eventuell sogar den freien Platz auf diesem Datenträger enthält, erheblich mehr und besser Auskunft.

4.14.8.3 Dynamische Informationen

Unverständlich ist mir, warum kaum Applikationen Tooltips zur Darstellung „dynamischer" Information benutzen. So könnte man beim Einblenden des Drucker-Symbols, das sich in fast jeder Menütoolbar findet, durchaus neben der schlicht-statischen Mitteilung „Ausdrucken" auch anzeigen, welcher Drucker zur Zeit der aktive ist. Hier gibt es sehr gute Beispiele, was allerdings viele Entwickler noch nicht dazu veranlassen konnte, solche Dinge zu übernehmen.

Bild 4.64: Hier wäre eine Meldung wie „Bildschirmauflösung ändern" fast erwartbar...

4.14.8.4 Tooltips unter Windows 98

Der Erklärungsbedarf von Steuerelementen hat bei Windows 98 offenbar noch einmal zugenommen. Inzwischen besitzen nicht nur die Titelleisten-Schaltflächen Tooltips, sondern auch Controls und Icons auf dem Desktop — hier reichen anscheinend Bitmap & Textzeile als einziges und klassisches Informationsmedium längst nicht mehr aus, um die vielfältigen Möglichkeiten ausreichend und vollständig zu beschreiben...

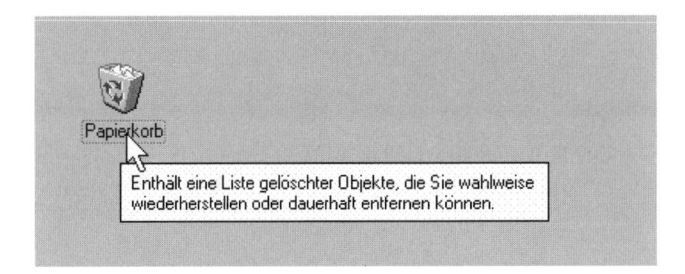

Bild 4.65: Noch mehr Tooltips...

4.14.8.5 Tooltips & Statusmeldungen

Einige Hinweise zur Abgrenzung von Optionstexten, Tooltips und Statusbar-Meldungen: Menüoptionen bestehen idealerweise aus nur einem einzigen Wort. Tooltips sind Erklärungen, die aus einigen wenigen Worten bestehen, ein Element kurz erklären und möglicherweise weitere dynamische Informationen enthalten. Die Meldung in der Statuszeile kann in Form eines ganzen Satzes erfolgen und sollte ruhig eine alternative Terminologie benutzen, um einen Fachbegriff, der als Menüoption schlüssig und optimal knapp ist, ausführlicher zu erklären und ihn damit auch einem solchen Anwender näherbringen, dem er bislang möglicherweise noch nicht vertraut war.

4.14.8.6 Tooltips als Antwort auf Fragen

Tooltips sollten grundsätzlich folgende Fragen des Benutzers beantworten:

- Was bedeutet dieses Control?
- Was passiert, wenn ich es betätige?
- Was muß ich wissen (z.B. Zustandsinformationen)?
- Was sollte ich wissen (z.B. optionale Shortcuts)?

4.14.9 Beliebte Fehler

4.14.9.1 Versteckte Optionen

Steuerelemente, die in der Statusleiste plaziert sind und nicht zu den Standardelementen gehören, sollten sich klar als aktivierbare Controls zu erkennen geben. Das erreicht man beispielsweise, indem man es das Aussehen eines Pushbuttons oder eines anderen bekannten Controls gibt. Ein beschreibender Tooltip allein reicht übrigens nicht aus, da der Anwender die Maus dazu schon, halb ahnend, auf dem Element plazieren muß.

Eine eher charmante Art, Optionen zu verstecken, verbirgt sich in der Vergrößerungsauswahl des Malprogramms Paint (Abbildung 4.66), das Windows beiliegt: klickt man hier mit der Maus exakt auf den unteren weißen Rand des Bereichs — in der Abbildung befindet sich der Mauscursor an Ort & Stelle —, zeigt Paint das Bild in zehnfacher Vergrößerung an. Offenbar wird in Abhängigkeit von der Mausposition der Faktor berechnet; die vier Stufen sind also gar nicht im eigentlichen Sinne durch Controls, sondern nur durch sensitive Bereiche definiert. Die geringe Höhe des fünften Bereichs rührt offenbar daher, daß der Rahmen den Zoombereich grundsätzlich begrenzt, ein Klick außerhalb des Vierecks führt zu keiner Reaktion.

4.14.9.2 Wenig hilfreiche Tooltips

Geben Sie die Information aus, die Sie als Anwender in der Situation ebenfalls gerne lesen würden. Ziehen Sie durchaus auch vielleicht Abwegiges in Erwägung; die Wiederholung des Menütitels ist jedenfalls keine Hilfe.

4.14.9.3 Zu viele Elemente

Beobachten Sie bei einer Applikation einmal — das kann auch gut im Selbstversuch geschehen — welche Elemente einer Symbolleiste Sie tatsächlich benutzen im Laufe eines Tages. Alle anderen können getrost für Sinnvolleres Platz machen... Bei den großen Stangenprogrammen dürfte der Anteil der stets nur angezeigten, aber nie benötigten beträchtlich sein. Anstatt der üblichen Buttons zum Ausschneiden, Kopieren und Einfügen etwa werden meist — vernünftigerweise — die Tastenkombinationen <Strg>+<X>, <Strg>+<C>, <Strg>+<V> benutzt; nur selten muß ein Anwender auf den ersten oder letzten Datensatz springen: Dennoch sind solche ausgesprochen unnützen und durchaus verzichtbaren Buttons leider inzwischen unhinterfragter Standard geworden.

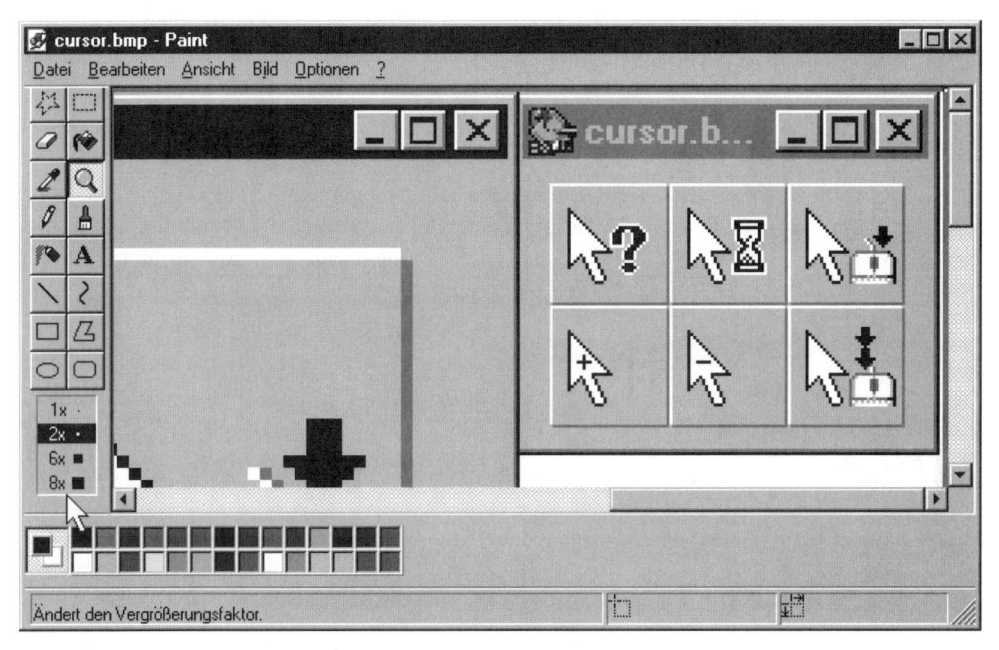

Bild 4.66: Eine fünfte, versteckte Zoomstufe

4.14.9.4 Schlechte Aufteilung

Mit der Überladung einer Symbolleiste einher geht gerne eine mangelhafte Strukturierung der Elemente in sinnvolle Funktionsgruppen. Hier gilt wieder einmal die klassische 7 +/- 2-Regel: Lassen Sie zwischen den Elementen also auch einmal etwas Freiraum zum optischen Luftholen...

4.14.9.5 Gestaltung

Bei schlecht gestalteten Symbolleisten kann man typischerweise beobachten, daß Anwender häufig die einzelnen Elemente mit der Maus abfahren; ganz offensichtlich sind sie dabei auf der Suche nach sinnvollen oder bestimmten Optionen und erhoffen durch die Tooltips Aufklärung. Versuchen Sie, die Elemente einer Toolbar auf die wesentlichen und gerade benötigten zu reduzieren und diese möglichst der Aufgabe angemessen anzuordnen. Das Kapitel 6 hält einige Vorschläge zur Gestaltung von Graphiken bereit.

4.14.10 Varianten

Die funktionalen und optischen Unterschiede zwischen den verschiedenen Art von Symbolleisten werden immer geringer; bei Windows 98 sind selbst Menüs als Symbolleisten zu verstehen, die eine Reihe von mit Text beschrifteter Buttons enthalten und prinzipiell auch noch andere Controls aufzunehmen in der Lage wäre.

Der Trend, verschiedene Steuerelemente in Symbolleisten zu integrieren, wird eher noch zunehmen. Früher herrschte in Symbolleisten wenigstens insofern noch halbwegs Ordnung, als sie meist nur Controls einer Art — Text, Bitmapbuttons, Auswahlelemente und dergleichen — enthielten. Aus schon bald vielleicht eher nostalgischen Gründen seien die Merkmale der wichtigen Spielarten kurz aufgelistet:

4.14.10.1 Toolbars

Windows 98 erlaubt die individuelle Zusammenstellung beliebiger Symbolleisten zu einer einzigen beweglichen Toolbar, deren Gruppen dann nur noch durch eine Trennlinie auszumachen sind. Solche Toolbars werden dann nur noch in einem einzigen, gemeinsamen Fenster — auf Wunsch immer im Vordergrund — dargestellt.

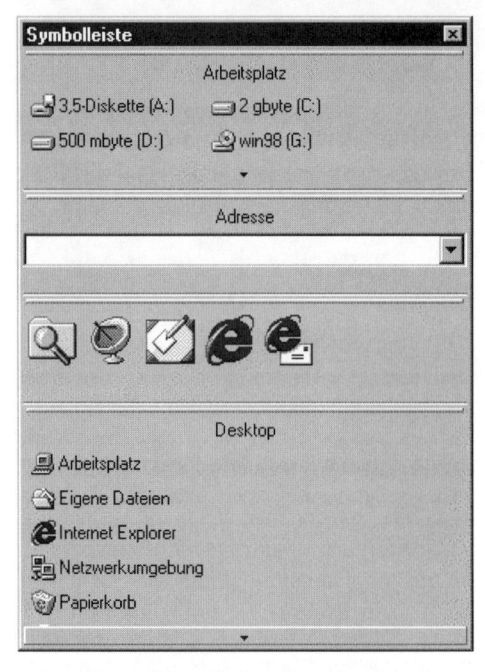

Bild 4.67: Multi-Toolbars in Windows 98

4.14.10.2 Coolbars

So wurden kurzzeitig Symbolleisten genannt, die über aufziehbare Container in Form von Schiebetüren eine individuelle Aufteilung der Elemente erlauben und die Möglichkeit schaffen, Bereiche kurzzeitig zu verkleinern oder zu vergrößern. Unter Windows 98 sind sie bereits Bestandteil der Standard-Symbolleisten.

4.14.10.3 Controlbars

Controlbars sind bewegliche, nicht-modale und daher immer zur Verfügung stehende Fenster, die eine Reihe von Dialog-Steuerelementen enthalten. Meist ist deren Zusammenstellung kontextabhängig. Da sie gerade in Zeichen- oder Konstruktionsprogrammen leicht inflationär eingesetzt werden — der Benutzer kann sie aber meist individuell zusammenstellen — bieten sie häufig die Möglichkeit, schnell zusammengeklappt werden zu können.

4.14.10.4 Paletten

Diese bereits sehr früh zur Verfügung gestellte Form von Symbolleisten vereint eine Reihe von Bitmap-Buttons, wie sie in Zeichenprogrammen nützlich sind. Kurz: Fenster mit Werkzeugen. Sie sind häufig hierarchisch organisiert; das Betätigen eines im günstigen Fall mit einem kleinen Pfeil versehenen Button öffnet weitere Buttonbars. Das minimiert zwar die Anzahl der sichtbaren Schalter, führt dafür aber auch zu einer verhältnismäßigen großen Anzahl von Mausklicken, bis das gewünschte Ziel erreicht ist.

Die Funktionen der drei letztgenannten Varianten werden sicher früher oder später von den Symbolleisten komplett übernommen werden; ein durchaus wünschenswerter Schritt in Richtung eines globalen Look & Feel, das dann zumindest eine Weile als Standard Bestand haben dürfte — bis wiederum eine Innovation auf den Markt kommt, die dann ebenfalls nach einer gewissen Zeit sicher wieder als Standardelement in den Werkzeugkasten von Windows wandert…

4.15 Statusleisten

4.15.1 Einsatzmöglichkeiten

4.15.1.1 Menü-Beschreibungen

Am einfachsten und von den meisten Entwicklungssystem direkt unterstützt ist die Möglichkeit, zu jeder Menüoption einen (hoffentlich…) erklärenden Text definieren zu können, den das Programm automatisch beim Gang durch ein Menü im linken Textbereich der Statuszeile einblendet.

4.15.1.2 Control-Beschreibungen

Analoges gibt es auch für Steuerelemente. Hier erlauben zwar schon weniger Programmiersprachen die Zuweisung solcher Texte bereits im Painter — aber da grundsätzlich ja der Zeitpunkt abgefangen werden kann, zu dem der Anwender ein Control fokussiert, läßt sich das mit jeder Sprache realisieren.

4.15.1.3 Rahmen & Textelemente

Die Statusleiste erlaubt eine flexible Aufteilung des zur Verfügung stehenden Raumes in Form von bis zu 255 Abschnitten (sogenannte „Multi part status bars"), denen verschiedene Attribute zugewiesen werden können:

- Normaler Text;
- Hervorgehobener Text;
- Text ohne Rand;
- Owner draw-Bereich für Bitmaps oder Controls.

4.15.1.4 Feedback-Anzeigen

Neben reinem Text ist dies sicher das am häufigsten zu sehende Control in einer Statusbar. Die Anzeige eines Laufbalkens in diesem Bereich hat den Vorteil, kein zusätzliches Fenster öffnen zu müssen, das möglicherweise wichtige Informationen überdeckt. Ein hier eingeblendeter Laufbalken ist ein sehr sinnvoller Kompromiß zwischen einem ausreichend auffälligen und nicht zu aufdringlichen Feedback-Element.

4.15.1.5 Controls

Da die Statusleiste — wie fast alles unter Windows — ein Fenster ist, lassen sich Controls ähnlich wie auf normalen Fenstern plazieren. Sollen Controls wie Comboboxen über den Rand hinreichen, ist ihnen ein negativer Koordinatenoffset zu geben.

4.15.1.6 Der Nachrichtenbereich

Hier werden normalerweise neben der Uhrzeit auch Symbole eingeblendet, die den schnellen Zugriff beispielsweise auf die verschiedenen Bildschirmauflösungen oder -einstellungen erlauben. Modifizieren Sie hier Dinge nur mit Bedacht. Ein überladener Bereich, deren Elemente vielleicht noch ihre Reihenfolge gelegentlich ändern (das passiert jedenfalls bei meinen wenigen Elementen von Zeit zu Zeit, ohne daß ein höheres Gesetz der Serie erkennbar wäre…), wirkt wenig einladend und dürfte kaum allzu hilfreich sein.

4.15.2 Vorteile

4.15.2.1 Steuerelemente sind immer im Zugriff

Ähnlich wie bei der Toolbar lassen sich Controls der Statusbar jederzeit anklicken. Damit stellt sie eine echte Alternative zu den beliebten Toolbars dar. In selbstgeschriebenen Applikationen spielen sie, soweit ich sehe, aber dennoch keine so große Rolle.

4.15.2.2 Programmierung nicht aufwendiger als bei Toolbars

Dabei ist der Einbau eigener Controls prinzipiell nicht aufwendiger als der in Toolbars. Letztere werden allerdings von einigen Programmiersprachen besser und direkter unterstützt.

4.15.2.3 Flexible Darstellungsmöglichkeiten

Für die Darstellung von Texten gibt es einige Optionen, die beispielsweise das automatische Löschen nach einer bestimmten (einstellbaren) Zeit übernehmen. Textausgaben können verschiedene Prioritätsstufen erhalten und sich nach einem bestimmten Schema gegenseitig überblenden. Eine Copyright-Meldung beispielsweise ist nur sichtbar, wenn nichts wichtigeres anzuzeigen ist. Eine Fehlermeldung dagegen hat höchste Priorität und überschreibt alle anderen.

4.15.2.4 Nähe zum Cursor

Bei bestimmten Programmen ist der Arbeitsbereich häufig eher nahe dem unteren als dem oberen Fensterrand. In dem Fall liegen Controls der Statusleiste besser im Blick des Anwenders als die der Toolbar.

4.15.2.5 Leichte Erreichbarkeit im Vollbild

Haben Sie nicht gerade jene Mausoption „Endlos" gewählt, die bei Erreichen der unteren Bildschirmkante den Cursor gleich am oberen Ende plaziert, dem Anwender den Monitor also als eine Art Kugel vorgaukelt, erreichen Sie die Statusleiste, in dem Sie genügend weit den Mauszeiger nach unten bewegen: Sie werden immer an der Statusleiste ankommen. Diesen motorisch angenehmen Effekt benutzt beispielsweise der Apple Macintosh auch beim Menü, dessen Leiste sich stets am oberen Bildschirm befindet. Damit sind Controls der Statusbar möglicherweise schneller erreichbar als die einer Toolbar, die erst einmal durch Beschleunigen und rechtzeitiges Abbremsen erreicht sein will.

4.15.3 Nachteile

4.15.3.1 Leiste wird überdeckt

Andererseits — klarer Nachteil der Statusbar — legt sich bei entsprechender Konfiguration („Automatisch im Hintergrund" — meine Lieblingseinstellung) die Windows-Task-Leiste genau über diesen Bereich und verhindert nachhaltig das Anklicken des gewünschten Controls. Der Anwender muß erst durch sehr feinfühliges Dosieren der Mausnavigation in einem sehr engen Bereich, der nur wenige Pixel hoch ist, den Cursor so plazieren, daß die Statusleiste getroffen wird, der Mauszeiger aber noch nicht das Einblenden der Task-Leiste auslöst — eine sensible Sache, für die selbst gestandene Mausbediener meist mehrere Anläufe brauchen.

4.15.3.2 Mißachtung

Meldungen in der Statusbar werden leicht übersehen. Wichtige Nachrichten sollten man also lieber über Messageboxen ausgeben. Geübte Benutzer werden allerdings den Zwang, solche Dialoge bestätigen zu müssen, bei für sie eher unwichtigen Meldungen nicht allzu sehr schätzen...

4.15.4 Beliebte Fehler

4.15.4.1 Überfülle

Das ist nun nichts Ungewöhnliches: Die Anzahl von 255 möglichen Bereichen innerhalb der Statusbar läßt hier ja nun wirklich restlos alles zu... Halten Sie sich auch hier an die bewährte „7 +/- 2"-Regel; und halten Sie stets einen größeren Bereich am linken Rand frei für Menü- und andere Beschreibungstexte.

4.15.4.2 Nichterkennbarkeit von Controls

Häufig besitzen Controls der Statusbar eine so subtile, unaufdringliche und unauffällige Optik, daß der Anwender gar nicht ahnt, daß es für bestimmte Funktionen sehr schöne kurze Zugriffsmöglichkeiten gibt. Man sollte also auch hier die im Kapitel 6 beschriebenen Gestaltungsregeln beachten und beispielsweise Pushbuttons stets in einem Rahmen darstellen. Zusätzlich empfiehlt sich die Verwendung von Tooltips.

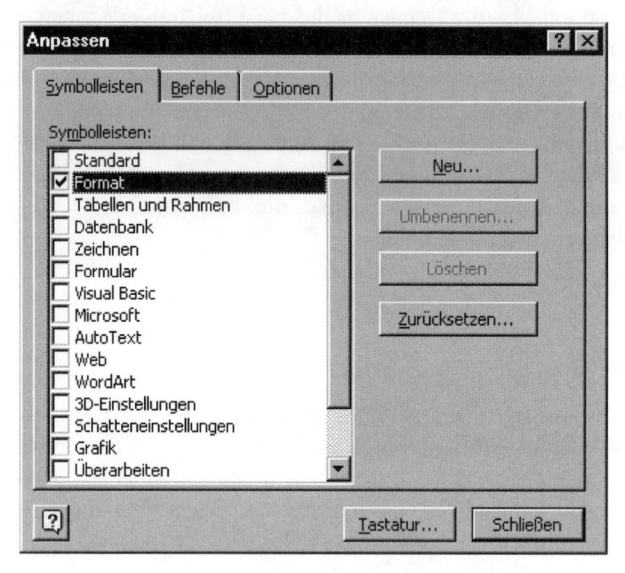

Bild 4.68: Konfigurationsmöglichkeiten einer Toolbar

4.16 Konfigurierbarkeit

4.16.1 Für den Benutzer definiert

Häufig ist es sinnvoll, je nach Kenntnisstand des Anwenders ein vollständiges oder ein reduziertes Menü zu implementieren, das die kritischen Optionen gar nicht oder an anderer, nicht so leicht erreichbarer Stelle anbietet. Vielleicht möchte man ja einer bestimmten Benutzergruppe beispielsweise die Möglichkeiten, Daten zu modifizieren oder zu löschen, erst gar nicht zur Verfügung zu stellen. Sicher zeigt der Entwickler mehr Taktgefühl, wenn solche

Konfigurierbarkeit 247

Optionen überhaupt nicht angezeigt werden; eine Meldung wie „Sie haben hierzu keine Berechtigung!" fördert nicht allzusehr die Motivation des Anwenders...

4.16.2 Durch den Benutzer definierbar

4.16.2.1 Anpassung der Toolbar

Word für Windows 97 bietet sehr elegante, aber leider teilweise versteckte Möglichkeiten zur individuellen Anpassung der Toolbars und übrigens auch der kompletten Menüs (inklusive der Optionstexte) an. Hält man die <Alt>-Taste gedrückt, lassen sich Buttons direkt aus der Toolbar herausziehen oder auch anders positionieren; ein angepaßter Mauszeiger tut dies im übrigen sofort kund — wenn man die Funktion kennt und gestartet hat.

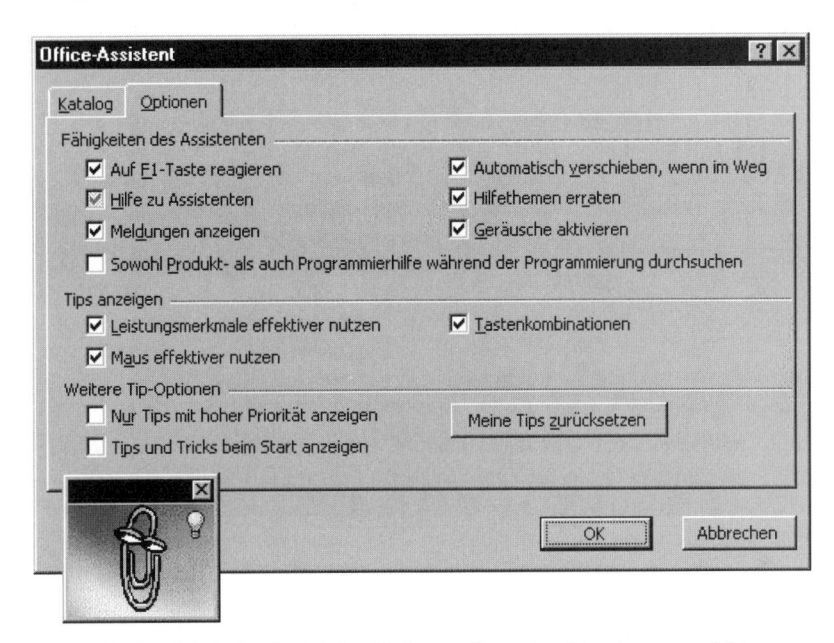

Bild 4.69: Ein Schritt in die richtige Richtung: Tastenkombinationen empfehlen

Dennoch kann man beobachten, daß diese das Arbeitstempo und die Benutzerzufriedenheit sehr steigernden Maßnahmen kaum genutzt werden. So gering der Aufwand bei den meisten Applikationen auch ist: Er scheint doch über dem Erträglichkeitslevel vieler Anwender zu liegen. Vielleicht wirkt eine Art „Hitliste", die ausgewählte Optionen vom Programmstart bis zum -ende mitzählt, registriert und Möglichkeiten zur Verbesserung beschreibt, motivierender. Daß kaum jemand sich beispielsweise eigene Toolbarbuttons zeichnet (auch das erlauben viele Textprogramme), ist schon eher verständlich — aber die Konfiguration vorhandener oder der Entwurf eigener Symbolleisten sollte schon so einfach sein, daß auch Einsteiger hiervon Gebrauch machen.

Hier wäre etwas „kybernetische Intelligenz", die einem Anwender, der häufig auf umständlichem Wege Optionen wählt, entsprechende Vorschläge unterbreitet, sehr hilfreich. Immerhin hat Microsoft derlei für die Tastenkürzel ja bereits implementiert; bei aktivem Assistenten erscheinen gelegentlich automatisch Hinweise auf nützliche und zeitsparende Möglichkeiten.

4.16.3 Beispiel: Word für Windows 97

Als Beispiel für eine gleichermaßen leistungsfähige, aber leider auch eher nicht intuitive Vorgehensweise möchte ich die Schritte auflisten, die man bei Word für Windows 97 benötigt, um Symbolleisten beliebig zu konfigurieren — Schritte, die ich auch immer wieder vergesse, wenn ich das eine Zeitlang mal nicht gemacht habe. Glücklicherweise findet der ebenfalls recht intelligente Hilfsassistent das Stichwort „Toolbarbuttons" und schlägt mit „Ändern eines Symbols" auch gleich etwas Passendes vor.

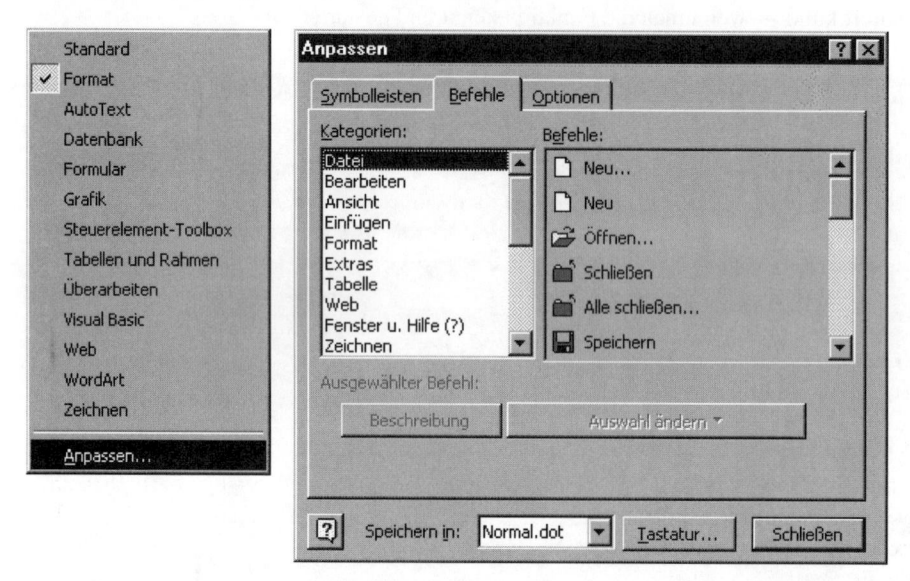

Bild 4.70: Viele Möglichkeiten, aber dunkle Wege: Konfiguration von Menü & Toolbar

4.16.3.1 Entfernen eines Toolbarbuttons

- Lösung

Halten Sie die <Alt>-Taste gedrückt und ziehen Sie den Button aus der Toolbar. Der veränderte Mauszeiger zeigt den Drag & Drop-Vorgang an und läßt gültige „Zielgebiete" erkennen.

- Umsetzung

Die notwendigen Schritte sind leider nicht sehr intuitiv, könnten aber über den Tooltip angezeigt werden. Noch eleganter (so oft möchte man das ja weder wissen noch sehen...) und so auffällig wie nötig, aber unauffällig wie möglich wäre die Anzeige eines kurzen Textes in der Statusbar. Insgesamt eine technisch einfache Lösung, die aber nur dann besticht, wenn man mal auf sie bekommen ist... Ich habe sie übrigens gelegentlich einer der zahlreichen „Tips & Tricks"-Sammlungen einer Zeitschrift entnommen.

- Alternativen

Wenn man bei der direkten Manipulation über Drag & Drop bleiben möchte, gibt es wohl keine Alternative. Sicher sollte der Button nicht mit einfachem Herausziehen (also ohne Drücken einer Taste) von der Toolbar entfernt werden können, weil das zu leicht versehentlich passieren würde. Außerdem definiert diese Aktion der Windows-Standard als Abbruch einer Schaltflächen-Auswahl: Läßt man die linke Maustaste außerhalb des Buttonbereiches wieder los, gilt der Button als nicht gedrückt.

Das Kontextmenü, das man mit der rechten Maustaste aktiviert, enthält im wesentlichen nur die Option ANPASSEN... — ein nachgeschalteter Dialog, der reichlich Platz & Möglichkeit böte, dieses Verhalten zu beschreiben, sich aber diesbezüglich ebenso wie die kontextsensitive Hilfe leider völlig ausschweigt.

4.16.3.2 Hinzufügen eines Toolbarbuttons

- Lösung

Wählen Sie das Kontextmenü ANPASSEN... und ziehen aus der zweiten Registerlasche „Befehle" das gewünschte Element direkt per Drag & Drop in die Toolbar.

- Umsetzung

Der Lösungsweg ist wiederum bis zum Drag & Drop-Mechanismus sehr gut und auch für Einsteiger nachvollziehbar, zumal ANPASSEN... auch im Menüpunkt EXTRAS vorhanden ist. Stellt sich nur die Frage, ob man derlei nicht eher auch unter der ebenfalls vorhandenen Option BEARBEITEN (im Sinne „Bearbeiten der Toolbar") oder FORMAT vermutet hätte. Übrigens ist die Option unter ANSICHT SYMBOLLEISTEN sicherheitshalber zumindest ein zweites Mal vorhanden...

Den Tip mit der Drag & Drop-Möglichkeit erfährt der Anwender in der Hilfe. Wie man aber sieht, ist direkte Manipulation für Kenner eine sehr praktische Sache, für Einsteiger sollte aber entweder eine Kurzbeschreibung der Vorgehensweise in Form eines Textelementes oder — und damit wieder möglicherweise zu indirekt — eines Tooltips zu finden sein. Nicht jeder Anwender fordert die hier allerdings immerhin kontextsensitive Hilfe an.

- Alternativen

Zu direkter Manipulation sollte nach Möglichkeit eine alternative Funktion angeboten werden. Im genannten Beispiel könnte derlei in die Dialogbox eingebaut werden.

4.16.3.3 Bearbeiten eines Toolbarbuttons

- Lösung

Da muß man erst einmal drauf kommen: Bei geöffnetem Anpassungsdialog (Option ANPASSEN wie oben) besitzen sämtliche Elemente der Symbolleiste ein neues Kontextmenü, das auch über ein Popup-Menü (also jenes Control, das aussieht wie ein Pushbutton mit einem Abpfeil an der rechten Seite) in der Dialogbox aktiviert werden kann. Hier steht neben der Möglichkeit, eigene Symbole zu kreieren oder vorhandene anzupassen, sogar die eher ungewöhnliche Option zur Wahl, den Menütext selbst umdefinieren zu können.

Bild 4.71: Bearbeiten von Menüoptionen und Symbolen

- Umsetzung

Auch hier der Weg, man ihn denn kennt, durchaus logisch und nachvollziehbar: Beim Aufruf des Dialogs — wie gehabt — über ANPASSEN... ist die entscheidende Schaltfläche „Auswahl ändern" mit dem Popup-Menü noch nicht aktivierbar. Die Kontexthilfe gibt leider keinen Hinweis darauf, wie sie wieder zu aktivieren ist — dabei muß man tatsächlich nur das zu ändernde Symbol in der Toolbar anklicken. Diese Auswahl ist aber außerhalb des Dialogs zu tätigen — das erfordert einen Schluß, den auch ein geübter Anwender nicht ohne weiteres (das heißt, ohne externe Hilfe) zu ziehen in der Lage ist.

Bild 4.72: Wie wird dieser Button wieder aktivierbar...?

Konfigurierbarkeit 251

- Alternativen

Es spräche wenig dagegen, in dem Dialog in einigen wenigen Zeilen Text — am besten in Form eines Kochrezeptes — die am besten durchnumerierten Schritte zu beschreiben, über die der Anwender zur gewünschten Option gelangt.

Am natürlichsten wäre sicher, für Toolbar-Button und Toolbar jeweils unterschiedliche Kontextmenüs zu implementieren. Die aktuelle Version besitzt nur eines für beide Elemente (siehe die obige Abbildung 4.70). Ein Rechtsklick auf einen Toolbarbutton scheint mir hinreichend klar dem Wunsch zu entsprechen, diesen einzelnen Button zu konfigurieren. Den Dialog für die gesamte Toolbar ruft dagegen — erwartungskonform — ein Klick in den leeren Bereich auf.

Das ist im übrigen auch die Technik, die Microsoft für die Konfiguration der Task-Leiste vorsieht: Ein Rechtsklick auf den freien Bereich öffnet den Eigenschaften-Dialog, ein Klick auf ein Applikations-Icon öffnet ein eigenes, zur Applikation passendes Kontextmenü. Es ist bedauerlich, daß hier zwischen zwei Applikationen sogar desselben Herstellers keine (sonst ja allerorten propagierte) Konsistenz herrscht.

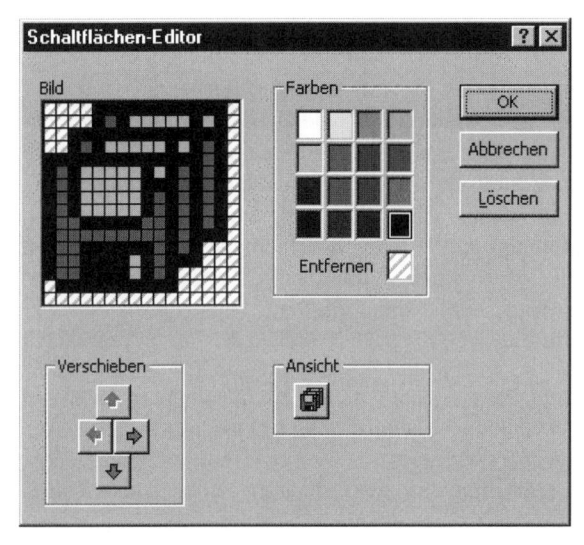

Bild 4.73: Auch für Word-Kenner eventuell ein noch unbekannter Dialog...

4.16.3.4 Fazit

Insgesamt wurde hier ein sehr hoher Programmieraufwand betrieben — immerhin können ja sogar Bitmaps gezeichnet werden —, der sich aber leider nur dem Kenner erschließt. Für diesen bedeutet die Möglichkeit, sich Toolbars, Symbolleisten und sogar die originalen Menüs komplett anpassen zu können, eine erhebliche Steigerung seiner Produktivität plus der möglichen Beibehaltung einer bekannten, vom Original gegebenenfalls sehr unterschiedlichen Bedienungsoberfläche.

Bei nur geringfügig mehr Beschreibung im Dialog könnte an dieser Stelle auf den Aufruf der Hilfe komplett verzichtet werden — daß Anwender aber erst gar nicht so weit kommen, weil sie diese Möglichkeiten erst einmal gar nicht vermuten, beweist die Tatsache, daß nur wenige überhaupt Symbolleisten selber umkonfigurieren. Selbstgemalte Toolbarbuttons habe ich im Falle des hier als Beispiel herangezogenen Textprogramms, das sicher eine genügend große Verbreitung besitzt, um mindestens repräsentant genannt werden zu dürfen, noch nie gesehen.

Dieser kleine, bewußt recht ausführlich gehaltene Exkurs hat Ihnen sicher gezeigt, daß man die Intuition des Anwenders und seine Fähigkeit zur direkten Manipulation keinesfalls überschätzen darf, daß und wie aber nur wenige kleine Änderungen zu einem besseren und natürlicheren Umgang mit solchen Problemen führen können. Mir ist schon klar, daß kaum jemand eine solch komfortable Routine zur Anpassung der Oberfläche implementieren möchte oder muß; die zugrunde liegenden Ergonomieregeln lassen sich aber auch auf bescheidenere Konfigurationsfunktionen übertragen.

4.17 Alternativen zum Menü

4.17.1 Dialogboxen

- Besser

Müssen mehrere Optionen kurz hintereinander oder wiederholt aufgerufen werden, wird gar eine ganze Abfolge von Optionen immer wieder benötigt, ist eine Dialogbox, die das gleichzeitige Einstellen mehrerer Werte und Daten erlaubt und sich zudem als Vorlage für spätere erneute Aufrufe speichern läßt, enorm im Vorteil. Beispielsweise müssen zum Drucken eines Dokumentes mehrere Parameter eingestellt werden. Eine Dialogbox, die sämtliche Optionen auf einen Blick darstellt und zur Bearbeitung enthält, ist nicht nur übersichtlicher, sondern vermeidet auch wirksam jene versehentlichen, irrtümlichen und zeitraubenden Auswahlprozeduren, die einen wiederholten Gang durch die Menüs nötig machen.

- Schlechter

Dialoge müssen geöffnet und geschlossen werden. Dazu ist bei Mausbedienung meist ein Verschieben des Cursors über einen nicht unbeträchtlichen Teil des Bildschirms notwendig. Somit ist beispielsweise das Durchsuchen eines Menüs nach einer bestimmten Option sicher erheblich einfacher und schneller zu bewerkstelligen als das Öffnen und Schließen verschiedener Dialoge.

Für trainierte Anwender, die das Menü kennen, wissen, wo sie welche Optionen finden, sich zumindest teilweise die Hotkeys bereits eingeprägt haben und zur Auswahl eine optimierte Kombination aus Maus und Tastatur benutzen, bietet ein Menü klare Vorteile, da ihnen das Schließen abgenommen wird und — sieht man mal von verschachtelten Untermenüs ab — jede Option mit nur einer Taste erreicht werden kann.

4.17.2 Pushbuttons

- Besser

Menüs müssen aufgeklappt werden. Anwender bekommen die Optionen nur zu sehen, wenn sie explizit die Bedienungstechniken für Menüs kennen. Kontextmenüs müssen sogar regelrecht erahnt werden, da sie sich meist nicht ohne weiteres zu erkennen geben. Bei einer Applikation, die Unkundige benutzen müssen, die nur selten aufgerufen wird oder die nur wenige Optionen bietet, könnten Schaltflächen vorteilhafter sein.

- Schlechter

Schaltflächen benötigen verhältnismäßig viel Platz und sind auch dann sichtbar, wenn sie nicht benutzt werden. Während der Erfassung von Daten lenken sie die Aufmerksamkeit des Anwenders unnötig von den Eingabecontrols ab. Sind neue Optionen hinzuzufügen, muß möglicherweise das Layout des Fensters komplett überarbeitet werden, weil der vorhandene Platz nicht mehr ausreicht. Ohnehin sind Ansammlungen von mehr als einem halben Dutzend Schaltflächen optisch sehr dominant; da sie fast immer nur funktionalen, nicht aber informativen Charakter haben, sollten sie den eigentlichen Elementen weder die Show noch den Platz stehlen.

4.17.3 Geheimtasten

- Besser

Tastenkombinationen bieten grundsätzlich den schnellsten Zugriff auf Optionen, die sogar applikationsübergreifend sein können, wie beispielsweise <Windows>+<E> zum Starten des Windows-Explorers. Allerdings ist die Zahl solcher Kombinationen sehr beschränkt, da man sich dauerhaft nur wenige Tasten merken mag oder kann und Aufrufe über andere Wege wie Menü oder Icon nicht um so vieles langsamer oder umständlicher sind.

Nicht jeder Anwender besitzt so viel Ehrgeiz und Energie, bedienungstechnisch ausgerechnet immer & überall das Optimum an Effizienz herauszuholen. Hier wären intelligente Software-Assistenten sinnvoll, die im Hintergrund den Umgang des Anwenders mit einer Applikation beobachten und gelegentlich Verbesserungsvorschläge machen.

- Schlechter

Zwar sind Tastenkombinationen, die sozusagen „aus heiterem Himmel" bei Betätigung eine bestimmte Funktion ausführen oder einen Dialog aufrufen, ohne daß eine entsprechende Option im Menü auszumachen wäre, bei Programmieren nicht unbeliebt, sind aber gerade in GUI-Applikationen, deren Möglichkeiten ein Anwender stets vollständig auch auf dem Bildschirm beschrieben finden sollte, verpönt.

4.18 Menüs „messen"

4.18.1 Quiz der Art „Wo bin ich?"

Die Qualität eines fertigen Menüs läßt sich hervorragend dadurch testen, daß man mit einem genügend repräsentativen Anwender eine Art Quiz veranstaltet: „Unter welchem Pulldown-Menüs vermutet man die Option ENDE?" Naja, das ist sicher nicht so schwer (Antwort sicherheitshalber bzw. hoffentlich: letzte Option im ersten Pulldown-Menü) — aber hätten Sie beispielsweise gedacht, daß sich der Dialog zur Seitengestaltung eines sehr beliebten Textverarbeitungsprogramms unter DATEI, zur Fußnotengestaltung unter ANSICHT, zur Absatzgestaltung aber unter FORMAT versteckt? Symbolleisten unter ANSICHT, Bildlaufleisten aber unter EXTRAS zu aktivieren sind? Sie sehen, es muß nicht immer gleich ein komplettes Usability-Labor sein, um die Konsistenz einer Applikation wirksam zu unterwandern...

Solche (Heim-) Tests vermeiden aber halbwegs, daß Anwender völlig hilf- und wahllos durch die Menüs klicken (die dann hoffentlich wenigstens animiert aufklappen...) auf der Suche nach einer Option, die doch gestern noch ganz sicher hier ... oder hier ... oder ... Diese Art der geradezu rufschädigenden und unanständigen Menüs lassen sich bei einer einigermaßen vernünftigen und praxisgerechten Organisation verläßlich abstellen.

Die Krux und damit der Hauptgrund für negative Auswirkungen beim Einsatz von Menüs besteht weitgehend in einer mangelhaften und nicht genügend eindeutigen Benamungen der Hauptoptionen. BEARBEITEN, ANSICHT, FORMAT sind halt schon derart ähnlich und unpräzise, daß ein hilfloses Pulldown-Menü EXTRAS eben wirklich nur noch jene Einträge aufzunehmen in der Lage ist, die man auch genau so gut & beliebig auf die anderen Punkte hätte verteilen können.

4.18.2 Anwender-Feedback

In der Testphase einer neuen Applikation ist es sehr sinnvoll, Benutzerverhalten zu beobachten und seine Menütätigkeiten so zu protokollieren, daß man am Ende der Applikation feststellen kann, welche Optionen wie häufig aufgerufen wurden. Zumindest in der Erprobungsphase müßten sich solche Daten erheben lassen, ohne daß sich der Benutzer einer unerwünschten Bespitzelung ausgesetzt fühlt.

4.19 Vorgehensweise

4.19.1 Menüart

4.19.1.1 Ungefähre Anzahl der Optionen

Entscheiden Sie erst einmal, welche Menüart Sie überhaupt einsetzen wollen. Maßgebend hierfür ist sicher neben dem Einsatzzweck auch die Anzahl der Optionen insgesamt: Ab einer Zweistelligkeit wird man zu einer Menüleiste mit Pulldown-Menüs greifen. Für weniger Optionen ist ein Kontextmenü ideal. Bei Kontextmenüs sollten Sie Pulldown-Menüs nur in Ausnahmen und großen Not benutzen, da sie eine große Feinmotorik erfordern.

4.19.1.2 Sichtbar oder versteckt?

Die „öffentlichste" Form eines Menüs ist sicher eine immer sichtbare Menüleiste. Möchte man einige wenige Optionen innerhalb eines Fensters erlauben, diese aber eher etwas versteckt unterbringen (es gibt solche Anwendungen...), könnte man das Systemmenü des Fensters modifizieren.

Ansonsten bietet sich bei einer überschaubaren Menge von Optionen die Definition eines Kontextmenüs an — das allerdings den Nachteil hat, erst „auf Kommando" ins Auge des Benutzers zu rücken. Möglicherweise wird ein Anwender ein solches Menü nie entdecken — sorgen Sie daher über geeignete Hinweise und eine Option im Hauptmenü dafür, daß sich diese Funktion ihm erschließt.

4.19.2 Zusammenstellen der Optionen

4.19.2.1 Standardoptionen

Ihre Applikation wird sicher einige Standardoptionen enthalten, für die nach Möglichkeit vorgegebene Bezeichnungen, Hotkeys, Tastenkürzel und — wenn gewünscht — auch Toolbarbitmaps zu benutzen sind. Die Position solcher Optionen ist ebenfalls relativ fest; so sollten sich beispielsweise die Optionen zur Benutzung der Zwischenablage stets in gleicher Reihenfolge im möglichst auch so zu nennenden Menü BEARBEITEN befinden.

4.19.2.2 Eigene Optionen

Achten Sie bei der Definition eigener Optionen darauf, keine allgemein vorbelegten Eigenschaften zu überschreiben. Das gilt sowohl für Tastenkombinationen wie auch in geringerem Maße für Positionen. Die letzte Option des ersten Pulldown-Menüs beispielsweise ist stets BEENDEN; sie sollte ebenfalls so heißen und das Tastenkürzel <Alt>+<F4> erhalten.

4.19.2.3 Gruppierung

Ordnen Sie die Optionen nach Möglichkeit so, daß der Anwender sie in „natürlicher" Reihenfolge auswählen wird — also von links nach rechts und oben nach unten. Die letzte Option im letzten Pulldown-Menü ist dann auch konsequenterweise die wohl unwichtigste, jedenfalls unspektakulärste; obschon sie gelegentlich als erstes implementiert wird: die „About"-Box, die nach neuem Standard den Menütext INFO erhält.

Es ist übrigens kein schlechtes Verfahren, die einzelnen Optionen für die notwendigen Funktionen auf einzelne Pappkärtchen zu schreiben und diese geeignet hin- und her zu schieben, bis man die optimale Anordnung gefunden hat.

4.19.2.4 Testen!

Zu diesem Zeitpunkt sollten Sie möglichst mit späteren Anwendern die Struktur des Menüs durchsprechen. Beraten Sie, welche Optionen besonders wichtig sind, welche Tastenkürzel erhalten sollen, ob die Texte ausreichend selbsterklärend sind etc.

4.19.2.5 Hotkey-Vergabe

Erst wenn der Aufbau des Menüs steht, sollten Sie sich an die Vergabe der Hotkeys machen. Dabei sollten Sie in jedem Fall bei jedem Pulldown-Menü oben anfangen, um bei etwaigen Überschneidungen, haben Optionen denselben Anfangsbuchstaben, der meist oben stehenden wichtigeren den „besseren" Hotkey zuordnen.

4.19.2.6 Shortcurts

Verfahren Sie mit den Tastenkürzeln ähnlich; achten Sie ebenfalls darauf, keine allzu eingefahrenen Kombinationen wie <Strg>+<C> etc. für völlig andere Dinge einzusetzen. Sicher sind gelegentliche Neubelegungen nicht vermeiden; aber ausgesprochene Standardtasten wie <Strg>+<S>, die viele Applikationen als SPEICHERN benutzen, sollten Sie sich nicht gerade zum LÖSCHEN einfallen lassen…

4.19.3 Symbolleisten

4.19.3.1 Auswahl der Buttons

Legen Sie anschließend fest, welche Optionen einen Toolbarbutton erhalten sollen. Dazu können übrigens durchaus statistische Erhebungen dienlich sein, welche Funktionen mit welcher Häufigkeit benutzt werden. Das setzt natürlich voraus, daß die Applikation bereits eingesetzt werden kann — denken Sie aber daran, die vielleicht jetzt in der Anfangsphase bestimmte Auswahl später im Praxiseinsatz noch einmal zu verifizieren und zu korrigieren.

4.19.3.2 Auswahl der Controls

Neben solchen Controls, die speziell nur in einer Symbolleiste vorkommen, muß sicher auch spezieller Sourcecode geschrieben werden, so daß dies keiner Entscheidung bedarf. Oft ist aber sinnvoll, einzelne Controls, die sonst vielleicht in größeren Dialogen versteckt sind, zusätzlich in einer Symbolleiste zu halten. Textprogramme besitzen beispielsweise immer auch eine Dialogbox zur Formatierung von Zeichen. Dennoch kann die Schriftart — obwohl ich sie eigentlich kaum ändere... — meist über eine sozusagen doppelte Combobox in der Toolbar direkt und ohne ein Fenster öffnen zu müssen modifiziert werden.

Überlegen Sie einfach, was der Benutzer häufig aufruft — das ist schon ein sicherer Kandidat zum Einbau in eine Symbolleiste...

4.19.3.3 Reihenfolge

Die Verwechslungsgefahr ist bei Elementen in Symbolleisten besonders groß, da man die Auswahl meist über eine Art „räumliches Gedächtnis" trifft. Sorgen Sie also dafür, daß sich zusammengehörige Elemente auch tatsächlich nebeneinander befinden, und halten Sie genügend Abstand zu solchen Controls, deren Auslösung unerwünschte Auswirkungen haben können. Für kritische Buttons darf der Anwender ruhig schon mal zweimal hinschauen...

Ansonsten sollte für die Anordnung der Elemente die zeitliche Reihenfolge vorbildlich sein, in der ein Anwender sie betätigt. Je natürlicher der Ablauf ist, je kompatibler er zu seinen gewohnten Arbeitsschritten ist, desto weniger muß der Benutzer sich an die Software anpassen, desto weniger störend oder aufwendig wird ihm ihre Bedienung vorkommen.

4.19.3.4 Festlegung der Tooltips

Vergessen Sie nicht, allen Elementen der Symbolleisten möglichst sinnvolle Tooltiptexte zuzuweisen. Lassen Sie sich bei der Formulierung am besten wieder von einem Anwender Vorschläge machen.

Denken Sie bei all den Überlegungen stets daran, daß das Menü das Regiezentrum Ihrer Applikation darstellt. Funktionen, die der Anwender dort nicht hinterlegt findet, wird er kaum im Programm vermuten. Je besser das Menü ihn an die Möglichkeiten der Applikation heranführt, je „natürlicher" und praxisgerechter die Anordnung ist, desto weniger wird ein Anwender sich durch die Applikation zu einer bestimmten Reihenfolge der Aktionen genötigt fühlen.

Bild 4.74: <Alt>-Kombinationen auch für Toolbarcontrols

Falls die Programmiersprache eine Einordnung der Toolbarcontrols in die Tabreihenfolge des Dialogs nicht erlaubt, bleibt immer noch die Möglichkeit, über entsprechende Shortcuts eine Kombination wie <Alt>-Hotkey zu simulieren. Allerdings gibt es dann natürlich eine entsprechende Menüoption, was aber kein Nachteil sein muß. Betätigt der Anwender die Kombination, verhalten sich auch die Toolbarcontrols wie Steuerelemente im Dialog.

▐ AƎCDECHꞀKꞀW ꞁ5ꓱϝՁꬲꞀჿჼᴈႭʾϦŀ

✦ ■ — ◖ + ● • // ■ ⊥ ∠ = // ⵏ ❎

No. 4327   O. ⌐┐98

5 Steuerelemente

> „Non sunt multiplicanda entia praeter necessitatem"
> (Man soll nicht unnötig viele Gegenstände einführen)
> *Wilhelm von Ockham (Ockham's razor, 14. Jh.)*

5.1 Dieses Kapitel...

...beschreibt die Möglichkeiten und Einsatzgebiete der verschiedenen Windows-Controls und gibt für jede Art genaue Bemaßungs- und Plazierungsangaben. Die Maßtabellen führen die Werte für Delphi, Visual Basic und CA-Visual Objects auf, lassen sich aber auch auf andere Programmiersprachen übertragen. Visual Basic benutzt beispielsweise als Einheit sogenannte „Twips": 1 Twips ist 1/567 cm oder 1/1440 Zoll; damit entsprechen 1000 Twips 67 Pixel. Eine Bildschirmeinheit von Delphi oder CA-Visual Objects entspricht 15 Twips.

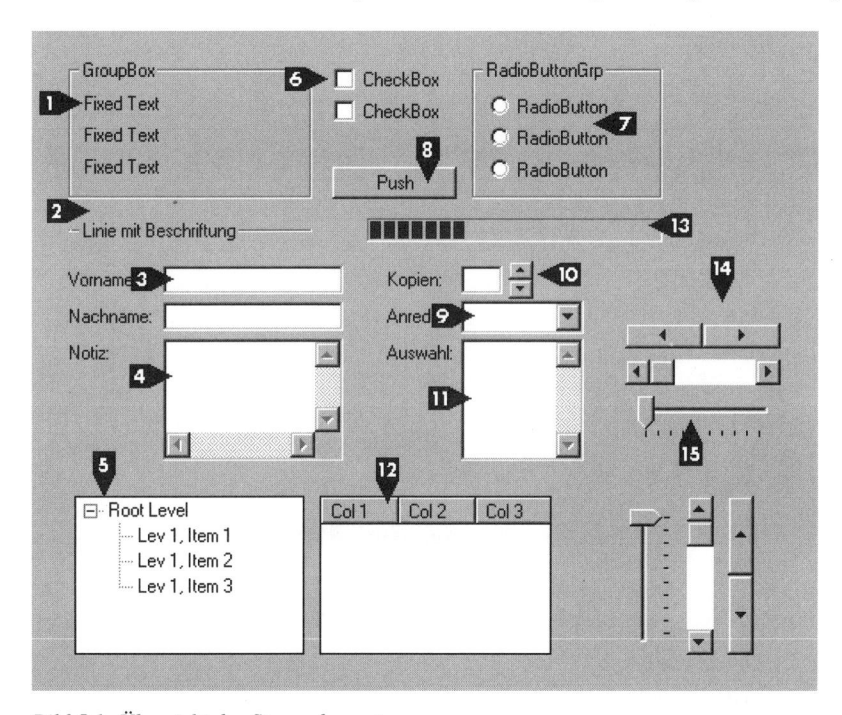

Bild 5.1: Übersicht der Steuerelemente

5.2 Übersicht

Die folgende Übersicht nach Funktionsgruppen soll Ihnen die Auswahl eines Steuerelementes erleichtern. Möchten Sie beispielsweise in Ihrem Dialog einen Wert auswählen, stehen für diesen Zweck verschiedene Controls zur Verfügung. Ihre jeweiligen Charakteristika, Vor-

und Nachteile, Besonderheiten, die Art ihres Einsatzes, Alternativen & Abmessungen finden Sie dann ausführlich in den einzelnen in der Tabelle angegebenen Unterkapiteln beschrieben.

In den Tabellen finden Sie neben der im Buch gebräuchlichen Bezeichnung gelegentlich noch den Namen, der im Windows-Styleguide benutzt wird — der aber bei einigen Elementen derart unpräzise ist, daß ich — durchaus kein Feind von Normungen — mich nicht in jedem Fall dazu habe durchringen können.

5.2.1 Statische Elemente

Tabelle 5.1: Statische Elemente

Statische Elemente	Styleguide-Name	Kapitel	Bild Nr.	Symbol
FixedText-Elemente	Statisches Textfeld	5.4	1	Fixed Text
Rahmen & Linien	Gruppenfeld	5.5	2	
Bitmaps & Icons		5.6		

5.2.2 Eingabefelder

Tabelle 5.2: Eingabefelder

Eingabefelder	Styleguide-Name	Kapitel	Bild Nr.	Symbol
SingleLineEdits	Textfeld	5.7	3	
Comboboxen	Kombinationsfeld	5.8	9	
Spinbutton	Drehfeld	5.9	10	
MultiLineEdits	Textfeld	5.10	4	
RichEdit-Controls	RTF-Textfeld	5.11		

5.2.3 Auswahl-Elemente

Tabelle 5.3: Auswahl-Elemente

Auswahl-Elemente	Styleguide-Name	Kapitel	Bild Nr.	Symbol
Popup-Menüs		5.12		
Kontext-Menüs		5.13		
Radiobuttons	Optionsfeld	5.14	7	RadioButton
Checkboxen	Kontrollkästchen	5.15	6	CheckBox
Comboboxen	Dropdown-Listenfeld	5.16	9	
Listboxen	Listenfelder	5.17	11	
Browser		5.22		
ListView-Elemente		5.18	5	Col 1 Col 2
TreeView-Elemente		5.19	12	Root Level
Spinbutton	Drehfeld	5.9	10	

Grundsätzliches 261

| Scrollbars | Bildlaufleiste | 5.20 | 14 | |
| Schieberegler | Schieber | 5.21 | 15 | |

5.2.4 Tabellen-Controls

Tabelle 5.4: Tabellen-Controls

Tabellen-Controls	Styleguide-Name	Kapitel	Bild Nr.	Symbol
Browser		5.22		
Listboxen	Listenfeld	5.17	11	
ListView-Elemente		5.18	12	Col 1 Col 2
TreeView-Elemente		5.19	5	Root Level

5.2.5 Schaltflächen

Tabelle 5.5: Schaltflächen

Schaltflächen	Styleguide-Name	Kapitel	Bild Nr.	Symbol
Pushbuttons	Befehlsschaltfläche	5.23	8	Push
Bitmapbuttons		5.24		
Checkboxen	Kontrollkästchen	5.15	6	CheckBox
Popup-Menüs		5.12		
Tabcontrols	Register-Element	5.25		Ansicht

5.2.6 Statusanzeigen

Tabelle 5.6: Statusanzeigen

Statusanzeigen	Styleguide-Name	Kapitel	Bild Nr.	Symbol
FixedText-Elemente	Statisches Textfeld	5.4	1	Fixed Text
AVI-Controls		5.26		
Laufbalken	Statusanzeige	5.26	13	
Tooltips	QuickInfo	5.3.8		
Bitmaps & Icons		5.6		

5.3 Grundsätzliches

5.3.1 Sichtbarkeit

Ein vom Anwender steuerbares Control muß stets sichtbar und identifizierbar sein. Ausnahme gibt es allenfalls in der Hilfe in Form der sensitiven Bildschirm-Abbildungen, deren aktive Flächen beim Überstreichen mit der Maus deren Cursor in den Zeigefinger verwandelt.

Das durchbricht die Regel nicht, da die sensitiven Bereiche ja in der Regel wiederum Controls darstellen und daher vom Anwender als solche zu erkennen sind.

Nur in Ausnahmen sollten Controls versteckt werden. Momentan nicht verfügbare Elemente sind nach Möglichkeit zu deaktivieren, damit der Anwender sie nicht versehentlich betätigt — die sich einer Aktivierung anschließende Meldung, dieses Control sei momentan ausgeschaltet, ist nicht sehr einleuchtend.

5.3.2 Anordnung

5.3.2.1 Das Gruppierungsproblem

So wie man viele Tasten und Schalter am besten über unterschiedliche Formen erfühlen kann, sollte man Controls über eine entsprechende Optik unterscheiden können. Die meisten Entwickler bevorzugen ein möglichst ähnliches Äußeres von Elementen; werden solche Controls auch noch in entsprechend benachbarter Gruppierung angeordnet, sind Verwechslungen unvermeidbar. Gelegentlich ist es daher durchaus ratsam, harmonische Elementgruppen bewußt optisch zu stören.

5.3.2.2 Gliederung durch Nähe

Räumliche Nähe von Controls kennzeichnet inhaltliche Bezüge. Das gilt insbesondere für Schaltflächen, die für einzelne Controls Bedeutung haben. Ein Auswahlbutton, der den Inhalt eines bestimmten Controls füllt, ist daher in möglichst unmittelbarer Nähe zu diesem zu plazieren. Solche Gestaltungsprinzipien, die auch dem Einsteiger sehr logisch und klar erscheinen und keiner zusätzlichen Erklärung bedürfen, bezeichnet man als „natural mapping".

5.3.2.3 „Natural mapping"

Drehschalter an einem Herd findet man fast immer in einer Anordnung, die nicht der der Platten selber entspricht, die meist in der Formation „2 mal 2" auftreten. Da vier Drehschalter aber wunderbar an der Herdfront in einer Reihe montiert werden können, führt man zusätzliche, stets umständliche Kodierungen ein wie vier Kreise, von denen einer ausgefüllt ist und auf diese Weise die mit diesem Schalter verbundene Platte anzeigt. Viel sinnvoller und direkter wäre eine Gruppierung der „Controls" analog der Plattenanordnung, die damit eben unmittelbar einleuchtend wäre und ohne zusätzliche Erklärung oder Umrechnung auskäme.

Für Tastenanordnungen hat sich das Prinzip des „Natural mappings" inzwischen durchgesetzt, obschon das auch nicht so „natürlich" ist, wie man vielleicht denken könnte. Frühere Homecomputer besaßen häufig aus Kostengründen rechteckige Tastaturausschnitte, bei denen dann die Cursortasten in einer Zeile oder in einem Quadrat angeordnet waren. Tasten wie <Pos1> und <Ende> resp. <Bild auf> und <Bild ab> sind dagegen gemäß ihrer Funktion ausgerichtet; die Assoziation „Oben gleich links" im Falle der ersten beiden klappt auch dann einwandfrei, wenn die Tasten beispielsweise gerade der Cursorsteuerung in einem Eingabefeld dienen.

Ich halte die später beschriebene Methode, bei Karteireiterfenstern den Laschen die Funktionstasten <F1> bis <F12> (etwa bei zwölf Laschen) zuzuordnen, für ein ähnliches und ähnlich gutes Prinzip: Sie erlaubt dem Anwender die direkte Wahl der gewünschten Lasche, ohne daß er erst einen mentalen „Umrechnungsvorgang" starten oder eine Gedächtnisleistung vollbringen müßte.

5.3.2.4 Gliederung durch Leerraum

Die zufällige und wiederholt korrigierte und immer wieder präzisierte Verteilung von Controls auf einem Fenster wird kaum weniger Zeit beanspruchen als die einmalige und sofort dauerhafte korrekte Ausrichtung am Master-Element, das in der Regel das jeweils erste oben links eines Fensters ist. Ebenso wie der Abstand zugehöriger Controls konstant sein sollte, ist der bewußt größer gewählte Abstand zur auch optischen Trennung ebenfalls immer identisch zu wählen.

5.3.2.5 Gliederung durch Rahmen & Linien

Es müssen keinesfalls immer gleich Rahmen sein, die Gruppen von Controls zusammenfassen bzw. trennen. Bei schmalen Dialogen, die nur eine Spalte von Elementen aufweisen, empfiehlt sich vielmehr alternativ die Verwendung horizontaler Linien, die am linken Rand eine Beschriftung aufweisen können.

Windows 98 benutzt häufig die eher neue Technik, an solchen Stellen den Linien den Vorzug zu geben. Das Beispiel der Abbildung 5.2 zeigt eine Lasche, deren Rahmen-Layout von Windows 95 übernommen wurde. Die Lasche rechts daneben ist neueren Datums, leider nicht allzu übersichtlich und verwendet zur Gruppierung Linien. Die Lasche wäre sicher zu optimieren, wenn den drei Elementgruppen ein größerer Freiraum spendiert worden wäre, und die Pushbuttons sich wie üblich am rechten Rand der jeweiligen Sektionen befänden.

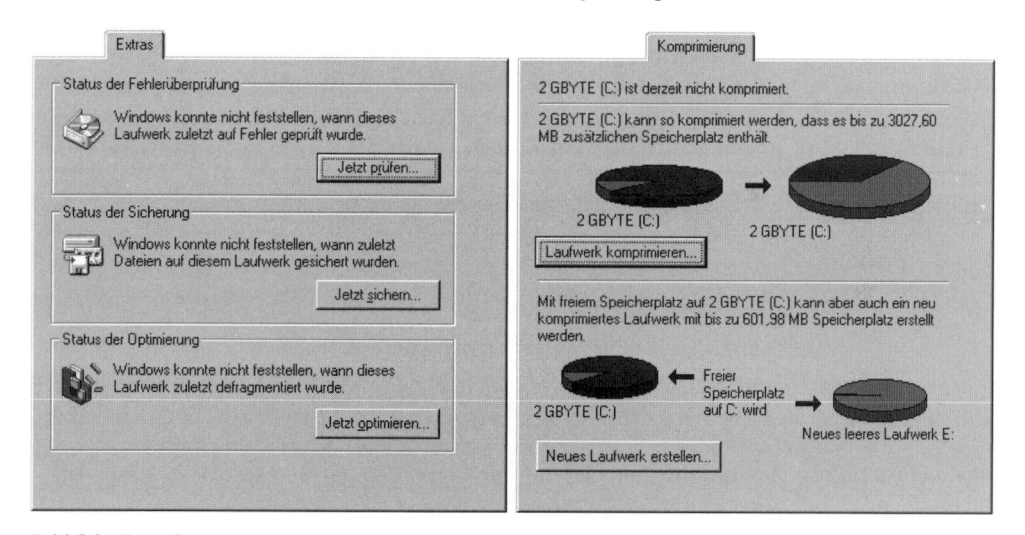

Bild 5.2: Zwei Generationen von Gruppierungstechniken in einem Dialog

Entscheiden Sie sich innerhalb einer Applikation in jedem Fall für ein Verfahren; Rahmen und Linien sollten zumindest innerhalb von Fenstern nicht gemischt werden. Rahmen benötigen naturgemäß mehr Fläche, sollten aber bevorzugt dann zum Einsatz kommen, wenn es gilt, auch nebeneinander angeordnete Controlgruppen zu separieren.

5.3.2.6 Gliederung durch Farbkodierung

Zwar sollte Farbe grundsätzlich so sparsam wie möglich Verwendung finden, allerdings ist gelegentlich ein durchgängiges Farbschema für Elemente durchaus vorteilhaft. Es macht aber nur Sinn, wenn es über mehrere Masken hinweg eingesetzt wird und der schnellen Unterscheidung von Gruppen dient. Auch sollten nicht die Controls selber, sondern allenfalls eine gemeinsame Überschrift oder ein gruppierender Rahmen die Farbkodierung erhalten. Man beschränke sich auf die Grund- und Vollfarben, die hinreichend unterscheidbar sind; es dürfte wenig Sinn machen, auf diese Weise mehr als ein halbes Dutzend Kategorien einzuführen.

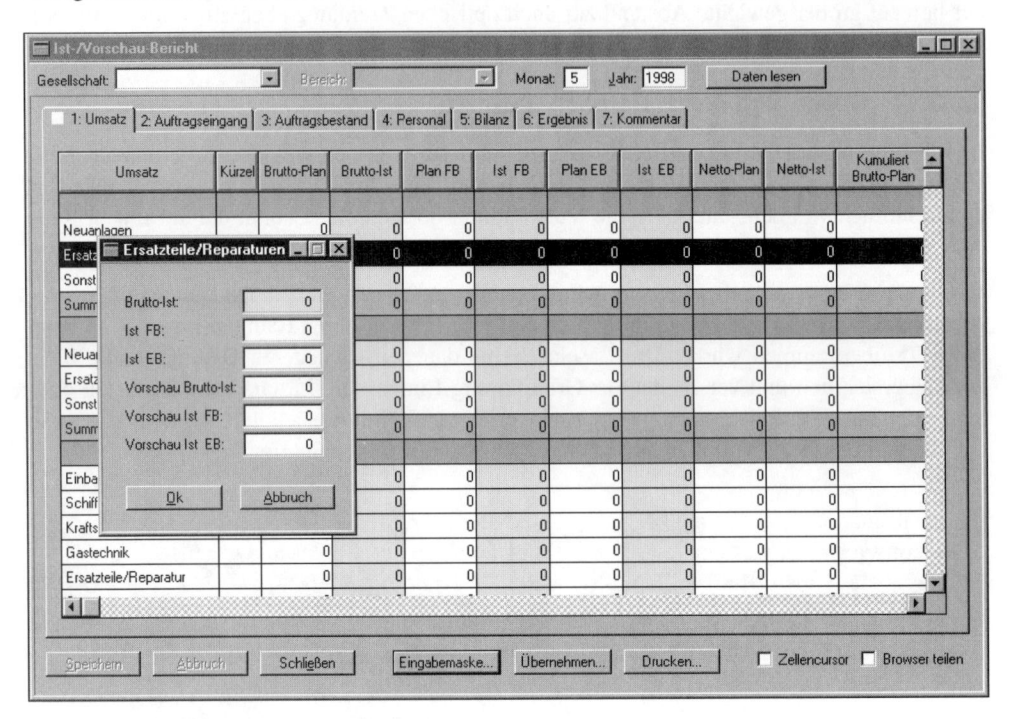

Bild 5.3: Vertikale Anordnung für die Dateneingabe

5.3.2.7 Benutzung eines festen Rasters

Stets gleiche und konsistente Abstände sind sicher das beste Mittel, um Fenster übersichtlich und optisch ruhig zu gestalten. Kurioserweise kommt es selbst in professionellen Applikationen kaum zum Einsatz, da sich auch hier zuhauf ungleiche Abstände zwischen Controls, zwischen Rahmen und Fensterrand finden lassen. Der minimale Abstand zweier vertikal gruppierter Eingabefelder bildet normalerweise ein Grundmaß für ein Raster, an dem sich alle Controls anordnen lassen sollten.

Was für Druckwerke sich schon lange bewährt hat, verhilft auch Dialogboxen zu guter und konsistenter Gestaltung: Die Zeit, die man zu Beginn in die Planung und Konzeption eines möglichst universellen und für möglichst alle Dialoge passenden Rasters investiert, spart man schon bei mittleren Applikationen an Stellen, an denen sonst statt der Orientierung am strengen Raster nur willkürlich herumgewerkelt würde.

5.3.2.8 Vertikale Anordnung

Zusammengehörige Controls oder solche gleichen Formats sollten nach Möglichkeit untereinander angeordnet werden, weil sie so leichter erfaßbar sind. Das gilt auch für Eingaben in einem Browser, für die es sich empfiehlt, eine zusätzliche Dialogbox zu öffnen, die entsprechende Eingabecontrols der editierbaren Zellen in vertikaler Anordnung präsentiert. Diese Darstellung ist insbesondere für die Eingabe von Zahlenwerten vorzuziehen, weil Verschreiber hier dank der Spaltenorientierung leichter auffallen. Im Falle des Beispiels der Abbildung 5.3 erspart der Dialog dem Anwender zusätzlich umständliche Navigation im Browser, da nur die editierbaren Zellen angeboten werden, die im Browser nicht in benachbarten Spalten zu finden sind.

Es gibt zudem einige Controls wie Radiobuttons, die grundsätzlich vertikal anzuordnen sind — obschon es auch hier leider häufig selbst von offizieller Seite Gegenbeispiele gibt.

5.3.3 Reihenfolge

5.3.3.1 Problemkompatible, zeitliche Reihenfolge

Wichtiges darf nicht vergessen werden. Mir ist völlig unverständlich, warum beispielsweise Fotokopiergeräte nicht die Seiten erst dann freigeben, wenn zumindest die Vorlagenabdeckung geöffnet wird — das würde die Anzahl der vergessenen Originale drastisch reduzieren. Geldautomaten sind hier bereits mit einer sinnvollen Reihenfolge der Aktionen ausgestattet: Da das primäre und kaum in Vergessenheit geratene Ziel die Geldentnahme ist, gibt der Automat konsequenterweise erst einmal die Scheckkarte frei, um Verluste zu vermeiden.

Die meisten Faxgeräte unterlaufen übrigens diese „natürliche Reihenfolge": Hier sind erst die zu übertragenden Blätter einzulegen — wenn die bedruckte Seite dann auch noch nach unten zeigt, greift man gerne zu Zettel & Stift, um sich erst einmal die gewünschte Faxnummer, die nach dem Einlegen nicht mehr zu sehen ist, zu merken... Es ist keineswegs einzusehen, warum hier nicht die Reihenfolge „Nummer eingeben — Seite einlegen — Starten" bevorzugt wird.

Bild 5.4: Vorgaben stets benutzerdefinierbar oder „möglichst wahrscheinlich"

Bei vielen Backup-Programmen ist inzwischen eine schrittweise Abfrage über Assistentenfenster oder numerierte Schaltflächen Standard. Auch bei Karteireiterdialogen ist bei logischer Reihenfolge der Laschen das Vergessen von Eingaben eher unwahrscheinlich. Erlauben Sie es dem Anwender, Fehler vorab selber zu erkennen und zu korrigieren, ohne ihn mit gelegentlich propädeutisch wirkenden Meldungen auf sie aufmerksam machen zu müssen, wird er mit der Applikation sehr viel sicherer und zufriedener umgehen.

5.3.3.2 Erwartungen erfüllen

Entsprechen Sie hier stets der Erwartung des Anwenders. Beim Brennen einer CD stört mich beispielsweise bei meiner Software die stets zu beachtende und ebenso leicht übersehbare Notwendigkeit, die Vorgabe „Multisession" zugunsten der fast stets gewünschten Option „Abschließen" auszuschalten. Übrigens entspricht die Reihenfolge der Controls nicht der, die der Anwender in der Praxis vermuten würde. Achten Sie daher darauf, daß Ihre Applikationen ein vernünftiges und realistisches Mapping unterstützen.

5.3.3.3 Sinnvolle Fokussierung

Beim Öffnen eines Fensters ist darauf zu achten, daß das jeweils erste Control fokussiert ist. Bei verschachtelten Dialogen, die nach Möglichkeit zu vermeiden sind — hier gelten die gleichen Grundsätze wie bei der Menüstruktur —, sollte nach der Rückkehr das nächste sinnvolle Control aktiv sein; das ist so gut wie nie das, von dem aus der Dialog aufgerufen worden ist...

5.3.4 Farben

5.3.4.1 Zur Kategorisierung

Schlechtes Design läßt sich auch durch Farbe nicht veredeln. Setzen Sie Farbe ausschließlich gezielt für die Kategorisierung von Controls, nicht aber als reines Schmuckelement ein. Je weniger sich willkürlich benutzte Farbe aufdrängt, um so auffälliger wirkt sie in Fehlersituationen, um so stärker können bewußt Elemente mit ihr akzentuiert werden.

5.3.4.2 Farbleitsysteme

Setzen Sie vor allem Farbe nie großflächig ein. Benutzen Sie beispielsweise ein Farbleitsystem für Modi wie „Ansicht", „Bearbeiten", „Neueingabe" etc., sollten Sie die zugehörigen Schaltflächen nicht komplett färben, sondern lieber links von der Beschriftung mit einem kleinen, vielleicht 10 mal 10 Pixel messenden Farbquadrat versehen, das sich dann als Icon, in einer zugehörigen Lasche etc. wiederfindet. Die Buttonfarbe sei aber weiterhin Schwarz auf Grau, um die Lesbarkeit nicht zu reduzieren.

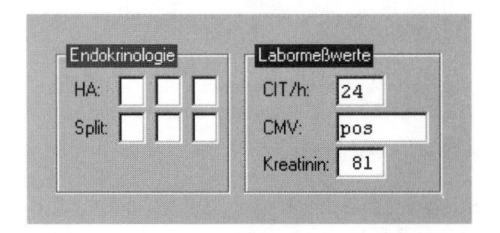

Bild 5.5: Farbkodierung über den Hintergrund des Rahmentextes

5.3.4.3 Akzente setzen

Für die Farbkodierung von Elementgruppen bietet sich die Hintergrundfarbe eines Rahmen oder Linientextes an. Im Beispiel tauchen die Farben der beiden Rahmen (Weiß auf Rot bzw. Weiß auf Blau) auch in anderen Applikationsteilen wieder auf. Die eigentlichen Eingabefelder bleiben weiterhin kontrastreich und in gewohnter Optik, um die Handhabung nicht zu erschweren.

5.3.5 Gleichförmigkeit

Meiden Sie Verwechslungsgefahr aufgrund zu ähnlichen Aussehens. Andererseits wirken gleichförmige Buttons sehr dezent, professionell und „edel". Daß beispielsweise Bedienelemente bei Autoradios viel besser durch Erfühlen „erkannt" werden, hindert die Hersteller keineswegs daran, die Frontplatten gelegentlich geradezu wabenförmig aufzuteilen. Jede Tastatur besitzt die beiden „Fühltasten" <F> und <J> mit der taktilen Erkennungsmöglichkeit für Blindschreiber — trotzdem sehen beispielsweise Toolbars weiterhin gerne so (und unsinnig gleichförmig) wie auf der Abbildung aus:

Bild 5.6: Navigationsbuttons eines Quellcode-Debuggers

Zwar befriedigt eine solche Einheitlichkeit und Gleichmäßigkeit durchaus unser ästhetisches Empfinden: Das zu tun, ist aber nicht nur Aufgabe eines Gestalters solcher Symbolleisten. Hier könnten deutliche Akzentuierungen eine ähnliche Orientierungsfunktion haben wie die erwähnten Tastenkappenausformungen. Zugegebenermaßen ist der richtige und ausgewogene Kompromiß zwischen Unterscheidbarkeit/Verwechselbarkeit auf der einen Seite und Buntscheckigkeit/Konsistenz auf der anderen nicht ganz einfach zu finden und bedarf einer gewissen Übung.

Die Debugger-Buttons besitzen zwar ein gemeinsames — meines Erachtens nicht sehr geglücktes — Hintergrundmotiv und ein Hauptsymbol, das aber jeweils zu leicht mit den anderen verwechselt werden kann und bezüglich der Metaphorik eines Kassettenrekorders nicht einheitlich genug ist. Der „Squint-Test" (optische Kontrolle mit zusammengekniffenen Augen) beweist, daß das Stopsymbol mit einem roten Quadrat erheblich auffälliger ist als der viel häufiger benutzte kleine grüne Startpfeil, bei dem man sich daher leicht verklickt.

5.3.5.1 Gewichtung

Achten Sie darauf, daß die Gewichtung des Dialogs harmonisch oder doch zumindest bewußt Schwerpunkte setzt: In einem uneinheitlich besetzten Orchester setzen sich eben die markanten Instrumente dann doch durch und übertönen die leisen, zarten bis zu deren Unhörbarkeit.

5.3.5.2 Auffälligkeiten

Unter DOS war es üblich, bestimmten Informationen dadurch besonderes Gewicht zu verleihen, indem der Text blinkend ausgegeben wurde. Diese Möglichkeit sollte man sich unter

Windows wirklich für den äußersten Notfall aufsparen. Selbst das Blinken beispielsweise des Doppelpunktes bei einer Zeitanzeige wie „12:00" lenkt das Auge unwillkürlich ab und ist daher trotz großer Beliebtheit lieber zu vermeiden.

5.3.6 Schriftarten

5.3.6.1 Installierte Schriften

Kurz: Setzen Sie am besten möglichst wenig voraus. Gelegentlich amüsiert die Anzeige der Seriennummer beim Programmstart mancher Graphikprogramme, die hierzu einfach die erste TrueType-Schriftart benutzen: Ich habe nur die Symbolschrift Wingdings geladen, was der Lesbarkeit einer Seriennummer eher abträglich ist. Wer ausschließlich Postscript-Fonts benutzt, provoziert eventuell auch noch andere Unverträglichkeiten.

5.3.6.2 Der Systemfont

Man kann davon ausgehen, daß Fonts wie „MS Sans Serif", „Courier New" und dergleichen nicht bewußt deinstalliert werden. Ersterer ist in der Größe 8 Punkt, nicht fett, der Systemfont unter Windows. „Courier New" in der Größe 10 Punkt (nicht fett) benutze ich als Font für Eingabecontrols, da eine nicht-proportionale Schrift die Abschätzung der Breite erlaubt und sich überhaupt gerade bei der Eingabe von Zahlen als unverzichtbar erweist. Zudem erlaubt sie dem Anwender die deutliche Unterscheidung von Eingabe- und Ausgabecontrols.

Auf den Abmessungen beider Schriften beruhen auch die Fensterdimensionen meiner Applikationen. Natürlich kann man nicht ausschließen, daß jemand einen völlig andere, vielleicht noch größere Schriftart als Systemfont konfiguriert hat; ich pflege diesen Fall aber nicht zu berücksichtigen, da er mit ziemlichem Aufwand verbunden ist. Von der Höhe der Titelleiste und des Menüs ist natürlich auch die Höhe des Arbeitsbereichs im Inneren des Shellwindows abhängig; daher müßten dann Dialoglayouts dynamisch berechnet werden. Dieser Aufwand dürfte sich nur in den wenigsten Fällen lohnen, und ist sicher auch bei den wenigsten Applikationen gerechtfertigt.

5.3.6.3 Lizenzrechte bei Schriften

Fonts gehören selbstverständlich zum Lizenzumfang einer Software; daher dürfen Schriften wie „MS Sans Serif", „Courier New", die zu Windows gehören, nicht einfach mit der Applikation ausgeliefert werden.

5.3.6.4 Windows-Standardfonts

Eine vernünftige Applikation wird nötigenfalls den Anwender beim Programmstart darauf aufmerksam machen, daß er diese Schriften nachträglich installieren muß — bitte mit einem kurzen Hinweis darauf, wie er das genau zu bewerkstelligen hat.

5.3.6.5 Verwandschaftsverhältnisse

Nicht alle Schriftart-Paare — mehr sind in Dialogen keineswegs zu verwenden — lassen sich sinnvoll miteinander kombinieren. Benutzen Sie niemals zwei verschiedene Schriftarten derselben Familie wie beispielsweise die Serifenschriften Times und Garamond oder die serifenlosen wie Helvetica und Arial. Zu einer Antiquaschrift wie Times paßt, beispielsweise zur Hervorhebung einer Überschrift, am besten eine halbfette Groteskschrift wie Futura oder dergleichen. In Dialogen ist aber der schlichte Systemfont MS Sans Serif am besten geeignet; zur Auszeichnung verwende man lieber eine zusätzliche Größe oder die Variante „fett". Eine zweite Größe (neben den 8 Punkt Standard) ist stets so zu wählen, daß sie sich erkennbar von der anderen unterscheidet; also beispielsweise nicht 9 Punkt, sondern mindestens 10 Punkt.

5.3.7 Beschriftung

5.3.7.1 Beschreibung für jedes Control

Jedes Control sollte eine Beschriftung aufweisen oder in unmittelbarer Nähe haben, die die Funktion des Elementes ausreichend beschreibt. Verlassen Sie sich keinesfalls auf eventuell zusätzliche Erklärungen liefernde Tooltips: Navigiert Ihr Anwender mit der Tastatur, bekommt er sie nicht zu sehen. Alternativ wäre die Anzeige eines Textes, der beim Fokussieren eines Controls in der Statusleiste eingeblendet wird; einige Programmiersprachen unterstützen diese Option bereits im Window-Editor. Da die Statusleiste aber außerhalb des vermutlich beobachteten Bereichs liegt, könnte der Anwender die Meldung übersehen.

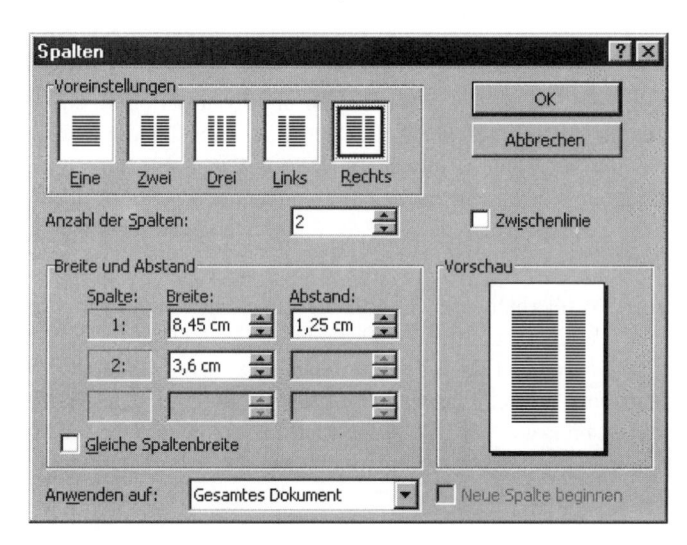

Bild 5.7: Hier dürfen einige Controls ausnahmsweise unbeschriftet bleiben

5.3.7.2 Mehrfaches Vorkommen

Benutzen Sie Beschriftungstexte nur in Ausnahmefällen mehrfach. Numerieren Sie zur Not solche Felder durch; „Telefon 1:", „Telefon 2:" etc. ist immer noch besser als der gänzliche Verzicht auf Beschreibungen. Es gibt allerdings einige wenige Ausnahmen, die wieder mit „Natural Mapping" zu tun haben: Ist der Zusammenhang aufgrund einer entsprechenden, beispielsweise tabellenartigen Gruppierung wirklich unzweifelhaft, kann der Text für die „inneren" Controls entfallen. Die Abbildung 5.7 zeigt ein korrektes Beispiel, wie man unnötige Beschriftungen sinnvoll vermeiden kann. Durch den zusätzlichen Rahmen und die tabellenartige Form, die durch Weglassen der Doppelpunkte sich übrigens noch verstärken ließe, ist die Zusammengehörigkeit klar.

5.3.7.3 Verwendung des Doppelpunktes

Statischer Text links vor einem Eingabecontrol ist in jedem Fall mit einem Doppelpunkt abzuschließen. Ist das Textelement oberhalb des Controls plaziert, setzt man den Doppelpunkt, wenn das bezeichnete Control eine Eingabe erlaubt. Handelt es sich um ein reines Auswahlelement wie beispielsweise eine Combobox, verzichtet man auf Doppelpunkte.

5.3.7.4 GROSSBUCHSTABEN

GROSSBUCHSTABEN SIND, WIE SIE SEHEN, ENTSETZLICH AUFFÄLLIG, SCHREIEN DEN ANWENDER GERADEZU AN UND SIND DEUTLICH SCHLECHTER ZU LESEN ALS DIE NORMALE GROSS-/KLEINSCHREIBUNG. TUN SIE SICH UND DEM ANWENDER DEN GEFALLEN UND VERWENDEN SIE GROSSBUCHSTABEN GRUNDSÄTZLICH NIE & NIRGENDS. AUSZEICHNUNGEN LASSEN SICH AUCH ANDERS — BEISPIELSWEISE DURCH ANDERE SCHRIFTEN, ANDERE GRÖSSEN; ANDERE FARBEN ODER DAS ATTRIBUT „FETT" — HERSTELLEN.

5.3.7.5 Ausrichtung

Statischer Text, der sich, etwa bei einer Eingabemaske, links vor den Controls befindet, ist stets linksbündig anzuordnen. Nur in Ausnahmefällen sollte der Text rechtsbündig ausgerichtet werden. Wenn zum Beispiel die Texte sehr unterschiedlich bezüglich ihrer Länge sind, ergeben sich sonst unübersichtlich große Abstände zwischen Text und zugehörigem Control.

5.3.7.6 Anordnung

Die Positionierung von statischem Text oberhalb des Controls bietet sich an, wenn innerhalb einer Gruppe von Elementen sonst keine übersichtliche Anordnung in Form einer Text- und einer Controlspalte zu erreichen wäre. Da die Länge des statischen Textes für den Abstand nicht relevant ist, hat diese Variante auch Vorteile bei mehrsprachigen Applikationen. Da sie aber insgesamt Dialoge eher hoch als breit werden läßt, sollte man sie nur in solchen Fällen benutzen. Auf jeden Fall vermeide man eine Mischung innerhalb eines Dialogs; auch für die einzelnen Seiten eines Laschenfensters halte man eine Orientierung durchgängig ein.

5.3.7.7 Hotkeys

Nicht jedes Control benötigt zwanghaft einen Hotkey. Viel sinnvoller ist die über möglichst viele Fenster der Applikation konsistente Belegung bestimmter Tasten. <Alt>+<O> sollte beispielsweise stets für den Ok-Button reserviert bleiben. Beinhaltet ein Fenster ausnahmsweise keinen solchen Button, sollte man diese Kombination nicht anderweitig vergeben. <Alt>+<A> (für den Abbruch-Button) empfiehlt sich also keineswegs für ein SingleLineEdit wie „&Alter" oder dergleichen. Man nutze zudem die Möglichkeit, Rahmen einen Hotkey zuzuweisen; damit wird das jeweils erste Control einer solchen Gruppe fokussiert.

Eine einheitliche Hotkey-Vergabe unterstützt das „unterbewußte" Wissen des Anwenders und fördert die blinde Bedienung einer Applikation. Man richte sich hier in erster Linie nach allgemeinen Standards und Benutzungshäufigkeit. Die Tabellen 4.1 und 4.2 des vierten Kapitels „Menüs" beinhalten die wichtigsten Hotkeys und Shortcuts für gängige Optionen, die sich teilweise auch für statischen Text empfehlen.

5.3.7.8 Zusätzliche Modus-Information

Die Möglichkeit, die Beschriftungen von Controls zur gleichzeitigen Anzeige eines bestimmten Zustands zu benutzen, ist leider nur wenig verbreitet. Ein Stern, ein kleiner Pfeil oder eine bestimmte Farbe könnte beispielsweise ein „Muß"-Feld kennzeichnen. Für solche Zusätze ist eine einheitliche und durchgängige Regelung unverzichtbar; dann könnte aber beispielsweise auch das Entfernen der Hotkeys bei Labels einen „Nur-Lese-Modus" der Controls signalisieren.

5.3.8 Tooltips

5.3.8.1 Sinnvoller Inhalt

Die meisten Control-Tooltips sind ebenso unsinnig bis banal wie die allermeisten Beschreibungen der Menüoptionen, die beim Gang durch Menüs in der Statusleiste angezeigt werden, die häufig nur die weiter oben im Menü stehenden Worte wiederholen und damit nur unnötig Platz verschwenden und die Aufmerksamkeit des Anwenders auf sich ziehen. Das hängt offenbar damit zusammen, daß sie meist von jenen Leuten geschrieben werden, die in ihren Programmen auch gerne Sourcecodezeilen wie „ENDDO" mit „Schleifenende" kommentieren. Als wenn das je ein Leser bezweifeln oder auch nur nützlich finden würde...

5.3.8.2 Dynamischer Inhalt

Achten Sie also darauf, daß ein „Drucken"-Button nicht einfach nur „Hiermit wird gedruckt" als hilfreich-ergänzende Meldung preisgibt, wenn man schon mit der Maus etwas länger über ihm verweilt, sondern wenigstens auch gleich den aktuellen Drucker, den Kanal, den Online-/Offline-Zustand und dergleichen Üppigkeiten verrät.

Übrigens können Tooltips auch mehrzeilig sein; bestimmte Sprachen unterstützen sogar Attribute wie Fettdruck oder Schriftartenwechsel in den kleinen gelben Fenstern. Ob diese dann in Wölkchenform langsam aufpoppen oder als Sprechblasen erscheinen, ist dabei ziemlich unwesentlich; ich schätze übrigens derlei unnötig verzögernde Gimmicks wenig — mir wäre die Möglichkeit, auf Wunsch Tooltips ausschalten zu können, stets und wesentlich lieber.

5.3.8.3 Validierungsanzeigen

Eingabecontrols könnten in den Tooltips nicht nur Texte wie „Nachnamen eingeben" enthalten, sondern Hinweise geben auf mögliche Bedingungen, Validierungsmeldungen à la „Muß eingegeben werden", Formatangaben oder Tips, wie man über Hotkeys Auswahllisten anfordern kann, die einem das Leben erleichtern.

5.3.8.4 Anzeige spezieller Eigenschaften

Besitzt ein Control spezielle Mausfunktionen, sollte dieses aus dem Tooltip ersichtlich sein. Dabei schadet es gelegentlich auch nicht, beispielsweise auf einen Rechtsklick hinzuweisen

— bei Kombinationen mit der <Alt>- oder <Strg>-Taste gehören Erklärungen hierfür nicht zur Kür, sondern zur Pflicht...

5.3.9 Attribute

5.3.9.1 Attribut Aktiv / Deaktiv

Elemente lassen sich disablen und zeigen damit ihren Status als „nicht verfügbar" an. Sehr wünschenswert wäre übrigens zusätzlich ein Attribut wie „Nicht veränderbar", das optisch mit dem Bearbeiten-Zustand übereinstimmt, Steuerelemente also nicht grau & grieselig färbt, aber dennoch das Verändern verhindert. Eingabe-Controls wie SingleLineEdits und MultiLineEdits erlauben einen Readonly-Modus über die Windows-Nachricht EM_SetRead-Only, der ähnliches leistet, aber leider den Cursor nicht deaktiviert.

5.3.9.2 Attribut Angezeigt / Versteckt

Ähnlich wie bei Menüoptionen ist das kontextabhängige Verstecken bzw. Anzeigen von Controls mit Bedacht zu verwenden. Gelegentlich ist es beispielsweise sinnvoll, im Anzeigemodus den Wert in einem SingleLineEdit-Control darzustellen, das bei der Bearbeitung gegen eine Combobox ausgetauscht wird, die die Stelle des Eingabefeldes einnimmt und eine Auswahl erlaubt. Ansonsten sollte ein Control lieber disabled werden, damit es für den Anwender als zur Zeit nicht verfügbar zu erkennen ist.

5.3.9.3 Dynamische Modifizierung

Abgesehen von Pushbuttons, deren Beschriftung gelegentlich je nach aktuellem Modus wechseln kann — die Umschaltung von „Bearbeitung" auf „Speichern", von „Neu" auf „Abbruch" wäre ein Beispiel —, sollten Controltexte nach Möglichkeit so gewählt sein, daß sie in allen Situationen eine konstante Bedeutung haben.

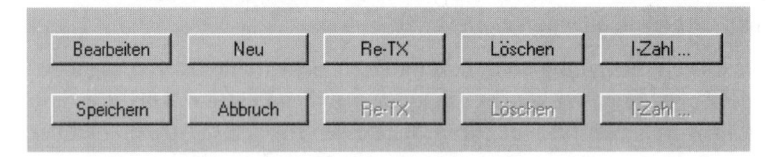

Bild 5.8: Änderung der Beschriftung nach Moduswechsel

5.3.9.4 Erweiterungen der Common Controls

Viele der neuen Common Controls besitzen seit Windows 95 neue Attribute, die die Optik erweitern. So können Elemente durch andere Rahmenformen besonders akzentuiert werden. Allerdings erlauben nicht alle Entwicklungssysteme, diese Attribute bereits im Window-Editor zuzuweisen. Es sind insbesondere die folgenden vier erweiterten Stile, die die modifizierte Optik erlauben:

- WS_EX_DLGMODALFRAME,
- WS_EX_WINDOWEDGE,

- WS_EX_CLIENTEDGE und
- WS_EX_STATICEDGE.

Bei einigen Controls wie statischem Text, Eingabefeldern, Checkboxen und Radiobuttons erlauben sie eine durchaus sinnvolle Erweiterung des Standard-„Look" und werden in den einzelnen Kapiteln jeweils vorgestellt.

5.3.10 Auswahlhilfen

5.3.10.1 Eingabe- vs. Auswahlcontrols

Helfen Sie dem Benutzer bei der Eingabe, Zeit zu sparen, und bei sich an die Eingabe anschließenden Aktionen, Fehler zu vermeiden. Auswahl ist langsamer, aber sicherer. Eingabefelder mit optionaler Auswahlmöglichkeit sind optimal auch für Benutzer mit unterschiedlichem Kenntnisstand.

5.3.10.2 Auswahlhilfen „on demand"

Unter DOS wurden Auswahlhilfen häufig beim Fokussieren eines Controls bereits automatisch aufgerufen und zwangen den Anwender, hier die Auswahl sofort vorzunehmen. Unter Windows sollte der Benutzer über die Reihenfolge der Eingabe selbst entscheiden können. Fehlende, aber unverzichtbare Informationen lassen sich durch Färbung der betroffenen Controls signalisieren, ohne den Anwender zu zwingen, eine bestimmte Reihenfolge einhalten zu müssen. Natürlich darf er in einem solchen Fall das Fenster nicht verlassen, möglicherweise sind auch andere Controls in so einem Moment zu sperren — grundsätzlich sollte aber der Anwender stets in der Lage sein, Zeitpunkt & Reihenfolge selber zu bestimmen.

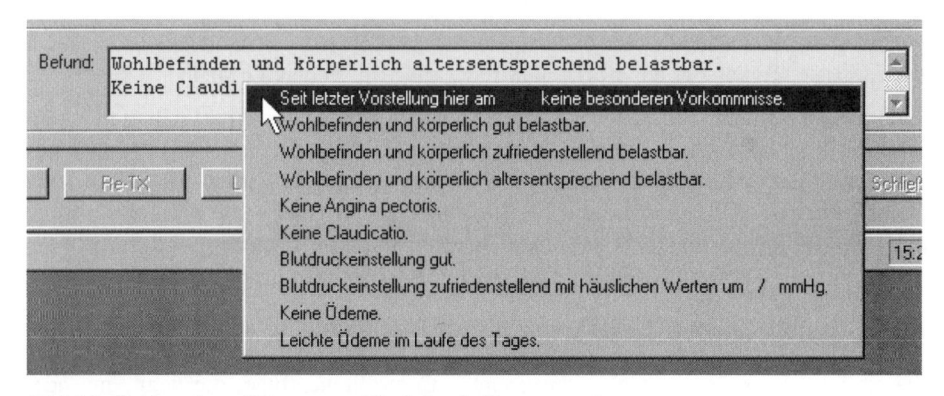

Bild 5.9: Noch mal zur Erinnerung: Floskeln als Kontextmenü

5.3.10.3 Kontextmenüs als Auswahlhilfen

Ein modifizierter Mauszeiger, ein hinter dem Control plazierter Pushbutton oder dergleichen signalisiert dem Anwender, daß eine solche Auswahlhilfe zur Verfügung steht. Neben den klassischen Comboboxen bieten sich hier insbesondere Kontextmenüs an, deren Einsatzgebiet über die ausführbaren Standardoperationen wie AUSSCHNEIDEN, KOPIEREN, EINFÜGEN erheblich hinausreicht. Zwar lösen Kontextmenüs normalerweise nur Aktionen oder Funktionen aus; im Falle der Definition für ein Control bieten sie aber eine einfache und eingängige Möglichkeit einer Werteauswahl — wenn sich die Anzahl der Elemente innerhalb eines Dutzends bewegt.

Solche Menüs haben den Vorteil, mit zwei Mausklicks zur gewünschten Auswahl zu führen. Außerdem sind sie sehr einfach programmierbar und lassen sich sehr gut über externe Dateien bestücken, was eine einfache Pflege der Vorgaben auch durch den Anwender erlaubt.

5.3.11 Validierung

5.3.11.1 Möglichst präventiv

Etwaige Eingabefehler sollten möglichst frühzeitig erkannt werden und präventiv erfolgen. Allerdings ist ein restriktives Verbleiben in einem als fehlerhaft erkannten Control, wie man es bei DOS-Programmen kennt, bei GUI-Applikationen nicht unbedingt ratsam. Hier sollte der Anwender den Zeitpunkt, zu dem er eine notwendige Korrektur vornimmt, weiterhin selbst bestimmen können. Als Programmierer sperre man in einem solchen Fall Optionen wie das Verlassen des Fensters oder des aktuellen Datensatzes.

Damit der aktuelle Zustand für den Anwender sofort zu erkennen ist, erfolgt eine entsprechende Statusmeldung. Bei Karteireiterfenstern eignet sich die aktive Lasche sehr gut dazu, über eine Bitmap Auskunft zum Gültigkeitsstand des aktuellen Laschenfensters zu geben.

5.3.11.2 Zurücksetzen des Focus'

Eine in DOS-Applikationen häufig geübte Praxis war, beim Verlassen eines Eingabefeldes („Control" konnte man ja bei den meisten Programmen eigentlich nicht sagen) dessen Inhalt auf Korrektheit zu prüfen und gegebenenfalls — nach Anzeige einer Meldung — dieses nicht zu verlassen, sondern vielmehr auf einer fehlerfreien und vollständigen Eingabe zu bestehen.

Von gewissen Ausnahmen abgesehen halte ich dieses Verfahren für eine GUI-Applikation nicht akzeptabel. Ist ein Control aktivierbar, und klickt der Anwender nach der Eingabe eines Wertes mit der Maus auf dieses Control, sollte es auch fokussiert werden. Ist die korrekte Eingabe im vorherigen Feld notwendig, kann ein Verlassen des (Laschen-) Fensters wirksam verhindert werden, indem etwa entsprechende Controls und Menüoptionen — dazu gehören auch die allgemeinen Schließmöglichkeiten des Fensters — sichtbar gesperrt werden.

5.3.11.3 Anzeigen eines Zustands

Ich halte aber ein Insistieren auf einer bestimmten Controlreihenfolge, die dem Anwender beispielsweise nicht erlaubt, den notwendigen Nachnamen und den optionalen Vornamen in beliebiger Reihenfolge eingeben zu dürfen, für nicht akzeptabel. Falls wirklich einmal ein Control zwangsweise erst einzugeben ist, da von ihm weitere unmittelbar logisch abhängig sind, sollten diese Controls zu Beginn so lange disabled und damit für den Anwender erkennbar unerreichbar sein, bis die gewünschte und notwendige Information vorliegt.

Markieren oder färben Sie Controls, wenn sie von anderen Werten abhängig sind oder ihrerseits andere beeinflussen. Durch solche Kennzeichnungen lassen sich ergonomische und logisch strukturierte Eingabemasken konstruieren, ohne daß bei einer Fehleingabe ein Controls fokussiert bleiben muß.

5.3.11.4 Validierungen: Hilfen *für* Benutzer

Eine mich sehr häufig ärgernde Sonderform der Validierung betrifft Copyright-Meldungen beim Programmstart: Gelegentlich ist der Hersteller einer Software von der About-Box seiner Applikation derart begeistert, daß er sie dem Anwender beim Programmstart keinesfalls vorenthalten möchte und ihn zwingt, diesen erst manuell zu bestätigen. Nun ist selbst bei Installationsroutinen, die die Anerkennung eines Lizenzvertrages durch Lesen eines (gerne auch englischen) Textes oder Drücken eines Buttons (oder, alternativ, durch das Aufreißen einer Verpackung) verlangen, die rechtliche Seite hier durchaus zweifelhaft — in jedem Fall wird ein bei jedem Programmstart wiederholtes Pochen auf Urheberrechte den Anwender eher verärgern.

5.4 FixedText-Elemente

5.4.1 Bezeichnungen

In Entwicklungssystemen spricht man häufig von Labeln, statischem Text oder auch der Caption eines Controls. Gemeint ist stets jener Text, der entweder ein anderes Control beschreibt oder zur Laufzeit zur Anzeige einer Information benutzt wird.

5.4.2 Eigenschaften

FixedText-Elemente werden als eigenständige Controls zur Darstellung von Daten verwendet oder anderen Controls wie Eingabefeldern vorangestellt, um diese näher zu bezeichnen. Sie beinhalten im letzteren Fall meist einen Hotkey, der das schnelle Fokussieren des bezeichneten Steuerelementes erlaubt.

5.4.3 Bemaßungen

Die folgende Tabelle enthält die Richtlinien zur Anordnung und Bemaßung von FixedText-Controls. Die Werte gelten in den jeweiligen Window-Editor-Einheiten der Entwicklungssysteme Delphi, Visual Basic und CA-Visual Objects, können aber auch auf andere Systeme entsprechend übertragen werden. Wenngleich sie sicher genügend Spielraum für eigene Modifikationen lassen, halte ich mich sehr genau an dieses bei mir bewährte System, das damit eine auch optische Konsistenz aller Dialoge gewährleistet.

5.4.3.1 Muß das wirklich sein...?

Die strenge Einhaltung der Regeln scheint auf den ersten Blick vielleicht unnötig aufwendig und mühsam zu sein. In der Praxis zeigt sich aber, daß die Verwendung eines konsistenten Rasters die sonst eher willkürliche Plazierung von Controls tatsächlich enorm erleichtert und, sieht man von den ersten Gewöhnungsdialogen einmal ab, auch Zeit spart, da eher wahlloses Probieren komplett vermieden wird.

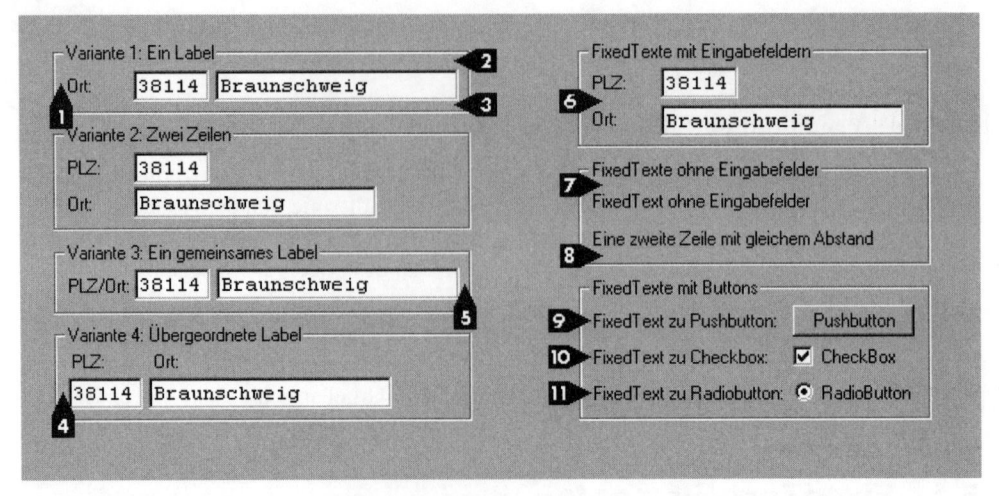

Bild 5.10: Bemaßungsregeln für FixedText-Controls

Tabelle 5.7: Bemaßungsregeln für FixedText-Controls

FixedText zu...	Pfeil-Nr.	Delphi	VB	VO
FixedText vertikal	6	23	345	23
Rahmen horizontal	1	9	135	9
Rahmen vertikal mit Eingabefeld	2	20	300	20
Rahmen vertikal ohne Eingabefeld	7	17	255	17
Schaltflächen vertikal	9	3	45	3
Checkbox vertikal	10	2	30	2
Radiobutton vertikal	11	2	30	2
Eingabefeld vertikal	1	3	45	3
Eingabefeld unterhalb vertikal	4	16	240	16
Erstes links oben im Fenster (X,Y)		(10,18)	(150,270)	(10,18)

5.4.3.2 Weitere Tabellen

- Tabelle 3.1: Bemaßungen für Childwindows mit Tabcontrols (Seite 133)
- Tabelle 3.2: Bemaßungen für Dialogwindows (Seite 147)
- Tabelle 5.8: Bemaßungen für Rahmen-Controls (Seite 281)
- Tabelle 5.9: Bemaßungen für Edit-Controls (Seite 284)
- Tabelle 5.10: Bemaßungen für Radiobuttons (Seite 302)
- Tabelle 5.11: Bemaßungen für Checkboxen (Seite 307)
- Tabelle 5.12: Bemaßungen für Pushbuttons (Seite 344)
- Tabelle 5.13: Bemaßungen für Tabcontrols (Seite 355)

5.4.4 Beschriftung

Grundsätzlich sollten alle Controls eine passende Beschriftung erhalten. Ausnahmen gelten nur für tabellenartig strukturierte Eingabefelder, die eine gemeinsame Überschrift erklärt. Eine denkbare Ausnahme wäre vielleicht eine Kombination zweier Felder für Postleitzahl und Ort; hier beugt der inhaltliche Zusammenhang Mißverständnissen vor. Gibt es mehrere Eingabefelder ähnlichen Inhalts, bietet sich deren Durchnumerierung an.

Die übrigen Regeln für den Abschluß mit einem Doppelpunkt, für die Vergabe von Hotkeys, die Verwendung von Schriftarten und Farbe sind jene, die bereits allgemein zu Beginn dieses Kapitels für Controls definiert wurden. Werden Farben zur Akzentuierung benutzt, beschränke man sich aber auf die Änderung der Vordergrundfarbe; der Hintergrund eines FixedTextes sei stets die Fensterfarbe Grau.

5.4.5 Anordnung

5.4.5.1 Anordnung zum SLE

Damit die Schriftlinie des statischen Textes mit der der Eingabefelder übereinstimmt — vertikaler Versatz gehört hier leider zu den immer wieder zu beobachtenden Unschönheiten —, ist der vertikale Abstand eines FixedText-Controls zu einem Eingabefeld stets konstant. Bei Verwendung einer SingleLineEdit-Höhe von 20 Pixeln (bei Delphi und CA-Visual Objects) bzw. 300 Twips (bei Visual Basic), von der ich niemals abweiche, beträgt der Offset 3 Pixel bzw. 45 Twips. Dieser Abstand garantiert eine präzise horizontale Ausrichtung der Schrift- und Leselinie.

5.4.5.2 Oberhalb eines Controls vs. links daneben

Die Variante, Beschriftungen oberhalb von Controls zu plazieren, sollte man nur benutzen, wenn die Anzahl der Elemente etwa ein halbes Dutzend nicht übersteigt; andernfalls geraten solche Dialoge leicht zu extremen Hochformaten. Keinesfalls sollte man sie innerhalb einer Maske mit der Standardbeschriftung links vom Control mischen.

Diese Vorgehensweise bietet sich bei Dialogen mit stark unterschiedlich langen Texten an, oder wenn diese in mehrere Sprachen übersetzt werden müssen. Allerdings sind auch bei einspaltiger Plazierung die Texte schlechter lesbar als bei normaler Anordnung, weil der vertikale Lesefluß sehr stark unterbrochen wird.

5.4.5.3 Rechtsbündige Ausrichtung

Ebenfalls bei unterschiedlichen langen Beschriftungen, die aber nicht oberhalb ihrer Controls angeordnet werden sollen, ist die rechtsbündige Anordnung verbreitet. Sie hat aber ebenfalls den Nachteil der schlechteren Lesbarkeit und sollte, da sie Dialoge sehr unruhig erscheinen läßt, nach Möglichkeit vermieden werden. Insbesondere bei Texten fast gleicher Länge macht sich die fehlende linksbündige Achse unangenehm bemerkbar.

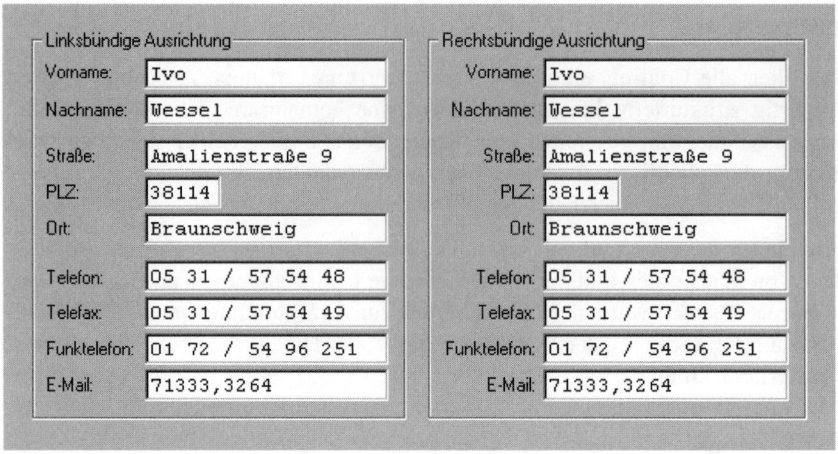

Bild 5.11: Einige Anordnungsvarianten mit statischem Text

5.4.6 Größe

Änderungen der Standard-Schriftart „MS Sans Serif" sind stets mit Vorsicht vorzunehmen; in den meisten Fällen besteht auch wenig Grund, die Standardgröße 8 Punkt zu verändern oder statischen Text mit dem Attribut „Fett" auszuzeichnen. Achten Sie darauf, den Rahmen eines statischen Textes im Painter nicht unnötig groß zu ziehen; Visual Basic besitzt hier eine überaus praktische „Autosize"-Funktion, die ich mir auch in anderen Entwicklungssystemen wünschen würde. Andernfalls kann es zu unschönen Überlagerungen benachbarter Controls kommen.

5.4.7 Erweiterte Attribute

Die neuen erweiterten CommonControl-Attribute sind für bestimmte Auszeichnungen von Text sehr praktisch und können sogar als Ersatz für nicht editierbare Eingabefelder sinnvolle Verwendung finden.

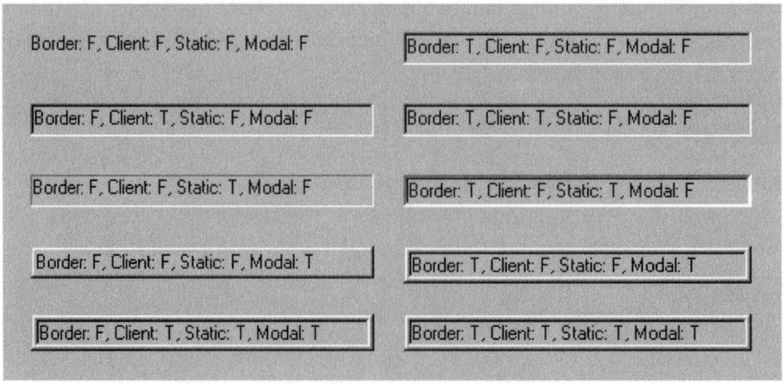

Bild 5.12: Einige der neuen CommonControls-Attribute für statischen Text

5.4.8 Beliebte Eigentümlichkeiten

5.4.8.1 Mißbrauch von Controls

Zwar sieht man es immer noch gelegentlich, aber bedenken Sie bitte, daß der Einbau nicht drückbarer Pushbuttons keineswegs geeignete Maßnahmen sind, um eine Überschrift hervorzuheben. Verwenden Sie alternativ lieber einen Rahmen, eine Farbe, einen größeren Schriftgrad (aber nur einen!), eventuell auch eine andere Schrift (ebenfalls: nur eine!) oder die erwähnten erweiterten Stile, um Elemente zu akzentuieren.

5.4.8.2 Überfülle

Fassen Sie sich bei der Definition von Beschriftungen stets kurz. Bedenken Sie, daß die Phase, in der der Anwender ausführliche Beschreibungen zu jedem Control wünscht, bei den meisten Applikationen eher kurz ist. Die Tatsache, daß zu Beginn der Erklärungsbedarf hoch ist, sollte nicht dazu führen, daß sich der Anwender in der sich anschließenden Zeit mit unnötig umfangreichen und optisch zu überspringenden Beschriftungen plagen muß. Nutzen Sie hier lieber Tooltips und die Statusbar für Erklärungen, die später entfallen oder ausgeschaltet werden können. Einwort-Labels haben sich bewährt und sind in aller Regel auch ausreichend.

5.5 Rahmen & Linien

5.5.1 Eigenschaften

5.5.1.1 Sinnvolle Gruppierung

Rahmen und Linien gehören wie statischer Text zu den Elementen, denen meist eine rein gliedernde Aufgabe zukommt. Weisen sie eine Beschriftung auf, dient diese stets als Erklärung für die abgegrenzten Elemente. Linien können die Leserichtung eines Dialogs erheblich beeinflussen und erlauben, setzt man sie konsistent ein, beispielsweise eine Art automatische und unbewußte „Hinführung" zu bestimmten Controls.

5.5.1.2 Einsatz von Farbe

Rahmen und Linien gehören zu den raren Elementen, die mit Farbe erheblich zur Übersicht eines Dialogs beitragen können. Färbt man bei schwarzen Linien einen eventuell vorhandenen Text beispielsweise blau, sind die einzelnen Controlgruppen erheblich besser und auf Anhieb zu erkennen, da sie sich deutlich von den Beschriftungen der Elemente und vom statischen Text abheben.

Die Farbe Blau ist im übrigen ausreichend dezent und dient ja bereits innerhalb von Windows zur Markierung der fokussierten Fenstertitelleiste. Neben den Farben Schwarz, Weiß und beiden Grautönen sollte man nicht gerade die ganze, zur Verfügung stehende Palette nutzen: Grundfarben wie Rot, Grün etc. seien möglichst nur Farbleitsystemen vorbehalten. Auf raffinierte Mischfarben ist nach Möglichkeit ganz zu verzichten.

5.5.2 Bemaßungen

5.5.2.1 Linienstärke

Benutzen Sie keine unnötig dicken oder breiten Linien zur Abgrenzung. Es sind die Bereiche, die Beachtung verdienen, nicht die Linien selbst. Linien müssen keineswegs breiter sein als ein Bindestrich der entsprechenden Schriftart.

5.5.2.2 Breite

Wählen Sie für möglichst alle Rahmen eines Fensters eine einheitliche Breite, mindestens jedoch für die übereinander liegenden. Zu viele vertikale optischen Achsen stören die Ruhe und Einheitlichkeit von Dialogen empfindlich.

5.5.2.3 Höhe

Achten Sie darauf, daß nebeneinander liegende Rahmen möglichst gleich hoch sind. Nur geringfügige Höhendifferenzen fallen unangenehm auf und sollten vermieden werden. Jedes Entwicklungssystem verfügt nun wirklich über eine ausreichende Funktionen zur Ausrichtung solcher Controls; unverständlich, warum derlei einem immer noch begegnet.

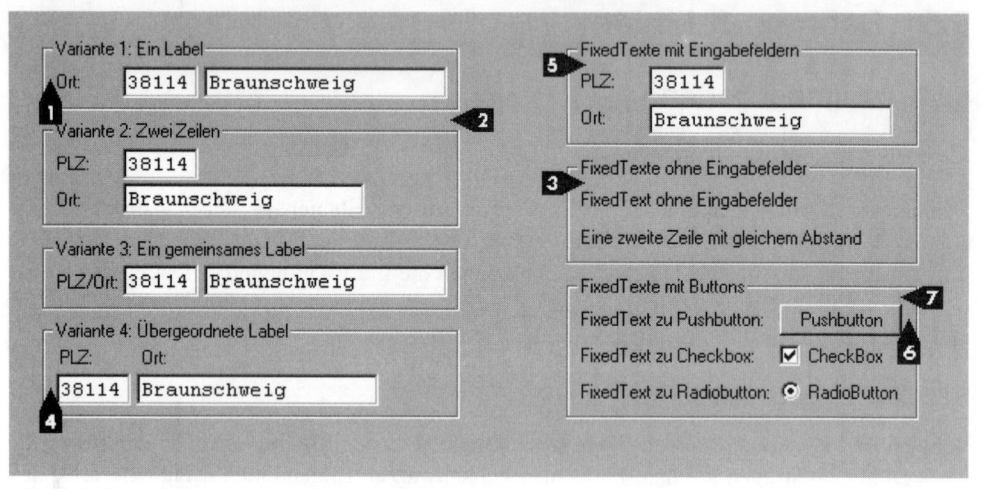

Bild 5.13: Bemaßungsregeln für Rahmen-Controls

5.5.2.4 Abstand

Der vertikale und horizontale Abstand zwischen Rahmen und damit zwischen Elementgruppen sollte ebenfalls fenster- und applikationsübergreifend konstant sein. Bei meinen Applikationen haben sich die Maße 9 Pixel (135 Twips) bzw. 23 Pixel (345 Twips) bewährt. Letzterer ist damit identisch mit dem vertikalen Abstand von Controls allgemein, was die Überdeckkung eines Dialogs mit einem gleichmäßigen Raster unterstützt.

Rahmen & Linien

Tabelle 5.8: Bemaßungsregeln für Rahmen-Controls

Rahmen zu...	Pfeil-Nr.	Delphi	VB	VO
Rahmen horizontal		23	345	23
Rahmen vertikal	2	9	135	9
FixedText horizontal	1	9	135	9
FixedText vertikal	3	17	255	17
Eingabefeld horizontal	4	10	150	10
Eingabefeld vertikal	5	20	300	20
Pushbutton horizontal	6	10	150	10
Pushbutton vertikal	7	20	300	20
Erstes links oben im Fenster (X,Y)		(10,18)	(150,270)	(10,18)

5.5.2.5 Weitere Tabellen

- Tabelle 3.1:   Bemaßungen für Childwindows mit Tabcontrols (Seite 133)
- Tabelle 3.2:   Bemaßungen für Dialogwindows (Seite 147)
- Tabelle 5.7:   Bemaßungen für FixedText-Controls (Seite 276)
- Tabelle 5.9:   Bemaßungen für Edit-Controls (Seite 284)
- Tabelle 5.10: Bemaßungen für Radiobuttons (Seite 302)
- Tabelle 5.11: Bemaßungen für Checkboxen (Seite 307)
- Tabelle 5.12: Bemaßungen für Pushbuttons (Seite 344)
- Tabelle 5.13: Bemaßungen für Tabcontrols (Seite 355)

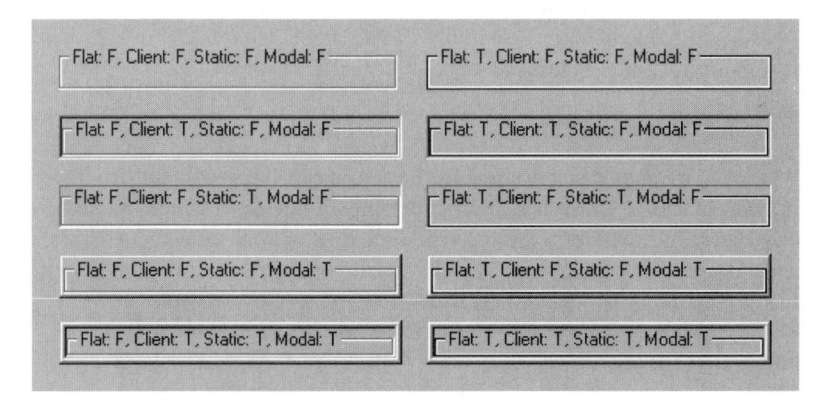

Bild 5.14: Neue Stile der CommonControls

5.5.3 Erweiterte Attribute

Für manche Zwecke gefällt mir die hervorgehobene Darstellung eines Rahmens — in der Abbildung 5.14 ist das der vierte von oben auf der linken Seite — ganz gut. Die anderen Varianten spielen für Rahmen eine eher untergeordnete Rolle.

5.5.4 Beliebte Eigentümlichkeiten

5.5.4.1 Unnötige Verschachtelungen

Verschachteln Sie Rahmen nicht. Einige Steuerelemente wie Listboxen und Schaltflächen verfügen bereits über einen Rahmen und werden leider häufig mehrfach wie jene russischen Matrjoschki-Figuren quasi rekursiv verpackt. Keinesfalls müssen in Dialogen alle zusammengehörigen Elemente durch Rahmen eingeschlossen sein. Strukturieren Sie lieber sinnvoll durch Leerraum oder Nähe.

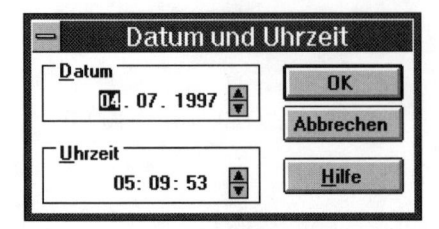

Bild 5.15: Unnötige Rähmchen in Windows 3.x

5.5.4.2 Unnötige Rahmen

Oft ist statt des Rahmens eine einfache horizontale Linie die optisch bessere Alternative. Gerade Dialoge mit nur einer Spalte von Elementen benötigen in den seltensten Fällen senkrechte Striche zur Gliederung; hier sind horizontale Trennungen durch entsprechende Linien deutlich vorteilhafter.

Ansonsten ist der abgebildete Dialog natürlich nicht gerade ein fehlerfreies Beispiel für ein gut proportioniertes Layout: Die Controlabstände sind keines gleichmäßig, und die völlig unübersichtlichen vier Laschenzeilen haben geradezu Paradebeispielcharakter, wie man in Dialogen den Anwender auf die Suche schicken kann.

5.5.4.3 Einrahmen einzelner Controls

Einzelne Elemente sollten nur dann einen Rahmen erhalten, wenn die restlichen in eingerahmten Gruppen angeordnet sind. Es lassen sich viele Beispiele finden, bei denen ein einzelnes Element, oft eine Checkbox, dadurch eine ganz besondere Betonung erhält, weil es als einziges Control buchstäblich aus dem Rahmen fällt. Hier sollte zur optischen Gleichgewichtung auch ein einzelnes Element ein passenden Rahmen erhalten.

5.5.4.4 Verschieden große Rahmen

Dessen Breite sollte auch dann mit der der anderen Rahmen übereinstimmen, wenn das Control selbst deutlich schmaler ist. Überhaupt sollten mindestens die übereinander angeordneten Rahmen, möglichst aber auch die nebeneinander liegenden stets eine einheitliche Breite erhalten.

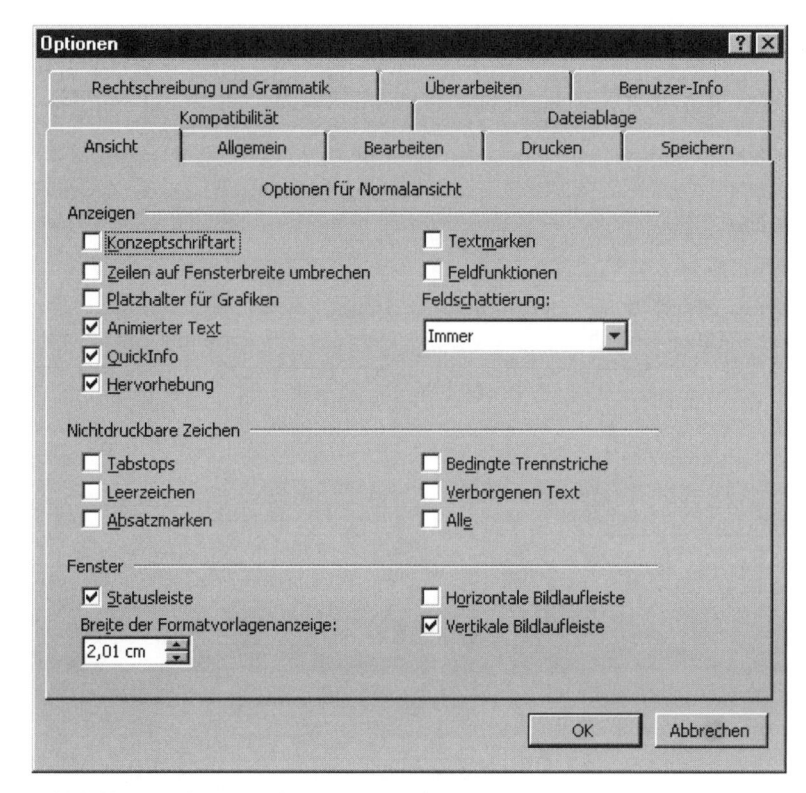

Bild 5.16: Meist bessere Alternative zu Rahmen: Linien

5.5.4.5 GROSSBUCHSTABEN

Versalien sind grundsätzlich erheblich schlechter lesbar als gemischte Groß-/Kleinschreibung und tragen daher auch als Überschriften keineswegs zur besseren oder schnelleren Identifizierung von Controlgruppen bei.

5.6 Bitmaps & Icons

Funktion, Gestaltung und Einsatzmöglichkeiten dieser Schmuckelemente beschreibt das Kapitel 6. Werden Bitmaps als Schaltflächen hinter Eingabecontrols plaziert, gelten für sie dieselben Anordnungsregeln wie für Pushbuttons.

5.7 SingleLineEdit

5.7.1 Bemaßungen

5.7.1.1 Höhe

Da ich bei Eingabefeldern stets denselben Font verwende — Courier New 10 Punkt, nicht fett —, ist die Höhe sämtlicher Controls konstant: 20 Pixel bzw. 300 Twips. Diese Höhe plaziert den Inhalt des Feldes ausgewogen und läßt einen konstanten Abstand zum oberen und unteren Rand. Höher müssen Eingabefelder keineswegs sein; bei einer eventuellen Verkleinerung ist stets darauf zu achten, daß die Unterlängen einwandfrei und vollständig dargestellt werden.

5.7.1.2 Breite

Dank des Nicht-Proportionalfonts läßt sich die nötige Breite eines Controls sehr genau berechnen. Beispielsweise ist bei der Courier-Schrift in der Größe 10 Punkt ein Zeichen 8 Pixel breit. Kann der Anwender 20 Zeichen eingeben, muß das Control damit 160 Pixel breit sein. Natürlich müssen nicht sämtliche Zeichen sofort angezeigt werden; bei normalen Eingabefeldern erspart man sich komplett das mühselige Ausprobieren oder Abschätzen des Platzbedarfs; auch hier haben die Bemaßungsregeln den Vorteil, die Gestaltung von Masken sozusagen „blind" zu erlauben.

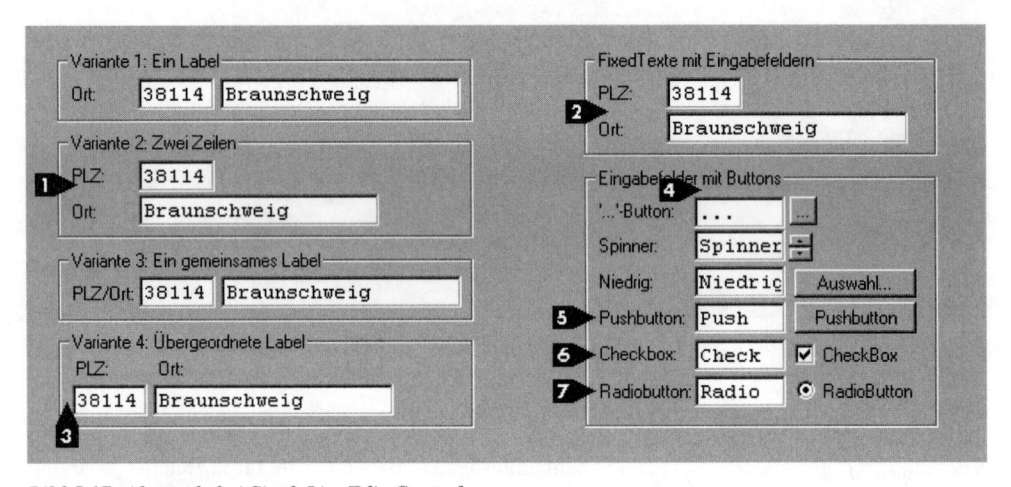

Bild 5.17: Abstände bei SingleLineEdit-Controls

Tabelle 5.9: Bemaßungsregeln für Edit-Controls

Eingabefeld zu…	Pfeil-Nr.	Delphi	VB	VO
Eingabefeld vertikal	2	23	345	23
Statischem Text vertikal	1	3	45	3
Rahmen horizontal	3	9	135	9
Rahmen vertikal mit statischem Text	4	20	300	20
Rahmen vertikal ohne statischem Text		17	255	17
Schaltflächen vertikal	5	0	0	0
Checkbox vertikal	6	1	15	1
Radiobutton vertikal	7	1	15	1
Erstes links oben im Fenster (X,Y)		(10,18)	(150,270)	(10,18)

SingleLineEdit 285

5.7.1.3 Weitere Tabellen

- Tabelle 3.1: Bemaßungen für Childwindows mit Tabcontrols (Seite 133)
- Tabelle 3.2: Bemaßungen für Dialogwindows (Seite 147)
- Tabelle 5.7: Bemaßungen für FixedText-Controls (Seite 276)
- Tabelle 5.8: Bemaßungen für Rahmen-Controls (Seite 281)
- Tabelle 5.10: Bemaßungen für Radiobuttons (Seite 302)
- Tabelle 5.11: Bemaßungen für Checkboxen (Seite 307)
- Tabelle 5.12: Bemaßungen für Pushbuttons (Seite 344)
- Tabelle 5.13: Bemaßungen für Tabcontrols (Seite 355)

5.7.2 Anordnung

5.7.2.1 Textausrichtung

Rechtsbündige Eingabefelder werden von Windows leider nicht direkt unterstützt. Den Stil ES_RIGHT gibt es nur für MultiLineEdit-Controls, die allerdings auch einzeilige Eingabefelder vollständig simulieren können. Zahlenfelder sollten grundsätzlich rechtsbündig formatiert sein.

Bild 5.18: Rechtsbündige SingleLineEdit-Controls

5.7.2.2 Abstand zu anderen Controls

Der vertikale Offset — die wichtigste Größe bei der Gestaltung von Eingabemasken — beträgt 23 Pixel bzw. 345 Twips. Die wichtigsten Abstände beschreibt wieder eine gewohnte Abbildung. Die Werte für die drei beispielgebenden Sprachen sind in der Tabelle zu finden. Die Möglichkeiten, Beschriftungen oberhalb oder linksbündig anzubringen, beschreibt weiter oben das Kapitel 5.4, FixedText-Elemente.

5.7.3 Standard-Attribute

5.7.3.1 Farben

Der Hintergrund des Eingabefeldes sollte sich vom Fensterhintergrund unterscheiden. Normalerweise wird man die Farbe Schwarz auf Weiß wählen, um einen maximalen Kontrast zu erreichen. Gelegentlich ist es aber sinnvoll, durch eine spezielle Färbung auf den aktuellen Zustand aufmerksam zu machen. So deutet Rot vielleicht auf eine fehlerhafte oder unvollständige Eingabe hin; das fokussierte Control könnte eine ebenfalls helle, aber nicht-weiße Farbe wie Gelb erhalten und dergleichen mehr.

5.7.3.2 Attribut „disabled"

Elemente, die nicht veränderbar sind, sollten das dem Anwender deutlich zu erkennen geben. Allerdings hat das Attribut „disabled" für den Benutzer den Nachteil, daß der Inhalt in der grau-griseligen Darstellung deutlich schlechter lesbar ist und daher für Eingabemasken nicht in Frage kommt. Dieses Attribut sollte benutzt werden, um dem Anwender zu zeigen, daß dieses Control grundsätzlich nicht verändert werden kann.

5.7.3.3 Attribut „read-only"

Alternativ können Eingabefelder das Attribut ES_READONLY erhalten, das sich auch dynamisch, also beispielsweise über Pushbuttons, ein- und ausschalten läßt, indem die Nachricht ES_SETREADONLY dem Control gesendet wird. Die Darstellung bleibt kontrastreich und weiterhin gut lesbar. Eine entsprechende Rückmeldung sollte aber dem Anwender deutlich signalisieren, daß dieses Control grundsätzlich zwar editierbar ist, dazu aber erst in den Bearbeiten-Modus umgeschaltet werden muß.

Fokussiert man ein solches Edit-Control, erscheint übrigens der Cursor, obwohl das Feld nicht verändert werden kann. Allerdings ist ein Markieren und Kopieren des Inhaltes weiterhin möglich. Soll diese Option ausgeschaltet werden, ist eingerahmter statischer Text — was beispielsweise über die erweiterten Attribute sehr einfach möglich ist — zu verwenden.

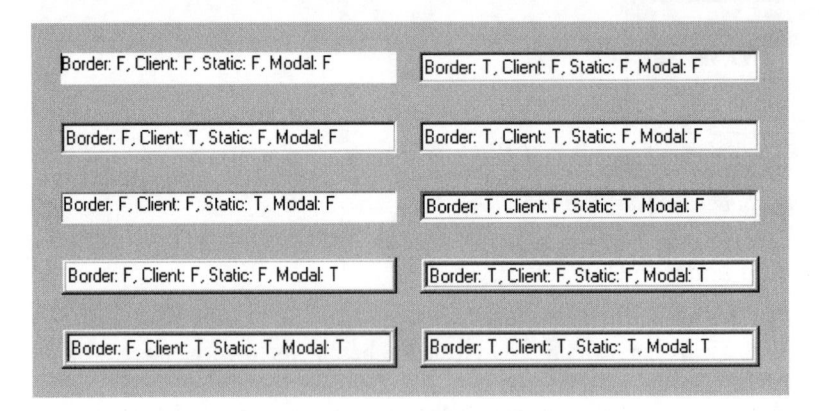

Bild 5.19: Neue Stile der CommonControls für Eingabefelder

5.7.3.4 „Auto Fill"-Option

Ihre Applikationen sollten intelligent genug sein, Eingaben des Anwenders automatisch vervollständigen zu können. Das kann über inkrementelle Suchvorgänge während des Tippens geschehen, nach Verlassen eines Feldes oder — sicher meist die beste Variante — auf Anforderung. Bei einem Buchungssystem etwa könnte eine ausgelassene Jahreszahl automatisch um das aktuelle Jahr ergänzt oder ein Wert korrekt formatiert werden.

5.7.4 Erweiterte Attribute

Neben immerhin drei verschieden starken Vertiefungen und einer „herausgedrückten" Darstellung gibt es eine flache, rahmenlose Variante, deren Höhe allerdings niedriger anzusetzen ist als die standardmäßigen 20 Pixel bzw. 300 Twips.

Der Stil WS_EX_DLGMODALFRAME erzeugt einen auffälligen, „wulstigen" Rahmen, der für bestimmte Zwecke ganz nützlich sein mag und beispielsweise bei Summenfeldern oder anderen besonderen Daten Sinn macht.

5.7.5 Abweichungen vom Windows-Standard

Obschon ja durchaus Regeln & Normen nicht abgeneigt, halte ich folgende Ausnahmen und Abweichungen vom üblichen Windows-Standard bei Eingabecontrols für unverzichtbar. SingleLineEdit-Controls stellen eine zu wichtige Schnittstelle zwischen Anwender und Applikation dar, als daß man einige meines Erachtens eher willkürliche oder zufällige, inzwischen zur Norm erhobene Eigenschaften unbedingt unreflektiert übernehmen muß.

5.7.5.1 Färben des Hintergrunds bei Fokussierung

Der schlicht und unauffällig vor sich hinblinkende Cursor ist keineswegs geeignet, die Aufmerksamkeit des Anwenders in genügender Weise auf sich zu lenken. Daher erhalten editierbare Eingabefelder stets eine besondere Hintergrundfarbe (in der Regel Schwarz auf Gelb), die das aktuell fokussierte Feld deutlich kenntlich macht.

5.7.5.2 Beim Fokussieren Inhalt nicht markieren

Windows markiert den Inhalt eines fokussierten Eingabefeldes derart, daß der nächste Tastendruck, der keine Navigationstaste ist, den Wert löscht. Dieses Verhalten ist für die meisten Anwender nicht das erwartete, wenn sie beispielsweise nur ein Zeichen anfügen wollen, und führt leicht zu unerwünschten Datenverlusten, zumal, wenn die Undofunktion <Strg>+<Z> nicht geläufig ist. Um dem Anwender unnötiges Abbrechen des Dialogs zu ersparen, setze ich daher den Cursor stets in die erste Spalte; es bleibt dem Benutzer ja unbenommen, trotzdem per <Shift>+<Ende> den Inhalt zu markieren. Die Erfahrung zeigt aber, daß die geänderte Variante deutlich bevorzugt wird.

5.7.5.3 <Return>- und Cursortasten zum Navigieren

Kennern von DOS-Applikationen ist die Navigation mit den Cursortasten geläufiger als die Steuerung über <Tab> bzw. <Shift>+<Tab>. Meist schaltet die <Return>-Taste ebenfalls zum nächsten Control, anstatt, wie unter Windows, den Vorgabebutton eines Dialogs zu betätigen und diesen zu schließen. Übrigens gibt es auch originale Microsoft-Applikationen wie MS-Money, die es ebenfalls dem Anwender überlassen, für welche Technik er sich entscheidet.

Anwender, die große Mengen numerischer Daten erfassen, ist der Umgriff zur <Tab>-Taste anstelle der auf dem Zehnerblock blind zu bedienenden <Return>-Taste nicht zuzumuten. Daher verwende ich in meinen Applikationen eine eigene Controlklasse, die diesen Mißstand ausgleicht, der nicht nur DOS-Anwender verärgert. Meine Applikationen erlauben grundsätzlich neben der Standardnavigation über <Tab> und <Shift>+<Tab> auch die gleichzeitige Benutzung der Cursortasten und <Return>.

5.7.5.4 „Auto Skip"-Option

DOS-Programme besitzen häufig ein Merkmal, das die Eingabe von Daten beschleunigen hilft: Ein vollständig eingegebener Wert fokussiert automatisch das nächste Control. Unter Windows ist das unüblich und birgt zudem einen Nachteil: Für die optische Überprüfung, ob der Fokus automatisch weitergeschaltet wurde oder ein <Tab> (bzw. <Return> oder <Abpfeil>) noch notwendig ist, muß der Anwender den Blick auf den Bildschirm richten. Bei einer graphischen Benutzeroberfläche mit verschiebbaren Fenstern ist der Aufwand, den Cursor zu lokalisieren, nicht zu unterschätzen. Einer DOS-Applikation besitzt hier zweifellos mehr „optische Konstanz", die eine Auto-Skip-Option durchaus rechtfertigt. Von speziellen Ausnahme abgesehen, sollte ein Feld also stets explizit fokussiert werden.

5.7.5.5 Kein Standard-Kontextmenü

Kaum jemand kommt auf die Idee, über das Standard-Kontextmenü, das durch Drücken der rechten Maustaste für ein Eingabefeld geöffnet werden kann, Texte auszuschneiden, einzufügen oder zu löschen. Daher schalte ich dieses Kontextmenü grundsätzlich ab und zeige dem Anwender durch einen anderen Mauscursor an, wenn ein eigenes Menü mit entsprechenden neuen Funktionen zur Verfügung steht.

Immerhin erlaubt ein eigenes Kontextmenü für ein Eingabefeld dem Anwender, sehr schnell beispielsweise ein Element aus einer Liste, die in Form der Menüoptionen dargestellt wird, auszuwählen. Damit ist die Kombination eines Eingabefeldes mit einem Kontextmenü eine sehr raumsparende und übersichtliche Alternative zu den bekannten Comboboxen oder anderen Auswahlelementen. Allerdings sollte die Existenz eines solchen dem Anwender deutlich sichtbar sein; das kann sehr schön durch Anpassung des Mauszeigers geschehen.

5.7.5.6 Benutzung eines nicht-proportionalen Fonts

Nicht nur für Zahlenkolonnen sind nicht-proportionale Schriften, deren Zeichen dieselbe Laufweite haben, deren „i" also nicht schmaler ist als ein „W", den proportionalen meist überlegen. Beim Systemfonts sind zwar die Ziffern gleich schmal (sie entsprechen zwei Leerzeichen); eine Texteingabe ist aber dennoch nicht spaltenkonform und daher meist schwieriger zu erkennen als bei einem Font, deren Zeichen gleich breit sind.

Daher benutze ich für Eingabecontrols stets den Font „Courier New", 10 Punkt, nicht fett. Er läßt den Anwender sofort erkennen, daß es sich um ein Eingabefeld handelt (Auswahl-Comboboxen erhalten konsequenterweise den Systemfont). Gleichzeitig entlastet er den Gestalter eines Dialogs, da dieser die maximale Breite eines Controls exakt berechnen kann.

Plaziert man dazu ein FixedText-Control mit passendem Font, etwa „1234567890", im Painter, läßt sich die Breite eines Zeichens (in Delphi bzw. VO 8 Pixel, also 120 Twips) leicht ermitteln. Ein Eingabefeld für 20 Zeichen besitzt also folglich mit 160 Pixeln exakt die notwendige Breite und muß nicht erst optisch getestet werden; es paßt sozusagen auf Anhieb.

5.7.5.7 Einfüge-/Überschreibmodus

Der Anwender sollte selbst bestimmen können, ob seine Eingabe Zeichen eingefügt oder überschreibt. Zeigen Sie dazu den aktuellen Zustand mit dem Eingabecursor an; die Programmierung eines Carets ist zwar aufwendiger als ein schlichter — optionaler — Hinweis beispielsweise in der Statuszeile, lohnt aber sicher. In bestimmten Situationen bietet sich eine automatische Umschaltung an, bei der allerdings sicherzustellen ist, daß der Benutzer mit ihr rechnet. In numerischen Eingabefeldern ist das Überschreiben von Ziffern naheliegender, sonst dürfte der Einfügemodus wohl der Erwartung des Anwenders entsprechen.

5.7.6 Alternativen

5.7.6.1 Eingerahmte FixedText-Elemente

SingleLineEdit-Controls, die nicht editierbar sind, können durch statischen Text ersetzt werden, der durch einen Rahmen — etwa über den Stil WS_EX_CLIENTEDGE — eine dem Eingabefeld identische Optik erhält. Solche Controls benötigen natürlich bedeutend weniger Speicherplatz als Eingabefelder und helfen daher, das Öffnen von Fenstern wirksam zu beschleunigen.

5.7.6.2 Editierbare Comboboxen

Neben der reinen Auswahlfunktion erlauben editierbare Comboboxen auch die manuelle Eingabe von Daten. Das bietet sich an solchen Stellen an, wenn beispielsweise eine Anrede ausgewählt, aber auch neu eingegeben werden kann. Der neue Wert sollte dann zukünftig ebenfalls als Auswahl vorgeschlagen werden. Editierbare Comboboxen sind daher ein gutes Element, um „selbstlernende" Eingabe-/Auswahlfelder zu implementieren.

5.7.6.3 MultiLineEdit-Controls

Statt einzelner Eingabefelder kann es durchaus sinnvoll sein, alternativ ein mehrzeiliges Edit-Control einzusetzen. Muß der Anwender beispielsweise eine Adresse eingeben, ist die Handhabung eines MultiLineEdit-Controls oft praktischer und auch flexibler, was die Übernahmemöglichkeit aus anderen Applikationen angeht, wenn Name, Straße, Ort etc. in mehreren Zeilen untereinander einzugeben sind. Die fehlende strenge Struktur gegenüber einzelnen Eingabefeldern kann eine Überprüfung der Zeilen leicht kompensieren.

5.7.6.4 Auswahlelemente

Einleuchtend dürfte sein, daß anstelle einer Eingabe von „J" und „N" eine Checkbox entschieden vorzuziehen ist, auch wenn sie die optische Gleichmäßigkeit einer Eingabemaske sicher stört. Bei einigen wenigen Möglichkeiten ist der Einsatz von Radiobuttons oder eines entsprechenden Auswahlelementes wie List- oder Combobox zu erwägen. Eine Eingabe ist grundsätzlich fehlerträchtiger als eine Auswahl; letztere können allerdings erheblich mehr Bedienerzeit beanspruchen und zwingen den Anwender zum Lesen der angebotenen Möglichkeiten.

5.7.6.5 Eingabeunterstützungen

Auch einzelne Schaltflächen können eine Eingabe wirksam unterstützen. Sie erinnern den Anwender nicht nur unauffällig an die vorhandenen Möglichkeiten, sondern erlauben auch die vielleicht nicht ganz so effiziente, aber meist bequemere Mausbedienung.

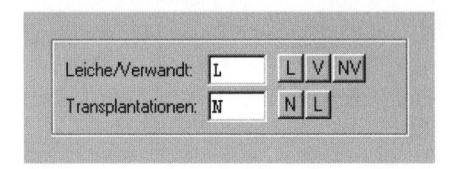

Bild 5.20: Buttons zur Eingabeunterstützung

5.7.6.6 Kontextmenüs

Diese Menüs, die auf Knopfdruck für ein Control eingeblendet werden können, finden leider für diesen Zweck viel zuwenig Beachtung und dienen meist nur der Aktionsauslösung innerhalb eines Dialogs.

5.7.7 Beliebte Eigentümlichkeiten

5.7.7.1 Ungenaue Plazierung

Wenn Sie sich an die obigen Bemaßungsregeln halten, dürfte Ihnen der optische Hauptmakel der meisten Dialoge, die mangelnde Registerhaltigkeit der Eingabefelder zu ihrem Textcontrol oder zu einen zugehörigen Element, schon erspart bleiben.

5.7.7.2 Abstand zum statischen Text

Häufig ist der horizontale Abstand zwischen FixedText-Control und Eingabefeld unnötig groß. Bei mehreren, übereinander angeordneten Controls ist die Breite des längsten Textes für alle anderen verbindlich; das Eingabefeld sollte keineswegs mehr als etwa 4 Pixel vom längsten Text entfernt sein.

5.7.7.3 Zwang zur vollständigen Eingabe

Lookup-Funktionen, die nach dem Tippen einiger Zeichen bereits automatisch Vorschläge unterbreiten, sind für weniger geübte Anwender sehr hilfreich. Kenner schalten solche Hilfsmittel gerne aus — das sollte also auch möglich sein... —, da sie ihren Schreibfluß empfindlich stören können. Optimal wäre eine optionale, automatische Unterstützung für Anfänger, kombiniert mit einem Expertenmodus, der mittels einer dezenten Meldung in der Statusleiste signalisiert, daß der Anwender per Tastenkombination eine Auswahlhilfe anfordern kann.

5.7.7.4 Keine sofortige Eingabeüberprüfung

Ein sehr unschöner, leider ebenso verbreiteter Standard ist die Eingabemöglichkeit beliebiger Zeichen auch an solchen Stellen, an denen nur Ziffern Sinn machen. Dabei unterstützt Windows über den Stil ES_DISABLENOSCROLL ja sogar direkt ein Eingabefeld, das nur Ziffern akzeptiert. Die nachträgliche Meldung, daß Zeichen nicht statthaft sind, sollte also nach Möglichkeit bereits bei der Eingabe erfolgen. Immerhin können mit vertretbarem Aufwand auch einzelne Zeichen bereits bei der Eingabe so zurückgewiesen werden, daß die erst gar nicht zur Anzeige kommen.

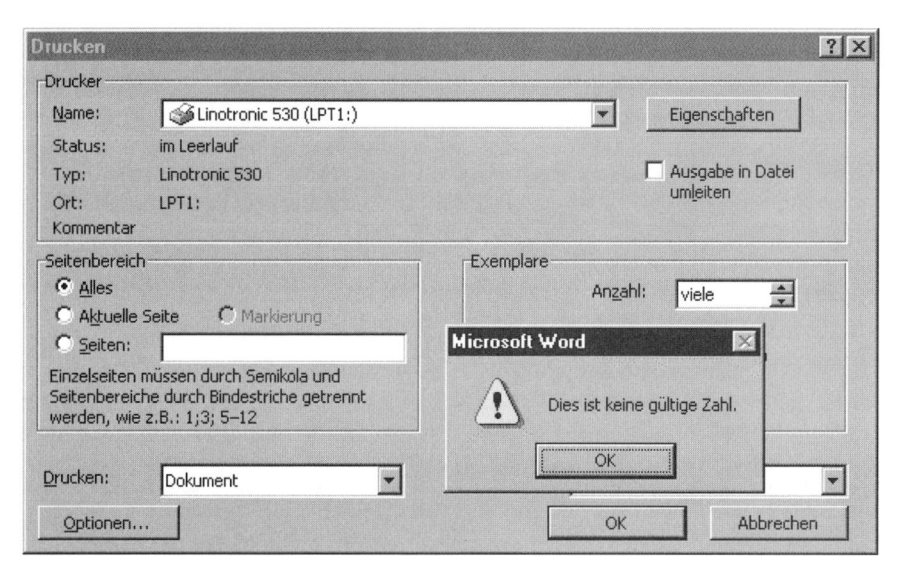

Bild 5.21: Nicht gerade eine präventive Fehlerabfrage...

5.7.7.5 Unnötige Präzisionsforderungen

Unterstützen Sie Eingaben des Benutzers, indem Sie nach Verlassen eines Feldes Zahlen automatisch korrekt formatieren (beispielsweise mit Tausenderpunkten, Vornullenunterdrückung etc.), Datumswerte um das Jahrhundert ergänzen (aus „01.01.98" also automatisch „01.01.1998" erzeugen), Strings gegebenenfalls beschneiden. Wird auch zum Speichern ein bestimmtes Format gefordert, sollte die Software intelligent genug sein, dessen Einhaltung nicht zwangsweise einzufordern.

5.8 Editierbare Comboboxen

5.8.1 Eigenschaften

Editierbare Comboboxen erlauben neben der Auswahl über die Pfeiltasten oder durch Ausklappen des Listteils auch die direkte Eingabe eines Wertes. Ist dieser in der Combobox bereits enthalten, wird er beim Aufklappen der Liste fokussiert. Ansonsten erhält das Control ihn als neuen Wert — im Falle einer sortieren Box ist er auch gleich korrekt eingereiht.

5.8.2 Bemaßungen

Für die Abmessungen gelten grundsätzlich dieselben Regeln & Vorgaben wie für Eingabefelder, daher ist hier auch keine Tabelle mit den Werten aufgeführt.

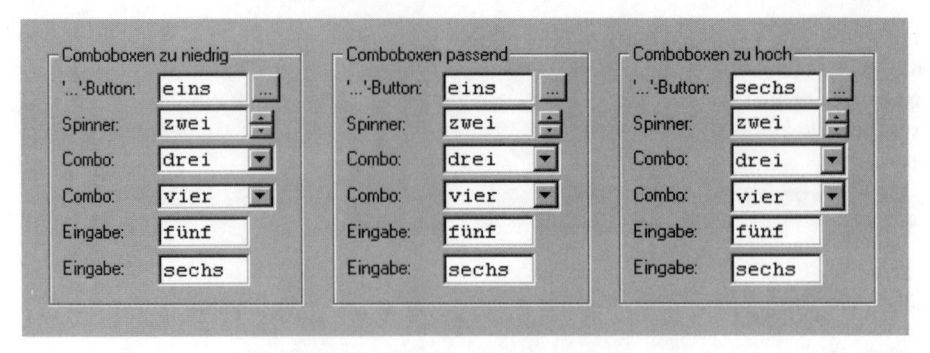

Bild 5.22: Unschöne (2) & schöne (1) Höhen für Comboboxen

5.8.2.1 Höhe

Die Höhe einer Combobox läßt sich allerdings bedauerlicherweise nicht in allen Entwicklungssystemen beliebig anpassen. Dabei sollte es selbstverständlich sein, daß eine Combobox im Verbund mit anderen Eingabefeldern nicht unschön aus der Reihe tanzt. Die Abbildung zeigt die drei Möglichkeiten: achten Sie darauf, daß in einer Eingabemaske Comboboxen stets dieselbe Höhe haben wie SingleLineEdit-Controls.

Die Höhe des Editier-Teils kann über den Stil CB_SETITEMHEIGHT zugewiesen werden. Damit erlauben alle Programmiersprachen, die Zugriff auf API-Funktionen beinhalten, die Anpassung der Combohöhe auch dann, wenn im Painter ausschließlich die Höhe des aufgeklappten Teils zugewiesen werden kann.

5.8.2.2 Breite

Sind in der Combobox ebenso viele Zeichen darzustellen wie in einem benachbarten SingleLineEdit-Control, achte man darauf, daß der Eingabeteil beider Elemente gleich breit ist. Der Abpfeil der Combobox rage also über den Rand des SLE-Controls hinaus.

5.8.3 Alternativen

5.8.3.1 Listboxen

Listboxen benötigen mehr Platz, zeigen aber sofort eine größere Anzahl von Elementen an. Bei Comboboxen wird sicher das ausgewählte Element mehr betont; die übrigen sind ja im normalen Zustand gar nicht zu sehen.

5.8.3.2 ListView-Controls

Zwar erlauben auch Listboxen die Anzeige mehrspaltiger Zeilen, deren Spalten durch ein Tabulatorzeichen abgesetzt sind, doch hat ein ListView-Control eher einen tabellenartigen Charakter und erlaubt zudem die einfache Sortierung der Spalten. Listboxen sollten nur einspaltig sein; sie werden überhaupt zunehmend von den flexibleren und leistungsfähigeren ListView-Controls abgelöst, die neben einer Überschrift und verschiedenen Ansichten insbesondere den sehr einfachen Einbau von Bitmaps erlauben.

Ein Vorteil von Listboxen und ListView-Controls ist allerdings gleichermaßen die Möglichkeit, über die „Multi-Select"- und „Extened-Select"-Funktion mehr als ein Element als markiert darstellen zu können. Das ist zwar bei Comboboxen prinzipiell auch möglich, erscheint dem Anwender aber nicht sehr schlüssig, da er selbst einer Anzeige wie „Mehrere..." oder dergleichen doch den Listteil erst aufklappen müßte.

5.8.3.3 Kontextmenüs

Kontextmenüs als Möglichkeit, ein Element in ein Eingabefeld zu übertragen, wurden ja schon mehrfach erwähnt und stehen auch als Alternative zu Comboboxen zur Verfügung.

5.8.3.4 Popup-Menüs

Popup-Menüs finden nicht in allen Programmsprachen Unterstützung. Ihr Einsatzbereich ist aber auch nicht Zuordnung eines Wertes, sondern unter Windows eher der Aufruf eines weiteren Dialogs. Beim Apple Macintosh dagegen werden sie oft an Stellen eingesetzt, an denen unter Windows eine nicht editierbare Combobox zum Zuge kommt.

5.8.3.5 Radiobuttons

Radiobuttons treten stets in Gruppen zu mindestens zweien auf. Sie kosten normalerweise deutlich mehr Platz und fallen in einer reinen Eingabemaske aufgrund ihrer unterschiedlichen Optik deutlich auf. Die zur Verfügung stehenden Elemente sind immer sichtbar und erwecken beim Anwender einen eher statischen Eindruck. Für Optionen, deren Anzahl sich also in absehbarer Zeit ändern wird, bietet sich möglicherweise eine Listbox an — diese hat aber ausgesprochen dynamischen Charakter und sollte nicht unbedingt zum Einsatz kommen, wenn die Elemente konstant bleiben, alle Möglichkeiten jedoch schon in der Listbox ohne Scrollbar Platz finden und sichtbar sind.

5.8.3.6 Eingabefelder plus „..."-Button

Der kleine „..."-Button hinter einem Eingabefeld signalisiert die Möglichkeit, zur Belegung des Wertes statt einer Eingabe einen (meist) modalen Dialog aufzurufen, der ein geeignetes Auswahlelement zur Verfügung steht. Ein separater Dialog kann natürlich komfortablere Controls als eine eher schlichte Combobox beinhalten und beispielsweise weitere Such- und Sortierfunktionen anbieten, die die Auswahl beschleunigen helfen.

Der zusätzliche Dialog sollte sorgfältig plaziert werden — am besten in unmittelbarer Nähe des zu bestückenden Controls —, sollte aber keine wichtigen Controls verdecken. Seine Größe sei möglichst kompakt; er muß natürlich die Möglichkeit bieten, die Auswahl abzubrechen. Ein Dialog ohne Titelleiste wäre schön klein, läßt sich aber ohne zusätzliche Programmierung — beispielsweise mittels Drag & Drop mit der linken Maustaste — nicht verschieben und könnte daher Controls verdecken.

5.8.3.7 Eingabefelder plus Buttons

Für einige wenige zur Auswahl stehenden Elemente bietet sich die oben bereits beschriebene Variante an, hinter einem SingleLineEdit-Control kleine Buttons zu plazieren, die die entsprechenden Elemente direkt in das Eingabefeld übertragen.

5.8.3.8 Spinner-Control

Elementlisten mit einer festen Reihenfolge, die so beschaffen ist, daß der Anwender das nächste und vorherige Element voraussehen kann, lassen sich meist besser mit einem Spinner-Control als mit einer editierbaren Combobox implementieren. Zwar erlaubt auch eine Combobox die Auswahl des vorherigen und nächsten Elementes über die Cursortasten <Aufpfeil> und <Abpfeil>, doch sind ihre Elemente eher unstrukturiert.

Ein Spinner-Control ist ideal für die Angabe einer Anzahl, der Auswahl eines Baudrate und dergleichen. Bedenken Sie aber, daß die Elementanzahl sehr beschränkt sein muß, da für das zehnte Element beispielsweise zehn Mal auf den Hochpfeil geklickt werden müßte — was völlig unakzeptabel wäre.

5.8.4 Beliebte Fehler

5.8.4.1 Kein „Selbstlerneffekt"

Erlaubt eine Combobox die direkte Eingabe eines Wertes, sollte dieser beim nächsten Mal nach Möglichkeit ebenfalls angeboten werden. Bei der Eingabe einer Anrede etwa ist zu prüfen, ob diese bereits zu den Stammdaten gehört; wenn nicht, sollte sie — vielleicht über eine zusätzliche Abfrage — aufgenommen werden.

5.8.4.2 Zu viele Elemente

Der Grundfehler vieler Applikationen ist aber schlicht, in der Auswahlbox deutlich mehr als das überschaubare eine oder andere Dutzend Elemente anzubieten. Bereits für das zweite Dutzend muß der Anwender in aller Regel scrollen; selbst eine üppige Höhe solcher Auswahllisten kann keineswegs kompensieren, daß hier besser eine der genannten Alternativen zum Zuge käme.

Eine Kunden- oder Artikel-Auswahl ist nun keinesfalls über Comboboxen zu realisieren; aber dennoch sollte man stets die Möglichkeit eines alternativen Auswahlelementes oder einer geeigneten Kombination von Controls in Betracht ziehen.

5.8.4.3 Auswahl nicht sichtbar

Da bei zwei Comboboxarten die zur Verfügung stehenden Elemente nur sichtbar sind, wenn der Listteil geöffnet ist, sollte eine Combobox nicht zum Einsatz kommen, wenn der Anwender die anderen Werte, etwa beim schnellen Durchblättern einer Datenbank, sehen können soll. Es wäre natürlich geradezu hanebüchen, wenn er dazu erst die Combobox aufklappen müßte.

5.8.4.4 Versehentliche Sortierung

Die Standardeinstellung für List- und Comboboxen ist der Stil „sortiert" — was sich für die allermeisten Auswahlelemente keineswegs empfiehlt. Achten Sie daher im Window-Editor Ihrer Programmsprache darauf, diese Eigenschaften erst einmal zu deaktivieren; eine Sortierung der Einträge kann ja auch später immer noch nachträglich erfolgen.

5.9 Drehfelder

5.9.1 Bezeichnungen

Drehfelder, Spinbuttons oder Spinner bestehen aus einem Eingabefeld (einem sogenannten „Buddy control") plus einer Art kleinem Scrollbar, der aber nur einen Auf- und einen Abpfeil besitzt. Spinner dienen der Eingabe eines numerischen Wertes oder der Auswahl eines Elementes aus einer vorhersehbaren Liste einiger weniger Möglichkeiten. Das Eingabefeld sollte im ersten Fall immer auch direkt editierbar sein, da das Inkrementieren oder Dekrementieren eines Wertes nur über die Pfeile eher mühselig ist.

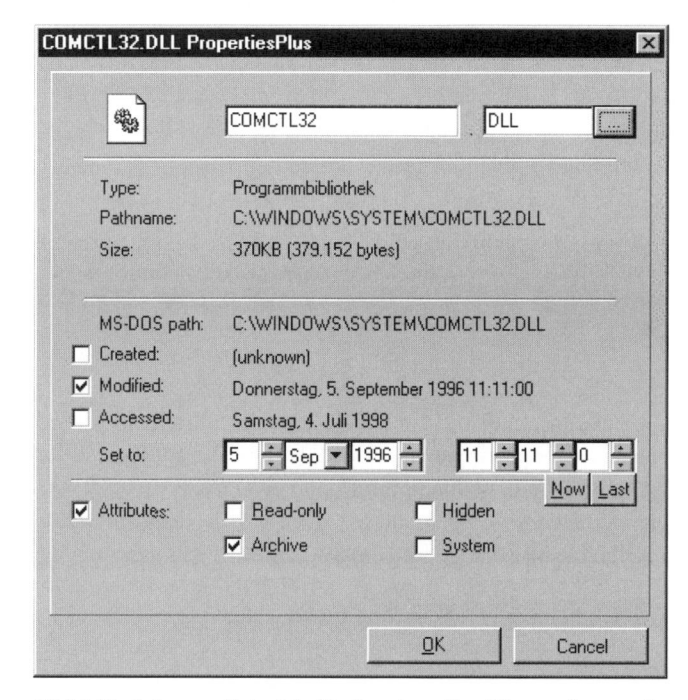

Bild 5.23: Sehr gute Beispiele für den sinnvollen Einsatz diverser Auswahl-Controls

5.9.2 Eigenschaften

5.9.2.1 Numerisches Auf & Ab

Meist hat das Drehfeld selbst nur optische Funktion, die signalisiert, daß hier numerische Werte eingegeben werden. Die Anzahl zu druckender Kopien etwa per Spinner einzustellen, dürfte sicher ausschließlich ausgesprochenen Mausfreaks vorbehalten sein.

5.9.2.2 Ahnbare Vorgänger- und Nachfolgewerte

Die Elemente eines Spinner-Controls sind nie auf einen Blick zu sehen und können daher nicht verglichen werden. Daher sollte die vorherigen oder nächsten Elemente stets vorhersehbar sein. Da Spinner stets ein Eingabefeld besitzen sollten, ist die Auswahl über die Pfeile durchaus von sekundärer Bedeutung, zeigt aber an, daß kleinere und größere Werte möglich sind.

5.9.2.3 Eigene Sprungintervalle

Dient das Spinner-Control zur Auswahl nicht-statischer Werte, beispielsweise zur Bestimmung eines Datums oder einer Bemaßung, sollte das Sprungintervall so festgelegt und bemessen sein, daß die relativ aufwendige Betätigung mit der Maus den Aufwand rechtfertigt; bei Datumsfeldern wäre etwa ein Sprung um sieben Tage oder einen Monat denkbar.

Die Abbildung 5.23 etwa zeigt ein Zusatzprodukt (mit reinen Windows-Bordmitteln ist das teilweise gar nicht oder nur über die DOS-Box vernünftig zu machen), das die Änderung so ziemlich aller Datei-Attribute erlaubt. Dieser Dialog ist ein hervorragendes Beispiel für den trefflichen Einsatz verschiedenster Auswahl-Elemente — da wollen wir ihm die nicht ausschließliche vertikale Anordnung der Checkboxen mal ausnahmsweise und stillschweigend durchgehen lassen...

- Dateiendung über „..."-Buttons

Über den etwas zu breit und hoch geratenen Pushbutton wird ein zusätzlicher Dialog aufgerufen, der die Auswahl einer der inzwischen ja sehr zahlreich definierten Dateiendungen gestattet. Der nachgeschaltete Dialog verwendet ein zweispaltiges ListView-Control und erlaubt über ein Eingabefeld die schnelle Suche der Endung.

- Monate über Combobox

Die Monate sind statisch; daher ist der Einsatz einer Combobox hier sehr vorteilhaft, da sie die Auswahl jedes Monats mit genau einem einzigen Mausklicks erlaubt. Allerdings ist der Klappteil mit zwölf Zeilen recht umfangreich, als Kompromiß zwischen Platzbedarf & Zugriffsgeschwindigkeit aber erlaubt.

Völlig korrekt wird dagegen die Uhrzeit nicht über eine Combobox, deren Liste von 1 bis 24 reicht — korrekt wäre auch 0 bis 23, da es „24 Uhr" bekanntlich gar nicht gibt —, ausgegeben: Hier ist der Spinner sinnvoller, damit zur Auswahl nicht gescrollt werden muß.

- Buttons für „Now" und „Last"

Diese Schaltflächen setzen Uhrzeit und Datum auf den aktuellen bzw. den Wert der jüngsten Datei, hat man mehrere ausgewählt.

- Spinner für Stunden, Minuten, Sekunden, Tage und Jahre

Die Benutzung einzelner Spinner für die einzelnen Teile der Information ist sehr empfehlenswert und erlaubt die schnelle Manipulation, wenn es beispielsweise gilt, schleunigst abzuliefernden Textdateien eine halbwegige Pünktlichkeit zu verleihen...

Die Ausrichtung der Controls ist insgesamt nicht ganz achsenkorrekt, einige der freien Flächen sind arg groß; dafür sollten die beiden Schaltflächen „Now" und „Last" räumlich den Bezug zu Datum & Uhrzeit klarer werden lassen. Beachtenswert und zeitgemäß ist auch die Benutzung von Linien zur Raumaufteilung anstelle von Rahmen. Abschließend ist der Dialog aber ein erfreuliches Beispiel, wie verschiedene Auswahl-Elemente jeweils mit maximaler

Effizienz zum Einsatz kommen — der praktische Nutzen des lobenswerten „Properties Plus"-Tools ist ansonsten über jede Kritik erhaben.

5.9.2.4 Horizontale Spinner

Neben der geläufigeren vertikalen Variante gibt es aber auch zwei nebeneinander, nach links bzw. nach rechts deutende Pfeile, die sich gelegentlich für nicht-numerische Werte oder beispielsweise negative und positive Zahlen um den Nullpunkt herum anbieten.

5.9.3 Bemaßungen

Drehfelder halten sich an die Bemaßungsregeln ihrer engen Verwandten, der Eingabefelder. Der vertikale Offset beträgt also auch hier 23 Pixel oder 345 Twips. Allerdings bedarf es schon einiger Feinmotorik, Drehfelder dieser Höhe mit der Maus treffen zu können. Wenn man sie daher nicht gerade unmittelbar untereinander anordnen muß, empfiehlt es sich, das Scrollelement etwas größer, etwa 27 Pixel oder 405 Twips, zu skalieren.

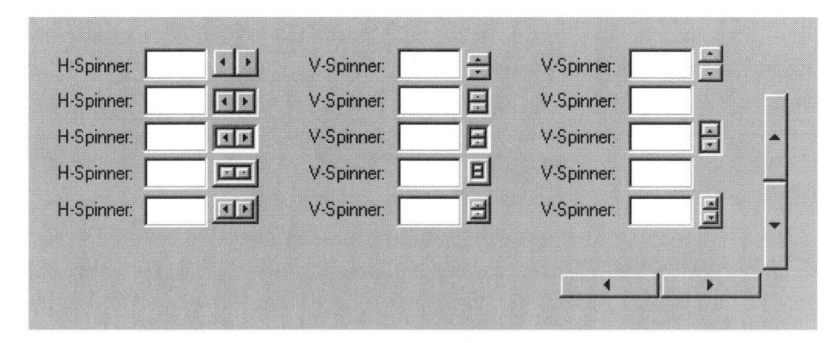

Bild 5.24: Unterschiedliche große Spinner-Controls

Übergroße Spinner-Elemente eignen sich, wie man auf der Abbildung sieht, sehr gut als Alternative zu Scrollbars, bei denen das in der Mitte befindliche Ziehelement entfallen kann.

5.9.4 Erweiterte Attribute

Wie man sieht, sind Spinner-Controls mit den erweiterten Attributen wie WS_EX_DLGMODALFRAME, WS_EX_WINDOWEDGE oder WS_EX_STATICEDGE schon arg detailliert gezeichnet und verbergen ihre eigentliche Funktionalität schon erheblich in Rahmen, Linien und 3D-Pixeleien. Sie kommen zumindest für die Standardhöhe von 23 Pixeln oder 345 Twips nicht in Frage.

5.9.5 Alternativen

5.9.5.1 Comboboxen

Der Einsatzbereich für Spinner-Controls ist sehr begrenzt. Wird nicht gerade eine Kopienanzahl oder dergleichen abgefragt, ist für statische Werte meist eine Combobox die bessere Wahl. Am besten schätzen Sie für den konkreten Bedarfsfall den Aufwand, den der Anwender benötigt, um eine entsprechende Auswahl zu treffen. Für die dynamische Wahl, etwa eines Datums oder einer Pixelgröße, sind Spinner aber sehr gut geeignet; insbesondere, wenn man die Sprungweite vernünftig vorgibt, bei Zuweisung eines Absatzabstandes etwa 6 Pixel statt 1 Pixel. Bei eher kontinuierlichen Werten ist möglicherweise ein Schieberegler vorzuziehen.

5.9.5.2 Minus-/Plus-Buttons

Häufig ist eine Kombination aus Eingabefeld und horizontal oder vertikal angeordneten Pushbuttons mit „-" und „+" besser geeignet, da sie deutlicher erkennen lassen, daß der Wert dekrementiert und inkrementiert werden kann. Zwei nebeneinander angeordnete Pushbuttons sind zudem leichter zu betätigen.

5.9.6 Beliebte Fehler

5.9.6.1 Zu viele Mausklicks erforderlich

Gerade beim Einsatz eines statischen Controls, das keine zusätzliche manuelle Eingabe erlaubt, sollte man darauf achten, daß der Anwender in der Lage ist, das gewünschte Element mit möglichst wenigen Aktionen bestimmen zu können. Bei dynamischen Werten wie Datum, Uhrzeit etc. sind Spinner für jeden Teilbereich wie Tag, Monat, Jahr vorzusehen.

5.9.6.2 Was heißt „abwärts"?

Sowohl Scrollbars mit Pfeilen als auch Minus-/Plus-Buttons bergen das Risiko, daß der Anwender die Zählrichtung verwechselt. Unklar ist beispielsweise, ob ein „höheres" Jahr ein jüngeres oder älteres Datum meint. Hier ist die horizontale Anordnung der beiden Schaltflächen mit „-" und „+" häufig vorteilhafter, weil Zeitachsen in unserem Kulturkreis stets von links nach rechts laufen.

5.10 MultiLineEdit

5.10.1 Eigenschaften

5.10.1.1 Eingabe unstrukturierter Daten

MultiLineEdit-Controls dienen zur Eingabe von Textmengen, die über wenige Worte hinausgehen. Neben den üblichen Notiz- und Bemerkungsfeldern eignen sie sich aber auch als Alternative zu mehreren SingleLineEdit-Controls, wenn beispielsweise eine Adresse einzugeben ist. Solche Daten lassen sich häufig in einer nur mäßig strukturierten Form besser und einfacher eingeben und beispielsweise auch leichter aus anderen Applikationen übernehmen. Natürlich muß über einen geeigneten Zeilenumbruch mit Analyse der Eingabe sichergestellt werden, daß der mehrzeilige Text auch korrekt in die einzelnen Controls übertragen wird.

MultiLineEdit 299

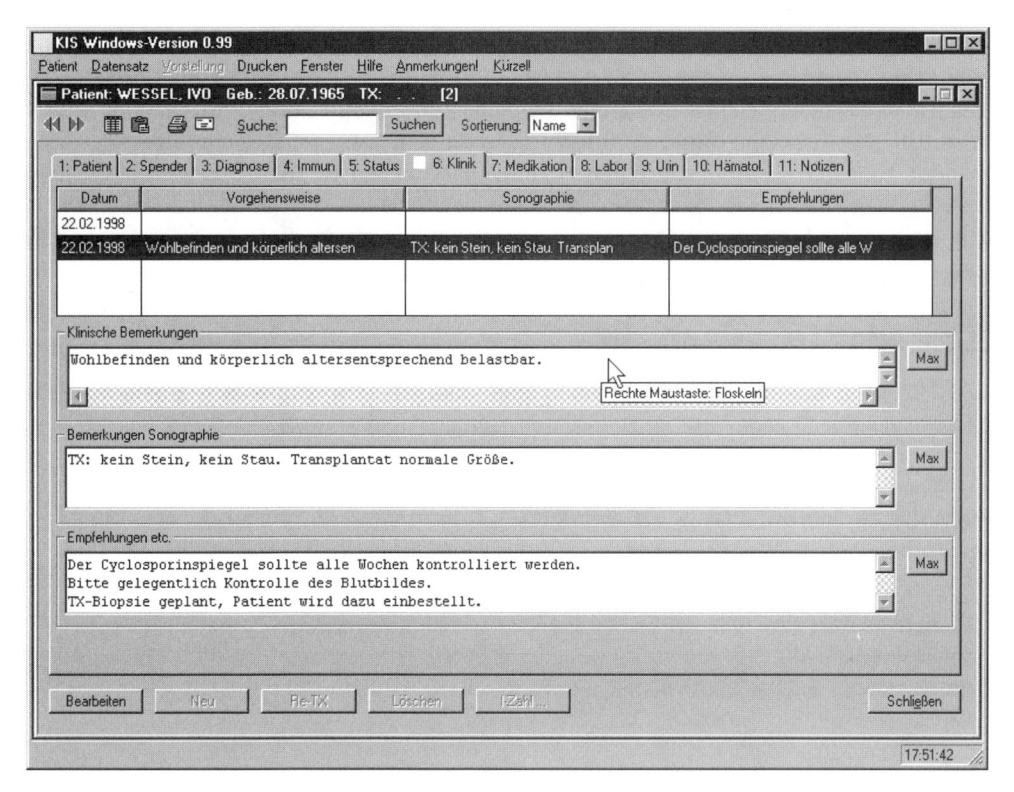

Bild 5.25: MultiLineEdit-Controls mit Zoom-Option

5.10.1.2 Scrollbars

Damit Memofelder grundsätzlich als solche sofort erkennbar sind, sollten sie zumindest einen vertikale Scrollbar aufweisen. Häufig erscheint dieser erst, wenn die Textmenge die Größe des darstellbaren Bereichs überschreitet.

5.10.2 Bemaßungen

5.10.2.1 Zoom-Modus

Aus Platzgründen beschränkt sich die Anzeige eines MultiLineEdit-Controls auf wenige Zeilen. Es ist ratsam, zur Anzeige und zur Eingabe dem Benutzer die Möglichkeit zu geben, kurzfristig das Control über einen Pushbutton vergrößern und wieder verkleinern zu können, ohne das Feld in einem separaten Fenster anzeigen zu müssen.

5.10.2.2 Größe

Die Höhe von MultiLineEdit-Controls sollte immer ein Vielfaches der von Eingabefeldern sein, um die Einhaltung des Rasters zu gewährleisten. Ich würde in Kauf nehmen, wenn möglicherweise die unterste Zeile nicht vollständig dargestellt werden kann, dafür aber das Controls einwandfrei in das Layout des Fensters paßt.

Bei der Breite eines MultiLineEdit-Controls fällt gelegentlich auf, daß Programmierer die Anzahl der Zeichen pro Zeile arg überschätzen. Da nur in den seltensten Fällen mehr als 70 Zeichen pro Zeile gedruckt werden, muß die Anzeige auf dem Bildschirm keinesfalls breiter sein. Falls die Texte nur auf dem Bildschirm, nicht aber auch auf Papier erscheinen, sollte man die Breite eher reduzieren, da erfahrungsgemäß schmalere Texte erheblich besser und schneller gelesen werden können. Die beste Lesegeschwindigkeit ergibt sich bei einem Text von etwa 35-40 Zeichen pro Zeile — das entspricht übrigens der Breite einer üblichen Zeitungsspalte...

5.11 RichText-Controls

RichText-Controls erlauben die Eingabe einer praktisch kaum begrenzten Textmenge und können außerdem verschiedene Schriftarten, -größen und -farben darstellen. Über OLE-Einbettung lassen sich außerdem auch beispielsweise Bitmaps darstellen. Damit stellen solche Controls kleine Editoren zur Verfügung, mit denen sich bereits ansprechende Texte gestalten lassen, ohne daß man auf ein externes Programm zurückgreifen müßte. Das Windows 95-Programm WordPad etwa basiert auf einem solchen RichText-Control.

Sie stellen damit eine erhebliche Leistungssteigerung gegenüber den MultiLineEdit-Controls dar, sind allerdings auch in der Handhabung und der Programmierung deutlich aufwendiger. Vielleicht beinhaltet Ihr Entwicklungssystem aber bereits ein Control, daß die Auswahl und Zuweisung von Schrift- und Absatzattributen schon unterstützt.

5.12 Popup-Menüs

Die Einsatzmöglichkeiten von Popup-Menüs sind im Menü-Kapitel 4 beschrieben. Sie stellen eine Art Pushbutton, die auf Knopfdruck eine Art Combobox aufklappt, dar. Unter Windows werden sie nicht von allen Entwicklungssystemen direkt unterstützt.

5.13 Kontextmenüs

Kontextmenüs beschreibt ebenfalls ausführlich das Kapitel 4. Es sei aber daran erinnert, daß Kontextmenüs sich auch für Controls definieren lassen und damit erheblich mehr Möglichkeiten bieten, als nur einen Teil der Hauptmenüoptionen innerhalb eines Fensters anzubieten.

5.14 Radiobuttons

5.14.1 Bezeichnungen

Die im Microsoft-Styleguide durchgängig verwendete Bezeichnung „Optionsfeld" ist möglicherweise ein Tribut an den Generationswechsel bei den Radios, deren neuere Syntheziser ja keinerlei Bezug mehr zu jenen alten mechanischen Tastenleisten erlauben, bei denen das Betätigen eines Tasters den bis dahin aktiven wieder herausgedrückt hat. „Radiobuttons" — vielleicht schon bald ein Wort jener Bildersprache, die einstmals auch „Antennenwälder" kannte.

5.14.2 Eigenschaften

5.14.2.1 Anzahl

Radiobuttons tauchen stets in Gruppen von mindestens zwei Elementen auf. Für die Anzahl von Elementen einer Gruppe gelte wieder die bewährte Miller'sche „7 +/- 2"-Regel, damit es dem Anwender möglich ist, die Elemente schnell erkennen zu können.

5.14.2.2 Groupbox

Radiobuttons sind stets von einem Rahmen, der sogenannten „Groupbox", umgeben. Sie erlaubt damit auch das Anzeigen von Radiobuttons, die zu verschiedenen Gruppen gehören.

5.14.2.3 Anordnung

Radiobuttons sind, allen Beispielen von „offizieller" Seite zum Trotz, stets untereinander anzuordnen. Es ist eine unübersichtliche Unsitte, dem Anwender die Auswahl durch nebeneinander dargestellte Radiobuttons unnötig zu erschweren.

5.14.2.4 Reihenfolge

Ordnen Sie die Radiobuttons nicht zufällig oder ohne eine erkennbare und sinnvolle Reihenfolge an. Eine sinnvolle Sortierung könnte eine aufsteigende oder absteigende nach Häufigkeit oder Quantität sein. Die alphabetische der Bezeichnungen sollte wieder mal nur eine Notlösung sein.

Im Microsoft-Styleguide ist ein Beispiel einer Anordnung „Links, Rechts, Zentiert" abgebildet — hier wäre die inhaltliche Reihenfolge „Links, Zentriert, Rechts" entschieden vorzuziehen; sie entspricht beispielsweise auch der der meisten Toolbarbuttons. Versuchen Sie nach Möglichkeit, sich stets an solchen Analogien zu orientieren; Sie entlasten damit den Anwender, sich unterschiedliche Reihenfolgen merken oder bei der Auswahl erst umdenken zu müssen.

5.14.3 Beschriftung

Zwingen Sie den Anwender nicht, Radiobutton-Beschriftungen durchlesen zu müssen, die aus mehreren Worten bestehen. Gelegentlich — insbesondere die neuen Ordner-Optionen von Windows 98 sind ein treffliches Beispiel, wie man dergleichen nicht machen sollte — sieht man als Auswahl gar ganze Sätze: die sich dann nur durch das Wort „nicht" unterscheiden.

Grundsätzlich: Wählen Sie für jeden Radiobutton einen knappen, klar kennzeichnenden Begriff, der sich auch optisch genügend von den anderen abhebt. Bei Radiobutton-Gruppen ist der Anwender meist gehalten, alle Optionen zu lesen, um sich dann für eine zu entscheiden — da sollten Sie ihm die Entscheidung nicht unnötig schwer oder langwierig machen.

5.14.4 Hotkeys

Neben den einzelnen Radiobuttons kann auch der Groupbox ein Hotkey zugewiesen werden. Innerhalb der Gruppe ist dann das gewünschte Element mit den Cursortasten auszuwählen. Bei umfangreichen Dialogen wird man sicher diese Möglichkeit nutzen. Sie hat zudem den Vorteil, daß bei versehentlicher Betätigung des Hotkeys nicht gleich der Zustand geändert ist. Ist einem das im Falle eines Hotkeys eines Radiobuttons passiert und besitzt der Dialog keine Undo-Funktion, kann man sich unter Umständen an den alten Wert nicht mehr erinnern.

5.14.5 Bemaßungen

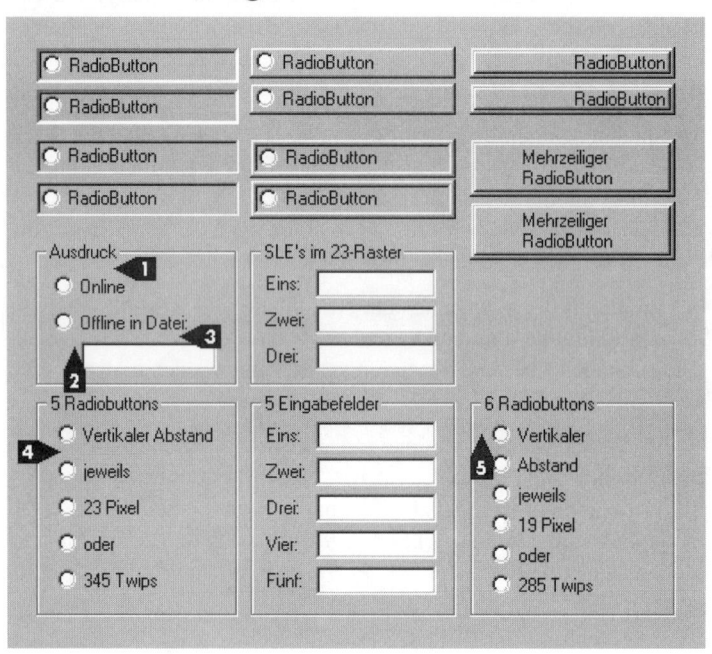

Bild 5.26: Bemaßungen von Radiobuttons

5.14.5.1 Im SLE-Raster

Nach Möglichkeit sind auch Radiobuttons im vertikalen Raster von 23 Pixeln bzw. 345 Twips anzuordnen. Gelegentlich mag es aber auch sinnvoll sein, die vertikalen Abstände geringfügig zu reduzieren, um Platz zu sparen. Befinden sich neben dem Gruppenrahmen aber Eingabefelder, sollte die Groupbox in jedem Fall oben und unten mit dem Eingabefeld-Raster harmonisch abschließen.

Tabelle 5.10: Bemaßungsregeln für Radiobuttons

Radiobutton zu...	Pfeil-Nr.	Delphi	VB	VO
Radiobutton vertikal	4	23	345	23
Rahmen horizontal	5	9	135	9

Rahmen vertikal	1	20	300	20
Eingabefeld vertikal	3	20	300	20
Eingabefeld horizontal	2	18	270	18

5.14.5.2 Weitere Tabellen

- Tabelle 3.1: Bemaßungen für Childwindows mit Tabcontrols (Seite 133)
- Tabelle 3.2: Bemaßungen für Dialogwindows (Seite 147)
- Tabelle 5.7: Bemaßungen für FixedText-Controls (Seite 276)
- Tabelle 5.8: Bemaßungen für Rahmen-Controls (Seite 281)
- Tabelle 5.9: Bemaßungen für Edit-Controls (Seite 284)
- Tabelle 5.11: Bemaßungen für Checkboxen (Seite 307)
- Tabelle 5.12: Bemaßungen für Pushbuttons (Seite 344)
- Tabelle 5.13: Bemaßungen für Tabcontrols (Seite 355)

5.14.5.3 Im eigenen Raster

Wie die Abbildung 5.26 zeigt, ist auch bei einer größeren Zahl von Radiobuttons der optische Ausgleich mit Eingabefeldern möglich und empfehlenswert. Die Ober- und Unterkanten laufen jeweils auf einer gemeinsamen Pixellinie.

Gleiches gilt für die beiden kleineren Gruppen im oberen Teil („Ausdruck" und „SLE's im 23-Raster"). Hier steuert der „Offline"-Radiobutton ein Eingabefeld, in das bei Aktivierung ein Dateiname einzutragen ist. Die Zugehörigkeit ergibt sich ganz automatisch durch die vertikale Ausrichtung des Radiobuttontextes mit der linken Kante des SLE-Rahmens. Die drei nebenstehenden Eingabefelder sind ebenfalls entsprechend ausgerichtet. Insgesamt ergibt sich so dank der strengen Registerhaltigkeit ein sehr harmonisches und ruhiges Bild.

5.14.6 Erweiterte Attribute

Die Abbildung 5.26 zeigt einige der neuen CommonControls-Stile, die sicher unterschiedlich sinnreich sind. Die hervorgehobene Variante oben in der Mitte gefällt mir aber sehr gut; sie animiert geradezu zum Aktivieren und erlaubt dank der Button-kompatiblen Optik eine präzise Ausrichtung im 23er-Raster.

Die rechts daneben stehenden Radiobuttons haben nicht mehr allzu viel mit der klassischen Variante gemeinsam und sind eher mit Bedacht zu wählen. Sie erlauben ebenfalls eine Schaltflächen-Optik, die auch mehrzeilige Texte ermöglicht. Der jeweils aktive Radiobutton erscheint eingedrückt.

5.14.7 Alternativen

5.14.7.1 Toolbarbuttons

Auch für Toolbarbuttons gibt es ein Attribut „Eingedrückt", das eine Aktivierung signalisiert. Hiermit ist aber weniger ein bestimmter Wert, sondern eher ein bestimmter Zustand gemeint.

Beispielsweise kann sich ein Fenster in einem bestimmten Modus befinden. Der Unterschied ist also damit zu beschreiben, daß Radiobuttons einen datengebundenen, Toolbarbuttons eher einen programmgebundenen Zustand anzeigen.

5.14.7.2 Pushbuttons

Neuere Programmiersprachen unterstützen häufig schon im Painter bereits die erweiterten Stile, zu denen auch die Variante „Anzeigen als Pushbutton" gehört. Solche Radiobuttons sehen aus wie Schaltflächen, werden aber wie bisher gegenseitig ausgelöst.

5.14.7.3 Bitmapbuttons

Die Standard-Radiobuttons erlauben nur die Anzeige von Text. Über die CommonControl-Erweiterungen kann man aber jedem Radiobutton auch eine Bitmap oder ein Icon zuweisen, das dann entsprechend eingeblendet wird. Solche WYSIWYG-Elemente erfreuen sich in kommerziellen Applikationen zu Recht einer großen Beliebtheit, die sich aber meist noch nicht auf eigene Programme übertragen hat, da deren Handhabung und Gestaltung meist eher gescheut wird. Möglicherweise legen die neuen Controlstile hier die Benutzung nahe; solche Elemente haben gegenüber beschreibendem Text sehr oft den Vorteil der besseren Erkennbarkeit und erlauben damit eine schnellere Entscheidungsfindung.

5.14.7.4 Auswahlelemente

Neben dem Vorteil eines geringeren Platzbedarfs gibt es aber auch eine Reihe von Erweiterungen. Ändert sich beispielsweise doch einmal in Zukunft die Eindeutigkeit der Zuordnung, sollen vielleicht doch einmal mehrere Elemente ausgewählt werden dürfen, ist eine Listbox oder ein ListView-Control flexibler, da es die Auswahl sowohl eines wie auch mehrerer Elemente erlaubt.

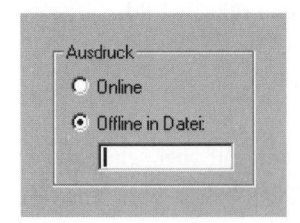

Bild 5.27: Fokussieren des MultiLineEdit-Controls setzt den Radiobutton

5.14.8 Beliebte Unschönheiten

5.14.8.1 Ausführen einer Aktion

Das Betätigen eines Radiobuttons sollte keine Aktion ausführen außer der, daß andere Controls je nach Zustand aktiviert oder deaktiviert werden. Bei einer Wahl zwischen „Online"- und „Offline"-Ausdruck etwa könnte letzterer Radiobutton beispielsweise ein sonst deaktiviertes Feld zur Eingabe eines Dateinamens umschalten.

Keinesfalls dürfen Radiobuttons als Pushbuttons mißbraucht werden, die bei Betätigung — ähnlich einer Menüoption — eine Aktion ausführen. Grundsätzlich setzen Radiobuttons einen Zustand, der dann bei weiteren Aktionen eine Rolle spielt. Auch als Menüalternative sind sie gänzlich ungeeignet.

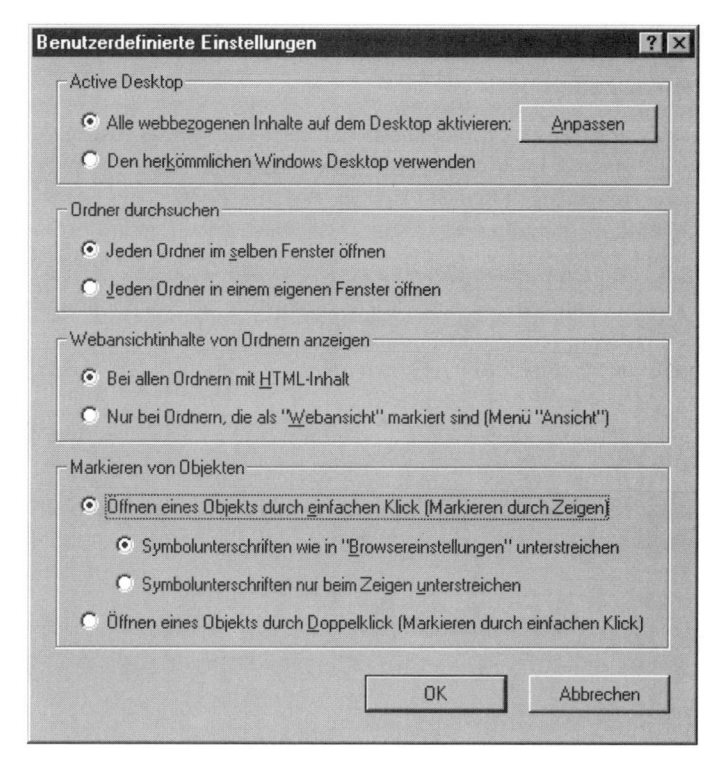

Bild 5.28: Unschön: Radiobutton-Cascaden mit vielen langen und umständlichen Texten

5.14.8.2 Karteireiter-Ersatz

Eine Zeit lang war es gelegentlich üblich, über horizontal angeordnete Radiobuttons verschiedene Unterfenster anzuzeigen. Beim Klick auf einen Radiobutton wurde das entsprechende Unterfenster eingeblendet und verdeckte das bis dahin aktive. Dieser Vorläufer der späteren Laschenfenster wurde aber dann durch die TabControls ersetzt.

5.14.8.3 Keine Option markiert

Genau einer der Radiobuttons muß gesetzt werden. Auch beim Aufblenden eines „leeren" Dialogs etwa muß ein Zustand markiert sein. Decken also die vorhandenen Radiobuttons nicht hundert Prozent der Möglichkeiten ab, muß ein weiterer — etwa „Sonstige", „Weitere" oder „Unbekannt" — die Ausnahmen anzeigen. Anders als bei Checkboxen gibt es für Radiobuttons keinen dritten Zustand „Undefiniert".

5.14.8.4 Falsche Anordnung

Radiobuttons sollten grundsätzlich nicht nebeneinander plaziert werden. Eine vertikale Anordnung erleichtert nicht nur die Auswahl, sondern verstärkt den Alternativcharakter der einzelnen Optionen. Schade, daß sich in praktisch jeder Applikation Beispiele mit horizontal angeordneten Radiobuttons finden lassen...

5.14.8.5 Unübersichtliche Kaskaden

Vermeiden Sie die neuen Radiobutton-Kaskaden, wie sie leider bei Windows 98 häufig zu sehen sind (und sicher zukünftig verstärkt im Einsatz sein werden). Die einzelnen Optionen scheinen mir optisch zu wenig zusammenzugehören. Ihr sich jeweils ausschließender Charakter geht in der Textmenge leicht unter.

Der fokussierte Text ist vielfach gar nicht mehr vollständig zu lesen, weil er durch den Auswahlrahmen teilweise verdeckt ist. Benutzen Sie stets kurze Stichworte als Radiobuttons, denen in einer weiteren Zeile durchaus jeweils ein Erklärungstext beigefügt werden kann, der dann aber nicht mehr Bestandteil des Radiobuttons selbst ist. Die zu markierenden und zu lesenden Begriffe bleiben dann auf wenige Worte beschränkt.

5.14.8.6 Zu viele Radiobuttons

Der beliebteste Fehler dürfte aber auch weiterhin sein, zu viele Optionen in einer Radiobutton-Gruppe zusammenzufassen. Bei mehr als den Miller'schen „7 +/- 2" artet die Auswahl bereits in ein mühseliges Entziffern aus.

5.15 Checkboxen

5.15.1 Bezeichnungen

Checkboxen werden häufig mit „Kontrollkästchen" übersetzt; eine Bezeichnung, die ich ebenfalls nicht ganz geglückt finde, da mir die Abgrenzung zu anderen, ebenfalls viereckigen Elementen, die ebenfalls Kontrollfunktion haben — also von runden Radiobuttons abgesehen, so ziemlich alles, was man anklicken kann —, zu unscharf ist.

Nach offizieller Terminologie des „Manual of Style" werden Checkboxen übrigens gewählt („select") und gelöscht („clear"); Ausdrücke wie „ein-/ausschalten", „wählen/abwählen" sind laut Buch sogar ausdrücklich zu vermeiden. Die deutsche Ausgabe des Windows-Styleguide (aus gleichem Hause) hingegen spricht allerdings von „ein-/ausschalten"; im Deutschen sind die englischen Empfehlungen ausgesprochen unüblich.

5.15.2 Bemaßungen

5.15.2.1 Anordnung im Raster

Für Checkboxen gelten dieselben Regeln wie für Radiobuttons. In der Regel sollten auch sie, obwohl sie weniger hoch sind als SingleLineEdit-Controls, im Standard-Raster von 23 Pixeln bzw. 345 Twips angeordnet werden.

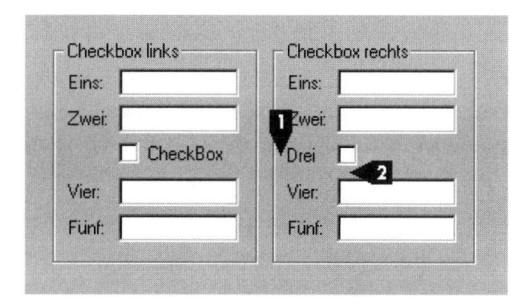

Bild 5.29: Checkboxen links- und rechtsbündig

Tabelle 5.11: Bemaßungsregeln für Checkboxen

Checkbox zu...	Pfeil-Nr.	Delphi	VB	VO
Checkbox vertikal		23	345	23
Rahmen horizontal	1	9	135	9
Rahmen vertikal		20	300	20
Eingabefeld vertikal	2	20	300	20

5.15.2.2 Weitere Tabellen

- Tabelle 3.1: Bemaßungen für Childwindows mit Tabcontrols (Seite 133)
- Tabelle 3.2: Bemaßungen für Dialogwindows (Seite 147)
- Tabelle 5.7: Bemaßungen für FixedText-Controls (Seite 276)
- Tabelle 5.8: Bemaßungen für Rahmen-Controls (Seite 281)
- Tabelle 5.9: Bemaßungen für Edit-Controls (Seite 284)
- Tabelle 5.10: Bemaßungen für Radiobuttons (Seite 302)
- Tabelle 5.12: Bemaßungen für Pushbuttons (Seite 344)
- Tabelle 5.13: Bemaßungen für Tabcontrols (Seite 355)

5.15.2.3 Anordnung in einer Maske

Für die Anordnung einer Checkbox in einer Eingabemaske, die hauptsächlich aus SingleLineEdit-Controls besteht, gibt es zwei Möglichkeiten: Befindet sich — das ist die Standardeinstellung — das kleine Kontrollkästchen links vom Text, sollte die Checkbox linksbündig mit den SingleLineEdit-Controls anschließen; so, wie das auf der Abbildung 5.28 links zu sehen ist.

Die meisten Entwicklungssysteme — Delphi, Visual Basic und CA-Visual Objects sind hier gleich mächtig — unterstützen auch die Anordnung des Textes links vom Kontrollkästchen. In diesem Fall läßt sich durch geeignete Skalierung der Checkbox eine sozusagen zweiteiliges Element, bestehend aus dem Text und dem Kästchen, simulieren, das sich harmonisch in die Get-Maske einfügt.

5.15.2.4 Anordnung: Nur vertikal!

Ähnlich wie Radiobuttons sollten Checkboxen grundsätzlich nicht horizontal angeordnet werden, da es der Übersicht und Erkennbarkeit sehr abträglich ist. Allerdings ist diese Regel bei Radiobuttons durchaus schärfer und unerbittlicher; aber denken Sie in Notfällen stets daran, daß vertikal angeordnete Checkboxen erheblich übersichtlicher sind und schneller identifiziert werden können.

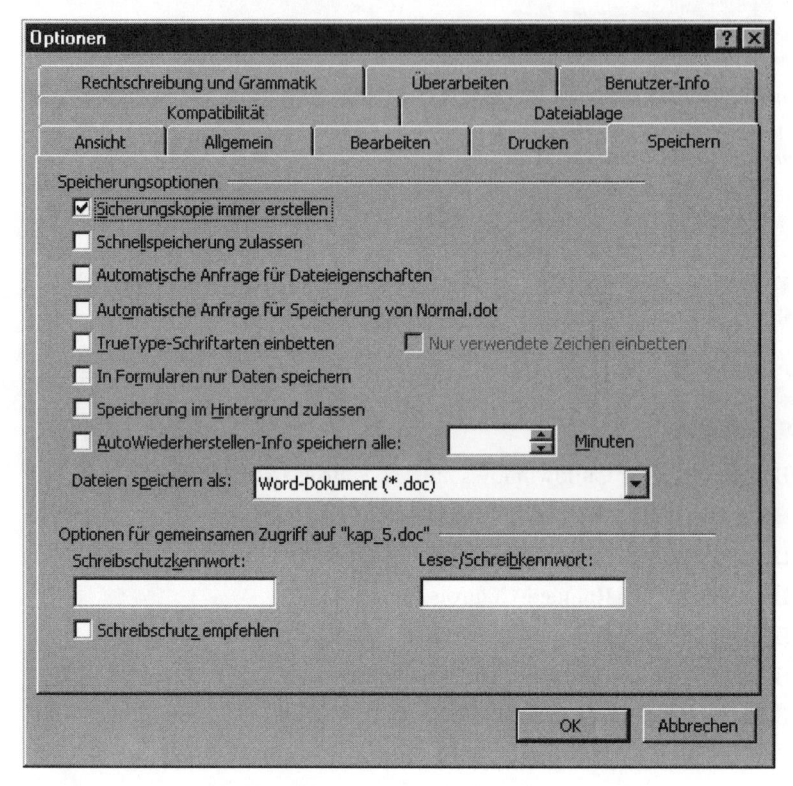

Bild 5.30: Die ersten beiden Checkboxen sollten Radiobuttons sein

5.15.3 Eigenschaften

5.15.3.1 Ja, Nein, Undefiniert

Auch diese Steuerelemente zeigen einen Zustand an, lösen aber bei Betätigung keine andere Aktion aus. Neben reinen logischen oder binären Werten wie „Ja/Nein" erlaubt der Stil „3 State" einen undefinierten Zustand, den ein graues Quadrat anzeigt. Dieser deutet an, daß noch keine Entscheidung für eine der beiden Möglichkeiten gefallen ist. Man sollte diese Art Checkbox nur benutzen, wenn ein nicht markiertes Kontrollkästchen keinen neutralen Zustand markiert.

Solche Dreifachschalter werden häufig bei zur Angabe eines Formats benutzt: Beinhaltet ein Text beispielsweise unterschiedlich formatierte Zeichen, wäre eine Checkbox „Kursiv" zuerst auf den undefinierten Zustand zu setzen, wenn der Text bereits normale und kursive Zeichen enthält. Wählt der Anwender die Checkbox an, erscheinen alle Zeichen kursiv, wählt er sie ab, werden sie normal formatiert. Der dritte Zustand beläßt die Zeichen im aktuellen Mischzustand.

5.15.3.2 Gegenseitiger Ausschluß

Daß sich auch Profis gelegentlich beim Griff in die Controlkiste irren, zeigt das Beispiel der Abbildung 5.30 eines Dialogs von Word für Windows 97: Die beiden Optionen „Sicherungskopie immer erstellen" und „Schnellspeicherung zulassen" schließen sich gegenseitig aus und müßten daher eigentlich als Radiobuttons implementiert werden.

5.15.3.3 Keine Auslösung von Aktionen

Soll die Betätigung einer Checkbox nicht nur einen Wert oder Zustand ändern, sondern auch mit der Auslösung einer Aktion verbunden sein, ist eine normale Checkbox, die nur zur Anzeige dienen soll, erst einmal nicht das richtige Control. Will man beispielsweise ein Dokument nur ein einziges Mal ausdrucken und anschließend diese Option sperren, ist ein Pushbutton die bessere Alternative zu einer Checkbox — zumindest wenn diese den Standardstil besitzt.

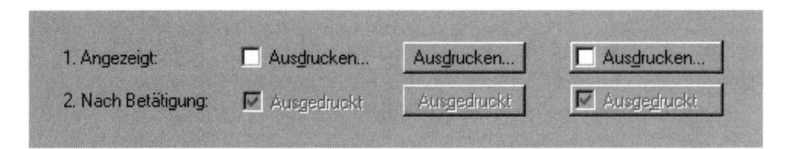

Bild 5.31: Schlecht, gut, am besten: Aktionsauslöser plus Zustandsanzeige

5.15.4 Erweiterte Attribute

Seit Windows 95 besitzen aber auch Checkboxen erweiterte Stile, die ihren Einsatz auch für den beschriebenen Fall ermöglichen. Man kann Checkboxen nämlich einen Stil zuweisen, der das Kontrollkästchen beibehält, dieses aber inklusive der Beschreibung mit einem Rahmen umgibt, sie also in einen Pushbutton verwandelt, der neben der Beschriftung eine Checkbox anzeigt. Aus diese Weise erschließen sich ganz natürlich beide Funktionen: Anzeige des Wertes plus Möglichkeit zum Betätigen. Die zusätzlichen Stile sind

- WS_EX_DLGMODALFRAME,
- WS_EX_WINDOWEDGE und
- WS_EX_STATICEDGE.

Leider erlauben nicht alle Entwicklungssysteme die Zuweisung der notwendigen erweiterten Stile direkt im Painter. Wenn die Programmiersprache aber Aufrufmöglichkeiten von API-Funktionen besitzen, können diese per SetStyle () meist auch nachträglich geändert werden.

Diese Möglichkeit bietet sich auch an, wenn beispielsweise über eine Checkbox erkennbar sein soll, ob zu einem Datensatz ein Notizfeld vorhanden ist. Ein Knopfdruck auf diese erweiterte Checkbox könnte den entsprechenden Dialog gleich aufrufen.

Check Box Properties	
chkAusdrucken	

| HyperLabel | General | Styles | ExStyles |

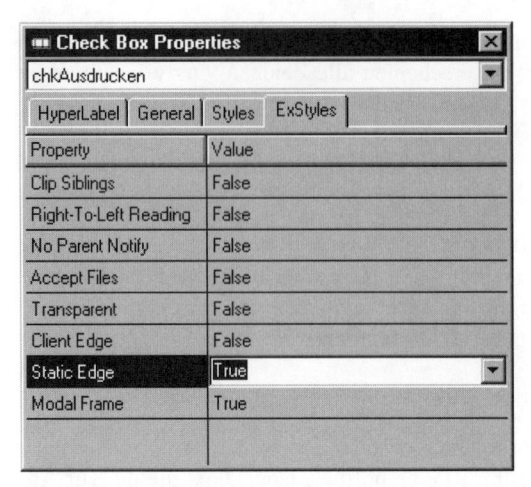

Property	Value
Clip Siblings	False
Right-To-Left Reading	False
No Parent Notify	False
Accept Files	False
Transparent	False
Client Edge	False
Static Edge	True
Modal Frame	True

Bild 5.32: Die erweiterten Checkbox-Stile im CA-Visual Objects-Painter

5.15.5 Alternativen

5.15.5.1 Eingabefelder

SingleLineEdit-Controls mit „J/N"-Eingabemöglichkeit sind in Zeiten & Betriebsystemen, die Checkboxen kennen, wirklich keine Alternative mehr. Ein kaum zu entkräftendes Argument ist allerdings, daß eine einzelne Checkbox in einer Eingabemaske, die aus lauter SLE-Controls besteht, natürlich sehr exotisch wirkt. Auch die Umkehrung der Anordnung „Control-Kästchen vor Beschreibungstext" ist zwar üblich, aber doch ziemlich unterschiedlich von der Restmaske.

5.15.5.2 Pushbuttons

Ähnlich wie bei Radiobuttons erlauben neuere Programmiersprachen auch für Checkboxen den Stil „Anzeigen als Pushbutton". Checkboxen besitzen damit eine Option wie Schaltflächen und werden bei Betätigung eingedrückt oder „schnappen" wieder zurück.

Allerdings gilt weiterhin die Grundregel, nach der Checkboxen keine Aktion ausführen, sondern einen Zustand anzeigen. Gut geeignet sind Bitmapbuttons, die man hinein- und wieder herausdrücken kann. Häufig ist der gewünschte Zustand durch ein Symbol eindeutig und besser beschreibbar als durch einen Text; da sollte man nicht zögern und sein Malprogramm starten...

Für Zustände, die häufig umzuschalten sind, bieten sich auch Toolbarbuttons an, deren eingedrückter Zustand den „Ja"-Fall repräsentiert, und die jederzeit im schnellen Zugriff stehen.

5.15.5.3 Radiobuttons

Es gibt einige wenige Ausnahmefälle, in denen trotz nur zweier Zustände Checkboxen nicht zum Einsatz kommen, sondern man besser eine Radiobutton-Gruppe mit zwei Elementen definiert: Wenn einer der beiden Zustände entgegen aller „political correctness" eine unschöne Gewichtung erhält:

Bild 5.33: Zu vermeiden: nur zwei Möglichkeiten, aber trotzdem keine Checkbox

Möglicherweise ist der Fall zu berücksichtigen, daß das Geschlecht der Person nicht bekannt ist oder nicht ermittelt werden kann. In diesem Fall bieten aber auch die Checkboxen über einen Stil BS_AUTO3STATE einen dritten Zustand „Undefiniert" an, der durch ein graues Quadrat markiert ist.

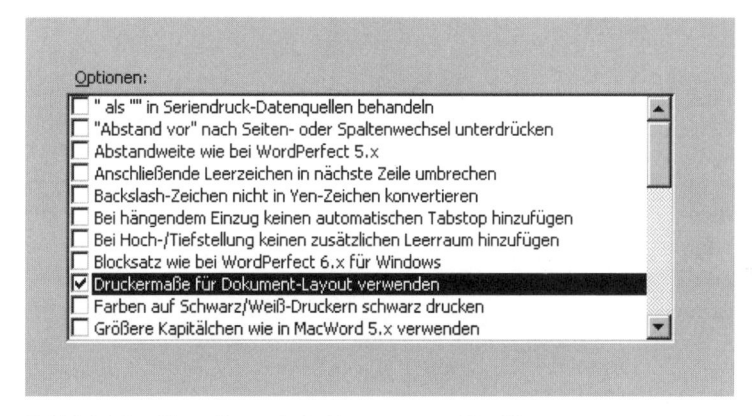

Bild 5.34: ListView-Control als Alternative zu Checkboxen

5.15.5.4 Listboxen

Bei Überschreiten einer gewissen Anzahl von Checkboxen (auch hier gilt die 7 +/- 2-Regel) oder wenn das Hinzufügen weiterer Optionen abzusehen ist, sollte ein Multi-Select-Control Verwendung finden. Da hier die Markierung-/Entmarkierung einzelner Zeilen ein ziemliches Geschick vom Anwender verlangt, sind, stellt das Entwicklungssystem derlei zur Verfügung, aber Listen mit Checkboxen entschieden vorzuziehen. Hier besitzt jede Zeile eine eigene Checkbox, die auf Wunsch aktiviert werden kann.

Grundsätzlich ist jede Anzahl von Checkboxen durch Rahmen, Linien oder Leerraum geeignet zu gruppieren. Versuchen Sie, inhaltlich zusammengehörige Checkboxen auch räumlich zu strukturieren; dann bleiben auch größere Mengen von Schaltern übersichtlich.

5.15.5.5 ListView-Controls

Werden viele Checkboxen benötigt, bietet sich ein ListView-Control an, dessen ersten Spalte der Anwender an- oder abklicken kann. Zudem müssen nicht alle ListView-Zeilen komplett angezeigt werden. Diese Neuerung steht Ihnen übrigens auch schon in Windows 95 zur Verfügung, wenn Ihre Programmiersprache API-Funktionen unterstützt. In Kapitel 5.18 wird entsprechender Code dargestellt.

5.15.5.6 TreeView-Controls

Auch die vergleichsweise neuen TreeView-Controls, die ebenfalls in Windows 98 mit erweiterten Funktionen ausgestattet sind, erlauben den Einbau von Checkboxen direkt in die Elementzeilen. Im Kapitel 5.19 werden sie ausführlicher vorgestellt werden.

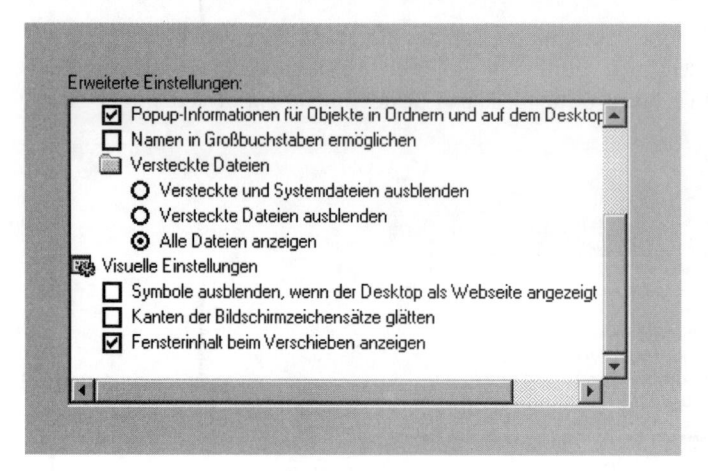

Bild 5.35: TreeView-Control als Alternative zu Checkboxen

5.15.5.7 Darstellung von Bitmaps

Ist die Programmierung von Owner-Drawn-Combo- undListboxen keine ganz einfache Angelegenheit, erlauben List- und TreeView-Controls auf sehr einfach Art den Einbau beliebiger Bitmaps, die eine zweite sogar maskenartig überlagern kann. Letzteres stellt häufig eine ideale Art der Zustandskennzeichnung dar.

5.15.5.8 Checkboxen vs. Pushbutton

Steht neben einem Ausdruck auch eine Vorschau-Option zur Verfügung, bietet eine Dialogbox häufig diese Option in Form einer Checkbox an. Einfacher und übersichtlicher wäre die Belegung eines zusätzlichen dritten Buttons; jede der drei Möglichkeiten stände dann mit einem einzigen Mausklick zur Verfügung.

Checkboxen 313

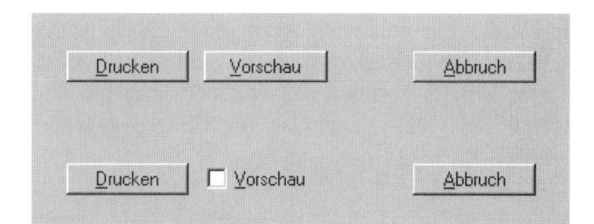

Bild 5.36: Drei Buttons Drucken, Vorschau, Abbruch vs. Start, Abbruch, [X] Vorschau

5.15.6 Beliebte Fehler

5.15.6.1 Was heißt hier „angeklickt"?

Achten Sie darauf, daß aus dem Kontext klar hervorgeht, was mit „angeklickt" gemeint ist. Eines meiner Lieblingsbeispiele ist ausgerechnet das Stetupprogramm von Windows, über das sich Komponenten nachinstallieren und ergänzen lassen. Leider erfährt man nicht mit völliger Klarheit, ob das Häkchen bedeutet, daß eine Komponente bereits vorhanden ist, oder ob es meint: „Nicht vorhanden; kann somit installiert werden". Weder die immerhin vier Zeilen Text noch der „Detail"-Dialog bringen vollständige Klarheit; insbesondere, wenn man sein System — was bei Einsteigern ja schon mal vorgekommen sein soll — gar nicht kennt.

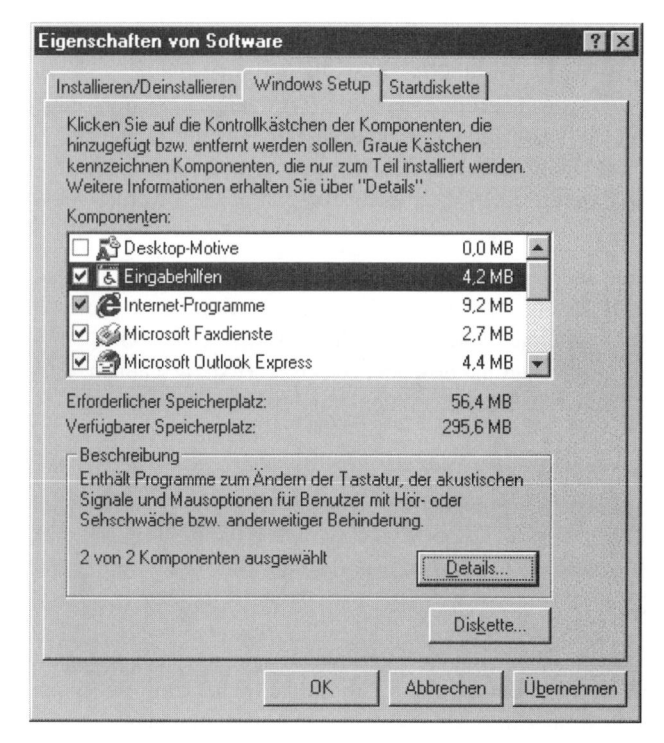

Bild 5.37: Ist diese Option nun bereits vorhanden, oder wird sie installiert?

Verstärkt wird dieses Mißverständnis dadurch, daß das bejahende Kreuz bzw. „X" ja sogar das Gegenteil, nämlich einen unerwünschten Zustand, meinen könnte. Dies gilt insbesondere für Benutzeroberflächen, die — etwa bei den Borland-Pushbuttons — als Symbol für Abbruch ja ebenfalls ein (rotes) Kreuz verwenden, das eine gegenüber der Checkbox genau gegenteilige Bedeutung hat.

5.15.6.2 Anordnung

Von der horizontaler Anordnung wurde ja bereits grundsätzlich abgeraten; sieht man sie gelegentlich doch einmal, verstärkt sich der negative Eindruck häufig noch durch eine zu enge Anordnung, bei der kaum erkennbar ist, zu welchem Text ein Kontrollkästchen gehört; immerhin ist die Anordnung „Control vor Beschriftung" ja eher exotisch.

5.15.6.3 Keine gegenteilige Bedeutung

Haben die beiden Zustände einer Checkbox keine klare, gegenteilige Bedeutung, sollte man lieber zwei Radiobuttons verwenden. Beispielsweise ist als Gegenteil von „Pulswahl" nicht jedem „Tonwahl" geläufig. Gleiches gilt für negative Zustände wie „Nicht ausgedruckt". Hier bleibt unklar, ob eine gesetzte Checkmarke den positiven oder negativen (in diesem Fall: „Ausgedruckt") meint. Der Text selbst sei immer positiv; die Checkmarke bedeutet im angeklickten Fall stets „Ja".

5.15.6.4 Zu langer Text

Gerade größere Mengen von Checkboxen lassen oft eine sinnvolle und übersichtliche Strukturierung vermissen oder zwingen den Anwender, umfangreiche Textmengen lesen zu müssen, um einen bestimmten Schalter zu lokalisieren. Erleichtern Sie ihm die Suche durch logisch gruppierte Mengen von Checkboxen, die durch einen passenden und vor allem beschrifteten Rahmen verhindern, daß unnötige Checkboxbeschriftungen gelesen werden müssen.

Bei einer Gruppe von 20 Checkboxen sind eben im schlechtesten Fall alle 20 Texte zu lesen; bei Verwendung von 4 Gruppen mit jeweils 5 Elementen sind es eben maximal 4 plus 5 Texte. Da letztere Möglichkeit aber naturgemäß Wortwiederholungen vermeidet, weil Begriffe bereits in der Rahmenüberschrift auftauchen, ist erheblich weniger Text zu scannen. Aus gleichem Grund sollte man Checkboxen- oder Radiobuttontexte nie mehrzeilig gestalten.

5.16 Comboboxen

5.16.1 Eigenschaften

5.16.1.1 Auswahl „on demand"

Comboboxen sind Auswahlelemente, die sehr schön die Möglichkeit zeigen, es bei geringem Platzbedarf dem Benutzer zu überlassen, bei Bedarf eine Liste mit zur Verfügung stehenden Elementen aufzuklappen. Diese können über den Anfangsbuchstaben bei geeigneter Anzahl und Beschriftung in der Regel genügend schnell angesprungen werden.

5.16.1.2 Anzahl der Elemente

Zwar erlauben Comboboxen auch die Auswahl eines Elementes durch Tippen des Anfangsbuchstabens, aber nur wenige Anwender machen von dieser Funktion Gebrauch oder kennen sie überhaupt. In der Statuszeile oder in einem Tooltip sollte auf diese Möglichkeit hingewiesen werden.

Die Anzahl der Elemente, die in der Liste zur Auswahl stehen, sollte so bemessen sein, daß das Anspringen der einzelnen Einträge ohne aufwendige Mausoperationen möglich ist. Erreicht die Anzahl der notwendigen Mausklicks gar Zweistelligkeit, ist ein anderes Auswahlelement oder, bei Platznot, lieber eine zusätzliche Dialogbox aufzurufen, die über geeignete Controls, etwa Eingabefelder oder TreeView-Bäume, den schnellen und unkomplizierten Zugriff erlaubt.

5.16.1.3 Stile: Simple, Drop-down und Drop-down List

Die erste Variante erfordert vergleichsweise viel Platz, da die Liste stets aufgeklappt angezeigt wird. Sie findet beispielsweise Verwendung bei der Auswahl eines Fonts oder einer Schriftgröße; hier ist also stets nur genau ein Element gültig. Die naheliegende Alternative einer Listbox besitzt weniger den Auswahlcharakter des einen Elementes.

Drop-down-Comboboxen erlauben neben der Auswahl auch die Eingabe von Daten und bieten sich für Listen an, die der Anwender selbst erweitern kann. So kann er beispielsweise mögliche Anreden durch Eingabe einer neuen selbst pflegen. Wichtig ist in solchen Fällen die Registrierung der neuen Daten, die beim nächsten Mal automatisch Bestandteil der Auswahl werden sollten.

Berücksichtigen Sie aber in jedem Fall die Möglichkeit, daß der Anwender versehentlich ein bereits vorhandenes Element falsch schreibt oder zusätzlich aufnimmt. Neben dem Hinzufügen sollte dann also auch das Ändern oder Entfernen bestehender Einträge zur Verfügung stehen.

In einer Drop-down-Liste kann ein Element dagegen nur ausgewählt werden. Es ist nicht möglich, kein Element zu wählen; daher ist häufig eine Zeile wie „– Keine Auswahl –" Bestandteil der Liste.

5.16.1.4 Komfort vs. Zugriffszeit

Bei einer größeren Anzahl von kurzen Elementen ist die manuelle Eingabe auch dann zu ermöglichen, wenn sie nur aus Geschwindigkeitsgründen Sinn macht und neue Einträge nicht erlaubt sind. Immerhin ist die Eingabe einiger weniger Zeichen erheblich schneller als die Auswahl eines Elementes aus einer Liste; zumal, wenn diese Zeichen wiederholt eingegeben werden. Berücksichtigen Sie also stets beide Varianten: Neben der bequemen und Fehler vermeidenden Auswahl sollte für geübte Anwender aber auch die schnellere Eingabe erlaubt sein, die eine nachfolgende Validierung auf Gültigkeit erfordert.

5.16.1.5 Manuelle Eingabe von Daten

Editierbare Comboboxen sind meist leider nicht ausreichend von reinen Auswahlelementen zu unterscheiden. Zwar sind Drop-down-Comboboxen unter Windows durch einen Abstand zwischen Eingabeteil und Abpfeil gekennzeichnet — bei der Drop-down-Listen befindet sich der Button direkt am Rahmen —; diese Unterscheidung ist aber so subtil, daß kaum ein Anwender sie jemals bewußt wahrgenommen hat. Ich pflege daher Eingabefelder mit einem eigenen (nichtproportionalen) Font und durch Gelbfärbung bei Fokussierung zu charakterisieren.

5.16.2 Bemaßungen

5.16.2.1 Größe des Edit-Teils

Wie bereits bei der editierbaren Combobox im Kapitel 5.8 beschrieben, erlaubt Windows grundsätzlich auch dann die Skalierung des „SLE"-Teils einer Combobox, wenn die Programmiersprache nur die Zuweisung der Größe der Klappliste erlaubt. Comboboxen sollten ein Erscheinungsbild haben, das identisch ist zu einem normalen SingleLineEdit-Control, dem am rechten Rand ein Pushbutton zugeordnet wurde. Daher gelten insgesamt dieselben Bemaßungsregeln wie für Eingabefelder (Tabelle 5.9 auf Seite 284).

5.16.2.2 Größe der Liste

Hier ist ein sinnvoller Kompromiß zu finden, der einerseits möglichst viele der zur Auswahl stehenden Elemente auf einen Blick zeigt, andererseits aber auch nicht einen zu großen Teil des Fensters überdeckt und die Auswahl durch eine große Anzahl von Zeilen erschwert. Die Miller'sche Regel der „7 +/- 2" Einträge dürfte auch hier, einmal mehr, Anwendung finden. Zwingen Sie den Anwender, die Liste zu scrollen, erhöhen Sie erheblich das Risiko, daß er sie versehentlich zuklappt, da die Wahrscheinlichkeit für einen Klick neben den Scrollbar, der die Liste schließt, mit der Anzahl der Mausklicks wächst.

5.16.2.3 Breite der Einträge

Die Einträge einer Combobox sollten nach Möglichkeit nur jeweils einige wenige Worte umfassen. Sind längere Texte unumgänglich, sollte man ein anderes Control wählen, bei dem die Chance geringer ist, während der länger dauernden Lektüre versehentlich die Liste durch Abrutschen der Maus zu schließen.

Zu breite Einträge erhöhen die notwendige Lesezeit. Achten Sie aber darauf, daß die Zeilen möglichst vollständig zu erkennen sind. Dateinamen mit Pfadangaben werden leider häufig abgeschnitten, weil der Entwickler nicht mit stark verschachtelten Verzeichnissen oder langen Dateinamen gerechnet hat. Kommt eine breitere Combobox nicht in Frage, sollte das aktuelle Element vollständig in Form eines Tooltips (das ist in Windows 98 Standard) oder wenigstens in der Statuszeile angezeigt werden.

5.16.2.4 Anordnung

Neben den Bemaßungsregeln für SingleLineEdit-Controls ist ratsam, den Klappfeil so zu plazieren, daß er bei vertikaler Anordnung von Comboboxen innerhalb einer Maske von Eingabefeldern so weit über den rechten Rand des Edit-Teils herausragt, daß dessen rechter Rand bündig mit dem der anderen Felder abschließt.

5.16.3 Alternativen

5.16.3.1 Radiobuttons

Bei weniger als etwa fünf Elementen sollte man alternativ Radiobuttons benutzen. Leider findet man häufig Comboboxen, deren Elemente keiner Erweiterung bedürfen, nur einige wenige Zeilen umfassen und in Form von Radiobuttons sehr viel schneller zu bedienen wären.

5.16.3.2 Drehfelder

Drehfelder oder Spinner-Controls sind in erster Linie für numerische Eingaben gedacht oder zur Auswahl aus solchen Listen, deren Folgeelemente der Anwender erraten kann. Wochentage oder Jahreszeiten wären hierfür Beispiele — wobei allerdings die Auswahl über eine Combobox doch die schnellere Variante darstellen dürfte.

5.16.3.3 Listboxen

Listboxen sind nun mit den Comboboxen eng verwandt (in objektorientierten Sprachen sind die Comboboxen meist von Listboxen vererbt), benötigen aber einen stets konstanten Platz. Comboboxen zeigen deutlicher den einen, gültigen Wert; daß er möglicherweise mit Hilfe der aufklappbaren Liste ausgewählt wurde, ist dabei unerheblich. Eine Listbox zeigt immer zumindest einige der möglichen Alternativen und ist daher beispielsweise für die Darstellung der aktuellen Anrede eines Personendatensatzes weniger geeignet.

5.16.3.4 Popup- & Kontextmenüs

Popup-Menüs, eine Art „buttongebundenes Kontextmenü" werden ausführlich im Menü-Kapitel 4 beschrieben; gleiches gilt für das Kontextmenü, das als Auswahlelement allerdings noch nicht allzu verbreitet ist. Dabei erlaubt es sehr übersichtlich die Auswahl aus einer Anzahl von Möglichkeiten, die dem Anwender in Form vom Menüoptionen angeboten werden. Die Anzahl der Optionen ist natürlich auf eine sinnvolle Zahl zu begrenzen, die sich sicher im Bereich eines Dutzends bewegen dürfte.

Ich benutze Kontextmenüs als Auswahlelemente für SingleLineEdit- und MultiLineEdit-Controls gerne derart, daß ich die angebotenen Texte entweder aus Stammdaten ermittle oder, in Form von Floskeln, über eine INI-Datei auch vom Benutzer zu konfigurieren erlaube.

5.16.3.5 Auswahldialoge

Sobald eine Combobox als Auswahlelement zu umständlich oder überfüllt zu sein scheint, ist lieber auf einen zusätzlich zu öffnenden Auswahldialog auszuweichen, der in übersichtlicherer Form und mit Hilfe anderer Controls den schnellen Zugriff auf das gewünschte Element erlaubt.

Ein solcher Dialog bietet erheblich mehr Eigenschaften, die Sortierung umzuschalten, eine inkrementelle Suche durchzuführen oder auch eine Freitextsuche zu starten. Die beiden zusätzlichen Öffnen- und Schließvorgänge sind zu vernachlässigen, rechnet man die bessere Übersicht und fehlerfreiere Entscheidung hinzu: Bei Comboboxen geschieht es gerade Anfängern häufig, daß sie versehentlich ein falsches, unterhalb oder oberhalb des gewünschten Elements befindliches auswählen.

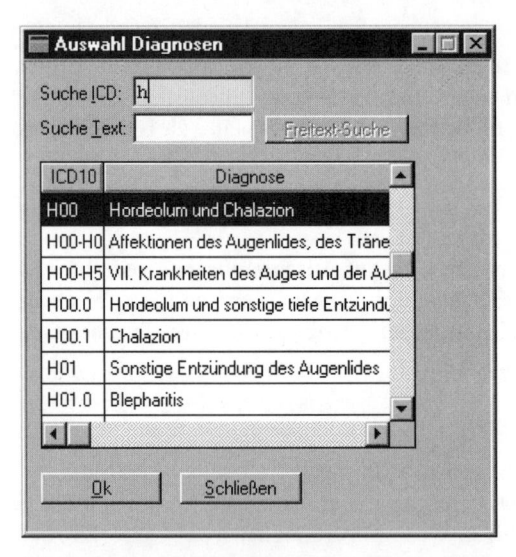

Bild 5.38: *Eine häufig günstige Alternative zu Auswahlcontrols: ein Dialog mit Suchmöglichkeiten*

5.16.4 Beliebte Fehler

5.16.4.1 Zu viele Einträge

Comboboxen sind keine geeigneten Elemente, um eine Auswahl aus allen Kunden oder allen Artikeln einer Datenbank zu treffen. Erreichen die Elemente einer Combobox gar, was einem durchaus gelegentlich begegnet, Dreistelligkeit, ist spätestens die bewährte Technik des Mausklicks- oder Tastenanschläge-Zählens angebracht; im Vergleich mit einer Alternative schneidet die Combobox sicher ungünstiger ab...

5.16.4.2 Zu wenig Einträge

Diesen Fall sieht man ebenfalls sehr häufig. Ein von mir sehr geschätztes Entwicklungssystem fordert für die Auswahl eines „Ja-/Nein"-Attributes eines Controls stets das Aufklappen einer Combobox, die dann — leider ebenfalls im steten Wechsel — wahlweise „TRUE" und „FALSE" oder „Ja" und „Nein" anbietet. Damit hat mich der Gestalter des Dialogs, der offenbar diese Option, die ich täglich mehrere Dutzend Mal betätigen muß, nie in der Praxis getestet hat, immerhin im Laufe der Jahre zu einigen tausend völlig unnötigen Mausklicks gezwungen: Schließlich benötige ich stets genau zwei Mausklicks und damit doppelt so viele wie bei zwei Pushbuttons oder Checkboxen; den nicht zu unterschätzenden Feinmotorikaufwand eingerechnet, der zusätzlich erforderlich ist, um den Abpfeil zu treffen und dann bei der Wahl der gewünschten Zeile nicht abzurutschen (natürlich rutscht man bei jedem dritten Mal zuverlässig ab und darf dann erneut starten...), läßt hier die Verwendung einer Combobox geradezu benutzerfeindlich erscheinen.

5.16.4.3 Zu lange Einträge

Zu lange Einträge in der Liste verzögern die Auswahl erheblich, da entsprechend viel Text vom Anwender erkannt werden muß.

5.16.4.4 Schlecht sortierte Einträge

Die beliebte alphabetische Sortierung ist keine universelle Allzwecklösung. Häufig ist eine problembezogene Anordnung oder eine gemäß der letzten oder häufigsten Auswahlen vorteilhafter. Auch hier ist nach dem Gesetz der großen Mausklickzahl sicherzustellen, daß nicht gerade die am häufigsten benötigten Optionen die größte Auswahlzeit erfordern.

5.16.4.5 Unvollständige Auswahl

Achten Sie darauf, daß die Auswahlmenge einer Drop-down-Combobox vollständig ist, also alle Möglichkeiten und Wünsche des Anwenders umfaßt. Eine Combobox „Versandart" etwa sollte also sicherheitshalber eine Option „Sonstige" enthalten, damit der Anwender für rare Spezialfälle nicht, wie oft zu sehen, aus Not ein unpassenden Eintrag wählen muß.

5.16.4.6 Keine Standard-Auswahl

Eine Combobox sollte nie leer sein. Ist der Wert unbestimmt oder nicht ermittelbar, sollte ein entsprechend neutrales Element diesen anzeigen. Es sollte sich optisch deutlich von gültigen bzw. „richtigen" Werten unterscheiden; dieses erreicht man durch einen einleitenden und abschließenden Gedankenstrich wie beispielsweise „— Undefiniert —".

5.16.4.7 Größe des Listenteils

Ein Großteil der Einträge sollte auf einen Blick erkennbar sein. Comboboxen etwa mit zehn Einträgen sollten einen Listenteil erhalten, der alle Zeilen umfassen kann. Werden beispielsweise nur drei Zeilen angezeigt, erfordert die Auswahl zusätzliche Mausklicks zum Scrollen, was die Zugriffszeit erhöht und die Übersicht schmälert. Eine zweistellige Anzahl von Listenzeilen sollte allerdings vermieden werden, um den Anwender nicht zu verleiten, die Auswahl nur über Scannen der Einträge zu treffen.

5.17 Listboxen

5.17.1 Eigenschaften

5.17.1.1 Anzeige eines Vorrats

Listboxen haben einen ähnlichen Einsatzbereich wie Comboboxen, zeigen die auszuwählenden Elemente aber ständig an. Sie benötigen daher entsprechend mehr Platz. Die Anzahl der Elemente sollte nach ähnlichen Gesichtspunkten beschränkt sein; als Ersatz für datenbankorientierte Browser oder TreeView-/ListView-Controls sind sie keineswegs geeignet.

Listboxen sind bei entsprechend vorhandenem Platz gute geeignete Controls, um eine dynamische Menge von Elementen anzuzeigen. Ein sinnvolles Beispiel wäre etwa die Anzeige der Versicherungspolicen eines Kunden, der Posten einer Rechnung und dergleichen.

5.17.1.2 Anzeige eines Zustands?

Ungeeignet ist eine Listbox zur Anzeige eines aktuellen Wertes aus einer Liste vorhandener Möglichkeiten. Ist für einem Kunden beispielsweise eine bestimmte Versandart bei den Stammdaten gespeichert, ist eine Listbox nicht das geeignete Control, die jeweils aktuelle Art beim Blättern durch den Kundenbestand anzuzeigen. Hier wäre eine Combobox sinnvoller, da die anderen Versandarten beim Blättern nicht von Interesse sind. Eine Combobox zeigt den aktuellen Zustand an und erlaubt auf Wunsch dessen Änderung.

Ist die Anzahl der möglichen Versandbedingungen einigermaßen konstant, könnten alternativ auch Radiobuttons benutzt werden. Diese hätten den Vorteil, daß ein geübter Anwender die Belegung bereits allein aufgrund der Position der Markierung auszumachen in der Lage ist, ohne daß er die Beschriftungen bewußt lesen müßte.

5.17.2 Attribute

5.17.2.1 Sortierung

In der Standardeinstellung einer Listbox ist die Sortierung aktiv; flexibler ist allemal deren Deaktivierung. Die Möglichkeit, im Programm die Liste zu sortieren, besteht ja weiterhin.

5.17.2.2 Suche über den Anfangsbuchstaben

Ähnlich wie Comboboxen genügt die Betätigung des Anfangsbuchstabens, um ein passendes Element anzuspringen. Dabei wird die Suche weiterer Elemente mit gleichem Buchstaben an der aktuellen Position fortgesetzt.

5.17.2.3 Mehrfach- und erweiterte Auswahl

Listboxen erlauben über die Attribute „Multi selection" und „Extended selection" die Möglichkeit, mehr als ein Element mit der Tastatur (<Shift>-Taste und Navigationstasten) oder der Maus (Mausklick und <Shift>-Mausklick bzw. <Strg>-Mausklick) auszuwählen. Diese Technik verlangt vom Anwender aber eine gewisse Motorik und führt leicht zum versehentlichen Markieren unerwünschter Elemente.

Windows 98 mit den neuen Web-kompatiblen Bedientechniken, die ein Element durch Überstreichen markieren und per Klick bereits starten, wird hier einige Neuerungen einführen. Daher ist zu erwarten, daß das Listbox-Control früher oder später durch das ListView-Control abgelöst wird, das über einen Schalter eine Checkbox-Spalte hinzufügt, deren Kontrollkästchen einfacher angeklickt werden können, ein besseres optisches Feedback enthalten und versehentliche Auswahlen vermeiden helfen.

5.17.2.4 Sinnvolle Schaltflächen

Plazieren Sie in geeigneter Nähe Pushbuttons wie „Alles markieren", „Nichts markieren" und vor allem „Markierung umkehren". Besonders die letzte Schaltfläche erleichtert die Auswahl erheblich. Solche Buttons sollten stets unterhalb oder rechts neben der Listbox angeordnet werden.

5.17.2.5 Tabulatoren

Zusätzlich zu der Variante, mit Hilfe eines Nicht-Proportionalfonts Texte über Leerzeichen mehrspaltig anzuzeigen, gestatten Listboxen auch den Einbau echter Tabulatoren, die pixelgenau gesetzt werden können. Diese Möglichkeit hat aber angesichts der neuen ListView-Controls deutlichen Bastelcharakter und sollte als Ersatz für browserartige Ansichten nicht mehr Verwendung finden.

5.17.3 Bemaßungen

Da der Anwender ohne zusätzliche Programmierung und ohne zusätzliche Controls keine Möglichkeit hat, die Breite einer Listbox zu verändern, sollte deren Abmessung auf jeden Fall so dimensioniert sein, daß die Einträge vollständig angezeigt werden können. Dabei nehme man gegebenenfalls in Kauf, daß zur Bestimmung der notwendigen Breite die anzuzeigenden Elemente einmal durchzumessen sind.

5.17.4 Alternativen

5.17.4.1 Auswahlelemente

Alternativ sollten die üblichen Auswahlelemente wie Radiobuttons, Comboboxen, Checkboxen (bei Multi-Select-Fähigkeit) in Erwägung gezogen werden. Radiobuttons erzwingen bei einer Erweiterung der Elementanzahl eine möglicherweise sehr aufwendige Änderung des Layouts, zeigen dafür aber alle Elemente — das sollten allerdings auch nicht allzu viele sein... — auf einen Blick.

5.17.4.2 ListView-Controls

ListView-Controls erlauben bei entsprechender, inzwischen aber auch erwartbarer Programmierung die Umschaltung der Sortierung durch einfaches Klicken in die Spalte. Neuere Stile — siehe das nächste Kapitel 5.18 — lassen sogar die Verschiebung von Spalten zu.

Zusätzlich kann durch inkrementelle Suche das gewünschte Element sehr schnell angesprungen werden. Es ist zu erwarten, daß ListView-Controls die Listboxen ablösen werden.

5.17.4.3 Browser

Solche Controls sind meist mit zusätzlichen Such- und Sortierfunktionen ausgestattet, die die Bedienung zwar aufwendiger, das Herausfinden des gewünschten Elementes aber schneller machen helfen. Für die Auswahl eines Datensatzes einer Datenbank ist ein Browser meist das am besten geeignete Control.

5.17.5 Beliebte Fehler

5.17.5.1 Fehlende Information

Eine Listbox enthält in der Regel nur eine einzige Spalte mit der Information, die der Anwender zur Entscheidungsfindung zur Verfügung hat. ListView-Controls dagegen unterstützen auch optisch ansprechende Spalten, die der Anwender zudem bei entsprechender Programmierung noch aufsteigend und absteigend sortieren kann.

5.17.5.2 Anordnungssünden

Listboxen können mit der Eigenschaft „Integral height" ausgestattet werden. Sie beinhalten dann nur komplette Zeilen; abgeschnittene Buchstaben aufgrund eines möglicherweise anders dimensionierten Fonts sind damit nicht zu sehen. Diese Möglichkeit erlaubt aber gleichzeitig dem Programm, zur Laufzeit die Höhe an die darstellbare Zeilenanzahl anzupassen; damit ist der untere Rand des Rahmens nicht mehr vorhersagbar plaziert. Ich ziehe entschieden mögliche Halbzeilen vor; dafür bleibt das Layout der Elemente so, wie es ich im Painter vorgesehen habe.

5.17.5.3 Darstellung zu vieler Elemente

Muß der Anwender mehr als etwa ein halbes Dutzend mal blättern, sollten Sie geeignete Controls kombinieren, um die Auswahl zu beschleunigen. Zwar erlauben Listboxen die Suche über den Anfangsbuchstaben, aber dreistellig sollte die Anzahl wirklich nicht werden. Leider sind Dateiauswahlboxen häufig schlechte Vorbilder — bei den heutigen Festplattengröße übersteigt das Auslisten aller Pfade beispielsweise des Wurzelverzeichnisses meist deutlich das sinnvolle Fassungsvermögen von List- und Comboboxen.

Benutzen Sie ab einer gewissen Anzahl von Elementen passende Filter in Form fertiger Radiobuttons oder eines Eingabefeldes, über das der Anwender die Auswahl reduzieren kann. Häufig ist die Möglichkeit sinnvoll, die Sortierung umschalten zu können.

5.18 ListView-Elemente

5.18.1 Bezeichnungen

5.18.1.1 ListView und ListViewItems

Ein ListView-Control besitzt Spalten und Zeilen. Letztere werden als ListViewItems, also als die eigentlichen Elemente eines ListViews, bezeichnet. Die Spalten besitzen Spaltentitel, die bei entsprechender Programmierung beim Mausklick die Spalte auf- oder absteigend sortieren; meist ist die Sortierung so implementiert, daß bei jedem Klick die Sortierreihenfolge gewechselt wird. Der Algorithmus hierzu läßt sich übrigens selbst definieren.

5.18.1.2 Vier Darstellungen

Die ListView-Elemente erlauben vier Arten der Darstellung, die meist über vier genormte Symbole umgeschaltet werden können. Windows 98 hat sich hier ein neues Comboboxartiges Control einfallen lassen, das für die Auswahl jeder Variante immerhin doppelt so viele Mausklicks benötigt wie Windows 95, nämlich zwei.

Die vier Darstellungsformen sind „Detailliste" („Detail View" oder auch „Report View"), „Listenanzeige" („List View"), „Kleine Symbole" („Small Icon View") und „Große Symbole" („Large Icons View" oder auch „Standard Icon View"). Letztere spielen für die meisten

Applikationen eine wohl eher untergeordnete Rolle, auch wenn der Name anderes vermuten läßt. Aber die Darstellung der Icons in der Größe 32 mal 32 Pixel ist so raumfüllend, daß sie sicher nur in Ausnahmefällen zum Zuge kommen wird.

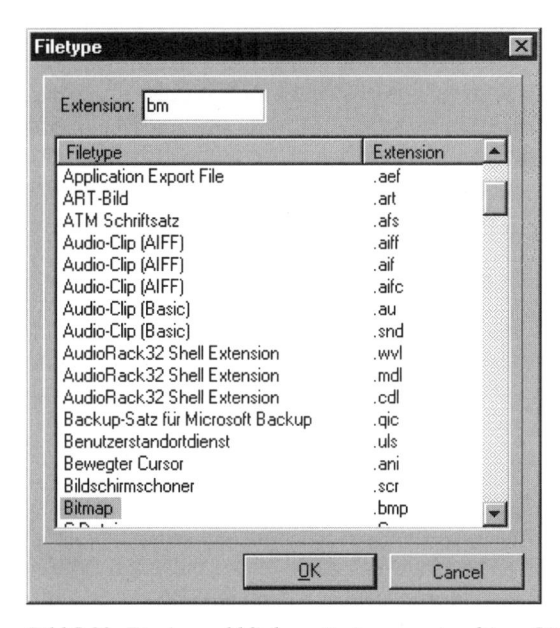

Bild 5.39: Ein Auswahldialog mit einem zweispaltigen ListView-Control

5.18.2 Eigenschaften

5.18.2.1 Sortierung (bitte anzeigen!)

ListView-Controls besitzen zur Zeit noch keine Standardfunktion zum Sortieren der Einträge. Dazu ist vielmehr eine eigene Callback-Funktion zu schreiben, die als Parameter zwei Zeiger auf die zu vergleichenden Elemente sowie einen auf das ListView-Control übergeben bekommt. Eine positive Rückgabe signalisiert, daß das erste Element hinter, eine negative, daß das erste vor dem zweiten Element einsortiert werden soll. Bei einer Rückgabe von 0 sind beide Werte gleich.

Man sollte die Möglichkeit benutzen, Einträgen nicht nur schlicht alphabetisch oder numerisch sortieren, sondern auch beliebige und für die Applikation optimale Anordnungen erzeugen zu können. Zeigen Sie aber eine aktive Sortierung an. Ich finde es sehr schade, daß man bei den üblichen ListView-Controls, wie sie beispielsweise im Windows-Explorer Verwendung finden, nicht erkennen kann, welche Spalte die Sortierung vorgibt und ob diese aufsteigend oder absteigend ist. Ein kleiner nach oben oder unten zeigender Pfeil im Spaltentitel beseitigt diesen Mißstand. Ist derlei aufwendig zu programmieren, sollte man zumindest ein Zeichen wie „<" für aufsteigend und „>" für absteigend dem Spaltentitel voran- oder nachstellen.

Die Abbildung 5.39 zeigt ein sehr schönes Beispiel für die Kombination eines ListView-Controls mit einem Eingabefeld, das die Suche in der zweiten Spalte erlaubt, obschon die Elemente nach der ersten Spalte sortiert sind.

5.18.2.2 Icons & Bitmaps

Den Spalten eines ListViews können zwei Arten von Bitmaps zugewiesen werden: statische, die vor der ersten Spalte eingeblendet werden, und Overlay-Bitmaps, die die statischen überblenden können. Über entsprechend kodierte statische Symbole lassen sich Elemente also sehr schön charakterisieren. Für jedes ListView-Control kann eine Image-Liste angegeben werden; jedem ListViewItem wird dann die gewünschte Position innerhalb der Liste zugewiesen.

5.18.2.3 Oberlay-Bitmaps

Overlay-Bitmaps eigenen sich also hervorragend dazu, den Zustand eines ListViewItems anzuzeigen. Beispielsweise werden die statischen Bitmaps häufig durch Kreuze oder Häkchen markiert. Aber auch Attribute wie „gelöscht", „bezahlt", „gebucht", „gedruckt" etc. lassen sich damit realisieren.

5.18.2.4 Dynamisches Nachladen von Elementen

Zwar spielt bei einem 32 Bit-Betriebssystem wie Windows 95/98 oder Windows NT der Speicherbedarf eines Controls keine allzu große Rolle mehr, es bleibt aber eine möglicherweise unangenehm lange Lade- und Füllzeit zu berücksichtigen. Immerhin sind für jedes ListViewItem die einzelnen Spaltentexte und -elemente zu erzeugen. Daher begrenzt man gewöhnlich die Anzahl der einzulesenden Elemente und zeigt als nächstes Item eine kleine 16 mal 16 große Bitmap an, die, etwa als kleine Festplatte oder als „…"-Symbol, signalisiert, daß der Button für das Laden weiterer Einträge zu betätigen ist.

5.18.2.5 Labels editieren

Wie Sie es vom Datei-Explorer kennen, können Zellentexte editiert werden. Dazu ist der Stil LVS_EDITLABELS freizugeben. Beginn und Ende eines Editiervorgangs lassen sich über die Nachrichten LVN_BEGINLABELEDIT und LVN_ENDLABELEDIT abfangen.

5.18.2.6 Drag & Drop

ListView-Controls sind Drag & Drop-fähig und erlauben also beispielsweise das Entfernen, Kopieren und Einfügen von Elementen. Dabei kann eine beliebige Bitmap angezeigt werden. Die Fähigkeit, Dateien im Windows-Explorer mit der Maus verschieben oder kopieren zu können, läßt sich also auch auf andere Anwendungen des ListView-Controls übertragen.

5.18.2.7 Kontextmenüs

Die Vielzahl von Optionen eines ListView-Controls legen die Benutzung eines Kontextmenüs nahe, das zumindest die Umschaltung der Ansicht enthalten sollte. Sehen Sie zu, daß es nicht so versteckt ist wie das des Windows 98-Explorers, das nur erscheint, wenn keine Datei markiert ist; eine Datei hat nämlich wieder ein eigenes Kontextmenü…

ListView-Elemente   325

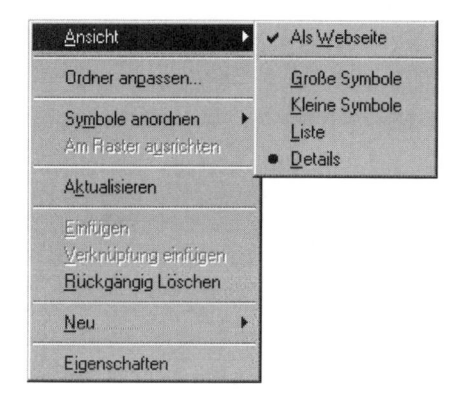

Bild 5.40: Das Windows 98-Explorer-Kontextmenü

5.18.3 Erweiterte Attribute

Bei Verwendung der COMCTL32.DLL in der Version ab Sommer 1996 stehen einige weitere Stile zur Verfügung, die sich gerade unter Windows 98 als Standard durchsetzen werden:

Bild 5.41: ListView mit Grid und Checkboxen

5.18.3.1 Checkboxen

Mußte man früher zu selbstprogrammierten Spalten oder den Möglichkeiten des Multi- und Extended-Select greifen, um mehr als ein Element einer Liste markieren zu können, erlauben

ListView-Controls über einen neuen Stil LVS_Ex_CheckBoxes die automatische Voranstellung einer eigenen Spalte mit Checkboxen, die der Anwender an- und abklicken kann.

Zur Bestimmung der ausgewählten ListViewItems ist ein bestimmtes Bit des Item-Attributes abzufragen:

```
ListView_GetItemState ( ;
   self:handle (), ;
   nItem, ;
   LVIS_STATEIMAGEMASK) >> 13 == 1
```

5.18.3.2 Anzeige eines Grids

Das von Browsern gewohnte Raster läßt sich über den Stil LVS_Ex_GridLines hinzufügen und verhilft insbesondere breiteten Spalten zu mehr Übersicht. Es durchschneidet aber leider unschön die Unterlängen von Texteinträgen und Bitmaps und sollte zukünftig lieber Transparenzcharakter erhalten.

5.18.3.3 Verschieben der Spalten

Der Stil LVS_Ex_HeaderDragDrop erlaubt das Verschieben von Spalten, wie man es von Browsern gewohnt ist. Verfügt ein ListView-Control über diese erweiterte Eigenschaft, kann man ihm das leider nicht ansehen. Mich würde wirklich einmal interessieren, wie viele Anwender diese Neuerung des Windows 98-Explorers gegenüber der Windows 95-Version bereits und auf Anhieb herausgefunden haben...

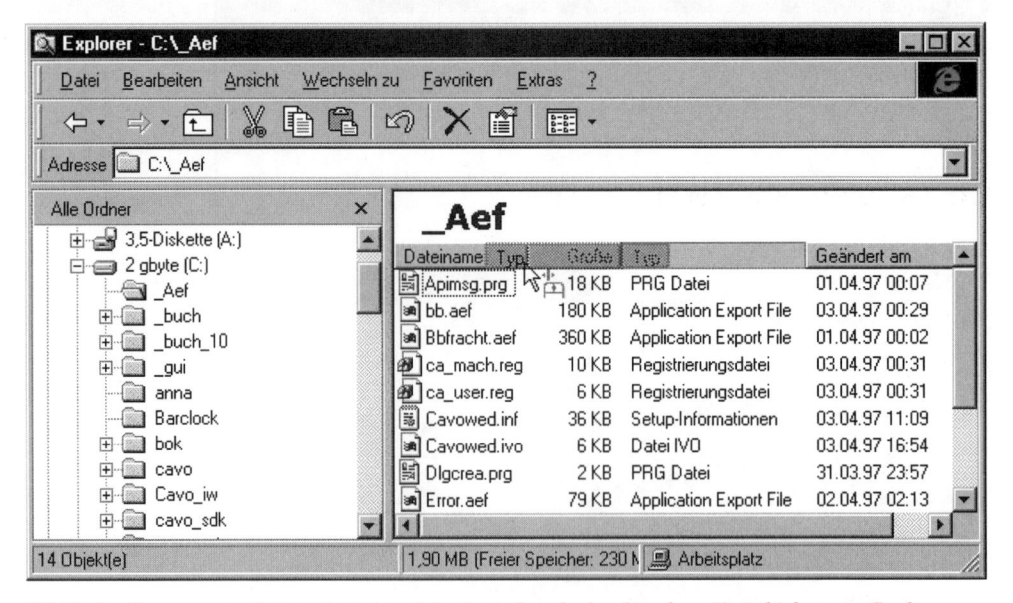

Bild 5.42: Ganz neu, im Original wieder nicht, jetzt aber doch erkennbar: Verschieben von Spalten

Auch hier gilt die Empfehlung, über einen modifizierten Mauszeiger solche Möglichkeiten dem Anwender mit der nötigen Mischung aus Diskretion und Nachdrücklichkeit anzuzeigen.

ListView-Elemente 327

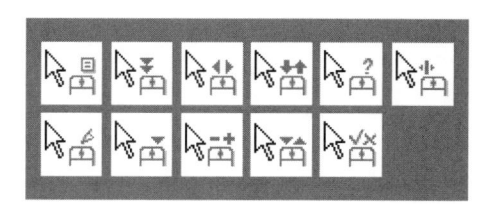

Bild 5.43: Suchbild: ein gut geeigneter neuer Mauszeiger

5.18.3.4 Durchgehender Markierungsbalken

Der Stil LVS_Ex_FullRowSelect erzeugt jenen durchgehenden Markierungsbalken, der leider auch beim Windows 98-Explorer noch vor sich hin schlummert und also den Anwender zwingt, zur Auswahl einer Datei stets die erste Spalte anzuklicken resp. — bei Web-kompatibler Mausbedienung — anzupeilen.

Für die allermeisten Anzeige- und Auswahl-Vorgänge, bei denen nicht gerade einzelne Zellen editiert werden sollen, ist dieser Stil sicher vorteilhaft und empfehlenswert. Es spricht aber andererseits auch wenig dagegen, ihn über einen Schalter dem Benutzer zugänglich zu machen: Optionsdialoge sonder Zahl sind ja auch unter Windows 98 eher die Regel; da kommt es auf eine zusätzliche Checkbox sicher nicht an.

5.18.3.5 Windows 98-kompatible Auswahl

Die Auswahl durch schlichtes Mausauflegen ist über den Stil LVS_Ex_TrackSelect auch für ListView-Controls bereits unter Windows 95 möglich. Ich halte diese Art der Bedienung — das gilt auch für den Web-Stil von Windows 98 — für sehr problematisch, sobald es um die Auswahl mehrerer Elemente geht: Und ich weiß auch nicht, wie viele Anwender den Web-Stil im Dateiexplorer wieder zumindest teilweise zurückkonfigurieren, nachdem man dauernd versehentlich Dateien mit einer als Verknüpfung definierten Applikation startet…

5.18.3.6 Die notwendigen Konstanten

Im Überblick noch einmal jene Konstanten, die, unterstützt Ihre Programmsprache API-Funktionen, die erweiterten ListView-Eigenschaften auch für Windows 95-Applikationen mit einer halbwegs neuen CNTCTL3.DLL zur Verfügung stellen.

```
Define LVM_GetExtendedListViewStyle  := LVM_First + 55
Define LVM_SetExtendedListViewStyle  := LVM_First + 54

// Checkbox für jede LV-Zeile
Define LVS_Ex_CheckBoxes             := 0x00000004

// Durchgehender Markierungsbalken
Define LVS_Ex_FullRowSelect          := 0x00000020

// Gitterlinien wie ein Browser
Define LVS_Ex_GridLines              := 0x00000001

// Umstellen der Spalten durch Drag/Drop
Define LVS_Ex_HeaderDragDrop         := 0x00000010
```

```
Define LVS_Ex_OneClickActivate        := 0x00000040
Define LVS_Ex_SubItemImages           := 0x00000002

// Auswahl durch Überstreichen mit der Maus
Define LVS_Ex_TrackSelect             := 0x00000008

Define LVS_Ex_TwoClickActivate        := 0x00000080
```

5.18.4 Alternativen

Die Unterschiede & Vorteile von ListView- und Tree-View-Elementen gegenüber Browsern werden ausführlicher im Browser-Kapitel 5.22 beleuchtet. Als Alternative stehen die bislang besprochenen Auswahlelemente wie Listbox, Combobox, Kontextmenü und dergleichen zur Verfügung. Die Vorteile eines ListViews liegen sicher in dem zeitgemäßen Erscheinen und der Vielzahl der bereits konfigurierten Möglichkeiten, die allerdings durch einen gegenüber einer einfachen Listbox höheren Programmaufwand zu erkaufen sind. Das Füllen von ListView-Elementen dauert in der Regel auch merklich länger als bei einer Listbox.

5.18.5 Beliebte Fehler

5.18.5.1 Laden zu vieler Elemente

Zur Zeit muß, bis ein von Microsoft angekündigtes dynamisches ListView-Control zur Verfügung steht, der Entwickler selber dafür Sorge tragen, daß nicht zu viele Elemente in die Liste geladen werden, oder daß das Laden über geeignete Cache-Mechanismen im Hintergrund geschieht. Dabei ist der Speicherbedarf nicht einmal der kritische Punkt: Die Ladezeit nimmt jenseits der sagenwirmal hundert Elemente doch Dimensionen an, die für den Anwender unangenehm verzögernd erscheinen.

5.18.5.2 Schlecht dimensionierte Spaltenbreiten

Achten Sie darauf, daß beim ersten Anzeigen eines ListView-Controls die Spalten möglichst so optimiert sind, daß die Texte verlustfrei angezeigt werden können. Senden der Nachricht LVSCW_AutoSize oder LVSCW_AutoSize_UseHeader optimiert die Breiten der Spalten. Manuell kann diese Nachricht per Doppelklick in den Spaltentrenner oder über die Kombination <Strg>+<Plus> (für alle Spalten) ausgelöst werden.

```
// Breite der Spalte minimieren
Define LVSCW_AutoSize                 := -1

// Dto., aber Überschrift nicht beschneiden
Define LVSCW_AutoSize_UseHeader       := -2

Static Method AutoSize () Class dlgFelder
    // Alle Spalten Breiten-optimieren (identisch mit
    // Doppelklick in die Trennlinie bzw.
    // Ctrl-Plus-Taste
    Local i, nLen As DWord

    nLen := self:listView:columnCount
```

```
FOR i:=1 UPTO nLen
   // Achtung: die erste Spalte ist 0!
   // Der negative Wert muß
   // gecastet werden, da er als DWord deklariert ist!
   // "_UseHeader" kappt die Überschriften nicht.
   ListView_SetColumnWidth (self:listView:handle (), ;
      i-1, DWord (_Cast, LVSCW_AutoSize_UseHeader))
NEXT i
```

5.18.5.3 Keine Anzeige der aktuellen Sortierung

Auch wenn sich das leider noch nicht als Windows-Standard etablieren konnte — ListView-Controls sind vergleichsweise jung —: Ein zusätzliches „<" und „>" im Spaltentitel kennzeichnet eine Spalte zuverlässig und übersichtlich als aufsteigend oder absteigend sortiert.

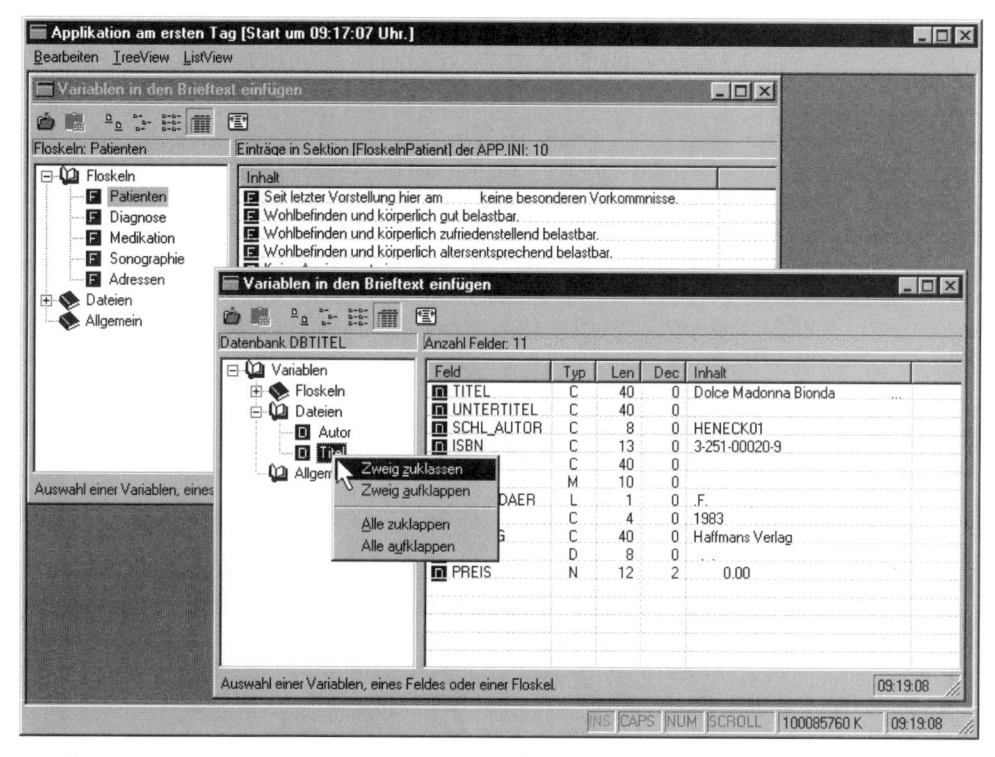

Bild 5.44: Zwei Baumvarianten mit und ohne Wurzel

5.19 TreeView-Elemente

5.19.1 Bezeichnungen

TreeView-Controls besitzen ein Wurzel-, beliebige Eltern- und Kind-Elemente. Die englischen Bezeichnungen dafür sind „Root", „Parent" und „Child". Eltern-Elemente sind solche, die man auf- und zuklappen kann und die Kinder besitzen — die natürlich ihrerseits wieder Unterelemente enthalten können.

5.19.2 Eigenschaften

5.19.2.1 Imageliste

Zur Anzeige der selektierten und der nicht selektierten Elemente dienen zwei verschiedene Symbole im Format 16 mal 16 Pixel. Ein „Plus"- bzw. „Minus"-Zeichen signalisiert zusätzlich den aktuellen Klappzustand des Wurzel- oder eines Parent-Elementes.

Die einzelnen Bitmaps werden wie beim ListView-Control in einer Imageliste verwaltet; zugewiesen wird einem Element ein Symbol durch Angabe der Indexnummer, also der Position innerhalb der Liste. Die TreeView-Einträge lassen sich also wiederum hervorragend kategorisieren; bedauerlich, daß beispielsweise der Datei-Explorer die kleinen Icons nicht auch dazu benutzt, den Platzbedarf eines Verzeichnisses anzuzeigen... Verwenden Sie jedenfalls solche Symbole nicht ausschließlich als Baumschmuck, sondern integrieren Sie halt noch ein bisserl zusätzliche Funktionalität.

Der Windows-Explorer — da hat sich auch bei Windows 98 leider nichts geändert — benutzt nach wie vor zur Anzeige des aktiven TreeView-Elementes, also beispielsweise des aktuellen Pfades, zwei vergleichsweise ähnliche bis praktisch identische Icons, deren Verwechselbarkeit vielleicht dem optischen Harmoniebedürfnis entgegenkommen mag, die aber zur raschen Identifizierung des Standortes denkbar ungeeignet sind. Wählen Sie lieber zwei Icons aus, die sich — und sei es nur über die Farbe — deutlich unterscheiden lassen.

5.19.2.2 Sortierung

Zur Sortierung kann ähnlich wiederum wie bei einem ListView-Control eine Callbackfunktion definiert werden. Die Reihenfolge der Einträge ist also durchaus auch zur Laufzeit änderbar, ohne daß das komplette Control neu eingelesen werden muß.

5.19.2.3 Elemente editieren

Einträge von TreeView-Controls können, wie schon bei den engen Verwandten, den ListView-Elementen, direkt durch eine Art „langsamen Doppelklick" editiert werden, aktiviert man den entsprechenden Stil TVS_EDITLABELS. Diese Option sollte man aber in jedem Fall auch über einen entsprechenden Menüpunkt aktivieren können, da sie eher zu den versteckten Fähigkeiten gehört.

5.19.2.4 Drag & Drop

Auch die Möglichkeit, Elemente per Drag & Drop aus dem Baum herauszuziehen oder sie dort fallenzulassen, besitzt ein TreeView-Control gleichermaßen. Ob man derlei in Geschäftsapplikationen aber beispielsweise zum Löschen von Kundendaten oder Duplizieren von Artikeln benutzt, hängt sehr vom Kenntnisstand des Anwenders ab. Lassen Sie ihn einfach einmal im Datei-Explorer ein Verzeichnis umbenennen oder Dateien kopieren — geht er eher umständliche Wege bei diesen alltäglichen Allerweltsmanipulationen, sollte Ihre Applikation ihn diesbezüglich nicht überfordern und zumindest auch Alternativen anbieten.

Insgesamt ist natürlich ein ausgefeilter Drag & Drop-Mechanismus, vielleicht noch kombiniert mit Tastenbetätigungen wie <Shift>, <Strg> und <Alt> ein Mittel, Experten sehr schnell hantieren zu lassen: Aber wie gesagt, nicht diese sind es, die Sie am Supporttelefon haben, sondern jene...

5.19.2.5 Klappmechanismen

Es steht Ihnen als Entwickler frei, stets nur ein Parent-Element aufgeklappt und nur dessen Kinder anzuzeigen. Der Zeitpunkt, zu dem ein Anwender einen Zweig aufklappt, kann über eine entsprechende Nachricht abgefangen werden; dann ist es ein Leichtes, andere eventuell geöffnete Zweige zuzuklappen. Es ist also durchaus auch über die Applikation steuerbar, halbwegs die notwendige Übersicht zu bewahren.

5.19.2.6 Kontextmenüs

TreeView-Controls sollten in einem Kontextmenü zumindest die erwähnten Klappmechanismen zugänglich machen. Darüber hinaus können TreeView- und ListView-Hälften eines Explorers durchaus ein jeweils eigenes Kontextmenü erhalten.

5.19.2.7 Verzicht auf das Wurzelelement

Die Abbildung 5.44 zeigt zwei Varianten, bei der die eine auf ein Wurzelelement verzichtet. Das vollständige Zuklappen sämtlicher Parent-Zweige ist damit nur über das Kontextmenü möglich. Möglicherweise verhilft diese Darstellung einem Baum zu mehr Übersicht, weil gelegentlich die einzelnen Zweige vergleichsweise wenig inhaltliche Gemeinsamkeiten haben und ein gemeinsames Wurzelelement wie „Daten" eher wenig Sinn macht.

Da häufig den Eltern der ersten Ebene (im Beispiel also etwa „Floskeln", „Dateien" und „Allgemein") eine besondere Bedeutung zukommt, sollten sie über eine spezielle Menüoption auf Knopfdruck auf- oder zugeklappt werden können. Diese Option vermisse ich bei vielen Applikationen, die Daten über TreeView-Controls organisieren.

5.19.3 Erweiterte Eigenschaften

Bei Windows 98 gibt es neue Erweiterungen, die nahezu beliebige Controls (also beispielsweise Checkboxen, Radiobuttons etc.) in den Zeilen erlauben. Hier scheint sich also eine Ablösung eines Browsers zugunsten der Explorer-Controls anzubahnen.

5.19.4 Alternativen

5.19.4.1 Menüs

Es scheint etwas kurios, aber TreeView-Controls haben mit Pulldown-Menüs einiges gemeinsam. Die aufklappbaren Parent-Elemente entsprechen etwa Untermenüs, deren Zahl & Tiefe aber hoffentlich nicht der gängiger TreeView-Controls gleichen. Für nicht allzu umfangreiche Elemente mag aber ein Menü durchaus eine Alternative sein. Grundsätzlich ist jedoch zu bedenken, daß die Betätigung vom Menüoptionen Aktionen auslöst, Child-Elemente eines TreeView-Controls aber Daten enthalten. Damit sollte ein verschachteltes TreeView-Control keinesfalls als Ersatz für ein ebenfalls unübersichtliches Menü dienen...

5.19.4.2 Auswahlelemente

Natürlich bieten sich TreeView-Controls insbesondere für die Darstellung hierarchischer Daten an, da diese ja sehr seiner Natur entsprechen. Legt man aber als Maßstab auch die Anzahl der notwendigen Tastendrucke oder Mausklicks zugrunde, sollte man die anderen Auswahlelemente wie Kontextmenüs, Listboxen etc. zumindest in Erwägung ziehen.

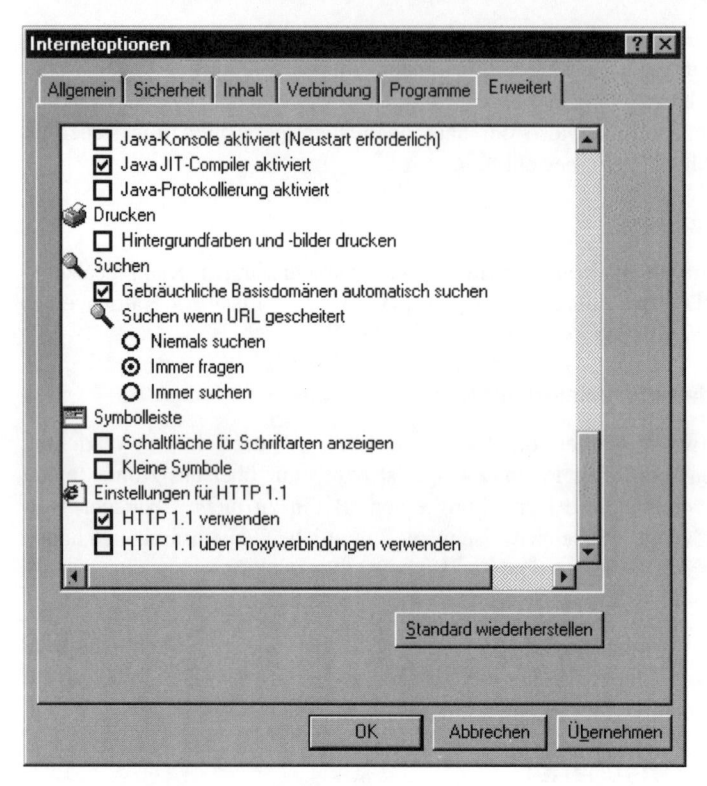

Bild 5.45: Neue Controls in „Eigenschaften" des Internet-Explorers

5.19.5 Beliebte Fehler

5.19.5.1 Fehlende Klappmechanismen

Nachteil von TreeView-Controls ist die Notwendigkeit einer vergleichsweise präzisen Mausmotorik. Erfahrungen zeigen, daß kaum jemand die standardmäßigen Tastenfunktionen <Plus>, <Minus>, <Backspace> und Suchfunktionen über Tippen der Anfangsbuchstaben benutzt, obwohl sie durchaus eingängig und halbwegs intuitiv, ja im Falle der „Klapptasten" <Plus> und <Minus> sogar sichtbar sind.

Eine Lösung könnten intelligente Kontextmenüs sein, die raffinierte Auf-/Zuklapp-Mechanismen zur Verfügung stellen. Insbesondere sollten auf Knopfdruck die Ebenen der ersten Stufe auf- und zugeklappt werden können.

5.19.5.2 Mangelnde Erkennbarkeit

Lädt die Bitmap nicht über ein geeignetes Symbol dazu ein, ist für einen ungeübten Anwender häufig nicht erkennbar, daß die Zweige auf- und zugeklappt werden können. Fehlen dann auch noch die Plus-/Minuszeichen oder die Verbindungslinien, wie das in der Abbildung 5.45 im Falle eines nagelneuen Windows 98-Dialogs der Fall ist, kommt ein nicht gerade als Windows-Experte anzusehender Benutzer gar nicht auf die Idee, daß er hier mehr Übersicht schaffen können.

Die Abbildung 5.45 zeigt damit übrigens auch ein deutlich negatives Beispiel für fehlende Selbstbeschreibungsfähigkeit; immerhin zeigen die hier fehlenden Plus-/Minuszeichen exakt jene Tasten an, mit denen die Zweige zu manipulieren wären.

5.19.5.3 Aktualisierungsfehler

Selbst geübte Programmierer übersehen leicht, bestimmte Konstellationen korrekt anzuzeigen; häufig muß der Baum durch manuellen Benutzereingriff optisch aktualisiert werden. Meist genügt dazu das erneute Auf- oder Zuklicken eines Zweiges oder des ListView-Elementes. Sehen Sie aber stets eine Funktion vor, die ein erneutes Einlesen des Baumes gestattet. Sie sollte mit dem Shortcut <F5> erreichbar sein.

5.20 Scrollbars

5.20.1 Bezeichnungen

Zwar wird man nur selten eigene Scrollbars programmieren; aber wenigstens die Benamung der Elemente soll hier & jetzt geklärt werden: Scollbars, zu deutsch „Bildlaufleisten", besitzen zwei Bildlaufpfeile und ein Bildlauffeld (auch Schieber genannt), das durch Ziehen den Wert des Scrollbars verändert.

5.20.2 Eigenschaften

Scrollbars werden als separate Controls vergleichsweise wenig eingesetzt; ihr Hauptzweck ist sicher die Navigation in anderen Elementen wie Fenstern, Listboxen und MultiLineEdit-Controls. Sie verändern nur indirekt Werte (beispielsweise die Position eines Bildschirmausschnitts) und sollten daher nicht zur Bestimmung expliziter, beispielsweise numerischer Werte dienen. In eigenen Dialogen könnten sie beispielsweise Verwendung finden, um den angezeigten Ausschnitt einer Bitmap zu verschieben. Zur Dimensionierung einer Spaltenbreite etwa sind sie ungeeignet.

5.20.3 Alternativen

5.20.3.1 Spinner-Controls

Spinner-Controls, Eingabefelder mit den zwei kleinen Pfeilbuttons am rechten Ende dienen zur Bestimmung eines oft numerischen Wertes und haben sicher einen breiteren Einsatzbereich als Scrollbars.

5.20.3.2 Slider-Controls

Slider-Controls, oder auch Schieberegler genannt, vermitteln dem Anwender eher die Vorstellung, einen beliebigen Wert zwischen zwei Grenzwerten bestimmen zu können. Sie beschreibt das Kapitel 5.21.

5.20.4 Beliebte Fehler

5.20.4.1 Scrollbars als Laufbalken

Vor den Zeiten der vergleichsweise neuen Windows 95-Progressbars konnte man diese Variante gelegentlich sehen — sehr zum Amüsement der meisten Anwender, die ganz fasziniert auf den ja normalerweise stets per Hand zu betätigenden Schieber starren, wie er sich ganz alleine von links nach rechts bewegt. Kurzum: Scrollbars sind keine Laufbalken; und auch hier gilt die allgemeine Regel, Controls nicht zu mißbrauchen...

5.21 Schieberegler

5.21.1 Eigenschaften

5.21.1.1 Kontunierliche Werte

Schieberegler dienen zur Bestimmung eines numerischen Wertes, der zwischen einem Minimum und einem Maximum liegt. Der Wertebereich sollte kontinuierlich sein und, je nach Länge, aus etwa einem Dutzend Werten bestehen. Für die Auswahl aus einer Gruppe mit weniger als zehn Elementen ist ein Spinner-Control besser geeignet.

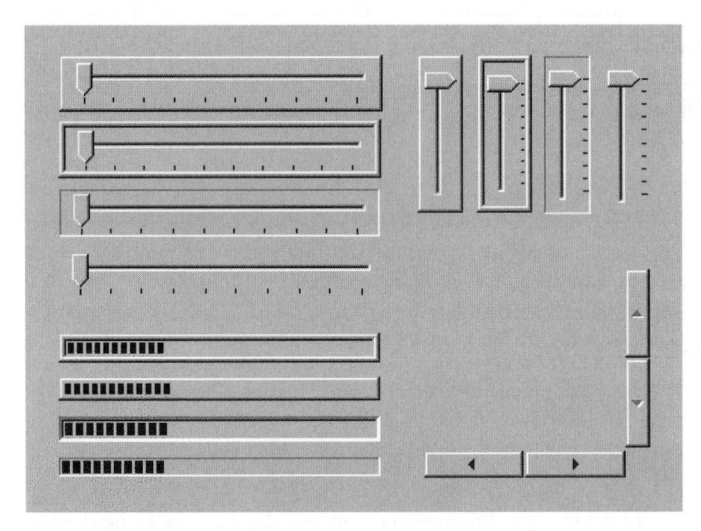

Bild 5.46: Schieberegler und Anverwandtes

5.21.1.2 Minimum und Maximum

Ein gutes Beispiel für den sinnvollen Einsatz eines Schiebereglers ist die Einstellung eines Farbanteils, einer Helligkeit, einer Temperatur und dergleichen. Hier gibt es jeweils ein sinnvolles Minimum und Maximum, etwa 0 bis 100 Prozent oder 0 bis 40 Grad etc.

5.21.1.3 Feinabstimmung

Schieberegler eignen sehr gut für die grobe Einstellung. Zur Feinjustierung sollte je nach gewünschtem Datenbereich die Eingabe des genauen Wertes möglich sein. Schieberegler vermitteln aber einen oft sehr erwünschten WYSIWYG-Eindruck innerhalb des möglichen Minimums und Maximums.

5.21.2 Erweiterte Attribute

Die Abbildung 5.46 zeigt mehr oder weniger brauchbare Varianten, die üblicherweise den Schieberegler mit einem Rahmen umgeben. Hat man sich vielleicht aus bestimmten Gründen für den Stil WS_EX_STATICEDGE innerhalb eines Fensters entschieden, kann ein Schieberegler also ebenfalls erhaben aussehen.

5.21.3 Alternativen

5.21.3.1 Spinner-Controls

Spinner-Controls sind dank ihrer zusätzlichen Eingabefelder meist die bessere Alternative zu Schiebereglern, die sich nur umständlich mit der Tastatur bedienen lassen.

5.21.3.2 Scrollbars

Scrollbars haben eine prinzipiell ähnliche Funktionalität, zeigen aber auffälliger die Möglichkeit an, durch Klicken der beiden Pfeile schrittweise den Wert verändern zu können. Das ist zwar auch bei Schiebereglern möglich durch Klick in den Bereich neben dem Schieber oder Betätigen der Cursortasten, ist dort aber nicht so selbsterklärend.

Sowohl Scrollbars wie auch Schieberegler sind dort ideal einzusetzen und im Vorteil, wo es um sofortigen Abgleich und Neuaufbau von Daten geht, während man den Schieber betätigt. Spinner-Controls verändern einen direkt sichtbaren, meist numerischen Wert, Scrollbars dagegen den Zustand des zugeordneten Elementes.

5.21.4 Beliebte Fehler

5.21.4.1 Fehlende 100%-Begrenzung

Die Breite einer Browser- oder ListView-Spalte oder die Angabe eines Alters sollten nicht über einen Schieberegler zu spezifizieren sein. Beide Werte besitzen zwar ein Minimum, aber kein sinnvolles Maximum. Das letzte Beispiel wäre sicher auch aufgrund der unbewußten Gleichstellung „Hohes Alter = Ende der Skala" problematisch.

5.21.4.2 Nicht-numerische Werte

Um ein Extrem zu nennen: Schieberegler eignen sich nicht (jedenfalls in halbwegs seriösen Applikationen) zur Festlegung eines Wochentages. Zwar erfüllen Wochentage die Forderung nach einem Minimum und einem Maximum, auch ist die Zahl der Möglichkeiten überschaubar und sogar, mathematisch gesprochen, „diskret", also zwischenwertslos, aber dennoch wäre eine Combobox oder ein Spinner-Control sicher das angemessenere und erwartbarere Steuerelement.

5.22 Browser

Browser sind die klassische Darstellungsform umfangreicher, fest strukturierter Daten, wie sie in Datenbanken abgelegt sind.

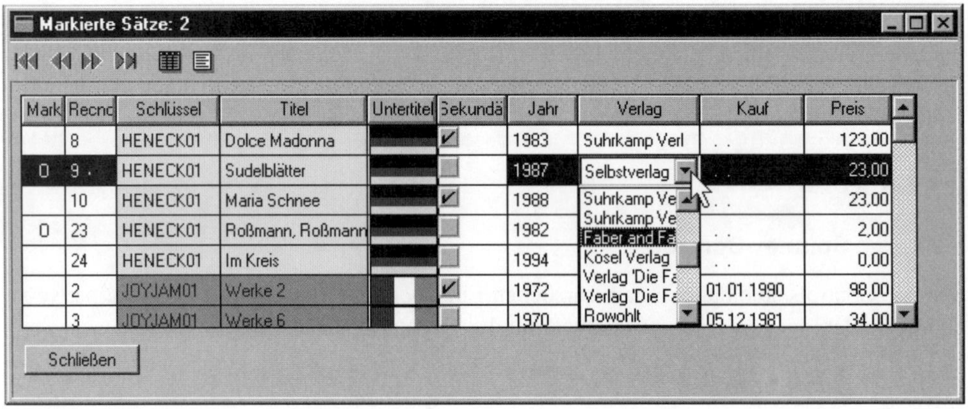

Bild 5.47: Ein Browser mit diversen Zellen-Controls

5.22.1 Zellen

5.22.1.1 Größe der Zellen

Die Höhe einer Zelle kann je nach Programmiersprache so eingestellt werden, daß sie ein Optimum an Kompaktheit und Lesbarkeit des Inhalts darstellt. Außerdem erlauben die meisten Entwicklungssysteme die Darstellung beliebiger Controls im Inneren einer Zelle.

5.22.1.2 Pushbutton

Neben normalen Pushbuttons, die beispielsweise einen weiteren Dialog aufrufen, wäre auch der Einbau solcher Schaltflächen in Zellen eines Browsers interessant, die die Auswahl einiger weniger Möglichkeiten erlauben. Bei logischen Feldern etwa bieten sich neben Checkboxen auch zwei mit „J" und „N" beschriftete Schaltflächen nebeneinander an.

Diese Technik ließe sich jedenfalls häufig vorteilhaft bei solchen Auswahl-Vorgängen realisieren, bei denen es nur eine Handvoll Möglichkeiten gibt.

5.22.1.3 Auswahl-Elemente

Der Einbau von Comboboxen oder Spinbuttons zur Bestimmung des gewünschten Elementes ist allgemein verbreitet. Allerdings gelten auch hier dieselben Regeln wie bei Dialogen: Stehen zu viele Elemente zur Auswahl, sollte ein Klick in die Zelle ein weiteres Fenster öffnen, das geeignetere Controls zur Verfügung stellt.

5.22.1.4 Bitmaps

Auch die Möglichkeit der Darstellung einer Bitmap in einer Zelle findet sich häufig in Applikationen. Im obigen Beispiel der Abbildung 5.47 beinhaltet eine Spalte die Landesflagge eines Autors; sind diese dem Anwender bekannt — was bei eher exotischen Ländern nicht unbedingt vorausgesetzt werden darf —, erlauben sie eine schnelle Identifizierung.

5.22.1.5 Farben

Unschätzbar ist die Möglichkeit, durch bestimmte Hintergrundfarben Zustände oder Modi anzuzeigen. So sind in der Abbildung — im Druck sicher kaum zu erkennen — die Überschriften, die Summenzeilen und die editierbaren bzw. nicht editierbaren Zellen jeweils über eine eigene Hintergrundfarbe markiert.

5.22.2 Teilungsmöglichkeiten

Browser erlauben das Einfügen eines vertikalen und horizontalen Teilungsbalkens, die es dem Benutzer erlauben, in beiden Teilen unabhängig zu blättern und auf diese Weise beispielsweise Spalten des linken und rechten Randes nebeneinander betrachten zu können, ohne die betreffenden Spalten erst einzeln durch Verschieben herbeiholen zu müssen.

5.22.3 Breite der Spalten

5.22.3.1 Zur Laufzeit ändern

Die meisten Browser erlauben dem Anwender die individuelle Anpassung der Spaltenbreiten und -positionen. Eine Applikationen sollte die Einstellungen auf Wunsch — möglichst unter beliebigem Namen, also in Form einer Vorlage — speichern und, ebenfalls optional, diese beim nächsten Aufruf restaurieren können. Implementieren Sie aber auch eine Möglichkeit, den Originalzustand wiederherzustellen, falls der Anwender versehentlich Spalten löscht oder mit der Breite 0 versieht.

5.22.3.2 Konfiguration über INI-Dateien

Bewährt hat sich bei mir die Ablage solcher Daten in jeweils benutzerspezifischen INI-Dateien, die man notfalls auch per Telefon mit dem Anwender zusammen pflegen kann; EDIT.COM dürfte auch noch fester Bestandteil der nächsten Windows-Versionen sein.

5.22.3.3 Feste Spaltenbreiten

Die ergonomisch häufig vorbildliche, wenn auch gelegentlich etwas ausgefallene Bedienungsoberfläche NeXTSTEP sieht feste Spalten vor, die ein sehr ruhiges und stets gleiches

Erscheinungsbild gewährleisten. Daher ist bei aller Beachtung der Individualisierbarkeit einer Applikation diese Variante durchaus bedenkenswert. Testen Sie die notwendige Breite aber in jedem Fall an Realdaten.

```
 Kis.ini - Editor                                                    _ □ X
 Datei  Bearbeiten  Suchen  ?
; Für Combobox tabPatientSpender
Organ=Niere LI, Niere RE, Leber, Pankreas
Spende=Vater, Mutter, Schwester, Bruder, N-Verwandt

[TabPatient]
Laschen=11
; cSymTabFenster, cCaption [, nBitmap ] [, cTooltip ]
Lasche1=tabPatientStamm          ,  1: Patient      , , Stammdaten
Lasche2=tabPatientSpender        ,  2: Spender      , , Spenderdaten
Lasche3=tabPatientDiagnosen      ,  3: Diagnose     , , Diagnosen
Lasche4=tabPatientImmun          ,  4: Immun        , , Immunsuppression
Lasche5=tabPatientStatus         ,  5: Status       , , Status des Patienten
Lasche6=tabPatientKlinik         ,  6: Klinik       , , Klinische Daten
Lasche7=tabPatientMedikation     ,  7: Medikation   , , Medikationen
Lasche8=tabPatientLabor          ,  8: Labor        , , Laborwerte
Lasche9=tabPatientUrin           ,  9: Urin         , , Urinwerte
Lasche10=tabPatientHaematol      , 10: Hämatol.     , , Hämatol.
Lasche11=tabPatientBriefe        , 11: Notizen      , , Vom Programm generierte Notizen

[BrowserVorstellungen]
; cCaption, cbFeld, nLen, nAusrichtung (0=L, 1=R, 2=Z), nFarbe
Spalten=3
Spalte1=Nr.   , { | o | LTrim (Str (o:server:orderKeyCount () - o:server:orderKeyNo () + 1))
Spalte2=Datum, HEUTDAT, 10,
Spalte3=Ort  , ORT    , 14,

[BrowserHaematol]
Spalten=8
; cCaption, cbFeld, nLen, nAusrichtung (0=L, 1=R, 2=Z), nFarbe
Spalte1=Datum , HEUTDAT, 10, ,
Spalte2=Hb    , HB     ,  3, ,
Spalte3=Hk    , HK     ,  3, ,
```

Bild 5.48: INI-Datei zur Konfiguration von Browser-Spalten

5.22.4 Browser vs. Eingabemasken

5.22.4.1 Schnelleres Navigieren

Browser erlauben das zweidimensionale Navigieren mit den Cursortasten und sind daher Eingabemasken meistens überlegen. Allerdings zeigen sie gelegentlich auch, wie in der Abbildung 5.48 in Form der weißen Zellen zu sehen ist, Daten an, die nicht editierbar sind. Hier ist eine Eingabemaske vorzuziehen, die im Beispiel so implementiert ist, daß die editierbaren Zellen in vertikaler Anordnung bearbeitet werden können.

5.22.4.2 Bündigkeit der Eingaben

Diese Anordnung erlaubt den schnelleren Zugriff und läßt Schreibfehler besser erkennen, da die Controls übereinander stehen; ein Effekt, der durch die Verwendung der nicht-proportionalen Schrift Courier New noch verstärkt wird.

5.22.4.3 Ruhigere Optik

Das Springen zwischen Zellen ist meist ruhiger als das zwischen Eingabefeldern einer Maske, da letztere häufig sehr unterschiedlich breit sind.

5.22.4.4 Einfachere Erweiterbarkeit

Bei Hinzufügen neuer Elemente ist möglicherweise das Fensterlayout einer Maske komplett zu ändern. Browser sind hier dank ihrer vertikalen und horizontalen „Unendlichkeit" flexibler. Aus diesem Grund findet man häufig Eingabemasken auch dann in Form von Browsern realisiert, wenn die zu Grunde liegenden Daten nicht aus einer Datenbank gelesen werden.

5.22.5 Browser — noch zeitgemäß?

Angesichts der zunehmenden Zahl von TreeView- und ListView-Möglichkeiten stellt sich die Frage, ob solche Kombinationscontrols die klassischen Browser nicht langsam ablösen. Nun, neben der Art der Datenverwaltung hängt das sicher zu einem Gutteil vom Kenntnisstand und der Vorliebe des Anwenders ab.

5.22.5.1 Browser: Ein Einkaufsparadies?

Es gibt Leute, die eher unschlüssig durch einen Supermarkt gehen auf der Suche nach den Artikeln, die sie kaufen möchten — bzw. natürlich „benötigen". Ein solcher Kunde ist für den Geschäftsführer gleichermaßen grundsympathisch wie auch ein gern gesehenes Ziel dessen Marketingstrategien und psychologischer Kriegführungstricks wie gedämpfte Hintergrundmusik, animierende Wohlfühlduftwässerchen, lockende Bevorratungsangebote und dergleichen.

Andere Kunden agieren deutlich zielgerichteter, vergeuden ihre Zeit nicht mit Experimenten, sondern klappern schnell die ihnen vertrauten Warenausgaben ab. Ein solcher Kunde hat seine „Lernphase" bereits hinter sich und wäre sehr verärgert, wenn der Verkäufer seine Stammwaren einfach neu verteilt, um auch ihn zu neuen Kauferfahrungen zu animieren. In Discount-Märkten erfolgt das daher auch mit äußerster Behutsamkeit.

Ein Browser arbeitet in der Regel nicht hierarchisch, bietet also dem Anwender grundsätzlich die Möglichkeit, den gewünschten Datensatz durch simples Blättern zu finden. Das konkrete Ziel muß er zu Beginn nicht einmal genau kennen, ganz gemäß der ja überaus beliebten Anwenderdevise „Ich kann nicht beschreiben, was ich will, aber wenn ich es sehe, weiß ich es", die auch bei der Gestaltung von Bildschirmmasken zur Anwendung kommt, wenn der Anwender bei der Pflichtenhefterstellung einbezogen wird...

5.22.5.2 TreeView-/ListView: Ein Discounter?

Bei der Verwendung von Explorern, also einer Kombination von TreeView- und ListView-Controls, sollte der Anwender in etwa wissen, welchen Zweig er aufzuklappen hat, um dann die gewünschte Auswahl aus der Liste zu treffen. Andernfalls wird er sich ähnlich hoffnungslos im Baum verlieren, wie jene, die in den Untiefen des Menüs nach einer verschollen geglaubten Option suchen. Hierarchisch angeordnete Systeme bergen halt eben einige Risiken...

Aber auch beim Windows-Explorer wäre mir gelegentlich ein Browser, der sämtliche Dateien aller Verzeichnisse — vielfältig sortierbar — anzeigt, häufig lieber als das klassische Tree-View — dann nämlich, wenn ich nicht mehr weiß, in welchem Verzeichnis ich die Datei denn abgelegt habe...

Es ist über die Maßen umständlich, die einzelnen Zweige eher wahllos aufzuklappen auf der Suche nach einer Datei, deren Namen & Ort man — verflixt! — nicht mehr weiß. Der Explorer bietet zwar ausreichende Suchmöglichkeiten, um dieses tagtägliche Dilemma halbwegs zu lösen, eine Browser-Alternative, die natürlich mit entsprechenden Cachingfunktionen auszustatten ist, damit nicht erst die komplette (ja gerne zweistellige Gigabyte-Kapazitäten fassende) Platte eingelesen werden muß.

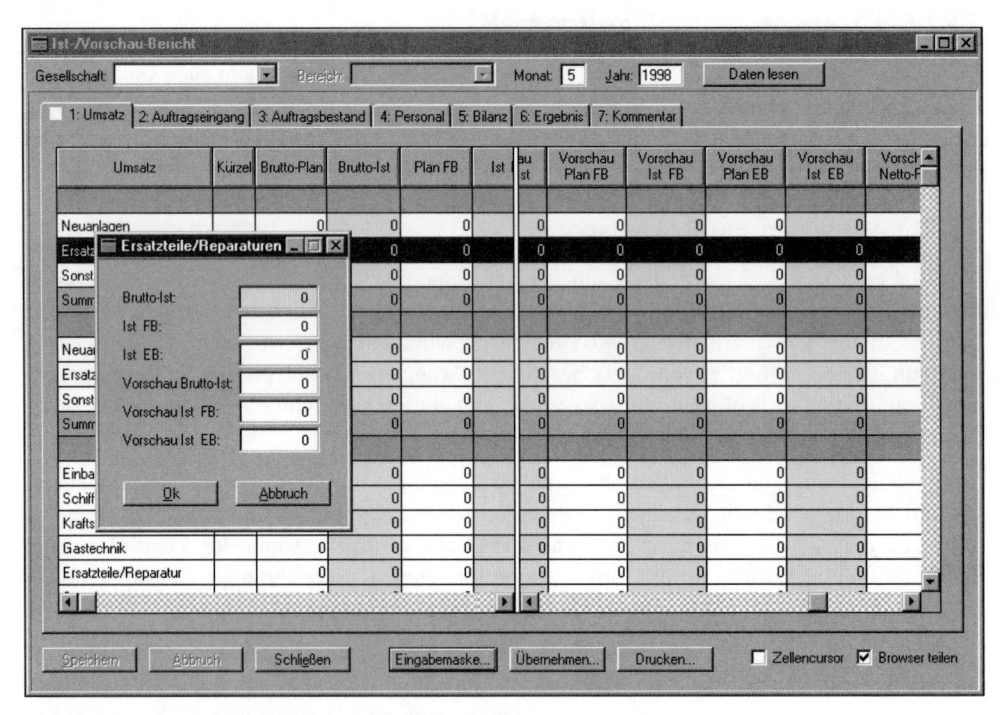

Bild 5.49: Zeilen- und Zellenfarben plus Teilungsbalken

5.22.5.3 Oder auch umgekehrt...

Es kommt also sehr auf den Zweck an. TreeView-Controls sind keineswegs ein Garant für einen schnellstmöglichen Zugriff; genauso wie Browser bei entsprechend mangelhafter Ausstattung den Anwender zur Verzweiflung treiben.

Im Falle des Datei-Explorers scheinen mir die meist rein alphabetisch sortierten Einträge vielfach nicht der realen Vorgehensweise zu entsprechen, wie man selber im Alltag Dinge ordnet. Ich pflege Gegenstände nach anderen, für mich logischer erscheinenden Gesichtspunkten zu koppeln, als daß solche bewährten und effizienten Ordnungsprinzipien durch

Begriff wie „aufsteigend", „absteigend", „nach Name" oder „nach Datum" charakterisiert wären.

5.22.5.4 Navigierend vs. mengenorientiert

Natürlich ist die Benutzung eines Browsers stark von der zu Grunde liegenden Datenbank abhängig. Navigierende Systeme wie beispielsweise DBF-Dateien, die einen Satzzeiger besitzen, den der Anwender positionieren kann, sind natürlich optimal in Browsern abbildbar. Mengenorientierte Datenbanken wie SQL werden sich nur dann sinnvoll darstellen lassen, wenn der Anwender die Treffermengen von vornherein geeignet beschränkt. Die Ansicht der kompletten Datenbank im Browser ist sicher nicht im Sinne der Erfinder von Client-/Server-Applikationen.

5.22.5.5 Finden statt suchen

In beiden Fällen sind die Auswahlelemente durch geeignete Suchcontrols und die Möglichkeit, die Ansicht nach verschiedenen Kriterien sortieren zu können, zu ergänzen. Ausschlaggebend sei nicht die Art des Controls, sondern die Zeit und der Aufwand, den der Anwender zur Lokalisierung der gewünschten Daten benötigt. Benutzer neigen bei der Auswahl von Daten leicht und gerne zu uneffizientem Blättern; bieten Sie ihm also genügend ansprechende und einfach zu bedienende Suchcontrols an.

5.22.5.6 Flexible Zellen-Controls und -Farben

Browser sind bei der Darstellung von Zellen viel flexibler als andere Auswahlcontrols. Im Falle der ListView-Elemente etwa ist der Aufwand, sogenannte „Owner drawn"-Elemente zu generieren, die den Einbau beliebiger Controls oder die Änderung der Zellengröße und -farbe erlauben, erheblich größer. Zur Zeit ist mir noch keine kommerzielle Applikation bekannt, die diesen Aufwand betreibt.

5.22.6 Alternativen

5.22.6.1 Explorer-Fenster

Solche Fenster werden sicher zukünftig verstärkt in Applikationen zu finden sein. Ob sie Browser komplett zu ersetzen in der Lage sind, ist fraglich, steht im Grunde aber auch gar nicht zur Debatte. Beide Controls können durchaus friedlich koexistieren.

5.22.6.2 ListView-Controls

ListView-Controls bedürfen noch einiger Zusatzfunktionen, die insbesondere das dynamische und automatische Nachladen von Elementen und deren Darstellung in den Zellen betreffen.

5.22.6.3 Und:

Die Einsatzgebiete und Besonderheiten der restlichen Auswahlelemente wie Kontextmenüs, Listboxen etc. sind ja schon ausführlich beschrieben worden. Wägen Sie von Fall zu Fall die jeweiligen Vor- und Nachteile ab.

5.23 Pushbuttons

5.23.1 Eigenschaften

5.23.1.1 Auslöser von Funktionen

Pushbuttons werden auf Fenstern plaziert und führen Funktionen zu diesem Fenster aus, beispielsweise Dinge wie „Dialog schließen" oder „Gehe zum nächsten Datensatz". Das Betätigen eines Buttons kann auch die Belegung eines anderen Controls mit einem Wert zur Folge haben: Ein Eingabefeld besitzt beispielsweise einen Button, über den das aktuelle Tagesdatum eingetragen wird.

5.23.1.2 Aufruf von Dialog

Die Betätigung eines Buttons löst den Aufruf eines Dialogs auf. Solche Buttons erhalten stets die Ellipse „..." als Kennzeichen.

5.23.1.3 Abgrenzung: Buttons, Toolbarbuttons, Menüoptionen

Für die vorgenannten Funktionen gibt es nun auch die Möglichkeit, Toolbarbuttons anzuklikken oder Menüoptionen zu wählen. Zwar sind die Übergänge zwischen den Einsatzbereichen dieser Controls durchaus fließend, aber einige Regeln kann man schon dingfest machen:

- Schaltflächen

Pushbuttons nehmen verhältnismäßig viel Raum ein und sind daher vergleichsweise leicht auch mit der Maus bedienbar. Allerdings muß der Anwender den Blick meist vom eigentlichen Arbeitspunkt abwenden, um den Mauscursor zu positionieren, da Buttons sich oft am Fensterrand befinden. Da sich ständig sichtbar und dynamisch veränderbar sind, zeigen sie dem Anwender ihre aktuelle Bereitschaft und Funktionalität an. Buttons lösen stets eine Aktion innerhalb des aktuellen Fensters aus.

- Toolbarbuttons

Toolbarbuttons sind meist an eine Menüoption gebunden und sollten den Zugriff auf einige wenige Optionen, die sehr häufig benutzt werden, beschleunigen. Ihre räumliche Position macht einen Unterschied bereits deutlich: Lösen die Schaltflächen der Titelleiste allgemeine Funktionen wie Schließen, Verkleinern oder Vergrößern des Fensters aus, beziehen sich Pushbuttons häufig auf eine inhaltliche Veränderung eines in seiner Nähe befindlichen Controls, lösen Toolbarbuttons Funktionen aus, die in der Regel den Inhalt des Dialogs nicht dauerhaft verändern.

Ich würde beispielsweise eine Funktion wie „Schließen" nie als Toolbarbutton oder Menüoption definieren; „Ok" und „Abbruch" sind zwei Alternativen, die ausschließlich über zwei Pushbuttons ausgelöst werden und auch nicht Bestandteil des Menüs sind. Der Aufruf eines Druckdialogs oder der Sprung zu einem anderen Datensatz verändert den Inhalt des aktuellen Fensters nicht persistent; nach Verlassen des aufgerufenen Dialogs kann man die Arbeit des Editierens etc. fortsetzen. Solche Optionen gehören für mich in die Toolbar und sind daher auch im Menü zu finden.

Toolbars können durchaus über mehrere Fenster hinaus Aktionen auslösen. Weist man dem Shellwindow eine Toolbar zu, gelten deren Buttons dem jeweils aktiven Childwindow. Sind für bestimmte Fenster einzelne Toolbarbuttons nicht verfügbar, sollten sie auch deaktiviert werden. Aus Konsistenzgründen verändere man aber beim Wechsel des Childwindows nicht unnötig die Elemente der Toolbar.

- Kontextmenü

Das Kontextmenü sollte die Auswahl einiger besonders häufig benötigter Optionen des Hauptmenüs direkt „vor Ort" ermöglichen, ohne daß dazu der Mauszeiger über den Fensterrand hinaus bewegt werden müßte.

- Hauptmenü

Die Optionen des Hauptmenüs dokumentieren sämtliche Möglichkeiten des aktuellen Fensters. Darüber hinaus enthält es häufig Funktionen, die sich nicht auf das Unterfenster, sondern beispielsweise auf das Shellwindow beziehen. Eine Option wie BEARBEITEN oder ABBRUCH kann ich mir als Menüfunktion nicht vorstellen; dafür definiere ich stets zwei Pushbuttons, die an immer gleicher Stelle im Dialog plaziert sind. Den Vorteil der räumlichen Wiedererkennung und Lokalisierung bieten nur wenige Menüoptionen wie BEENDEN oder HILFE.

5.23.2 Bemaßungen

5.23.2.1 Größe? — Klein!

Hier gilt der gleiche Grundsatz wie bei Dialogen: Schaltflächen seien möglichst kompakt. Wirklich völlig unsinnig, wenn auch bei vielen Entwicklern sehr beliebt sind Pushbuttons, deren Höhe das für die Beschriftung notwendige Maß überschreitet. Die normale Höhe von 20 Delphi-/VO-Einheiten bzw. 300 VB-Twips sollte grundsätzlich verwendet werden.

Buttons müssen so hoch sein, daß der (bitte — siehe unten — einzeilige...) Text keinen zu großen und keinen zu kleinen Abstand zum Buttonrand hat und man sie mit der Maus treffen kann. Quadratische Varianten oder überhaupt unterschiedliche Höhen sind mit einer einzigen Ausnahme strikt zu meiden: Wird eine Schaltfläche neben einem Eingabefeld plaziert, ist es meist sinnvoll, die Höhe des Buttons zu reduzieren (auf 18 Pixel bzw. 270 Twips), um ihn optisch an das „Buddy-Control" anzugleichen.

5.23.2.2 Breite

Die Standard-Schaltflächen wie „Ok" und „Abbruch" haben bei mir stets die Breite 80 Pixel bzw. 1200 Twips. Aus Gründen der erwünschten schnellen Wiedererkennbarkeit weiche man tunlichst nicht von einem solchen Standardmaß ab.

Bei einer Gruppe von vertikal angeordneten Buttons bestimmt natürlich der mit der längsten Beschriftung die Breite aller Buttons; aber horizontal angeordnete dürften durchaus unterschiedlich breit sein, insbesondere wenn ein einzelner Button deutlich herausragt. Sind beispielsweise von vier Buttons drei mit einer etwa gleich langen Beschriftung versehen, ein vierter dagegen deutlich umfangreicher, erhalten die drei die gleiche Breite.

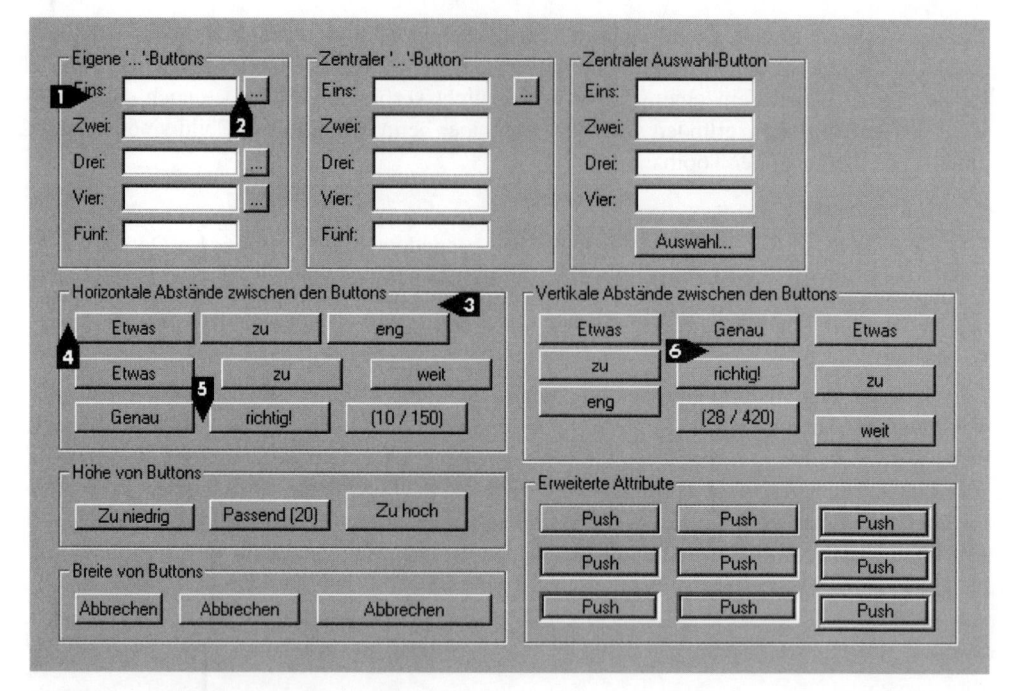

Bild 5.50: Gute und schlechte Button-Abmessungen

Tabelle 5.12: Bemaßungsregeln für Pushbuttons

Pushbutton zu…	Pfeil-Nr.	Delphi	VB	VO
Pushbutton horizontal	5	20	300	20
Pushbutton vertikal	6	28	420	28
Statischem Text vertikal	1	-3	-45	-3
Rahmen horizontal	4	9	135	9
Rahmen vertikal	3	20	300	20
Fensterrand horizontal		10	150	10
Fensterrand vertikal		10	150	10
Eingabefeld vertikal	2	+1	-15	+1

5.23.2.3 Weitere Tabellen

- Tabelle 3.1: Bemaßungen für Childwindows mit Tabcontrols (Seite 133)
- Tabelle 3.2: Bemaßungen für Dialogwindows (Seite 147)
- Tabelle 5.7: Bemaßungen für FixedText-Controls (Seite 276)
- Tabelle 5.8: Bemaßungen für Rahmen-Controls (Seite 281)
- Tabelle 5.9: Bemaßungen für Edit-Controls (Seite 284)
- Tabelle 5.10: Bemaßungen für Radiobuttons (Seite 302)

- Tabelle 5.11: Bemaßungen für Checkboxen (Seite 307)
- Tabelle 5.13: Bemaßungen für Tabcontrols (Seite 355)

5.23.3 Beschriftung

5.23.3.1 Aktion vs. Situation

Wie auch bei den Menütexten gibt es grundsätzlich zwei Möglichkeiten: aktionsbezogen („Abbrechen") oder situationsbezogen („Abbruch"). Erstere scheint mir natürlicher zu sein und ist auch verbreiteter. Ausnahme ist bei mir aber stets genau der Abbruch-Button: Dieses Wort ist kürzer als die Verbform, die darüber hinaus einfach umgangssprachlich zu geläufig ist; „Abbruch" ist dagegen schon eher ein Kunstwort. Beim Verb ist der Bezug zum Vorgang, den man abbricht, zwar stärker, aber weniger naheliegend beim Anblick einer Dialogbox, die man ja nun nicht einfach „abbrechen" kann.

5.23.3.2 Empathie

Versuchen Sie, das Wort, das der Anwender im Moment der Auswahl im Kopf hat, möglichst zu ahnen — umso schneller wird er einen Button als den gewünschten identifizieren können. Denkt er wirklich „Ich möchte einen Kunden hinzufügen"? — Meines Erachtens ist ein Button namens „Neu" hier weitaus anwenderkompatibler und daher dem Text „Hinzufügen" vorzuziehen.

5.23.3.3 „Ok" vs. „OK"

Der Legende nach sind das die Anfangsbuchstaben eines Ford-Mitarbeiters, der am Ende des Fließbandes das T-Modell endkontrollierte und einwandfreie Exemplare mit den Anfangsbuchstaben seines Namens zeichnete. Gewöhnlich wird auch in anderen Sprachen die Großschreibung bevorzugt; im Englischen schreibt das Microsoft „Manual of Style" diese Schreibweise sogar vor — ich finde sie aber unnötig auffällig und beschrifte daher, um beispielsweise nicht den Eindruck einer Abkürzung wie „DM" oder „KB" zu erwecken, die Buttons lieber durchgängig mit „Ok".

Nebenbei: Das Wort „Ok" ist nicht in allen Situationen die geeignete Beschriftung. Die Entwickler des Apple Macintosh wollten ursprünglich anstatt einem „Ok"-Button der Beschriftung „Do it" den Vorzug geben. Bei Fehlermeldungen, die eher ein Scheitern anzeigen, wirkt „Ok" sogar ausgesprochen deplaziert.

Übrigens sollten Sie versuchen, bei solchen Dialogen, deren Meldung der Anwender zwar bestätigen muß, die aber eher negativen Charakter haben, nicht nur einen „Ok"-Button einzusetzen. Eine Meldung wie „Gewünschter Datensatz nicht gefunden" sollte anstelle eines „Ok"-Buttons (die fehlgeschlagene Suche ist ja für den Benutzer eben gerade nicht „okay") besser solche wie „Zurück" und „Neue Suche" erhalten.

5.23.3.4 „Abbruch" vs. „Abbrechen"

Die Verbform ist benutzerorientierter und damit zu bevorzugen. Allerdings gibt es außerdem von Software kaum Fragen, die mit „Abbrechen" zu beantworten wären. Meist sind daher Optionen wie „Zurück", „Nein" oder „Nicht schließen" direkter und inhaltlich passender.

5.23.3.5 Standardbuttons

„Ok", „Abbrechen", „Übernehmen", „Speichern", „Zurück" und dergleichen haben eine feste und genormte Bedeutung, die ein kundiger Anwender auch bei Ihrer Applikation voraussetzt. So speichert beispielsweise „Übernehmen" die aktuelle Lasche eines Karteireiterfensters, ohne dieses aber zu schließen. Dennoch halte ich das Auftreten sowohl eines „Ok"- wie eines „Übernehmen"-Buttons, wie es leider bei Karteireiterfenstern üblich ist, für problematisch, da ihre Texte eine umgangsprachlich identische Bedeutung haben.

„Schließen" im Gegensatz zu „Abbrechen" schließt das Fenster, ohne daß etwaige Benutzereingaben zurückgesetzt werden. Ein Dialog, der beim Schließen eine Entscheidung von Benutzerseite fordert, sollte die Buttons „Ok" und „Abbrechen" erhalten. Nicht-modale Dialoge dagegen werden nicht bestätigt oder verworfen, sondern — über einen Button „Schließen" — geschlossen.

- Ok — Speichern und Fenster schließen (Taste: <Return>).
- Abbrechen — Änderungen verwerfen und Fenster schließen (Taste: <Esc>).
- Übernehmen — Änderungen speichern, Fenster nicht schließen.
- Schließen — Fenster schließen (Shortcut: <Strg>+<F4>).
- Rückgängig — Änderungen verwerfen, Fenster nicht schließen (Shortcut: <Strg>+<Z>).
- Hilfe — Hilfe aufrufen (Taste: <F1>).

5.23.3.6 Hotkeys für Standardbuttons

Werden die beiden Standardbuttons „Ok" und „Abbruch" durch Drücken der <Enter>- resp. <Esc>-Taste ausgelöst, gilt die Regel, daß sie dann keinen Hotkey „&O" bzw. „&A" erhalten. Schließen Sie aber einen Dialog durch Betätigen der <Enter>-Taste, bedeutet das zumindest für DOS-Anwender, die normalerweise damit das nächste Eingabefeld fokussieren, eine erhebliche Umstellung. Meine GUI-Applikationen verhalten sich hier DOS-konform, damit auch schnelle Blindeingaben über den Zehnerblock nicht „Umgriffe" auf die andere Seite der Tastatur erfordern — mit der linken Hand hält man ja oft Blätter mit den einzugebenden Daten. In solchen Fällen ist es ratsam, die — möglicherweise auch zusätzlich vorhandenen — Hotkeys trotzdem zu erlauben: Wer auf ein halbes Dutzend Arten Fenster schließen kann, darf auch bei der Betätigung des „Ok"-Buttons flexibel sein.

5.23.3.7 Verwendung der Ellipse „..."

Ähnlich wie bei Menüoptionen deuten die drei Punkte als Abschluß der Beschriftung auf einen weiteren Dialog hin, der bei Betätigung des Buttons aufgerufen wird. Sie sollte mit einem Leerzeichen dem Text folgen.

5.23.3.8 Mehrzeilige Schaltflächen

Die Beschriftung von Schaltflächen, die eine Aktion auslösen, sollte nach Möglichkeit nur aus einem einzelnen Wort bestehen. Umfangreichere Texte, gar über mehrere Zeilen, sind zu vermeiden. Ausnahmen wären solche Schalter, deren Betätigung als Zuweisung eines Wertes zu verstehen ist und deren Spezifikation entsprechend umfangreich ist. Hier — etwa in der Abbildung 5.51 — kommen dann aber auch meist Checkboxen mit Pushbutton-Optik zum

Einsatz, die durch Zuweisung des erweiterten Stils WS_OVERLAPPED erreicht wird. Solche Checkboxen bleiben „eingedrückt" und zeigen somit ihren aktuellen Zustand deutlich an.

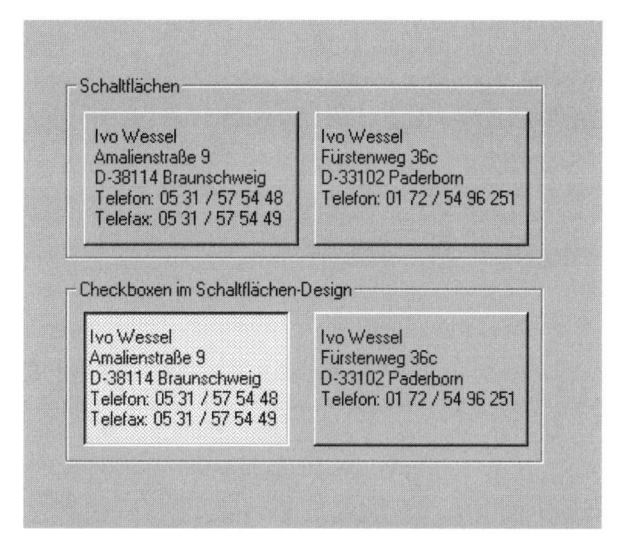

Bild 5.51: Ausnahmsweise erlaubt: mehrzeilige Schaltflächen

5.23.3.9 Textausrichtung

Normalerweise ist die Beschriftung der Buttons stets zentriert. Besser lesbar und damit entschieden vorzuziehen wäre aber bei einer vertikalen Anordnung einer Buttongruppe die linksbündige Ausrichtung des Textes.

Bild 5.52: Linksbündig ausgerichtete Pushbutton-Beschriftungen

5.23.3.10 Bevorzugt: Linksbündig

Zum Vergleich dazu im Bild 5.53 die normale, zentrierte Variante — ich denke, man sieht deutlich, daß sie schlechter lesbar ist als die linksbündige Ausrichtung; ein Effekt, der insbesondere bei längeren und unterschiedlicheren Texten noch stärker zu Tage tritt. Schade, daß Entwicklungssysteme bei untereinander angeordneten Buttons nicht automatisch diese Ausrichtung vorgeben; das müßte doch nun wirklich einem Painter beizubringen sein...

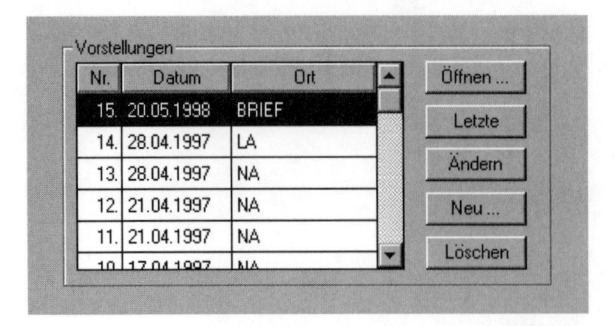

Bild 5.53: Zum Vergleich: die gewöhnlich verwendete zentrierte Ausrichtung

5.23.3.11 Funktionstasten

Uneinigkeit herrscht bei der Anzeige von Funktionstasten. Beispielsweise kann man häufig eine Installation mit <F3> abbrechen; der Pushbutton am rechten unteren Rand der Windows 98-Installation enthält einen entsprechenden Hinweis „Abbrechen (F3)" innerhalb der Button-Beschriftung. Innerhalb von Dialogen ist aber eine solche Belegung eines Buttons mit einer Funktionstaste eher ungewöhnlich; die Tasten <Return> für die Standardvorgabe und <Esc> für die Abbruchfunktion sind nicht Bestandteil des Schaltflächentextes.

5.23.4 Farbe

Aus Gründen der schnellen Identifizierbarkeit sollte man bei Schaltflächen — wie bei allen Controls — nicht mit Farbe experimentieren. Pushbuttons sind stets schwarz auf grau gefärbt; eine Akzentuierung läßt sich durch Einfügen einer (ein-)farbigen Bitmap erreichen. Bunte Schaltflächen wirken stets sehr poppig und ziehen unnötig die Aufmerksamkeit des Anwenders auf sich.

5.23.4.1 Form

Von Bitmap-Buttons ohne Rand abgesehen erlauben die meisten Entwicklungssysteme nur rechteckige Schaltflächen. Diese sind sicher am einfachsten zu identifizieren und als Pushbuttons erkennbar. In der Gestaltlehre kann man aber feststellen, daß eine „störende" Form besonders leicht zu lokalisieren ist. Möglicherweise wäre je nach Applikation auch zu überlegen, ob nicht eine konsistente Verwendung mit unterschiedlichen Umrissen versehenen Schaltflächen beispielsweise für die Grundfunktionen wie „Ok", „Abbruch", „Bearbeiten" etc. die Zugriffsgeschwindigkeit erhöhen könnte. Ein halbes Dutzend verschiedener Umrisse wäre für regelmäßige Anwender einer Applikation sicher speicherbar.

5.23.5 Anordnung

5.23.5.1 Position

Plazieren Sie Schaltflächen stets erwartungskonform und konsistent. Beispielsweise dürfte die konstante Reihenfolge Ja/Nein, Ok/Abbruch allgemein geläufig sein; halten Sie derlei aber auch bei anderen wiederkehrenden Buttons ein. Je nach Betriebssystem herrscht übrigens über die Anordnung der Standardbuttons keine Einigkeit: Macintosh-Anwender erwarten beispielsweise den „Cancel"-Button immer links vor dem „Ok"-Button — und beide am rechten unteren Fensterrand plaziert.

Bei Dialogen, die eine Leserichtung von links nach rechts besitzen, sollten die Buttons eher rechts plaziert sein, bei Dialogen, die von oben nach unten abgearbeitet werden, wäre die Plazierung am unteren Rand plausibler und natürlicher. Neben einer durchaus wünschenswerten optischen Ausgewogenheit sollte also die Reihenfolge und Art & Weise, in der der Anwender den Dialog benutzt, Berücksichtigung finden.

Buttons wie „Bearbeiten", „Neu", „Löschen" etc. sollten nach Häufigkeit sortiert werden, wobei ein „gefährlicher" Button wie „Löschen" sind eher am rechten Rand befinden sollte, also beispielsweise möglichst weit entfernt vom häufig benutzten „Bearbeiten"-Button.

5.23.5.2 Unten links vs. unten rechts

Hintergrund ist hier die Annahme, daß Dialoge von links oben nach rechts unten „gelesen" werden und der „Ok"-Button als Schlußpunkt der am wahrscheinlichsten gewählte ist. Windows-Applikationen gehen von einer Leserichtung „links nach rechts" aus; da ist es dann eben der erste Button, der auch als erstes wahrgenommen wird.

5.23.5.3 Unten zentriert

Diese Variante sollte höchstens für einen einzelnen „Ok"-Button zulässig sein. Aber unter Windows 98 findet man zunehmend Applikationen, die einen einzelnen Button, am linken oder rechten Rand angeordnet, aufweisen.

5.23.5.4 Oben rechts

Einzelne Buttons sind grundsätzlich nicht am rechten oberen Rand zu plazieren. Bei mehreren Pushbuttons wählt man diese Variante, wenn die Anordnung am unteren Rand dem Dialog eine gegenüber der Breite auffällige und unproportionale Höhe verleihen würde. Fensterabmessungen sollten in etwa dem Bildschirmformat entsprechen, also eher etwas breiter als höher sein.

Achten Sie darauf, die Buttons am oberen Rand vernünftig zu gruppieren. Unterhalb der Standardbuttons wie „Ok" und „Abbruch" sind weitere um einen geringen Wert abzurücken; ich verwende hier gerne anstelle des normalen Abstandes von 28 Pixeln bzw. 420 Twips einen von 42 Pixeln bzw. 630 Twips.

5.23.5.5 Neuheiten bei Windows 98

Auch bei Windows 98 herrscht bei der Plazierung von Pushbuttons weiterhin schönste Anarchie. Als Grundregel scheint weiterhin zu gelten, daß Fenster kein ausgeprägtes Hoch- oder Querformat erhalten und Schaltflächen so plaziert werden, daß sie sehr breite oder sehr hohe Dialoge vermeiden helfen.

Bei Karteireiterfenstern scheint die bevorzugte Position für solche Buttons, die Funktionen für das gesamte Fenster auslösen, die am rechten unteren Rand zu sein. Die Standard-Schaltflächen sind dabei meist „Ok", „Abbruch", „Übernehmen" und „Hilfe".

5.23.5.6 Beim „Buddy"-Control

Schaltflächen, die nur für einzelne Controls oder für Controlgruppen Bedeutung haben, sollten in deren unmittelbarer Nähe plaziert werden. Eingabefelder, die eine Auswahl über einen zusätzlichen Dialog erlauben, erhalten normalerweise einen kleinen, neutralen und mit der Ellipse „..." beschrifteten Button, der sich unmittelbar an das Control anschließt. Solche Schaltflächen haben eine leicht reduzierte Höhe von 18 Pixeln bzw. 270 Twips, damit sie optisch mit den Eingabefeldern abschließen.

5.23.5.7 Aufruf zusätzlicher Auswahldialoge

Werden solche Dialoge innerhalb einer Maske häufig benötigt, ist zu überlegen, ob nicht einem einzigen, beispielsweise am unteren Fensterrand plazierten Button der Vorzug zu geben wäre. Ist gerade ein Control fokussiert, zu dem es keine entsprechende Zusatzauswahl gibt, ist der Button zu deaktivieren.

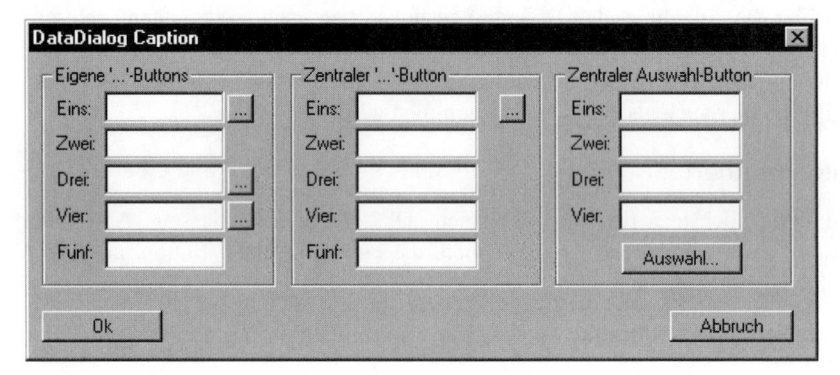

Bild 5.54: „Ok" und „Abbruch"? Nein — so nicht! So nie!

5.23.5.8 Abstand

Hier gilt ähnliches wie für die Größe: Der Abstand von Buttons innerhalb einer Gruppe braucht nicht größer zu sein als etwa die halbe Breite des Mauscursors. Damit sind versehentliche Betätigungen, wie sie bei zu dichter Reihung möglich wären, ausgeschlossen. Größer muß der Abstand aber wirklich nicht sein; und die beliebte Anordnung zweier Buttons, von denen der erste am linken, der zweite am rechten Fensterrand positioniert ist, zeigt nur, daß der Gestalter nie den am Tage zurückgelegten Mausweg des bedauernswerten Anwenders bedacht hat: der ist dann nämlich gleichermaßen umfänglich wie völlig unnötig.

5.23.5.9 Ausnahmen

Bei Assistenten-Fenstern sind die Buttons zum Vor- und Zurückblättern stets enger angeordnet, um die „Schaltwippen"-Charakteristik zu verdeutlichen und um zu zeigen, daß, abgesehen von vorzeitigem Abbruch oder einer Hilfeanforderung, diese beiden Möglichkeiten die einzigen sind. Die meist vier angezeigten Buttons sind also hinsichtlich ihrer Auswahlmöglichkeit nicht ganz gleichberechtigt. Die beiden Blätterbuttons heißen stets „< Zurück" und

„Weiter >"; leider ist die Reihenfolge der Schaltflächen selbst bei Microsoft-Produkten unterschiedlich; mir leuchtet „Abbrechen", „< Zurück", „Weiter >", „Hilfe" am ehesten ein.

5.23.5.10 Vorgabe-Button

Der weniger „kritische" Button ist vorzubelegen. Dies gilt insbesondere beim Löschen von Daten bzw. bei solchen Aktionen, deren vorschnelle Ausführung der Anwender möglicherweise bereuen wird.

Hat ein Pushbutton eine weitere Dialogbox aufgerufen, ist nach deren Verlassen das nächste und sinnvollste Control zu fokussieren. Das erlaubt dem Anwender einen möglichst unterbrechungsfreien Ablauf, der gerade bei Verwendung der Tastatur wünschenswert ist.

5.23.6 Erweiterte Attribute

Die Abbildung 5.49 zeigt einige der neuen Stile der CommonControls. Ich denke aber, gerade bei Pushbuttons hat die schnelle Erkennbarkeit höchste Priorität; Buttons sind daher die Elemente, die am wenigsten Ziel kreativer Attacken sein sollten.

5.23.7 Alternativen zu Pushbuttons

Häufig benutzte Optionen werden gewöhnlich im Menü eingebaut. Seltener gebrauchte ließen sich im Systemmenü eines Fensters integrieren, das insbesondere die pro Fenster jeweils gleichen Optionen aufnehmen könnte.

5.23.8 Beliebte Fehler

5.23.8.1 Größe

Benutzen Sie möglichst für alle Schaltflächen eine einheitliche Größe. Ausnahmen gelten für Pushbuttons, die unmittelbar hinter Eingabecontrols plaziert sind. Neben dem häufigen Fehler, Buttons unnötig groß zu machen, gibt es natürlich auch Fälle, bei den die Beschriftung bereits so nahe zum Rand reicht, daß im Falle einer Fokussierung der Text nicht mehr vollständig zu lesen ist.

5.23.8.2 Beschriftung

Kurz, knapp, standardisiert. Und bitte nicht weitschweifend, phantasievoll, häufig wechselnd. Sorgen Sie für exakte Klarheit: Wird veränderte Information beim Schließen eines Dialogs gespeichert oder verworfen? Können Eingaben rückgängig gemacht werden? Sind Veränderungen dauerhaft auf Festplatte oder nur temporär im Speicher gesichert? Sind die geänderten Optionen auch beim Neustart der Applikation verfügbar?

5.23.8.3 Anordnung

Schaltflächen werden besonders durch ihre Position identifiziert. Sorgen Sie hier für äußerste Konsistenz und vertauschen Sie bitte niemals die Reihenfolge solcher Naturkonstantkombinationen wie „Ok, Abbruch", „Ja, Nein" etc. Achten Sie darauf, daß die Anordnung von Buttons ihrer späteren Anwendung entspricht. Wählt der Benutzer als erstes stets einen anderen Button als den am linken Rand befindlichen, ist die Reihenfolge zumindest gewöhnungsbedürftig — was nichts anderes heißt, als daß sich der Anwender der Software anpassen muß.

Pushbuttons sollten nicht zwanghaft zentriert oder bezüglich der Breite an ihren Controls ausgerichtet werden. Befinden sich unterhalb einer Listbox beispielsweise drei Buttons „Bearbeiten", „Neu" und „Löschen", müssen sie keineswegs unbedingt gleichmäßig auf den Raum verteilt werden. Besser ist, die Buttons mit der Standardbreite zu versehen, sie mit gleichem Abstand nebeneinander zu plazieren und den ersten linksbündig mit dem Control abschließen zu lassen.

5.23.8.4 Erreichbarkeit

Pushbuttons, die die Eingabe von bestimmten Werten erfordern, sollten disabled bleiben, bis die Voraussetzungen erfüllt sind. Die Bestätigung eines Paßwort-Dialogs mit „Ok" macht nur Sinn, wenn wenigstens die Eingabefelder für Benutzername und Paßwort ausgefüllt sind — und sollte auch erst dann aktiviert werden.

5.24 Bitmap-Buttons

5.24.1 Einsatzmöglichkeiten

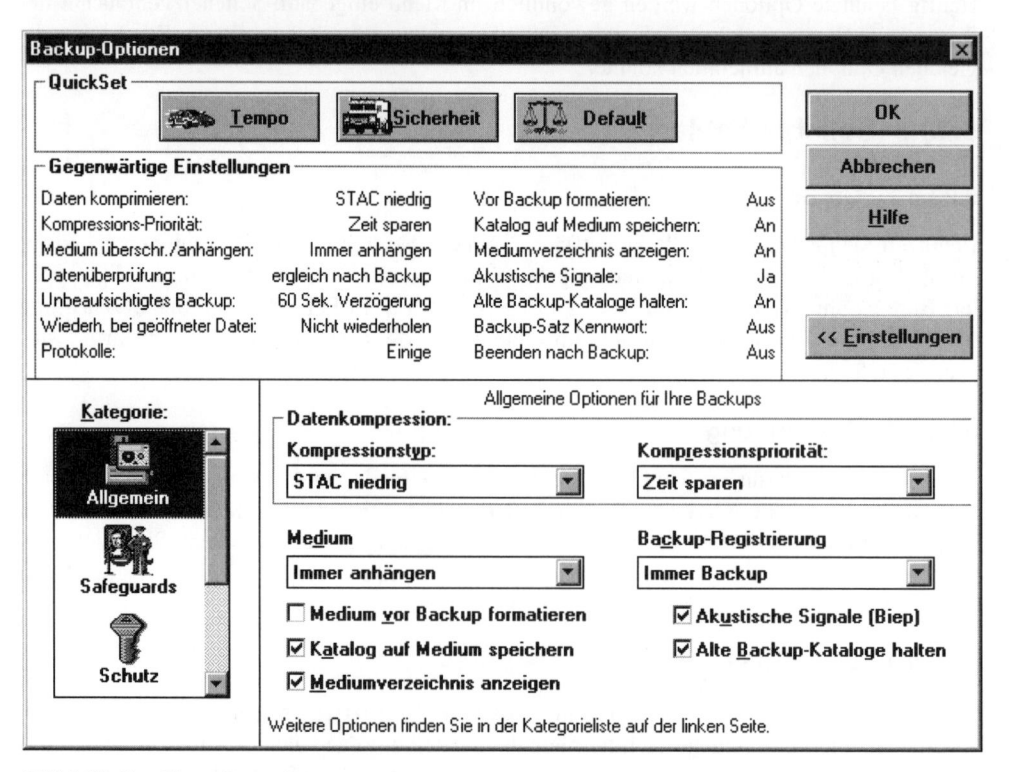

Bild 5.55: Scrollbare Buttonlisten

Bitmap-Buttons 353

5.24.1.1 WYSIWYG-Elemente

Neben der reinen Schmuckfunktion gibt es handfeste Gründe, in Fenstern Bitmap-Schaltflächen einzusetzen. Das Kapitel 6 „Graphik-Elemente" beschreibt die Möglichkeiten ausführlich.

5.24.1.2 Bitmapbutton-Listen

Bitmap-Listen sind Unterfenster mit Bitmap-Schaltflächen, die vertikal gescrollt werden können. Auf diese Weise ist die Anzahl der angebotenen Buttons größer als die, die etwa gleichzeitig zu sehen wäre. Solche Listen erfreuen sich an Stellen großer Beliebtheit, an denen je nach Button passende Unterfenster angezeigt werden sollen. Sie stellen daher eine Alternative zu Karteireiter-Dialogen dar, die sie aber zunehmend ablösen.

5.24.2 Optik

5.24.2.1 Buttonrahmen

Die Frage, ob Schaltflächen grundsätzlich einen Rahmen erhalten sollen, der ihre Kontur klar erkennen läßt und sie deutlich vom Hintergrund abhebt, beantworten Web-Seiten und kompatible Applikationen neuerdings gerne negativ. Ob etwas aber aktivierbar ist, sollte dem Anwender klar und unzweifelhaft und vor allem ohne Antesten durch Überfahren der Maus ersichtlich sein. Zumal bei Verwendung hoher Bildschirmauflösungen sind solche Verifikationen unstatthaft und beanspruchen die Motorik des Benutzers über die Maßen. Ein Button muß als solcher auch ohne „visuelles Antesten" erkennbar sein.

Dazu gehört auch, daß man nur eine (optische) Sorte von Schaltflächen verwendet. Es ist eine Unsitte und gegen alle Konsistenzratschläge, daß Hersteller die Gestaltung von Schaltflächen sehr häufig von Versionsnummer zu Versionsnummer verändern, um dem Anwender auch optisch einen Fortschritt der Software zu signalisieren und damit das Update notwendig und plausibel erscheinen lassen. Dieses läßt sich übrigens natürlich besonders bei Low-Cost-Homeapplikationen beobachten; größere Anwendungen setzen da schon eher auf Kontinuität und ein bewußt gewohntes Gesicht.

Bild 5.56: Kein gutes Beispiel: Windows 98-Explorer

5.24.2.2 Toggle-Schalter

Schaltet man mit Buttons zwei Zustände um, bietet sich dafür ein gemeinsamer Button an, der gleich den aktuellen Zustand anzeigt. Leider findet man hier häufig getrennte Buttons, die meist dazu noch schlecht unterscheidbar sind.

Das Durchschalten mehrerer Zustände, wie es beispielsweise der neue Windows 98-Explorer bei der Wahl des aktuellen ListView-Ansichtmodus' erlaubt, birgt das Risiko, daß der Anwender erst nach Aufklappen des Combo-Listteils erkennt, in welchem Zustand die Applikationen sich gerade befinden; außerdem sind jeweils unnötig viele Schaltvorgänge erforderlich, da solche Controls meist nicht synchronisiert sind.

5.24.2.3 Button-Zustände

In jedem Fall sollte der aktuelle Zustand auch selbstgemalter Bitmapschaltflächen immer erkennbar sein und den üblichen Regeln entsprechen. Folgende Varianten sollte man für jede Bitmap vorsehen:

- Angezeigt,
- Eingedrückt und
- Disabled.

Möglicherweise könnte ein vierter Zustand sinnvoll sein: Überstreicht der Anwender eine Schaltfläche mit der Maus, sollte die Fokussierung auch ohne Betätigung einer Maustaste erkennbar sein. Insbesondere mit Windows 98 und der Abschaffung des Doppelklicks wird dieser Modus eine wichtige Rolle spielen. Überhaupt ist ja — bedauerlicherweise — mit Windows 98 eine zunehmende Tendenz zu flachen Schaltflächen zu bemerken, die leider optisch so unauffällig sind, daß sie von anderen Schmuckbitmaps kaum zu unterscheiden und jedenfalls keineswegs ausreichend einladend sind.

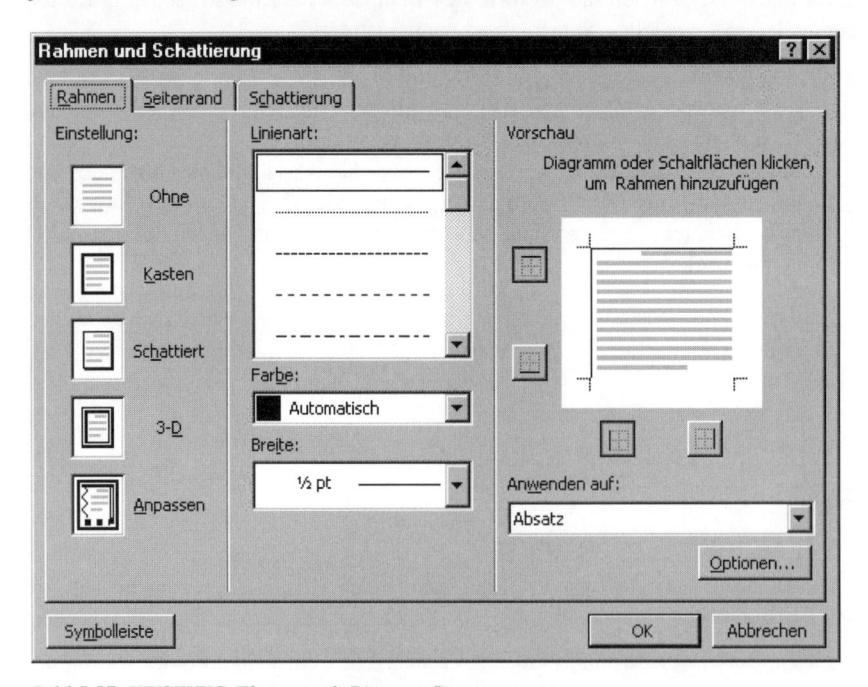

Bild 5.57: WYSIWYG-Elemente & Bitmaps-Buttons

5.25 Tab-Controls

Karteireiter wurden zwar schon im Fensterkapitel angesprochen; einige Besonderheiten sollten aber ergänzend aufgelistet werden. Wenngleich sie eigentlich den Schaltflächen zuzuordnen sind, erhalten sie ein eigenes Unterkapitel, das die herausragende Bedeutung der Laschenfenster für moderne Applikationen unterstreichen soll.

5.25.1 Bemaßugen

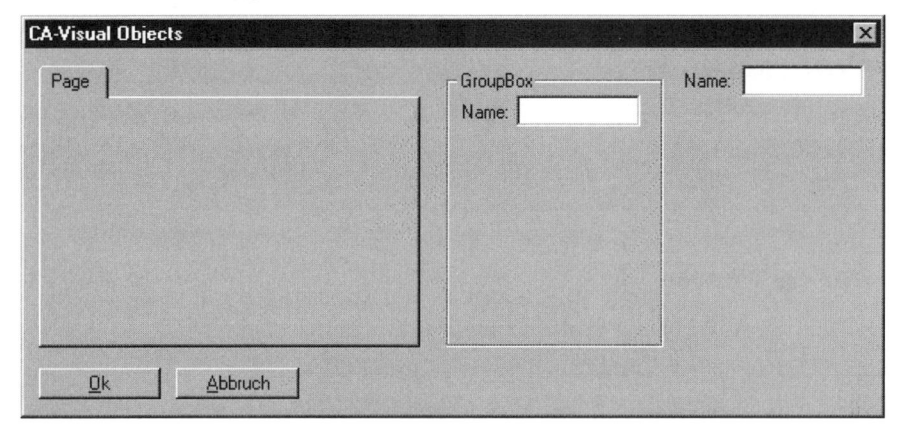

Bild 5.58: Standard-Layout eines Grunddialogs

5.25.1.1 Registerhaltigkeit der Beschriftungen

Achten Sie darauf, daß Beschriftungen bei Tabcontrols, Rahmen und Texten so auf einer Linie laufen, wie das die Abbildung zeigt. Benutzen Sie stets ein konstantes „Mastercontrol" in der linken oberen Ecke, an dem alle anderen Controls ausgerichtet werden. Mit diesem Control ist der Entwurf des Fensters zu beginnen. Dann „springen" die Controls nicht, wenn Laschenseiten umgeschaltet werden.

Tabelle 5.13: Bemaßungsregeln für Tabcontrols (Angaben X vor Y)

Tabcontrol-Maße	Pfeil-Nr.	Delphi	VB	VO
Größe des Fensters (im Beispiel)		560, 234	8400,3510	560, 234
Größe des Tabcontrols (im Beispiel)		250, 180	3750,2700	250, 180
Position des Tabcontrols		10, 11	150, 165	10, 11
Position des 1. Pushbuttons		10, 203	150, 3045	10, 203
Position des 1. Rahmens		276, 14	3140, 210	276, 14
Position des 1. Textcontrols im Rahmen		9, 20	135, 300	286, 34
Position des 1. Textcontrols im Fenster		486, 11	7290, 165	486, 11
Position des 1. Eingabefeldes im Rahmen		45, 17	705, 255	321, 31
Position des 1. Eingabefeldes im Fenster		431, 14	6950, 210	431, 14

Abstand Tabcontrol zu oberem Fensterrand	11	165	11
Abstand Tabcontrol zum Fensterrand	10	150	10
Abstand Tabcontrol zu den Pushbuttons	12	180	12
Abstand der Buttons zum unteren Rand	11	165	11
Abstand FixedText zum Rahmen	+ 17	+ 270	+ 17
Abstand Eingabefeld zum Rahmen	+ 20	+ 300	+ 20
Abstand Eingabefeld zum FixedText	- 3	- 45	- 3
Position des 1. Textcontrols im Tabfenster	9, 20	135, 200	9, 20
Position des 1. Eingabefeldes im Tab	69, 17	1035, 255	69, 17
Position des 1. Rahmens im Tabfenster	3, 1	45, 15	3, 1
Position des letzten Textcontrols	Y – 26	Y – 390	Y – 26
Position des letzten Eingabefeldes	Y – 29	Y – 390	Y – 26
Position des letzten Pushbuttons	Y – 29	Y – 390	Y – 26

5.25.1.2 Weitere Tabellen

- Tabelle 3.1: Bemaßungen für Childwindows mit Tabcontrols (Seite 133)
- Tabelle 3.2: Bemaßungen für Dialogwindows (Seite 147)
- Tabelle 5.7: Bemaßungen für FixedText-Controls (Seite 276)
- Tabelle 5.8: Bemaßungen für Rahmen-Controls (Seite 281)
- Tabelle 5.9: Bemaßungen für Edit-Controls (Seite 284)
- Tabelle 5.10: Bemaßungen für Radiobuttons (Seite 302)
- Tabelle 5.11: Bemaßungen für Checkboxen (Seite 307)
- Tabelle 5.12: Bemaßungen für Pushbuttons (Seite 344)

5.25.2 Laschentexte

5.25.2.1 Lokalisierung durch Text und Position

Der Anwender benutzt zwei Dinge zur schnellen Lokalisierung: Die Beschriftungen der Laschen und deren Position innerhalb des Tabcontrols. Letztere läßt sich durch eine Durchnumerierung der Laschen erheblich verdeutlichen.

5.25.2.2 Anordnung

Viele Entwicklungssysteme erlauben die Plazierung der Laschen an einer beliebigen Seite des Tabcontrols. Grundsätzlich sind vertikale Texte kaum vernünftig zu lesen; man sollte die Laschen also nur oberhalb oder unterhalb des Tabcontrols positionieren. Erstere Variante ist meines Erachtens die sinnvollste. Die gelegentlich zu sehende Variante, die Laschen zwar vertikal am rechten Rand anzuordnen, ihre Beschriftungen aber horizontal anzusetzen, hat den Nachteil des erheblichen zusätzlichen Platzbedarfs und ist ein gutes Beispiel dafür, daß man das reale Metaphernvorbild des Ringbuches keinesfalls überstrapazieren und unbedingt vollständig übernehmen sollte...

5.25.2.3 Laschentexte vs. Menüoptionen

Karteireiterfenster ersetzen in der Regel pro Lasche eine Menüoption. Daher entsprechen die Laschentexte meist einer Menüoption, die Titelleiste in etwa dem Menütitel. Hier gelten bezüglich der Gebrauchsfähigkeit die gleichen Gesetze wie bei den Menüs: Lassen Sie zu Testzwecken einen Anwender raten, in welcher Lasche er ein bestimmtes Control vermutet. Findet er diese nicht auf Anhieb, sollten Sie die Laschentexte optimieren. Andernfalls wird er auf der Suche nach einem Control ebenso umständlich durch die Laschen blättern müssen, wie das bei unpräzisen Menütexten häufig der Fall ist.

5.25.2.4 Dynamische Textanpassung

Zur Laufzeit können Laschentexte durchaus angepaßt werden. Gibt es beispielsweise zu einem Versicherungsnehmer Familienmitglieder, könnten deren Namen als Beschriftung die Laschen sofort identifizieren.

5.25.2.5 Fokussierung

Die gerade aktive Lasche sollte auf Anhieb erkennbar sein. Neben der üblichen Einrahmung oder der Anzeige des Textes mit einem fetten Schriftfont bietet sich die Einblendung einer Bitmap an, die auch für die Darstellung weiterer Modi nützlich ist. Häufig erhält die aktive Lasche auch einen andersfarbigen Hintergrund.

5.25.3 Bitmaps in Laschen

5.25.3.1 Reine Optik

Gibt es sinnvolle und genügend bezugsstarke Symbole im Format 16 mal 16 Pixel, können entsprechende Bitmaps in den Laschen die Erkennbarkeit zusätzlich steigern. Ob Texte dann überhaupt noch notwendig sind, hängt natürlich sehr von der Qualität der Bitmaps ab. Ihre Erklärung durch Laschen-Tooltips wäre aber ein Indiz, die Lasche vorsichtshalber auch zu beschriften. Es wird sicher nur selten Bitmaps geben, die Laschen so eindeutig und klar charakterisieren, daß auf Text komplett verzichtet werden kann — als Zusatz möchten sie aber gelegentlich sinnvoll und der Attraktivität dienlich sein.

5.25.3.2 Dynamik

Häufig ist es sinnvoll, den Anwender erkennen zu lassen, welche Laschen er bereits aufgeklappt hat. Dazu ließe sich der Text modifizieren, oder die Lasche würde über eine kleine Bitmap, wie sie auch in Checkboxen Verwendung findet, „abgehakt". Damit erhielten eventuell sogar mehrzeilige Tab-Reiter, die nach Möglichkeit strikt zu meiden sind, einen Hauch von Übersichtlichkeit.

5.25.3.3 Modalität

Überhaupt lassen sich Bitmaps in Laschen weitaus sinnvoller nutzen als nur zur optischen Verschönerung. Sie sind auch geeignet, den aktuellen Modus eines Laschenfensters anzuzeigen. So verwende ich ein Farbsystem mit kleinen monochromen Bitmaps, die erkennen lassen, ob eine Lasche aktiv, editierbar oder mit fehlerhaften Eingaben versehen ist. Bei Platzmangel erhält nur jeweils die fokussierte Lasche diese Bitmap.

5.25.3.4 Bitmap vs. Text

Sind Texte Laschenbitmaps in der Regel überlegen, wenn es um eindeutige Identifizierung und Beschreibung des Fensterinhaltes geht, erlauben Bitmaps das schnelle Erkennen einer Zustandsänderung. Da die Zuweisung eines anderen Symbols gleicher Größe keine Verbreiterung der Lasche zur Folge hat, wie das bei einer Modifizierung des Textes der Fall wäre, bleibt der Dialog hinreichend optisch „ruhig", da das Tabcontrol nicht aktualisiert werden muß.

5.25.4 Dynamische Laschen

5.25.4.1 Laschen als dynamischer Informationsträger

Laschen eines Tabcontrols sind durchaus nicht nur als eine Art Pushbuttons zu verstehen, die bei Betätigung ein Fenster aktivieren, sondern können auch kontextabhängige Informationen darstellen, die die Lascheninhalte näher beschreiben, etwa neben dem Text auch die Anzahl von Sätzen, Treffern und dergleichen nennen.

5.25.4.2 Tooltips als Informationsträger

Der jeder Lasche zuweisbare Tooltip kann ebenfalls eine nähere Beschreibung enthalten; das bietet sich insbesondere bei Laschen an, deren Inhalt nicht valide ist. Art & Weise des Fehlers, mögliche Tips zur Beseitigung etc. finden hier gleichfalls Platz.

5.25.4.3 Kontextabhängige Laschenanzahl

Sind mehrfache, gleichartige Laschen erforderlich wie Rechnungs- und Lieferantenanschrift, Bankverbindungen, Versicherungsnehmer und dergleichen, von denen jeweils unterschiedlich viele vorhanden sein können, sollte man hierfür auch eine jeweils dynamisch zu erzeugende Anzahl von Laschen erzeugen. Hat beispielsweise ein Versicherungsnehmer Policen für Ehefrau und Kinder abgeschlossen, spricht nichts dagegen, diese in den Laschen bereits genauer zu kennzeichnen.

5.25.4.4 Laschen aktivieren/deaktivieren

Je nach aktuellem Modus sollten ungültige Laschen ausgeschaltet werden. Außerdem ist gleichfalls zu verhindern, daß der Anwender eine Lasche zu wechseln versucht, obwohl das aus bestimmten Gründen — etwa weil eine Eingabe nicht vollständig oder korrekt ist — zur Zeit nicht gestattet ist. In einem solchen Fall das Umschalten nachträglich anzumahnen, zeugt keineswegs von wünschenswerter Ergonomie. Im Beispiel der Abbildung 5.59 ist sogar bereits die erste, nicht korrekt verlassene Lasche fälschlicherweise bereits defokussiert; obwohl nach Bestätigung der Meldung wieder die erste Lasche aufgeklappt werden wird. Diese Art der Validierung hat nicht nur ein unschönes Flackern zur Folge, sondern verhindert gleichzeitig ein optisches Feedback, wann und unter welchen Umständen die erste Lasche gültig verlassen werden darf.

Tab-Controls 359

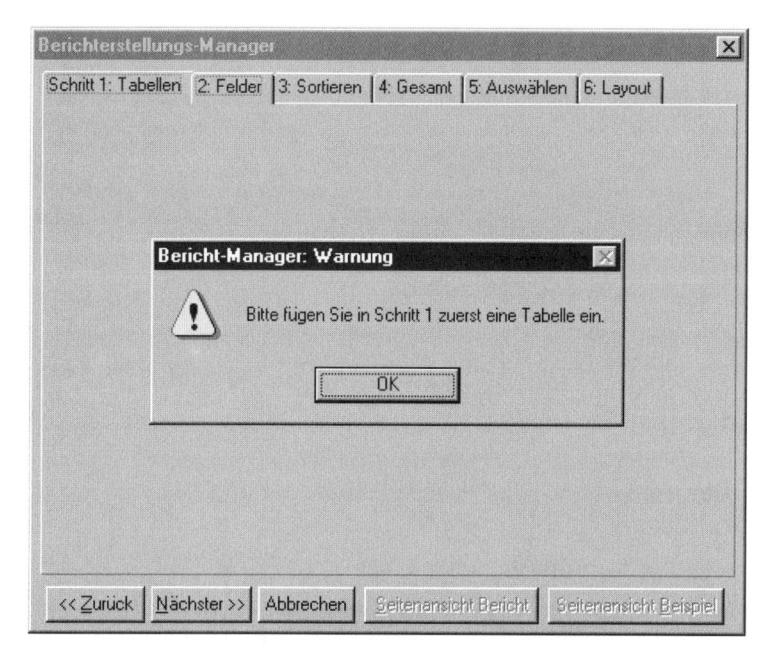

Bild 5.59: Ungünstige Laschenvalidierung

Der Anwender sollte eine ungültige Lasche immer sofort erkennen können: Das Sperren der anderen Laschen wäre eine Möglichkeit; eine zusätzliche Farbkodierung oder Anzeige einer speziellen Bitmap eine zweite. Ein Laschentooltip könnte zusätzliche Hinweise enthalten. In der Abbildung 5.60 sind während der Bearbeitung sämtliche anderen Laschen mit Ausnahme der aktuellen deaktiviert, was durch die übliche Graufärbung, wie sie auch bei Controls Verwendung findet, dem Anwender ausreichend deutlich signalisiert wird — getreu dem Motto, daß der Benutzer nichts aktivieren kann, was er nicht auch aktivieren darf.

Bild 5.60: Im Bearbeitungsmodus sind alle Laschen deaktiviert

5.25.5 Verschachtelte Laschen

Tab-Controls, die weitere Tab-Controls enthalten, sind nach Möglichkeit zu vermeiden. Zwar gibt es gelegentlich Anwendungen, die hierarchische Laschen nahelegen, optisch sind allerdings Dialoge, die die Auswahl der ersten Ebene nicht durch Laschen, sondern beispielsweise durch Radiobuttons im Pushbutton-Look erlauben, ruhiger und übersichtlicher, da sie keine verschachtelten Rahmen beinhalten. Hier wählt der Anwender erst einmal über eine Reihe horizontal angeordneter Pushbuttons die erste Kategorie, die dann ihre gültigen Laschen in einem Tabcontrol anzeigt.

5.25.6 Controls außerhalb der Laschenfenster

Grundsätzlich und der natürlichen Leserichtung folgend, sollte man allgemeine Controls wie Such- oder Auswahlfelder oberhalb der Laschen sowie immer gültige Pushbuttons aber stets am unteren Fensterrand und somit unterhalb der Laschen plazieren.

5.25.7 Pushbuttons

5.25.7.1 Innerhalb und außerhalb des Tabcontrols

Buttons, die eine Funktion für eine einzelne Lasche ausführen, müssen innerhalb dieser Lasche plaziert sein. Ein Button, der für mehrere Laschen gilt, wird außerhalb des Tabcontrols plaziert und je nach Gültigkeit enabled oder disabled. In jedem Fall sollte für den Anwender auf Anhieb erkennbar sein, ob ein Button für eine Lasche oder für das gesamte Fenster wirkt.

5.25.7.2 Der Button „Übernehmen"

Bedauerlicherweise hat sich ein Standard durchgesetzt, der nicht einmal in Programmiererkreisen durchgängig und zweifelsfrei ist: Neben den üblichen „Ok"- und „Abbruch"-Schaltflächen speichert ein dritter, neben diesen beiden plazierte und mit „Übernehmen" beschriftete Button den Inhalt aller Laschen. Diese Technik ist ein typisches Beispiel, Gestaltungsmaßgaben nach Entwickler-, nicht aber Anwenderansicht zu formulieren. Der Durchschnittsbenutzer bevorzugt jedenfalls eine eindeutigere und klarere Beschriftung: „Aktuelle Lasche speichern" und „Alle Laschen speichern" etwa wäre ebenso naheliegend wie unmißverständlich.

5.25.7.3 Grundsätzlich: „Rückgängig" für eine und für alle Laschen

Ermöglichen Sie außerdem, den Inhalt einer Lasche zu verwerfen. Ein Abbruch eines Karteireiterdialogs sollte sämtliche Eingaben rückgängig machen; anschließend muß der Zustand also unverändert der vor dem Aufruf des Dialogs sein. Ist das nicht möglich, weil vielleicht Daten bereits verändert wurden, muß der Abbruch-Button deaktiviert werden; der „Ok"- Button erhält dann normalerweise die Beschriftung „Schließen", was darauf hinweist, daß es hier keine Alternative mehr gibt.

Sinnvollerweise sollte ein Karteireiterdialog eine Speichern- und Abbruch-Funktion für eine einzelne und für alle Laschen beinhalten. Machen Sie dem Anwender in jedem Fall und unmißverständlich klar, welche Konsequenzen die einzelnen Buttons haben; die Standardlösung „Ok", „Abbruch" und „Übernehmen" scheint mir hier kein sinnvolles Vorbild zu sein.

5.25.8 Tastenbedienung

5.25.8.1 <Tab>-Taste plus Pfeiltasten

Ist das TabControl Bestandteil der Tab-Order des Fensters, lassen sich die Laschen fokussieren. Der Anwender kann dann mit den Cursortasten die gewünschte Lasche aktivieren. Abgesehen davon, daß kaum ein Benutzer diese Möglichkeit kennt, ist sie nur sehr zeitaufwendig zu erreichen. Man sieht sie normalerweise, wenn dem Anwender keine Maus zur Verfügung steht. Tastenbedienung sollte aber nicht nur ein Mittel für den Notfall sein, sondern grundsätzlich die Bedienung vereinfachen und vor allem beschleunigen helfen.

5.25.8.2 Funktionstasten

Die Unterwanderung der ansonsten ja äußerst wünschenswerten Konsistenz, daß <F1> nun nicht mehr die Hilfe aufruft, nehme ich gerne in Kauf. Denn erstens ist die Belegung dieser Taste mit der Hilfefunktion eh eher willkürlich, zum zweiten bleibt nach wie vor der Aufruf über das Menü oder <Shift>+<F1> oder eine ähnliche Kombination.

Durch den Vorteil des „Direct mapping" harmonieren die Funktionstasten der Tastatur räumlich sehr schön mit der Reihenfolge der Lasche: Bei zwölf Laschen ist eben <F12> auch die rechteste Taste. Das Aktivieren der Laschen mit der Maus fordert vom Anwender zudem ein gehöriges Maß an Feinmotorik, da die Laschen doch recht niedrig sind. In der Praxis kann man beobachten, daß die schnelle Auswahl über Funktionstasten trotz der zugegebenermaßen fehlenden Assoziativität zwischen Lasche und Funktionstastennummer eine sehr hohe Akzeptanz besitzt.

5.25.9 Alternativen

5.25.9.1 Pushbuttons

Tatsächlich bieten die CommonControls heute noch die Möglichkeit, TabControls mit dem Attribut „Button-Optik" zu versehen. Früher simulierte man Karteireiter, indem das Betätigen eines Buttons aus einer Reihe von Schaltflächen, die am oberen Fensterrand horizontal ausgerichtet waren, das jeweilige Unterfenster einblendete.

5.25.9.2 Radiobuttons

Ersatzkarteireiter im Radiobutton-Look entstammen einer noch älteren Generation und sollten gleichermaßen nicht mehr verwendet werden, da sie nicht nur eine vergleichsweise unauffällige Optik besitzen, sondern vor allem auch die Regel unterwandern, daß Radiobuttons Elemente zur Auswahl Wertes, nicht aber zur Auslösung einer Funktion sind.

5.25.9.3 Bitmap-Listen

Eine solche Liste wurde im Kapitel 5.24 gezeigt. Sie besitzt den Vorteil, mehr „Laschen" aktivieren zu können, als auf dem Fenster Platz haben. Eine solche Zahl von Unterfenstern wirkt aber natürlich unübersichtlich.

5.25.9.4 Assistenten

Assistentenfenster sind im Kapitel 3 beschrieben worden. Sie öffnen Unterfenster in einer festen Reihenfolge; die angezeigten Fenster sind in der Regel von Eingaben der letzten Seite abhängig. Insofern unterscheiden sie sich von Karteireiterfenstern, deren Laschen meist konstant sind und sich in beliebiger Reihenfolge betätigen lassen. Sind die einzelnen Laschen in einer festen, sequentiellen Folge zu öffnen, sollte lieber ein Assistentenfenster benutzt werden. Karteireiterfenster erwecken automatisch den Eindruck, daß nicht jede Lasche auch tatsächlich aktiviert werden muß.

5.25.10 Beliebte Fehler

5.25.10.1 Zu viele Laschen

Eine große Anzahl von Laschen erhöht die Zugriffszeit auch auf einzelne Laschen dramatisch, da der Anwender zur Identifizierung der gewünschten meist auch die übrigen erkennen resp. verwerfen muß.

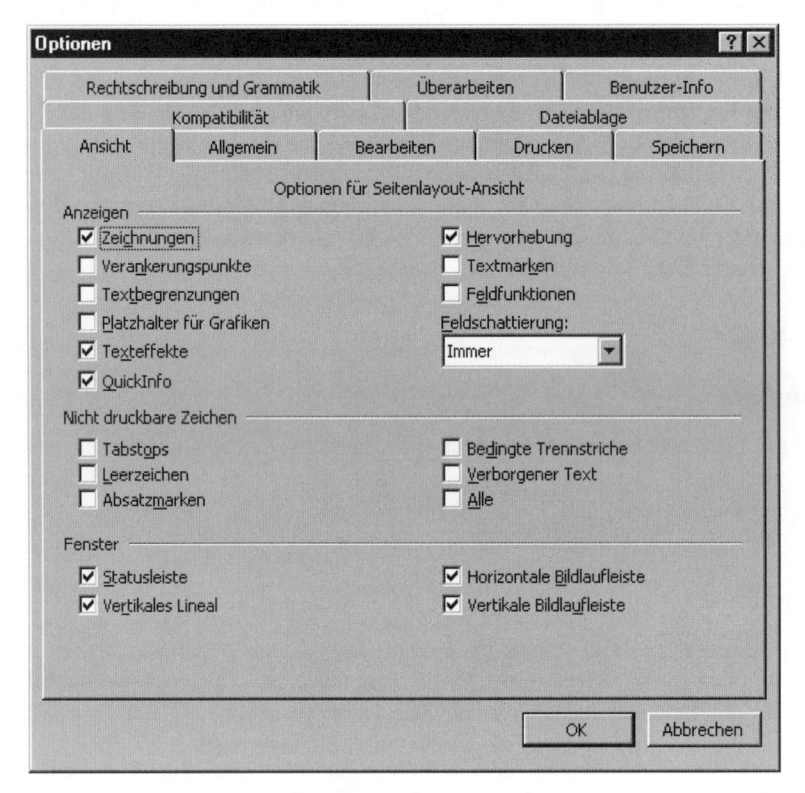

Bild 5.61: Ein beliebter, oft benutzter und viel zitierter Dialog...

5.25.10.2 Keine eindeutigen Laschentexte

Auch dafür ist der abgebildete Dialog ein treffliches Beispiel: So finden sich Ansichtsoptionen auch auf den Laschen „Kompatibilität" und „Allgemein", die Pfadangaben könnte man statt unter „Dateiablage" auch unter „Speichern" vermuten und dergleichen mehr. Anwender kann man jedenfalls beobachten, wie sie auf der Suche nach einem bestimmten Schalter hilf- und wahllos alle Laschen durchblättern.

5.25.10.3 Zu lange Laschentexte

Laschentexte müssen nicht vollständig jedes Control des Fensters exakt beschreiben. Zur wünschenswert schnellen Identifizierung genügt ein passender, möglichst kurzer und möglichst eindeutiger Begriff. In der Abbildung 5.61 ist beispielsweise der Zusatz „Grammatik" bei der Rechtschreibungslasche völlig unnötig, da niemand dessen Optionen auf einem anderen Fenster vermuten würde. „Bearbeiten" und „Überarbeiten" sind aber dagegen für die meisten Anwender völlig synonym, zumal nur wenige die als „Überarbeitung" korrekt bezeichnete Markierung aller weiteren Änderungen eines Textes überhaupt benutzen. Diese Sonderfunktion wird zwar durchgängig als „Überarbeitung" bezeichnet, ist aber umgangssprachlich von „Bearbeitung" kaum zu trennen; ein Effekt, der noch dadurch verstärkt wird, daß die zugehörigen Optionen leider immer von „Änderungen" sprechen, wenn sie sich auf diese Überarbeitungsfunktion beziehen.

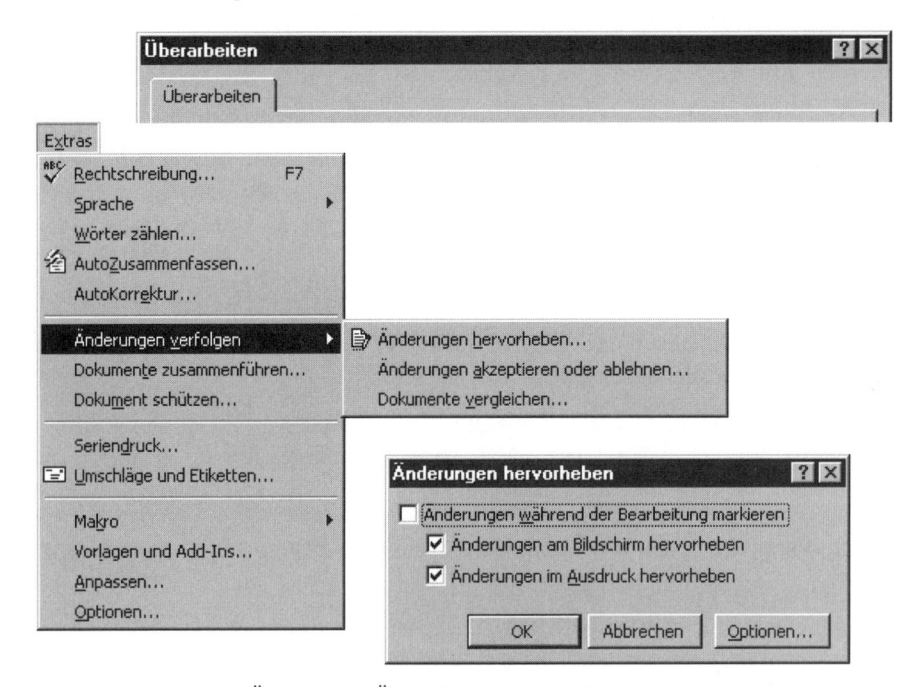

Bild 5.62: Bearbeiten, Änderungen, Überarbeitungen — sehr dreideutig

5.25.10.4 Mehrzeilige Laschen

Laschen sollten nie mehrzeilig formatiert sein. Die Suche nach der gewünschten Lasche wird zudem dadurch noch erschwert, daß bei Aktivierung eines Fensters deren Lasche in die unterste Zeile rutscht und damit für den Anwender nicht mehr erkennbar ist, welche er bereits aktiviert hat. Hier sollte die Software das Kurzzeitgedächtnis in jedem Fall entlasten, was durch eine Markierung der Lasche als „gelesen" oder „aktiviert" geschehen könnte.

Besser ist aber in jedem Fall die Benutzung eines einzeiligen Tabcontrols. Falls dessen Breite wirklich die Fensterbreite überschreiten sollte, ist selbst eine scrollbare Leiste meines Erachtens entschieden vorzuziehen, deren erst einmal unsichtbare Laschen jene Optionen aufnehmen können, die weniger häufig von Bedeutung sind. Man versuche aber natürlich, Laschentexte möglichst so zu definieren, daß sämtliche Laschen in eine Zeile passen.

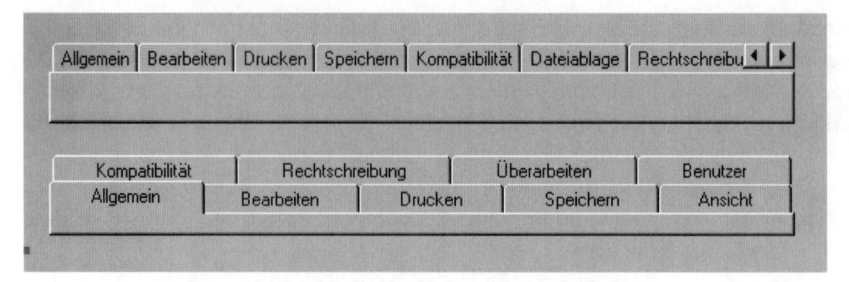

Bild 5.63: Zwei Alternativen bei unveränderten Laschentexten

Die Abbildung 5.63 zeigt eine zweizeilige Variante, deren wichtige Laschen in einer Zeile und in der „menükompatiblen" Reihenfolge DATEI, BEARBEITEN, ANSICHT angeordnet sind, was sicher zusätzlich der Orientierung nützt. Wenn der Dialog nicht breiter sein darf als das Original, wäre ein zweizeiliges Tabcontrol durchaus akzeptabel, da die seltener benötigten Optionen in der hinteren Reihe stehen. Selbst bei Aktivierung einer solchen Lasche bleibt für den Anwender halbwegs erkennbar, welche er bereits durchlaufen hat. Bei mehr als zwei Zeilen schlägt natürlich die „7 +/- 2"-Regel erbarmungslos zu und läßt das Kurzzeitgedächtnis überlaufen.

5.25.10.5 Zu unterschiedliche Laschen

Die Breite der einzelnen Laschen ist stark unterschiedlich, was der Lesbarkeit und Auffindbarkeit abträglich ist. Versuchen Sie, Laschentexte so zu formulieren, daß sie möglichst aus einem Wort und von möglichst ähnlicher Länge sind.

5.25.10.6 Datenvergleich zwischen Laschen

Muß der Anwender Daten, die auf verschiedenen Laschen angezeigt werden, vergleichen, zwingen Karteireiterdialoge ihn, diese im Kurzzeitgedächtnis zu speichern. Ein Ausweg wäre die Möglichkeit, das Karteireiterfenster mehrfach aufrufen zu dürfen. Sehr komfortable Applikationen erlauben außerdem, Laschen per Drag & Drop in andere Fenster zu ziehen. Damit kann der Anwender sich seine Laschen selber zusammenstellen.

5.25.10.7 Datenabhängigkeiten zwischen Laschen

Vermeiden Sie die Abhängigkeit von Daten verschiedener Laschen. Kann ein Control einer bestimmten Lasche nur durch korrekte Eingabe oder Auswahl eines anderen Controls einer anderen Lasche aktiviert werden, ist das für den Anwender kaum durchschaubar. Solche Controls gehören also in jedem Fall auf eine gemeinsame Lasche.

5.25.10.8 Lange Ladezeiten

Je nach Entwicklungssystem ist für die optimale Implementierung eines Karteireiterfensters mehr oder weniger zusätzlicher Programmieraufwand nötig. Achten Sie darauf, daß bei umfangreichen Fenstern mit vielen Laschen nicht sämtliche Laschen beim ersten Öffnen des Fensters komplett initialisiert werden. Das Fenster ist erst einmal möglichst schnell — mit nur der aktuellen Lasche — anzuzeigen; die restlichen Laschen lassen sich auch dann erst initialisieren, wenn der Anwender sie zum ersten Mal betätigt.

5.26 Fortschrittsanzeigen

5.26.1 Eigenschaften

5.26.1.1 Feedback

Fortschrittsanzeigen signalisieren, daß

- der Vorgang läuft;
- der Vorgang noch so und so lange läuft;
- der Vorgang abgebrochen werden kann.

Sorgen Sie dafür, daß der Anwender möglichst umgehend und informativ von einem laufenden Vorgang in Kenntnis gesetzt wird. Als Faustregel gilt, daß ein Vorgang, der länger als eine Sekunde dauert, etwa zwei Mal pro Sekunde dem Anwender ein Signal gibt. Auch sehr kurze Vorgänge, die keine direkte Veränderung der Anzeige nach sich ziehen, sollten eine Meldung geben, da andernfalls die Gefahr besteht, daß der Anwender meint, der Vorgang sei versehentlich nicht gestartet worden, und er ihn prompt erneut aufruft. Diese Reaktion kann sowohl bei sehr kurzen wie auch bei sehr langen Prozessen oft beobachtet werden.

Feedbackanzeigen visualisieren eher seltene Vorgänge innerhalb eines Programmablaufs, bei denen der Anwender das Gefühl hat, der Computer arbeitet für ihn. Es liegt an Ihnen, dem Benutzer diese Zeit nicht nutzlos erscheinen zu lassen, sondern ihn mit Informationen zu versorgen, die ihn in der Haltung bestärken, daß das Programm nicht seine Zeit kostet, sondern im Gegenteil ihm Zeit spart, die er sonst aktiv mit dem Suchen nach einem Dokument, dem Export von Daten etc. in Anspruch nehmen müßte.

Da man sich an nichts besser gewöhnt als an Geschwindigkeit, und selbst die allerneuste Hardware nach spätestens einer Woche den Anwender wieder in altgewohnter Weise mit den Fingern trommeln läßt, die objektive und physikalische Geschwindigkeit des Rechners also kaum verbessert werden kann, sollte man dem Anwender das subjektive Vergehen der Zeit wenigstens scheinbar „wie im Fluge" vorkommen lassen.

5.26.1.2 Ein wohlbekanntes Common Control

Windows 95 stellt hier ein eigenes Laufbalken-Control, den „Progressbar", zur Verfügung, so daß die manuelle Programmierung eines farbigen Balkens, der beispielsweise ein nicht editierbares SingleLineEditControl füllt, glücklicherweise inzwischen entfallen kann. Der Balken des neuen Common Controls ist zwar nicht stufenlos, sollte aber nach Möglichkeit schon aus Konsistenzgründen verwendet werden.

5.26.1.3 Sinnvolle Pausen

Übrigens kann es durchaus sinnvoll sein, künstliche Pausen in den Ablauf einer Software einzubauen. Eine kurze Pause, verbunden mit einem optischen Feedback, signalisiert dem Benutzer, daß der Kontext des Programms gewechselt hat. Selbst ein scheinbar unnötig deutlicher Bildschirmaufbau signalisiert dem Anwender, daß eine Modifizierung oder Neuberechnung erfolgt ist. Bei Graphik- und Textprogrammen ist häufig eine nur subtile Veränderung einer Elementgröße nicht zu erkennen, weil hier offenbar besonders optimierte Graphikroutinen benutzt werden. Ich wünsche mir an solchen Stellen einen ruhig deutlicheren Neuaufbau des Controls, das damit signalisiert, daß die Änderung wirksam ist.

5.26.2 Regeln

5.26.2.1 Abschätzung der Restzeit

Unabhängig davon, ob ein Laufbalken in einem Fenster oder einer Statusleiste angezeigt wird: Wichtig ist, daß der Anwender die Restzeit abschätzen kann (es also nur einen Laufbalken gibt; was durchaus leider keine Selbstverständlichkeit ist...) — und daß er erkennen kann, ob und wie sich gegebenenfalls der Vorgang abbrechen läßt.

5.26.2.2 Prozent- und Restzeitanzeige

Ob Sie neben dem Laufbalken, der ja zumindest grob die Restzeit abzuschätzen erlaubt, noch den Prozentwert des Vorgangsfortschritt (aber bitte nicht mit Dezimalstellen...) anzeigen, ist eher Geschmackssache. Der zusätzliche Berechnungsaufwand oder allzu viele und bunte Feedbackwirbeleien und -programmierereien scheinen mir gelegentlich Anwender eher murrend zu machen, da ohne solchen Aufwand, der meist den Nutzen nicht rechtfertigt, der Vorgang ja schneller abgeschlossen wäre. Eine gar sekundengenaue Restzeitanzeige, die letztendlich nicht wenigstens halbwegs stimmt, erweckt eher den Eindruck von Amateurhaftigkeit.

5.26.2.3 Abbruchmöglichkeit

Hier ist die Belegung der <Esc>-Taste nur dann sinnvoll, wenn deren Bedeutung ersichtlich ist und eine versehentliche Betätigung nicht gerade einen langwierigen Vorgang kommentarlos abbricht. Gegebenenfalls sollte man vor dem endgültigen Abbruch sicherheitshalber nachfragen — allerdings nicht, wenn ein Abbruch wahrscheinlich ist, oder der Vorgang einfach und schnell erneut gestartet werden kann.

5.26.2.4 Unbeaufsichtigtes Arbeiten

Längere Prozesse sollten grundsätzlich auch ohne Aufsicht ablaufen können. Hier sind insbesondere notwendige Informationen vorab und vor allem vollständig abzufragen. Dies gilt nicht nur für Eingaben von Daten, sondern auch beispielsweise für die Ermittlung des benötigten freien Speichers.

Schade ist, daß die wenigsten Drucker den Anwender auf eine zu geringe Papiermenge für den aktuellen Druckauftrag aufmerksam machen. Wirklich ärgerlich und leicht vermeidbar ist aber dagegen die Standardmeldung beim Kopieren mehrerer Dateien auf Diskette, wenn eine größere Datei zum Schluß keinen ausreichenden Platz mehr vorfindet: Diese Information kann nun wirklich schon früher ermittelt werden.

5.26.3 Restriktionen

Bedenken Sie übrigens, daß Benutzer auf die Idee kommen können, während eines laufenden Vorgangs andere Fenster zu öffnen oder zu schließen. Schalten Sie also nötigenfalls entsprechende Optionen aus.

5.26.4 Möglichkeiten

5.26.4.1 Laufbalken in einem Fenster

Diese Variante ist sicher am auffälligsten und bietet genügend Platz für weitere Anzeigecontrols und einen eigenen Abbruch-Pushbutton. Allerdings verdeckt er gewisse Teile des Bildschirms und sollte daher möglichst kompakt ausfallen. Bei Vorgängen, die weniger Zeit als etwa fünf Sekunden beanspruchen, sollte eine Alternative zum separaten Fenster zum Einsatz kommen, da hier das Öffnen und Schließen eher zur Verwirrung beiträgt.

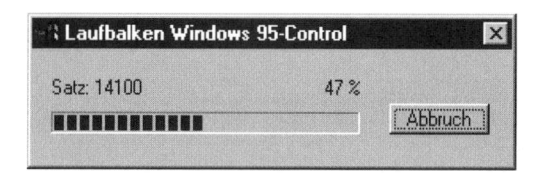

Bild 5.64: Ein einfacher Laufbalken...

5.26.4.2 Laufbalken in der Statusleiste

Diese Möglichkeit nutzen die meisten kommerziellen Applikationen. Ein Laufbalken in der Statuszeile ist hinreichend auffällig, beansprucht aber keinen zusätzlichen Platz. Allerdings entfällt meist die Anzeige zusätzlichen Textes; ebensowenig ist meist erkennbar, ob und wie der Vorgang abgebrochen werden kann.

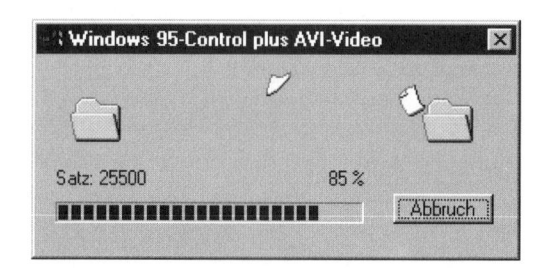

Bild 5.65: ...plus einem AVI-Control

5.26.4.3 Laufbalken als Control

Das einsatzbereite Common Control, der Progressbar, bietet sicher die vertrauteste Optik und kann sowohl in einem Dialog wie auch in der Statusleiste eingesetzt werden. Achten Sie darauf, daß der Laufbalken nicht unnötig hoch und breit ist.

5.26.4.4 Laufbalken in einem Icon

Ein Icon aus immerhin 32 mal 32 Pixeln bietet eine ziemliche Stufenlosigkeit und Stetigkeit und sollte daher als Laufbalken mit 32 Einheiten in Betracht gezogen werden. Es empfiehlt sich beispielsweise bei Druckausgaben, bei denen ein weißes Icon (im Sinne eines „weißen Blattes Papier") mit schwarzen Pixelzeilen „bedruckt" wird. Diese Technik bietet sich auch bei Vorgängen an, die keine Auskunft über die Gesamtanzahl der durchlaufenen Elemente gibt, das Icon also nach dem Füllen kurz weiß erscheint, um anschließend wieder frisch „bedruckt" zu werden.

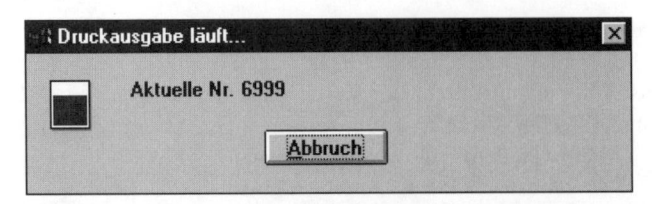

Bild 5.66: Ein Icon als Laufbalken

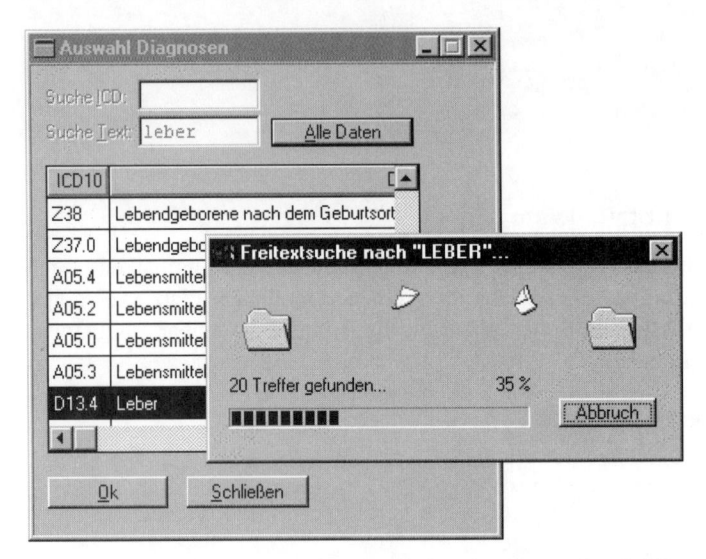

Bild 5.67: Ideal: dynamischer Text, Laufbalken, Trefferanzeige & Abbruch

5.26.5 Alternativen

5.26.5.1 Statische Texte

Eine statische Anzeige wie „Bitte warten..." (man beachte die stets hier Verwendung findenden drei Punkte...) stellt keine sinnvolle Alternative zu Laufbalken oder anderen Feedback-Controls, sondern schon eher eine Zumutung für den Anwender dar und sollte nach Möglichkeit unterbleiben. Auf eine vernünftige Anzeige mit Restzeitabschätzung oder zumindest gelegentlicher Auffrischung und Aktualisierung hat der Anwender einer GUI-Applikation schon Anspruch.

5.26.5.2 Dynamische Texte

Die Ausgabe des aktuell in Bearbeitung befindlichen Datensatzes oder des aktuellen Elementes ist sehr nützlich, zeigt sie doch dem Anwender nicht nur an, daß der Vorgang läuft, sondern daß er auch etwas Sinnvolles produziert. Ideal ist natürlich eine Kombination aus dynamischem Text, Laufbalken zur Restzeitabschätzung und Abbruchmöglichkeit, wie sie Abbildung 5.67 zeigt — sieht ein Anwender beispielsweise bei einer zeitaufwendigen Freitextsuche, daß diese zu keinen oder übermäßig vielen Treffern führt, kann er sie vorzeitig abbrechen.

5.26.5.3 Mauscursor

Ein animierter oder statischer Mauscursor hat den Vorteil, keinen Platz und wenig bis keine zusätzliche Rechenzeit zu beanspruchen. Außerdem befindet sich er sich meist unmittelbar im Blickfeld des Anwenders; Änderungen sind also hier besonders auffällig. Da er bei der geringen Auflösung von 32 Pixeln aber kaum zur Restzeitabschätzung taugt, stellt er nur für kurze und überschaubare Vorgänge eine echte Alternative zum Laufbalken dar. Bei einem Vorgang, der länger als eine Sekunde dauert und man keine andere Feedbackanzeige programmieren möchte, ist aber auf jeden Fall der Sanduhr-Cursor zu aktivieren.

5.26.5.4 Animierte Icons

Diese Möglichkeit ist sehr platzsparend und sehr einfach zu implementieren, da AVI-Controls automatisch in einem eigenen Thread laufen und damit die Systemperformance kaum schwächen. Allerdings muß die Programmiersprache AVI-Controls unterstützen.

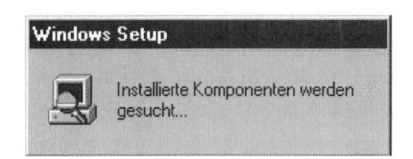

Bild 5.68: Ein animierte Sequenz mit vier Icons

5.26.6 Beliebte Fehler

5.26.6.1 Verzicht auf Feedbackanzeigen

Das ist sicher der beliebteste Fehler in diesem Bereich: Obwohl ein Vorgang längere Zeit dauert, wird er nicht über ein passendes Feedback-Control angezeigt. Achten Sie darauf, daß bei einem Vorgang, der länger als eine Sekunde läuft, eine sinnvolle Rückmeldung an den Benutzer erfolgt.

5.26.6.2 Unpassende Größe

Das Progressbar-Control von Windows 95 ff. wird häufig unnötig groß dargestellt. Die blauen Balkensegmente brauchen keinesfalls höher als ein Großbuchstabe des Systemfonts zu sein; optisch gefallen mir jene Balken, deren Einteilungen sogar nur die Höhe der Sans Serif-

Kleinbuchstaben, am besten. Die Abbildung zeigt einige Varianten im Vergleich mit einem Standard-Pushbutton.

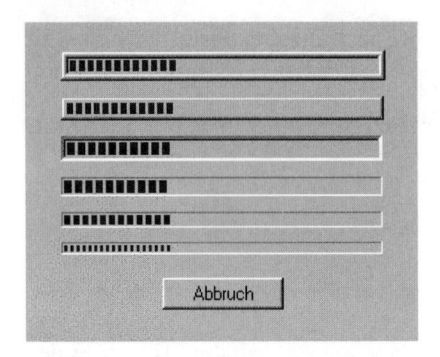

Bild 5.69: Völlig ausreichende Höhe: Laufbalken mit erweiterten Attributen

5.26.6.3 Unpassende Auflösung

Wählen Sie die Auflösung des Laufbalkens so, daß der Balken etwa zwei Mal pro Sekunde aktualisiert wird. Bei längeren Vorgängen, bei denen eine so häufige Aktualisierung nicht möglich ist, sollte man in einem FixedText-Control unter- oder oberhalb des Laufbalkens einen Text einblenden, der etwa so häufig wechselt und beispielsweise das aktuell bearbeitete Element, die Restzeit oder eine Prozentzahl anzeigt.

Benötigt der Laufbalken allerdings für die Komplettanzeige weniger als eine Sekunde, ist der Einsatz ebenfalls fraglich. Auch Textanzeigen sollten nicht häufiger als etwa zwei Mal pro Sekunde aktualisiert werden; andernfalls ist ihre Berechnung möglicherweise aufwendiger als der Vorgang selbst — ein Eindruck, der bei Datensatzläufen, die jede Satznummer plus dem einen oder anderen Feld in unlesbarer Geschwindigkeit durchwirbeln, leicht entsteht.

5.26.6.4 Mehr als ein Laufbalken

Auch das ist eine überaus verbreitete Unsitte: Die Anzeige mehr als eines Laufbalkens ist völlig sinnlos, da eine Restzeitabschätzung nicht möglich ist, wenn man die Anzahl der Laufbalken nicht kennt. Machen Sie sich die Mühe und berechnen Sie im voraus die für einen 100%-Durchlauf benötigte Anzahl von Elementen. Läßt sich diese nicht ermitteln, ist statt eines Laufbalkens ein AVI-Control oder eine Textanzeige zu verwenden.

Gelegentlich zeigen Applikationen zwei Laufbalken an; der oberste läuft über die Elemente insgesamt, der untere über das aktuelle Element. Meines Erachtens ist hier der feiner auflösende Balken überflüssig und kann entfallen, solange über den „groben" Laufbalken oder ein Textelement eine ausreichende Anzeige gewährleistet ist.

5.26.6.5 Vermeidung unnötiger Wartezeiten

Wartephasen, die Feedbackanzeigen notwendig machen, zeigen stets gleiche Benutzerreaktionen: Er trommelt mit den Fingern, bewegt die Maus und neigt zu Ungeduld. Es gibt Vorgänge, deren Länge einsehbar ist und die daher vom Anwender ohne weiteres akzeptiert werden; eine Freitextsuche in einer großen Anzahl von Datensätzen etwa gehört dazu. Für den

Anwender unnötig scheinende Wartezeit sollte durch Anzeige von sinnvoller Information, vielleicht dem Öffnen eines Notizfeldes oder dergleichen nach Möglichkeit kompensiert werden.

5.26.6.6 Überschätzung des Kurzzeitgedächtnisses

Bei sehr langen Prozessen sollten Sie daran denken, daß der Anwender anschließend möglicherweise vergessen hat, von wo und aus welchen Gründen er den Vorgang gestartet hat. Geben Sie ihm deshalb in unauffälliger Form einen dezenten, resümierenden Hinweis, wenn der Prozeß beendet ist.

5.27 Mauszeiger

5.27.1.1 Animiert...

Animierte Mauszeiger, wie sich mindestens unter Windows NT großer Beliebtheit erfreuen, sind psychologisch aber möglicherweise gelegentlich problematisch, da zum Beispiel ein ja nur auf der Stelle galoppierendes Pferd oder dergleichen, das keinen Pixel von ihr wegkommt, nicht gerade den Inbegriff des mit maximaler Geschwindigkeit ablaufenden Prozesses verkörpert.

5.27.1.2 Konsistent...

Wichtiger dagegen ist, daß bereits vorhandene Symbole — etwa Bitmaps für verschiedene Modi — sich auch beim Mauszeiger wiederfinden lassen. Wählt der Anwender ein bestimmtes Werkzeug aus einer Palette, beispielsweise eine Sprühdose, sollte der Mauszeiger ebenfalls diese Form annehmen.

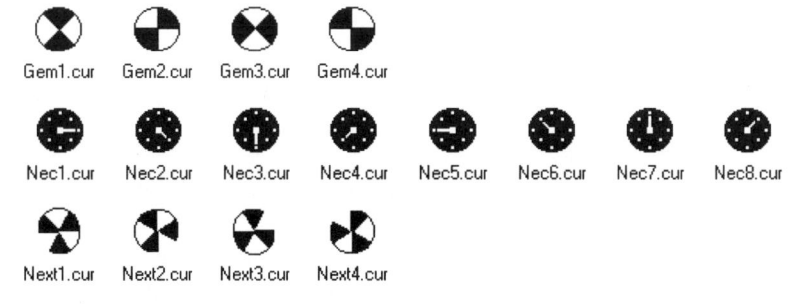

Bild 5.70: Visuelles Feedback durch animierte Mauszeiger

5.27.2 Mauscursor als Feedbackanzeige

Kreiselnde Mauscursor erfreuen sich nach wie vor zu Recht großer Beliebtheit bei den Anwendern, obschon sich die meisten Applikationen auf die automatischen Mechanismen von Windows 95 verlassen. Falls Sie selbst kein Werkzeug zur Herstellung und Definition animierter Cursor besitzen, können Sie auch einfach über einen Timer alle 0,1 Sekunden den Mauszeiger aus einer geeigneten Anzahl versetzter ICO-Dateien durchschalten. Die Abbildung 5.70 zeigt drei bekannte Varianten von Mauszeigern in vier bzw. acht Sequenzen.

5.27.3 Mauscursor als Informationsträger

Der Quadratzentimeter Mauszeiger ist das einzige Stückchen Bildschirm, das automatisch im ständigen Blickpunkt des Anwenders liegt. Nutzen Sie diese rare Fläche so vernünftig als möglich — galoppierende Pferde oder sonstiger animierter GUI-Plüsch tut das nicht...

5.27.3.1 Tastenkombinationen

Fehlt das optische Feedback, ist der Schritt zum Ausprobieren und „experimentellen Herumklicken" erfahrungsgemäß einfach nicht erwartbar. Eine Grundregel wie „<Alt>-Taste gedrückt halten erweitert die Mausklick-Möglichkeiten" plus der visuellen Rückkopplung in Form eines veränderten Mauszeigers erschließt diese Manipulationstechniken jedermann.

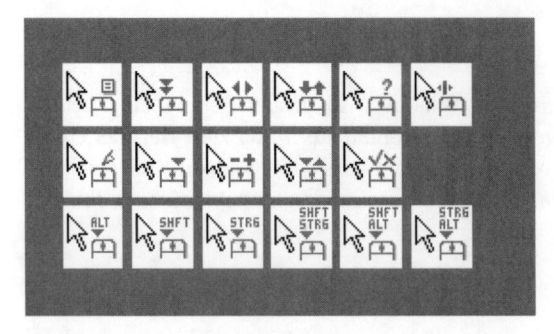

Bild 5.71: Der Mauszeiger als Informationsträger

5.27.3.2 Mausklick

Auf ähnliche Art lassen sich auch Doppelklick- und Rechtsklick-Möglichkeiten anzeigen. Gerade zu Zeiten von Windows 98 mit der Web-kompatiblen Bedienungsweise — dank I*-Net wird sie sich sicher durchsetzen — sind zuverlässige Anzeigen, wie & wo man klicken darf, unverzichtbar, um Fehlbedienungen und damit verbundene Wartezeiten zu vermeiden.

5.27.3.3 Mausklick und Tastenkombination

Problematisch ist die Anzeige möglicher Funktionstasten wie <Shift>, <Strg>, <Alt>, die im Verbund mit der Maustaste festgehalten werden können und dann zusätzliche Aktionen auslösen. Anders als beispielsweise beim Apple Macintosh definiert Windows keine bestimmten Zeichen für diese Tasten. Daher bleibt nur der Ausweg, entweder selber eingängige Symbole zu definieren — das zu tun wie sie zu lernen ist zweifellos nicht jedermanns Sache — oder die Bezeichnungen als Text neben den Cursor zu plazieren.

Bei Applikationen, die man für einen begrenzten Kundenkreis entwickelt, könnte die Einführung neuer Symbole möglicherweise sogar funktionieren und wäre, arbeitet man nur oft genug mit dem Programm, auch durchaus zumutbar für die Anwender — allein bei allgemein verfügbarer Software ist das, wenn Sie nicht gerade im Gestaltungsbeirat von Microsoft sitzen, wenig erfolgversprechend.

Daher wird man seufzend in den sauren Apfel beißen und ausnahmsweise doch Text beim Mauszeiger einbauen, möchte man die aktuell verfügbaren Möglichkeiten dem Anwender direkt signalisieren — mit den üblichen Nachteilen dieser Gestaltung, daß die Steuerungstaste im Englischen nicht <Strg>, sondern <Ctrl> heißt (im Deutschen übrigens ebenfalls mitnichten „Stringtaste") — und das übrigens auch im Russischen: Nur bei Windows-Versionen mit anderem Zeichensatz wie Chinesisch oder Arabisch wird man zwangsläufig die Mauszeiger ändern müssen.

5.27.4 Hotspot

Stets mit Bedacht und passend zum Motiv bestimmen. Üblich wird meist der Pixel links oben oder im Zentrum sein — in jedem Fall muß der Hotspot für den Anwender erkennbar sein. Entsprechende Malprogramme besitzen für den Hotspot in der Regel eine andere Farbe; bei fehlender Beschreibung der Tip: Oft setzt man den Hotspot durch Klicken mit der Maus bei gleichzeitigem Drücken der <Strg>-Taste. Das Bitmap-Kapitel 6 enthält noch einige zusätzliche Punkte zur Gestaltung von Mauszeigern.

5.27.5 Intelligentes Plazieren

Einige Maustreiber bieten die Möglichkeit, mittels „Standardsprung" den Mauszeiger gleich auf dem Vorgabe-Pushbutton eines Dialogs zu plazieren oder den Zeiger automatisch zum gegenüberliegenden Rand zu bewegen, anstatt ihn im Bildschirmkäfig einzusperren. Solche Intelligenz stellt einen nicht unerheblichen Eingriff in den Ablauf dar und wirkt für viele Anwender eher behindernd. Definieren Sie derlei in Ihrer Applikation, sorgen Sie in jedem Fall für einen Schalter, der diese Option auszuschalten erlaubt.

Nützlich wäre aber, bei Fokussierung eines Eingabe-Controls den Cursor um ein paar Pixel — vermutlich am besten nach unten — zu verschieben, um den Blick auf den Inhalt des Feldes freizugeben. Oftmals verdeckt nämlich der Mauszeiger die Information und zwingt den Anwender, die Maus leicht zu verschieben. Ein kleiner Distanzsprung ließe den Cursor durchaus noch im optischen Einzugsbereich des Auges, wäre also „natürlich" genug, nähme aber dem Anwender die Mühe ab, die nach der Aktivierung nur noch störende Maus vom Control zu verschieben.

5.28 Zwischenablage

5.28.1 Originale Zwischenablage

Zugegeben: Das ist kein eigenes Control unter Windows, verdient aber insofern kurze Erwähnung wenigstens am Ende dieses umfangreichen Kapitels, daß, nutzt Ihr Anwender innerhalb Ihrer Applikation derlei häufig das Übertragen von Information innerhalb von Eingabemasken, Sie um Himmelswillen ihm mehr als die eine Standardzwischenablage spendieren sollten.

5.28.2 Zusatzprogramm „ClipTray"

Daß Windows nur über Zusatzprodukte in der Lage ist, mehrere Textstücke, vernünftig organisiert, in entsprechenden Puffern zu halten, ist mir immer schon ein Dorn im Auge resp. ein ziemliches Rätsel gewesen. Windows 98 stellt endlich auf der CD im Unterverzeichnis \TOOLS\RESKIT\DESKTOP ein Tool namens „ClipTray" zur Verfügung, das das Ablegen von Texten der Zwischenablage mehrfach und dauerhaft in Form einer Datei erlaubt — man geht allerdings sicher nicht gänzlich fehl in der Vermutung, daß kaum jemand dieses gut versteckte Tool finden wird — wenngleich zur Bestimmung der Elementanzahl ein Schieberegler oder ein Spinbutton deutlich empfehlenswerter wäre als ein Scrollbar...

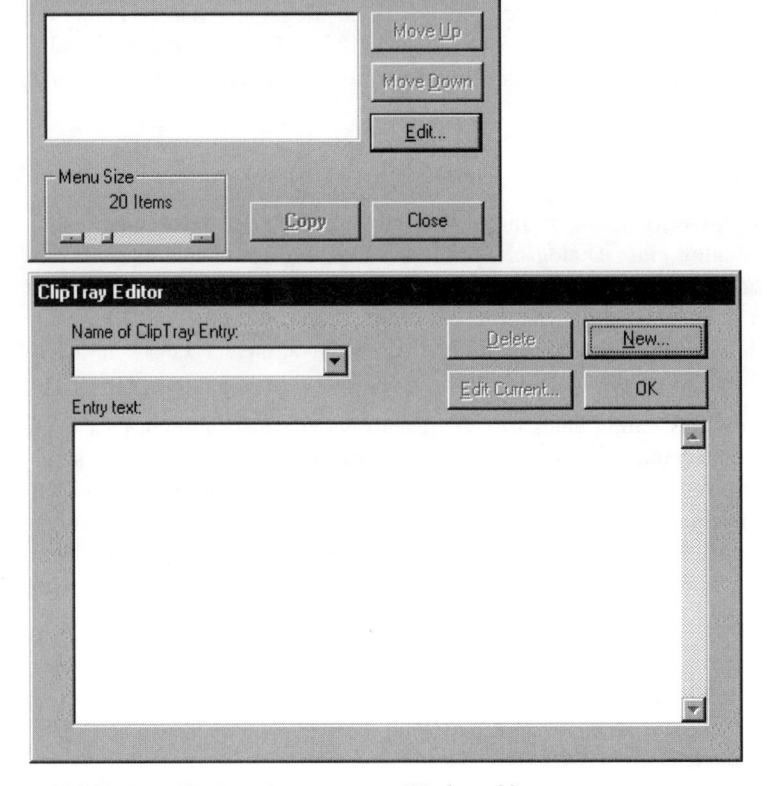

Bild 5.72: Das ClipTray-Programm von Windows 98

Nebenbei: Überhaupt befinden sich auf der Windows 98-CD einige nützliche Tools, die leider nicht automatisch installiert werden: Neben dem genannten ClipTray verdienen insbesondere QuickTray (zur Installation von Programmen in der System-Tray der Task-Leiste), TextView (ein sehr universelles Programm zum Betrachten von Dateien), WinDiff (vergleicht Dateien und Verzeichnisse und zeigt Unterschiede an) und TweakUI (Anpassung des Desktop) eine nähere Betrachtung. Kopieren Sie neben den Programmen aber auch die notwendigen DLL- und OCX-Dateien aus dem Verzeichnis \TOOLS\RESKIT\SYSFILES.

5.28.3 Desktop als Ablage

Die meisten Programme erlauben das Ablegen von markierten Textbereichen auf dem Desktop. Auf diese Weise kann man auf häufig benötigte Textstücke bequem, schnell und dauerhaft zugreifen. Markieren Sie einen Text in Ihrem Programm, ziehen Sie ihn mit gedrückter rechter Maustaste auf den Desktop und erstellen Sie dort wie gewohnt eine Verknüpfung.

5.28.4 Selbst programmierte Zwischenablage

In eigenen Applikationen könnte man zumindest den internen Datenaustausch zwischen Dialogen über mehrere Puffer realisieren, die jeweils eigene Speicherbereiche dem Clipboard zur Verfügung stellen. Durch solche intelligenten Mehrfachablagen sparen Sie dem Anwender nicht nur Eingabezeit, sondern minimieren gleichzeitig mögliche Tippfehler und sorgen — nicht unerheblich für Freitext-Suchvorgänge — für Konsistenz.

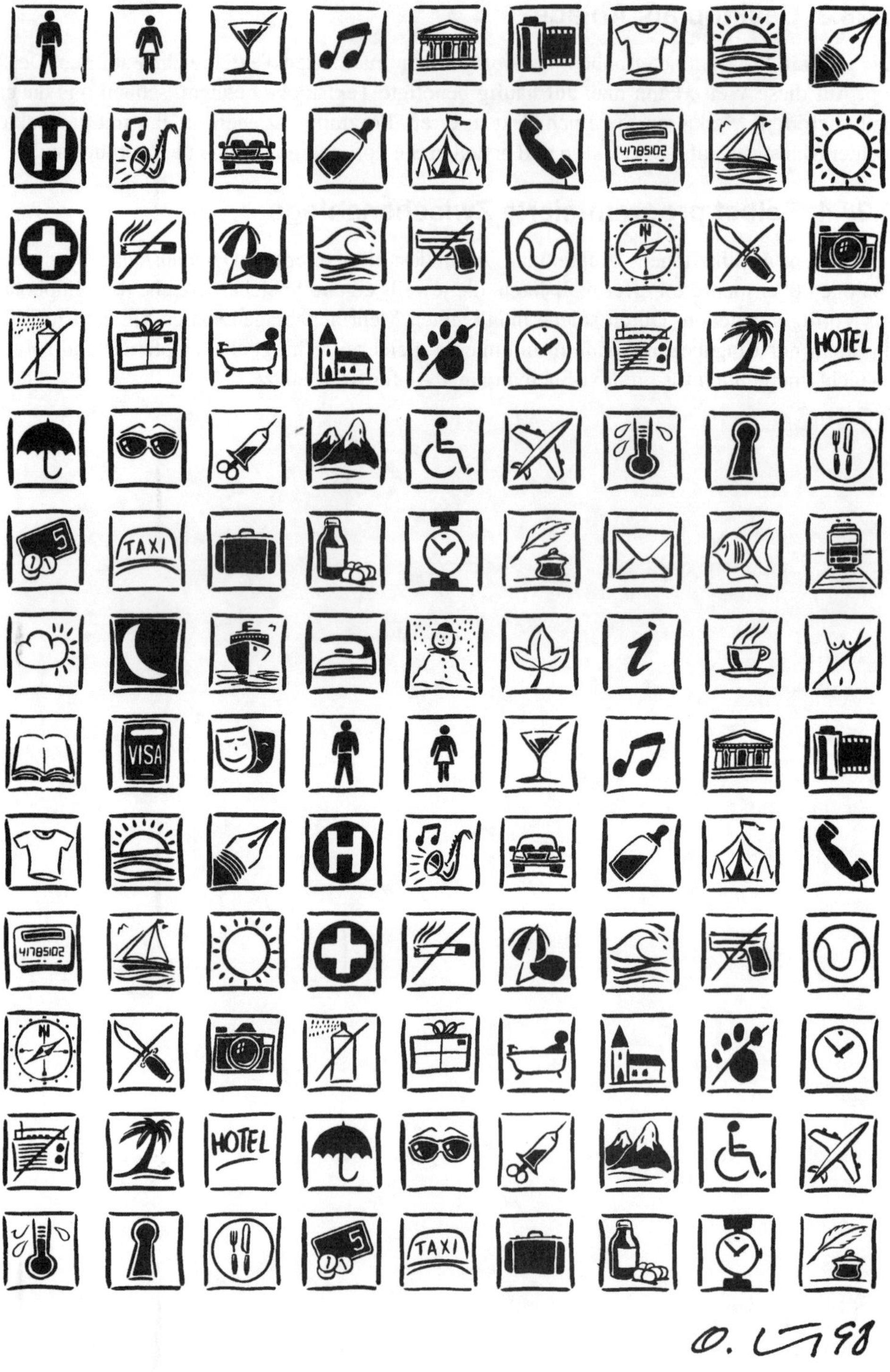
41785102
HOTEL
TAXI
VISA
HOTEL
TAXI

6 Graphikelemente

6.1 Dieses Kapitel...

...enthält eine Anleitung zur Gestaltung von Graphikelementen wie Icons, Toolbarbuttons, Mauszeiger und dergleichen. Die Prinzipien sind für die verschiedenen Elemente durchaus ähnlich. Anhand vieler Beispiele soll der Blick beim Gestalten auf das Wesentliche gerichtet und auch dem vielleicht noch Zaudernden nahegebracht werden, graphische Elemente in eigenen Applikationen einzusetzen, da sie die Bedienung wesentlich vereinfachen, beschleunigen und attraktiver machen können und einen Großteil dessen ausmachen, was der Anwender als „Look & Feel" einer Software bezeichnet.

6.2 Grundsätzliches

6.2.1 Warum Graphik...?

Graphikelemente — und damit seien nicht einfach nur die Standardelemente Buttons, Menüs, Scrollbars etc. gemeint, die natürlich auch aus Pixeln zusammengesetzt sind — wie Icons, Toolbarbuttons und Bitmaps spielen für alle Arten von GUI-Applikationen eine zunehmend bedeutendere Rolle. Auch Geschäftsapplikationen, sonst eher nüchtern ausstaffiert, sind von diesem Trend nicht ausgenommen. Insgesamt gibt es dafür sicher einige Gründe:

- Attraktivität;
- Erfüllung der Benutzererwartung;
- Schnelle Wiedererkennung von Elementen;
- Kompatibilität mit anderen GUI-Applikationen;
- Sprachenunabhängig.

Offenbar sind wir in der Lage, beliebig viele Bilder wiederzuerkennen. Bei Versuchen mit Probanden, denen eine große Zahl von Dias vorgelegt wurden, konnten die allermeisten Personen bei zwei weiteren Bildern die Frage, welches davon sie bereits gesehen haben, korrekt beantworten.

Der letzte Punkt gilt nur mit einigen, aber bedenkenswerten Einschränkungen. Symbole für Gesten wie der mit dem Daumen zu einem Kreis verbundene Zeigefinger haben sogar in unseren Breiten neben dem „Ok" der Tauchersprache noch eine andere, leicht bzw. gar nicht mißzuverstehende Bedeutung. In Griechenland sollte man ebenfalls seinem Gegenüber nicht unbedingt durch Hochspreizen des Daumens von der geschlossenen Faust positives Einverständnis signalisieren.

Bei Steuerelementen wie Buttons kommen noch einige Vorteile hinzu:

- Beschleunigter Zugriff;
- Möglichkeiten der direkten Manipulation;
- Ständige Sichtbarkeit.

6.2.2 Anwendungen

An vielen Stellen kommen Graphiken zum Einsatz; bekleiden sie auch unterschiedliche Funktionen innerhalb einer Applikation, gelten doch im wesentlichen für die meisten gleiche Gestaltungsregeln. Aus Gründen der vereinfachten Schreibweise soll das Wort „Icon" dabei durchaus synonym für allgemeine Symbole gebraucht werden und beispielsweise auch Toolbarbuttons umfassen. Mit „Bildern" seien die eher beliebigformatigen Bitmaps gemeint, die meist keine Schaltflächenfunktion haben, aber auch keine Programm- oder Fenster-Icons sind.

Bevor wir nun in Details abtauchen, hier erst einmal eine Übersicht über die Einsatzgebiete von Graphiken:

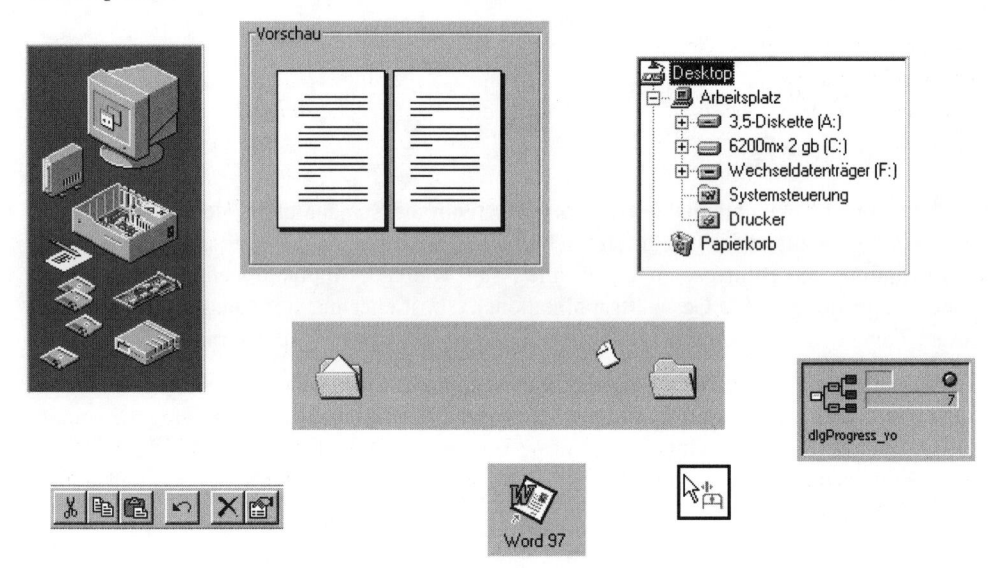

Bild 6.1: Die Anwendungsmöglichkeiten auf einen Blick

- Schmuckelemente

Beginnen wir mit der unwichtigsten Kategorie: Bitmaps für „Über..."-Dialoge, Begrüßungsfenster, den Hintergrund des Shellwindows, für Assistentenfenster und dergleichen machen insofern sogar besonders viel Arbeit, als es hier keine Standards und keine allzu sinnfälligen Möglichkeiten für „Nachschöpfungen" gibt: Hier müssen Sie schon selber Hand anlegen. Außerdem sind solche Bitmaps in der Regel im Vergleich zu anderen Symbolen großflächig, sind aber in der Einhaltung von Gestaltungsregeln dafür vergleichsweise tolerant bis belastbar.

- WYSIWYG-Elemente

Damit sind Elemente gemeint, wie sie in professionellen Applikationen zur Einstellung eines Papierrandes, von Spalten und ähnlichen direkt manipulierbaren Parametern zum Einsatz kommen. Wiewohl sie große Vorteile haben, schrecken viele Entwickler von individuellen Programmen (also solchen, die nicht die Stückzahlen von Textprogrammen etc. erreichen) vor dem Aufwand zurück und begnügen sich mit dem Einsatz der Standard-Steuerelemente.

- Anzeigeelemente

Das können kleine Ampel-Symbole zur Anzeige eines aktuellen Zustandes sein. Sie besitzen keine speziell vorgegebene Größe und können als eine Art „nicht betätigbare" Bitmapbuttons verstanden werden. Ihr Einsatz lohnt, weil häufig solche graphischen Visualisierungen schneller und einfacher zu erkennen sind als Werte oder Zeichenketten. Die Checkbox wäre ein gutes Beispiel für ein solches bereits zum Standard gehörendes Element mit Graphikzusatz: Der Ja-/Nein-Zustand wird über ein graphisches [ ]/[X] viel sinnfälliger als über die Buchstaben. Insbesondere bei einer Gruppe solcher Controls wären Buchstaben sicher nicht so schnell überschaubar — selbst das zwei Zeilen vorher bewußt benutzte typographische Äquivalent ist einfacher zu erkennen.

- Toolbar-Buttons

Toolbar-Buttons haben sicher ganz erheblich zu dem Erfolg graphischer Systeme beigetragen, obschon ihr Einsatz, wie wir gesehen haben, ja nicht unumstritten ist. Offenbar scheinen diese kleinen Dingerchen aber einen ganz speziellen Spieltrieb erheblich zu befriedigen; die (oft vermeintlich) hohe Zugriffsgeschwindigkeit auf Menüoptionen kann nun wirklich nicht alleiniger Grund sein. Immerhin ist die Qualität solcher Buttons sehr einfach meßbar: Wenn der Anwender mit der Maus über die Toolbar streicht und via Tooltips herauszufinden versucht, welchen Button er denn eigentlich drücken möchte, ist sie eher niedrig...

- Symbole

Als Symbole sollen jene Bitmaps verstanden werden, die stets eine vom Einsatzort abhängige Größe haben. Beispielsweise müssen Bitmaps, die innerhalb von Karteireiterlaschen dargestellt werden, stets konstant gleich groß sein; ihre Größe ist so bemessen, daß sie gut in die Laschen passen: nicht zu klein sind, aber neben dem meist zarten Systemfonttext nicht zu wuchtig wirken. Andere Beispiele wären die Bitmaps in TreeView- und ListView-Controls. Bitmapbuttons dürfen zwar unterschiedlich groß sein (müssen aber nicht...), sollen aber auch zu dieser Abteilung zählen.

- Icons

Icons sind bis auf eines eigentlich gar nicht so sehr von Bedeutung. Das Applikations-Icon ist natürlich dasjenige, das der Anwender täglich vielleicht sogar mehrfach doppelklickt (nachdem er es hoffentlich schnell lokalisieren konnte), und das auch an durchaus prominenter und viel beachteter Stelle, nämlich in der Task-Leiste, zu finden ist, während das Programm läuft. Ihm sollte man also einige Aufmerksamkeit widmen. Sinnvoll sind außerdem Unterfenster-Icons, die auch im ikonisierten Zustand verraten, was sie gerade verstecken.

- Mauszeiger

Das ist meines Erachtens ein ganz zu Unrecht kaum beachteter Bereich, sieht man einmal von der Unsitte der animierten Cursor ab. Ich erlebe es in der Praxis nur allerhöchst selten, daß meine Softwareentwickler sich die Mühe machen, eigene Mauszeiger zu entwerfen. Dabei kann mit aussagekräftigen und controlsensitiven Mauszeigern die Lesbarkeit und Selbsterklärlichkeit einer Applikation erheblich erhöht werden. Viele (End-)Anwender ahnen gar nicht, welches Manipulationspotential die meisten Dialoge enthalten — und um wieviel schneller und einfacher der direkte Zugriff über die Maus wäre.

- Animationselemente

Abgesehen von verzichtbarem Schnickschnack (animierte Mauscursor...) dienen solche Elemente dieses vergleichsweise jungen Gebietes zur Visualisierung eines länger dauernden Vorgangs. Sie kennen sie in Form kleiner Videocontrols, die beim Kopieren oder Löschen von Dateien oder auch — in Icongröße — beim Durchsuchen der Platte im Windows-Explorer zum Einsatz kommen.

6.2.3 Pixelschmuck

Seien Sie aber vorsichtig und ausreichend zurückhaltend; Sie müssen keinesfalls innerhalb Ihrer Applikation sämtliche der genannten Möglichkeiten benutzen. Ein Dialog soll ja schließlich nicht zu einem Weihnachtsbaum geraten.

6.2.4 Orientierung an Standards

Egal, welche Art Graphik Sie malen und für welchen Zweck Sie sie einsetzen: Prüfen Sie, ob es für diesen Bereich nicht bereits „offizielle" Varianten gibt. Dazu bietet sich die Orientierung an der gewünschten Windows-Version an; gerade Windows 98 enthält eigentlich die oben genannten Möglichkeiten in ausreichend vielfältiger und ausreichend konsistenter Form; vielleicht abgesehen von den Hintergrundbildern — aber da darf es auch ein bißchen mehr Individualität sein...

Beispielsweise sollten Ihre Bitmaps für Assistentenfenster oder Schaltflächen stets so groß sein wie die der bekannten Applikationen wie Explorer, Hardware-Assistenten etc. Das fördert nicht nur die Konsistenz, sondern erlaubt auch die gelegentliche Übernahme, wobei die rechtliche Lage zumindest bei Toolbar-Buttons, die Microsoft in Windows selbst verwendet, eigentlich unzweifelhaft und sozusagen lizenzfrei sein dürfte: Definierte Standards sind ebenso urheberrechtsfrei wie Schreibweisen von Wörtern.

6.2.5 Einheitlichkeit

Die wünschenswerte Einheitlichkeit geht aber noch über die Verwendung von Standards hinaus und betrifft insbesondere auch Ihre eigenen Entwürfe: Sorgen Sie dafür, daß auch diese ein einheitliches Gesicht wahren. Am einfachsten erreicht man das dadurch, daß man für die verschiedenen Bilder und Graphiken stets ein gemeinsames Skizzenbuch in Form einer ruhig großflächigen Bitmap anlegt, auf der die einzelnen Symbole und Graphiken entworfen werden.

Das erleichtert und fördert das Einkopieren kleinerer und größerer Elemente — was Sie natürlich nicht davon entbindet, Icons unverwechselbar zu definieren: Aber eben mit einem Hauch jener eindrucksvollen „Corporate Identity", die Sie Worte in der Hausschrift großer und werbender Unternehmen auf Anhieb sofort und irrtumsfrei der richtigen Marke zuordnen lassen, ohne daß auch nur ein Produkt zu sehen wäre oder Sie ein ausgesprochener Werbefan oder Typographieexperte wären.

Grundsätzliches 381

Beispiel-Applikationen

CAVO-Lite/ratur   CAVO-XXL   CAVO-News

Beispiel-Elemente

Basis-Schulung Komplett-Projekt Experten-Wissen

Tips & Tricks

Texte & Themen

Start-Bitmap

Tools & andere Nützlichkeiten

Vorschau auf die nächste Ausgabe

Keine CA-VO-Kenntnisse erforderlich

CA-VO-Grundkenntnisse erforderlich

Gute CA-VO-Kenntnisse wünschenswert

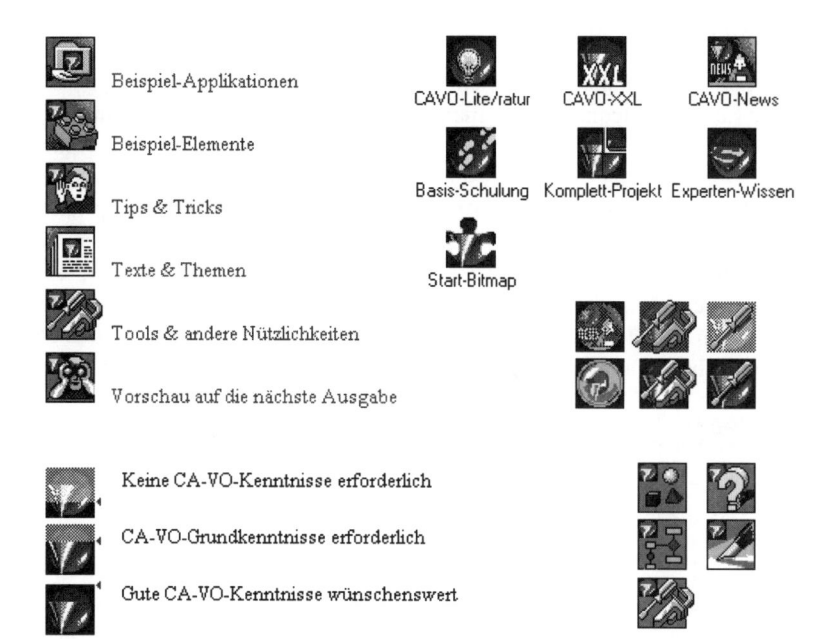

Bild 6.2: Ein Skizzenblatt mit einigen Entwürfen

6.2.6 Beliebte Vorurteile

- Bilder sagen mehr als tausend Worte.
- Icons vereinfachen die Bedienung.
- Icons müssen eindeutig sein.
- Icons sind Bilder.
- Gute Icons gelingen nur Fachleuten.

Doch, am letzten Punkt ist natürlich schon etwas dran. Aber wenn man sich an Vorhandenem orientieren und dieses für eigene Zwecke modifizieren kann, dürfte es auch einem Nichtgraphiker möglich sein, verläßliche und einsetzbare Icons zu konstruieren. Im Menükapitel 4 finden Sie beispielsweise auch die Standard-Toolbarbuttons abgebildet.

6.2.6.1 Voraussetzung für „funktionierende" Bilder

Im übrigen haben Graphiker meist keinen Überblick über die gesamte Applikation und kennen den zukünftigen Anwenderkreis vielleicht nicht so genau, was dazu führen könnte, daß Metaphern oder Umsetzungen nicht verstanden werden. Softwareentwickler besitzen nun ebenfalls einen eigenen und eigentümlichen Blick auf Belange der Gestaltung und der Anwender — am besten macht der Entwickler die Vorschläge, überläßt dem Graphiker die Umsetzung und dem Anwender die Bewertung. Ist er mit dem Ergebnis nicht einverstanden, beginnt man eben wieder von vorne...

6.2.6.2 Übertreibung als Gestaltungsmittel

Icons haben einen klar definierten Funktionsbereich und sollten keinesfalls mit Bildern verwechselt werden. Bilder sieht man, Icons erkennt man. Icons sollten nichts mitteilen, sondern eine Erinnerung an etwas Bekanntes oder Gelerntes auslösen. Ein typisches Kennzeichen solcher Elemente ist die Übertreibung, die das Wesentliche deutlich macht. In der Dialogbox der Abbildung 6.3 ist das Verhältnis Initial zu Text unzweifelhaft übertrieben, aber doch deswegen nicht weniger klar. Übertreiben ist übrigens gleichermaßen der wüste horizontale Abstand der Texte zu den beiden Spinner-Controls — dafür finde ich die Nutzung der schlichten Linien als Trennzeichen zwischen den Abteilungen äußerst gelungen und überaus nachahmenswert. Die Buttons wiederum sind aber ein bißchen arg breit; wie übrigens auch wiederum die Spinner; sooo hoch kann ein Initial sicher nicht sein...

Bild 6.3: Typische WYSIWYG-Elemente mit eingebauter Übertreibung

6.2.6.3 Kontextuelle Bedeutung

Es gibt hervorragende Icons, die ihre Klarheit und Unverwechselbarkeit nur im Kontext mit anderen Symbolen erlangen. Zudem ergibt die Bedeutung sich oft erst als Summe aus Kontext und Betrachter. Letzter ist in den Entwurf eines Icons als Zielgruppe stets mit einzubeziehen (im Sinne, daß der Wurm dem Fisch, nicht dem Angler schmecken soll): Typische Zeichen- oder Meßgeräte unterschiedlicher Berufsgruppen können beispielsweise völlig verschieden sein und demgemäß als Bild zu Miß- und Unverständnis führen.

Wenn Sie die Bedienungsoberfläche rein auf die Maus abstimmen, trifft vielleicht das zweite Vorurteil, Icons vereinfachten die Bedienung, zu. Bedenken und berücksichtigen Sie aber, daß ein Tastaturkenner, ausgestattet mit einem gehörigen und passenden Satz an sinnvollen Shortcuts und Hotkeys, die meisten Mausbenutzer an Effizienz locker abhängt. Reine Mausbedienung erfordert zudem eine gewisse Feinmotorik (und freie Tischfläche...), die ebenfalls nicht jedem gegeben ist. Ideal sind eben beide Techniken kombiniert: Überlassen Sie dem mündigen Anwender die Wahl.

6.2.6.4 Worte vs. Bilder

Worte müssen Icons keinesfalls unterlegen sein. Ein schlechter Menütitel ist immer einem schlechten Icon vorzuziehen. Vieles ist durch einen klaren Begriff eindeutig auf den Punkt zu bringen. Bestimmte Situationen erfordern Text; Dinge, die nur selten benutzt werden oder fehlerträchtig sind. Glauben Sie selbst schon, daß Ihr Icon „nicht so recht hinhaut", ändern Sie es — oder verwenden Sie Text.

6.3 Werkzeuge

Zwar liefern die meisten Entwicklungssysteme passende Painter und Editoren bereits mit; diese besitzen gelegentlich aber nur rudimentäre Funktionen, die ein effizientes Arbeiten manchmal derart behindert, daß man sich schleunigst nach Alternativen umsehen sollte.

6.3.1 Für Bitmaps...

6.3.1.1 Screenshots

Den aktuellen Bildschirminhalt kopieren Sie durch Betätigen der Taste <Druck> in die Zwischenablage. Von dort aus kann der Inhalt per <Strg>+<C> in andere Programme übertragen werden. <Alt>+<Druck> kopiert den Inhalt des aktuellen Fensters in die Zwischenablage.

6.3.1.2 Erweiterte Markierungen

Das Zeichenprogramm, mit dem Sie Bitmaps entwerfen, sollte einige Funktionen beinhalten, die bei dem zum Lieferumfang von Windows gehörenden Paint nicht oder nur umständlich erreichbar sind. Dazu gehört beispielsweise die Möglichkeit, Markierungen möglichst einfach erweitern und einschränken zu können. Markierungsbereiche sollten sich über mehrere, unverbundene Flächen erstrecken können. Im Beispiel der Abbildung 6.4 können die vier markierten Zonen gleichzeitig verschoben, kopiert oder sonstwie manipuliert werden.

Das Erweitern von Markierungen ist eine Funktion, die man sehr oft benötigt und die innerhalb des Programms leicht von der Hand gehen sollte. Das von mir eingesetzte Zeichenprogramm erlaubt durch Festhalten der <Shift>-Taste eine Erweiterung, per <Strg>-Taste eine Reduzierung der aktuellen Auswahl. Der Mauszeiger zeigt der Zustand durch ein Plus- bzw. Minuszeichen direkt an und hilft so zuverlässig Fehler zu vermeiden, auch ohne daß man sich die jeweils passende Taste merken müßte; da wüßte ich auswendig tatsächlich nicht, welche nun mit welcher Funktion belegt ist...

Auf diese Art gelangt man sehr schnell beispielsweise zu den auch im Buch verwendeten ausgeschnittenen Pulldown-Menüs, die, ausgehend von einem Screenshot des gewünschten Fensters (also per <Druck> oder <Alt>+<Druck>), durch Kopieren der zwei Rechtecke — Menütitel und Pulldown-Teil — entstehen.

6.3.1.3 Markierung erhalten

Eine weitere praktische Eigenschaft ist die Möglichkeit, einen markierten Bereich per Drag & Drop sofort innerhalb des aktuellen Bildes, aber auch über Fenstergrenzen hinaus, kopieren zu können. Über eine Menüoption BILD ERHALTEN läßt sie sich ganz nach Wunsch ein- oder ausschalten. Das ist eine große Erleichterung, wenn man Bereiche löschen will: Man markiert einfach ein gewünschtes Stück des Hintergrundes und zieht es an die gewünschte Stelle. Bei eingeschalteter Option bleibt dann die ursprüngliche Markierung erhalten. Damit lassen sich gleichförmige Elemente wie Buttons oder Icons sehr gut in neue Entwürfe übernehmen.

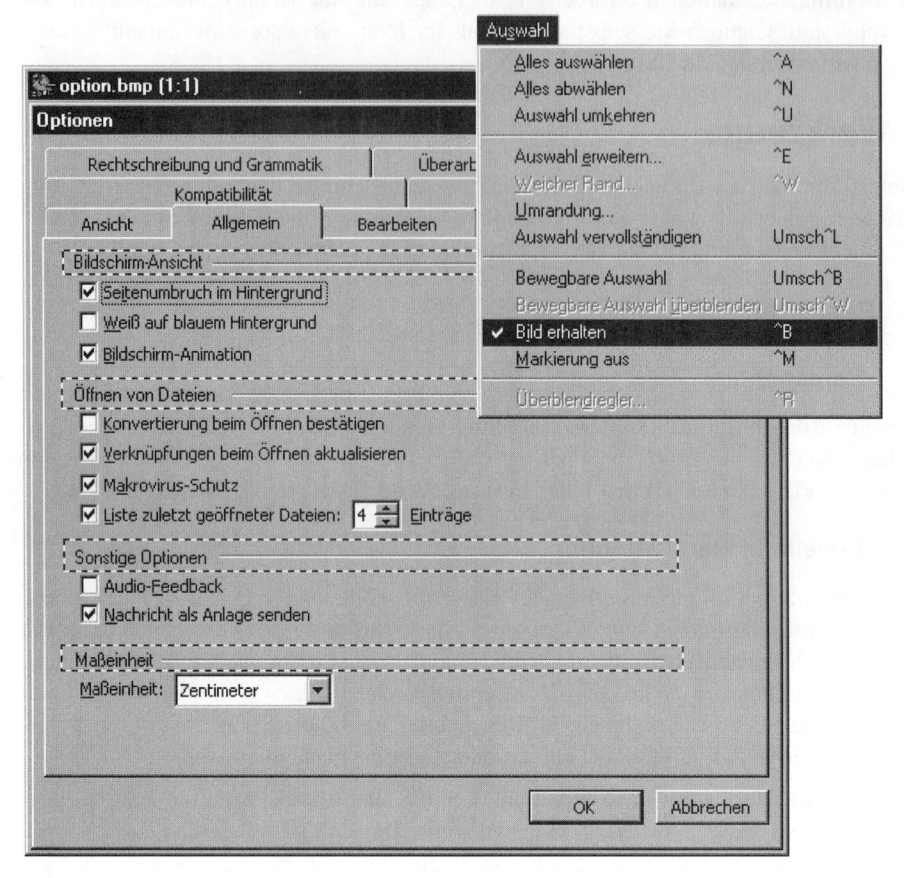

Bild 6.4: Mehrere, gleichzeitig verschiebbare Markierungsbereiche

6.3.1.4 Mehrere Ebenen

Die einzelnen und wiederkehrenden Bestandteile eines Icons wie Hintergrund, bestimmte Eckensymbole und dergleichen lassen sich idealerweise auf einer eigenen Ebene plazieren und können dann ohne weiteres nicht versehentlich übermalt werden. Was bei Graphikprogrammen gang und gäbe ist, sollte Ihnen auch bei der Gestaltung von Icons, Mauszeigern und Toolbarbuttons nicht fehlen...

6.3.1.5 Mehrere Ansichten

Neben verschiedenen Vergrößerungen sind Malprogramme praktisch, die zusätzliche Ansichten erlauben: Dann kann man die aktuellen Änderungen, die man vielleicht in starker

Vergrößerung zeichnet, gleich in später originaler Größe sehen. Oft sind die visuellen Eindrücke bei der 1:1-Darstellung ganz andere als in der Vergrößerung.

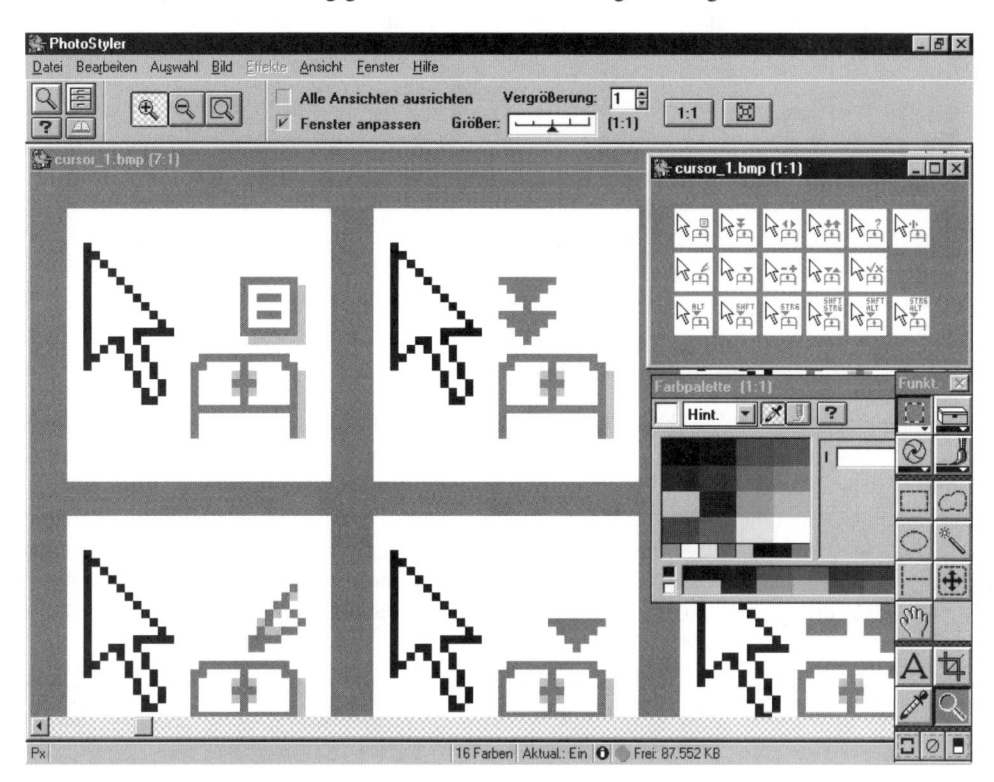

Bild 6.5: So kann man arbeiten...

6.3.2 Für Icons...

6.3.2.1 Bitmap -> Icon

Zum Zeichnen von Icons verwende ich übrigens ebenfalls das Graphikprogramm, da es über sehr viel mehr Werkzeuge und Möglichkeiten verfügt als die mir bekannten Icon-Programme und ich an seine Funktionen sehr gewöhnt bin. Natürlich muß man die Farben auf die jeweilige gewünschte Anzahl (meist: 16 Farben) reduzieren.

Ganz praktisch ist die Möglichkeit, das „Icon" erst einmal in einer höheren Auflösung zu zeichnen, die dann später das Programm auf die gewünschte Größe von beispielsweise 32 mal 32 Pixel herunterrechnet. Das erleichtert insbesondere die Übernahme von Elementen aus anderen Bitmaps, die ja meist eine feinere Auflösung besitzen.

6.3.2.2 Transparentfarbe

Nach Beendigung des Entwurfs erfolgt über ein separates Programm, wie es in vielfacher Form auf dem Free- und Shareware-Sektor zu finden ist, die Generierung eines „echten"

Icons in Form einer ICO-Datei. Dabei kann eine Farbe angegeben werden, die transparent erscheint. Zeichnet man beispielsweise den Hintergrund einer Bitmap in einer bestimmten (möglichst exotischen) Farbe, ist das Icon dann später an dieser Stelle durchsichtig und läßt den Blick auf den Windows-Desktop frei.

VO 1.0d dt.   VO 2.0b

Bild 6.6: Beim rechten Icon ist der Hintergrund transparent

6.3.3 Für Cursor...

6.3.3.1 Orientierung an Standards

Bei Mauszeigern sollten Sie Ihrer Kreativität nicht gar zu freien Lauf lassen. Im Verzeichnis C:\WINDOWS\CURSORS finden Sie reichlich Auswahl, von denen sogar ein gutes Dutzend durchaus gebrauchsfähig sind. Von animierten Cursorn, mögen sie der Attraktivität noch so sehr dienlich sein und vom Anwender als Mittel der Systemindividualisierung begeistert tagtäglich neu konfiguriert werden, halte ich übrigens nichts; mit Ausnahme eines rotierenden Zeigers vielleicht, der alternativ zur statischen Sanduhr den Fortschritt anzeigt — auch wenn es natürlich häufig passiert, daß trotz munterem Kreiseln sich nichts anderes mehr rührt.

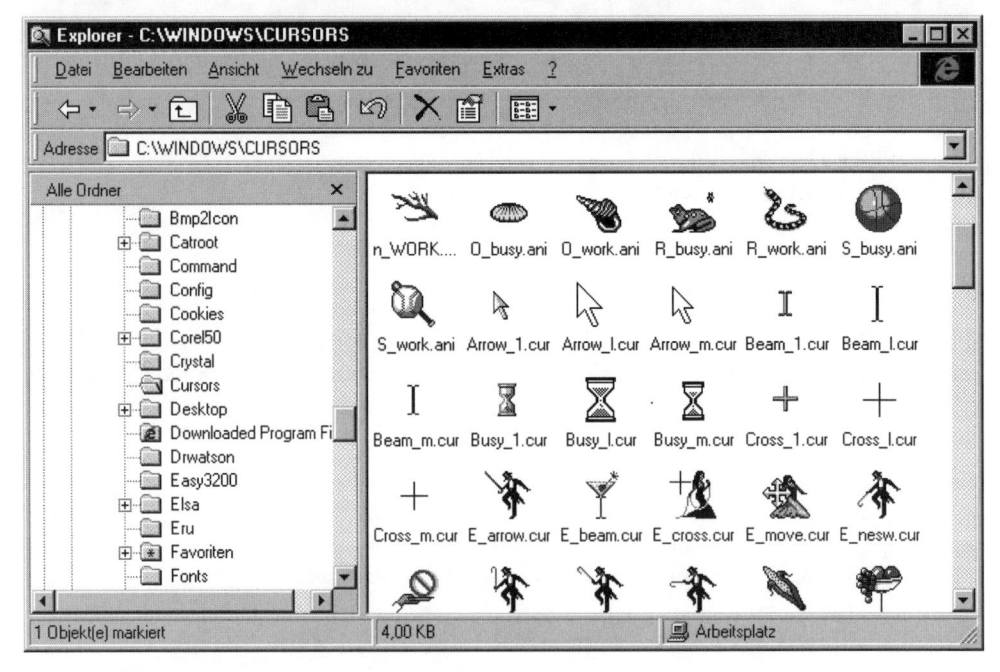

Bild 6.7: Cursor, Cursor, Cursor...

Werkzeuge

6.3.3.2 Mauszeiger als Feedback

Seltsamerweise benutzen nur sehr wenige Applikationen diese optimale Art, dem Anwender mehr als nur die aktuelle Position oder durch Darstellung der Sanduhr einen längeren Vorgang anzuzeigen. Bei der Unzahl an direkten Manipulationsmöglichkeiten bietet es sich doch geradezu an, die sensitiven Stellen beim Überstreichen mit dem Mauszeiger kenntlich zu machen. Dabei sollte natürlich das Standarderscheinungsbild, also meist der normale Pfeil, nur ergänzt, nicht aber grundsätzlich verändert werden.

6.3.3.3 Entwurfswerkzeuge

Sieht man mal von den Programmen zur Gestaltung animierter Cursor ab, die inzwischen den übrigen Zeichenprogrammen durchaus das Wasser reichen können, sind die notwendigen Mittel zur Gestaltung normaler, statischer Cursor so bescheiden, daß in der Regel das mit einem Windows-Entwicklungssystem meist ausgelieferte Programm völlig ausreichend ist. Wichtig ist die Möglichkeit, vorhandene CUR-Dateien laden und Entwürfe aus der Zwischenablage übernehmen zu können.

6.3.4 Hilfreich: Lupe bei Windows 98

6.3.4.1 Schnelle Vergrößerung

Viele Bildschirmtreiber sind schon seit längerem mit der Möglichkeit gesegnet, auf Knopfdruck einen Bereich um den Cursor herum beliebig zu vergrößern. Damit lassen sich hervorragend Bitmaps, Icons etc. im wahrsten Sinne des Wortes unter die Lupe nehmen, um Geheimnisse der 3D-Gestaltung, der Kunst, Dinge mit 16 mal 16 Pixelchen darzustellen und vieles mehr zu erkunden.

Windows 98 beinhaltet an ganz unvermuteter Stelle ebenfalls eine solche Option. Bei den Eingabehilfen kann eine Lupenfunktion für Sehbehinderte installiert werden, die auf Knopfdruck einen wählbaren Bereich des Bildschirms in ein vergrößertes Szenario rund um den Mauszeiger verwandelt. Die Vergrößerungsstufe ist ebenfalls frei wählbar. Die Abbildung zeigt einen Ausschnitt aus dem normalen Systemsteuerungsordner im oberen Teil stark vergrößert an, so daß die einzelnen Pixel sehr gut zu erkennen sind.

6.3.4.2 Installation

Diese Eingabehilfe steht allerdings nicht nach einer Standardinstallation zur Verfügung, weil sie verhältnismäßig viel Speicherplatz, nämlich 6 MByte, und damit etwas mehr als meine erste Festplatte umfaßt. Gehen Sie daher über START-Button, Option EINSTELLUNGEN, SYSTEMSTEUERUNG, SOFTWARE in das Setup-Programm, mit dem Sie auch nachträglich noch Komponenten installieren lassen können. Aktivieren Sie die Lasche „Windows-Setup". Markieren Sie den Eingabehilfen so, daß sie vollständig installiert werden; in der Standardkonfiguration umfassen sie nicht die kompletten Programme. Es kann durchaus sein, daß Sie bereits einen Teil der Eingabehilfen vorinstalliert haben; die Lupenfunktion wird aber wahrscheinlich nicht mit dabei sein.

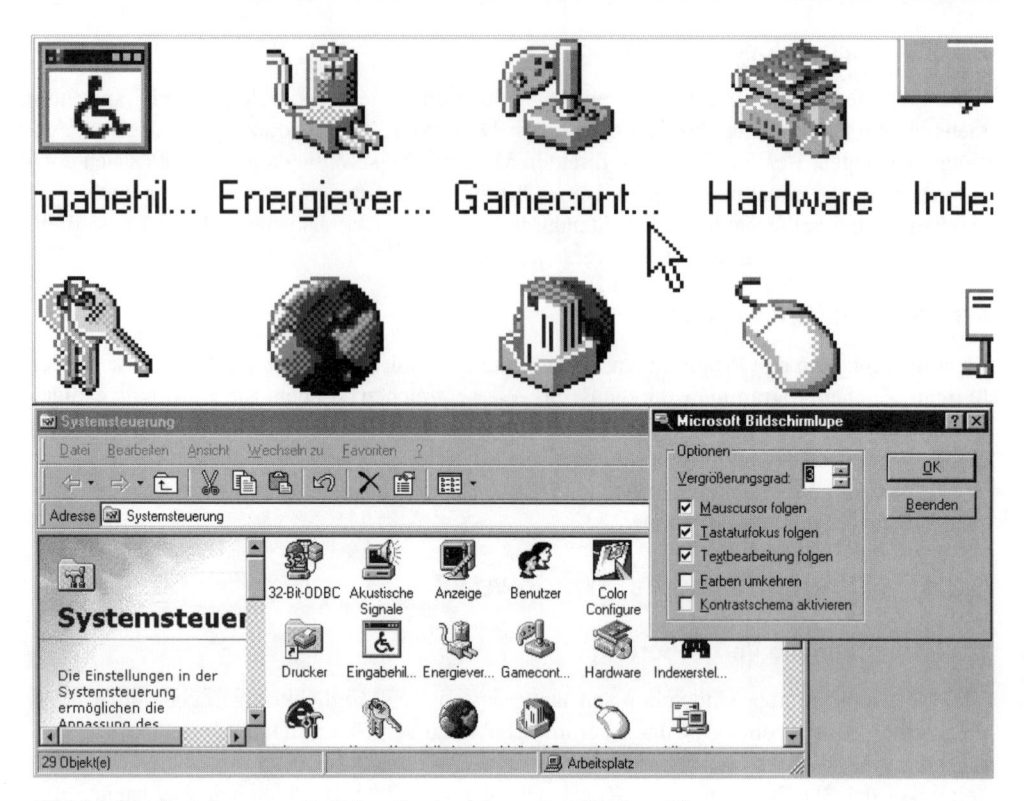

Bild 6.8: Ein für jedermann nützliches Gratiswerkzeug bei Windows 98

6.3.4.3 Benutzung

Anschließend steht Ihnen im Zubehör-Menü (START-Button, Option PROGRAMME, ZUBEHÖR, EINGABEHILFE, MICROSOFT BILDSCHIRMLUPE) die Lupenfunktion zur Verfügung. Eine Dialogbox erlaubt deren individuelle Anpassung.

6.4 Äußerlichkeiten

6.4.1 Größe

6.4.1.1 Kurz: Möglichst klein

Gestalten Sie Graphikelemente grundsätzlich so klein wie möglich. Große Formate verleiden eher zu schwelgerischem Kreativzeichnen — wie gesagt, man soll die Symbole erkennen können, aber keine Miniaturmalerei veranstalten. Eine gute Übung ist es, mit einem Format von vielleicht 10 mal 10 Pixeln anzufangen und sich dann hochzuzeichnen auf üppige 16 oder gar 32 Pixel Kantenlänge. Sie werden sehen, daß man da schon allerhand unterbringen kann…

Für die Icons meines Windows-Desktops — unter EIGENSCHAFTEN DARSTELLUNG BILDELEMENT — habe ich beispielsweise als Größe 24 Pixel eingestellt (mit jeweils 32 Pixel vertikalem und horizontalem Abstand und nur einzeiliger Bildunterschrift); gute Icons sind in dieser Größe einwandfrei zu erkennen. Die Verwendung von 24 Pixel großen Toolbarbuttons beim Windows 98-Explorer finde ich völlig unnötig und gefährlich vorbildlich — wie natürlich auch dessen Standardeinstellung „Icons und Text". Achten Sie einmal darauf, daß dadurch die Toolbar eine gegenüber den anderen Symbolleisten unterschiedliche Höhe bekommt, ohne das beispielsweise das alte Format 16 mal 16 Pixel weniger aussagekräftig wäre.

6.4.1.2 Toolbar-Buttons und Icons

Ich halte die in den Styleguides vielfach geforderte Implementierung mindestens zweier Formate (16 mal 16 und 24 mal 24 Pixel bei Toolbarbitmaps, 16 mal 16 und 32 mal 32 Pixel bei Icons etc.) für unsinnig. Erzählen Sie keine Geschichten mit den Symbolen; als Ausnahme kann vielleicht das Applikations-Icon gelten, da es ja sicher meist auf dem Desktop plaziert wird und daher ruhig etwas repräsentativer sein darf.

Beachten Sie, daß ein 32 mal 32 Pixel großes Icon ohne die verkleinerte 16 * 16 Pixel-Variante automatisch heruntergerechnet wird; dabei verschmelzen möglicherweise wichtige Details zu einem unerfreulichen Pixelbrei. Kontrollieren Sie daher Ihre Entwürfe beispielsweise im Explorer, der in den verschiedenen Ansichten des rechten ListView-Bereichs ja sowohl die große wie auch die kleine Icon-Darstellung benutzt.

6.4.2 Farbe

6.4.2.1 Notwendigkeit für Farbe

Gute, aussagekräftige Symbole benötigen keine Farbe; schlechte Symbole lassen sich durch Farbe auch nicht mehr verbessern. Der erfreuliche Rückzug der Farbe zurück zur wünschenswerten Dezenz ist ja spätestens jetzt mit Windows 98 insofern eingeläutet, daß Bitmap-Schaltflächen nur noch bei Fokussierung, also etwa bei Überstreichen mit der Maus, farbig werden. Das flackert dann zwar besonders auffällig, lenkt aber ansonsten wenigstens während der (restlichen) Arbeit den Blick nicht auf ständig laut vor sich hin schreiende und völlig unerwünscht Aufmerksamkeit erheischende Buttons ab — das ist nun eben den neuen wunderbunten Web-Hintergründen und Werbebitmaps vorbehalten…

Farbe kann man sinnvoll einsetzen, um die Lokalisierung eines Elementes zu beschleunigen; das gilt besonders für verhältnismäßig großflächig eingesetzte Farben. Sie kann ein Objekt auch kategorisieren und es so mit einer bestimmten Vorabbedeutung unterfüttern. Insgesamt beschränke man die Farben aber auf ein Minimum; ausgenommen sind davon allenfalls Auswahlelemente, die dem Anwender sozusagen direkt und unmittelbar zeigen, welche Farben zur Verfügung stellen.

6.4.2.2 Schwarz, Weiß, Hellgrau, Dunkelgrau

Ansonsten sollten Sie überlegen, ob Sie nicht auch mit den beiden Grautönen plus Weiß und Schwarz ausreichend klare und konturierte Symbole entwerfen können. Sie haben den Vorteil, die Auswahl der Möglichkeiten erst einmal scharf und wünschenswert zu begrenzen. Die eine oder andere Schmuckfarbe ist dann anschließend sicher auch mal erlaubt... Sie sollten beim Entwurf in jedem Fall aber erst einmal mit der Kontur in schwarz beginnen und sich dann langsam und behutsam vortasten.

Die RGB-Werte für die beiden Graustufen plus Schwarz und Weiß sind

- Weiß RGB 255, 255, 255;
- Hellgrau (30 Prozent) RGB 192, 192, 192;
- Dunkelgrau (70 Prozent) RGB 128, 128, 128;
- Schwarz RGB 0, 0, 0.

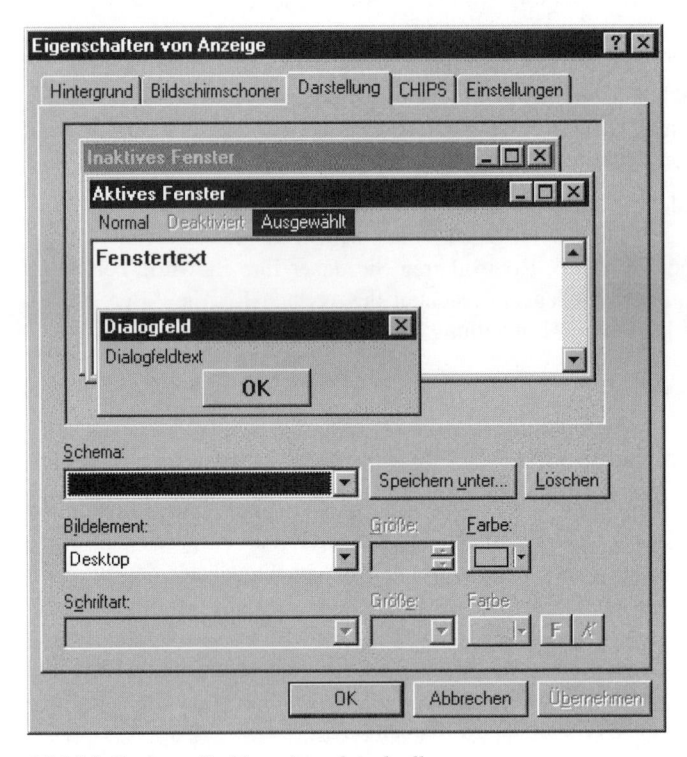

Bild 6.9: Rechnen Sie hier mit praktisch allem...

6.4.2.3 Farbige Symbole

Wie man bei einem späteren Beispiel (Abbildung 6.17) eines Aufnahme-Buttons sehen wird, ist eine reine, monochrome Farbkodierung meist viel aussagekräftiger und verwechslungssicherer. Ich pflege beispielsweise in meinen Eingabemasken stets drei verschiedene Zustände zu implementieren:

- Anzeige-Modus

Dieser Modus ist charakterisiert durch Eingabefelder, die auch bei Fokussierung ihren weißen Hintergrund behalten. Konsequenterweise zeigt diesen Zustand auch ein weißes Quadrat im

Äußerlichkeiten 391

Systemmenü-Icon an. Dadurch bleibt der aktuelle Zustand auch bei ikonisierter Darstellung eines Fensters sichtbar. Befindet sich die Maske innerhalb eines Karteireiter-Laschenfensters, zeige ich das weiße Quadrat im Laschenfenster links neben dem Laschentext an.

- Bearbeiten-Modus

In diesem Modus erhält das fokussierte Eingabefeld einen gelben Hintergrund, damit nicht nur der leise vor sich hin blinkende Cursor davon Kunde tut, daß die Controls modifiziert werden können. Das Quadrat erhält dann die hintergrundkompatible Farbe Gelb.

- Neuaufnahme-Modus

Die Neuaufnahme eines Datensatzes soll auch optisch von der Änderung eines bestehenden Satzes unterscheidbar sein. Hier bietet sich das rote Quadrat als aussagekräftiges Signal an.

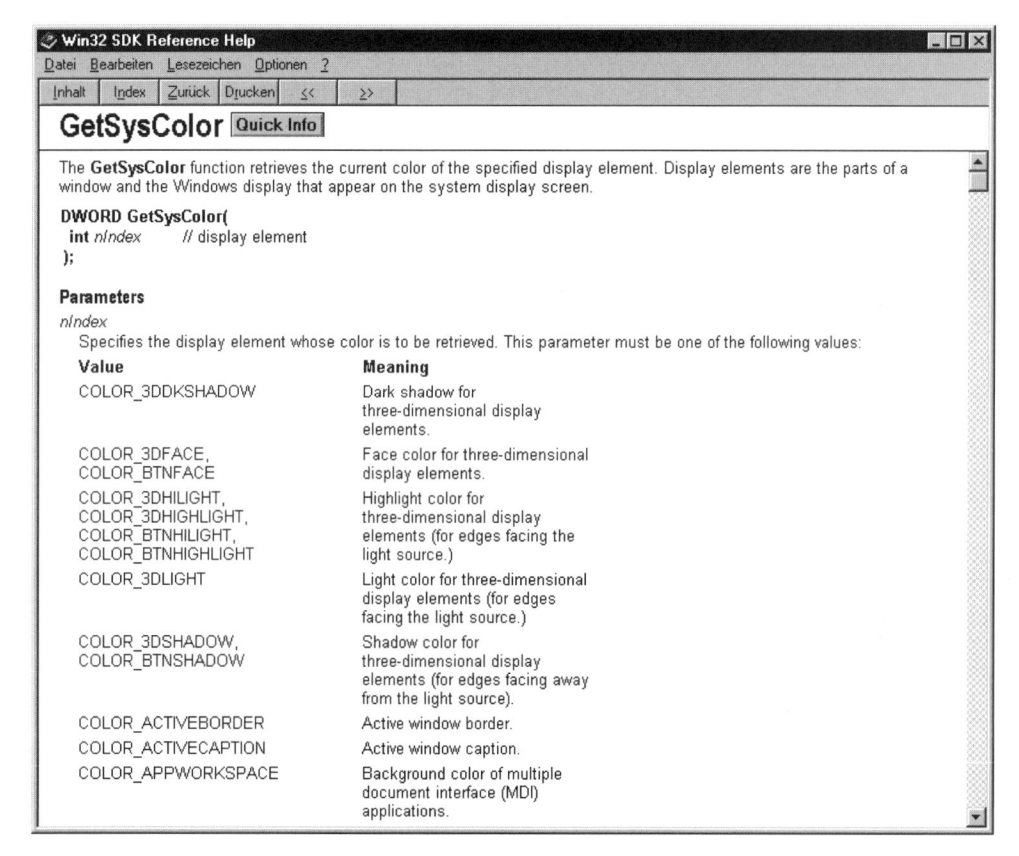

```
Win32 SDK Reference Help                                    _ □ ×
Datei  Bearbeiten  Lesezeichen  Optionen  ?
Inhalt   Index   Zurück   Drucken   <<    >>

GetSysColor  Quick Info

The GetSysColor function retrieves the current color of the specified display element. Display elements are the parts of a
window and the Windows display that appear on the system display screen.

DWORD GetSysColor(
  int nIndex    // display element
);

Parameters

nIndex
  Specifies the display element whose color is to be retrieved. This parameter must be one of the following values:
  Value                        Meaning
  COLOR_3DDKSHADOW             Dark shadow for
                               three-dimensional display
                               elements.
  COLOR_3DFACE,                Face color for three-dimensional
  COLOR_BTNFACE                display elements.
  COLOR_3DHILIGHT,             Highlight color for
  COLOR_3DHIGHLIGHT,           three-dimensional display
  COLOR_BTNHILIGHT,            elements (for edges facing the
  COLOR_BTNHIGHLIGHT           light source.)
  COLOR_3DLIGHT                Light color for three-dimensional
                               display elements (for edges
                               facing the light source.)
  COLOR_3DSHADOW,              Shadow color for
  COLOR_BTNSHADOW              three-dimensional display
                               elements (for edges facing away
                               from the light source.)
  COLOR_ACTIVEBORDER           Active window border.
  COLOR_ACTIVECAPTION          Active window caption.
  COLOR_APPWORKSPACE           Background color of multiple
                               document interface (MDI)
                               applications.
```

Bild 6.10: Teil 1 der GetSysColor ()-Beschreibung

6.4.2.4 Allgemeine Einsatzmöglichkeiten

Neben Symbolen, bei denen eher sparsam Farbe zum Einsatz kommen sollte, sind farbige Elemente, die als Grundform wie Linie, Quadrat, Kreis etc. reinen Signalcharakter haben, durchaus nützlich, beispielsweise zur Anzeige von bestimmten Zuständen oder Änderungen von Zuständen. Da sie sich vom Resthintergrund der hoffentlich eben nicht gar zu bunten Applikation deutlich abheben können, ziehen sie die Aufmerksamkeit des Anwenders auf sich.

Definieren Sie einige feststehenden Farben, denen Sie bestimmte Kategorien zuordnen. Neben den oben genannten Modi könnten beispielsweise auch grundsätzlich den Kunden-, den Artikeln- und den Rechnungsdaten unterschiedliche, aber identifizierbare Farben dem Anwender helfen, sich zurechtzufinden. Benutzen Sie aber nach Möglichkeit neben den Grundfarben keine unnötigen Mischfarben, die die Darstellung — etwa auf Notebooks oder bei geringer Farbtiefeneinstellung — beeinflussen könnte.

6.4.2.5 Windows-Systemfarben

Leider — für uns Softwareentwickler — ist die Individualisierbarkeit eines Windows-System bei den Farben gleichermaßen einfach wie beliebt. Da sich der Anwender im schlimmsten Fall sogar das Menü inklusive Toolbar komplett umkonfigurieren kann, kann es passieren, daß Ihre Bitmaps weder farblich noch in der Größe korrekt passen.

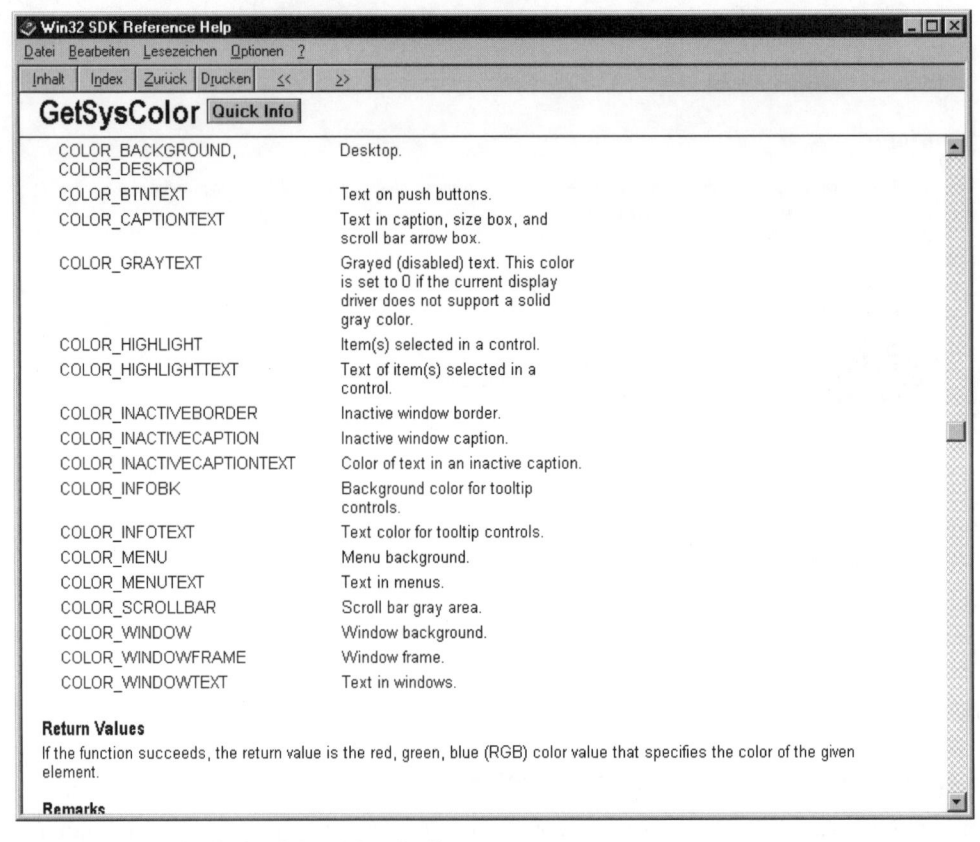

COLOR_BACKGROUND, COLOR_DESKTOP	Desktop.
COLOR_BTNTEXT	Text on push buttons.
COLOR_CAPTIONTEXT	Text in caption, size box, and scroll bar arrow box.
COLOR_GRAYTEXT	Grayed (disabled) text. This color is set to 0 if the current display driver does not support a solid gray color.
COLOR_HIGHLIGHT	Item(s) selected in a control.
COLOR_HIGHLIGHTTEXT	Text of item(s) selected in a control.
COLOR_INACTIVEBORDER	Inactive window border.
COLOR_INACTIVECAPTION	Inactive window caption.
COLOR_INACTIVECAPTIONTEXT	Color of text in an inactive caption.
COLOR_INFOBK	Background color for tooltip controls.
COLOR_INFOTEXT	Text color for tooltip controls.
COLOR_MENU	Menu background.
COLOR_MENUTEXT	Text in menus.
COLOR_SCROLLBAR	Scroll bar gray area.
COLOR_WINDOW	Window background.
COLOR_WINDOWFRAME	Window frame.
COLOR_WINDOWTEXT	Text in windows.

Return Values
If the function succeeds, the return value is the red, green, blue (RGB) color value that specifies the color of the given element.

Bild 6.11: Teil 2 der GetSysColor ()-Beschreibung

6.4.2.6 Funktion GetSysColor ()

Über eine API-Funktion lassen sich immerhin die derzeitigen Werte ermitteln. Übrigens existiert auch eine Funktion SetSysColor () — aber eher ratsam ist bei der Feststellung größerer geschmacklich-ästhetischer Entgleisungen oder Abweichungen vom Standard eine entsprechende Meldung, die zwecks besserer und vollständigerer Sichtbarkeit zur bewährten Standardeinstellung rät.

Geben Sie dem Anwender als Trost lieber die Möglichkeit, sich beispielsweise eigene Shortcuts für Menüoptionen oder Floskeln für häufig benötigte Eingabecontrols definieren zu dürfen: Das ist auch auf lange Sicht ein weitaus besseres Zeichen von vernünftiger Individualisierbarkeit...

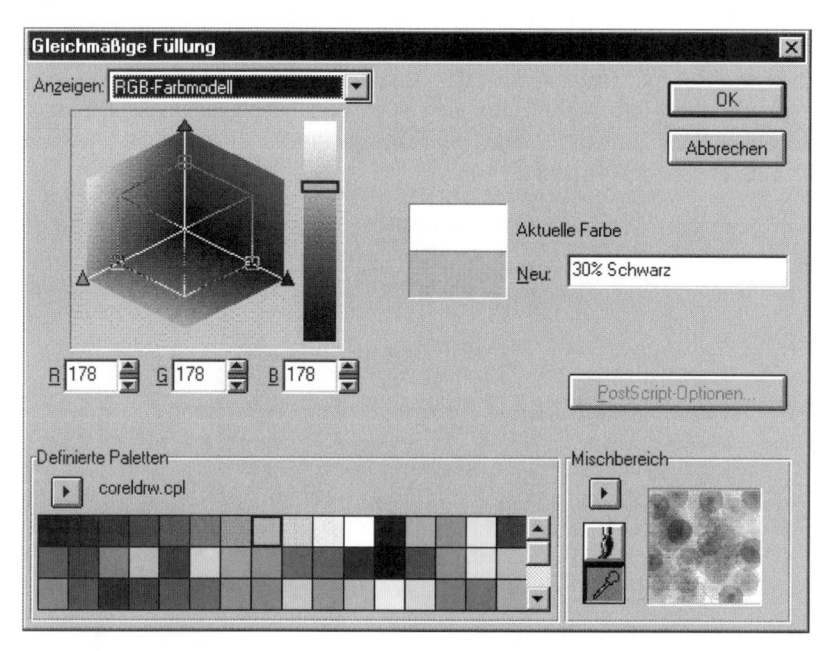

Bild 6.12: RGB-Farbpalette

6.4.2.7 Beispielabfrage

Die Funktion GetSysColor () liefert eine Zahl im DWord zurück, die die drei Anteile in kompakter Form enthält. Die einzelnen Werte lassen sich über die Funktionen GetRValue (), GetGValue () und GetBValue () ermitteln:

```
Local nRGB, nR, nG, nB As DWord

nRGB := GetSysColor (Color_Menu)
nR := GetRValue (n)
nG := GetGValue (n)
nB := GetBValue (n)
```

6.4.2.8 Ermittlung eines RGB-Wertes

Der Dialog, über den Zeichenprogramme die Zuweisung einer beliebigen Farbe erlauben, eignet sich auch hervorragend zur Bestimmung eines Farbwertes. Gelegentlich beinhalten solche Dialoge ein Pipetten-Werkzeug, mit dem die Farbe eines beliebigen Elementes ermittelt werden kann. Ein solches Fenster ist übrigens auch ein Beispiel für direkte Manipulation: Alternativ zur Eingabe der drei Werte kann der Anwender mit der Maus direkt in den Farbkreis klicken.

6.4.2.9 Grenzen des Farbeinsatzes

Einige Farben haben in verschiedenen Kulturkreisen bekanntlich eine unterschiedliche Bedeutung. Weiß ist in Japan und China die Farbe der Trauer. Einige Farbkombinationen wie Rot und Blau sind optisch oft verwirrend, weil sie als Bildpunkte weit auseinanderliegen; Komplementärfarben wie Rot und Grün sind für das Auge nur schwer zu fokussieren. Auch Farbenblinde sollten übrigens Ihre Applikation ungestört und uneingeschränkt einsetzen können. Der Hintergrund einer Bitmap hat nach Möglichkeit diskret und schlicht-grau und damit identisch mit dem Fensterhintergrund zu sein.

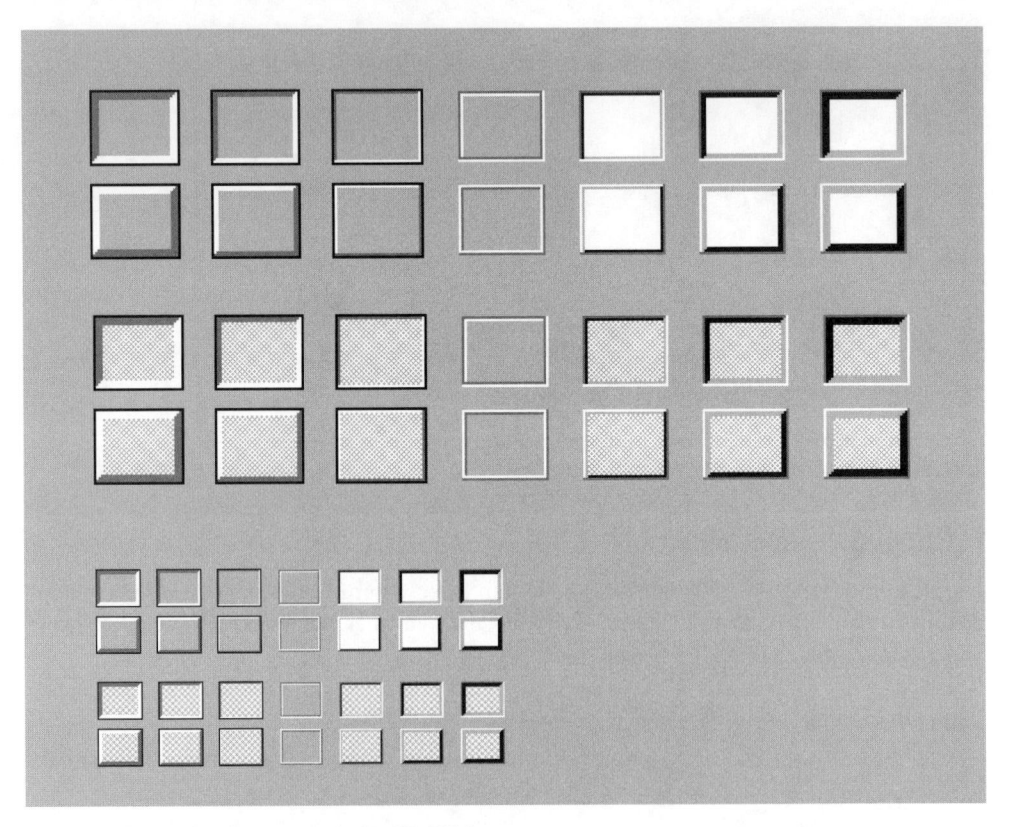

Bild 6.13: Das Beleuchtungsprinzip für 3D-Effekte

6.4.3 Beleuchtung

6.4.3.1 Einheitliche Beleuchtungsrichtung

Der beliebte 3D-Effekt seit Windows 3.0 wird sich sicher auch weiter steigender Beliebtheit erfreuen, auch wenn merkwürdigerweise Microsoft an einigen wenigen Stellen bei Windows 98 leicht davon abgeht (Toolbars, Scrollbars) — im Rahmen des Projektes mit dem Codenamen „Chrome" will Microsoft dagegen zukünftig sowohl PCs als auch dem Internet ein dreidimensionales Erscheinungsbild geben. Menüs, Dateistrukturen etc. sollen plastisch und — na, warten wir es ab — attraktiver und leichter bedienbar werden. Die Hardwarehersteller wird's freuen...

Zur Zeit wird jedenfalls der 3D-Effekt noch ganz klassisch durch eine Quasi-Beleuchtung von links oben nach rechts unten erreicht. Durch Verwendung von weißen, hellgrauen, dunkelgrauen und schwarzen Linien läßt sich die Illusion unterschiedlicher „eingedrückter" oder „erhabener" Flächen erzeugen. Die Abbildung zeigt einige Varianten, die bei Radiobuttons, Checkboxen, Pushbuttons, Rahmen etc. Verwendung finden und auch bei eigenen Bitmaps eingesetzt werden können. Übertreiben Sie es aber bitte mit der Eindrücktiefe nicht — noch dreidimensionaler sollte es nicht sein...

6.4.4 Umriß

6.4.4.1 Viereckig!

Schaltflächen sollten grundsätzlich rechteckig sein. Leider finden sich gerade in neueren Applikationen besonders im Bereich der Heimsoftware und mit Zunahme von Web-artigen Programmen immer wieder Schaltflächen ohne Rahmen, die als sozusagen freigestellte Graphik kaum erkennen lassen, ob es sich um Schmuckpixel oder dann doch eben um Schaltflächen, die man betätigen kann, handelt. Die „innere" Form wiederum sollte die Aufmerksamkeit des Benutzers erregen; das gelingt ungewöhnlich geformten Umrissen meist besser als geradlinigen.

6.4.4.2 Immer mal wieder: Der „Squint"-Test

Icons und Symbole werden besonders aufgrund ihrer möglichst charakteristischen Form im Innern eines vorhandenen Rahmens gefunden. Machen Sie einmal auf Ihrem Desktop den „Squint"-Test und prüfen Sie mit fast zusammengekniffenen Augen, welche Icons besonders auffällig und damit gelungen sind. Es sind gar nicht immer die am häufigsten benötigten Symbole, die oft eine gute äußere Form besitzen.

6.4.4.3 Am auffälligsten: Monochrome Flächen

Übrigens benutze ich als Icons für aktuelle Arbeitsprojekte und Dokumente, die ich besonders schnell wiederfinden möchte, stets ein simples Farbquadrat mit 32 mal 32 Pixeln einer einzigen Farbe. Da dies natürlich die stets ausgefallenste Form auf dem ganzen Desktop ist, finden Sie solche Icons geradezu in Traumzeiten... Auch wenn Sie nicht, wie ich, eine leidenschaftliche Vorliebe für konkrete Kunst haben, sind solche temporären Blickziehersymbole sehr praktisch.

6.4.4.4 Rahmen

Der Rahmen eines Icons muß keineswegs vollständig und ununterbrochen das Objekt umschließen. Die Abbildungen zeigt noch einmal ein paar Beispiele vom Kapitelbeginn, die über den Rahmen, nicht aber natürlich über den Rand der 32 mal 32 Pixel herausragen. Die drei Icons der zweiten Zeile sollen den für Schulungen notwendigen Kenntnisgrad der Programmiersprache CA-Visual Objects kennzeichnen.

Dazu wurde das Applikationsicon am rechten um vier und am oberen Rand um zwei Pixel leicht beschnitten, so daß der insgesamt vier Pixel breite rote Pfeil zur Darstellung des „Füllstandes" Platz hat; er überragt bei „Voll" im Sinne „Sehr gute Kenntnisse" das Icon um 2 Pixel. Das originale Icon im Inneren der 32 mal 32 Pixel großen Fläche ist also nur noch 28 mal 30 Pixel groß — was aber natürlich optisch nicht auffällt.

Die ersten beiden Icons — „Keine" bzw. „Geringe Kenntnisse erforderlich" — wurden mit einem Schachbrett aus abwechselnd schwarzen und weißen Pixeln so überdeckt, daß das erste nur zu einem Drittel, das zweite nur zu zwei Dritteln Prozent kräftig blieb. Da die schwarzen Pixel transparent sind, ergibt sich der für solche Sachen sehr schöne und erwünschte „Hamilton"-Effekt.

Die beiden anderen Icons zeigen, wie man Symbole aus mehreren Elementen zusammensetzt, um so die Konsistenz aller Icons sicherzustellen. Neben einem stark verkleinerten Applikations-Icon, das als Wiedererkennungselement völlig ausreicht, gibt es einen konstanten Hintergrund. Als „Farbe" finden ausschließlich die Grautöne (Weiß, Hellgrau, Dunkelgrau, Schwarz) Verwendung, was den Icons eine gewisse Schlichtheit und Eleganz verleiht.

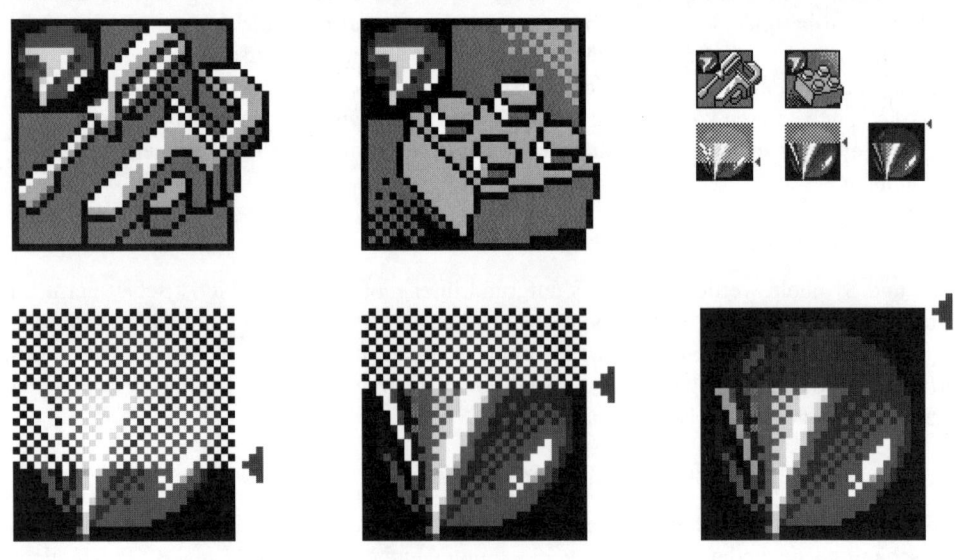

Bild 6.14: Icons mit unvollständigem Rahmen

6.4.5 Testen, testen, testen!

Prüfen Sie Symbole in allen erwartbaren Lagen. Wie verhalten sich die Farben im markierten, selektierten, deaktivierten Zustand? Was passiert, wenn der Anwender einen schwarz-/weißen Monitor besitzt? Prüfen Sie Icons auf verschiedenen farbigen Hintergründen — sind Unverträglichkeiten nicht zu vermeiden, sollten Sie beim Installieren darauf hinweisen und vorschlagen, die Farbeinstellung zu ändern: Verraten Sie aber auch gleich, wie das geht.

Falls Ihr Icon- oder Cursor-Editor die Umschaltung der Hintergrundfarbe nicht erlaubt, ist das ein Grund mehr, zumindest in der Entwurfsphase auf ein Malprogramm umzusteigen und die paar endgültigen Pixel zur Not & zum Schluß per Hand zu übertragen.

6.4.6 Beliebte Fehler

6.4.6.1 Farbtiefe

Überschätzen Sie nicht die mögliche Farbtiefe beim Rechner des Anwenders. Für Signale sind die 16 Grundfarben völlig ausreichend; zum Einsatz für Signalelemente sollten davon nur einige wenige kommen. Ideal sind die automatisch vom Anwender mit einer bestimmten Bedeutung belegten Farben wie

- Rot: Achtung!
- Gelb: Vorsicht.
- Grün: Alles in Ordnung.

6.4.6.2 Dithering

Vermeiden Sie Zwischentöne, die bei geringerer Auflösung leicht aufgerastert und damit unansehnlich werden. Insbesondere bei Grautönen sollte auf Kompatibilität mit den Windows-Standards geachtet werden; der Farbton der Menüleiste ist beispielsweise (192, 192, 192) im RGB-Farbsystem.

6.4.6.3 Sabotage durch Anwender

Möglicherweise hat der Anwender seine Farbpalette komplett durchindividualisiert — dann kann man nicht davon ausgehen, daß Bitmaps, ist ihr Hintergrund auch transparent, wirklich die Güte wie auf Ihrem System haben. Über die API-Funktion GetSysColor () kann man aber jederzeit die aktuellen Werte für die wichtigsten Bereiche abfragen.

6.5 Innere Werte

6.5.1 Verb vs. Objekt

Symbole, die eine Tätigkeit darstellen, sind meist schwieriger zu gestalten als solche, die einen Gegenstand beschreiben. Die Transformation gelingt dem Anwender aber meist auf Anhieb und völlig unbewußt. Beispielsweise ist es schwierig, das Verb „Drucken" als Icon zu zeichnen. Das passende Gerät, ein Drucker, gelingt aber ohne Schwierigkeit und läßt sogar noch Spielraum für die passende Drucktechnik (Fax, Laser, Tinte, Nadel etc.). Ein Papierkorb steht für „Löschen", ohne daß der Anwender an einer Umkodierung scheitern würde.

Hier kommen häufig Metaphern zum Einsatz. Durch eine Datenbank kann man über Rekordertasten blättern; „Neu" wird über ein leeres Blatt visualisiert, auch wenn ein neuer Kunde erfaßt wird.

6.5.2 Symbolbedeutung

Der Rote Punkt im Inneren eines Pushbuttons signalisiert als Symbol zweierlei: Stop oder Aufnahme. Beide Assoziationen sind eng miteinander verknüpft: Nach Beginn einer Aufnahme haben eben alle Störungen zu unterbleiben. Nachfolgend sind drei Beispiele gezeigt, die mit diesem Symbol gleichermaßen und, wie ich finde, sehr gelungen arbeiten — besser kann ein Icon nicht gestaltet sein.

6.5.2.1 Erstens: Aufnahmebutton

Hier ist die Verwendung dieses Symbols sicher besonders naheliegend und passend. Allerdings kann man auch davon ausgehen, daß die Gestalter der anderen Varianten dieses oder ein vergleichbares Bild in etwa vor Augen gehabt haben dürften...

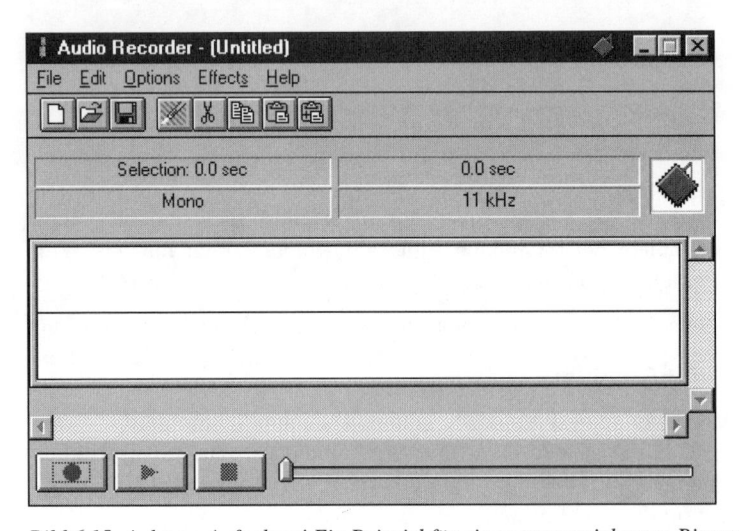

Bild 6.15: Achtung Aufnahme! Ein Beispiel für einen ausgezeichneten Bitmap-Button

6.5.2.2 Zweitens: Beakpoint setzen

In einer Programmiersprache wird über den auffälligen Button ein Haltepunkt gesetzt. Den Toolbarbutton finde ich übrigens ausgezeichnet; er wird nur noch durch den fünften Button von links übertroffen, der die aktuelle Applikation kompiliert. Fehlerhafte Elemente erhalten stets eine kleine rote, korrekt übersetzte eine grüne Leuchtdiode als Icon; Compilieren im Sinne „Aus Rot mach Grün" ist hier geradezu unübertreffbar symbolisiert.

Innere Werte

Das Icon hat zudem das wichtige Merkmal, sehr auffällig zu sein und eine hohen Lokalisierungsgeschwindigkeit zu erlauben; was sich wiederum durch den „Squint-Test" verifizieren läßt.

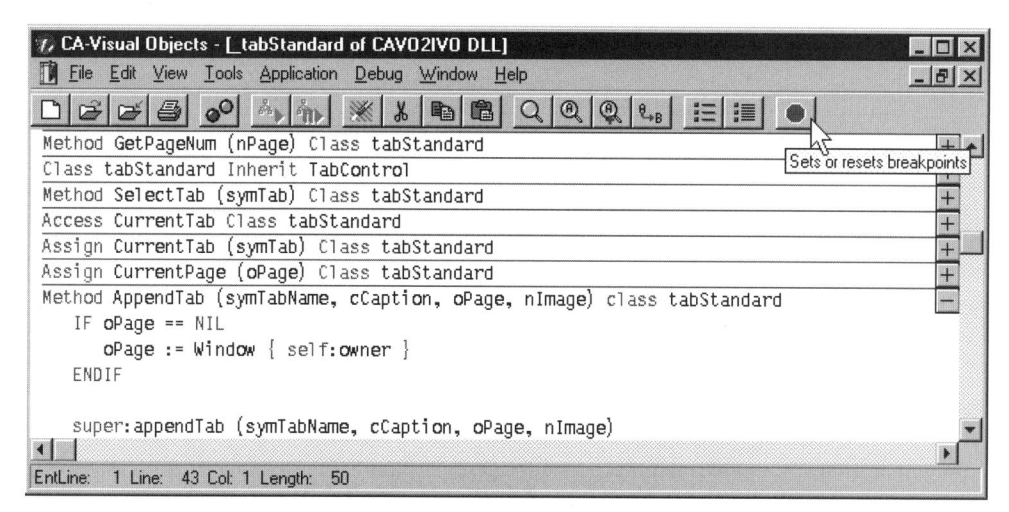

```
CA-Visual Objects - [_tabStandard of CAVO2IVO DLL]
 File  Edit  View  Tools  Application  Debug  Window  Help
 [toolbar icons]                                    Sets or resets breakpoints
Method GetPageNum (nPage) Class tabStandard
Class tabStandard Inherit TabControl
Method SelectTab (symTab) Class tabStandard
Access CurrentTab Class tabStandard
Assign CurrentTab (symTab) Class tabStandard
Assign CurrentPage (oPage) Class tabStandard
Method AppendTab (symTabName, cCaption, oPage, nImage) class tabStandard
    IF oPage == NIL
        oPage := Window { self:owner }
    ENDIF

    super:appendTab (symTabName, cCaption, oPage, nImage)
EntLine:  1 Line:  43 Col: 1 Length:  50
```

Bild 6.16: Ein sehr gelungener Toolbar-Button: Breakpoints setzen in CA-Visual Objects

6.5.2.3   Drittens: Starten des Brennvorgangs

Bei meiner CD-Brennsoftware trennt einen nur dieser Button von der Zusammenstellung der gewünschten Dateien und dem Augenblick, in dem man aufatmend das Herausfahren der finalisierten CD vernimmt — oder eben wieder eine CD oder eine der gar nicht sooo vielen Multisessions seufzend abschreibt.

Zur Gestaltung wieder ein paar laute Gedanken (doch, das sei erlaubt: ich benutze diese Software außerdem sehr gerne): Radiobuttons dürfen grundsätzlich nicht nebeneinander angeordnet werden, weil sie sonst den Gruppencharakter verlieren und nicht vernünftig zu erkennen sind. Die Rahmen bilden ein heilloses Durcheinander und verschlucken die arme Trennlinie ganz und gar — sie wäre aber auch völlig überflüssig, da die Rahmen bereits die Gruppen ausreichend separieren. Der Anzahl-Spinner ist mal wieder sehr verwegen und textlich nicht ganz auf der Höhe mit seinem zugehörigen FixedText-Element; das ist allerdings auch etwas weit weg.

Der Klappbutton „Erweitert <<" ist zwar korrekt benamt (die Erweiterung ist zwar aktiv, die Wort sollte aber nicht gewechselt werden), die Pfeile müssen aber links davon stehen: „<< Erweitert". Im komprimierten Zustand lautete er „Erweitert >>". Insgesamt neigen alle Buttons erheblich dazu, sich entweder an einer optischen Ober- oder an einer Unterkante eines anderen Controls zu orientieren; hier wäre ein gleichmäßiger vertikaler Abstand vorzuziehen.

Das Graphikelement zur Anzeige der Aufnahmezeit und des Datenaufkommens ist dagegen wieder gelungen; das gilt auch für die Leuchtdiode als Zustandsanzeige. Sie gibt es zwar auch real schon mit Mischfarben in einem Bauteil (lange galt die Farbe blau als Herausforderung;

inzwischen gibt es auch schon weiße LEDs), die Variante, die andere „Lampe" grau darzustellen, ist aber auch in Ordnung.

Ich würde hier übrigens noch ein weiteres Graphikelement empfehlen: Da man jedenfalls zur Zeit noch gelegentlich die Schreibgeschwindigkeit reduziert, passiert es gelegentlich, daß ein falscher Wert eingestellt ist und das Schreiben im einen Fall mißlingt oder eine schlechtere (Audio-)Qualität liefert. Ein etwas großflächigeres graphisches Element erreichte die gewünschte Aufmerksamkeit ganz zweifellos und wäre der schlichten Combobox weit überlegen. Da die Anzahl der Schreibgeschwindigkeiten sicher auch in nächster Zeit keine Zweistelligkeit erreichen dürfte, scheint mir ein so dynamisch zu füllendes Auswahlelement wie die Combobox übertrieben. Andere Programme benutzen folglicherweise auch hier meist eine Gruppe von Radiobuttons.

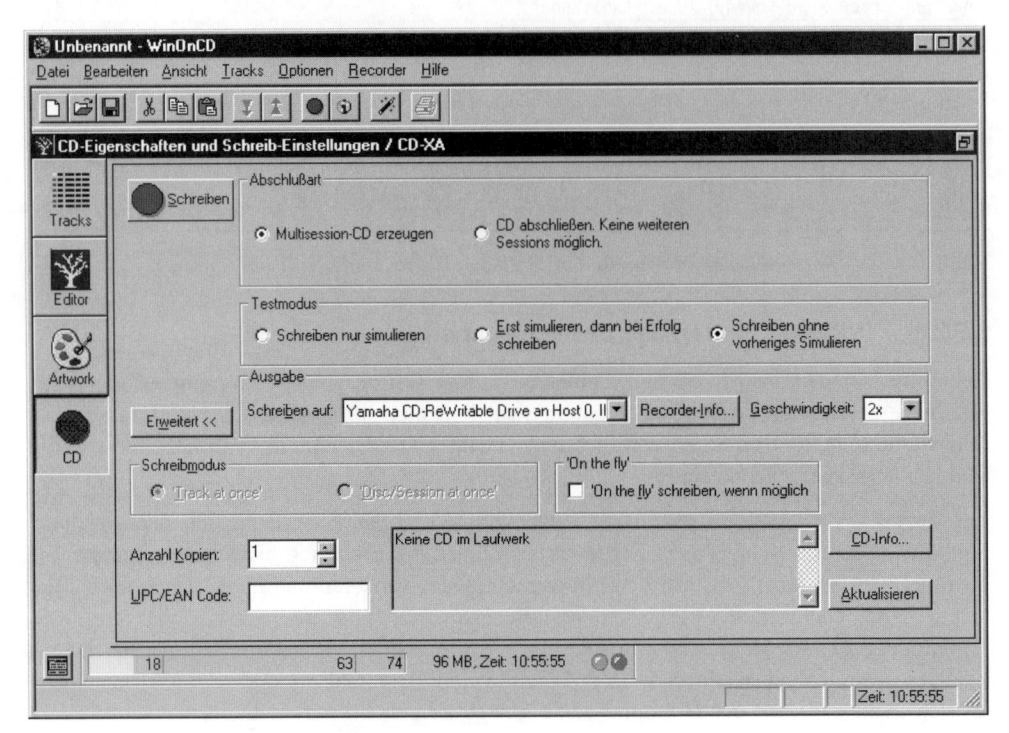

Bild 6.17: Brennvorgang bei einer CD-R-Software starten

Der „Squint-Test" beweist deutlich: Button und Zeitanzeige sind die optisch auffälligsten Controls; und schließlich sind sie ja auch am wichtigsten. Insgesamt könnte der Dialog erheblich kompakter, übersichtlicher und bedienungstechnisch schneller gestaltet werden: Hielte man sich nur wieder an drei-vier Regeln nebst einer guten Raumaufteilung…

Bei aller abschließender Freude über den wirklich beneidenswert guten Start-Button mit der roten Zielscheibe: Er müßte vernünftigerweise am rechten unteren Rand plaziert sein, um der natürlichen Blick- und Bedienrichtung und -abfolge zu entsprechen. Ich beobachte mich jedenfalls immer wieder dabei, wie ich zur Kontrolle den Dialog stets von links oben nach rechts unten mit der Maus abfahre, alles noch mal kritisch beäuge — und dann jedesmal erst wieder nach links oben navigieren muß, um den, wenn auch schönen, Button zu betätigen.

6.5.2.4 Drei Applikationen: 1 Symbol

Sicher lassen sich noch viele weitere Applikationen finden, die diese Art polymorpher Symbole nutzen. In Geschäftsapplikationen könnte man etwa Funktionen zur Neuaufnahme eines Datensatzes über eine solche „Rekorder"-Metapher implementieren, zumal für Navigationsoptionen die Abspielsymbole ja schon durchgängig verwendet werden. Außerdem ließe sich der rote Kreis auch sehr gut im Objektmenü des Unterfensters oder in der Lasche eines Karteireiterfensters zur Anzeige eines Neuaufnahme-Zustands einbauen.

Das Erstaunliche ist an den drei Beispielen, daß sie eigentlich alle etwas Unterschiedliches mit ein und demselben Symbol, das jedoch mit gleicher Klarheit und Logik, auszudrücken vermögen: Aufnahme, Haltepunkt, Schreibbeginn.

Aber natürlich bedarf es keiner allzu aufwendiger „Um-die-Ecke"-Denkerei, um über die Assoziation „Ab jetzt wird's ernst" ein passendes und allen drei Varianten gemeinsames Synonym zu finden: Selbst bei Verwendung eines Überspielkabels wagte ich als Schüler während einer Radioaufnahme auf Kassettenrekorder kaum zu atmen. Die Fehlersuche und damit die „richtige" Arbeit fängt für den Programmierer ebenfalls nach Erreichen eines Haltepunktes erst an; und nach Betätigen des CD-Rekorder-Buttons heißt es eben nur noch beten und hoffen, daß der Datenstrom nicht abreißt...

6.5.3 Unterscheidbarkeit vs. Attraktivität

Grundsätzlich ist Unterscheidbarkeit ein wichtiges Kriterium für die möglichst schnelle Lokalisierung eines Icons. Zu gleichförmige Symbole erfordern erheblich mehr Entzifferungsaufwand. Kurioserweise schätzt zumindest der nicht so erfahrene Anwender — er ist ja letzten Endes von Ihrer Applikation erst einmal noch zu überzeugen — und manche Graphiker häufig möglichst einheitliche bis optisch identische Symbole ungemein. Sie scheinen eine Verläßlichkeit und Ruhe auszustrahlen, die einer schnellen Erkennbarkeit eher im Wege als förderlich ist. Die geringe optische wie haptische Unterscheidbarkeit vieler Steuerelemente wie beispielsweise bei Autoradios legt den Schluß nahe, daß hier Anhänger dieser Gruppen am Werk waren. Der Einsatz von Erkenntnissen der Gestaltpsychologie wären hier wie auch bei vielen Dialogboxen sehr wünschenswert.

6.5.3.1 Visuelle Störungen

Unterscheidbarkeit darf eben gerade nicht Beliebigkeit und Buntscheckigkeit meinen, sondern muß auch Konzepten wie Symmetrie und Ähnlichkeit genügen. Visuelle Störungen erzeugen aber gerade in solchen Bildern ganz besondere Aufmerksamkeit, die aus einem gemeinsamen Rahmen fallen.

6.5.3.2 Vier ziemlich typische Symbole

In einem Malprogramm ist die Definition von Icons, Cursor, Bitmaps und Ribbon-Elementen für Toolbars möglich. Die Werkzeug-Palette bietet dafür vier verschiedene Symbole, die für den Kenner genügend unterscheidbar sind, damit er eines korrekt auswählt. Vorteilhafter wäre natürlich, wenn sie auch zusätzlich noch erkennbar wären. Allerdings ist beispielsweise die Charakteristik des Icons einfach zu ausgefallen; auch die Ländergrenzen der Vereinigten Staaten von Amerika signalisieren nicht jedem auf Anhieb: „Ah, Bitmap!" Einzig der Mauszeiger zur Aktivierung des Cursor-Modus ist untadelig — aber da kann man auch beim besten Willen kaum etwas verkehrt machen...

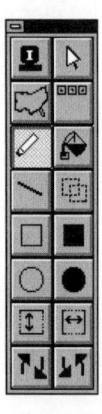

Bild 6.18: Vier Symbole für Icon, Cursor, Bitmap & Ribbon

6.5.3.3 Überlegungen

Ein Icon ist für mich in erster Linie ein Quadrat mit einer Textunterschrift. Das ließe sich ausgezeichnet graphisch umsetzen. Bei Bitmaps müßte man etwas umdenken, um insbesondere sie von Icons, die ja beispielsweise schließlich auch bunt sind, unterscheiden zu können.

6.5.4 Einheitlichkeit vs. Erkennbarkeit

Im folgenden Beispiel einer Programmiersprache ist eigentlich nur die grundsätzliche Unterscheidung zweier verschiedener Arten von Sourcecode interessant: Wurde der Quellcode per Hand im Editor geschrieben oder mit einem Painter automatisch generiert. Im letzteren Fall wäre noch die Art des verwendeten Painters — Dialog, Menü, Icon, Cursor etc. — sehenswert.

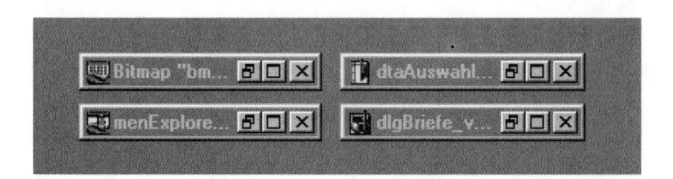

Bild 6.19: Reichlich drudelige Symbole für die verschiedenen Entitätsarten

Hier existiert eine deutlich bessere, einfachere und klarere Lösung als die im Original verwendete, die handgeschriebenen und generierten Elemente mit einem Symbol (am besten einem simplen Kreis) einer jeweils anderen Farbe zu kennzeichnen. Die generierten Elemente erhalten einen Kennungsbuchstaben; da die gesamte Entwicklungsumgebung erfreulicherweise nicht übersetzt wurde, wären die englischen Anfangsbuchstaben völlig ausreichend:

„W" — Window

„I" — Icon

„C" — Cursor

„M" — Menü

„B" — Bitmap

etc. Zwar ist die Verwendung von Text in Icons grundsätzlich und ausnahmslos untersagt, einzelne Zeichen in einem komplett englischsprachigen System scheinen mir jedoch hinreichend verständlich. Natürlich wäre ein reines Farbsystem vorzuziehen, hätte aber im vorliegenden Fall den Nachteil, daß wegen der Vielzahl der verschiedenen Werkzeuge jedes seine eigene Farbkodierung erhalten müßte, was die Oberfläche reichlich bunt werden ließe und auch kaum einprägsam wäre.

Die Kodierung erlaubt die schnelle und eindeutige Erkennung des jeweiligen Entitättyps. Leider versuchen aber besonders Programmierer immer wieder, in 16 mal 16 Pixeln ganze Geschichten zu erzählen; das Sourcecode-Icon etwa ist tatsächlich ein liniertes und sogar andeutungsweise gelochtes Blatt Papier mit Rand und einem Schreibstift, der tatsächlich ein Radiergummi am oberen Ende aufweist... Bedauerlicherweise zeigt man natürlich aus Platzgründen stets nur die kleinen Symbole an, bei denen die so sorgsam gemalten Pixel hoffnungslos verschwimmen. Hier wäre statt des Metaphernbezugs „Handgeschrieben = Benutzung von Stift auf Schreibpapier" eine weniger umwegige sicher vorzuziehen.

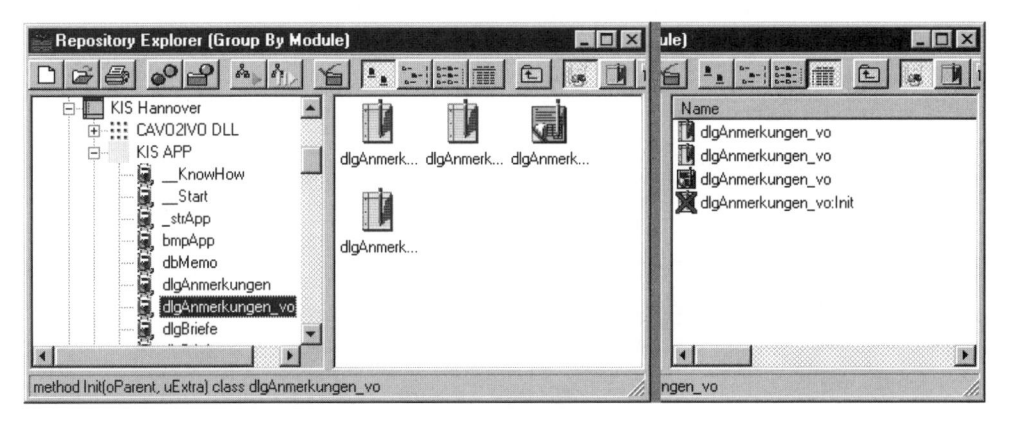

Bild 6.20: Drudel erfreuen sich ausgezeichneter Beliebtheit...

Solche vermeidbaren Unschönheiten lassen sich allerdings in nahezu jeder beliebigen Applikation finden. Bleibt abzuwarten, ob derlei noch eine Steigerung dadurch erfährt, daß mit Windows 98 nun endlich auch die passende Hardware für größere Farbtiefen und Auflösungen bei den Icons — oder sollte man jetzt besser sagen: Bildern? — allgemein Einzug hält...

6.5.4.1 Texte in Icons

Ein gutes Symbol benötigt keinen Textzusatz. Präzisieren Sie in einem solchen Fall lieber das Bild. Ein Witz mißlingt, wenn man die Pointe erst erklären muß. Die mißglückte Kombination von Symbol und Text erinnert mich stets an eine allerdings auch nur kurz aufgestellte Tafel in einem Bahnhof, auf der in mehreren Sprachen die gerade neu eingeführten Beschilderungssymbole in jeweils mehreren Sätzen erläutert wurden — eine deutliche Bankrotterklärung des seinen eigenen Symbolen nicht trauenden Gestalters und nicht gerade ein Zeugnis ihrer hohen Selbsterklärlichkeit.

6.5.5 Erkennen vs. Wiedererkennen

Icons sollen nicht gut aussehen, sondern in erster Linie eine einprägsame und leicht erkennbare und vor allem wiedererkennbare Bedeutung haben. Letzteres erreicht man am ehesten über genormte und abstrahierte Symbole, weniger über Bildmotive. Sie sollen weniger etwas darstellen als vielmehr den erneuten Zugriff beschleunigen helfen.

Ebenso stellen sie keine Denksportaufgaben dar; und wenige Anwender wollen bei der Bedienung einer Applikation gleichzeitig einen Intelligenztest bestehen oder sich mit dem notwendigen Aufdröseln langweiliger „Drudeln" die Zeit vertreiben...

6.5.6 Konsistenz

Die Software-Hersteller zeigen in der Regel ganz vorbildlich, wie die verschiedenen Bitmap-Arten zusammenspielen müssen, um nach außen ein einheitliches Gesicht zu präsentieren. Einen meines Erachtens ziemlich optimalen Weg hat diesbezüglich Apple mit den sehr strengen Richtlinien zum Macintosh beschritten, bei denen auch das Grundlayout der Icons festgelegt war. So gab es von Anfang an feste Schemata für Applikationen, Dokumente, Control Panels und dergleichen, an die sich jeder, der für den Macintosh Software entwickeln wollte, halten mußte. Macintosh-Bildschirme wirken daher meist sehr ausgeglichen, ruhig und konsistent.

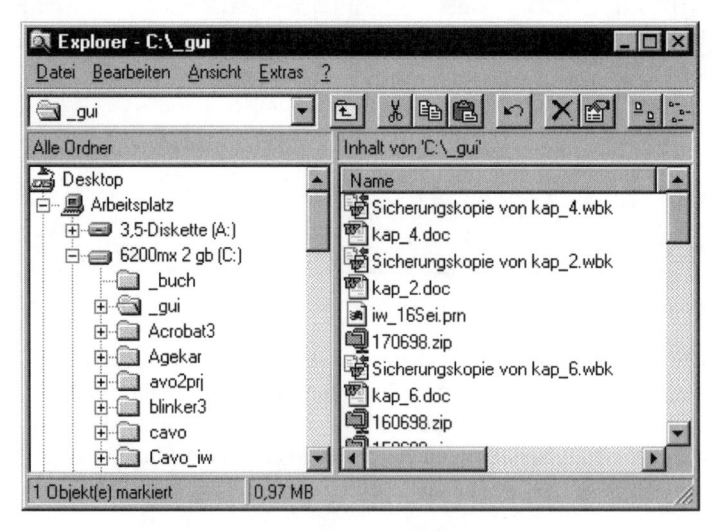

Bild 6.21: Corporate Identity auch bei den kleinsten Icons...

6.5.7 Beliebte Fehler

6.5.7.1 „Drudel" statt Symbole

Überschätzen Sie nicht die Aussagekraft und -fähigkeit von Symbolen. Dinge wie „Vorsicht: Beim Löschen dieses Satzes droht ein Verlust wichtiger Informationen" etc. sind kaum in Form eines Symbols darstellbar. Der Schritt vom Icon zum Drudel ist ein nur äußerst kurzer und zudem von geradezu verlockender Leichtbeschreitbarkeit...

6.5.7.2 Metaphern können scheitern

Nicht immer folgt der Anwender Ihren Gedanken auf Schritt und Tritt. Überprüfen Sie daher gelegentlich die Stichhaltigkeit solcher Dinge — und auch, ob die Metapher für die konkrete Anwendung ernsthaft genug ist.

6.5.7.3 Mangelnde Seriosität

Icons und Bitmaps professioneller Applikationen weisen gelegentlich starke Merkmale von Spielsymbolen oder auch zweifelhafte Kinderreien auf. Achten Sie darauf, daß das Image Ihrer Applikation mit dem solcher Symbole halbwegs deckungsgleich ist — und überlassen Sie Steigerungen des „Funfaktors" von Software dem Betriebssystemhersteller. Geschäftsapplikationen sollen in erster Linie denn doch weniger Spaß machen als eher Zeit sparen und dem Anwender vordringlich seine Arbeit erleichtern. Denken Sie daran, daß Ihre Software am Arbeitsplatz eingesetzt wird und weniger einen Freizeitwert besitzt.

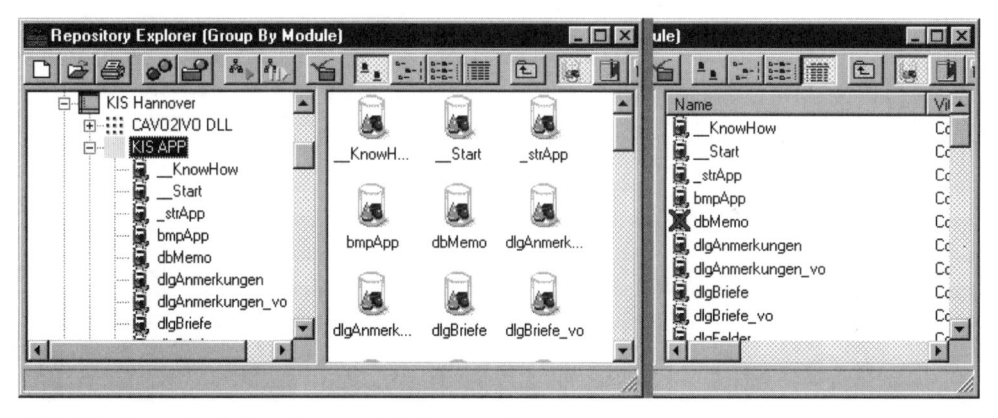

Bild 6.22: Dieses Symbol macht nun wirklich wenig Sinn...

6.5.7.4 Erzählen Sie keine Geschichten

„Ein Bild sagt mehr als tausend Worte" — dazu braucht es allerdings schon, wie gesagt, ein gutes Bild: und leider versuchen Gestalter offenbar gerne mindestens ebenso viele Worte in einem Bild unterzubringen. Faktoren wie Detailreichtum und realistische Darstellung sind von weit geringerer Bedeutung als Erkennbarkeit und Merkbarkeit. Leider setzen verbreitete und häufig benutze Applikationen auch hier die gar nicht immer vorteilhaften und vorbildlichen Standards.

Das auf der Abbildung in der großen und kleinen Variante gezeigte Icon ist sehr typisch für einen grundsätzlichen Fehler bei der Gestaltung solcher Symbole. In der hohen Auflösung ist so gerade noch ein Glas mit drei Objekten (offenbar einer grünen Pyramide, eine roten Kugel und einem blauen Würfel) zu erkennen, das für objektorientierte Programmiersprachen durchaus gängig und einprägsam ist. Dieses Symbol hat aber sonst reinen Anzeigencharakter; es repräsentiert Module (also Objektcontainer) und wird mit einem roten Kreuz überblendet, wenn es verändert wurde. Die Mischung aus Symbol und Farbkodierung macht also durchaus Sinn.

Allerdings unterbleibt diese nützliche Codierung in der Darstellung mit den großen Icons; Windows bietet die Overlay-Bitmaps nur für die anderen drei Modi an: Ein Grund, warum in der Praxis nahezu ausschließlich in diese Darstellung geschaltet wird — bedauerlich aber dann, daß ausgerechnet in der kaum benutzen Anzeigeart die Icons halbwegs aussagekräftig sind. Besser wäre hier gewesen, man hätte sich nach dem zu erwartenden Anwenderverhalten gerichtet und die Symbole in der kleinen Variante entworfen; und am besten weniger bildhaft, dafür aber zweckgerichteter.

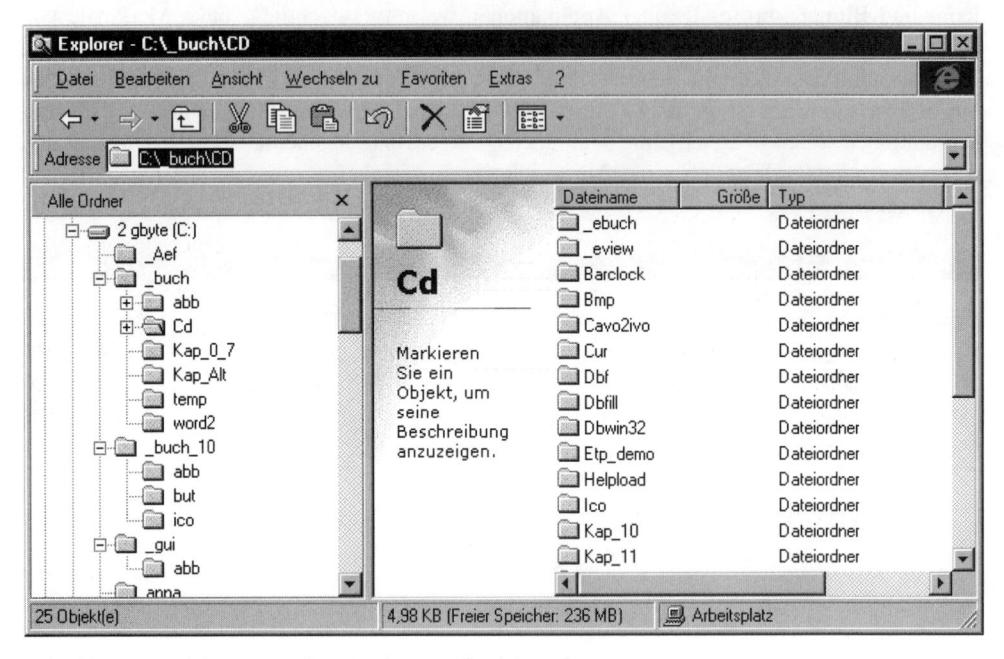

Bild 6.23: Na, welches Verzeichnis ist das gerade aktive...?

6.5.7.5 Unergonomisch & unverwüstlich: Explorer-Ordnersymbole

Beispielsweise ist es mir ein Rätsel, wie sich die beiden kleinen, nahezu identischen Bitmaps im Explorer allgemein durchsetzen konnten, die einen zu- bzw. aufgeklappten Dateiordner symbolisieren. Sie haben aus ergonomischer Sicht einen derart vorläufigen Interimsstand, daß es schon wundert, daß sie — Konsistenz, meine Damen und Herren! — auch unter Windows 98 wieder mit dabei sind, und weltweit & tagtäglich Millionen Anwender auf die Suche gehen lassen.

Falls Sie als Windows 98-Nochtnicht- oder Erstgeradebenutzer auf die Suche gehen: Immerhin gibt es neuerdings eine eigene Combobox, die die aktuelle Adresse anzeigt — und das ist eben, Web sei Dank, auf einem Laufwerk kurzerhand der Pfad.

Zwei noch weniger unterscheidbare Bitmaps (blinzeln Sie ruhig mal probehalber) wären hier kaum denkbar oder zumindest preisverdächtig. Die simple Benutzung einer anderen Farbe ließe in der Praxis sehr viel schneller erkennen, in welchem Verzeichnis sich der Anwender gerade befindet. Achten Sie einmal darauf, wie oft Sie am Tag im Explorer-TreeView-Control auf die Suche nach dem nun nicht gerade einzigartigen Ordnersymbol gehen.

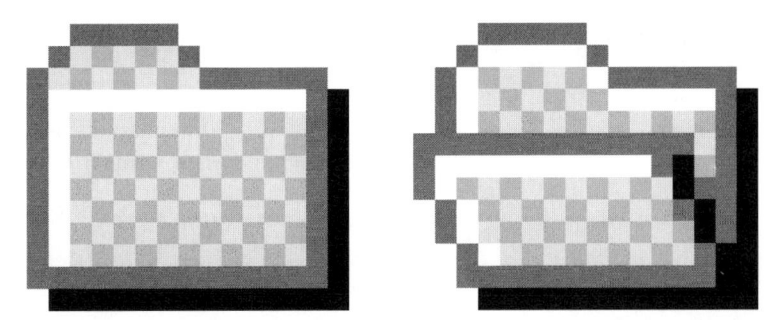

Bild 6.24: In ehrender Ganzgroßaufnahme: zwei leider allzu vorbildliche Icons

Bei solchen Bitmaps ist schwelgender Detailreichtum geradezu störend. Entschieden vorzuziehen wären kleine Symbole, die durch Farbkodierung und zum Beispiel einem „D" für „Directory" und „F" für „File" genügend klar die jeweilige Art erkennen ließen. Benutzen Sie standardisierte und allgemein bekannte Kennzeichen wie Ampelfarben, Verkehrszeichen und dergleichen.

Vermeiden Sie unnötige Details; Symbole sollten nie Photorealismus anstreben. Verblüffen Sie nicht den Technophilen mit 3D-Eindrücken — machen Sie lieber allen Anwendern das Leben resp. das Auffinden und Wiedererkennen der gewünschten Schaltflächen so einfach wie möglich.

6.6 Bitmaps

Kommen wir nun nach den allgemeinen Gesetzmäßigkeiten, die für alle Arten von Graphiken gelten, zu den verschiedenen Typen.

6.6.1 Startbitmap beim Laden der Applikation

Seien Sie einfach freundlich. Kein Anwender gelüstet es nach Copyrightvermerken und sonstigen unnötigen Informationen. Vertreiben Sie ihm bei umfangreichen Initialisierungsvorgängen etwas die Zeit. Teilen Sie ihm beispielsweise beim Laden Ihrer Applikation mit, wieviel Festplattenspeicher belegt ist, wann eine Defragmentierung der Platte nötig ist, ob das Programm beim letzten Mal korrekt verlassen wurde und dergleichen mehr. Derlei Information ist meist ohne störenden Zeitaufwand ermittelbar und für den Anwender interessanter als das, was die meisten Applikationen beim Start so anzeigen.

Bild 6.25: Auch beliebt: Bitmaps im Shellwindow-Hintergrund

6.6.2 Schmuck-Elemente

Assistenten-Dialoge, auch Wizards genannt, spielen in Windows 98 eine große Rolle. Inzwischen gibt es sie nicht nur innerhalb der Setup-Routinen, sondern sie werden auch häufig im Programm selbst und daher wiederholt benutzt, um Vorgänge, die einige in fester Abfolge einzugebende Benutzerdaten erfordern, in geordnete Bahnen zu lenken. Damit soll auch der unkundige Anwender quasi an die Hand genommen werden, um ihm das Abfrageprozedere zu erleichtern und ihm ein Gefühl von Sicherheit zu geben. Verschiedene Eingabemasken sind sicher weniger einfach zu handhaben als eine feste Anzahl von Seiten, innerhalb derer man nur zurück- oder weiterblättern kann.

Kenner einer Applikation schalten, wenn das möglich ist, solche Wizards gerne aus, um auf schnellerem und direkterem Wege die notwendigen Daten einzugeben. Vergleichen Sie die Situation beispielsweise mit dem Unterschied, sich Geld am Bankschalter oder am Automaten zu holen.

Assistentendialoge sind stets im linken Drittel mit einer Bitmap ausgestattet, die nicht nur eine reine Schmuckfunktion haben muß. Zwar wird meistens nur ein Logo oder eine Bitmap passend zum aktuellen Arbeitsschritt dargestellt; zunehmend überlagern aber auch — das ist meines Erachtens vorteilhafter als schlicht-statische Bitmaps — zusätzliche Informationen die eigentliche Bitmaps. Versetzen Sie sich bei der Gestaltung solcher Elemente stets in die Lage des Anwenders: Was würden Sie jetzt in der gleichen Situation dort sehen wollen?

Bei der Abbildung 6.26 fände ich es entschieden schöner und praktischer, in der Graphik den Belegungszustand meiner Festplatte in Form eines Tortendiagramms zu sehen — dann wüßte ich wenigstens, wieso ich ausgerechnet zwei ganze Streamerbänder zum Sichern benötige...

Bitmaps 409

Auch Ausgaben wie Datum und Art der letzten Sicherung wären vermutlich informativer als die Darstellung eines ja nicht ganz überraschenden Computerarbeitsplatzes.

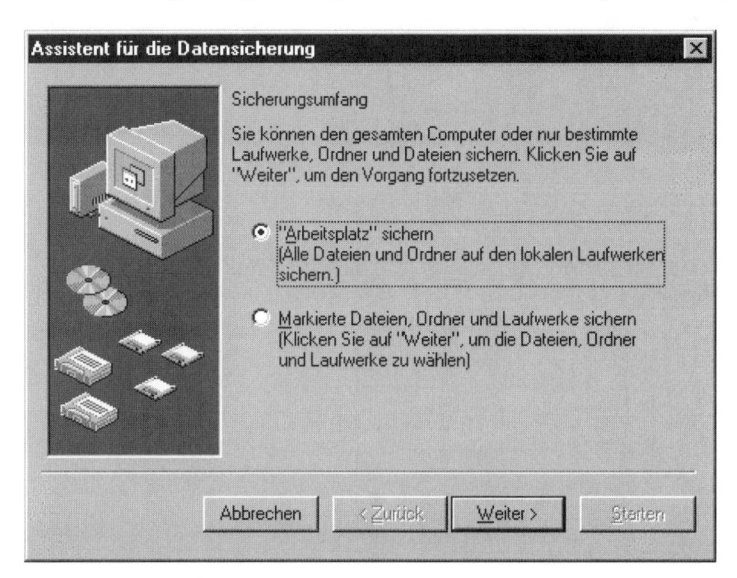

Bild 6.26: Hier sollte nichts schiefgehen — guter Einsatz für einen Assistenten

Außerdem ist der Text „Markierte Dateien" unklar und beinhaltet eine Vorwegnahme einer anschließend zu erfolgenden Auswahl. Ein Kenner wird vermuten, daß die anschließend vom Anwender zu markierenden Dateien gemeint sein werden; einen Einsteiger, der ja nicht nur ganze Laufwerke sichern will, wäre geholfen, wenn genauer darauf hingewiesen würde. Das Dilemma bei Assistenten ist eben, daß die Arbeitsschritte gelegentlich sehr fein unterteilt werden; das gleichzeitige Anzeigen eines Auswahlcontrols mit der Möglichkeit, entweder alles zu sichern oder eben das Control zu benutzen, wäre kein Assistentenstil. Es wird stur vorab gefragt, was der Anwender möchte; was nicht, bekommt er dann im nächsten Schritt auch gar nicht zu Gesicht.

6.6.3 WYSIWYG-Elemente

6.6.3.1 Schön, schnell, selbsterklärend ...

Viele Funktionen gewinnen erheblich, wenn sie mit Hilfe einer kleinen Graphik visualisiert werden. Für Randeinstellungen beim Ausdruck oder der Wahl zwischen Quer- und Hochformat sind solche Elemente sehr gebräuchlich. Ein Laufwerk erkennen Sie am besten anhand eines kleinen Symbols, nicht an einem Buchstaben wie C: — insbesondere bei der Vielzahl der Laufwerksarten. In selbstgeschriebenen Applikationen dagegen, die nur für einen vergleichsweise kleinen Anwenderkreis geschrieben sind, findet man sie leider eher selten.

Einige Anmerkungen zur Gestaltung: Die beiden Buttons sind zu breit, ihr vertikaler Abstand ist zu gering und sie sollten rechtsbündig mit dem Vorschaurahmen abschließen; letzterer muß aber einen größeren Abstand zum Fensterrand haben. Die Oberkanten von Rahmen und

„Ok"-Button müssen auf einer Linie liegen; der Abstand zwischen den Controls und die Abstände zwischen Controls und den Rahmen sind wie üblich völlig zufällig.

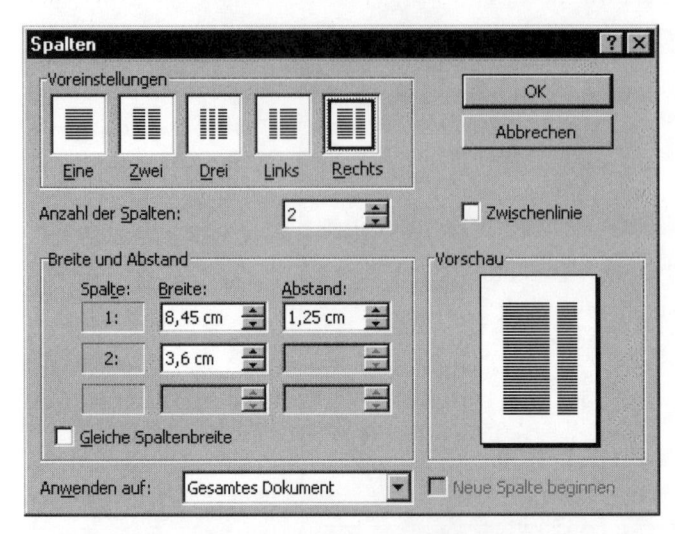

Bild 6.27: Kombination WYSIWYG plus Bitmapbutton

Die fünf Texte „Eins" bis „Rechts" scheinen sehr willkürlich plaziert zu sein; eine bessere Alternative zu einer Zentrierung (aber dann bitte alle fünf...) wäre eine linksbündige Anordnung — meist sind die einfachsten Lösungen auch die besten...

Warum die drei Eingabezeilen nicht linksbündig mit der Checkbox abschließen, bleibt unklar; ebenso, ob wirklich schon jemand mal die Spaltenzahl zirka achtstellig eingegeben hat. Der Abstand zwischen Text und Spalten-Eingabefeld ist grotesk groß; dafür muß die arme Checkbox „Zwischenlinie" dann eben frei und ungebunden im Raum schweben. Gleiches gilt für das Combobox/Checkbox-Pärchen — da böte sich an, beide unterhalb des großen Rahmens zu plazieren; links die Combobox „Anzahl der Spalten", rechts davon die „Zwischenlinie", darunter analog die beiden anderen Controls. Da die untereinander stehenden Texte „Anzahl der Spalten:" und „Anwenden auf:" sehr unterschiedlich lang sind, wäre „Spalten-Anzahl:" möglicherweise aus optischen Gründen vorzuziehen. Urteil insgesamt: Gestaltung eher drei minus; aber nicht hoffnungslos: Wäre mit wenigen Ausrichtungen primusverdächtig zu machen. Aber zurück zum Eigentlichen.

6.6.3.2   ... aber leider kaum zu finden

Dabei sind solche sensitiven Bitmaps gar nicht so aufwendig in der Programmierung. Meist reicht eine vergleichsweise geringe Anzahl von Bitmaps aus, die je nach Mausklick ein- oder überblendet werden. Gelegentlich müssen sogar nur einige vielleicht verschieden dicke Linien und Punkte gezeichnet werden; ausgesprochene Graphikprimitive also, die aber sehr viel besser die Parametrisierung im Dialog anzeigen, als daß das die Eingabewerte selber tun würden. Dazu wäre beim Anwender in jedem Fall eine gewisse Vorstellungskraft nötig, sie gewissermaßen im Kopf umzurechnen.

6.6.3.3 Seitenvorschau eines Reports

Die Abbildung 6.28 zeigt eine abstrakte, aber hervorragend erkennbare Seitenübersicht des bei Auswahl des aktuellen Layouts zu erwartenden Reports. Da es nur eine geringe Anzahl von Layouts gibt (hier: zehn), benötigt man auch nur ebenso viele Bitmaps, die sicherlich zum Gutteil sich aus den jeweils schon gemalten ableiten ließen. Bei jeder Auswahl innerhalb der Listbox wird einfach im rechten Bildschirmbereich die zugehörige Bitmap angezeigt — programmtechnisch ebenfalls eine Sache von einer viertel Stunde.

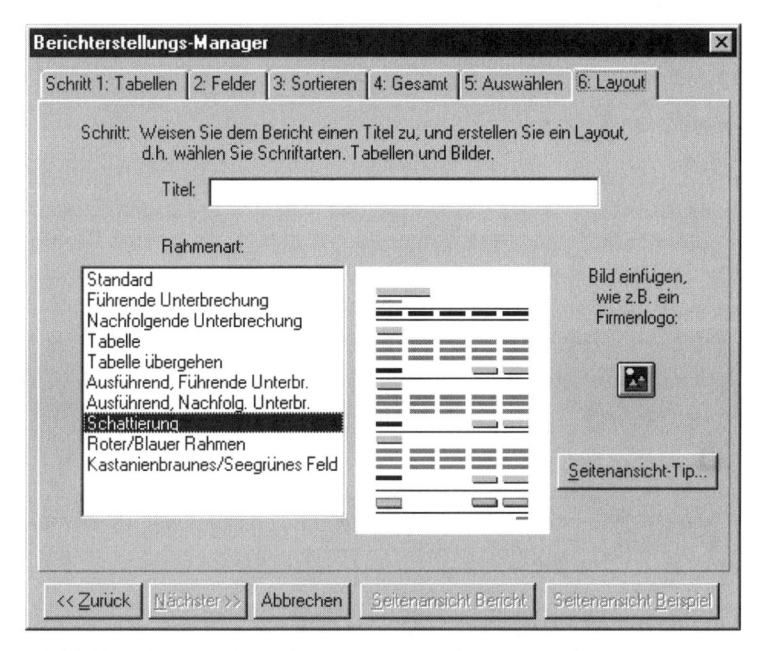

Bild 6.28: Schöne Funktionalität, einige Gestaltungsmängel

Bei so viel Lob darf auch ein wenig kritisiert werden: Die Textcontrols sollten linksbündig angeordnet werden. Die Abstände sind zu ungleichmäßig, der kleine Bitmapbutton wirkt nun über der breiten Schaltfläche sehr verloren. Die beiden mehrzeiligen Textcontrols sind unsinnigerweise offenbar mit dem Absatzformat „Zentriert" versehen. Die Pushbutton am unteren Rand entsprechen nicht der Konvention für Assistentendialoge; die drei Primärbuttons müssen am rechten Rand in der gleicher Reihenfolge angeordnet werden; die sehr speziellen Vorschau-Buttons müßten deutlich abgesetzt sein. Der Abstand zwischen „Zurück" und „Nächster" sollte geringer sein als zwischen „Nächster" und „Abbrechen". Die Richtungspfeile bestehen nur aus einem „<" bzw. „>" und sind durch ein Leerzeichen vom Text getrennt.

Der „Preview"-Bereich sollte mit einem Rahmen eingefaßt sein, der so groß und von der selben Art wie die Listbox ist. Da Bitmaps sich in Controls sehr einfach darstellen lassen, könnte man aus „optischer Kompatibilität" sogar eine „echte" Listbox hierfür nehmen; der Overhead dafür wäre verschmerzbar gering.

Insgesamt: Die üblichen kleinen Unschönheiten halt, die nun wirklich mit ein bißchen mehr Sorgfalt bei der Gestaltung leicht zu vermeiden wären. Gell!

6.6.3.4 On Mausklick Goto ...

Ein typisches Beispiel für gleichermaßen Attraktivität und einfache Implementierung ist die Einstellung der gewünschten Zeitzone unter Windows: Der Anwender klickt auf einer Weltkarte in den gewünschten Bereich; eine senkrechte Linie zeigt die Auswahl an und wird durch die Angabe des errechneten Ortes ergänzt und präzisiert. Da alle Windows-Programmiersprachen einen Mausklick in einem Fensterbereich abzufragen erlauben dürften, sollte man solche Elemente in jedem Fall auch für eigene Applikationen in Betracht ziehen.

6.6.3.5 Definition einer Fenstergröße

Ein Dialog, der mir ebenfalls gut gefällt, löst das Problem, wie groß ein Fenster bei einer bestimmten Auflösung sein darf. Auf der stilisierten Monitorfläche deuten gestrichelte Linien die Auflösungsgrenzen an. Das kleine Applikationsfenster (in der aktuell definierten Größe) kann nun über den „Schirm" mit der Maus verschoben werden; wiederum also ein Element für direkte Manipulation — und ein guter Kandidat für sprechende Mauszeiger; möglicherweise ahnt der Anwender gar nicht, daß die Positionierung mit der Maus erfolgen kann.

In diesem Fall (einem professionellen Entwicklungssystem für den schon anspruchsvolleren Haushalt) kann aber davon ausgegangen werden, daß kein absoluter Laie vor dem Bildschirm sitzt...

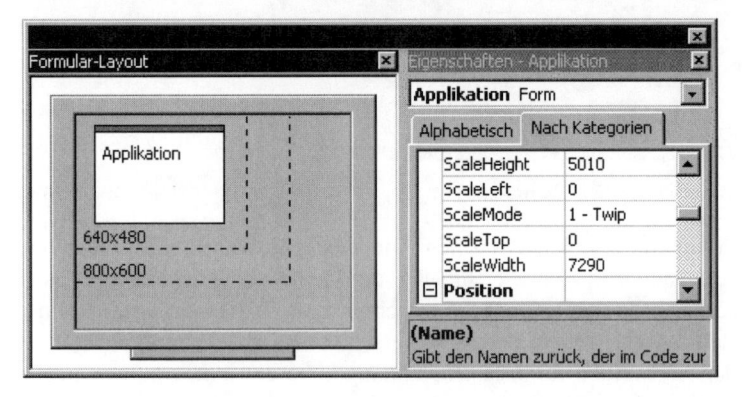

Bild 6.29: Gar nicht so schwer zu implementieren: direkte Manipulation der Größe und Plazierung

Da das Fenster insgesamt vergrößert werden kann und der angedeutete Monitor automatisch entsprechend skaliert wird, vermute ich sehr, daß hier keine Bitmap zur Anzeige kommt, sondern die Elemente (im wesentlichen zwei graue Rechtecke nebst einigen schwarzem, grauen und weißen Linien) direkt durch entsprechende Routinen gezeichnet werden. Wenn Sie die Elemente einmal scharf beäugen, werden Sie sehen, daß die Graphik wirklich sehr einfach, aber überaus wirkungsvoll ist.

6.6.3.6 Ein bemerkenswert gut gestaltetes Beispiel

Merkmale von Schriften sollten ebenfalls unmittelbar erkennbar sein. Haben Sie in Ihrem Programm also Möglichkeiten eingebaut, bei denen der Anwender eine Schriftart auswählen kann, sollen Sie ihm diese auch sofort anzeigen. Im einfachsten Fall benötigen Sie dazu nur ein dynamisch skalierbares Eingabefeld (falls der Benutzer auch die Größe ändern kann, muß das Control in der Höhe angepaßt werden), dem Sie als Font die ausgewählte Schrift zuweisen.

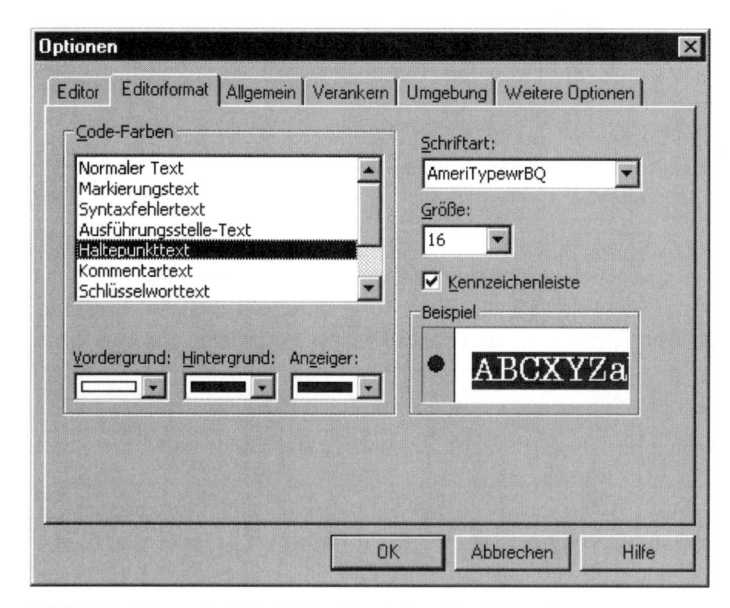

Bild 6.30: Zeigen Sie Schriftcharakteristika ebenfalls sofort an

Der Dialog ist übrigens von der Gestaltung sehr ansprechend; die Hauptfensterbutton sind korrekt positioniert; obschon die Abstände nach allen vier Seiten für meinen Geschmack etwas knapp bemessen sind. Die Control-Aufteilung läßt allerdings ein wenig zu wünschen übrig: Das Wort „Schriftart" sollte mit der Rahmenüberschrift auf einer Linie stehen. Viele Entwickler hätten sicher die oberen Kanten der List- und der Combobox ausgerichtet; eine mögliche Alternative, die hier auch knapp verfehlt wird und nur in Frage kommen darf, weil die Beschriftung sich oberhalb der Combobox befindet und die Listbox von einem Rahmen umgeben ist.

Den „Squint-Test" (Prüfen des Dialogs mit fast geschlossenen Augen) würde diese Variante zwar bestehen, allerdings befände sich dann der Text der Combobox („AmeriTypewrBQ") nicht auf gleicher Pixelhöhe mit der ersten Zeile der Listbox („Normaler Text"), da die Abstände im Innern bereits unterschiedlich sind — was nun nicht im Einflußbereich des Entwicklers liegt...

Der Abstand zwischen den beiden Rahmen und dem jeweils obersten Control — der Listbox und dem Graphikelement — sind leider nicht gleich; auch wurde die Listbox vermutlich mit dem Attribut „Integral Height" versehen, das eine automatische Höhenanpassung vornimmt, damit sie stets nur vollständige Zeilen enthält. Andernfalls (das ist meines Erachtens die bessere Lösung) bleibt die Höhe der Listbox fest und unverändert so, wie man sie im Painter skaliert hat. Ich denke, daß sie dort noch näher an den Comboboxen plaziert war; dieser Abstand sollte gleich dem zwischen der Combobox „Schriftart" und dem Textelement „Größe" sein.

Bemerkenswert gut ist übrigens die Registerhaltigkeit der beiden Rahmen; deren Unterkante befindet sich augenscheinlich exakt auf gleicher Höhe. Auch die Aufteilung der drei Comboboxen auf die Breite der Listbox ist gelungen; die Abstände links und rechts zum Rahmen sind sehr exakt. Die Breite der Combobox „Schriftart" ist geradezu außergewöhnlich perfekt; das Control schließt linksbündig mit dem Graphikelement, rechts jedoch völlig korrekt mit dessen Rahmen ab. Das Schriftgrößen-Control ist natürlich wie immer zu breit; es juckt mich dann immer, etwas Vierstelliges auszuprobieren. Einwandfrei ist auch die linksbündige Anordnung sämtlicher Controls der rechten Hälfte; beachten Sie besonders die präzise Ausrichtung der Überschrift „Beispiel" mit dem linken Rand sowohl der Checkbox wie auch der Graphik.

Die Plazierung der Beschriftungen oberhalb der Controls sollte nicht mit einem Doppelpunkt abgeschlossen werden (bei den Rahmentexten ist das so korrekt); sie erlauben, wenn es nicht gar zu eng wird (wie bei den drei Farbwahl-Comboboxen), insbesondere eine einfache Übersetzung in andere Sprachen, ohne daß Abstände zwischen Text und Control unglücklich weit werden.

Allerdings birgt diese Anordnung insbesondere bei Comboboxen die Tücke, daß sie, befindet sich der Dialog am unteren Rand, bei Platzmangel automatisch nach oben klappen und dann die Überschrift überdecken. Das dürfte zwar in diesem Fall nicht zu größeren unerwarteten Problemen führen; allerdings muß man schon damit rechnen, daß ein Anwender die Combobox wieder zuklappt, um sich noch einmal zu vergewissern, wem er da eigentlich Farbe zuweist... Ein Popup-Menü wäre hier eine gute Alternative.

Also zusammenfassend: Die Einführung einiger horizontaler Achsen würde diesen Dialog meines Erachtens komplett optimieren; es sind nur einige Kleinigkeiten, die ohne Aufwand eingebaut werden könnten. Der Dialog birgt einige gestalterische Tücken, die aber bravourös gemeistert wurden. Das vermutlich etwas Erbsenzählerische bei solchen Betrachtungen soll nur unterstreichen, daß die Einhaltung einiger einfacher Regeln nicht Zeit in Anspruch nimmt, sondern sogar eher spart, da viele Dinge nicht ausprobiert werden müssen, sondern sozusagen sofort „im Dunkeln passen".

6.6.3.7 Vorschau-Element

Abschließen soll die Beispiele ein weiterer Dialog mit einem Vorschauelement: Nach Auswahl eines bestimmten Formates für eine Tabelle zeigt eine Bitmap wiederum das ungefähre Aussehen. Tabellen zu gestalten gehörte früher zu den komplexeren Dingen, weil der Weg zwischen Vorstellung eines geeigneten Formats und ihrer Umsetzung meist ein sehr kurviger war. Neuere Textprogramme erlauben neben dem direkten Zeichnen einer Tabelle mittels einfacher Linien — das Programm generiert dann automatisch entsprechend formatiert Zellen — häufig auch solche Ein-Schritt-Assistenten.

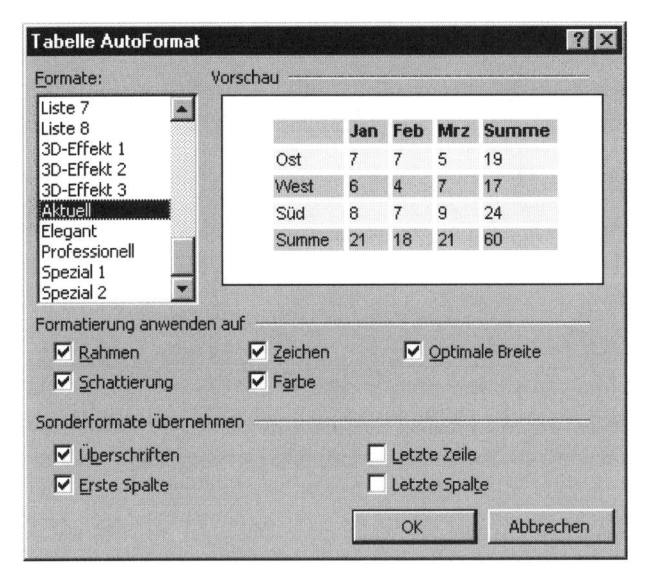

Bild 6.31: Tabellen-Voransicht

6.6.3.8 Also:

Übertragen auf Ihre (vermutlichen) Geschäftsapplikationen, die Sie vielleicht sogar mit dem obigen Entwicklungssystem schreiben, bedeutet das, sich zu überlegen, ob nicht hier & da solche einfach zu implementierenden Nützlichkeiten mehr Aufmerksamkeit verdienen als manche der Features, von denen häufig Programme nur so wimmeln, die aber im Grunde nie gebraucht werden. Analysieren Sie, was ein Anwender wirklich benutzt — und legen Sie ihm auf solchen vielbeschrittenen Wegen weiche Teppiche dieser WYSIWYG-Art zu Füßen.

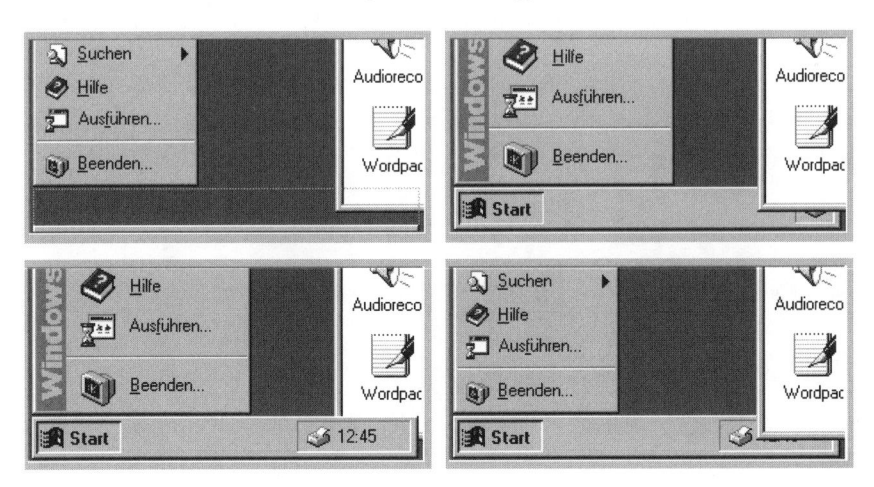

Bild 6.32: Vier von vielen verschiedenen Taskleisten-Bitmaps

6.6.3.9 Eigenschaften der Taskleiste

Konfigurations- und Einstellungsdialoge arbeiten sehr häufig mit solchen eine direkte optische Rückkopplung erlaubenden Elementen. Definieren Sie beispielsweise die Taskleiste von Windows, sehen Sie die Ergebnisse der Kombination von vier Checkboxen — immerhin 16 Möglichkeiten — gleich direkt in der eingeblendeten Vorschau-Bitmap, die also ebenfalls ein solches WYSIWYG-Element darstellt und nicht nur reine Zierde ist. Achten Sie einmal auf die angedeutete Task-Leiste, wie sie auf einer der Wizard-Bitmaps tatsächlich im Vordergrund steht...

6.6.4 Validierungsanzeigen

Solche Bitmaps dienen einer schnellen Zustandserkennung eines Controls. Sehr gut einsetzbar sind Ampelsymbole; aber kleine Bitmaps würden sich beispielsweise auch als Füllstandsanzeige oder dergleichen anbieten. Solche Symbole haben den Vorteil, ohne größeren mentalen Umweg sofort und von allen Anwendern auf Anhieb erkannt und verstanden zu werden.

6.6.4.1 Bewährt & bekannt: Ampelfarben

Plaziert werden sie entweder in möglichst unmittelbarer Nähe der solchermaßen überwachten Controls oder, haben sie beispielsweise eher dialogweiten Charakter, in der Nähe der Schließbuttons. Natürlich benötigen die Anzeigen entsprechend funktionale Kopplungen mit anderen Elementen des Fensters; wenn eine rote Ampel einen Fehler in der Eingabemaske signalisiert, darf dieser Dialog natürlich nicht geschlossen werden.

6.6.4.2 Präventives Anzeigen von Fehlern

Präventive Fehleranzeigen besitzen den Vorteil, den Anwender direkt „vor Ort" erkennen zu lassen, welches Control das korrekte Beenden verhindert. Man kann beobachten, daß ein Anwender sich zudem weniger von der Software in seinem Bedienungsablauf behindert sieht, als wenn beim Schließen erst eine nachträgliche Meldung in Form einer Messagebox erfolgt.

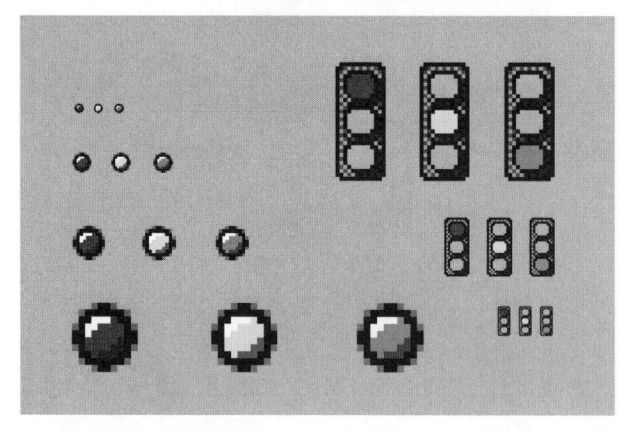

Bild 6.33: Ampelsymbole

6.6.5 Bitmaps in TreeView-Elementen

Die kleinen Symbole in den Knoten von TreeView-Elementen können zwei Zustände annehmen: „Aufgeklappt" und „zugeklappt". Sie sollten ein Aussehen haben, daß diese beiden Möglichkeiten nicht nur anzeigt, sondern sie auch deutlich voneinander trennt — was häufig mißachtet wird. Am besten erreicht man das durch den Einsatz verschiedener, konstrastreicher Farben. Sie besitzen das Format der kleinen Icons, bestehen also aus 16 mal 16 Pixeln.

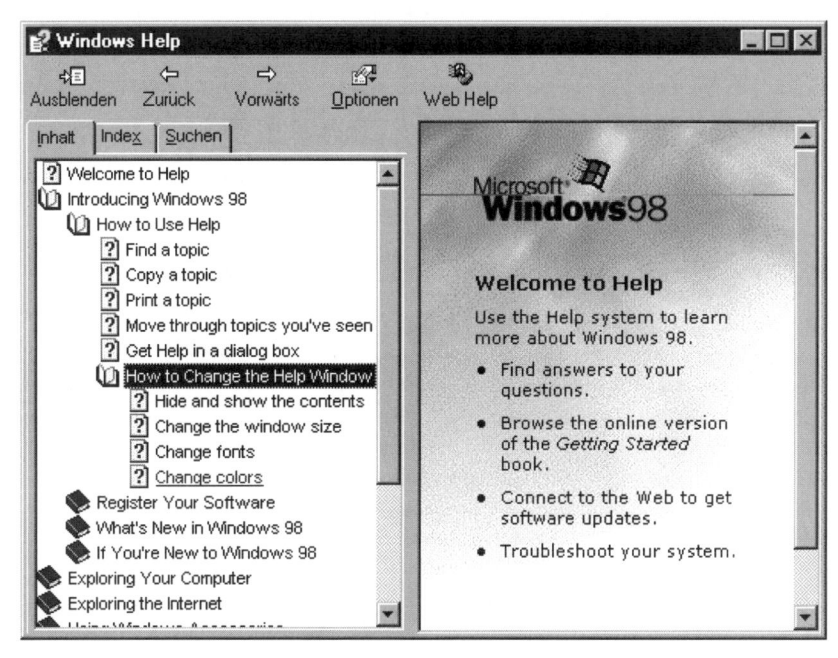

Bild 6.34: Eine Hierarchie, die auch Datenbanken strukturieren könnte

Beim Orientieren an allgemeinen Standards für Laufwerke, Bücher, Ordner etc. ist eine Lupenfunktion oder ein Graphikprogramm, das hohe Vergrößerungen erlaubt, unerläßlich. Man wähle Symbole, die dem Benutzer genügend einladend erscheinen; er soll ja schließlich zu dem einen oder anderen Doppelklick animiert werden.

Bewährt hat sich hier die Buchmetapher, die ein Dokument, eine Datei etc. in einzelne Seiten aufteilt — seien es nun Textseiten, Datensätze, Sektionen einer INI- oder Registrierungsdatenbank oder Verzeichnisse. Der hierarchische Charakter der Datenaufteilung sollte sich in den Symbolen widerspiegeln.

Beim Einsatz solcher hierarchischer Strukturen für die Darstellung von Datenbanken wie Kunden- oder Artikeldaten sollte man stets bedenken, daß sie eine vergleichsweise hohe Interaktivität fordern, bei unsachgemäßer Programmierung erstaunlich lange Ladezeiten aufweisen können und optisch beim Auf- und Zuklicken sehr unruhig werden. Allein das obige Beispiel fordert vier Mausklicks nebst Lesen einiger Zeilen; befindet sich Information am unteren Ende von Zweigen, kann das erheblich mehr Aufwand bedeuten als bei klassischen Browsern.

6.6.6 Bitmaps in ListView-Elementen

6.6.6.1 Vier Modi, zwei Größen

ListView-Elemente besitzen vier Anzeigemodi, deren erster („Große Symbole" bzw. „Large Icon View" genannt) die Icons im Großformat 32 mal 32 Pixeln anzeigt; der Text erscheint als Bildunterschrift. Dieser Modus hat einen vergleichsweise hohen Platzbedarf und findet eher selten Verwendung. Die restlichen drei Modi („Kleine Symbole", „Listenanzeige" und „Detailanzeige" bzw. „Small Icon View", „List View" und „Detail View") enthalten die kleine Bauform der Imageliste in 16 mal 16 Pixeln.

Bild 6.35: Die vier ListView-Zustände mit den Windows 95-Schaltern

Die Icons einer Imageliste kann in den drei kleinen Varianten sehr einfach mit einer weiteren Bitmap transparent überlagert werden, was die Darstellung und Markierung der ListView-Elemente erlaubt. Das neue Bild ist eine Oder-Verknüpfung beider Masken. Beliebt sind solche Symbole für die Anzeige von Attributen wie „Gelöscht", „Markiert", „Gedruckt" etc. — kurz: zur Visualisierung von Zuständen. Der Programmieraufwand ist dank der Common Controls von Windows 95 ff. mit ihren zahlreichen fertigen Funktionen sehr gering.

6.6.6.2 Ein Toolbarbutton-Sammelsurium

Beim Entwurf von Toolbarbuttons gibt es drei Möglichkeiten:

- Übernahme von Standards;
- Modifizierung von Standards;
- Eigenbau.

Setzen Sie die Priorität je nach Begabung — die Orientierung an Standards verringert wiederum nicht nur den Aufwand, sondern bedarf, zumindest für Windows-Kenner, keiner Erläuterungen. Der zweite Punkt bietet sich an, wenn es gilt, mehrere ähnliche Aktionen durch ebenfalls ähnliche Bitmaps zu illustrieren; die Gefahren und Risiken zu gleichförmiger oder zu verschiedener Symbole wurden ja bereits erläutert.

Erlauben Sie beispielsweise den Start eines Ausdrucks über Bitmap- oder Toolbarbuttons, könnte ein bestehendes Grundsymbol wie der kleine Drucker jeweils so modifiziert werden, daß der Anwender ein Fax, einen Matrixdrucker, einen Tintenstrahl- oder einen Laserdrucker erkennen kann. Ähnliches bietet sich für die verschiedenen Laufwerksarten an: Festplatten, Diskette, CD-Rom, Netzwerk etc. Bei der Zusammensetzung von Symbolen aus mehreren Elementen (Vordergrund, Hintergrund, Modifikatoren etc.) könnten allgemein bekannte Zeichen den Hintergrund füllen, die Modifikatoren weisen dann die jeweilige Spezifikation aus.

Im Laufe der Zeit wird sich eine umfangreiche Sammlung fertiger, einsatzbereiter und modifizierbarer Schaltflächen ergeben, die Sie bei allen Applikationen zu Grunde legen sollten. Sie erleichtern sich selbst die Arbeit und verhelfen Ihren Anwendungen zu wünschenswerter Konsistenz.

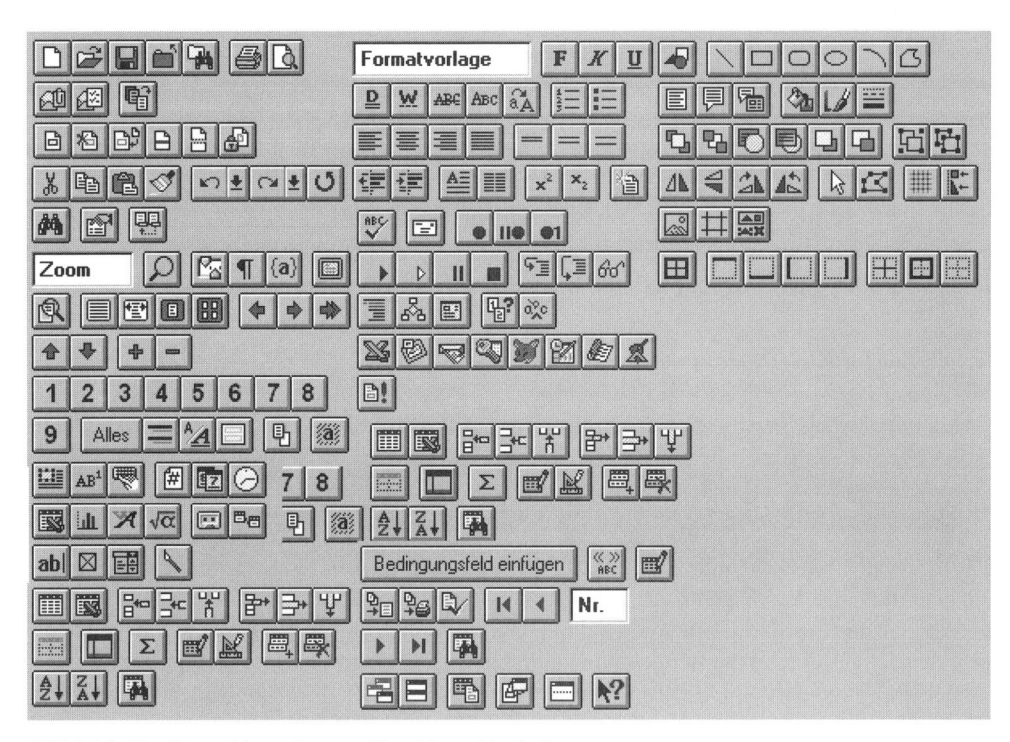

Bild 6.36: Ein Skizzenblatt mit einer Unzahl von Symbolen

6.6.6.3 Buttons mit oder ohne Rahmen

Auch wenn gerade im Bereich der Heim- und Entertainment-Applikationen der Trend zu bunten, rahmenlosen Smarties-Schaltflächen sich weitgehend stabilisiert, bin ich doch der festen Überzeugung, daß die unmittelbare, unzweideutige Erkennbarkeit und Unterscheidbarkeit eines Steuerelementes von seinem Hintergrund notwendig ist, soll das Betätigen eines Buttons nicht in ein Rate- und Ausprobierspiel ausarten.

Wären Sie beispielsweise auf die Idee gekommen, auf der Abbildung 6.37 in der Werkzeugleiste meines bewährten, wenngleich optisch sicher schon etwas in die Jahre gekommenen Graphikprogramms hinter dem winzigkleinen Doppelpfeil, eine Fingerbreite vom unteren Rand entfernt, einen Button zu vermuten, der zwischen Vorder- und Hintergrundfarbe wechselt? Da sich alle anderen Schaltflächen deutlich als solche zu erkennen geben, ist ein solcher Button natürlich besonders leicht zu übersehen.

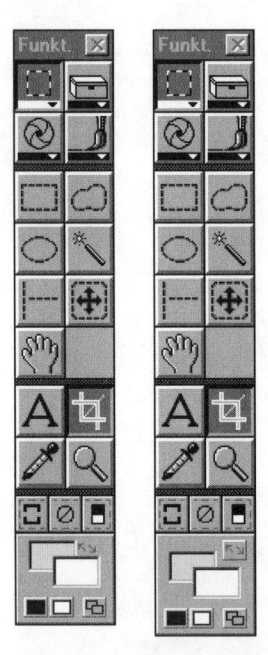

Bild 6.37: Ungedrückte Mauerblümchen: rahmenlose Buttons — nebst Verbesserung

Mit nur wenig Aufwand wäre — das zeigt die rechts neben dem Original gezeigte Skizze — ein erheblich besseres Ergebnis zu erziehen, das bei unveränderter Optik nun jedem Anwender den entsprechenden Bereich als Schaltfläche plausibel macht. Fairerweise muß man sagen, daß der gesamte graue Bereich um die im Original als Button erkennbaren Zonen auf die Umschaltung reagiert — das wiederum ist nun überhaupt nicht erkennbar, da hinter einer grauen Hintergrundfläche nun niemand ausgerechnet eine Schaltfunktion vermuten würde. Lassen Sie Ihren Anwender optisch nie im Stich; zwingen Sie ihn aufgrund fehlenden visuellen Feedbacks nicht dazu, probehalber überall herumzuklicken — was er nicht erkennt, klickt er nicht an: Es sei denn, Sie entwerfen gerade ein spannendes Abenteuerspiel.

6.6.7 Bitmaps in Pushbuttons

6.6.7.1 Pro und Kontra

Bei Bitmaps in Pushbuttons gibt es zwei unversöhnliche Lager: Die einen halten sie für attraktiv und behaupten, daß sie die Entscheidungsgeschwindigkeit erhöhen. Die anderen halten sie für unnötigen optischen Schnickschnack, der Platz kostet und den Anwender keineswegs davon entbindet, die Beschriftungen lesen zu müssen. Unbestritten ist, daß, sind die eingeführten Symbole ausgefallen genug, hat der Hersteller, der sie unterstützt, genügend Einfluß, „seine" Applikationen dann deutlich und auf Anhieb erkennbar sind.

Letzteres möchte für den Hersteller eines Entwicklungssystems vorteilhaft sein; für den Anwender kommen solche Abweichungen von Standards nur in Frage, wenn andere Argumente zutreffen — oder die Vorschläge von einer Seite kommen, die diese Standards setzt.

Zur Klärung sollte man die Pushbuttons aufteilen: In solche, die Standardfunktionalität haben, wie „Ok", „Abbruch", „Hilfe", und solche, die ganz spezielle Funktionen auslösen wie „Letztes Medikament übernehmen", „Schriftarten-Ersetzung" etc. Eine dritte Gruppe füllt den Zwischenbereich: Jene Buttons, die zwar häufiger vorkommen, aber nicht so verbreitet sind, daß das Lesen ihrer Beschriftung eine unzumutbare Zeitbeanspruchung darstellt, wie etwa „Übernehmen", „Löschen" und dergleichen.

6.6.7.2 Button-Kategorien

- Standardbuttons wie „Ok", „Abbruch", „Hilfe";
- Genormte Buttons wie „Übernehmen", „Löschen";
- Spezielle Buttons wie „Schriftarten-Ersetzen", „Suche starten".

Für die letzte Gruppe bringen Symbole wenig Vorteile. Deren Funktion sind meist so speziell, daß sie über kein Symbol ausreichend klar auszudrücken wären; einzig eine Beschriftung kann Irrtümer und versehentliche Betätigungen vermeiden. Als Größe sollte nur die der kleinen Icons, also 16 mal 16 Pixel, in Frage kommen; sonst geben Sie den Gegnern von Bitmapbuttons ein ganz und gar nicht zu widerlegendes Argument gleich gratis an die Hand...

Die anderen Buttons, ganz besonders aber jene der ersten Kategorie, sind jedoch bereits aufgrund ihres Beschriftungsbildes derart eindeutig und sozusagen ohne genaues Lesen identifizierbar, daß eine Bitmap nur eine rein optische Ergänzung und Aufpeppung wäre. Das kann allerdings durchaus als Argument für deren Einsatz reichen.

6.6.7.3 Identifizierbar über standardisierte Positionen

Hinzu kommt, daß die Buttons der ersten Gruppe durch ihre Plazierung innerhalb eines Dialogs und durch ihre Reihenfolge stets eindeutig zu erkennen sind — es zumindest sein sollten; ich wundere mich immer wieder, daß auch gestandene Entwickler bei Dialogen gerne mit der Reihenfolge „Abbruch" und „Ok" experimentieren: übrigens keine Macintosh-Programmierer; dort ist ja leider die Reihenfolge umgedreht, weil man davon ausgeht, daß der Anwender einen Dialog stets von links oben nach rechts unten „liest" und die wahrscheinlichste Wahl eben den darum rechts stehenden „Ok"-Button trifft.

Treten solche Schaltflächen gemeinsam auf (beispielsweise am unteren oder rechten Rand eines Dialogs) müssen schon aus optischen Paritätsgründen Vertreter der zweiten und dritten Kategorie ebenfalls eine Bitmap erhalten, die meist ziemlich hanebüchen aussieht und den Zeitvorteil der schnellen Erkennung der anderen Buttons völlig nivelliert, da sich der Benutzer automatisch erst einmal ans Entdrudeln macht.

6.6.7.4 Erneut: Erkennen vs. Wiedererkennen

Ist eine Bitmap nicht aussagekräftig genug — und es wird kaum gelingen, solche für Buttons der zweiten Kategorie in vernünftiger Form zu entwickeln —, benötigt sie einen erklärenden Text in Form einer zusätzlichen Beschriftung oder eines Tooltips. Der Vorteil der schnellen Erkennbarkeit ist damit bereits hinfällig — bleibt immerhin noch zumindest die Möglichkeit der schnellen Wiedererkennung, wenn der Anwender einmal die Bedeutung gelernt hat. Hier gilt es abzuwägen, ob das auf Dauer genügend vorteilhaft ist, ob beispielsweise ein Anwender genügend häufig mit der Applikation umgeht etc.

6.6.7.5 Bitmap und Text? Bitmap oder Text?

Fazit: Besitzt Ihre Applikation nur Buttons der ersten beiden Kategorien, können Sie zur gewünschten Steigerung der Attraktivität Symbole verwenden, weil die Anzahl der zum Einsatz kommenden Schaltflächen gering sein wird. Erreichen Sie aber Zweistelligkeit oder müssen Sie auch Buttons der dritten Art in räumlicher Nähe von mit Bitmaps bestücken plazieren, sollten Sie auf Graphiken in solchen Pushbutton wie „Ok", „Übernehmen" und „Schriftart ersetzen" grundsätzlich verzichten.

Übrigens scheint die Tendenz bei Windows 98-Applikationen in eine solche Richtung zu gehen: Dort finden sich in den Dialogen vergleichsweise wenig Bitmap-Pushbutton; dafür aber erheblich mehr direkte Manipulation unterstützende WYSIWYG-Elemente: und natürlich — keine Bange, daß Sie nicht zum Zeichnen kämen — viele neue, ausreichend bitmapbestückte Symbolleisten.

6.6.7.6 Borland-Pushbuttons

Die Firma Borland (seit kurzem in „Inprise" umgewandelt) entwickelte bereits sehr früh eine eigene Optik für Pushbuttons, indem sie Symbole wie Fragezeichen, Ausrufezeichen und dergleichen auch in Standardbuttons für „Ok", „Abbruch" etc. integriert hat. Damit waren Produkte dieser Firma — und eben auch Applikationen, die damit entwickelt wurden — auf Anhieb erkennbar, was Dingen wie Identität und Verbundenheit sicher zugute kam.

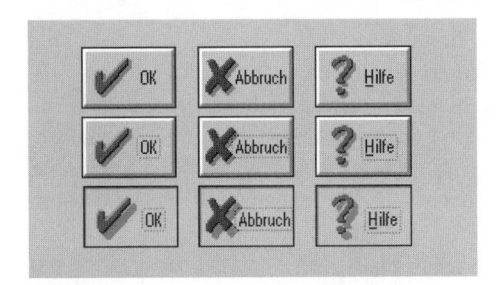

Bild 6.38: Erste Generation der Borland-Buttons...

Nachteil ist aber neben der fehlenden Konsistenz zu anderen Produkten insbesondere der zusätzliche Platzbedarf und auch die Tatsache, daß das für den Abbruch verwendete „X" durchaus als positive Bestätigung verstanden werden kann — denken Sie nur an Wahlzettel und dergleichen. Außerdem stellt sich natürlich die Frage, ob denn eine solche Trias aus Text, Symbol und Farbkodierung wirklich notwendig ist: Der vermutlichen Meinung des Erfinders, dreifach genäht hält eben noch besser, muß man sich ja nicht unbedingt anschließen.

Die nächste Generation der Buttons wies denn dann konsequenterweise einige Änderungen auf: Die Bitmaps wurden erfreulicherweise kleiner, ihre Farbe blieb ebenso erfreulich konstant, die Größe und die Beschriftung wurde aber geändert. Bleibt abzuwarten, in welcher Richtung es da weitergeht...

Bitmaps 423

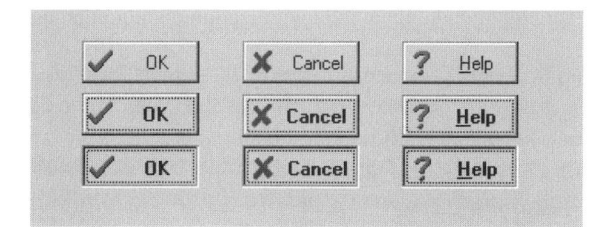

Bild 6.39: ...zweite Generation der Borland-Buttons

Insgesamt: Seien Sie nicht gar zu selbstbewußt bei der Unterwanderung eingeführter Standards. Im Zweifelsfall entscheiden Sie bitte gegen Kreativität und für Normung. Eine Farbkodierung ist nicht schlecht; aber im Falle der Standardbuttons „Ok", „Abbruch" und „Hilfe" wird sich der Anwender mehr über eine konsistente Plazierung und Reihenfolge als über Bildchen freuen. Die übrigen Pushbutton vieler solcher Applikationen enthalten ebenfalls Bitmaps, die aber einen deutlich geringeren Wiedererkennungswert als die drei gezeigten haben und — vom Schmuckeffekt abgesehen — insofern bezüglich ihrer Sinnfälligkeit wohl durchaus Zweifel erlauben.

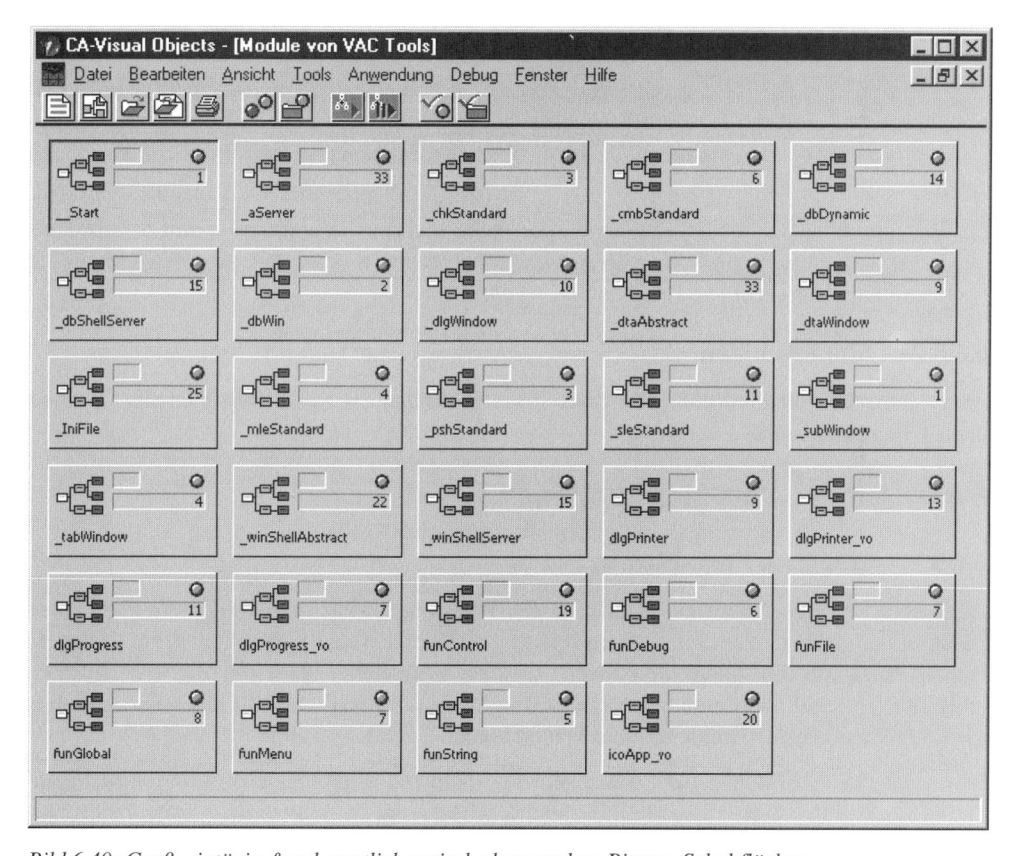

Bild 6.40: Groß, eintönig & gelegentlich optisch eher nutzlos: Bitmap-Schaltflächen

6.6.7.7 Schaltflächen

Neben den Standard-Pushbuttons, wie sie beispielsweise am unteren oder rechten Rand von Dialogen plaziert werden, finden sich in Fenstern noch häufig Schaltflächen, die nur eine Bitmap enthalten. Aufgrund eines größeren Formats — Bitmaps in Pushbutton sollten nur 16 mal 16 Pixel groß sein, damit der Button nicht unnötig Platz benötigt — bieten sie ausreichend Gestaltungsmöglichkeiten, um ihr Funktion klar erkennen zu lassen.

Solche Bitmap-Schaltflächen können natürlich sehr wohl gut oder schlecht, also erkennbar oder „drudelig" sein; grundsätzlich spricht aber wenig gegen den generellen Einsatz solcher Elemente. Man lege aber Wert darauf, daß sie sich durch eine kontrastreiche, vom Hintergrund sich deutlich abhebende Umrahmung als betätigbare Schaltflächen dem Anwender zu erkennen geben; ansonsten sieht eine Applikation, jedenfalls wohl zur Zeit noch, bis man sich auch an dieses Look & Feel gewöhnt hat, ein wenig nach einer „Home-Applikation" aus...

6.6.8 Bitmaps in TabControl-Laschen

6.6.8.1 Urteil: Gut!

Bitmaps eignen sich hervorragend, die Art oder den Zustand der aktuellen Lasche innerhalb eines Karteireiterfensters zu charakterisieren. Das Überlagern der Bitmap mit einem roten „X" kennzeichnet die Lasche beispielsweise als nicht korrekt; dem Anwender wird damit signalisiert, daß in der Maske ein Eingabefehler vorliegt, Daten fehlen und dergleichen. Ein Laschen-Tooltip könnte genauere Auskunft über den Fehler und seine mögliche Behebung geben.

Bei Platzproblemen und aus Gründen des besseren optischen Kontrastes reicht es aus, stets nur in der aktiven Lasche die Bitmap anzuzeigen; was neben dem 3D-Effekt der Karteireiter noch zusätzlich das geöffnete Laschenfenster unterstreicht.

6.6.8.2 Abmessungen

Auch hier ist die Standardgröße 16 mal 16 Pixel zu verwenden, um die Laschen nicht unnötig hoch geraten zu lassen.

6.6.9 Bitmaps als Menüoptionen

6.6.9.1 Ersatz für Text: Eher selten

Abgesehen von Spezialanwendungen zum Zeichnen oder Konstruieren kommen Bitmaps in Menüs kaum noch zum Einsatz. Mischformen, bei denen einige Menüoptionen Texte, andere Bitmaps sind, fördern zudem die optische Unruhe. Verbreiteter und sinnvoller sind Bitmaps in 16 mal 16 Pixel als Menütitel; so ist beispielsweise das Systemmenü eines Unterfensters im Vollbildmodus die erste Option des Hauptmenüs.

Im Beispiel der Abbildung 6.41 wäre, nebenbei bemerkt, allerdings die Nennung der Standard-Tastenkombination <Strg>+<F4> zum Schließen eines Childwindows angebrachter als die Einführung einer weiteren, neuen Kombination...

Bitmaps 425

Bild 6.41: Bitmaps als Menütitel und als Hinweis auf vorhandene Toolbarbuttons

6.6.9.2 Ergänzung zum Text: Hinweise auf Toolbarbuttons

Die Einbau eines eventuell vorhandenen Toolbarbuttons in eine Menüoption links vor den eigentlichen Text ist allerdings natürlich ein sehr hilfreiches Erkennungszeichen für einen möglichen kürzeren Weg und wird sicher mit Windows 98 auch Einzug in andere Applikationen halten. Zur Zeit ist die Programmierung solcher „Owner Drawn-Menüs" allerdings noch recht aufwendig. Bleibt abzuwarten, wann die großen Entwicklungssysteme dieses überaus nützliche und von mir sehr geschätzte Gestaltungsprinzip bereits von Haus auf enthalten werden...

6.6.10 Bitmaps in Toolbars

6.6.10.1 Wichtigstes Kriterium: Auffindgeschwindigkeit

Legen Sie bei Bitmaps in Symbolleisten und Karteireiterlaschen mehr Wert auf Assoziativität, Einprägbarkeit und schnelles Lokalisieren; erwarten Sie nicht, daß der Benutzer sie lesen oder entziffern will. Nur wenige Anwender können beispielsweise die Position einer Taste auf einer Tastatur beschreiben — und finden sie doch blind. Bitmaps in Toolbars sollten eher auffällig und gut voneinander unterscheidbar als wunderschön, eher gezeichnet als gemalt sein.

6.6.10.2 Beliebtestes Kriterium: Attraktivität

3D-Icons und -Symbole befriedigen aber ganz offenbar ein allgemeines und virulentes Bedürfnis nach Realität, Respekt vor dem Anwender — ein alter Windows 1.0-Bildschirm mit all den flachen und noch sehr bunten Controls wirkt heutzutage geradezu rührend einfach und hausbacken — und Feedback: Dinge wie „Buttons, die man richtig drücken kann", werden sicher auch weiter ihren Reiz behalten, auch wenn selbst hier ein Gewöhnungseffekt nicht zu vermeiden ist. Vielleicht wird ja gelegentlich wieder der schwarz/weiße GEM-Look populär: Dessen Aussagekraft und Erkennbarkeit der Symbole muß einer dagegen geradezu räumlichen Oberfläche nicht unbedingt nachstehen.

6.6.10.3 Entwurf von Toolbar-Bitmaps

Verwenden Sie in jedem Fall sogenannte „Ribbons" — Bitmapstreifen, in denen die einzelnen Symbole nebeneinander aufgereiht werden. Der Entwurf mehrerer, konsistenter Buttons gestaltet sich damit erheblich einfacher, da sich Elemente und Pixel anderer Buttons problemlos kopieren lassen. Aber dieses Prinzip sollte man ja generell bei der Gestaltung von Symbolen anwenden. Toolbar-Bitmaps sind ebenfalls 16 mal 16 Pixel groß — Sie merken schon, das erhöht die Übernahmemöglichkeiten anderer Bitmaparten ungemein —; das gelegentlich geforderte zweite Format von 24 mal 24 Pixeln halte ich für unnötig: noch größere geradezu für unsinnig; dann nehme man lieber gleich die oben beschriebenen Bitmap-Schaltflächen, die eine andere Charakteristik als die wiedererkennbaren Toolbarbuttons haben.

Ein Bitmapstreifen, wie er für Imagelisten, Toolbars etc. meist Verwendung finden, ist also stets ein Vielfaches von 16 Pixeln breit; Windows kennt entsprechende Funktionen, die ein leichtes Heraustrennen erlauben.

Bild 6.42: Mischung aus Standard- und Bitmap-Buttons so ziemlich aller beschriebenen Kategorien

6.6.10.4 Zum Abschluß: Alles in einem Bild...

Als Abschluß sehen Sie noch einen bekannten Startbildschirm, der die meisten der genannten Punkte zur Diskussion bereithält. Bei Interesse analysieren Sie einfach einmal den Screenshot mit den Kategorien dieses Kapitels und bewerten ihn bezüglich solcher Punkte wie Wiedererkennbarkeit, Attraktivität, Selbsterklärlichkeit, Konsistenz etc.

Versuchen Sie beispielsweise einmal die Funktionen der einzelnen, zum Teil beschrifteten, zum Teil unbeschrifteten, aber sicher mit Tooltips versehenen Bitmapbuttons zu erraten. Bei den großen Buttons wäre neben dem ohnehin vorhandenen Text sicher noch Platz für die Bezeichnung etwaiger Shortcuts gewesen.

Machen Sie einmal den „Squint"-Test — welcher Button ist der optisch auffälligste? Und ob der wohl auch der wichtigste und am schnellsten zu lokalisierende ist...? Was würden Sie zu der großen Bitmapfläche in der Mitte sagen? Ob das wohl eine Schaltfläche ist? Eine Beschriftung wie die anderen, offensichtlichen Schaltflächen hat sie ja...

6.7 Icons

6.7.1 Sinnvolle Beschränkungen

Icons sind keineswegs nur in 64 * 64 Pixeln und 254 Farben vernünftig darstellbar: Wenn schon kleine Symbole keine unmittelbare Aussagekraft haben, hilft ein Aufblasen aufs vierfache Maß auch nicht mehr. Gute Icons „funktionieren" in allen Auflösungen — und vor allem auch in schwarz und weiß... Charakteristik eines guten Icons ist die leichte und damit schnelle Erkennbarkeit. Geeignete formale Mittel zur Erreichung dieses Ziels sind Form, Farbe, Kontrast und die Position.

6.7.2 Icons: Bilder oder Symbole

Psychologen sprechen bei Icons gerne von einem konventionalen Kode, dem solche Symbole unterliegen. Er sorgt — im Idealfall — für eine universelle Verständlichkeit. Comics etwa können Freude, Schrecken, Angst und dergleichen meist sehr zuverlässig und unter Verwendung nur kleiner Striche oder „Pixel" ausdrücken.

6.7.3 Texte in Icons

Texte in Icons sind grundsätzlich zu vermeiden. Auf dem Desktop besitzen sie eine für Namen etc. ausreichende Bildunterschrift. Gelegentlich mag es sinnvoll sein, eine Versionsnummer in einer Ecke des Icons einzublenden: Aber ein Icon, daß einen Text zur Erklärung benötigt, zeigt damit schon deutlich, und zwar nicht nur aus Gründen der universellen und internationalen Eignung, seine Verbesserungswürdigkeit... Wer hier zweifelt, sollte sich einmal deaktivierte Toolbarbuttons mit eingebautem Text vorstellen: Ein solcher Pixelsalat macht wirklich wenig Sinn.

6.7.4 Icons mit Verknüpfungsfunktion

Achten Sie darauf, daß Icons auch als Verknüpfung auf dem Desktop plaziert werden können. Dazu überblendet ein kleines weißes Quadrat (Kantenlänge 11 Pixel) die linkere untere Ecke mit einem Pfeil, das Ihren Entwurf möglicherweise unangenehm entstellt. Üblich ist bei Icons die Nutzung einer Ecke zur Anzeige einer bestimmten Funktionalität, die das Hauptelement mit einer zusätzlichen Komponente ausstattet — das sollte nicht gerade die linke untere sein...

Hilfsprogramme erlauben zwar die Modifizierung dieses Pfeils, seine Verkleinerung oder auch komplette Entfernung; aber einmal mehr bleibt diese Möglichkeit sicher den meisten Anwendern verschlossen, obschon das Tool Tweak UI der Abbildung 6.43 sogar zum Lieferumfang von Windows 98 gehört, allerdings nur auf der CD enthalten ist und nicht automatisch installiert wird.

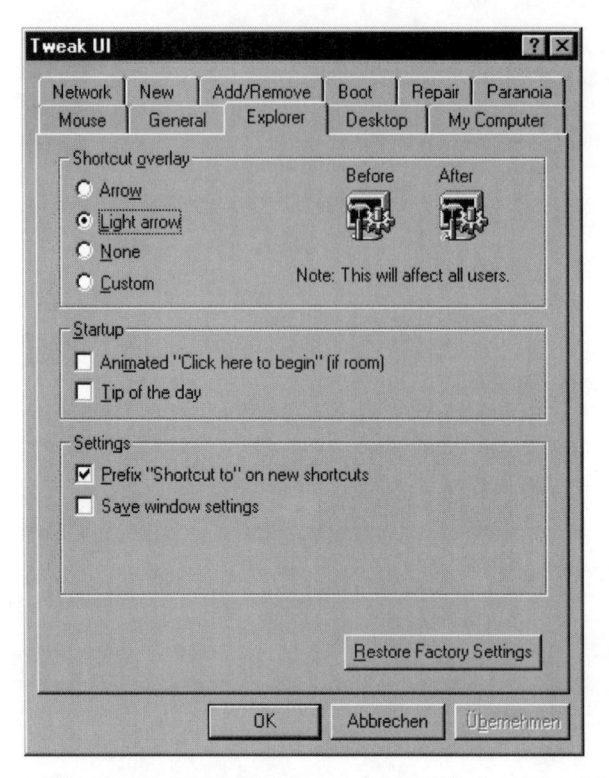

Bild 6.43: Kein Standardwerkzeug, aber bei Windows 98 auf der CD dabei: Tweak UI

6.7.5 Applikations-Icons

Diese Iconart ist sicher diejenige, die den meisten Leuten auf Anhieb einfällt. Bei dem Icon, das in der Taskleiste und auch möglicherweise auf dem Desktop des Anwenders zu sehen ist, sollte man sich schon einige Mühe gehen: Es ist immerhin eine Art Aushängeschild und Visitenkarte Ihrer Applikation und rechtfertigt einigen Aufwand des Ausprobierens, Testens und Tüftelns. Für Unternehmen, die mehrere Applikationen entwickeln, sollte das Hintergrundmotiv möglichst firmenspezifisch und für alle Entwürfe sozusagen ein kleinster gemeinsamer Nenner sein.

Das einzelne Programm läßt sich durch ein Zusatzelement charakterisieren, das meist in einer Ecke des Icons — nach Möglichkeit links oben — plaziert wird. Vertreibt etwa eine Firma eine Kunden-, Lieferanten- und Artikelverwaltung in drei separaten Applikationen (nur mal angenommen...), sollten die drei Icons ausreichend konsistent, aber zugleich auch genügend unterscheidbar und unverwechselbar sein.

Ein gutes Applikations-Icon paßt zum Hersteller, ist flexibel und anpassungsfähig genug, damit es als Basis für mehr als ein Programm benutzt werden kann und unterscheidet sich auf dem Desktop derart von anderen Icons, daß Identifizierung und Wiedererkennbarkeit in möglichst kurzer Zeit gewährleistet ist.

6.7.6 Fenster-Icons

Dieser Icon-Kategorie wird häufig leider wenig bis gar nicht beachtet. Dabei sollte beispielsweise ein Dokument auch im ikonisierten Zustand einwandfrei zu identifizieren sein. Haben Sie etwa in einem gemeinsamen Geschäftsprogramm Kunden-, Lieferanten- und Artikelfenster (na also...), sollten diese Masken auch als Icon charakteristische Züge aufweisen und sich nicht allein nur über die Bildunterschrift zu erkennen geben — zumal bei Windows 95 ff. die Icon-Unterschriften ja eine andere Gestalt haben als unter Windows 3.x.

6.7.7 Bearbeitung von Icons als Bitmaps

Wie schon beim Entwurf von Toolbar-Bitmaps bietet sich auch bei Icons das Malen mit einem Bitmap-Programm an, in dem man die einzelnen Symbole erst einmal nebeneinander plaziert. Anschließend erfolgt der „Zuschnitt". Wer sich den Umweg über die Zwischenablage in den Icon-Editor sparen will: Es gibt eine Reihe von (auch kostenlosen) Programmen, die Bitmaps in Icons konvertieren. Der umgekehrte Weg läßt sich mit reinen Windows-Boardmitteln bewerkstelligen: Dazu kopiert man die (im Explorer oder auf dem Desktop angezeigten) Icons per <Alt>+<Druck> in die Zwischenablage und fügt diese dann im Paint-Programm als Bitmap ein.

6.8 Mauszeiger

6.8.1 Mauszeiger...?

Falls Sie sich vielleicht etwas erstaunt fragen, wieso denn die Gestaltung von Mauszeigern bei einer Applikation Relevanz haben könnte — selbst viele gestandene Windows-Entwickler sind bislang gänzlich ohne eigene Mauscursor ausgekommen —: Ich halte den Einsatz eigener, sinnvoller Mauszeiger für das Instrument, das sowohl dem Kenner wie auch dem Einsteiger unauffällig, hochwirksam und optimal mögliche Funktionalität einer Applikation preisgibt.

6.8.1.1 Anzeigen von Tastenkombinationen

Normalerweise findet man Mauszeiger, deren Information sich maximal rein auf das Klicken mit der linken Maustaste beschränkt. Nun gibt es aber auch noch andere Operationen wie Doppelklick, Rechtsklick, Drag & Drop, Klicken bei Gedrückthalten von Tasten wie <Shift>, <Strg> und <Alt> etc.

6.8.1.2 Feedback vor Ort

Ein erstes Beispiel: Bereits beim Überstreichen der Spaltenüberschrift mit der Maus signalisiert der Mauszeiger durch das kleine Symbol, daß mit Drücken der linken Taste die Spalten nach links oder rechts verschoben werden kann; das ist eine Eigenschaft der neuen ListView-Controls von Windows 98, die ein Anwender vielleicht resp. sehr wahrscheinlich ohne externe Beschreibung oder Hilfe kaum zufällig entdecken wird.

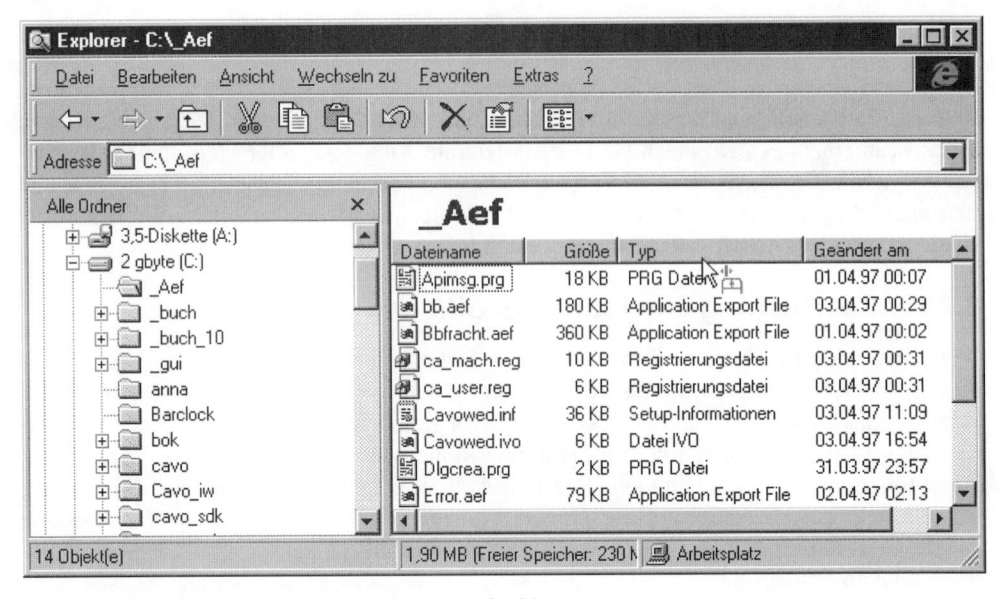

Bild 6.44: Wünschenswert: eigene Erweiterungen des Mauszeigers

6.8.2 Standard-Mauszeiger

Die Umschaltung eines Cursors ist allgemein üblich und stellt auch keine Neuerung dar. Bei eigenen Entwürfen sollte grundsätzlich der jeweilige Standard-Mauszeiger Bestandteil auch des neuen Cursors sein. Unter Windows gibt es eine Reihe von Mauszeigern, die einen jeweils klar definierten Einsatzbereich haben. Diese können durch leichte Modifizierungen ergänzt werden, ohne die Basisoptik zu verändern und damit die Wiedererkennbarkeit und Konsistenz zu reduzieren.

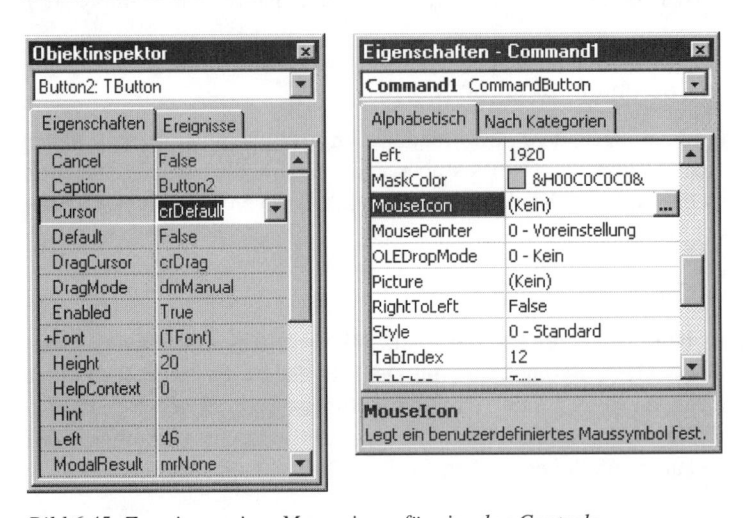

Bild 6.45: Zuweisung eines Mauszeigers für einzelne Controls

Die neueren Programmiersprachen erlauben die Zuweisung eigener Mauszeiger an Fenster und Controls, so daß man sich um die ja keineswegs ganz simple Implementierung der inneren Funktionalität nicht kümmern muß. Bei den meisten Entwicklungssystemen kann man den Mauszeiger für ein bestimmtes Control bereits direkt im Painter zuweisen, da er ein festes Attribut darstellt wie die Farbe oder der Font — da seien Sie aber mit Individualisierungen bitte eher zurückhaltend...

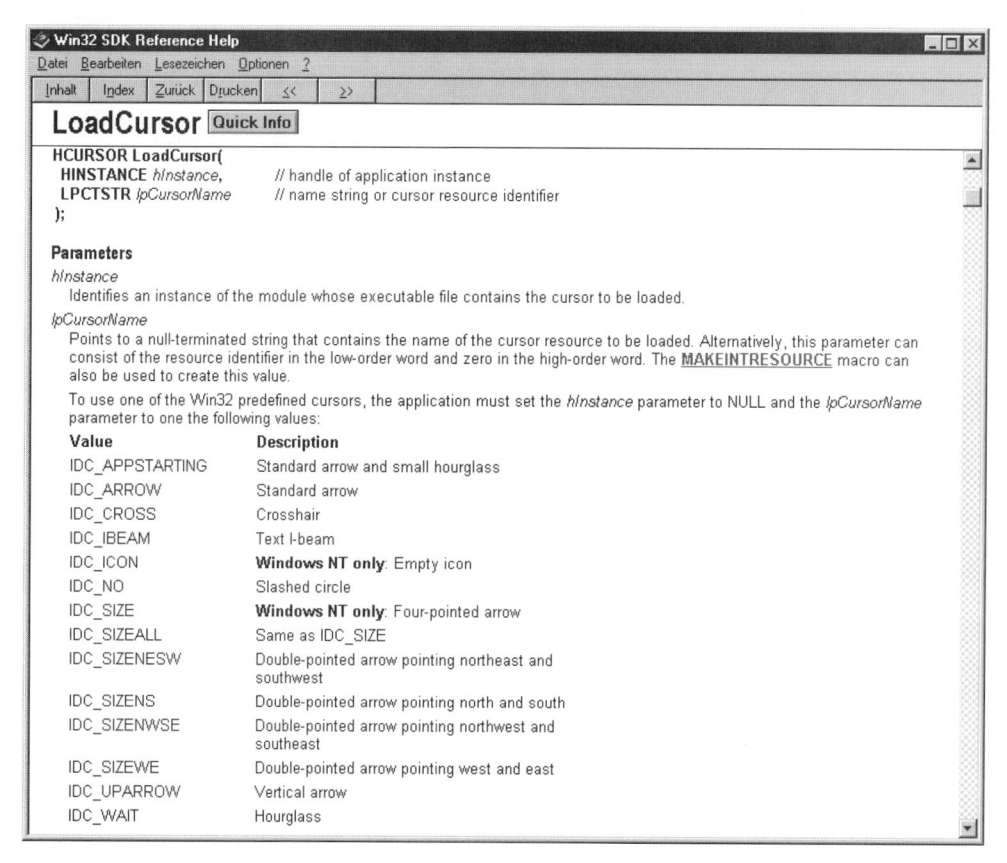

```
Win32 SDK Reference Help                                    _ □ ×
Datei  Bearbeiten  Lesezeichen  Optionen  ?
 Inhalt   Index   Zurück   Drucken   <<     >>

LoadCursor  Quick Info

HCURSOR LoadCursor(
  HINSTANCE hInstance,       // handle of application instance
  LPCTSTR lpCursorName       // name string or cursor resource identifier
);

Parameters
hInstance
  Identifies an instance of the module whose executable file contains the cursor to be loaded.
lpCursorName
  Points to a null-terminated string that contains the name of the cursor resource to be loaded. Alternatively, this parameter can
  consist of the resource identifier in the low-order word and zero in the high-order word. The MAKEINTRESOURCE macro can
  also be used to create this value.
  To use one of the Win32 predefined cursors, the application must set the hInstance parameter to NULL and the lpCursorName
  parameter to one the following values:

  Value              Description
  IDC_APPSTARTING    Standard arrow and small hourglass
  IDC_ARROW          Standard arrow
  IDC_CROSS          Crosshair
  IDC_IBEAM          Text I-beam
  IDC_ICON           Windows NT only: Empty icon
  IDC_NO             Slashed circle
  IDC_SIZE           Windows NT only: Four-pointed arrow
  IDC_SIZEALL        Same as IDC_SIZE
  IDC_SIZENESW       Double-pointed arrow pointing northeast and
                     southwest
  IDC_SIZENS         Double-pointed arrow pointing north and south
  IDC_SIZENWSE       Double-pointed arrow pointing northwest and
                     southeast
  IDC_SIZEWE         Double-pointed arrow pointing west and east
  IDC_UPARROW        Vertical arrow
  IDC_WAIT           Hourglass
```

Bild 6.46: Die API-Funktion LoadCursor ()

6.8.3 Geben Sie Feedback, Sire!

Applikationen, die wie Windows 98 reichen Gebrauch von direkter Manipulationstechnik machen, lassen den Anwender nur selten erkennen, was er alles, befindet sich der Mauszeiger über einem bestimmten Element, mit diesem so anstellen könnte. Die vielen Möglichkeiten bleiben versteckt und erschließen sich dem Anwender nur durch Zufall oder durch Lesen der Handbücher. Besitzt ein Control eine solche Sonderfunktion, erhält es einen individuell angepaßten Mauszeiger, der automatisch — darum muß man sich bei den meisten Sprachen nicht mehr kümmern — sichtbar wird, wenn sich der Cursor über einem Kandidaten befindet.

6.8.4 Sehr, sehr sinnvolle Ergänzungen

Ein kleines Ratespiel: In der Abbildung 6.47 verstecken sich Mauszeiger, die, befinden sie sich über einem passenden Control, folgendes dem Anwender signalisieren wollen:

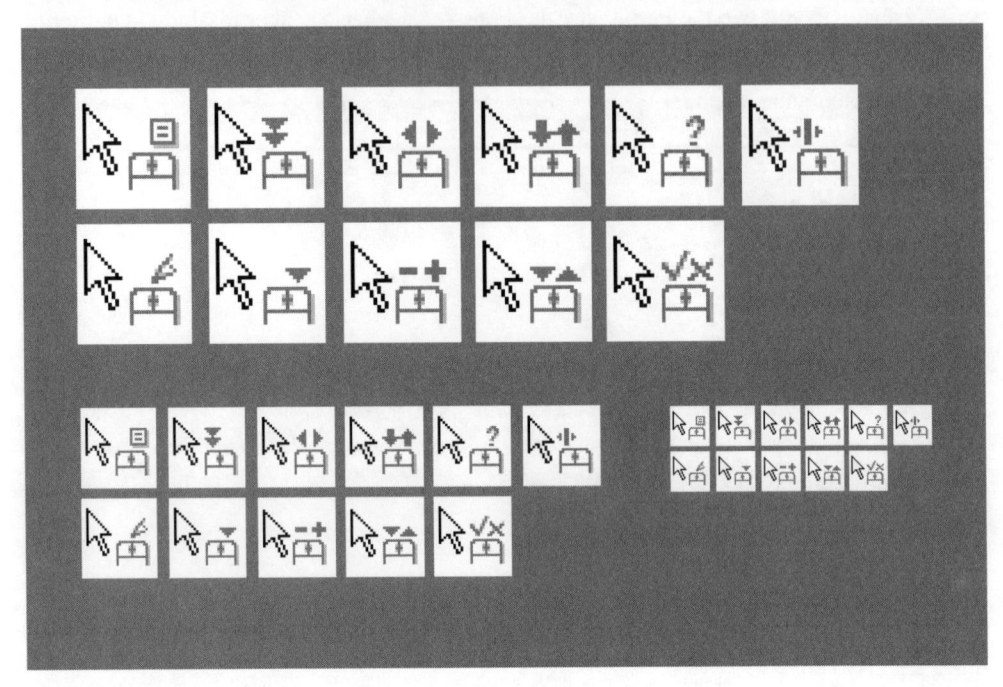

Bild 6.47: Plaudernde Mauszeiger geben ihre Funktion bekannt

- Linker Mausklick: Spaltenverschiebung;
- Rechter Mausklick: Umschalten in den Editiermodus;
- Linker Klick: Aufwärts, rechter Klick: Abwärts;
- Rechter Mausklick: Hilfe anfordern;
- Linker Mausklick: Wert plus 1, rechter Klick: minus 1;
- Rechter Mausklick möglich;
- Linker Klick: Ok, rechter Klick: Abbruch;
- Linker Klick: Vorheriges Element, rechter Klick: Nächstes Element;
- Doppelklick links möglich;
- Popup-Menü aktivierbar.

Ich denke, das Prinzip ist eingängig und läßt sich für eigene Belange sogar noch erheblich erweitern. Wenn Sie selber mit einer Applikation sehr vertraut sind und auch die meist sehr umfänglichen Mausgeheimnisse kennen, sollten Sie einmal einen Unkundigen beobachten, der das Programm mit „kybernetischen" und mit normalen Mauszeigern erkundet. Sie werden sehen, daß sich Anwender im ersten Fall auf Anhieb sehr viel mehr Funktionen erschießen, und er mit der Anwendung schneller und zufriedener arbeiten wird.

6.8.5 Optional: Tastenfunktionen

6.8.5.1 Anzeige möglicher Kombinationen

Zusätzlich könnte man noch anzeigen, bei welcher Tastenbetätigung die gewünschte Operation stattfindet. Prinzipiell unterscheidet man die folgenden Varianten:

- Keine Taste drücken („Bewegen");
- Drücken und loslassen („Klicken");
- Drucken und festhalten („Ziehen");
- Zwei mal kurz hintereinander drücken und loslassen („Doppelklick").

Auch dafür lassen sich natürlich kleine Symbole — eigentlich wohl eher Symbölchen — finden. Ich denke aber, daß ein sinnvoller Kompromiß zwischen Sichtbarkeit der Zustände und vollständiger Zupflasterung des Mauszeigerbereichs der beste Weg ist, dem Anwender zu zeigen, daß er über dem aktuellen Control, an der gegenwärtigen Cursorposition durch Betätigung bestimmter Maustasten weitere Aktionen auslösen kann. Immerhin sind ja auch mehrere Kombinationen möglich; beispielsweise <Shift>+<Strg>+Linksklick und dergleichen. Im Menü-Kapitel 4 finden Sie hierzu einige Anmerkungen — und auch eine Abbildung geeigneter, aber aufgrund der Mißachtung der Regel „Kein Text in Icons" auch durchaus umstrittener Mauszeiger.

6.8.5.2 Anzeige in einem Lernmodus

Wem die zusätzlichen Cursorelemente optisch zu auffällig erscheinen, könnte sie nur in einem speziellen Lernmodus aktivieren, der zudem zusätzliche Texte und Erklärungen als Hilfestellung für den Einsteiger bietet.

6.8.6 Der Hotspot

Damit wird jener einzelne Pixel bezeichnet, der den eigentlich Klick auslöst. Bei Graphikprogrammen ist beispielsweise wichtig, daß der Anwender exakt erkennen kann, welchen Pixel er nun setzt. Für Standardapplikationen sollte er sich je nach Mauszeiger entweder an der Cursorspitze oder, bei Fadenkreuz-ähnlichen Zeigern, im Mittel- bzw. Schnittpunkt der Linien befinden.

6.9 Animationen

Der Bedarf und die Einsatzgebiete von animierten Bitmaps und kleinen Videosequenzen scheint von Windows-Version zu Windows-Version zu steigen. Sozusagen ursprünglich hatten Animationen den Sinn, auf Systemaktivität, auf einen laufenden Vorgang hinzuweisen, dem Benutzer die Restzeit anzuzeigen und ihn davon in Kenntnis zu setzen, daß der Rechner zwar ausreichend beschäftigt, aber mitnichten abgestürzt sei.

Inzwischen gibt es allerlei Schnickschnack, der offenbar nicht nur die Zeitverstreichung anzeigt, sondern eigentlich erst richtiggehend für sie sorgt; das zwischendurch gerne mal auftretende neugierige Durchsuchen ganzer CDs mit animierten Icons und Filmchen beweist, daß der Einsatz — in schicklichen Grenzen — der Attraktivität und Benutzerzufriedenheit offenbar nur dienlich sein kann.

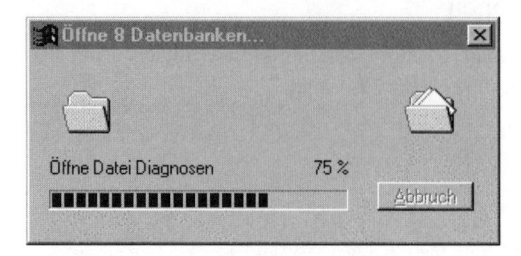

Bild 6.48: Ein Laufbalken mit AVI-Control

6.9.1 Benutzung vorhandener Ressourcen

Windows stellt bereits eine Reihe von AVI-("Audio Video Interleaved")-Ressourcen zur Verfügung, die durch exzessive Verwendung beispielsweise im Explorer allgemein bekannt sind und damit, findet der Anwender sie auch in Ihren Applikationen vor, den Eindruck erwecken, daß bezüglich Aktualität, Look & Feel etc. alles in bester Ordnung und auf dem neuesten Stand ist. Solche Videos sind nicht anderes als eine Reihe von Bitmaps, die hintereinander angezeigt werden und bei entsprechender Gestaltung den Eindruck eines laufenden Films erwecken. Da sie automatisch über Threads verwaltet werden, läuft die eigentliche Applikation (hoffentlich) ungestört und vergleichsweise wenig beeindruckt und behindert weiter.

Die zum Lieferumfang von Windows 95 ff. gehörende Library SHELL32.DLL enthält bereits eine Reihe von nützlichen (nun ja…) AVI-Ressourcen, wie man sie vom Explorer kennt.

Tabelle 6.1: AVI-Ressourcen der SHELL32.DLL

Ressource-ID	Optik
160	2 Papierseiten von Ordner zu Ordner
161	1 Papierseite von Ordner zu Order
162	1 Papierseite in den Papierkorb
163	Papierkorb leeren
164	Ordner leeren

6.9.2 Kleine Icons

Platzsparender und weniger auffallend (aber als Feedbackanzeige ebenso nützlich) sind kleine Sequenzen von einigen Icons (beim Beispiel der Abbildung sind es vier), die mit 32 mal 32 Pixel entsprechend platzökonomischer sind. Sie finden insbesondere Verwendung, wenn zur Anzeige kein weiteres, zusätzliches Fenster geöffnet soll — wie im Falle des obigen

Laufbalkens —, sondern im Eingabedialog direkt ein Vorgang abläuft. Die Suchfunktion des Windows-Explorers wäre hierzu ein bekanntes Beispiel.

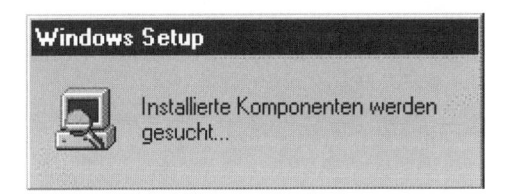

Bild 6.49: Ein animiertes Icon — ohne Abbruchmöglichkeit

6.9.3 Herstellung

Neben den Icon- oder Bitmap-Serien, die zu entwickeln schon etwas mehr Sachverstand erfordern, sollen sie nicht gar zu ruckelig ablaufen, benötigt man ein entsprechendes Programm, das die einzelnen Dateien in eine AVI-Sequenz verwandelt. Im Lieferumfang von Windows 98 ist so ein Werkzeug nicht enthalten.

6.10 Vorgehensweise

Abschließend möchte ich, ausgehend von den genannten Punkten und unter Berücksichtigung der beschriebenen Erkenntnisse eine Art Kochrezept anbieten, wie zur vernünftigen Gestaltung von Bitmaps vorzugehen ist. Ich denke, auch wenn Sie sich vielleicht im Moment die ergonomische Gestaltung vernünftiger Graphiken noch nicht so recht vorstellen können, sollten Sie den Versuch wagen und mit der Modifizierung einiger vorhandener Elemente anderer Applikationen anfangen, die Sie an Anforderungen Ihres eigenen Programms anpassen. Die Gestaltung von vernünftigen Symbolen ist eben abgesehen von der Kenntnis einiger Grundregeln vor allen Dingen eine Sache der Übung...

6.10.1 Scharenweise Bitmaps

Entwerfen Sie stets Bitmap-Gruppen oder, besser gesagt, Bitmap-Familien. Sie sollten stets von erkennbar gleicher Abstammung sein, miteinander harmonieren und doch genügend unterscheidbar und unverwechselbar sein.

6.10.2 Erstens: Viel Zeichenplatz...

Das wird Ihnen nur gelingen, wenn Sie nach Möglichkeit alle Symbole stets auf einem gemeinsamen Blatt entwerfen — da Sie im Zweifel kein ausgebildeter Graphiker sein werden, darf das ruhig eine große Bitmapdatei mit genügend großen Rand-, Schmier- und Ablagezonen für exzessives Ausprobieren, Kopieren, Verwerfen sein.

In der Praxis hat sich sehr bewährt, auch die nicht zum Einsatz kommenden oder mißglückten auf dem großen Skizzenblatt zu verwahren — schon allein um später nicht alte Irrwege noch einmal zu beschreiten.

6.10.3 Zweitens: Brainstorming

Sammeln Sie Worte und Wortfelder auf dem anvisierten Gebiet. Dabei ist „freies Assoziieren" mit anderen Beteiligten und Unbeteiligten stets fruchtbar. Gelegentlich führen nicht direkte Wege, sondern eher weitläufige Abschweifungen zur schlüssigen und direkten Bildidee.

Die Abbildung 6.50 zeigt als Beispiel für solche Assoziationsergebnisse einen Teil einer Produktvorstellung, die anhand vieler als Icon entworfener Symbole jeweils gegenteilige Eigenschaften wie „Kompatibel" und „Nicht kompatibel", „Schnell" und „Langsam" illustrieren sollte. Sie wurden jeweils nur zur Anzeige benutzt, die negativen Merkmale wurden im Laufe der Präsentation mit einem roten Kreuz durchgestrichen. Aus Zeitgründen war eine bewußte Beschränkung auf das Iconformat sowie die Auswahl von gerade mal vier Farben (weiß, hellgrau, dunkelgrau und schwarz) notwendig und sinnvoll, um sich nicht in unnötigen Details zu verlieren..

Die Symbole sind von einem Graphiker gezeichnet worden; ich habe den gewünschten Begriff genannt, zu dem wir dann ein möglichst treffendes und ruhig amüsantes Bildpaar gesucht haben. Bei einer Produktschau ist letzteres ja durchaus angebracht; bei Applikationen sollte man da eher vorsichtig sein.

Bild 6.50: Symbole mit jeweils gegenteiliger und hoffentlich eingängiger Bedeutung

6.10.4 Drittens: Randbedingungen festlegen

Dazu gehören Überlegungen wie Größe, Anzahl der Farben, Formate und ähnliche Rahmenbedingungen. Je nach Elementart hat man als Gestalter hier unterschiedlich große Freiräume. Stellen Sie sich geeignete Materialien zusammen; Icons und Symbole entwirft man häufig am besten auf gerasterten Unterlagen (das kann natürlich auch beispielsweise eine Art Schachbrettbitmap sein). Das Zeichnen von quadratischen Icons gelingt meist auf einem Raster mit einer ungeraden Pixelanzahl (also zum Beispiel 31 mal 31) ungleich besser als im geradzahligen Originalformat.

Achten Sie bei Festlegung der Größe auf den späteren Einsatzort. Handelt es sich um ein Symbol für TreeView- oder ListView-Controls, sind ja prinzipiell beide Auflösungen (32 mal 32 und 16 mal 16 Pixel) vorzusehen. Beginnen Sie hier in jedem Fall mit der kleineren Variante. Ein hier klares Symbol läßt sich ohne Schwierigkeiten „aufpumpen". Außerdem dürfte der größere Modus nur selten zum Zuge kommen; rein rechnerisch beträgt die Wahrscheinlichkeit 0,25 (vier Möglichkeiten der ListView-Darstellung); aber beim Dateiexplorer ist beispielsweise die Listenform mit den Spaltenüberschriften sicher die mit Abstand gebräuchlichste.

6.10.5 Viertens: Entwurf der „Kulisse"

Insbesondere Icons bestehen nach Möglichkeit aus einer Reihe von festen Elementen, die innerhalb einer Applikation wenig bis gar nicht variiert werden und allen Symbolen ein konsistentes Gesicht geben. Ist diese Vorgehensweise zwar für Icons besonders ausgeprägt und empfehlenswert, gilt sie auch zumindest für andere Elemente wie beispielsweise Toolbarbuttons — wenngleich die räumlichen Bedingungen mit 16 mal 16 Pixeln schon etwas beengt sind...

- Rahmen

Umgeben Sie Icons stets mit einer 1 Pixel breiten schwarzen Linie, die das gesamte Bild einfängt, es optisch begrenzt und die Einheitlichkeit der verschiedenen Symbole fördert. Toolbarbuttons sollten zumindest während der Entwurfsphase einen Rahmen erhalten; später wird je nach GUI-System ergänzt. Bei neuen Sprachen, insbesondere Windows 95, sind die Buttons aber erst zur Fokussierungszeit mit einem Rahmen umgeben.

- Beschriftung

Ein Icon wird nur selten unbeschriftet zu sehen sein. Sorgen Sie aber dafür, daß die Beschriftung sinnvoll und möglichst dauerhaft unverändert bleibt. Vergeben Sie einen zu langen Text, können Sie sicher sein, daß jene Anwender, die sich ihren Desktop häuslich eingerichtet und also den Symbolabstand verringert haben, den Text kürzen. Mehrzeilige Texte sind in jedem Fall zu meiden.

- Hintergrund

Der Hintergrund speziell eines Icons entscheidet maßgeblich über die Erkennbarkeit eines Icons auf dem Desktop. Bei Buttons etwa spielt er natürlich keine Rolle — da ist er wohl meist schlicht transparent... Häufig legt man den Hintergrund wiederum als eine Art Objekt an, das bereits ein Icon charakterisiert: So sollte man Dokumente von Formularen, Zeichnungen von Ordnern etc. schon dadurch unterscheiden können, daß sie durch einen bestimmten

Hintergrund, der vielleicht eine besondere und genormte Eckenform oder eine Lasche oder dergleichen aufweist, gekennzeichnet sind.

- Vordergrund-Konstanten

In den Ecken — denken Sie aber bei Icons an den möglichen Verknüpfungspfeil links unten — ist Platz für kleine Informationen wie ein stilisiertes Hersteller-Logo oder eventuell auch in Ausnahmefällen eine Versionsnummer. Letzteres könnte durchaus Sinn machen, falls mehrere Versionen auf dem Markt sind und von Anwendern parallel benutzt werden. Versionsnummern in der Beschriftungszeile fallen gerne als erstes den Verschlankungen bei schmalem Symbolabstand zum Opfer.

Andere Möglichkeiten wäre das Anzeigen eines Typs, wenn es sich beispielsweise um ein externes Layout, eine Druckdatei, eine Datenbank etc. handelt. Die Abbildung 6.51 zeigt die sehr kluge Verwendung des Applikations-Logos als Eckkonstante aller Icons; somit sieht das der Anwender sogar beim Blättern vom Dokumenten im Explorer. Außerdem ist sehr gut zu erkennen, welche verschiedenen Elemente für den Bau der Icons verwendet werden — und welche gleichartigen Elemente die diversen Dateiarten trotzdem unverwechselbar machen.

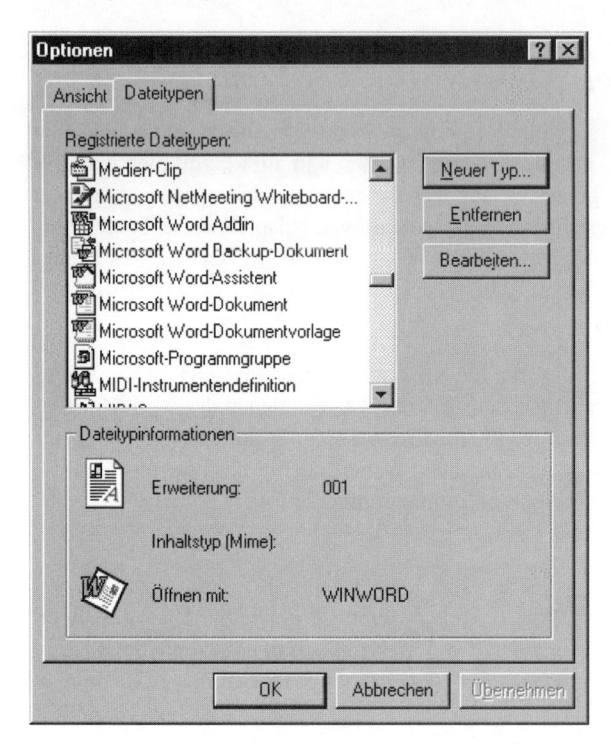

Bild 6.51: Da sieht man den Hersteller schon der Dateiendung an...

Neben diesen nach Möglichkeit nicht variierten Elementen gibt es das eigentliche, sozusagen im Vordergrund stehende Motiv.

Vorgehensweise 439

6.10.6 Fünftens: Entwurf der „Hauptszene"

Die ersten Skizzen sollte man nach Möglichkeit ohne oder maximal nur mit einigen wenigen Farben machen. Ist Ihre Grundidee nicht schlüssig, nützt auch die Farbe nichts. Benutzen Sie eine konstante Größe; bei Icons empfiehlt sich der Entwurf in 32 mal 32 Pixeln.

Konstante Hintergrundelemente wie in dem gezeigten Beispiel der Abbildung 6.52 dürfen nicht zu dominant sein, sonst lassen sich die Symbole nicht deutlich genug voneinander unterscheiden. Die optische Trennung von Hintergrund und Vordergrund ist meines Erachtens bei der Delphi-Toolbar besonders gut dadurch gelöst, daß das immer wiederholte Hintergrundelement in grau gezeichnet ist, der Vordergrund sich von ihm mit schwarzen Linien sehr kontrastreich abhebt.

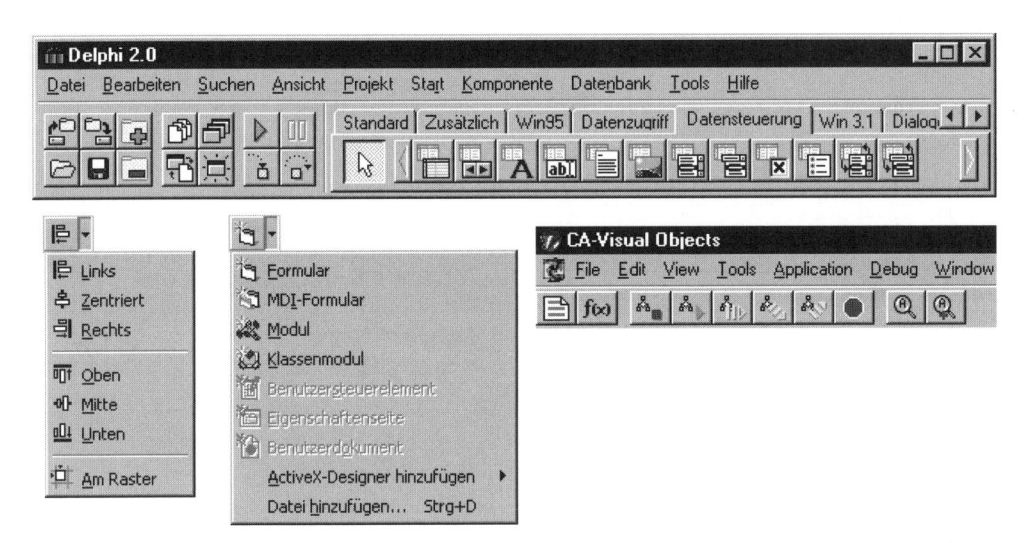

Bild 6.52: Vier Beispiele für gelungene Szenen

6.10.7 Sechstens: Abstimmung

Besprechen Sie diese Entwürfe am besten testweise mit einem oder mehreren der späteren Anwender. Erst wenn der Großteil der gewünschten Icons und Bitmaps im Entwurf stehen, sollten Sie mit der Reinzeichnung beginnen, um nicht später mangelhafte Grundbestandteile bei allen Bitmaps überarbeiten zu müssen.

6.10.8 Siebtens: Reinzeichnung

Die endgültigen Symbole sollten nach den festgelegten Regeln und aus den Grundelementen zusammengesetzt werden. In diese Phase fällt auch die etwaige Übertragung in verschiedene Größen und Auflösungen.

6.10.9 Ad infinitum: Prüfen & korrigieren

Symbole müssen sich im Alltag erst bewähren. Beobachten Sie Anwender, ob sie die Symbole korrekt erkennen oder doch Hilfsmittel wie Tooltips, Menüoptionen, Hilfen etc. zu Rate ziehen. Fragen Sie andere, was Sie von Ihren Icons halten. Überprüfen Sie Ihre Symbole durch eine Art Quiz. Gute Bitmaps bedürfen keiner Erklärung und sollten auf Anhieb verständlich sein. Sind Ihre das nicht, addiert sich bei hinreichend großer Anwenderzahl deren Rätselzeit schnell in Dimensionen, die eine Überarbeitung allemal rechtfertigen.

Bitmaps sind ganz wesentliche Hauptträger von Information; sie bestimmten maßgeblich die Attraktivität und Bedienbarkeit einer Applikation. Die Entscheidung zugunsten des Anwenders sollte stets lauten: Entweder gute oder keine Bitmaps. Werden die Entwicklungssysteme auch immer komfortabler und tragen erheblich zur Entlastung des Programmierers bei, so wandelt sich die Softwareentwicklung immer mehr zu einem Gebiet, in dem Kategorien wie Attraktivität und Ergonomie eine gleiche Wertigkeit erhalten wie Funktionalität und Einsetzbarkeit erhalten — Letzteres wird zunehmend von Ersterem bestimmt.

7 Wegweiser zum erfolgreichen „Going GUI"

> „When all else fails, standardize"
> *Donald A. Norman, The Design of Everyday Things*

> „Also gebrauche deine Augen. Sieh dich um! Sieh mit beiden Augen! Sieh!"
> *Jules Verne, Der Kurier des Zaren*

7.1 Dieses Kapitel…

…beinhaltet einen abschließenden Überblick über einige wichtige der besprochenen Themen.

7.2 Software-Design

7.2.1 Folgen von Software

Software hat Folgen. Das gilt nicht nur für Programmfehler und Abstürze, sondern insbesondere für Fehler in ihrer Gestaltung. Mögen ihre Konsequenzen auch nicht dramatisch sein, so sind sie doch mit vergleichsweise wenig Aufwand zu reduzieren.

Designfehler stören vor allem, weil man ihrer täglich angesichtig wird und selbst als Laie sofort Verbesserungen wüßte. Lassen sich für fehlende Funktionen durchaus „Sachzwänge" als Entschuldigungen vorbringen, ist für die wenigsten Gestaltungsmängel ein auch nur halbwegs plausibler Grund zu finden.

7.2.2 Entscheidungsgeschwindigkeit

Erhöhen und maximieren Sie mit Ihrer Gestaltung die Entscheidungsgeschwindigkeit und damit das Arbeitstempo des Benutzers: Ihre Anwender sind mit einer Unzahl von Controls konfrontiert, von denen ihn zum aktuellen Zeitpunkt nur ein einziges interessieren wird. Geben Sie dem Anwender, der weiß, welches Control das ist, Gelegenheit, dieses möglichst schnell zu lokalisieren und zu betätigen. Erlauben Sie anderen Benutzern allerdings auch, durch Auswahl sich erst einmal darüber klar zu werden, welche Funktion er eigentlich haben möchte.

7.2.3 Externe Anregungen

Holen Sie sich Anregungen bei der Konkurrenz — nichts ist anregender als das regelmäßige Anschauen von GUI-Bildschirmabbildungen in Computerzeitschriften; ich muß gestehen, daß ich dafür ein ganz besonderes leidenschaftliches Faible entwickelt habe und gelegentlich Zeitschriften nur aufgrund einiger weniger lockender Screenshots kaufe…

7.2.4 Interne Regeln

Halten Sie sich an Regeln. Sorgen Sie dafür, daß Ihre Applikationen konsistent aussehen, sich konsistent verhalten und sich konsistent bedienen lassen. Anwender lieben keine Überraschungen und erwarten, daß Rechner sich weitgehend deterministisch verhalten. Geben Sie sich nicht mit halbherzigen Lösungen zufrieden. Gutes GUI-Design ist in keiner Hinsicht teurer als schlechtes GUI-Design. Eine mangelhaft oder schlampig gestaltete Dialogbox, die der Anwender vielleicht sogar tagtäglich aufruft, wird ihn tagtäglich ärgern — ich kenne einige Bespiele, in denen ich aufgrund ungeeigneter Controls täglich meine Zeit ganz unnötig verplempern muß: Zeit, die inzwischen weit länger ist, als die Verbesserung einen Programmierer beschäftigen würde.

7.2.5 Ergebnisse prüfen

Überprüfen Sie Ergebnisse. Das sollte sowohl im Selbsttest („Squint-Test") wie auch durch Befragungen nicht unmittelbar Beteiligter erfolgen. In Gestaltungsfragen können durchaus auch Laien völlig treffende Bewertungen abgeben. Fehler und Lässigkeiten in der Designphase werden leider häufig nicht korrigiert. Vorgebliche Interimslösungen erfreuen sich hier ganz besonderer und ausgesprochener Dauerhaftigkeit.

Leider erfolgt meist nur die Prüfung der reinen Funktionalität einer Software, nicht aber ihre Geeignetheit und Bedienbarkeit seitens des Anwenders. Verlassen Sie sich keinesfalls nur auf eigene Vorstellungen von den Arbeitsweisen der späteren Benutzer. So fordert die ISO 13407 beispielsweise eine ausführliche Analyse der Aufgaben, der Anwender und der späteres Einsatzumgebung bereits zu Beginn eines Softwareprojektes. Mißverständnisse beruhen insbesondere auf der oft sehr unterschiedlichen Terminologie des Anwenders und des Entwicklers.

7.2.6 Konstruktion vs. Komposition

Komponieren Sie Dialoge nicht, konstruieren Sie sie. Schalten Sie nach Möglichkeit eine allzu intuitive Vorgehensweise aus. Die Gestaltung konsistenter Dialoge ist kein kreativer Akt, sondern in erster Linie das Befolgen von Regeln. Diese sind zwar nicht als absolut verbindlich anzusehen — eine Applikation, die nach den Maßgaben der GUI-Styleguides gestaltet ist, verdient nicht automatisch das Prädikat „ergonomiegeprüft" —: Es bedarf aber schon einer gewissen Übung und Praxiserfahrung, um sie sinnvoll modifizieren und erweitern zu können.

7.2.7 Für den Anwender

Insgesamt tun man durchaus gut, sich an das Motto Einsteins zu halten: „Alles sollte so einfach wie möglich gemacht sein, aber nicht einfacher." Ein Software-Designer trifft Entscheidungen für andere Leute — die Benutzer. Versuchen Sie, ihnen die Arbeit so angenehm, so natürlich und erwartungskonform wie möglich zu machen. Fragen Sie Daten nicht wiederholt ab, und belasten Sie ihn nicht mit Dingen, die mit der Aufgabenstellung nichts zu tun haben.

7.2.8 Werkzeuge: Painter vs. Papier

Leider benutzen die meisten Entwicklern stets ihren Window-Editor, um Prototypen von Dialogen zu entwerfen. Natürlich ist es sehr bequem, gleich die fertigen Controls aus der Toolbar auf das Fenster zu ziehen, anstatt sie umständlich mit einem Stift auf Papier zu skizzieren. Letztere Variante hat aber zwei entscheidende Vorteile: Jedermann kann sie einsetzen; während für die Benutzung eines Painters Kenntnisse vorhanden sein müssen, die nicht bei jedem, der am Entwurf oder der Diskussion des Prototyps beteiligt ist, vorausgesetzt werden können. Der Entwurf mittels eines Painters schließt also bestimmte Personen von vornherein von einer aktiven Teilnahme am Entwurfsprozeß aus.

Der zweite Einwand mag etwas subtil erscheinen, ist aber in der Praxis regelmäßig zu beobachten: Im Painter gezeichnete Dialoge sind bereits über das grobe Entwurfs- und Skizzenstadium hinaus gekommen. Ihre vermeintliche und meist ja rein optische Perfektion läßt die Beteiligten von größeren Korrekturen fast stets Abstand nehmen: Die Gestalter trauen sich dann gewissermaßen gar nicht mehr, andere Dialogszenarien alternativ zu konstruieren oder umzustellen und beschränken sich auf reine Detailmodifizierungen. Eine flüchtig aufs Papier geworfene Skizze besitzt dagegen genügend Interimscharakter, um auch zu großen Teilen schnell wieder verworfen zu werden — und erlaubt doch auch bei entsprechender Geeignetheit genauso schnell die Präzisierung und Realisierung mit Hilfe eines Painters.

7.2.9 Letztendlich…

Gutes Software-Design bedarf keines unbedingt größeren Aufwandes, sondern spart im Gegenteil sogar Entwicklungszeit, da Irrwege und lästige Ausprobierereien vermieden werden. Notwendig ist allerdings die Kenntnis der entsprechenden Regeln und im Anfang sicher ein gewisses Maß an Reglementierung und Disziplin, um die notwendige Routine und Virtuosität zu erhalten und jenes Geschmacksgefühl auszubilden, das einem die gefällige Gestaltung und korrekten Designentscheidungen leicht von der Hand gehen läßt.

7.3 Zum Anwender…

Strapazieren Sie nicht die Geduld des Anwenders, beleidigen Sie nicht sein wenn vielleicht auch nur unbewußt registrierendes ästhetisches Empfinden. Ist die Gestaltung und der Entwurf einer ergonomischen Benutzungsoberfläche keineswegs eine Sache von Intuition, von Versuch & Irrtum, sondern das kalkulierbare Ergebnis handfester Regeln, so spielt bei der Beurteilung ihrer Qualität und „Geglücktheit" der Kenntnisstand des Betrachters auf dem Gebiet der Ergonomie eine eher nur untergeordnete Rolle. Auch ein Laie ist in der Lage, gutes von schlechtem GUI-Design unterscheiden zu können — eine Erkenntnis, die übrigens gleichermaßen für Typographie gilt.

7.3.1 Fehler des Anwenders

Versuchen Sie nicht, Fehler des Anwenders zu vermeiden — das wird Ihnen nur selten gelingen: Versuchen Sie aber, mögliche negative Auswirkungen solcher Fehler zu dämpfen. Anwender machen Fehler. Sie werden dafür immer einen guten Grund haben. Forschen Sie nach den Ursachen; fehlten beispielsweise Informationen, kann Ihre Software solche Fehler leicht abstellen.

Nehmen Sie Fehler von Anwendern ernst; dazu sind Techniken der Registrierung oft hilfreich und in der Testphase einer Applikation mit Wissen des Benutzers auch durchaus zu rechtfertigen. Rechnen Sie mit allem — und erlauben Sie an wichtigen Stellen eben nur wenig. Probleme, die der Anwender hat, sind fast immer Designfehler und helfen Ihnen somit, die Bedienungsoberfläche Ihrer Applikation weiter zu optimieren.

7.3.2 Typische Fragen der Benutzer

7.3.2.1 Wo bin ich?

Diese wichtige Frage sollte einem Anwender nun bei jeder Meldung oder Dialogbox hinreichend beantwortet werden... Rechnen Sie damit, daß ein Anwender möglicherweise seinen Arbeitsplatz verläßt und bei der Rückkehr eine entsprechende Neuorientierung benötigt.

7.3.2.2 Wie bin ich hierher gekommen?

In Zeiten zunehmender Tastenkürzel ist dieser Punkt nicht zu unterschätzen. Ein Anwender sollte nicht nur die Möglichkeit haben, neue und eigene Kürzel definieren, sondern auch unerwünschte löschen zu können.

7.3.2.3 Wo ist die Funktion, die ich suche?

Wenn der Anwender sich auf die Suche nach der gewünschten Funktion begibt, indem er eher wahl- und ziellos durch die Menüs blättert, sollten Sie spätestens über geeignetere Menüstrukturen und plausiblere Menütexte nachdenken...

7.3.2.4 Was kann ich jetzt tun?

Hier bietet sich die Anzeige eines Kontextmenüs an, daß nur die zu einem bestimmten Control gültigen Optionen bereithält.

7.3.2.5 Wie komme ich wieder zurück?

Normalerweise sollte die <Esc>-Taste den Anwender stets einen Schritt zurückführen.

7.3.2.6 Wie kann ich die Änderung rückgängig machen?

Bieten Sie dem Anwender neben einer Undo-Funktion auch — beispielsweise in einem Kontextmenü — den jeweils letzten Wert noch einmal an. Nach einer Auswahl in einer Combobox sollte es dem Anwender möglich sein, den vorherigen Wert restaurieren zu können.

7.3.2.7 Ich möchte gerne das machen, was ich gestern an dieser Stelle bereits gemacht habe.

Statten Sie Ihre Applikationen mit „Kybernetik" aus; registrieren Sie das Verhalten des Anwenders und bieten Sie an entsprechenden Stellen häufig benutzte Funktionen an.

7.3.3 Software für Anwender

7.3.3.1 Was für wen?

Schreiben Sie keine Software für Computer, sondern für Anwender. Stellen Sie sich nicht nur die Frage, was zu tun ist, sondern auch, für wen Sie es tun — und warum der Anwender etwas tun will. Versuchen Sie nach Möglichkeit, den gewohnten Arbeitsfluß des Anwenders nicht zu unterbrechen, sondern zu unterstützen.

Begehen Sie auch nicht den beliebten Fehler, eine an der Entwicklung beteiligte Person — Programmierer, Designer, Tester etc. — für den typischen Benutzer zu erachten. Seien Sie sicher, daß jemand, der Ihre Software als schlichtes Werkzeug nutzt, ganz andere Ansichten, Vorstellungen und Wünsche hat als Sie selbst.

Oft können Anwender bei von ihnen für gut befundenen Applikationen die genauen Gründe, die für die Qualität einer Software verantwortlich sind, gar nicht benennen. Bei entsprechender Nachfrage stellt sich aber stets heraus, daß solche Programme als ergonomisch bezeichnet werden, die den im zweiten Kapitel beschriebenen Design-Prinzipien genügen.

7.3.3.2 Wie? — Schnell & kurz...

Machen Sie dem Anwender die Wege kurz: Mauswege, Controlanordnung in Dialogen, Menütechniken sollten stets so optimiert sein, daß sie für den Anwender möglichst effizient sind. Rechnen Sie nicht damit, daß der Anwender die jeweils optimalen Wege selbst erkennt oder herausfindet. Wenn auch bereits der schlichte Durchschnittsanwender bei der Anmeldung von Windows NT automatisch zum „Administrator" aufsteigt, bedeutet das noch lange nicht, daß er nicht dokumentierte Möglichkeiten und Wege auszukundschaften in der Lage ist.

Haben Sie eine umfangreiche Business-Software entwickelt, verbringt ein Anwender vermutlich einen Großteil der Tageszeit damit, auf Ihre Applikation zu schauen. Sorgen Sie dafür, daß er auf dem Bildschirm etwas Erfreuliches zu sehen bekommt.

7.3.3.3 Software mit Gedächtnis

Statten Sie Programme mit Gedächtnis aus. Simples „Erinnern" an das, was der Anwender das letzte Mal an dieser oder ähnlicher Stelle gemacht hat, ist das beste Mittel, um seinen Erwartungen zu entsprechen. Mit hoher Wahrscheinlichkeit wird er beim nächsten Mal eine zumindest ähnliche Option, einen gleichen Wert, eine analoge Antwort wählen wollen; mit der Vorgabe seiner letzten Tätigkeit geben Sie ihm außerdem die Möglichkeit, seine neue Wahl mit der letzten zu vergleichen.

Nichts ist ärgerlicher, als Dinge wiederholt und mehrfach eingeben zu müssen. Haben Sie beim letzten Aufruf des Explorers das Vorgabeverzeichnis gewechselt, ist mit hoher Wahrscheinlichkeit, die noch erheblich steigt, je schneller ein (Wieder-)Aufruf des gleichen Programms erfolgt, dieses wieder das gewünschte Ziel. Gleiches gilt für das Speichern oder Exportieren von Dateien; sowohl für das Verzeichnis wie auch beispielsweise für den Dateityp.

Haben Sie beim Speichern mehrerer Dateien deren Namen durchnumeriert, sollte die Software die Gewohnheit erkennen können und beim erneuten Aufruf die nächsthöhere Nummer automatisch vorgeben — eine bescheidene Art von durchaus zumutbarer „Intelligenz" (schade, daß im Zeitalter der künstlichen Intelligenz die meisten Programme mit einer noch sehr natürlichen Dummheit gesegnet sind), die ich mir beispielsweise bei meinem CompuServe-Programm tagtäglich sehr wünsche, da ich wichtige Meldungen in fortlaufend durchnumerierten Dateien ablege und jedesmal die höchste Nummer selber nachschauen muß.

7.4 Zur Applikation...

7.4.1 Aufgabenangemessenheit

Wählen Sie stets die Controls aus, mit denen die geforderte Aufgabe am besten zu lösen ist. Erstellen Sie dazu ein Szenario, das die Aufgabe in einzelne Schritte gliedert, die der Anwender versteht und die ihr möglichst genau entsprechen. Für die Erstellung eines solchen Handlungsablaufs gibt es keine festen Regeln; hier ist insbesondere die Zusammenarbeit von Entwicklern, Gestaltern und Anwendern erforderlich.

7.4.2 Einheitliche Gestaltung

Hat man solche Szenarien für die einzelnen Dialoge festgelegt, erfolgt die Umsetzung. Der so entstehende Prototyp ist wiederum mit den Anwendern abzustimmen. Es ist Aufgabe des Designers, hier für eine einheitliche und genormte Gestaltung zu sorgen.

7.4.3 Konsistenz

Seien Sie bei der Gestaltung von Applikationen nicht unnötig kreativ: Neue Bedientechniken muß der Anwender sich schließlich erst aneignen — mit großer Sicherheit zudem auch noch nur speziell für Ihre Applikation. Genormte Elemente dagegen kennt er bereits. Daraus ergibt sich automatisch die Anforderung, daß, wenn Sie von einem Standardverhalten abweichen, das entsprechende Element auch tatsächlich anders aussehen soll — Standards sollte man nie mißbrauchen und nur selten variieren.

7.4.4 Räumliche Plazierung von Elementen

Als dritte Fehlerquelle bleiben zwar aufgabenangemessene, einheitlich gestaltete, aber räumlich ungünstig plazierten Controls, zu deren Bedienung der Anwender unnötig komplizierte oder langwierige Schritte benötigt. Neben den genannten Selbstversuchen trägt hier die intensive Beobachtung auch eines ungeübten Anwenders bei — und zählen Sie ruhig die Tastenanschläge und Mausklicks, die er für die Verrichtung einer Aufgabe benötigt.

7.4.5 Mehr Sicherheit

Meldungen sollten eindeutig, so knapp wie möglich, aber so ausführlich wie nötig sein. Beim Kopieren von Dateien wäre die zusätzliche Angabe des Quell- und Ziellaufwerkes durchaus sinnvoll, um den Anwender in Sicherheit zu wiegen, daß diese nicht versehentlich verwechselt wurden.

Zur Applikation... 447

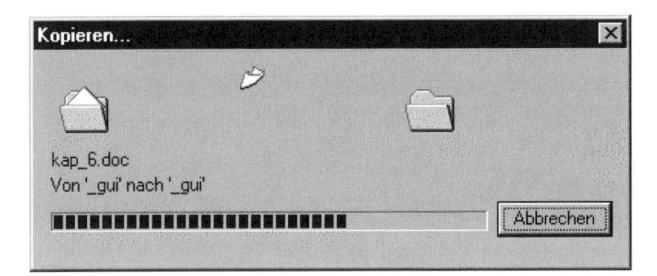

Bild 7.1: Unsinnig unpräzise Angabe von Quelle und Ziel bei verschiedenen Laufwerken

7.4.6 Mehr Möglichkeiten

Ebenfalls beim Kopieren mehrerer Dateien kommt es häufig vor, daß im Zielverzeichnis bereits Dateien gleichen Namens vorhanden sind. Da wünscht man sich die Option, die gleichen Namens automatisch zu überspringen, beispielsweise über einen Button „Nein für alle". Hilfreich wäre sicher auch die Möglichkeit, hier über Datums- oder größenabhängige Schalter das unbeaufsichtigte Kopieren größerer Mengen an Dateien zu erlauben, indem beispielsweise kleinere Dateien durch größere, ältere durch jüngere etc. ersetzt würden.

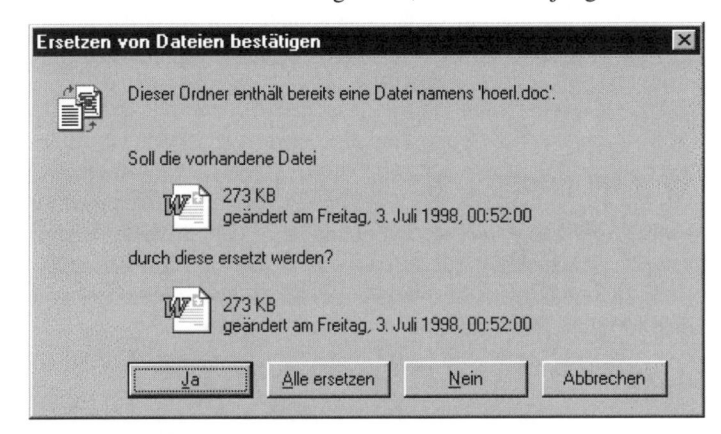

Bild 7.2: Reichlich wenig Möglichkeiten...

7.4.7 Hinzufügen neuer Features

Fragen Sie sich grundsätzlich:

- Muß die Bedienung so sein?
- Geht es nicht mit weniger Aufwand (für den Anwender, nicht für den Programmierer...)?
- Geht es nicht mit weniger Tastendrucken?
- Geht es nicht mit weniger Mausklicks?
- Geht es nicht mit kürzeren Mauswegen?
- Geht es nicht mit weniger Fenstern?

Wann immer Sie vorhaben, eine neue Funktion oder Eigenschaft in die Applikation einzubauen, bedenken Sie folgende Punkte:

- Jedes neue Merkmal könnte vorhandene Eigenschaften beeinflussen.
- Jedes neue Merkmal könnte zukünftige Eigenschaften beeinflussen.
- Jedes neue Merkmal muß dokumentiert werden.
- Die Anwendung wird größer.
- Die Anwendung wird langsamer.
- Die Anwendung wird komplexer.

7.4.8 Features vs. Effizienz und Usability

Versuchen Sie daher, den Schwerpunkt der Entwicklung eher in den Punkten Effizienz und Usability (zu deutsch etwa: Gebrauchsfähigkeit) zu suchen. Glauben Sie nicht, daß mehr Funktionen auch eine höhere Qualität der Software bedeutet. Ein fehlendes Merkmal — handelt es sich nicht gerade um eine ausgesprochene Basisfunktion — wird kaum jemand vermissen; eine unpraktische Bedienung dagegen allen Anwendern negativ auffallen und einer positiven Bewertung abträglich sein.

Daß etwas geht, wird kaum jemanden interessieren; wie umständlich oder schnell es geht, schon viel eher. Gute Gestaltung ist stets einfach, selbstverständlich, natürlich und unauffällig. Ihre Folge ist eine effiziente Bedienung, maximale Übersicht und ein vernünftiges Aufwand-/Nutzen-Verhältnis.

7.4.9 What you see is what you know

Die gesamte Funktionalität einer Applikation sollte erkennbar sein. Abkürzende Bedienungstechniken wie Doppelklick oder Rechtsklick mit der Maus auf Elemente, Tastenkombinationen etc. sorgen für eine hohe Effizienz beim geübten Anwender, sollten aber auch dem Einsteiger — beispielsweise über parallele Menüoptionen — angezeigt werden.

7.4.10 Das Pareto-Prinzip

In vielen Bereichen der Software-Entwicklung gilt das Pareto-Prinzip, die „80:20"-Regel des italienischen Volkswirtschaftlers Vilfredo Pareto (1848–1923), das, auf Programmieren umgesetzt, besagt, daß 80% einer Applikation 20% der Entwicklungszeit beanspruchen, der (kleine) Rest der Applikation aber eben auch den Großteil der Zeit. Es sind eben die Details, die ihre Tücken haben.

7.4.11 Virtuosität

Virtuosität und Sicherheit bei der Gestaltung von Applikationen werden Sie nur dann erreichen, wenn Sie die notwendigen Regeln kennen, sie einsetzen, befolgen, variieren & überprüfen. Abweichungen sollten Sie nur erlauben, wenn Sie sich Ihrer Sache sicher sind.

7.4.12 Die Goldene Grundregel

Sozusagen das Fabula docet des Buches aber sei: „Was Du nicht willst, das man Dir tu', das füg' auch keinem anderen zu." — Dinge, die Sie immer schon bei anderen Programmen geärgert haben, sollten in Ihren eigenen konsequenterweise bitteschön fehlen. Zwar werden Sie in der Regel gar nicht der Anwender Ihrer eigenen Applikation sein; dennoch ist zumindest für die Gestaltungsphase eine Identifizierung und Übertragung mit dem Benutzer in spe eine sinnvolle Möglichkeit, ihn nicht mit schlechtem Design unnötig zu drangsalieren...

7.5 Zum Schluß...

7.5.1 PS No. 1

Mit Adolf Freiherr von Knigge zu reden, der offenbar schon früh das Wesen des Softwareentwicklers vorausgeahnt hat: „Und wenn er ausdauert, immer konsequent, edel, vorsichtig und gerade handelt, so kann er sich allgemeine Achtung erzwingen, kann auch, wenn er die Menschen studiert hat und sich durch keine Schwierigkeit abschrecken läßt, fast jede *gute* Sache am Ende durchsetzen. Und hierzu die Mittel zu erleichtern und Vorschriften zu geben, die dahin einschlagen — das ist der Zweck dieses Buches."

7.5.2 PS No. 2

Die Schweizer Künstler Peter Fischli und David Weiss haben auf einer Reise nach Thailand in einer Keramikfabrik eine Tafel entdeckt mit den folgenden zehn Geboten, die abschließend auch dem gestandenen GUI-Designer sehr ans Herz gelegt seien:

How to work better.		Wie man besser arbeitet.	
1	Do one thing at a time	1	Mache eines nach dem anderen
2	Know the problem	2	Erkenne das Problem
3	Learn to listen	3	Lerne zuzuhören
4	Learn to ask questions	4	Lerne Fragen zu stellen
5	Distinguish sense from nonsense	5	Scheide Sinn von Unsinn
6	Accept change as inevitable	6	Akzeptiere Änderung als unausweichlich
7	Admit mistakes	7	Gib Fehler zu
8	Say it simple	8	Sag es einfach
9	Be calm	9	Sei ruhig
10	Smile	10	Lächle

Peter Fischli / David Weiss, How to Work (1991)

Anhang

A Dieses Kapitel...

...beinhaltet eine Übersicht über Literatur zum Thema GUI-Gestaltung nebst einiger Randgebiete. Dank an Harald Staak von der Frankfurter Informatikbuchhandlung Staak & Beirich, einem Kenner der GUI-Materie, der dafür sorgt, daß auch auf dem Gebiet der GUI-Literatur zuverlässig die neuen Titel am Lager sind.

B Normen

- DIN EN ISO 9241-10 bis 9241-17
- DIN EN ISO 13407
- ISO 13719

Die Normen finden Sie auf dem Web-Server des DIN unter www.din.de.

C Styleguides

Microsoft Corporation, The Windows Interface Guidelines for Software Design. Microsoft Press 1995 (ISBN 1-55615-679-0)

Microsoft Corporation, Die Windows-Oberfläche. Leitfaden zur Softwaregestaltung. Microsoft Press 1995 (ISBN 3-86063-226-4)

Microsoft Corporation, Interface Windows. Guide d'ergonomie. Microsoft Press 1996 (ISBN 2-84082-198-2)

Ich mag die englische Originalausgabe am liebsten, weil sie in Farbe gedruckt ist; die überaus zahlreichen Beispiele von Buttons, Icons, Symbolen und Bildschirmen sind hier erheblich aussagekräftiger und vermutlich gegenüber dem Text eh von größerer Bedeutung. Das Buch selbst ist ein absolutes Muß nicht nur für Gestalter von GUI-Applikationen. Die weiteren Titel zum Thema „GUI" sind nur als Ergänzung für besonders Interessierte gedacht; dieses Buch jedoch gehört wirklich in jedes Regal.

Microsoft Corporation, The Microsoft Manual of Style for Technical Publications. Microsoft Press 1995 (ISBN 1-55615-939-0)

Microsoft Corporation, The GUI Guide. International Terminology for the Windows Interface. Microsoft Press 1993 (ISBN 1-55615-538-7)

Apple Computer Inc., Macintosh Human Interface Guidelines. Addison-Wesley 1992 (ISBN 0-201-62216-5)

Apple Computer Inc., Macintosh Toolbox Essentials. Addison-Wesley 1992 (ISBN 0-201-63243-8)

Open Software Foundation, OSF/Motif Style Guide. Prentice-Hall 1993 (ISBN 0-13-643123-2)

NeXT Computer, Inc., NeXTSTEP User Interface Guidelines. Addison-Wesley 1993 (ISBN 0-201-63250-0)

IBM Corporation, Object-Oriented Interface Design. IBM Common User Access Guidelines. Que 1992 (ISBN 1-56529-170-0)

D Windows-Programmierung

Charles Petzold, Windows 95 Programmierung. Microsoft Press 1996 (ISBN 3-86063-355-X)

Marcellus Buchheit, Windows-Programmierbuch. Sybex 1992 (ISBN 3-88745-949-0)

Nancy Cluts, Programmierung für die Benutzeroberfläche von Windows 95. Microsoft Press 1995 (ISBN 3-86063-357-0)

Richard Simon et. al., Windows 95 WIN32 Programming API Bible. The Waite Group Inc. 1996 (ISBN 1-57169-009-3)

Richard Simon et. al., Windows 95 Common Controls & Messages API Bible. The Waite Group Inc. 1996 (ISBN 1-57169-010-7)

Richard Simon et. al., Windows 95 Multimedia & ODBC API Bible. The Waite Group Inc. 1996 (ISBN 1-57169-011-5)

Richard J. Simon, Windows 95 API Bible — WIN 32 Programmierung (Band 1). SAMS 1996 (ISBN 3-3-8272-4502-8)

Richard J. Simon, Steuelerelemente & Nachrichten (Band 2). SAMS 1996 (ISBN 3-3-8272-4501-X)

Richard J. Simon, Multimedia, ODBC & Telefonie (Band 3). SAMS 1996 (ISBN 3-3-8272-4500-1)

Diverse Autoren, Programming Windows 95 Unleashed. SAMS Publishing 1995 (ISBN 0-672-30602-6)

Matthew Telles, Andrew Cooke, Windows 95 API How-To. The Waite Group Inc. 1996 (ISBN 1-57169-060-3)

Charles Calvert, Windows 95 Programmierung in 21 Tagen. SAMS 1996 (ISBN 3-87791-870-0)

E GUI-Gestaltung

Marcus Aaron, Nick Smilonich, Lynne Thompson, The Cross-GUI Handbook. For Multiplatform User Interface Design. Addison-Wesley 1995 (ISBN 0-201-57592-2)

Peter Bickford, Interface Design. Academic Press 1997 (ISBN 0-12-095860-0)

Alex Calvo, The Craft of Windows 95 Interface Design. Springer 1996 (ISBN 0-387-94814-7)

Alan Cooper, About Face. The Essentials of User Interface Design. IDG Books 1995 (ISBN 1-56884-322-4)

Christine Faulkner, The Essence of Human-Computer Interaction. Prentice Hall 1998 (ISBN 0-13-751975-3)

Susan L. Fowler, Victor R. Stanwick, The GUI Style Guide. Academic Press 1995 (ISBN 0-12-263590-6)

Susan Fowler, GUI Design Handbook. McGraw-Hill 1998 (ISBN 0-07-059274-8)

Wilbert O. Galitz, User-Interface Screen Design. John Wiley & Sons 1993 (ISBN 0-471-56156-8)

Wilbert O. Galitz, Essential Guide to User Interface Design. John Wiley & Sons 1997 (ISBN 0-471-15755-4)

Jenz & Partner, Grafische Bediener-Oberflächen. Ein Leitfaden für das Anwendungsdesign. Selbstverlag 1992

Arnold Klingert, Einführung in Graphische Fenstersysteme. Springer 1996 (ISBN 3-540-58818-3)

Thomas K. Landauer, The Throuble with Computers. MIT Press 1995 (ISBN 0-262-62108-8)

Reinhard Langmann, Graphische Benutzer-Schittstellen. VDI Verlag 1994 (ISBN 3-18-401350-2)

John R. Levine, Designing GUI Applications for Windows. M&T Books 1994 (ISBN 1-55851-328-0)

Theo Mandell, The GUI-OOUI-War. Windows vs. OS/2: The Designer's Guide to Human-Computer Interface. Van Nostrand Reinhold 1994 (ISBN 0-442-01750-2)

Theo Mandel, The Elements of User Interface Design. John Wiley & Sons 1997 (ISBN 0-471-16267-1)

Eran Marom, Visual Basic: A Programmer's Guide To Managing Component Based Develpment. Prentice-Hall 1997 (ISBN 0-13-591504-X)

Alexander Martin, David Eastman, The User Interface Design Book. John Wiley & Sons 1996 (ISBN 0-471-95371-7)

Deborah J. Mayhew, Prinziples and guidelines in software user interface design. PTR Prentice Hall 1992 (ISBN 0-13-72929-6)

Mark Minasi, Secrets of Effective GUI Design. Sybex 1994 (ISBN 0-7821-1495-4)

Kevin Mullet, Darrell Sano, Designing Visual Interfaces. SunSoft Press 1995 (ISBN 0-13-303389-9)

David Redmond-Pyle, Alan Moore, Graphical User Interface Design and Evaluation. Prentice Hall 1995 (ISBN 0-13-315193-X)

Ben Shneiderman, Designing the User Interface. Addison-Wesley ^{3}1998 (ISBN 0-201-69497-2)

Bruce Tognazzini, Tog on Software Design. Addison-Wesley 1996 (ISBN 0-201-48917-1)

Josef Voss, Dietmar Nentwig, Graphische Benutzungsschnittstellen. Hanser 1998 (ISBN 3-446-19089-9)

Susan Weinschenk, Sarah C. Yeo, Guidelines for Enterprise-Wide GUI Design. John Wiley & Sons 1995 (ISBN 0-471-11845-1)

Susan Weinschenk, Pamela Jamar, Sarah C. Yeo, GUI Design Essentials. John Wiley & Sons 1997 (ISBN 0-471-17549-8)

Terry Winograd, Bringing Design to Software. Addison-Wesley 1996 (ISBN 0-201-85491-0)

Carl Zetie, Practical User Interface Design. McGraw-Hill 1995 (ISBN 0-07-709167-1)

Jürgen Ziegler, Rolf Ilg, Benutzergerechte Software Gestaltung. Oldenbourg 1993 (ISBN 3-486-22110-8)

F Icon-Design

Gerhard Braun, Grundlagen der visuellen Kommunikation. Bruckmann 1993 (ISBN 3-7654-2595-8)

Adrian Frutiger, Der Mensch und seine Zeichen. Fourier 1991 (ISBN 3-925037-39-X)

William Horton, Das Icon-Buch. Entwurf und Gestaltung visueller Symbole und Zeichen. Addison-Wesley 1994 (ISBN 3-89310-737-0)

Anton Stankowski, Gestaltungsfibel. Edition Braus 1991 (ISBN 3-89466-008-2)

Anton Stankowski, Funktion und ihre Darstellung in der Werbegrafik. Niggli o.J.

Dieter Urban, Gestaltung von Signets. Bruckmann 1991 (ISBN 3-7654-2389-0)

Moritz Zwimpfer, 2d. Visuelle Wahrnehmung. Niggli 1994 (ISBN 3-7212-0277-5)

G Gestaltung von Hilfesystemen

Mary Deaton, Cheryl Lockett Zuback, Designing Windows 95 Help. Que Corperation 1996 (ISBN 0-7897-0362-9)

Reinhard Engel, Elektronisch publizieren mit dem Microsoft Help Compiler. Microsoft Press 1996 (ISBN 3-86053-363-5)

William Horton, Designing and Writing Online Documentation. John Wisley & Sons 1994 (ISBN 0-471-30635-5)

H Web-Design

Jens Gallenbacher, Web komplett. CL Computer & Literatur 1998 (ISBN 3-932311-49-3)

David Siegel, Web Site Design. Markt & Technik 1997 (ISBN 3-8272-5184-2)

Anhang 455

I Software-Entwicklung

Steve McConnell, Code Complete. Das praktische Handbuch zur strukturierten Software-Entwicklung. Microsoft Press 1994 (ISBN 3-86063-333-3)

Donald C. Gause, Gerald M. Weinberg, Software Requirements. Anforderungen erkennen, verstehen und erfüllen. Hanser 1993 (ISBN 3-446-17113-4)

Michael Herczeg, Software-Ergonomie. Addison-Wesley 1994 (ISBN 3-89319-615-3)

Steve Maguire, Strategien der Software-Entwicklung. Microsoft Press 1994 (ISBN 3-86063-338-4)

Gerald M. Weinberg, Systemdenken und Softwarequalität. Hanser 1994 (ISBN 3-446-17713-2)

Edward Yourdan, Die westliche Programmierkunst am Scheideweg. Hanser 1993 (ISBN 3-446-17518-0)

J Typographie

Friedrich Friedl, Nicolaus Ott, Bernhard Stein. Typography — when who how. Könemann 1998 (ISBN 3-89508-473-5)

Jürgen Gulbins, Christine Kahrmann, Mut zur Typographie. Springer 1992 (ISBN 3-540-55708-3)

Anja Kiehn, Ina Titzmann, Typographie interaktiv!. Springer 1998 (ISBN 3-540-62879-7)

Joachim Peters, Bestiarium der Bits ´n´ Bytes. Springer 1998 (ISBN 3-540-63420-7)

Kurt Weidemann, Wo der Buchstabe das Wort führt. Cantz 1997 (ISBN 3-89322-521-8)

Hans Peter Willberg, Friedrich Forssman. Lesetypographie. Hermann Schmidt 1997 (ISBN 3-87439-375-5)

K Unterhaltsames

Michael A. Cusumano, Richards W. Selby. Die Microsoft-Methode. Haufe 1996 (ISBN 3-448-03432-0)

David Packard. Die Hewlett Packard Story. Campus 1996 (ISBN 3-453-14183-0)

Dieter E. Zimmer, Deutsch und anders. Die Sprache im Modernisierungsfieber. Rowohlt 1997 (ISBN 3-498-07661-2)

Neben vielem Lesens- und Bedenkenswerten erfährt man auch, daß „Hyperlink" auf französisch „Liaison", „Software" auf finnisch dagegen durchaus stoßseufzend „ohjelmisto" heißt.

G. Pascal Zachary, Der Krieg der Codes. Wie Microsoft ein neues Betriebssystem entwickelt. Hoffman und Campe 1996 (ISBN 3-455-11038-X)

Lauren Ruth Wiener, Digitales Verhängnis. Gefahren der Abhängigkeit von Computern und Programmen. Addison Wesley 1994 (ISBN 3-89319-672-2)

Mischa Schaub, code_X. Multimediales Design. DuMont 1992 (ISBN 3-7701-2750-1)

Alan M. Turing, Intelligence Service. Brinkmann & Bose 1987 (ISBN 3-922660-22-3)

Einige der Arbeiten des Mannes, der in Churchills Geschichte des Zweiten Weltkrieges nicht vorkommt, „weil er ihn mit entschieden hat", liegen mit dieser überaus verdienstvollen Ausgabe nun endlich auch auf deutsch vor, darunter sein wichtigster Text „On computable numbers, with an application to the Entscheidungsproblem" von 1937. Die akribische Biographie von Alan Hodges, „Alan Turing, Enigma" erschien 1989 bei Kammerer & Unverzagt mit der ISBN 3-9801050-5-9.

L Ergonomie-Randgebiete

Donald A. Norman, The Design of everyday things [Originally published: The psychology of everyday things]. Doubleday 1989

Kein Computer-Buch, beschreibt es aber fundamentale Erkenntnisse zum Umgang mit „Benutzerschnittstellen" im weitesten Sinne (auch Computer werden natürlich angesprochen) und ist auf diesem Gebiet zu Recht ein „Klassiker" (die Branche ist ja jung...). Es nennt Raymond Loewy zwar nur einmal im Anhang, aber trotzdem ein hochwichtiges Buch für Leute, die auch andere Dinge als Computer anfassen.

Richard L. Gregory, Eye and Brain. The Psychology of seeing. Weidenfeld and Nicolson 1979 (ISBN 0-297-77303-8)

Moritz Zwimpfer, 2d. Visuelle Wahrnehmung. Niggli AG 1994 (ISBN 3-7212-0277-5)

David Gelernter, Machine Beauty. BasicBooks 1997. (ISBN 0-465-04516-2)

Vance Packard, Die geheimen Verführer. Ullstein 1974 (ISBN 3-548-02402-5)

Das Original erschien 1957 und gehört sicher zu den Büchern, die nicht nur andere Autoren, sondern Generationen von Werbeleuten samt Konsumenten beeinflußt hat. Es beschreibt überaus eindrucksvoll und hochspannend, warum Dinge beim Kunden „ankommen". Wer es gelesen hat, wird Reklame und Produkte mit völlig neuen Augen sehen. Viele der psychologischen Erkenntnisse sind unmittelbar auch auf Software umzusetzen.

Raymond Loewy, Häßlichkeit verkauft sich schlecht. Econ 1992 (ISBN 3-430-16169-X)

Schändlicherweise nach der ersten deutschen Ausgabe 1953 erst wieder nach Jahrzehnten aufgelegt: Die Lebensgeschichte des Mannes, von dem jeder amerikanische Haushalt mindestens ein Produkt im Haus hat, das er gestaltet hat. Nur die Coca-Cola-*Flasche* ist trotz häufig gegenteiliger Ansicht nicht von ihm... Seine größte Leistung, die ich deswegen so überaus großartig finde, weil sie nicht unter Realbedingungen („Usability"-Labore nennt man wohl dergleichen) vorab getestet werden konnte, hat auch mit „Windows" zu tun: ein Fenster für die Astronauten des NASA „Skylab", das ihnen den Blick auf die Erde erlaubte und ohne das nach ihren Aussagen sie den Flug nicht überstanden hätten. Bei Faber & Faber erschien 1979 ein inzwischen leider lang vergriffener großer Loewy-Bildband, bei Prestel ein (deutschsprachiger und lieferbarer) umfangreicher Katalog zur Loewy-Ausstellung in Berlin 1990.

Index

?

? als Menüoption 173

<

\<Alt>+\<A> 91
\<Alt>+\<Abpfeil> 49, 92
\<Alt>+\<Druck> 107, 383
\<Alt>+\<Leertaste> 104
\<Alt>+\<O> 91
\<Alt>+Mausklick 97
\<Alt>-Taste 91, 197
\<Druck> 117, 383
\<F1> 50, 92, 199
\<F8> 49
\<Return> 57
\<Return> zum Navigieren 287
\<Shift Lock> 140
\<Shift> 50
\<Shift>+\<Alt>+\<F4> 52
\<Shift>+\<Entf> 64
\<Shift>+\<Tab> 57
\<Shift>+\<Windows>+\<M> 51
\<Shift>+Mausklick 45
\<Shift>-Klick 95
\<Shift>-Rechtsklick 193
\<Shift>-Taste 50, 193
\<Startbutton>-AUSFÜHREN 70
\<Strg>+\<+> 88
\<Strg>+\<Alt>+\<-> 71
\<Strg>+\<Alt>+\<Entf> 59, 129
\<Strg>+\<C> 58
\<Strg>+\<P> 92
\<Strg>+\<V> 58
\<Strg>+\<X> 39, 58
\<Strg>+\<Y> 39
\<Strg>+Mausklick 45
\<Strg>-Klick 95
\<Tab> 57
\<Windows Logo> 58
\<Windows>+\<M> 50
\<Windows>-\<R> 70
\<Windows>-Taste 220

1

13407 21

3

3D-Darstellung 76
3D-Effekt 395

4

451 54

7

7
  Die magische Zahl 7 170
7 +/- 2-Regel 170

8

80
  20-Regel 448

A

Abbrechen 196
Abbruchfunktion 63
Abfragen „on demand" 139
Abklicken 95
Abreißbare Menüs 209
Abschnitte 244
Achsen
  optische 109
Aktionen 178
Akzente setzen 267
Alle schließen 110
Alphabetische Reihenfolge
  von Menüoptionen 171
Ampel-Symbole 379
Angezeigt 354
Animationen 433
Animationselemente 380
Anmerkungsspeicher 90

Anordnung 109, 262, 270, 277
  vertikale 265
Anpassung der Toolbar 247
Ansicht-Modus 119
Antiquaschrift 269
Anwender 176
  Fertigkeiten 38
Anwender-Feedback 254
Anwenderwortschatz 176
Anzahl
  von Listeneinträgen 190
Anzahl der Optionen 254
Anzeige eines Grids 326
Anzeigeelemente 379
Anzeige-Modus 390
Anzeigen
  des Zustands 47
API 62
Applikationen 32
  mehrsprachige 90
ASCII-Datei 72, 222
Assistenten 159
Assistenten-Dialoge 408
Assistentenhilfe 194
Assoziative Shortcuts 192
Ästhetik 76
At Home-Funktion 71
Attraktivität 401, 425
Attribut Aktiv / Deaktiv 272
Attribut Angezeigt / Versteckt 272
Auffälligkeiten 267
Auffindgeschwindigkeit 425
Aufgaben
  wiederkehrende 38
Aufgabenangemessenheit 35
Aufgabenkompatibilität 170
Ausgefallenheit 77
Ausrichtung 270
Ausschneiden 195
Äußerlichkeiten 388
Auswahl 183, 196
  erweiterte 94
  mehrfache 94
Auswahl eines Druckers 62
Auswahl-Elemente 260
Auswahlhilfen 273
Auswahlhilfen „on demand" 273
AUTOEXEC.BAT 50
Automatisierung 36
AVI-Control 367
AVI-Controls 261
AVI-Ressourcen 434

B

Bauer-Prinzip 90
BEARBEITEN 213
Bearbeiten-Modus 391
Bearbeitungsmaske
  verlassen 56
Bearbeitungs-Modus 119
Bedeutung
  von Menüs 178
Bedienerführung
  flexible 55
Bedienungsfehler 65
BEENDEN
  Menüoption 174
Befehlsschaltfläche 261
Beispiel
  Floskelspeicher 221
  optimierter Dialog 191
  Toolbars definieren 248
Beispiele
  Menüleiste 167
  Windows 98-Explorer 166
Beleuchtung 395
Beliebte Fehler
  bei Pulldown-Menüs 220
  bei Untermenüs 208
  Statusbar 246
  Tooltips 240
Bemaßungsregeln
  für Checkboxen 307
  für Childwindows 133, 147
  für Eingabefelder 284
  für FixedTexte 276
  für Pushbuttons 344
  für Radiobuttons 302
  für Rahmen 280, 281
  für TabControls 355
Benutzerdefinierbare Shortcuts 196
Benutzerfeedback 46
Benutzerfehler 21
Benutzerkonfigurierbarkeit 200
Benutzeroberflächen
  Prinzipien 34
Benutzerprofile 89
Benutzerwortschatz 90
Benutzerzufriedenheit 21
Beschreibung 269
Beschreibungstexte
  ändern 202
Beschriftung 269, 277, 437
Bewegen 433

Index 459

Bezeichnungen
　von Menüs 185
Bibel
　Windows API 452
Bildlaufleiste 261
Bildlaufleisten 107, 333
Bildschirm in die Zwischenablage 196
Bildschirmauflösung 126
Bitmap
　in Icon konvertieren 385
Bitmapbuttons 261, 379
Bitmap-Buttons 237, 352
Bitmaplisten 115
Bitmaps 377, 407
　als Menüoptionen 166, 424
　in Laschen 424
　in Pushbuttons 420
　in Toolbars 425
Bitmaps & Icons 260, 261, 283
Blättern 183
Borland-Pushbuttons 422
Brainstorming 436
Breite der Spalten 337
Browser 260, 261, 336
BS_AUTO3STATE 311
Buchheit, Marcellus 452
Buchstaben 186
Buddy control 295
Bush, Vannevar 103
Button-Kategorien 421
Buttons
　auf der Shell 128
　mit Bitmaps 237

C

C:\WINDOWS\CURSORS 386
Canvasarea 108
CB_SETITEMHEIGHT 292
Checkboxen 260, 261, 306
Checkmark 180, 203
Checkmarkierung 165
CheckMenuRadioItem () 182
Child 329
Childwindows 129, 168, 214
　ein Menü 214
ChooseColor () 61
ChooseFont () 61
Chrome 395
Chunks 170
ClipTray 374
Color 61

Comboboxbutton 182
Comboboxen 260, 314
　Öffnen per Tastatur 49
COMCTL32.DLL 325
Comics 42
Common Controls 272
Computer Interface Design 55
CONFIG.SYS 50
Controlbars 243
Control-Beschreibungen 243
Controls 259
　konsistente 60
　unbeschriftete 269
Control-Tooltips 271
Coolbars 243
Copy 192
Corporate Identity 17
Courier New 117, 268
CUR-Dateien 387
Cursor 386
Cursortasten 57, 287

D

Data driven-Menüs 201
Datei 42
Dateilisten 200
Dateimanager 184
Datenaktualisierung 132
Datenfenster 128
Datenübernahme 145
Deaktivieren
　von Optionen 202
DeleteMenu () 114
Design
　Software 451
Design-Fehler 21
Design-Prozeß 19
Designwerkzeuge 107
Desktop 124
　als Clipboard-Ablage 375
　Größe 126
Detail View 322, 418
Detailanzeige 418
Detailliste 322
Dialog
　optimierter 191
Dialogboxen 252
Dialoge 143
　benutzerspezifische 68
　konsistente 61
Dialoge wiederholen 144

DIN 13407 21
DIN EN ISO 9241-10 34
Direct Mapping 88
Direkte Manipulation 84
Direktheit 41
Disabled 354
Dithering 397
DLLs 72
Dokumentenorientiert 83
Doppelklick 85, 93, 433
 „langsamer" 43
Doppelklickgeschwindigkeit 86
Doppelpunkt 270
Doskey 70
Drag & Drop 31, 85, 96, 324, 330
Drap-and-Pull 210
DrawMenuBar () 203
Drehfeld 260
Drehfelder 260, 295
Dreifachklick 31, 97
Dropdown-Listenfeld 260
Dropdown-Menu 164
Drucken 195
Drucker auswählen 62
Drucker-Setup-Dialog 37
Drudel 405
Duchamp, Marcel 31
DUPLIZIEREN 197
Durchgehender Markierungsbalken 327
Durchnumerierung 36
Dynamische 200
Dynamische Änderung
 von Optionstexten 202
Dynamische Laschen 358
Dynamische Modifizierung 272
Dynamischer Inhalt 271

E

EDIT.COM 337
Editierbare Comboboxen 291
Effektivität 24
Effizienz 21, 24, 39
Eigenschaften 196
Ein Menü 214
Einblenden
 der Menüleiste 211
Einfacher Klick 92
Einfachheit 43
Einfangen 95
Einfügen 192, 195
Eingabe eines Dateinamens 56

Eingabe- vs. Auswahlcontrols 273
Eingabefelder 260, 283
Eingedrückt 354
Einheitlichkeit 267, 380, 402
Einrahmen einzelner Controls 282
Elementauswahl 179
Elementlisten 189
Ellipse 164, 177
Emotionalität 78
Engelbart, Douglas 103
Enthusiasten 89
Entwurf
 von Toolbar-Bitmaps 425
Enzyklopädien 33
Erfahrung
 Gesetz der 85
Erkennbarkeit 402
Erkennen 404
Erkennungsmöglichkeit 267
Erkennungszeichen 211
Erlernbarkeit 22
Erstassoziationen 54
Erwartungskonformität 57
Erweiterte Attribute 325
Erweiterte Auswahl 94
Erweiterungen
 für Systemmenüs 229
Erweiterungen der Common Controls 272
Erweiterungstasten 45
ES_READONLY 286
ES_RIGHT 285
Eselsohren 83
E-Software 32
Experimente 23
Experimentierfreudigkeit 88
Explorer 46, 183
Explorer-Fenster 154
Extended selection 320
EXTRAS 185

F

Fähser, Joachim 29
Farbe 389
Farbeinsatz 394
Farben 117, 127, 266
 RGB-Werte 390
Färben des Hintergrunds 287
Farbkodierung 264
Favoriten 69
Feedback
 benutzerangepaßtes 53

Index

Mauszeiger 387
präventives 53
problembezogenes 53
unsinniges 53
visuelles 209
Feedback-Anzeigen 244
Fehler 66
  bei Hotkeys 187
  bei Menüs 172, 185
  bei Pulldown-Menüs 220
  bei Shortcuts 199
  bei Untermenüs 208
  Data driven Menüs 202
Fehlermeldungen 140
Fehlertoleranz 62, 65
Fehlervermeidung 67
Fenster 103
  Elemente 104
  Liste der offenen Fenster 131
  mit Merk-Funktion 69
  modale 118
  nicht verschiebbare 117
  schließen 110
  scrollbare 115
  teilbare 154
  verknüpfte 121
Fenster in die Zwischenablage 196
Fenster schließen 196
Fenstererweiterungen 230
Fenstergröße
  feste 114
Fenster-Kontextmenüs 221
Fensterlisten 200
Fertigkeiten
  des Anwenders 38
Find 61
FindText () 61
Fischli, Peter 449
Fitts'sche Gesetz 84
FixedText 275
FixedText-Elemente 260, 261
Flexibilität 44
Floskeln 95
Floskelspeicher 221
Focus
  zurücksetzen 274
Fokussierung 197, 266
Folgedialoge 121
Font 61
Fortschrittsanzeigen 365
FreeWheel 97
Freitextsuche 53
Fremdbeschreibungsfähigkeit 54

Funfaktor 32
Funktionen 178
Funktionsgruppen 172
Funktionstasten 58, 92, 197, 199, 361
Funktionstastenbelegungen 107
Funware 33

G

Gedächtnis 39, 70
Gefährlichkeit 172
Geheimtasten 49, 193, 253
Geschmackssache 76
Geschwindigkeit 73
Gestaltgesetze 85
Gestaltpsychologie 84
Gestaltung 241
Gestaltungsmittel 382
Gestaltungsprinzipien 108
Gestaltungszeit 22
GetBValue () 393
GetGValue () 393
GetOpenFileName () 61
GetRValue () 393
GetSaveFileName () 61
GetSysColor () 391
GetSystemMenu () 114
Gewichtung 267
Gleichförmigkeit 267
Gleichheit
  Gesetz der 85
Gleichmäßigkeit 110, 267
Gliederung durch Farbkodierung 264
Gliederung durch Leerraum 263
Gliederung durch Nähe 262
Gliederung durch Rahmen & Linien 263
GPF-Meldungen 117
Graphical User Interface 17
Graphikelemente 377
Graphiken
  Einsatzgebiete 378
Graphiksoftware 34
Grid anzeigen 326
Großbuchstaben 177
GROSSBUCHSTABEN 270
Größe 112
  von Childwindows 129
  von FixedTexten 278
  von Symbolen 388
Große Symbole 322, 418
Groteskschrift 269
Groupbox 301

Grundlagen
    der Gestaltpsychologie 84
Gruppenauswahl 182
Gruppenfeld 260
Gruppierung 110, 255
Gruppierungen
    von Menüoptionen 168
Gruppierungsproblem 262
GUI 17
Gummiband 95

H

Häufigkeit 172
Hauptszene 439
Heim-Software 33
Hervorgehobener Text 244
Hilfe 196, 213
    Anforderung 75
    bei Menüs 173
Hilfetexte
    eigene 54
Hintergrund 437
History-Listen 74
Home Base 128
Hörl, Ottmar 2, 3, 16, 29, 30, 258, 376
Hotkeys 91, 186, 270
    mehrfache 188
Hotkey-Vergabe 270
Hotspot 433

I

ICO-Datei 386
Icon 378
    in Bitmap konvertieren 385
Icon „Frage" 136
Icon „Information" 136
Icon „Kritisch" 136
Icon „Warnung" 136
Icon-Menüs 231
Icons 379, 427
    für Applikationen 428
    für Fenster 429
    für Messageboxen 136
    Gestaltung 454
Imageliste 330, 418
Individualisierbarkeit 68
INF-Dateien 72
Informationen
    dynamische 239

Informationsfluß 35
Informationsgehalt 35
Inhalt
    von Menüs 178
Inhalt nicht markieren 287
Inhouse-Applikationen 34
INI-Datei 72, 222
INI-Dateien 95, 337
Installierte Schriften 268
Installierung
    von Software 72
IntelliMouse 97
Internet-Software 33
ISO 13407 21

K

Kai's Power Goo 82
Karteireiter 228
Karteireiterdialoge 35, 149
Karteireiterfenster 191, 206
Karteireiterfenstern 262
Kategorisierung 266
Kay, Alan 103
Keller, Hannes 62
KISS-Prinzip 113
Klapp-Dialoge 157
Kleine Symbole 322, 418
Klick
    einfacher 92
Klicken 433
Knigge, Adolf Freiherr von 29, 449
Knoten im Taschentuch 83
Kombinationen
    mit <Alt>-Taste 197
    mit <Strg>+<Alt> 193
Kombinationsfeld 260
Kombinationstasten 45
Kommerzielle Software 34
KompakteDialoge 112
Komposition
    von Dialogen 19
Konfiguration
    externe 73
Konfigurierbarkeit 52, 246
Konsistenz 57, 77, 404
Konstruktion
    von Dialogen 19
Kontextabhängige Position 116
Kontexthilfe 196
Kontextmenü 196, 225
    Floskelspeicher 221

Index

Verzicht auf 288
Kontextmenüs 95, 164, 216, 273, 300
   für Fenster 221
   Standards 218
Kontext-Menüs 260
Kontrolkästchen 260, 261
Kontrollkästchen 180, 203
konventionaler Kode 427
Konvertierung
   Icon/Bitmap 385
Kopieren 192, 195
Korrektur
   aufschieben 66
Korrekturen
   automatische 62
Kosten 22
Kulisse 437
Kurzbeschreibungen
   bei Menüs 167
Kürzeltasten 50
Kurzzeitgedächtnis 170
Kybernetische Fähigkeiten 74, 238

L

Laden der Applikation 407
Large Icon View 418
Large Icons View 322
Laschen
   mit Bitmaps 424
Lassoing 95
Last-Used-Listen 69
Laufbalken 53, 261
Laufbalken-Control 365
Layout 116
Learning by doing 73
Leerraum 263
Lernen
   aus eigenen Fehlern 75
   mit Benutzerhilfe 75
Lernförderlichkeit 74
Lesezeichen 54, 83
Lexika 33
Linien 116
Linienstärke 280
List View 322, 418
Listboxen 260, 319
Listenanzeige 322, 418
Listeneinträge
   Anzahl 190
Listenfelder 260
ListView_GetItemState () 326

ListView-Elemente 260, 322, 418
ListViewItems 322
Lizenzrechte 268
LoadCursor () 431
Loewy, Raymond 76, 456
Look & Feel 18
Lupe
   bei Windows 98 387
LVIS_STATEIMAGEMASK 326
LVN_BEGINLABELEDIT 324
LVN_ENDLABELEDIT 324
LVS_EDITLABELS 324
LVS_Ex_CheckBoxes 326
LVS_Ex_FullRowSelect 327
LVS_Ex_GridLines 326
LVS_Ex_HeaderDragDrop 326
LVS_Ex_TrackSelect 327
LVSCW_AutoSize 328
LVSCW_AutoSize_UseHeader 328

M

Makros 39
Malprogramm 108
Manipulation
   direkte 84
Mapping
   direct 88
Markieren 93
   durch Ziehen 99
   von Optionen 203
Markierungen 83, 185
Markierungsbalken 327
Maschinensteuerungen 33
Maßnahmen
   präventive 66
Maus 99
Mausbedienung 59
Mauscursor 120
Mausfunktionen 92
Mausgebundene Position 116
Mausnavigation 245
Maustaste
   rechte 95
Maustasten 45
Mauszeiger 371, 379, 429
   als Feedback 387
   sprechende 225
MDI-Applikationen 120, 214
Mehrdeutigkeiten
   bei Menüs 175
Mehrfachauswahl 94

Mehrfaches Vorkommen 269
Meldungsaufkommen 141
Memex 103
Mengenorientiert 341
Menü 127
   Alternativen 252
Menüarten 209
Menüauswahl 179
Menü-Beschreibungen 243
Menüdefinitionen
   Vorgehensweise 254
Menüelemente 165
Menüleiste 106, 164, 211
   Kontextabhängig 211
   neu zeichnen 203
Menümodus einschalten 196
Menüoption 164
Menüoption DATEI 201
Menüoptionen
   abhängige 180
   Reihenfolge 171
   unabhängige 180
Menüs 163
   abreißbare 209
   Anzahl der Ebenen 170
   beliebte Fehler 172
   data driven 201
   dynamische 200
   Elemente 163
   Fehler 185
   mit Icons 231
   Popup-Menü 223
   Pulldown 210
   Tastenkürzel 187
   überlappende 205
   Windows 98-Stil 167
Menüs messen 253
Menütexte 174
Menütitel 164, 165
Merkfunktion 111
Merk-Funktion 69
Messageboxen 61, 134
   selbstschließende 139
Metaphern 79
MF_ByPosition 114
Microsoft 31
Millersche „7 +/- 2"-Regel 170
Millersche Zahl 106
Mißbrauch von Controls 279
Modal vs. nicht-modal 118
Modalität
   dynamische 119
Modifikatoren 418

Möglichkeiten
   Anzeigen der aktuellen 46
Monochrome Flächen 395
Most-Used-Listen 69
Motorik 208
MS Sans Serif 117, 268
Multi part status bars 244
Multi selection 320
MultiLineEdit 298
MultiLineEdits 260
Multimediasoftware 33
Multiselektion 46

N

Nachrichtenaustausch 132
Nachrichtenbereich 244
Nachschlagewerke 33
Nächstes Childwindow 196
Nächstes geöffnetes Fenster 196
Nächstes Hauptfenster 196
Nächstes Unterfenster 196
Nachteile
   von Pulldown-Menüs 215
Nähe
   Gesetz der 85
Napware 33
Natural mapping 124, 262
Natürliche Anordnung 124
Navigation 40
Navigieren
   innerhalb einer Maske 57
Navigierend 341
Neuaufnahme-Modus 119, 391
Neuheiten
   Windows 98 230
Neustart von Windows 50
Nicht-modale Fenster 118
Nomenklatur
   Menü 164
Normaler Text 244
Norman, Donald A. 441
Normen 24
Notizbücher 79

O

Oberlay-Bitmaps 324
Objektmenü 164
Objektorientiert 83
Objektsymbol 105

Index 465

Ockham, Wilihelm von 259
Öffnen 195
OnNow-Funktion 71
OOUI 83
Open 61
Optionen
   deaktivieren 202
   markieren 203
   präventives Sperren 204
   verändern 202
   verstecken 204
Optionsfeld 182, 260, 300
Optionsfelder 182
Optionslisten 180
Optionstexte 202
Optische Harmonie 110
Ordneroption Web-Stil 99
Organizer 79
Overlay-Bitmaps 406
Owner draw-Bereich 244
Owner Drawn-Menüs 425

P

Packard, Vance 68
Page Setup 61
PageSetupDlg () 61
Paint 240, 383
Paletten 243
Papierkorb 64
Parent 329
Pareto, Vilfredo 448
Petzold, Charles 452
Pipetten-Werkzeug 394
Platzbedarf 215
Plazierung
   von Menüs 168
Point-and-Click 210
Popup-Menüs 165, 260, 261, 300
Pop-Up-Menüs 223
Position 116
Positionierzeit 84
Prägnanz
   Gesetz der 85
Präventive Maßnahmen 66
Präventive Validierung 274
Präventives Sperren 204
Print 61
PrintDlg () 61
Prinzipien
   für Benutzeroberflächen 34
Produktivität 21

Progressbar 365
Pulldown-Menü 164
Pulldown-Menüs 210
   Vorteile 215
Pushbuttons 227, 261, 342
   mit Bitmaps 420

Q

QuickInfo 261
Quiz 253
QWERTY 188
QWERTZ 188

R

Radiobuttons 260, 300
Rahmen 244, 396, 437
Rahmen & Linien 260, 263, 279
Raster 108, 109, 116, 264
Raumaufteilung 116
Räumliche Tastenanordnung 191
Rechte Maustaste 95
Rechtsbündige Ausrichtung 277
Redo 63, 182
Reduktion 108
REGEDIT 73
Regel
   Millersche „7 +/- 2"-Regel 170
Regiezentrum 214
Register-Dialoge 149
Register-Element 261
Registrierungsdatenbank 72
Registrierungseditor 51
Reihenfolge 108, 265
   von Menüoptionen 171
   zeitliche 265
Replace 61
ReplaceText () 61
Report View 322
Reserviert für Betriebssystem 196
RGB-Wert
   Ermittlung 394
RGB-Werte 390
RichEdit-Controls 260
RichText-Controls 300
Robustheit 67
Rollen 97
Root 329
RTF-Textfeld 260
Rückgängig 196

Rückkopplung 45
Rückmeldung 46

S

Save As 61
Schachtelungstiefe 205
Schaltflächen 105, 261, 424
Schieber 261
Schieberegler 261, 334
Schließen von Fenstern 110
Schmidt, Arno 103
Schmuck-Elemente 408
Schneller Zugriff 235
Schnittmuster
    Vorteile 23
Schnittstellen 91
Schreibtischmetapher 79
Schriftarten 117, 268
Schriftnamen 179
Screenshots 383
Scrollbars 107, 261, 333
SDI-Applikationen 120
Seitenvorschau 411
Selbstbeschreibung
    mangelnde 87
Selbstbeschreibungsfähigkeit 45
Selbstlernfähigkeiten 74
Selektieren 94
Serifenschriften 268
Setup-Dialog 37
SHED.EXE 53
SHELL32.DLL 434
Shellwindow 127
Shellwindows 168
Shortcuts
    beliebte Fehler 199
    benutzerdefinierbare 196
    eigene 196
    Standard 195
    versehentlich betätigte 200
    Verstärkung 198
Sichtbarkeit 261
    von Shortcuts 194
SingleLineEdit 283
SingleLineEdits 260
Sketchpad 103
Small Icon View 322, 418
Software Design 451
Software-Design
    Vorteile 21
Softwareergonomie 24

Software-Fehler 21
Solitaire 96
SONSTIGES 185
Spalten
    verschieben 326
Spaltenorientierung 265
Spationierungen 177
Speichern 195
SPI_SetDoubleClickTime 86
Spiele 32
Spinbuttons 183, 295
Spinner 295
Split-Windows 155
Sprechende Mauszeiger 225
Spreizgriffe
    unnötige 189
Squint Test 169
Squint-Test 267, 395
Staak & Beirich 451
Staak, Harald 451
Standard
    Sortierung bei Menüs 172
Standard Icon View 322
Standard-Buttons 139
Standarddialoge 61
Standard-Dialoge 143
Standardfonts 268
Standardfunktionen 110
Standardkontextmenü 57
Standard-Mauszeiger 430
Standardmenü 213
Standardmenüs 165
Standard-Messageboxen 134
Standard-Toolbarbuttons 237
Standardverhalten
    von Windows 57
Star 103
Startbitmap 407
Startmenü 233
Start-Menü 42, 196
Statische Elemente 260
Statisches Textfeld 260, 261
Statistische Erhebungen 238
Statusanzeige 261
Statusanzeigen 261
Statusleiste 107, 127
Statusleisten 243
Stella, Frank 17
Stenner, Kristine 31
Steuerbarkeit 55
Steuerelemente 259
    Anzahl 113
    in der Shell 127

Index

Stolpersteine 83
Substantive
   bei Menüs 185
Such-Optionen 205
Sutherland, Ivan 103
Symbolbedeutung 398
Symbole 379
   farbige 390
Symbolgestaltung 236
Symbolleiste 106
Symbolleisten 234, 256, 267
Systemfarben 392
Systemfont 268
Systemmenü
   Erweiterungen 229
Systemmenü für Childwindow 196
Systemmenü für Fester 196
Systemmenüs 165
SystemParametersInfo () 86
System-Schriftart 126
Systemsteuerung 233
Systemsteuerungsordner 232

T

Tabcontrols 261
Tab-Controls 355
Tabelle
   3.1: Childwindows mit Tabcontrols 133
   3.2: Dialogwindows 147
   4.1: Standard-Hotkeys 187
   4.1: Standard-Menütexte 187
   4.2: Standard-Shortcuts 195
   4.3: Standard-Toolbarbuttons 237
   5.1: Statische Elemente 260
   5.10: Radiobuttons 302
   5.11: Checkboxen 307
   5.12: Pushbuttons 344
   5.13: Tabcontrols 355
   5.2: Eingabefelder 260
   5.3: Auswahl-Elemente 260
   5.4: Tabellen-Controls 261
   5.5: Schaltflächen 261
   5.6: Statusanzeigen 261
   5.7: FixedText-Controls 276
   5.8: Rahmen-Controls 281
   5.9: Edit-Controls 284
   6.1: AVI-Ressourcen 434
Tabellen-Controls 261
Tab-Reihenfolge 96
Tabulatoren 321
Tabulator-Reihenfolge 236

Taskleiste 126, 416
Task-Leiste 212, 245
Tastatur 99
Tastaturbedienung 91
Taste gedrückt 31
Taste losgelassen 31
Tastenanordnung
   räumliche 191
Tastenbedienung
   für TabControls 360
Tastenbelegungen 58
Tastenfunktionen 186
   im Mauscursor 433
Tastenkombination
   Öffnen einer Combobox 49
Tastenkombinationen 49
   beim Mauscursor 372
Tastenkürzel 92, 191
   bei Menüs 187
   Standard-Tastenkürzel 195
Teilbare Fenster 154
Teilungsmöglichkeiten 337
Terminkalender 79
Terminologie 42, 57
Text ohne Rand 244
Textbausteine 95
Texte
   für Messageboxen 134
   in Icons 427
   in Menüs 165
Textelemente 244
Textfeld 260
Textformulierung 137
Tip des Tages 75
Titelleiste 105, 129
Toggle-Elemente 58
Toggle-Schalter 353
Toggle-Texte 181
Toleranz
   bei Meldungen 65
Toolbar 127, 180
Toolbar-Bitmaps
   Entwurf 425
   Tooltips 238
Toolbarbuttons 418
   bearbeiten 249
   entfernen 248
   hinzufügen 249
   Standard 237
Toolbar-Buttons 379, 389
Toolbar-Optimierungen 238
Toolbars 242
Tooltips 261, 271

beliebte Fehler 240
   Fragen & Antworten 240
   für Toolbar-Bitmaps 238
   unter Windows 98 239
Transparentfarbe 385
TreeView-Elemente 260, 329, 417
Treffer
   anzeigen 53
Trennlinien 166, 168
Turing, Alan M. 456
TVS_EDITLABELS 330
Tweak UI 51
Twips 259
Typographie 17, 20
   bei Menüs 177

U

Überfülle 279
Überlappende Menüs 205
Übersicht 259
Übertragbarkeit 22
Übertreibung
   als Gestaltungsmittel 382
UID 18
Umlauten
   bei Hotkeys 188
Umriß 395
Umschalten
   von Menüoptionen 181
Umschalttasten 58
Undo 62, 63, 182
Undokumentierte Tastenkombinationen 49
Unterfenster 115
Unterlängen 186
Untermenü 164, 166, 205, 206
Unterscheidbarkeit 401
Unterstützung 194
User Interface Design 18, 55
U-Software 32

V

Validierung 274
Validierungsanzeigen 271, 416
Variablen
   in Messageboxen 135
Varianten
   Toolbars 242
Verabschiedung 129
Verb

   bei Menüs 185
Verknüpfungen 125
   löschen 62
Verknüpfungsfunktion 427
Verlassen
   einer Applikation 52
   einer Maske 56
Verne, Jules 441
Versalien 177
Verschachtelungen 282
Verstärkung
   von Shortcuts 198
Verstecken
   von Optionen 204
Vertikale Anordnung 265
Verwandschaftsverhältnisse 268
Visuelle Störungen 401
Visuelles Feedback 209
Vogel, Peter 31
Vollbildmodus 105, 129
Vorab-Feedback 42
Vorbelegung
   eines Buttons 139
Vorbelegungen 123
Vordergrund-Konstanten 438
Vorgabewerte 40
Vorgehensweise
   Bitmap-Entwurf 435
   für Karteireiterdialoge 152
   für Menüs 254
Vorlieben 74
Vorschau-Element 414
Vorteile
   von Pulldown-Menüs 215
   von Schnittmustern 23

W

Wahlschalter 183
Web-Stil 99
WECHSELN ZU 174
Weiss, David 449
Wenders, Wim 54
Werkzeuge 383
Wertheimer, Max 85
Wiedererkennen 404
Wiederholung
   einer Aktion 39
Wiederholungsfunktionen 111
Wiederkehrender Aufgaben 38
Wiederkennbarkeit 57
Willkür 23

WIMP 31
Window-Editoren 107
Windows
   Starten von 49
Windows 98 183
   Lupenfunktion 387
   Neuheiten 230
   Tooltips 239
Windows API-Bibeln 452
Windows-Standardfonts 268
Windows-Taste 50
WordStar 46
Worte vs. Bilder 383
Wortschatz
   des Anwenders 176
Wortwahl 174
WS_EX_CLIENTEDGE 273
WS_EX_DLGMODALFRAME 272, 287
WS_EX_STATICEDGE 273
WS_EX_WINDOWEDGE 272
WS_MinimizeBox 114, 229
WYSIWYG 85, 88, 89, 179
WYSIWYG-Elemente 378, 409

X

Xerox 103

Z

Zahlen 187
Zellen 336
Zentrales Pulldown-Menü 214
Zentriert 116
Zettelkästen 79
Ziehen 433
Zielgruppe 32
Zoomstufe
   versteckte 241
Zufällige Reihenfolge
   von Menüoptionen 171
Zufriedenstellung 24
Zusammenstellen der Optionen 255
Zustand
   anzeigen 47
Zwischenablage 373

Gestaltung von Web-Seiten für Einsteiger

Die Gestaltung von Webseiten und Websites ist keine primär technische Aufgabe. Design und Layout erfordern gestalterische Kompetenz. Dabei müssen diejenigen, die mit dem Entwurf von Printmedien vertraut sind, umdenken: Für Webseiten gelten vollständig andere Regeln. Bisher gibt es weder vorgegebene (Seiten-) Formate noch Schriften oder Gestaltungsraster. Die gestalterischen Freiheiten und Kontrollmöglichkeiten von Typographie und Layout sind aufgrund technischer Gegebenheiten stark eingeschränkt. Farben z.B. sehen auf unterschiedlichen Plattformen (PC, MAC, UNIX) bestenfalls ähnlich aus. Kurz: Geht man nicht auf die Besonderheiten des Mediums ein, wird das Ergebnis unkontrollierbar. Hier setzt das Buch an und zeigt, wie man eine eigene Website aufgebaut, gestaltet und optimiert.

Highlights
- Praxisbuch vom Grafiker für Grafiker
- Fast schon wie DTP: WYSIWYG und HTML
- Editoren (Page Mill, MS Frontpage, Texteditoren) und Code-Optimierung
- Grafiken für das WWW optimal gestalten
- Schrittweiser und systematischer Aufbau von Webseiten und Websites
- Professionelle Seiten durch strukturierendes Page Design und Site Design
- Projektplanung und Realisation
- Die Website zum Buch: http://www.designzentrum.de

Ralf Lankau
Webdesign und Webpublishing
Handbuch für Grafiker
ca. 450 Seiten
kartoniert mit CD-ROM
ca. DM 89,–
ISBN 3-446-19071-6

Carl Hanser Verlag
81631 München, Postfach 86 04 20
Telefon (089) 9 98 30-0. Telefax (089) 98 12 64
Internet http://www.hanser.de
E-Mail info@hanser.de

Ausführliche HTML-Referenz

Ziel des Buches ist es, Ihnen eine zuverlässige und strukturelle Einführung in HTML 4.0 zu geben. Aufbauend auf den Erfahrungen des Autors als Trainer für Online-Projekte, erlernen Sie alle Grundlagen, die für die Erstellung von HTML-Seiten notwendig sind:

- Textformatierungen
- Tabellen und Listen
- Entwerfen von interaktiven Formularen
- Hypertext und Vernetzung von Dokumenten
- Einbetten von Multimedia-Dateien
- Style Sheets und Layer
- Ausblick auf neue Technologien wie XML, DYNAMIC HTML und ActiveX

Das Buch wendet sich an Leser, die Kenntnisse auf dem Gebiet des Publishing mit HTML erwerben wollen. Einsteiger werden durch die vielen Beispiele und die verständliche Form schnell die ersten Ergebnisse erzielen. Profis finden in diesem Buch alle Neuerungen von HTML übersichtlich erklärt und beschrieben - ob Style Sheets oder Layer.

Auf der Buch-CD: Alle im Buch aufgeführten Listings sowie Programme und Tools für die Arbeit mit HTML: Editoren, Grafiktools, Referenzen.

Stephan Lamprecht
HTML 4.0 für Profis
316 Seiten, kartoniert
mit CD-ROM 1998
ISBN 3-446-19247-6

Carl Hanser Verlag

81631 München, Postfach 86 04 20
Telefon 089/ 9 98 30-0, Telefax 089/ 98 12 64
Internet http://www.hanser.de
E-Mail info@hanser.de

Wirtschaftsspionage kann auch Ihr Unternehmen treffen

Ist Ihnen bewußt, daß
- im Zeitalter von Internet/Intranet die Türe für Wirtschaftsspionage sperrangelweit offensteht?
- diese meist von den eigenen Mitarbeitern als Mittätern begangen wird?
- ein Unternehmen dadurch in den Konkurs getrieben werden kann?

Durch dieses Buch werden Sie für die Gefahren, die durch Wirtschaftsspionage drohen, sensibilisiert. Sie erfahren, welche Daten besonders gefährdet sind, was die Daten wert sind, wer die Täter sind, wie diese beim Datenklau vorgehen und welche Schutzmöglichkeiten es gibt.

Roman Hummelt
Wirtschaftsspionage auf dem Datenhighway
Strategische Risiken und Spionageabwehr
224 Seiten, kartoniert 1997
ISBN 3-446-19070-8

Carl Hanser Verlag
81631 München, Postfach 86 04 20
Telefon 089/ 9 98 30-0, Telefax 089/ 98 12 64
Internet http://www.hanser.de
E-Mail info@hanser.de

Eine komplexe Einführung in den elektronischen Handel

Dieses Buch führt - ohne technische Kenntnisse vorauszusetzen - in die kommerzielle Nutzung des Internet ein.

Es verhilft zu einem Grundverständnis der Prozesse und Zusammenhänge des elektronischen Handels, so wie es Manager, Firmeninhaber, Vertriebs- und Marketingleiter, Existenzgründer und alle am Thema Interessierten benötigen.

Sie erfahren, wie der Zahlungsverkehr im Internet funktioniert, welche digitalen Zahlungsmethoden es gibt, wie Online-Shops und Domainnamen rechtlich einzuordnen sind u.v.m.

Als Hilfe für die Realisierung des eigenen Online-Shops nennt Ihnen der Autor alle wesentlichen Merkmale eines erfolgreichen Online-Shops. Er stellt einen detaillierten Aktionsplan auf und bietet eine Produktcheckliste, anhand der Sie die Eignung Ihrer Produktpalette für den Online-Vertrieb überprüfen können.

Ein Vergleichstest der marktführenden Softwarelösungen hilft Ihnen zu entscheiden, welche Software sich für welchen Anwendungsfall eignet.

Jörg Krause
Electronic Commerce
Geschäftsfelder der Zukunft heute nutzen
360 Seiten, kartoniert 1998
ISBN 3-446-19378-2

Carl Hanser Verlag

81631 München, Postfach 86 04 20
Telefon 089/ 9 98 30-0, Telefax 089/ 98 12 64
Internet http://www.hanser.de
E-Mail info@hanser.de

Chancen und Risiken der neuen Arbeitswelt

Unsere Arbeitswelt erlebt einen tiefgreifenden Wandel, wie das Beispiel der Telearbeit verdeutlicht. Prognosen gehen von einem Potential von bis zu 800.000 Telearbeitsplätzen und einem Investitionsvolumen von 12 Milliarden DM bis zum Jahr 2000 aus.

Dieses Thema stößt insbesondere in kleineren oder mittleren Dienstleistungsunternehmen, aber auch in anderen Institutionen und bei privaten PC-Nutzern auf zunehmendes Interesse. Vor allem werden die Leser angesprochen, die sich über die technischen Bedingungen der Telearbeit informieren wollen.

Highlights
- Der Wandel der Arbeitswelt durch Telearbeit
- Wie sieht er aus der Telearbeitsplatz?
- Neue berufliche Chancen durch Telearbeit
- Vorteile für alle durch Telearbeit

Werner Voß
Telearbeit
Erfahrungen - praktischer Einsatz - Entwicklungen
256 Seiten, kartoniert 1998
ISBN 3-446-19207-7

Carl Hanser Verlag

81631 München, Postfach 86 04 20
Telefon 089/ 9 98 30-0, Telefax 089/ 98 12 64
Internet http://www.hanser.de
E-Mail info@hanser.de

Neuer Job im Internet

Das Werk richtet sich an alle, die bereits erste Erfahrungen im Internet gesammelt haben und auf der Suche nach einer ersten oder einer neuen beruflichen Herausforderung sind. Umfassende EDV-Kenntnisse sind zum Verständnis des Buches nicht notwendig. Im Gegenteil: Durch den beiliegenden Assistenten auf CD-ROM kann jeder mühelos seine individuelle Bewerbungshomepage gestalten und sich so aktiv im Internet präsentieren. Die Autoren geben unzählige Tips und Hinweise und zeigen beispielhafte Online-Bewerbungen. Hierdurch lernen Bewerber, eine individuelle Marketingstrategie zu entwickeln und das Bewerbungsverhalten zu optimieren.

Highlights
- Leitfaden zur Erstellung einer persönlichen Marketingstrategie
- Internet-Stellenmärkte im Vergleich
- Kostenfreier Web-Space zur Ablage der Bewerbungshomepage unter www.Job-Office.de
- Software rund um das Thema Internet-Bewerbungen
- Auf der Buch-CD: "Primus", der Assistent zur Erstellung der eigenen Bewerbungshomepage, kostenlose Anmeldung bei T-Online mit beiliegendem Decoder, einen Monat CompuServe gratis

Christian Meier/
Marius Schuller/Roland Wurm
Erfolgreich bewerben im Internet
Marketing in eigener Sache
*336 Seiten, kartoniert
mit CD-ROM
ISBN 3-446-19412-6*

Carl Hanser Verlag

81631 München, Postfach 86 04 20
Telefon (089) 9 98 30-0. Telefax (089) 98 12 64
Internet http://www.hanser.de
E-Mail info@hanser.de

Jetzt noch mehr Antworten auf ISDN-Einsteigerfragen

Dieses Buch begleitet Sie von der Wahl des passenden ISDN-Anschlußtyps über die Beantragung des ISDN-Anschlusses bis zur erfolgreichen Inbetriebnahme Ihrer Geräte. Es dient Ihnen dabei als Ratgeber für die Gerätewahl, hilft Ihnen, alle notwendigen Überlegungen für den ISDN-Antrag zu berücksichtigen und zeigt Ihnen, wie Sie Ihre alten und neuen Geräte an ISDN anschließen.

Highlights
- Auf Ihre Bedürfnisse abgestimmt: So wählen Sie den passenden ISDN-Anschlußtyp und die für Ihre Anwendung sinnvollen ISDN-Leistungsmerkmale.
- Einkaufsratgeber mit über 150 Geräten: Wählen Sie zwischen a/b-Adapter, ISDN-Telefon und Tk-Anlage.
- Kompetente Hilfe für das Ausfüllen des ISDN-Auftrags.
- Übersichtliche Schaubilder zeigen, wie's geht: Verkabelung, Geräteanschluß etc.
- Praxisorientiert und leicht verständlich geschrieben.
- Tips & Tricks von Profis helfen, auch schwierige Situationen zu meistern.
- Alle wichtigen Informationen immer im direkten Zugriff: Umschlagklappen mit Begriffserklärungen, Aufstellung der Leistungsmerkmale etc.

Oliver Wagner
Der ISDN-Einstieg
2., aktualisierte
und erweiterte Auflage
*192 Seiten,
kartoniert mit Umschlagklappen
ISBN 3-446-19539-4*

**Weitere Titel der Buchreihe
ISDN leichtgemacht:**

Telefonieren und Faxen mit ISDN

*Konfiguration von A bis Z
von ISDN-Telefonen und -Tk-Anlagen*

ISDN und PC

Carl Hanser Verlag
81631 München, Postfach 86 04 20
Telefon (089) 9 98 30-0. Telefax (089) 98 12 64
Internet http://www.hanser.de
E-Mail info@hanser.de

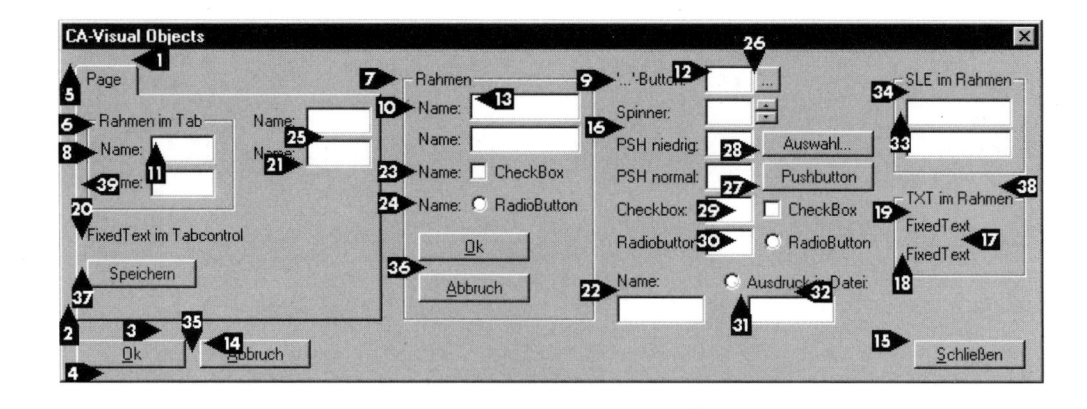

Window-Editor-Einheiten für CA-Visual Objects in Pixeln:

Positionen & Abstände	Pfeil	VO
Größe Shellwindow		800 * 600
Größe Childwindow		790 * 483
Größe Tabcontrol		770 * 430
Größe Laschenfenster		765 * 404
Tab zum Fenster oben	1	11
Tab zum Fenster horiz.	2	10
Tab zum Pushbutton	3	12
Buttons zum Fensterrand	4	9
Position des Tabcontrols	5	10, 11
1. Rahmen im Tab	6	18, 44
1. Rahmen im Fenster	7	10, 14
1. FixedText im Tab	8	28, 44
1. FixedText im Fenster	9	10, 14
1. FixedText im Rahmen	10	+10, +20
1. Eingabefeld im Tab	11	28, 41
1. Eingabefeld im Fenster	12	10, 11
1. Eingabefeld im Rahmen	13	+10, +17
Letztes Textcontrol		10, Y-26
Letztes Eingabefeld		10, Y-29
Letzter Pushbutton	14	10, Y-29
Letzter Pushbutton	15	X-10, Y-29
TXT zu TXT vertikal	16	23
TXT zu TXT vertikal	17	20
TXT zu FRM horizontal	18	9
TXT zu FRM vertikal	19	20
TXT zu TAB horizontal	20	8
TXT zu SLE vertikal	21	-3

Positionen & Abstände	Pfeil	VO
TXT zu SLE vertikal	22	16
TXT zu CHK vertikal	23	2
TXT zu RDB vertikal	24	2
SLE zu SLE vertikal	25	23
SLE zu PSH horizontal	26	4
SLE zu PSH vertikal	27	0
SLE zu PSH vertikal	28	1
SLE zu CHK vertikal	29	1
SLE zu RDB vertikal	30	1
SLE zu RDB horizontal	31	17
SLE zu RDB vertikal	32	18
SLE zu FRM horizontal	33	10
SLE zu FRM vertikal	34	20
SLE zu TAB horizontal		8
PSH zu PSH horizontal	35	10
PSH zu PSH vertikal	36	10
PSH zu TAB horizontal	37	8
FRM zu FRM horizontal		23
FRM zu FRM vertikal	38	9
FRM zu TAB horizontal	39	8